抗日战争时期中国人口伤亡和财产损失调研丛书

主　编　张树军　李忠杰
副主编　蒋建农　霍海丹
　　　　李　蓉　姚金果

山西省抗日战争时期人口伤亡和财产损失

山西省委党史办公室　编

中共党史出版社

图书在版编目(CIP)数据

山西省抗日战争时期人口伤亡和财产损失/山西省委党史办公室编.
—北京:中共党史出版社,2017.1
(抗日战争时期中国人口伤亡和财产损失调研丛书/张树军,李忠杰主编)
ISBN 978-7-5098-3771-9

Ⅰ.①山… Ⅱ.①山… Ⅲ.①抗日战争－损失－史料－山西省
Ⅳ.①K265.06

中国版本图书馆 CIP 数据核字(2016)第 153418 号

出版发行:中共党史出版社
责任编辑:王　媛
复　　审:陈海平
终　　审:汪晓军
责任校对:龚秀华
责任印制:谷智宇
责任监制:贺冬英
社　　址:北京市海淀区芙蓉里南街6号院1号楼
邮　　编:100080
网　　址:www.dscbs.com
经　　销:新华书店
印　　刷:北京君升印刷有限公司
开　　本:170mm×240mm　1/16
字　　数:815 千字
印　　张:43.25　12 面前插
印　　数:1—3050 册
版　　次:2017 年 1 月第 1 版
印　　次:2017 年 1 月第 1 次印刷

　ISBN 978-7-5098-3771-9
定　　价:88.00 元

此书如有印制质量问题,请与中共党史出版社出版业务部联系
电话:010—82517197

《抗日战争时期中国人口伤亡和
财产损失调研丛书》

本课题在中共中央党史研究室室委会领导下进行。先后四位时任主任孙英、李景田、欧阳淞、曲青山对本课题给予了重要指导。

主　编　张树军　李忠杰
副主编　蒋建农　霍海丹　李　蓉　姚金果

参加审稿的领导和专家：

一、中共中央党史研究室领导和专家

曲青山　孙　英　龙新民　陈　威　石仲泉
谷安林　张树军　黄小同　黄如军　李向前
陈　夕　任贵祥　郑　谦　王　淇　黄修荣
刘益涛　韩泰华

二、有关部门和单位的专家

李景田（第十二届全国人大常委、民族委员会主任
　　　　委员；中共中央党史研究室原主任；中共
　　　　中央党校原常务副校长）

何　理（中国人民解放军国防大学少将、教授、中
　　　　国抗日战争史学会会长）

支绍曾（中国人民解放军军事科学院少将、原军事

历史研究部副部长、研究员）

罗焕章（中国人民解放军军事科学院研究员）

刘庭华（中国人民解放军军事科学院原军事历史研究部研究室主任、研究员、博士生导师、首席军史专家）

阮家新（中国人民革命军事博物馆原副馆长、研究员）

步　平（中国社会科学院近代史研究所原所长、研究员）

汤重南（中国社会科学院世界历史研究所研究员、中国日本史学会名誉会长）

姜　涛（中国社会科学院近代史研究所研究员）

荣维木（《抗日战争研究》原主编）

郭德宏（中共中央党校党史教研部原主任、教授、博士生导师）

肖一平（中共中央党校党史教研部教授）

杨圣清（中共中央党校党史教研部教授）

李东朗（中共中央党校党史教研部教授、博士生导师）

徐　勇（北京大学历史系教授、博士生导师）

李良志（中国人民大学中共党史系教授）

王桧林（北京师范大学教授、博士生导师）

谢忠厚（河北省社会科学院原现代史研究所所长、历史研究所顾问、研究员）

中共中央党史研究室课题组成员

李忠杰　霍海丹　李　蓉　姚金果　李　颖
王志刚　王树林　杨　凯

**《抗日战争时期中国人口伤亡和
财产损失调研丛书》**

总　序

中共中央党史研究室副主任　李忠杰

　　发生在 20 世纪三四十年代的中国人民抗日战争，是中华民族抵抗日本帝国主义侵略的一场规模巨大的战争，是世界反法西斯战争的重要组成部分和东方主战场，是近代以来中国反对外敌入侵第一次取得完全胜利的民族解放战争。中国人民抗日战争的胜利，成为中华民族由衰败走向振兴的重大转折点，也对世界各国人民取得反法西斯战争的胜利、争取世界和平的伟大事业产生了巨大影响。

　　这场战争，作为世界反法西斯战争的一部分，从根本上来说，是反法西斯正义力量与法西斯侵略势力之间的一场大决战，是文明与野蛮的一场大搏斗。日本侵略者，站在法西斯阵营一边，不仅与中国人民为敌，而且与世界人民为敌，肆意践踏人类的公理和正义，企图以残暴杀戮的手段，将中华民族置于自己的铁蹄之下。日本侵略者先后占领了中国、东南亚、南亚、大洋洲许多国家的领土，杀害居民，掠夺物资，强征劳工，施放毒气，蹂躏妇女和儿童，毁坏和窃取文物，造成了大量人员和财产的损失，给中国人民和亚洲其他许多国家人民留下了巨大的创伤，给世界文明造成了空前的破坏。

　　中国是受战争摧残最为严重的国家。从 1931 年到 1945 年的 14 年间，日本侵略者先后占领了东北、华北、华中、华南等大片中国最重要的经济政治文化战略地区。在整个战争进程中，日军到处屠杀、焚烧、抢掠、奸淫，使中国人民的生命财产惨遭蹂躏；大量使用生化武器，进行残酷的细菌战和化学战；把大批中国平民和俘虏当作细菌和毒气的试验品；对无辜的中国平民施放毒气，或在河流、湖泊、水井中投毒；掠走大批中国劳工，强迫他们筑路、开矿、拓荒，从事大型军事工程，使其大批冻、饿、病、累而死；强征中国妇女作为"慰安妇"，严重残害妇女的身心健康；对抗日根据地实行"烧光、杀光、抢光"政策，企图摧毁抗战军民起码的生存条件；在许多地方还制造了一系列触目惊心的大惨案。直至今天，日本侵略所造成的后果还难以完全消除，日军遗留的毒气弹还不时地威胁着中国人民的生命安全。

日本侵略者的罪行，违背了起码的人类良知和国际公法，不仅是对人权和人道主义的践踏，而且是对人类文明的挑战。它决不是如某些日本右翼分子所说是解放亚洲和太平洋地区人民的行动，而是亚洲和太平洋地区历史上最黑暗的一幕，是人类文明史上的一场浩劫。第二次世界大战结束后，根据《波茨坦公告》的规定，远东国际军事法庭在东京对日本首要战犯进行了国际审判，确认侵略战争为国际法上的犯罪，策划、准备、发动或进行侵略战争者为甲级战犯。此外，盟军还在马尼拉、新加坡、仰光、西贡、伯力等地，对日本的乙、丙级战犯进行了审判。中国也先后对日本的有关战犯进行了审判。这些审判，与欧洲的纽伦堡审判一起，使发动侵略战争的罪犯受到了应有的惩处，代表了全世界一切爱好和平人民的共同愿望。这是正义的审判，历史的审判！这一审判的结果是不容挑战的！

策划和制造当年这场战争的，是一小撮日本军国主义和法西斯分子。而日本人民，从根本上来说，也是受害者。所以，日本人民也用不同方式对这场战争进行了抵制和反抗。不少参加侵华战争的士兵认识到战争的性质，幡然悔悟，积极参加了国际和日本国内的反战活动。战后，很多人勇敢面对历史事实，以见证人的身份揭露了日本军国主义的罪行。还有很多当年的士兵，真诚忏悔战争的罪行，以实际行动推动世界和平和中日友好，做了很多有益的工作。他们的良知和勇气，应该得到充分的肯定和赞赏。

相反，日本国内一些右翼势力，直到今天仍然否认侵略战争的性质和罪行，竭力推卸侵略战争的责任。对早已由当年远东国际军事法庭作出严正判决的南京大屠杀一案，始终企图翻案。历史不容改变，事实岂能抹杀！企图歪曲历史，掩盖罪行，这是中国人民绝对不能同意的！

中国人民在当年那场战争中的胜利，是正义战胜邪恶、光明战胜黑暗、进步战胜反动的伟大胜利！是正义的胜利、人民的胜利、和平的胜利！既是中华民族永远值得纪念的胜利，也是世界人民永远值得纪念的胜利！但是，在纪念胜利的同时，我们不要忘记，这一胜利是用极为惨重的代价换来的。在这一伟大胜利的背后，是中华民族遭受的巨大人员伤亡和财产损失！中华民族，既为这场战争的胜利作出了巨大的贡献，也在这场战争中付出了巨大的民族牺牲。

1995年，江泽民同志在首都各界纪念抗日战争暨世界反法西斯战争胜利50周年大会上，对当年日本侵略中国造成巨大人口伤亡和财产损失的基本数据作出了重要表述。2005年，胡锦涛同志在纪念中国人民抗日战争暨世界反法西斯战争胜利60周年大会的讲话中，再次郑重宣布，据不完全统计，在抗日战争期间，中国军民死伤3500多万人；按1937年的比值折算，中国直接经济损失1000多亿美元，间接经济损失5000多亿美元。中国领导人公开宣布的基本数据，从整体上揭示了中国人口伤亡和财产损失的规模，有力地揭露了日本军国主义侵略的罪行。

数据，是历史的抽象。数据的背后，是大量的事实、确凿的证据，是无数人们的惨痛记忆和血泪控诉。为了更直接、更具体、更全面、更系统、更立体地还原当年的历史，展示中国人民遭受的灾难和损失，揭露日本军国主义的罪行，驳斥日本右翼势力否认侵略罪行的种种言论，我们必须通过更多档案资料的展示、历史文书的挖掘、具体事实的考查、当事人的证词证言、各种各样的物证书证，等等，将侵略者的罪行昭告天下。因此，作为炎黄子孙，作为郑重的历史工作者，有必要、有责任、有义务、也有权利对战争期间中国的人口伤亡和财产损失进行更加系统、详尽、具体的调查研究，将当年中国人民的巨大牺牲和惨重损失永远地记载下来。

这项调查研究工作，本来在抗日战争结束之后，或者在新中国成立时，就应该进行。但由于种种历史原因，未能系统、全面地进行。由于年代久远，资料散失，在世的证人越来越少，现在进行这方面的调查和研究已经有很大困难。但是，无论早晚，这项工作总得有人来做。现在才做，已经晚了几十年。但如果现在再不做，将来就更晚，也更困难了。所以，无论再困难，做，都是必要的。做好这项调研，是对历史负责、对人民负责、对当年的牺牲殉难者负责、对我们的子孙后代负责。根本上，是对整个中华民族负责，也是对国际社会和人类文明负责。

因此，2004 年，中央党史研究室决定开展《抗日战争时期中国人口伤亡和财产损失》的课题调研。从 2005 年开始，组织全国党史部门围绕这一重大课题，开展了系统深入的调研工作。其基本任务，是按照实事求是的原则，调查更加详实、有力、具体、准确的档案、材料、事实，更加清楚准确地掌握日本军国主义的侵略罪行，更加清楚准确地掌握日本侵略在各个不同领域、地区和方面对中国造成的破坏和损失。其中包括：各个省、自治区、直辖市在抗战中的人口伤亡和财产损失情况；历次重大战役战斗中中国军队伤亡的情况；日本从中国掠走各种资源的情况；日本从中国掠走和破坏文物的情况；日军在中国制造的一系列重大惨案；中国劳工的损失情况；中国妇女遭受日军性侵犯的情况，包括"慰安妇"的情况；日军在中国使用细菌武器、化学武器及其造成伤害的情况；日本侵略在其他方面给中国造成破坏的情况；等等。

课题调研的整体布局，实行块块和条条的结合。每个省、自治区、直辖市党史研究室，主要负责把本区域内的情况调查清楚。也可根据实际情况，选择一些重点，进行专题性的调研，形成专题性的研究成果。一些重要专题，单靠某个省（自治区、直辖市）做不了，就采取条条的办法，组织专题性的调研。还有一些，则是条条与块块相结合。如毒气，日军在不同区域使用过，有关的省（自治区、直辖市）都调查。但作为一个专题，由相关的区域进行协调，配合开展调研工作，并形成专项的调研成果。如劳工、性侵犯等，就大致属于这种类型。

课题调研的方式方法，主要是查阅和搜集档案文献资料，包括不同历史时期的统计报表。同时查阅当时有关的报刊资料，查阅多年来涉及有关地方、有关课题的研究成果。对一些特殊的重大事件，特别是重大惨案等，也同时进行社会调查，对当事人、知情人、有关研究人员等进行走访，记录证词证言。对于特别重要的事件，有条件的，还进行必要的司法公证，如南京大屠杀、潘家峪惨案等，使这些调查都成为在法律上可以采信的证据。根据需要与可能，也到国外境外包括台湾地区查阅搜集档案资料。

中央党史研究室进行了大量组织和指导工作。在课题确定前，首先进行了必要的论证，得到了许多专家的支持。随后，制定了详细的工作方案，向各省、自治区、直辖市党史研究室发出正式通知和实施意见，明确了工作的指导思想、组织领导、调研项目、工作步骤、基本要求、注意事项等等。为了提高认识，振奋精神，交流经验，落实措施，专门召开了工作培训会议，就课题的总体规划、调研方法、需要把握的问题等，作了全面部署，特别是提出了把调研工作做成"基础工程、精品工程、警世工程、传世工程"的要求。多年来，一直分阶段、有步骤地把这项课题调研推向前进。有关领导和专家分别到各地参加会议，指导培训，提出要求，统一规格，解答疑难问题。在调研过程中，随时就有关问题进行具体指导。工作班子及时编发简报和简讯，交流情况和经验。

各级党委和政府高度重视。多数地方成立了由党史研究室领导负责的课题组。各地先后召开工作会议、电话会议等，培训人员，落实任务。许多地方形成了由党史研究室牵头，档案、民政、财政、司法、地方志、社科院以及高校等部门单位联合攻关的局面，保证了调研工作扎扎实实、有计划有步骤地向前推进。

《抗日战争时期中国人口伤亡和财产损失》课题调研先后经历了六个阶段。第一，酝酿启动。第二，全面调研。这是最重要的阶段。各地组织专门人员，查询档案，实地走访，搜集了大量资料。第三，起草报告。凡参加调研的县以上单位，都要在搜集整理、考证研究档案文献资料和进行实地调查的基础上，写出调研报告，全面、准确地反映调研成果。同时，将调研中搜集的档案文献资料进行分类整理，制作统计表、大事记和人员伤亡名录等。第四，分级验收。为保证调研成果的科学性、准确性、严肃性，各省、自治区、直辖市调研报告都要经过四级验收。首先由课题领导小组审查通过，然后聘请所在省份资深专家审读验收，合格后报送中央党史研究室课题组。中央党史研究室课题组审读各省、自治区、直辖市的调研报告及相关调研成果，认为合格后，再聘请有全国影响的专家审读，写出书面意见并亲笔署名。根据审读意见，各地都要反复认真进行修改，只有达到规定要求才能通过验收。第五，上报成果。完成调研工作的省、自治区、直辖市，都按统一要求，将调研中收集的档案文献资料等所有文件，精心整理，分类成册，向中央党史研究室提交调研成果。各市县也要逐级向省级报送。第六，反复审核。中央党史研究室召开审稿会，组织各省、自治区、直辖市按照标准自审，相互间互审，将各种材料进行比对，将有关数据核实，解决带有共性的问题，进一步统一标准、统一规范、统一格式。

这项课题调研，作为一项浩大的工程，到目前为止，进行了将近10年之久。前后共有60多万党史工作者、史学工作者和其他各类有关人员参加。将近10年来，各个地方都周密组织，采取有力措施推动工作开展，保证调研质量。如山东省，先在30个县（市、区）进行试点，然后在全省普遍推开，形成了纵向省市县乡村五级联动、步调一致，横向十几个部门优势互补、携手攻关的工作格局。课题调研期间，山东省参加工作的同志共查阅档案238742卷，复印档案资料406912页，查阅抗战期间及战后出版的书刊61301册（期），复制文献资料220177页。走访调查8万余个行政村、609万名70岁以上（即1937年全国性抗战爆发以前出生）老人中的507万余人，收集证言证词79万余份。拍摄照片资料7376幅、录像资料49678分钟，制作光盘2037张。全省1931个乡镇，每个乡镇都建立了包括证人证言证词、伤亡人员名录、财产损失清单、人员伤亡和财产损失数字统计、人员伤亡和财产损失大事记、重大惨案证据材料以及证人和知情人口述录音、录像、照片等内容的抗战时期人口伤亡和财产损失材料卷宗，共12892个。

这项课题调研，也得到了社会各界特别是档案图书部门、专家学者的普遍支持。许多档案馆、图书馆为这次调研提供各种方便。不少专家学者在教学科研任务繁重、经费困难的情况下，承担专题研究任务。有的外请专家利用学校假期全力以赴做课题，缺少交通工具，就以自行车代步或徒步，到档案馆和图书馆查阅文献资料。

为了扩大搜寻面，中央党史研究室还组织查档小组，分赴美国、俄罗斯、日本，搜集了许多抗战史料。很多地方的课题组都到台湾查档。在台北"国史馆"、中国国民党党史馆、"中央研究院"近代史研究所档案馆等，找到了数量巨大、整理比较细致的抗战档案。台北"国史馆"馆藏的国民党在大陆统治时期行政院赔偿委员会档案，涉及抗战时期中国人口伤亡和财产损失的有8924卷，内容十分翔实具体。既有中央机关、军队系统人口伤亡和财产损失情况，也有地方省、市，县、区和个人填报的资料，包括台湾地区和华侨的档案资料。新疆防空委员会也报送有财产损失材料，如修筑防空工事、疏散费等财产损失。重庆市报送有日机空袭慰恤重伤难胞姓名卡，上面有卡号、伤员姓名、性别、年龄、籍贯、受伤时间、受伤地点、犒金额、发犒金时期、所住医院名称、医院地址、入院时间等，受伤部位还配有图片加以说明。所有这些，为查明当时各方面的人口伤亡和财产损失，提供了重要证据。

　　这项重大课题调研的成果，均编成《抗日战争时期中国人口伤亡和财产损失调研丛书》公开出版，为国内外学者提供并为子孙后代留下一份关于抗战时期中国人口伤亡和财产损失的系统资料。经过验收、审核合格的调研报告和主要档案文献资料，都按统一体例，编辑成为丛书的A、B两个系列。A系列为各省、自治区、直辖市各一本调研成果，以及若干重要专题的调研成果，由中央党史研究室负责审核。B系列为各省、自治区、直辖市的其他大量调研成果，由各省、自治区、直辖市党史研究室负责审核。全部成果统一设计、统一规格、统一版式、统一编号，由中共党史出版社统一出版。全部出齐之后，将有300本左右。

　　为了集中反映日本侵略者在中国制造的各种重大惨案，我们专门编纂了一套《抗日战争时期全国重大惨案》，收录抗战时期死伤平民（或以平民为主）800人以上的重大惨案100多个，配以档案、文献、口述及照片等作为历史证据。日本一些右翼分子，常常攻击中国为什么不拿出伤亡人员名单。我们专门安排了一个省，即山东省，公布该省具体的伤亡人员名录（第一批先公布该省100个县〈市、区〉的死难人员名录），包括姓名、籍贯、年龄、性别、伤亡时间等多项要素。以此说明，中国的伤亡人员都是有根有据、铁证如山的。

历史的生命在于真实、客观、准确。《抗日战争时期中国人口伤亡和财产损失》这一课题调研的生命也在于真实、客观、准确。所以，在开展这一课题调研的过程中，我们始终把保证调研质量，保证所有材料、事实、成果的真实性、客观性和准确性放在第一位，并在五个重要环节上严格要求、严格把关。第一，严格要求。一开始就明确规定，课题调研工作坚持实事求是的原则和科学严谨的态度。整个调研工作必须尊重历史事实。档案怎么记录的，就怎么记载，不能随意改变。当事人、知情人怎么说的，就怎么记录，不能随意加工。所有的材料、事实都要经得起法律上和学术上的质证。在需要与可能的情况下，对当事人、知情人的证词证言要进行司法公证。各种数据，都要确有根据，不能随便编排、采信。不许追求任何高数字、高指标。第二，统一规范。对课题调研的项目、内容，都做了认真细致的研究，提出了统一要求和严格规范。对全部调研项目设计了统一的表格，对调研报告的内容和格式做了统一规定。每个数字的内涵外延，包括如何计算、如何换算等等，都有明确的规定。事前对调研人员进行了培训。调研过程中，对没有理解的问题、疑难的问题等，都由专家给予统一的解释、说明。第三，责任到人。对所有参与课题调研的人员，都实行责任制。查档的、笔录的、整理的、起草调研报告的、审读的……，每个环节的人员都要签名，以对这一环节自己的工作负责，对子孙后代负责。明确规定，今后凡遇到质疑，有关环节的调研人员都要能够站出来进行证明、解释和辩论。第四，客观撰写。在汇总情况、起草调研报告阶段，要求所有的数据统计都必须客观、真实、准确。一律用事实说话，材料要具体、实在。不允许像写文艺作品那样来写调研报告；不允许作任何想象、编造和煽情性的描写；不允许刻意追求语言的生动华美；不允许使用任何带有夸张性、主观推断性的文字；不允许用"不计其数"、"无恶不作"这类抽象的形容词来概括相关内容；经过调研，凡是能够说清的事实、数字都予采用，但仍然说不清的情况、数据，就客观地说明未查核清楚，在汇总和整理数据时充分考虑这些因素，绝对不得编造数字。第五，逐级验收。除了在调研过程中由特聘的专家随时给予指导外，对各地提交的调研报告和相关材料，都实行逐级验收制度。其中，对省级调研成果实行由地方到中央的四级验收，其他调研成果由有关省、自治区、直辖市党史研究室组织验收。每一验收环节都要有专家审读、签字。凡存在问题和不符合要求之处，都要退回重新核查和修改。

经过艰苦努力，到 2010 年底，我们在深入调研的基础上，初步编出了几十本成果，先行印制了少量样本作为内部工作用书，组织力量作进一步的研究、审读、复查、校核。从 2014 年初开始，我们又组织展开了新一轮较大规模的审核工作。第一，召开有关省、自治区、直辖市党史部门参加的审稿会，进一步提高认识，明确规范，听取相互评审以及从社会各方面听到的意见，对审核工作提出要求，进行部署。第二，开展自审、复核、修改，确保准确无误。同时在各省、自治区、直辖市党史部门之间交叉审读，相互间进行比较、核对、衔接。自审互审完成后，都要确认是否具备正式出版的质量水准，签署是否同意交付出版的意见。第三，由中央党史研究室组织专家，对所有拟第一批出版的成果（书稿）进行六个环节的审读、检查、修改、校对，不仅检查是否还有表述不够准确或不够清楚的地方，而且对各本书稿之间、每本书稿各个部分之间的内容、叙述、时间、数字等进行统筹检查，排除表述不一致的内容。第四，如实客观地说明我们工作尽最大努力后达到的程度。始终强调，凡是已经清楚的，就清楚表述。还没有搞清楚的，就如实说明还没有搞清楚。某些数据、结论与其他书籍资料不完全一致的，则说明我们是依据什么材料、从什么角度得出和叙述的，不强求一致。第五，组织各地党史部门继续参与审核。凡有疑问的，都与有关地方党史部门联系、查核。多数省、自治区、直辖市都派专人来京参与审核、修改、校对。审核完毕后，又组织各地党史部门对自己书稿的清样再次进行审核。然后再按出版流程交付印制。今年以来对这些成果再次进行如此繁密、细致的复核工作，都是为了进一步保证成果的质量，保证历史事实的真实性和准确性。

特别需要强调的是，开展这项调研，不是为了简单汇总、计算这样那样的数据，而是为了寻找、展示更多的档案、更多的材料、更多的人证物证、更多的历史事实，用具体的事实来反映当年中华民族遭受的巨大灾难，揭露日本侵略者反人类的罪行。时隔几十年，很多数据难以查清，很多数据可能不很吻合，而且数据的分类、统计、核算都极为复杂，远远不是简单做一做加法就能算出来的。所以，我们在数据上采取了十分谨慎的态度。能统计出来的就统计出来，难以统计的也不强求。统计的口径、结果相互有差别的，也注意说明。今后，我们将会对数据问题作进一步研究。因此，目前的研究还只是阶段性的，不能说已经包罗万象，更不是最终的结论。总体上，还是在为今后更加综合性的研究提供一个详尽、扎实的基础。

由于自始至终都高度重视和强调调研的质量，所以，对于这一项目的真实性、客观性、准确性，我们有充分的信心。当然，无论如何，历史已经过去了六七十年，很多当事人已经去世，很多档案资料已经散失。现在再对发生在六七十年前的灾难进行大规模的调查，其困难是可想而知的。所以，即使做了最大的努力，我们仍然充分预计在调研成果及有关材料中，还是会有不足和差错之处，出版之后，肯定会有不同意见。所以，我们真诚地欢迎所有看到这些调研成果的人们，对其中的内容、材料、数据等进行审查、讨论。如此，必将有更多的人们关心和参与对当年那场灾难的调查，必将会提供和发现更多的档案、更多的资料、更多的见证，必将对我们调研成果中的很多内容进行不断的推敲琢磨，从而使我们能够更加准确、系统地展示当年中国的人口伤亡和财产损失，使我们为子孙后代留下的资料更为完整、更为丰富。我们也欢迎日本和其他国家的人们对这些调研成果进行阅读、审查、讨论、质疑。如此，将会有更多的国家和人们关注中国当年所遭受的灾难，也将会有更多的存留于国外境外的档案资料出现在公众面前，也将会使对当年这段历史和灾难的记录、研究更加准确和科学。

《抗日战争时期中国人口伤亡和财产损失》课题调研，是一项学术性的工作。开展这项课题调研，是为了更加准确和详尽地记录这场战争和灾难的历史，更加充分和有力地揭露日本军国主义的侵略罪行、反击日本右翼势力否认侵略战争的言行，更加充分和有效地进行爱国主义教育，毋忘国耻、振兴中华，更加积极地促进两岸交流、推进祖国和平统一进程，同时，也是为了给全世界所有关注当年这场战争和灾难的国家、政府和人们一个更加负责任的交代，为子孙后代继续研究当年中国人民抗日战争和日本军国主义的侵略罪行留下一笔丰富翔实的历史遗产。因此，虽然是学术性调研，但具有重大的历史意义、现实意义、国际意义、政治意义。作为历史工作者，我们有责任、有义务，实事求是地把中华民族在那场战争中蒙受的巨大灾难和损失尽可能完整地记载下来。推动和开展这项课题调研，是良心所在，是责任所在！每每读到那些令人震颤的历史事实，每每想到那数千万死难者的冤魂亡灵，每每掂量我们今人特别是历史工作者的责任，我们都禁不住潸然泪下。将近 10 年来，所有调研人员本着对历史和民族负责的精神，殚精竭虑，无私奉献，千方百计寻找各种线索，逐字逐页翻阅档案资料。为了做好对当事人、知情人的调查取证工作，顶酷暑，冒严寒，深入村镇，一家一户进行走访。也许，随着时间的流逝，这样的调研工作，以后再也不可能如此全面深入大规模地进行了。所以，对于能够基本完成这一课题的调研，我们极为欣慰，对能够取得今天这样的成果，我们极为珍惜。将近 10 年来，调研工作遇到过重重困难，调研人员付出了巨大心血，但只要能够对国家、对民族、对人民有一个负责任的交代，我们所有的努力、辛劳甚至痛苦都是值得的！

现在，《抗日战争时期中国人口伤亡和财产损失调研丛书》A 系列第一批成果就要正式出版了，随后我们还将根据工作进程陆续出版第二批、第三批……B 系列丛书的编纂和出版工作也将同时推进。而且，这项课题调研工作远没有结束。截至目前课题调研取得的成果，都还是阶段性的、部分的、不完全的成果。很多专题性调研还要继续进行，对大量档案资料还要进行分析研究。所有这些，都还需要我们继续不懈地努力。我们将以对历史负责的精神，一如既往地将这项课题调研工作做好。

历史，是现实的基础，更是未来的起点。打开尘封的记忆，重温昔日的往事，我们可以得到很多的启示和教诲，增长很多的聪明和智慧。所以，研究历史，形式上是向后看，但根本目的是向前看。作为一种科学的研究，我们调查历史的真相，记录历史的灾难，不是为了延续旧时的仇恨，不是为了扩大中日之间的裂痕，不是为了煽动狭隘民族主义的情绪，而是为了以史为鉴，不让历史的悲剧重演；面向未来，书写更加友好合作的美好篇章。经历了太多的苦难和挫折之后，我们更加坚定地热爱和平，更加执着地追求正义，更加珍惜国家的主权与独立，也更加关注世界的文明发展和进步。我们真诚地希望，世界各国能够携手努力，平等协商，求同存异，友好相处，共同推进世界的发展，共享人类文明的成果；我们真诚地希望，中日两国人民能够更多地加强交流、理解和合作，共同开辟中日关系的新局面，使中日关系更加健康稳定地向前发展，使中日两国人民真正世世代代地友好下去；我们真诚地希望，中华民族能够始终以坚韧不拔的努力，坚定不移地走和平发展之路，在中国特色社会主义旗帜下全面建设小康社会，努力实现社会主义现代化，为推动建设一个和平发展、文明进步的世界作出自己的贡献！

2014 年 4 月 30 日

《抗日战争时期中国人口伤亡和财产损失》课题^①调研工作规范和要求

　　2004 年，中共中央党史研究室决定开展《抗日战争时期中国人口伤亡和财产损失》课题调研。2005 年向全国各省、自治区、直辖市党史研究室发出开展此项工作的正式通知，进行相应部署，着重说明工作的指导思想、调查项目、实施步骤及规范和要求。以后又随着课题调研的深入开展，对规范和要求进行了补充和完善。

一、课题调研的基本任务

　　抗战损失课题调研的目的和任务是深化对抗日战争时期中国人口伤亡和财产损失的研究。1995 年，在首都各界纪念抗日战争暨世界反法西斯战争胜利 50 周年之际，江泽民同志曾经对 20 世纪三四十年代日本侵略中国造成巨大人口伤亡和财产损失的基本数据做出了重要表述。2005 年，在纪念中国人民抗日战争暨世界反法西斯战争胜利 60 周年大会的讲话中，胡锦涛同志再次郑重宣布，据不完全统计，在抗日战争期间，中国军民伤亡 3500 多万人；按 1937 年的比值折算，中国直接经济损失 1000 多亿美元、间接经济损失 5000 多亿美元。中共中央党史研究室组织开展的课题调研，旨在全面详尽调查有关抗日战争时期中国人口伤亡和财产损失的具体事实，为这组基本数据提供强有力的史实支撑，并不是简单地做数据统计。

---

① 本课题亦简称为抗战损失课题或抗损课题。因为抗日战争时期及抗战胜利后国民政府统计人口伤亡和财产损失多采用"抗战损失"等概括性提法，其中将人口伤亡也称作抗战损失之一种，与财产损失并提，故沿用这一表述。

课题调研的基本任务是：按照实事求是的原则，经过广泛、全面、深入细致的调查研究，包括查阅搜集档案资料、对统计数据进行分析等，获得更多的证据，以更加全面和准确地揭露日本帝国主义侵略中国的罪行及其对中国人民造成的伤害。

课题调研的主要内容包括：（1）各个省、自治区、直辖市在抗战中的人口伤亡和财产损失情况；（2）历次重大战役战斗中中国军队伤亡的情况；（3）日本从中国掠走各种资源的情况；（4）日本从中国掠走和破坏文物的情况；（5）日军在中国制造的一系列重大惨案；（6）中国劳工的损失情况；（7）中国妇女遭受日军性侵犯的情况，包括"慰安妇"的情况；（8）日军在中国使用细菌武器、化学武器及其造成伤害的情况；（9）日本侵略在其他方面给中国造成破坏的情况；等等。

二、课题调研的方式和方法

主要是组织有关人员查阅和搜集档案馆、图书馆和其他文博单位以及民间保存的有关中国抗战人口伤亡和财产损失的档案资料、报刊杂志、历年出版的专题资料集和发表的研究成果。对一些特殊、重大的事件如重大惨案，则走访当事人、知情人和有关研究人员，进行录音录像，整理和保存证人证言，有条件的还进行司法公证，努力使这些调查材料成为在法律上可以采信的证据。有些省份的课题组还到境外的有关机构查阅相关档案资料，作为对大陆保存的档案资料的丰富和补充。这次课题调研的整体布局，实行块块和条条相结合。每个省、自治区、直辖市党史研究室在负责开展地区性的广泛调研的同时，也从实际出发开展一些专题性调研。一些重要的、涉及多个地方的带有全局性的专题，则另组织专家进行调研。

三、对搜集档案资料的要求

1. 明确搜集档案资料的范围。搜集档案资料是本课题调研工作的基础，调研成果的质量也主要决定于档案资料是否翔实，是否尽可能完整和全面。所以，凡相关内容的档案资料，不论是直接反映人口伤亡和财产损失的，还是间接反映的（如关于人口状况、财产状况、生产能力、各类资源情况等资料），都尽量搜集，作为撰写调研报告的客观的历史依据。搜集的要件有：档案、报刊、史志、时人日记、专著专论、实地调查报告、图片、影像资料以及出版、发表的研究成果等。

2. 认真整理原始档案和资料。对于搜集到的档案资料，不论是来自原始的档案，还是来自报刊、史志、日记、图书、专题论文等，都认真整理，每份每件都注明保存的地点、单位、文件卷号、出版或发表处等，然后分类汇总，妥善保存。档案资料使用时一律保持原貌，必要时作注释说明，不允许对原件内容增改、涂抹。对搜集到的档案资料要在分门别类整理的基础上进行必要的考证、鉴别和研究。整理后的档案资料，不仅是有关课题承担者撰写课题调研报告的重要依据，其主要内容也作为附件收入有关的调研成果之中。

四、有关数据统计中的几个问题

1. 根据搜集、掌握资料的情况，抗日战争时期中国的人口伤亡分为直接伤亡和间接伤亡两大类。直接伤亡，一般是指日本侵略中国的战争直接导致的中国方面人员的死、伤、失踪等；间接伤亡，一般是指在日本侵略中国的战争包括特定战争环境中造成的中国方面被俘捕人员、灾民、难民、劳工等的伤亡。抗战期间，被俘捕人员、灾民、难民、劳工等伤亡很大，但由于其流动性大等复杂原因，很难形成具体数据资料，统计起来十分困难。因此，本课题调研中，将已确定属于死、伤或失踪的被俘捕人员、灾民、难民、劳工的数据归入有关地方间接伤亡统计数据；无法确定是否伤亡失踪的，可视情况单列相关数据并加以说明。需要补充说明的是，在战争中失踪者，按通常惯例归为死亡。

2. 抗日战争时期中国的财产损失分为直接损失和间接损失两大类。直接损失，一般是指在日军攻击、轰炸或掠夺中直接造成的社会财产损失。居民财产损失列为直接损失。间接损失，一般包括：（1）政府机关等因抗战需要而增加的费用，如迁移费、防空设备费、疏散费、救济费、抚恤费等；（2）各种营业活动可获利润额的减少及由于成本上升等增加的费用；（3）有关伤亡人员的医药、埋葬等费用；（4）为抗战捐献的物资和钱财；（5）有关人力资源的损失。总之，一切因战争造成的间接财产损失均包括在内。

3. 在财产损失中所列的人力资源类损失，包括了被俘捕人员、劳工等在财产方面的损失。中国各级政府所组织的劳役，例如为战争修筑公路、机场、军事工事等抽调民工，都算作人力资源损失。但中国方面征用民工和日本侵略军强征劳工有所区别。日军强征劳工的伤亡率很高，和中国方面征用民工民夫的情况区别很大，因此要分别统计和说明，不能混淆。

4. 中国军队在重大战役战斗中的人员伤亡，分别情况加以统计处理。此次课题调研以统计平民伤亡为主。有关省（自治区、直辖市）如发现有本地发生过军队人员伤亡的重要资料，可以搜集整理并在调研报告中说明，但不计入本地人口伤亡总数。若是本地籍军人的伤亡，则计入本地人口伤亡总数。

5. 海外华侨拥有中国国籍，因此在计算抗日战争时期中国人口伤亡和财产损失时，华侨人口伤亡和财产损失均计算在内。各有关地方在计算本地人口伤亡和财产损失时，视情况可以将本地籍华侨的伤亡、损失计入统计数据总数，亦可单列数据并加以说明。

6. 工厂、学校、机关团体等由于战争原因搬迁造成的损失，算作间接损失，原则上由工厂、学校、机关团体等原所在地方统计。如果原所在地方缺少相关资料，新迁移处具备资料条件，也可由后者统计。为避免交叉和重复，遇到这类情况须特别加以说明。

7. 政党、政府机构的财产损失，归入公用事业的社会团体类财产损失一并计算。

8. 被日军、日本占领当局无偿征用、占用的中国耕地，按农作物的产量及其价值计算财产损失。

9. 伪军、伪政府的人员伤亡和财产损失，一般计入中国人口伤亡和财产损失。

10. 由战争原因导致的如黄河花园口决堤一类重大事件所造成的人口伤亡和财产损失，计算在间接人口伤亡和财产损失中。

11. 重大的财产损失，均以相应数额的货币反映价值。反映财产损失的货币一般要注明币种。

12. 通常用于抗日战争时期财产损失统计的货币（主要是法币），币值问题非常复杂。本课题调研中，涉及财产损失统计的货币数据，有条件进行折算的，一般按1937年即全国抗战爆发当年通用货币法币的币值进行折算，并说明折算的方式方法。因条件不具备，保留原始数据未作折算的，则注明有关数据中用以反映财产损失的货币系何种货币、何年币值。

五、关于撰写课题调研报告的要求

本次课题调研，有关课题组和承担专门课题的专家均按要求撰写出调研报告。

1. 各省、自治区、直辖市课题组撰写调研报告，内容大致分为概述、主体、结论三部分。

概述部分主要包括：介绍课题调研工作的基本情况，如：投入多少力量，到过什么地方查阅搜集档案资料，搜集了多少档案资料等。反映本地的自然地理概况，抗战爆发前的经济社会发展和人口状况，以及在抗战时期是重灾区还是大后方，是沦陷区还是根据地等。叙述日本侵略者在本地的主要罪行。还可简略回顾以往相关课题的资料和研究情况。

主体部分主要包括：分析说明本地人口伤亡和财产损失情

况。根据现掌握资料，将本地抗战时期人口伤亡分为直接伤亡和间接伤亡，将本地财产损失分为直接损失和间接损失，并分别说明主要的史料依据和分析结果。

结论部分，汇总本地人口伤亡数据、财产损失数据。据实说明迄今所掌握资料的局限性、本地遭受人口伤亡和财产损失的特点、影响等。

撰写调研报告依据的主要资料以及调研中同步完成的专题研究报告等，作为调研报告的附件，纳入课题调研成果中。

2. 由一批专家承担的全局性专门课题，如抗日战争时期重大惨案、劳工问题、"慰安妇"问题、细菌战、化学战、文化损失、海外华侨人口伤亡和财产损失、中国军队伤亡、重要战役战斗伤亡等，其调研报告的撰写和附件的收录，参照以上要求进行。

六、对调研成果的验收

在各省、自治区、直辖市课题调研工作结束后，完成的包括课题调研报告在内的省级调研成果和市、县等调研成果，要装订成册，通过审阅和验收，逐级上报，送交各省、自治区、直辖市党史研究室和中共中央党史研究室分别保存。

为确保质量，在调研过程中形成的各省、自治区、直辖市A、B两个系列书稿（省级调研成果为A系列书稿，市、县等调研成果为B系列书稿），要分别通过验收。其中，省级调研成果要通过由地方到中央的四级验收，市、县等调研成果则在有关省、自治区、直辖市内验收。

省级调研成果上报验收前，课题组先认真进行自审，以保证内容的完整准确，特别是调研报告和有关专题研究报告、资料、大事记的内容和数据要互相补充、印证，不能互相矛盾。课题组完成自审后，省级调研成果首先报送省级抗战损失课题领导小组验收。省级课题领导小组审查通过后，送省级专家验收组验收。省级专家验收组参加验收的专家一般为3—5人，人选来自党史系统、社会科学院和社科联系统、档案史志部门、高等院校等方面，为较有影响力、权威性的专家。省级专家验收组在本省（自治区、直辖市）课题领导小组的指导下，按照学术规范的严格要求和有关规定审读、验收本省（自治区、直辖市）拟提交中共中央党史研究室的省级调研成果。验收的主要标准和目的是确保调研成果的准确性、可靠性。对于验收中指出的问题、提出的意见和建议，各省（自治区、直辖市）课题组须采取有效措施解决和落实。对一次验收不合格的，修改、完善之后进行第二次以至多次验收，直到合格为止。省级专家验收组验收合格后，填写《A系列书稿验收报告表》。填写的报告表和书稿同时报送中共中央党史研究室课题组。

中共中央党史研究室课题组收到经省级专家验收组验收合格的省级调研成果后，先进行验收。认为合格后，再聘请国内知名专家进行验收，并填写《A系列书稿验收报告表》。验收中所提修改意见，由有关省、自治区、直辖市课题组予以逐条落实，对调研成果做出相应修改或者说明相关情况。

由一批专家承担的全局性专题研究成果，最后形成的书稿也纳入A系列，其验收也参照上述程序和要求，由中共中央党史研究室课题组组织有关专家进行。对于验收中提出的意见，承担课题的专家要逐条落实，对调研成果进行修改完善直至合格为止。

最后，中共中央党史研究室课题组对经过反复修改形成的省级调研成果和全局性专门课题调研成果进行复核。完成各项程序并符合要求的调研成果，包括通过四级验收的A系列书稿和由有关省、自治区、直辖市党史研究室组织验收并合格的B系列书稿，分批次送交中共党史出版社付印出版。

中共中央党史研究室课题组

《山西省抗日战争时期人口伤亡和财产损失》编委会

《山西省抗日战争时期人口伤亡和财产损失》编纂组

主　　编　于若洁　杨玉堂

执行主编　刘　辉

副 主 编　赵茹琳

编　　委　贾庭芳　李　军　闫建军

当年日本随军记者为鼓动士气所拍摄的入侵山西的日军照片。

1937年9月13日，日军入
侵大同县城。

1939年9月19日，东条
英机在大同火车站。

日军天镇屠城主要杀
场之一——天镇县城西城
门洞。

1937年9月18日，日军侵占左云县城后，奸淫掳掠，杀人放火，无恶不作。图为日军在炫耀武力。

1937年10月26日，日军攻占娘子关炮台。

1937年10月29日，日军攻占平定县城。

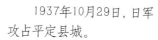

1937年11月8日中午，日军从太原城东北角豁口处攻入城内。

1937年11月8日，日军侵入太原城。

日军入侵太原时的钟楼街商业店铺。

1938年4月,日军九路围攻晋东南抗日根据地时烧毁沁县县城。

抗日战争期间,日军曾两度侵占长治城。第一次是1938年2月20日至1938年4月28日。第二次是1939年7月13日至1945年8月中旬。图为日军第一次占领长治后在长治城楼的留影。

长治市武乡县被日军强奸并迫害致死的12名妇女和8名女童。

侵占长治城的日军在城墙下蛮横地审问被俘的中国军人和当地老百姓。

　　1939年7月日军第二次占领长治后，在府上街（今长治市第二中学）设置日军潞安陆军医院。医院有院长1人，药剂师1人，会计1人，总务1人，士官、下士官20人，卫生员70人，护士10人，另外，还有20多名中国劳工。这所医院不是给病人治病，而是奉731部队的指令对中国人进行活体解剖，同时培养细菌，为日军日后进行的细菌战做准备。其中活体解剖抗日战俘14名、和平居民5人，制造细菌苗12瓶。

汤浅谦曾任潞安日本陆军病院军医，返回日本后一直致力于反战宣传（1996年摄）。

抗战期间，日本曾策动华北五省脱离中国政府的所谓"自治"运动。图为伪"晋北自治政府"。

日本华北方面军为加强殖民统治的宣传力量，在太原创办发行《山西新民报》和在北平创办发行《新民报》。

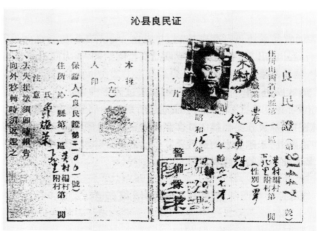

沁县"良民证"。

被日军烧毁和拆毁的高
洪口民房的残垣断壁。

被日军烧毁和拆毁的高
洪口民房的残垣断壁。

安邑县上段村惨案中日军
杀害中国军民、投尸入井的4
口井之一。

日军首次"扫荡"灵丘县
南山抗日根据地时,78个村庄
被烧毁。

日军侵占下的阳泉煤矿瓦斯爆炸中被烧伤矿工的双手。

大同煤峪口矿南沟"万人坑"上洞。

1940年,被日军奴役的大同煤矿矿工。

下洞死难矿工尸骨。

太原沦陷后被日军侵占的西北炼钢厂。

日本统治者在沦陷区对山西青少年施行奴化教育的训练（摄于1939年2月20日）。

日军"扫荡"灵丘县南山抗日根据地时屠杀的百姓。

日军狼狗撕咬中国同胞。

八年全国抗战中,日军多次对中国同胞施放毒气弹。图为1942年8月,灵丘县古之河镇被日军毒气弹毒死的儿童。

日军在盂县上社凤坡山修筑的炮台。当年该炮台周围村庄的许多中国妇女被抓入炮台，供日军蹂躏。

太原有线电视台记者1995年采访曾受日军性侵害的妇女万爱华。图右一为万爱华。

2000年12月上旬，盂县受害妇女万爱华（左三）、李秀梅（左一）、郭喜翠（左二）在日本东京控诉日军暴行期间，出席日本有关人士举行的欢迎会。

襄汾县浪泉乡西阳村村民田端阳，是日军临汾宪兵队罪恶的见证人之一。

目　　录

一、山西省抗日战争时期人口伤亡和财产损失调研报告

山西省抗战损失调研课题组

山西省抗日战争时期人口伤亡和财产损失课题（简称抗战损失课题），是按照中共中央党史研究室的统一部署开展的。课题调研历时五年，在查阅、搜集档案文献资料，调查走访当事人、知情人的基础上，比较全面考察和分析了山西抗战时期的受损情况，形成了一系列调研成果。现将我省调研工作情况报告如下。

（一）调研工作概述

1. 调研组织情况

根据中共中央党史研究室《关于开展抗日战争时期中国人口伤亡和财产损失课题调研的通知》精神，中共山西省委党史办公室（原山西省史志研究院，2009年更名，下同。）于2006年1月向全省党史系统下发了通知，对开展抗日战争时期山西省人口伤亡和财产损失课题调研进行了部署并提出了具体要求。根据中央党史研究室的要求，山西省委党史办公室和全省各级党史部门成立了课题组。省课题组组长由室领导担任，机关有关业务骨干参加，各市、县课题组也分别由党史研究室负责人和业务骨干组成并承担调研工作。

调研工作得到全省各级党委、政府的高度重视和大力支持。2008年8月，山西省委专门召开全省抗战损失课题调研工作会议，对调研工作进行部署、检查、督促。会后，省委办公厅专门下发"关于抓紧做好《抗日战争时期中国人口伤亡和财产损失》课题调研工作的通知"，及时落实了调研经费和增加了调研人员。在整个调研过程中，省、市、县（市、区）三级党史部门责成专业人员承担调研任务，乡（镇）抽调大学生村官、部分新农村建设特别助理或村委会和居委会（社区）干部进村入户调查。全省1900多个乡（镇）、28000多个村以

及居委会（社区）都有专人去调查。省、市、县（市、区）、乡（镇）、村五级共有 24500 多人参与课题调研工作。

调研期间，山西省委党史办公室组织召开三次省级工作会议，了解市、县进展情况，分析存在问题，交流工作经验，指导市、县调研工作；两次组织全省 11 市、119 县（市、区）参加课题调研工作的业务骨干约 300 人进行业务培训；省课题组还分四组三次下市、县检查指导调研工作，针对各地调研工作中出现的不同问题提出整改意见，给予及时解决。市课题组也采取同样办法下到各县进行业务指导，答疑解惑。这样一套行之有效的办法极大地推动了全省调研工作的顺利开展，同时提高了党史干部的业务能力。

2. 调研过程和方法

本次调研，我们采取的办法是，以查阅历史档案文献资料为主，以实地采访健在的历史见证人为辅。首先，各级课题组到本地档案馆、图书馆、政协文史委、史志办资料室、公安局、民政局、妇联会、国土局、人武部、总工会、文物局等单位搜集相关资料，摸清家底。其次，各市组织人员到石家庄、郑州、焦作、呼和浩特、大连、南京等地档案馆查阅档案资料。2006 年 10 月，省课题组派专人赴台湾搜集山西抗战损失的档案资料。再次，为增强此次调研成果的真实性、准确性，全省大部分市、县进行了入户调查。入户调查的对象主要是各村 75 岁以上老人、受害者家属及知情人等，调查的内容主要是抗日战争时期各村的人口伤亡和财产损失情况，调查的方式主要是各乡镇统一组织，动员各村民委员会、居民委员会对本村或本社区居住人员进行调查。调查时全部进行现场录音或笔录，并留存调查对象的身份证号码和照片，以及调查人和调查对象的签字、盖章。对日军侵华战争中的重点残害区域和村庄，各县区市均指派专人进行专题调研，对未造成人口伤亡和财产损失的村庄出具无人口伤亡和财产损失证明。对当事人、知情者进行访谈后，由调查员做好记录并填报统一印制的调查登记表，做好证词、文字、照片和音像资料的采集、整理工作。又次，各级课题组对征集到的所有资料进行分析、考证、填表、汇总统计及撰写调研报告，至 2009 年初，全省各市、县将其全部调研成果即：调研报告、统计表、专题、资料、大事记、伤亡人员名录六部分装订成册上交省课题组。最后，省课题组以市、县调研为基础，进行细致分析研究，对抗战时期山西人口伤亡和财产损失做出不完全统计，形成了全省调研报告。

3. 调研立足的资料情况

　　山西抗战在整个抗日战争中具有特殊重要的战略地位，因而从 1943 年 1 月起，人们就开始了对山西抗战的研究。其中，对山西抗战时期人口伤亡和财产损失的调查、研究和统计也在进行之中。自 20 世纪 80 年代始，随着各级史志部门组建，结合中共党史和中国革命史的研究，对抗日战争及抗损情况由最初的资料叙述开始向深层次的学术研究转化，并形成一批文献资料。同时，各级政协文史委员会，从文史工作的角度，收集、整理和出版了一些与抗损有关的资料。从十一届三中全会至今约 30 多年的研究中，山西抗战史研究成果出版图书多达 300 余种，这些颇具资料性、系统性和学术性的研究成果，无论从思想观点、研究方法、资料运用等方面，对山西抗战损失研究都起了观照和推动作用。

　　此次调研主要足于大量档案资料文献资料。主要有抗战时期民国档案、红色根据地档案、日伪反证档案及有关抗战时期各地人口伤亡和财产损失调查的专门卷宗。同时，还查阅了反映山西抗战时期人口伤亡和财产损失的其他历史资料，包括当时的有关图书、报纸、刊物和新中国成立后出版的有关文史资料、地方史志、科研著作、相关论文以及部分日本文献资料等。经过初步统计，省、市、县三级课题组共查阅档案 37701 卷，图书、报刊 1000 余册（种），共复印档案文献资料 186662 页，摘抄资料 2800 多页。

　　除此之外，此次调研通过入户调查，收集了大量口述资料。据初步统计，此次进村入户共调查 148300 多人，整理出口述资料 59219 份。这些口述资料既是研究山西抗战史的重要史料，也是爱国主义教育很好的教材。

　　按照中央党史研究室的统一要求，我们将省、市、县三级调研成果全部分卷装订成册，总共形成调研成果 1002 卷。其中，省直 54 卷、太原 28 卷、大同 123 卷、阳泉 255 卷、晋城 139 卷、朔州 1 卷、晋中 152 卷、运城 94 卷、忻州 98 卷、临汾 70 卷、吕梁 109 卷。这些资料既是此次调研的成果，也是我们课题研究的资料。

　　总的来说，经过多渠道、多方面的收集整理，此次调研获得大量的档案资料、口述资料以及地方文献资料。这些资料构成了日军侵晋的有力证据，也说明山西省开展的抗战损失课题调研基础扎实、深厚，有一定广度和深度，其学术价值和现实意义十分彰显。

（二） 山西省的自然条件和全国抗战爆发前的经济社会概况

1. 地理环境和战略地位

　　山西省地处华北西部的黄土高原东翼。地理坐标为北纬 34°34′—40°43′、东经 110°14′—114°33′。东西宽约 290 公里，南北长约 550 公里，全省总面积 15.63 万平方公里。境界轮廓略呈东北斜向西南的平行四边形。东有太行山作天然屏障，与河北省为邻；西、南以黄河为堑，与陕西省、河南省相望；北依内长城，与内蒙古自治区毗连。山西多山，山区面积占全省总面积的 70% 以上。东界太行山，西有吕梁山，北亘北岳恒山、五台山，南耸中条山，中立太岳山。中部由北而南分布有大同、忻定、太原、临汾、运城、长治等盆地。山西境内河流很多，汾河最长，纵贯全省。从军事战略上看，山西雄踞华北，俯瞰中原，是北中国的锁钥。攻则依地势而进，在广灵、涞源方向上，出紫荆关而入平津外围；在太原、石家庄方向上，出娘子关而入冀中；在长治、邯郸方向上，出山西而入冀南；在晋城、沁阳方向上，沿太行山南麓而入冀、鲁、豫。守则有恒山、五台山、太行山可供依托①。因此，山西独特的地理位置和战略地位决定了"山西之得失系华北之存亡，欲保卫华北必巩固山西"的重要地位。

2. 经济概况

（1） 农业

　　山西是中华民族最早开创农业经济的区域之一，战前的 1936 年，有耕地 6065 万亩，全省粮食总产量为 3367410 吨，油料总产量 45000 吨，烟叶总产量 5460 吨，大牲畜总头数达 2129000 头，羊 459 万只，猪 602000 头，家禽 3874000 只；干果、水果总产 1173750 吨，其中红枣 40610 吨、核桃 1465 吨、柿子 18180 吨；蚕茧 1000 吨②。又据民国二十五年实业部调查报告说：战前的 1936 年，山西全省小麦总产量达 802210 吨。又据有关史料称：1936 年山西棉花

---

① 张宏志著：《抗日战争的战略防御》，军事科学出版社 1985 年版，第 76 页。
② 山西省地方志编纂委员会编：《山西通志·农业志》，中华书局 1994 年版，第 11 页。

种植面积达 471585 亩，共收获棉花 496000 担[①]。1936 年，山西全省总人口 11472000 人，其中农业人口 10595000 人[②]。农业人口平均每人主要农产品产量为：粮食 317.8 公斤，油料 4.25 公斤，棉花 2.83 公斤，羊 0.43 只，猪 0.57 头，家禽 0.37 只，干果水果 11.05 公斤[③]。这一系列数据真实地反映了山西抗战前的农业生产水平。

（2）工矿业

山西矿藏资源丰富，尤以煤、铝土、铁储量巨大。从 1932 年开始，阎锡山着手施行"山西省政十年建设计划"。该计划主要以煤、铁等资源为依托，建立涵盖工矿、交通、金融的"山西人民公营事业"。计划实施不久便初现成效，全省 61 个产煤区 1934 年产煤总量已达 5032713 吨，超出 1931 年 2266333.62 吨一倍多；全省电厂到抗战全面爆发之前发展到 31 处，总装机容量达 28582 千瓦，其中大部分用于民用照明、冶金、煤炭开发、纺织、面粉加工等生产和生活领域；全省轻工业到 1936 年总产值已达 2040 万元（法币），主要产品年产量如卷烟达到 46900 箱（每箱 5 万支）、饮料酒 346 吨、火柴 116600 件（每件 240 包）、机制纸 346 吨，印刷厂发展到 122 家，蛋厂增加到 16 家[④]。

"西北实业公司"是山西近代经济体系中规模最大、资本最雄厚、科技含量最高的企业。所辖工矿企业 33 个，基建投资达 3000 万银元，共有职员 2051 人，工人 18597 人。在这些企业中，扩建性投资约 1400 万银元，新建性投资约 1600 万银元。西北实业公司所辖西北毛织厂、西北火柴厂、西北印刷厂、西北洋灰厂、皮革制作厂、西北窑厂、煤矿第一厂、煤矿第二厂、煤矿第三厂、机械修造厂、西北制纸厂、晋华卷烟厂、炼钢厂、电化厂、兴农酒精厂、东山采矿所、定襄采矿所、氧气厂、太原油脂厂、宁武铁矿采矿所、西河口铁矿采矿所、静乐采矿所、发电厂、西北机车厂、西北农工器具厂、西北铁工厂、熔炼厂、西北铸造厂、机械厂、水压机厂、化学工厂、汽车修理厂、育才炼钢机器厂等企业。这些工厂所产各类民用产品，不仅覆盖全省，且行销全国各大商埠。此外，还有西北

① ［日］Kojima Seiichi：《华北经济概况》，1937 年版，第 89 页。
② 山西省农业厅编：《山西省历年农业基础数字》，1960 年版。
③ 山西省地方志编纂委员会编：《山西通志·农业志》，中华书局 1987 年版，第 11 页。
④ 山西省史志研究院编：《山西通志·电力工业志》，中华书局 1997 年版，第 15—17 页；《山西省的产业与贸易概况》，载侯振彤译编《山西历史辑览》，山西省地方志编纂委员会办公室 1987 年版，第 100 页；山西省史志研究院编：《山西通志·轻工业志》，中华书局 1998 年版，第 2 页。

制造厂所辖若干分厂为兵工企业。这在当时是国内兵工厂之精华，可与当时国内一流的沈阳兵工厂和汉阳兵工厂媲美。"西北实业公司"1936 年终结算，获纯利润 78 万银元。1937 年上半年结算时，纯利润已高达 300 万银元①。

在山西工矿业中，除了"山西人民公营事业"下属工矿企业外，省、县、村营公社也兴建了一些新型工矿企业。如：晋丰面粉公司、土大同煤业公司、太原面粉厂等。至此，山西近代工业初见成效。但是，1937 年日本发动全面侵华战争严重阻断了山西经济的发展进程。

（3）交通运输业

铁路：山西是中国较早拥有铁路干线的省份之一，1937 年抗战全面爆发前山西境内共有三条主要铁路。1）正太路。山西的第一条铁路干线。光绪三十三年（1907 年）九月通车。截止民国 13 年（1924 年），共支出建设费 2265.70 万银元，平均每公里支出 9.32 万银元。该路全长 242.95 公里，轨距 1 米窄轨铁路。该路跨越晋、冀两省，山西境内线路长 172.381 公里②。1935 年，全路货运量达 251.5 万吨，运送旅客 73.3 万人次③。2）过境京绥路。京绥线为标准线路，全长 830 多公里，山西境内干线长 148.4 公里。京绥路全部建筑费用 5773.2 万银元，平均每公里 6.8 万银元。山西境内京绥路建筑费用 1009.12 万银元④。1935 年，全路货运量达 239 万吨，运送旅客 130 万人次⑤。3）同蒲路。同蒲路是纵贯全省南北交通的大动脉。1932 年，开始修建，到 1937 年抗战全面爆发前基本建成并通车运营。干支线共计 1027 公里，全部建设费用 5904 余万元（法币，下同），平均每公里造价 5.75 万元。其中干线费用为 5752 余万元，平均每平方公里造价 6.7 万元⑥。山西全省境内各类铁路已达 1500 余公里，占华北铁路总长的五分之一。这些铁路的修筑带来了丰厚的经济利益，以同蒲铁路为例，仅

---

① 主要参考资料：国际贸易局实业局编：《中国实业志》，1934 年版；西北实业公司编：《西北实业公司历年概况》，1948 年版；景占魁著：《阎锡山与西北实业公司》，山西经济出版社 1991 年版。

② 山西省史志研究院编：《山西通志·铁路志》，中华书局 1997 年版，第 12 页。

③ 山西铁路志编纂委员会办公室编：《山西铁路志（1896—1985）》（第三编）中册（送审稿），1995 年版，第 3 页。

④ 山西省史志研究院编：《山西通志·铁路志》，中华书局 1997 年版，第 14 页。

⑤ 山西铁路志编纂委员会办公室编：《山西铁路志（1896—1985）》（第三编）上册（送审稿），1995 年版，第 5 页。

⑥ 山西省史志研究院编：《山西通志·铁路志》，中华书局 1997 年版，第 111 页。

1936 年就盈利 2960561.39 元（法币）①。日军入侵后，将这三条铁路干线和所有支线都抢夺到手，变成日军军事侵略和经济掠夺的工具。

公路：除三条铁路线外，主要城镇均有简易公路相通。至抗战前山西已建成总长 2938 公里的 23 条（段）公路。四通八达的公路使汽车运输业迅速发展。据统计，1933 年汽车营业额为 1456825.46 元（晋钞），净赢利 378774 元（晋钞）②。

（4） 邮电业

山西邮政始于 1901 年，到 1937 年 6 月底，基本形成以县、镇为中心并辐射全省的近代邮政网络系统。抗战全面爆发前，山西邮路总长度达 17555 公里。其中，铁路邮路 969 公里，占 5.5%；汽车邮路 1155 公里，占 6.6%；邮差邮路 15431 公里，占 87.9%③。

1915 年，阎锡山创办山西军用电信局，各县下社局、卡，军民公用。到 1934 年，设在各县分局、分卡 140 处，全省 105 个县和主要集镇皆可通报通话④。

（5） 商业贸易

战前的 1936 年，山西民族资本主义商业发展到了一个空前繁荣的局面。是年山西全省有商号 45216 户，商业从业人员 165113 人，平均每 254 人即有一个商业网点，每 70 人中有一名商业人员。省城太原的商业行业发展到近 50 个，商号增至 2851 户，商业人员增至 16300 人，占全市人口的 11%；长治城商业行业发展到 20 余个，较大的商号增至 300 余家；榆次城商号和手工作坊发展至 600 多家；大同、忻县、临汾、新绛、安邑、汾阳、太谷、平遥、介休、晋城等县的民族资本商业恢复发展也比较快，私营商业户及其从业人员都有显著增加。下面列出几组当年山西主要商品出口概况，便可看出战前山西商贸经济的状况和发展势头。如：1）棉花。1936 年全省棉花输出约 2000 万斤，总价值约为 700—800 万元（法币）。2）核桃。1936 年仅汾阳一地即生产核桃仁 90 万斤、带壳核桃达 100 万斤左右。3）大麻。1936 年全省生产大麻 4585 吨，仅长治即产 3000 吨，

---

① 山西省史志研究院编：《山西通志·铁路志》，中华书局 1997 年版，第 608 页。
② 山西省交通厅交通史志编审委员会编：《山西公路交通史》第一册，人民交通出版社 1988 年版，第 144—145 页。
③ 山西省史志研究院编：《山西通志·邮电志》，中华书局 1996 年版，第 3 页。
④ 《山西邮电志》编纂委员会编：《山西邮电志》，山西人民出版社 1995 年版，第 67 页。

外销 1500 吨。4）杏仁。1936 年出口增到 870000 斤。5）羊皮。1927 年出口达到 670299 张。6）牛、马、驴、骡皮。战前，山西每年生产牛皮 205000 张，马皮 15000 张，驴、骡皮 82000 张，出口量分别为 100000 张、7000 张、40000 张。7）羊毛。战前全省通常年产 1.8 万—2.5 万担，最高曾达 2.7 万担，出口量在百万斤以上。8）蚕丝。1936 年输出生丝 16000 斤、黄丝 47000 斤、乱丝头 50000 斤。9）丝织品。1936 年共输出丝织品 2000 匹。10）龟龄集。1928 年龟龄集酒每年出口 4000 瓶，占年产量的 80%。11）党参。1936 年输出 88400 斤。12）蛋品类。20 世纪 30 年代，山西蛋制品加工业中出口量较大的主要有：干蛋白、干蛋黄、飞黄、盐黄、干全蛋。1936 年输出蛋粉 1937860 斤。13）汾酒。1926 年出口 6128 斤，1936 年出口 36000 斤。14）草帽辫。战前最高年产量曾达 100 万斤。每年输出 10 万余斤，极盛时出口达 20 万斤左右[①]。

3. 社会概况

（1）人口

1936 年全省 11471556 人，其中男 6415434 人，女 5056122 人[②]。全国抗日战争爆发后，山西出于战乱之中，人口也处于激剧动荡变化中，全省人口数据统计缺乏完整资料，很难准确记述。1937 年山西人口为 11601026 人，1942 年为 12089689 人，1949 年增加为 12808591 人，12 年（1937—1949 年）全省共增加 1207565 人[③]。可见，这个阶段山西人口总的发展趋势是处于缓慢增长中。

（2）行政区划

1937 年全省 105 个县。全国抗日战争初期，山西省政府曾按地理形势把全省 105 县划为 7 个行政区。1937 年 11 月太原被日军占领后，山西省政府即迁往晋西南，其实际统治区仅有吉县、大宁、隰县等。1938 年，山西省政府把全省 7

① 主要参考资料：《晋阳日报》卅周年纪念特刊《三十年来之山西》（八）物产；中共山西省委调查研究室编：《山西省经济资料》，山西人民出版社 1958 年版，第 4 册，第 9 章；交通部邮政局编：《中国通邮地方物产志》，商务印书馆民国二十六年二月版；山西省土产展览会编：《山西土产》，1951 年版；《申报年鉴》，民国二十四年合订本；山西省政府统计处：《山西省第七、九次经济统计》，民国十五、十六年版；周宋康编：《山西》，民国二十八年八月版，第 11 页；渠绍森编著：《山西外贸志》，1984 年版，第 329 页。
② 毕士林等主编：《中国人口》（山西分册），中国财政经济出版社 1989 年版，第 56 页。
③ 山西省史志研究院编：《山西通志·总述》，中华书局 1999 年版，第 52 页。

个行政区调整为 9 个行政区。1939 年又调整为 4 个行政区。1940 年后，又分全省为 18 个行政区，各区所辖县份多不完全（大部分县属抗日根据地），有的行政区（如十六、十七）既无专县，又未划具体地域，实为虚设①。

山西现有 11 个地级市、23 个市辖区、11 个县级市、85 个县（合计 119 个县级行政区划单位），省会为太原市，2012 年末总人口 3500 万人。本次开展的抗战时期山西人口伤亡和财产损失调查即以现在山西省区域为准。

（三）日本侵略者在山西的主要罪行

日军侵晋八年，犯下累累罪行，给山西的社会发展和人民生活带来深重的灾难。其罪行主要从军事进攻、政治统治、经济掠夺和思想奴化、毒化四个方面概况。

1. 日军对山西的侵略

1937 年 7 月 7 日，日本帝国主义以制造卢沟桥事变为起点，发动全面侵华战争。中国人民与日本侵略者展开了艰苦卓绝的抗日民族解放战争。7 月 29 日、30 日，北平、天津相继沦陷。从 8 月中旬起，日军投入 30 万兵力，沿平绥、平汉、津浦铁路干线向华北腹地展开战略性进攻，叫嚣"一个月占领山西，三个月灭亡中国"，山西成为华北战场的重心。

（1）日军大举进攻，野蛮屠城，无辜平民惨遭杀害，境内各大城市、交通干线及沿线主要地区全部沦于敌手（1937 年 9 月—1938 年 3 月）

9 月上旬，日军察哈尔派遣兵团（司令官东条英机）侵入山西北部，9 月 9 日夺取阳高，9 月 12 日夺取天镇，9 月 13 日夺取大同，突破晋北防线；9 月下旬日军坂垣师团进抵平型关并向茹越口及附近地区发动全面进攻，突破内长城线；10 月上旬日军突破崞县、原平防线，近逼忻口；10 月下旬，川岸文三郎指挥的第 20 师团全部及第 109 师团主力，从河北仰攻娘子关、固关，10 月 26 日攻入娘子关，10 月 29 日夺取平定，10 月 30 日攻占寿阳，直逼榆次、太原。忻口

---

① 山西省史志研究院编：《山西通志·总述》，中华书局 1999 年版，第 45—46 页。

守军被迫撤守，日军从南北两路合围山西省省会太原。11月8日，太原城陷。是年年底至翌年年初，日军遍掠晋中各地。

太原沦陷后，日军第5师团调出山西、察哈尔派遣兵团撤离山西归还原关东军建制。将新编成的第26师团（师团长后宫淳）派守察绥两省及山西省的雁北地区（即山西境内的内长城线以北的13个县）。第109师团全部调集太原，与第20师团共同驻守山西内长城线以南、平遥以北地区。1938年2月，日军开始入侵山西晋南和晋东南地区。日军第20师团于1938年2月11日从榆次、太谷附近行动，2月13日侵入平遥至介休、孝义一带南下，直指临汾。3月4日从临汾出发，与第14师团在3月6日至8日，侵占黄河各渡口。第108团所属苫米支队（支队长苫米地四楼）及工藤支队（支队长工藤镇孝），于2月13日从武安出动，2月16日击破凭险据守东阳关的川军第47军（军长李家钰）之第178师（师长李宗昉），20日侵入黎城、潞城后，师团主力驻潞城附近，并遣苫米支队继续进兵，21日侵长治、屯留及长子，22日侵安泽，26日逼近临汾，28日侵占临汾县城。第109师团于2月2日从太原及清徐附近出动，14日犯文水，17日攻占汾阳后，佐佐木支队（支队长佐佐木勇大佐）、谷藤支队（支队长谷藤长英）、本川支队（支队长川省三）于22日分兵一路进犯离石（24日）、碛口（25日）、中阳（25日）、军渡黄河一线。其后，师团主力返回太原。第14师团（师团长土肥原贤二）于2月17日侵占新乡，21日侵占济源、博爱后，分兵两路向晋南进犯。一路是石黑支队（支队长石黑贞藏），从博爱出动，28日攻占阳城，3月2日侵攻曲沃一线；另一路是酒井支队（支队长酒井隆少将），从济源出动，2月28日攻垣曲，3月5日占闻喜、运城，8日侵犯平陆、芮城、抵风陵渡。至此，山西105个县日军几乎全部入侵过，境内主要铁路、公路干线及沿线主要地区大片土地被侵占，日军在山西境内的大兵团作战基本结束。

日本侵略者在此段的军事进攻中，进行了惨绝人寰的大屠杀，制造了多起杀人上千的重大惨案。

1937年9月9日—12日，日军攻占阳高县城，血腥屠杀城内民众1000余人。

1937年9月12日—14日，日军占领天镇县城，连续屠城3日，杀害群众2300余人。

1937年9月20日、23日、24日、25日，日军第5师团三浦敏士所率21旅团相继在灵丘县城及灵丘县城通往平型关沿途的东河南村、小寨村、关沟村、唐之洼村、蔡家峪村、南梁村等地共屠杀平民百姓1200余人。

1937 年 9 月 28 日—30 日，日军攻破朔县县城，屠城 3 天，当地群众 3600多人被杀。

1937 年 10 月 8 日—10 日，日军在宁武县城进行灭绝人性的大屠杀，4800余名苦难同胞惨遭杀戮。

1937 年 10 月 8 日至 11 月 8 日，整整一个月在崞县（即现在原平市，属忻州市辖）境内制造了三起屠杀千人以上的重大惨案，即崞县县城惨案、原平镇惨案、南怀化惨案，统称崞县惨案。据战后统计，崞县县城惨案发生在 1937 年10 月 8 日—9 日，2 天中日军屠城共杀害百姓、商人、难民，以及被俘晋绥军官兵 2500 余人，烧毁民房、庙宇近 2000 余间。原平镇惨案发生在 1937 年 10 月 11 日，日军侵占原平镇，屠杀原平镇居民（包括商人）1800 多人。屠杀过后，日军将城内店铺的金银财宝、贵重物品全部装汽车拉走，并四处点火，焚烧店铺和民房，火燃近 40 天，使原先一个繁华热闹的商业重镇变成一片废墟。此次日军抢掠、烧毁 45 个行业、270 余家店铺，共烧毁原平镇房屋 3000 余间。其中烧毁店面、库房、作坊共计 1840 多间，货物资金损失 245.49 余万块银元。南怀化惨案发生在 1937 年 10 月 13 日—11 月 8 日，日军第 5 师团萱刀联队共屠杀南怀化村民及到此避难老百姓共计 1200 余人，烧毁民房 1000 余间，将全村 600 多只羊、200 多口猪、200 多头大牲畜全部抢走。此案有 100 多户被杀绝。

1938 年 2 月 13 日，日军第 20 师团由中将川岸文三郎率领下攻入平遥城内，制造杀死、杀伤无辜群众 1000 余人的大惨案。

（2）日军对抗日根据地进行大规模围攻、"扫荡"，施行 "三光政策"、"囚笼政策" 以及 "治安强化运动" （1938 年 4 月—1945 年 9 月）

日军入侵山西后，八路军第 115 师、第 120 师和第 129 师遵照中共中央、中央军委和毛泽东的指示与命令，相继于 9、10 月间东渡黄河，开赴恒山、五台山、管涔山、太行山脉，先敌一步占据山西的晋东北、晋西北和晋东南（主要是正太线南侧地区），实行对日作战。稍后，八路军一部亦转至吕梁山脉，着手开辟晋西南的工作。转战至晋东北恒山一带的八路军 115 师在晋、察、绥三省交界北岳区开辟了晋察冀抗日根据地，转战至连接塞外的晋西北黄土高原上的八路军 120 师在此开辟了晋绥抗日根据地，八路军总部及 129 师转战太行山南段，创建了晋冀豫抗日根据地，八路军第 115 师师部率第 343 旅转向吕梁山脉及太岳山区，创建晋西南抗日根据地。同时，晋绥军则分布在晋西一带（晋西事变后扩充为八个军，兵力总计约十二三万人），拥兵自重；而国民党中央军约20个师则以中条山为基地，连接黄河南北，伺机以待。在此形势下，侵驻山西的日军反陷包围之中，时刻面临覆灭威胁。因此，1938年秋，入侵山西的日军对我军民特别是中共领导的抗日根据地不断实行"围攻"、"扫荡"，实施残酷的"三光政策"。1939年9月，多田骏出任日军华北方面军司令官后又提出所谓的"囚笼政策"，作为配合日军"扫荡"所采取的手段，即以铁路为柱、公路为链、碉堡为锁，辅之以封锁沟、封锁墙，将抗日根据地分割成许多小块，然后实行压缩包围，形成网状和"囚笼"，以达到彻底摧毁抗日根据地和消灭抗日武装力量的目的。1940年，八路军发动了以交通破袭战为主的"百团大战"，给予日军沉重打击，日军将攻击矛头进一步指向华北敌后抗日根据地。1941年，冈村宁次继任日军华北方面军司令，随即提出"治安强化运动"方针，即加强对华北的进攻、统制、奴役和掠夺，将华北变成为日本的殖民地。"治安强化运动"的内容是"三分军事，七分政治"，是集军事、政治、经济、文化、交通为一体的"总力战"，是原有的"囚笼政策"的再扩展。根据这个政策，日军以"囚笼"为依托，将华北划分为"治安区"（即敌占区）、"准治安区"（即敌我争夺的游击区）与"非治安区"（即抗日根据地）。对"治安区"以"清乡"为主，强化保甲制，推行"圈村"政策；对"准治安区"以"蚕食"为主，制造"无人区"，并在这些地区广修封锁沟、封锁墙与碉堡，防止八路军深入游击区和敌占区活动；对"非治安区"则以"扫荡"为主，实行残酷的"三光政策"。据不完全统计，从1937年11月下旬起至1944年8月止，日军一个旅团以上的、规模较大的"扫荡"约96次。其中，对晋东北地区"扫荡"约13次，对晋东南地区约39次，对晋西北地区约22次，对晋西南及晋南地区约22次。这些规模较大的"扫荡"，日军每次兵分八路、九路、或十三路、二十五路不等，每次出兵五千、一万、或两万、三万、五万、七万不等，每次持续时间十天、半月、或两月、三月不等。1944年，山西各抗日根据地开始局部反攻，北岳区攻占日伪据点189处，晋绥区"挤"掉日伪据点106处，收复村庄3108个并扩大解放区面积近10万平方公里，太行区攻克日伪据点105处，收复国土17.09万平方公里，太岳区攻克日伪据点90处，日军被迫退守中心城市及交通沿线据点①。到1945年9月，毛泽东代表中共中央发表《对日寇的最后一战》，山西各抗日根据地军

---

① 张国祥主编：《山西抗日战争史》（下），山西人民出版社1992年版，第452页。

民立即紧急动员，迅速向日军发起猛烈反攻。8月15日，日本天皇宣布无条件投降，9月2日，日本政府代表在投降书上签字。至此，抗日战争胜利结束。

日军在1938年4月至1945年9月的军事进攻中施行的法西斯政策，使山西同胞遭受到前所未有的深重灾难。

1）日军在疯狂"扫荡"和施行"三光政策"中的罪行

日军在1938年2月—4月间、1938年7月~8月间、1939年7月—8月间，分别在晋城城乡制造屠杀百姓2500余人、5000余人、12000余人的大惨案。日军1940年4月24日第四次侵占晋城，直到1945年4月27日撤走，在此长达5年的时间内，日军共进行大规模"扫荡"20多次，杀害民众21500余人，烧毁房屋38000余间，宰杀大牲畜37000余头，抢粮250000斤，掠夺铁板200多万斤。抗战时期，日军先后四次侵占晋城，共烧毁房屋78000余间，杀害老百姓41000余人，宰杀大牲畜57500头，掠夺财物不计其数①。

1940年9月13日，日军"扫荡"平定县马庄村，杀死村民334人，烧毁房屋248处，抢走驴127头、牛237头、羊532只、猪6头、鸡1028只、小米1011石、玉米236石、黄豆34石、白面2174斤、大米30斤、核桃15麻袋，抢走犁耙等农具411件、扇车4个，以及价值达262708元的其他财物②。

1940年冬，日军为了达到破坏西北抗日民主根据地之目的，对西北抗日民主根据地的中心人称晋西北的"小延安"兴县疯狂"扫荡"。12月23日，日军占领兴县城，血洗兴县城乡，屠杀1300多名群众，烧毁房屋9200多间，抢走和屠杀耕牛1200多头，拉走毛驴1400多头，宰杀猪、羊5000多口（只），宰鸡近万只，抢走和糟蹋各种粮食3600多石，抢走金银首饰、白银数万两，衣服、布匹、绸缎不计其数。日军还捣毁织布机120多架。

1941年2月18日至19日，日军派重兵围袭应县下社十二堡和长城要地小石口，屠杀民众和俘虏1700余人。

2）日军在"治安强化运动"中的主要罪行

平定县（西）境及平定县、盂县境内制造的"无人区"。日军在平定县交错区（准治安区）推行碉堡政策，沿铁路和各公路修筑碉堡。1941年9月初，驻阳泉日军片山旅团长颁发实施"无人区"的布告，划定平定县、盂县境内163

---

① 主要参考资料：太原市政协文史资料研究委员会编：《太原文史资料》，1995年5月版；李秉新、徐俊元编：《侵华日军暴行总录》，河北人民出版社1995年版，第339—528页；中共山西省委党史研究室编：《侵华日军在山西的暴行》，山西人民出版社1986年版。

② 叶昌刚：《侵华日军在山西的暴行》，载《山西文史资料全编》（第5卷），山西文史资料编辑部2002年编印，第793页。

个村庄为"无人区"。

平定县（北）境内制造的"无人区"。1941年9月13日开始至年底，日军将平定县（北）的铺北、沙井、郝家庄等大小57个村庄夷为平地，变成"无人区"。据不完全统计，仅在13个村庄，即屠杀中共抗日干部和群众292人（其中群众170余人），抢走牲口442头、羊1200只、粮食193万斤，烧毁拆除房屋和窑洞共计4400余间（孔）。

定襄县境东南山区制造的"无人区"。1941年，日军为隔断定襄县境内的抗日军民与五台山抗日根据地的联络，在位于定襄县城东南方面的丛蒙山边沿地带的部分村庄中，制造了长40余里、宽约20里、总面积达600多平方公里的无人地带。将划入"无人区"的南涧、马家窑、瓦扎坪等20余个村庄全部毁灭。日军将此20余村的房屋烧毁，粮食衣物抢劫一空，耕畜家禽赶走或杀死，锅碗瓢盆水缸等用具全部砸碎，犁耧耱耙锄等农具毁坏烧光，将人畜粪便倒入水井或将水源炸毁，以防止老百姓回归。据统计，日军制造此处"无人区"共烧毁民房1100余间，残杀和伤害老百姓1820人，抓捕老百姓500余人，抢劫粮食1495石、耕畜2420头、家畜5500只，抢走各种衣物212053件、农具55400余件，荒芜耕地178846亩。

盂县境内制造的"无人区"。从1941年秋冬，日军首先将与河北平山、井陉接壤的盂县东部地区的东庄头一带88个村庄（93个自然村）制造成"无人区"，区域内4000多居民被赶走，杀害60余人，烧毁拆毁8000余间房屋和窑洞，抢走耕畜450余头，粮食衣物洗劫一空。此后，又在椿树底、御枣口、西南舁、进圭社、等地增设13处据点，恢复西烟镇、上社镇、兴道、下社村、会里等7处据点，以控制全县各主要大道；以后又在北部、西部地区制造"无人区"，使全县的"无人区"扩大到146个村庄，2万余居民无家可归，400余人死于瘟疫。到1943年底，全县共有275个村庄被制造为"无人区"。

五台县境内制造的"无人区"。从1941年秋冬起，日军将五台县境南起牛道岭、北至长城岭、东起冀晋交界处、西至清水河一带制造成"无人区"。并将此区内的148个村庄的18000余居民屠杀掉9200余人，抓捕280余人，毁坏耕地3万余亩，烧毁民房9800余间，抢粮9600余石。日军在制造"无人区"的同时，又在高洪口、耿镇、照吞口等20多处增设了据点，使全县据点增加到51处，不仅严密封锁了五台与阜平等地的交通，而且把五台县境内的抗日根据地也分割得支离破碎了。

灵丘县境内制造的"无人区"。从日军侵入灵丘县开始构筑据点起，至1941年9月，全县已构筑据点30余处，且形成三道封锁线。其中，对南山抗日根据地的封锁线，东起茶坊岭、西至下关镇，长90余里，境内村庄被反复烧杀，仅"扫荡"期间就屠杀此处老百姓98人、抓捕青年63人、奸淫妇女700余人、烧毁民房近1700间、抢走粮食45000余斤、烧毁粮食6700余斤、抢走各类物品折价53000多元。至1943年，该县93个村庄被日军制造成"无人区"。

繁峙县境内制造的"无人区"。到1941年9月，日军在该县据点增设到13处，控制了繁峙通往阜平、五台、应县、浑源的各主要交通线，特别是加强了东南山区的封锁线，使这一带变成了"无人区"。除上述之外，日军还在二分区的寿榆、阳曲（东）、忻县（东）、崞县（东）、代县、山阴（东），五分区的广灵、浑源、应县等地也大量增设了据点、碉堡，加强了对抗日根据地的封锁和分割，对这些地区的老百姓实行最残暴的奴役和统治。至1943年上半年，日军在二分区的据点共达207个[①]。

日军在晋南大挖"割断壕"，制造"无人区"。抗战期间，吕梁山南麓一直是日伪统治区和抗战区的交错地带。1938年至1941年，日军多次对马壁峪、黄华峪"扫荡"，但无法割断抗日军民的活动。于是，日军决定从汾城县到河津县挖条长达100公里的"割断壕"。这种壕沟，宽7米，深5米，沟的南沿（靠抗战区的一面）又用黄土夯起2米高的围墙。这样，从沟的底部到围墙顶部，共高7米。同时，沿沟每隔二里半还修筑一座炮楼，一大一小，大小相间，大的可住百八十人，小的可住三四十人。大炮楼由日军驻兵把守，小炮楼由伪警备队把守。仅从汾城县到稷山县西边的阳平村，就有大小炮楼30座。1942年寒春季节开工，从汾城经新绛，自东往西，穿越稷山的三界庄和范家庄一带、延伸至河津的阳平和张吴。修筑的苦力，来源于附近各县。在修筑过程中，仅稷山县黄化峪口的邢家堡据点。1942年至1945年间，就有千人被活埋，被刀劈、枪杀、火烧、填井者达2300余人。在高渠炮楼仅2.5公里长的一小段工地上，死伤百姓竟达2000余人。日军为了修成站在炮楼上就可以一眼看到吕梁山，其间不留一块可供中国士兵藏身的一抹平光的地带，把壕沟两侧的村庄及房屋全部烧光，把残垣断壁全部推平，树木全部砍光，甚至还开着坦克冲碾，确保其平坦无碍。

---

① 中共山西省委党史研究室编：《晋察冀革命根据地——晋东北大事记》，山西人民出版社1991年版；白卯成文《晋东北的"无人区"》、张国华文《定襄"无人区"实录》、王玉光文《平定"无人区"纪略》，载山西省史志研究院编：《日本帝国主义侵晋罪行录》，山西古籍出版社1996年版。

"割断壕"沿线的刘家庄堡、薛家庄、邢家庄、张家庄、上胡等数十个村庄都被夷为平地。如刘家庄堡村50多户、416间房屋，全被烧光，墙根刨去，石基起光，都用于筑据点碉堡，未逃脱的男人被杀光，妇女全部奸淫，身上脸上抹上污泥锅黑也难幸免[①]。

3）实施"细菌战"和"毒气战"

日军在山西实施"细菌战"的罪行：在山西从事细菌作战的部队是日军华北（甲）第一八五五部队分部。该部队是侵华日军继关东军第七三一部队之后建立的第二支细菌部队，总部设北平。在山西设太原分部和运城办事处。太原分部建立于1938年5月，地址在太原市西羊市街12号，对外称为"太原防疫给水部"。太原防疫给水部内部设有防疫给水细菌战教育室、细菌检查室、细菌培养室、解剖室、特殊实验室、消毒所等部门。军医少佐远藤吉雄、桥本先后任太原支部支部长。太原防疫给水部虽然不隶属日本华北方面军第一军，但事实上接受第一军军医部长的指令。1942年8月至1944年初，日本细菌战元凶石井四郎担任华北日军驻山西省第一军军医部长，直接指挥太原防疫给水部的细菌战活动。

日军在山西实施细菌战罪行主要表现在两方面。一是在山西进行细菌武器实验，即采用的是活人实验和活体解剖。原日军卫生兵中村三郎供认，1944年1月，他在太原防疫给水部受训3天即参与解剖抗日战俘8人。他先后参与和亲手解剖斩杀了中国抗日军人和居民46人[②]。原日军军医汤浅谦供认，1942年2月至1945年4月，他在山西省潞安日本陆军病院期间，训练研究细菌战卫生兵400余人，参与和亲手演习外科手术即活体解剖抗日战俘和居民19人，从传染病患者身上采取新菌（主要是肠伤寒、A型副伤寒、B型副伤寒），进行培养保存，一方面送太原给水部作细菌战研究，另一方面供给潞安三十六师团野战防疫给水部制造最强毒力菌[③]。他在证词中还说，"非常多的军医、护士和卫生兵都参加过活体解剖手术，也许是几万人。当时只觉得在杀一条狗，那种事几乎是家

---

① 王志平、薛官龙文《仇深似海，罪证如山——记日军在我县挖毁民壕的滔天罪行》，载中共稷山县委党史办公室编：《稷山党史资料汇编》（第一辑），1986年版；刘存璠文《日本侵略军在河津挖海壕》，载山西省政协河津文史资料委员会编：《河津文史资料》（第七辑），1998年版；山西省文史研究馆馆藏：刘仲梅忆述稿《"毁民壕"给河津人民带来的灾难》；新绛县北张村权宗才忆述稿《北张村人的灾难》等。
② 谢忠厚：《华北甲第一八五五细菌战部队之研究》，载中国社会科学院近代史研究所、中国抗日战争史学会主办：《抗日战争研究》2002年第1期，第66页。
③ 谢忠厚：《华北甲第一八五五细菌战部队之研究》，载中国社会科学院近代史研究所、中国抗日战争史学会主办：2002年《抗日战争研究》第1期。

常便饭。仅华北方面日军就有 40—50 万人，下面约有 20 所陆军医院。"① 山西潞安日本陆军病院军医大尉种村文三于 1954 年 8 月 31 日供认，为实验细菌的效能，1938 年 8、9 月至日本投降期间，日军在河南商丘县瓜地里，在山西潞安城附近村庄的井里、水池里、水缸内和脏土堆里，先后投伤寒菌达 12 次之多。据群众控诉，因此传染杀害老百姓 320 余人。北支甲第一八五五细菌战部队在战场上大量使用了细菌武器。据现有部分资料记载，1938—1944 年间，进行细菌战 70 次左右，抗日军民染病死亡达数十万人。二是在山西的细菌作战。主要针对抗日军队与普通居民。1942 年春，日军"扫荡"张家庄（今属娄烦县）时，施放细菌，致使全村人感染瘟疫，在不到两个月的时间内先后有 72 人染病而死②。1943 年春，日军"扫荡"时，用飞机在屯兰川、原平川小娄峰（今属古交市）等村撒布伤寒菌，6 月又在麻会等村撒布，造成伤寒病蔓延，小娄峰伤亡 40 余人、南头死亡 60 余人、营立死亡 50 余人、麻会死亡 47 人③。

这支魔鬼部队深知违反国际公法，罪孽深重，在日本投降时彻底毁灭罪证，大部分伪造身份潜逃回日本，只有小部分被俘。1945 年 10 月 1 日至 10 月 2 日，在太原按司街第三赤十医院，正准备回国的太原防疫给水部支部长桥本军医少佐以下 86 人被揭发为战犯。为了防止这一揭发，潞安日本陆军医院军医大尉种村文三命令将被揭发者 86 名侵华以来的行动事前记载及战时名簿改写成虚伪的，隐匿他们侵略以来的罪恶④。这也使得披露出来日军在太原防疫给水部犯下的罪行只能是冰山一角。

日军在山西实施"毒气战"的罪行：日军为积累将来对苏作战的经验，且避人耳目，将山西变成了他们进行毒气实战演习的战场。1937 年 9 月 6 日，日军进犯山西最北部的天镇县时，在该县东南中国守军之盘山阵地上首先使用了催泪毒气弹，致使中国守军官兵丧失战斗力，全部阵亡。1938 年 4 月，日本陆军参谋本部对华北方面军发出在山西一带使用毒气的命令。是年 7 月，日本第一军之 20 师团在晋南展开了大规模的毒气战。1939 年 5 月，日本陆军参谋本部指示日军在山西的偏僻地区实验性地使用了更为强烈的毒气黄剂。1940 年秋季震惊中外的百团大战中，毗邻太原的盂县是主战场之一。日军受挫之后十分恼火，把

① 中央档案馆、中国第二历史档案馆、吉林省社会科学院合编：《日本帝国主义侵华档案资料选编·细菌战与毒气战》，中华书局 1989 年版，第 793 页。
② 山西省娄烦县老区建设促进会编：《娄烦革命老区》，2005 年版，第 184 页。
③ 古交市地方志办公室编：《古交志》，山西人民出版社 1999 年版，第 650 页。
④ 谢忠厚：《华北甲第一八五五细菌部队之研究》，载中国社会科学院近代史研究所、中国抗日战争史学会主办：《抗日战争研究》2002 年第 1 期。

盂县的 275 个村划为"无人区"和"火焚区",在盂县设立据点 22 处,实行杀光、烧光、抢光的"三光"政策,夏季以细菌武器的投放与"扫荡"相伴而行,秋冬季以投放糜烂性疥子气、路易氏气、氮疥气等毒气为主。1941—1945 年的四年中造成全县 16 万人中 11 万余人染病,4 万余人丧生。其中因伤寒、打摆子、抓疥(中毒病症)而死亡的人数就有 3 万人之多。患病群体中 90% 的人伤寒、打摆子、抓疥都得过;98% 的人两种病都得过,尤以芥子气中毒的抓疥更甚;100% 的人留下了不同症状的后遗症;30% 的人在十年之中因后遗症病情迁移而死亡;60% 的人在四十至五十多年中病情加重而死亡;现在尚存不足 10% 的人还在人世,但都是疾病缠身,留有严重的后遗症,诸如头痛头晕、视力下降、双目失明、失声嘶哑、发音困难、早年脱牙、支气管炎、肺气肿、肺脓肿、哮喘、心脏病、高血压、高血脂、胃病、肠道炎、手脚麻木、四肢抽搐、淋病、腰腿疼、皮肤骚痒、起泡流黄水等后遗症①。

日本学者丰田雅幸据其所掌握的中方资料统计说,日军在山西从 1937 年到 1945 年不间断地使用了毒气,具体记录有 301 件。实际上,日军在山西使用武器长达 11 年之久,从 1937 年开始,直到 1948 年解放军攻打太原时,残留在阎锡山部队的日军仍使用了化学武器。11 年间,日军在山西使用化学武器有 50 个县,造成了巨大的伤亡②。

4)实施"慰安妇"制度残害山西妇女的罪行

日军从 1937 年 9 月入侵山西,一路烧杀奸淫,直至 1945 年战败投降,奸污山西妇女的野兽行径从未停息。自日本政府和军部将日军奸污妇女的兽行以建立"慰安所"制度合法化后,日军残害山西妇女的行为便呈现出如下三种不同的形式:一是在大小城市里建立了由日本籍或朝鲜籍妇女组成的慰安所。这种慰安所,专供日军官兵泄欲。另一种形式,是日军在占领区的边沿地带设立据点,靠"扫荡"抓捕拘押妇女,设立所谓的"慰安所",供其发泄。还有一种形式,是在一些设有维持会的农村,靠伪村长给他们"搜罗"提供妇女,有伪县政权的地方则靠伪政权操办此事。总之,不管是日军占领的大小城市还

---

① 中共阳泉市委党史研究室:《阳泉市抗战时期人口伤亡和财产损失课题调研成果》(专题卷)(1),2008 年,第 9、14、76、77、78 页。该成果保存于中共阳泉市委党史研究室。

② 主要参考资料:叶昌纲著:《侵华日军在山西放毒投毒大事记》,载政协山西省委员会文史资料研究委员会编:《山西文史资料》第 121 辑,1999 年版;闵大洪辑:《侵华日军释放毒气的部分资料》,载庄建平主编:《近代史资料文库》,上海书店出版社 2009 年版;[日]栗屋宪太郎等著:《毒气战之真相》,载日本《世界》杂志 479 号,1985 年版;[日]森山康平著,天津政协编译委员会译:《南京大屠杀与"三光"作战》,四川教育出版社 1984 年版;禹硕基等主编:《日本帝国主义在华罪行》,辽宁大学出版社 1989 年版;张蓬舟主编:《近五十年中国与日本》,四川人民出版社 1985 年版。

是占据的乡村，或是"扫荡"的地区，日军对中国妇女随时随地进行搜捕和奸淫。

日伪统治时期，日军在太原城内设立的"慰安所"，太原市民称其为"料理馆"。市内大街上和小巷里，日本人开的"料理馆"很多，日本官兵和日本商人进出不断。日军在察院后、旧城街、福寿里、双龙巷、西校尉营26号、中校尉营代县会馆、耿步蟾大院等地都设有"料理馆"。东校尉营有两个"慰安所"，其中一个叫"三岛楼"。三圣庵有一个叫"富贵楼"。正太街和西羊市一带的鸡窝巷、豆芽巷、大小濮府都设有"慰安所"。大袁家巷22号院对面的一个院子，也是一个"慰安所"，常住有四五个朝鲜妇女。这些"慰安所"，都是日本军队的专用场所。

日军入侵山西之后，凡在某一县城或乡村驻扎，首要任务便是向投靠他们的汉奸或伪职人员征集民夫、粮秣、蔬菜肉类和妇女，以支应日军所需。如1938年农历1月27日，日军侵入晋城，石黑少将便命维持会长李廷相为日军提供"花姑娘"。李廷相等人在晋城小东关大店内设"平康里"（即日军所谓的"慰安所"），逼迫暗娼和贫家女供日军奸淫。又如，1939年初，山西文水县伪政权在日军命令下，曾公开张贴布告，明令征用妇女，在贺家巷设立了"慰安所"。原山西潞安日本陆军病院军医汤浅谦在其《无法抹去的记忆》中，对当年日军在潞安设立慰安所和抓捕妇女的罪行公开坦白。他还说入侵山西的日军在其驻扎的县城里，都设有慰安所，并分为由日本妇女组成的且经军队批准的慰安所、由日本妇女组成的且让日本人经营的、由朝鲜妇女组成的且由朝鲜人经营的、还有随日本野战军流动的慰安所。曾随军入侵山西的日军技术中士泽昌利在其《太行恶梦——一个侵华日军的日记和回忆》里，也述及日军在山西汾阳县、长治县实施慰安妇制度的一些情况。日军占领山西铁路沿线的主要城镇后，与抗日根据地形成了相峙局面。为巩固和扩大既得的地盘，日军在这些相峙的前沿阵地上不断设立据点，修筑炮楼，而且每个炮楼派一个小队士兵进行守备，这些守备部队并不断结集力量对周边进行"扫荡"。这些地区多是崇山峻岭、山峦起伏，日本籍和朝鲜籍的"慰安妇"很难到达，为了稳定军心，日军便将战场上和"扫荡"中俘虏的八路军等中国抗日军队的女俘虏、中共地下党女党员及农家妇女押送到这些据点强迫当"慰安妇"。如从1992年起，山西相继站出来状告日本，控诉当年日军官兵对她们进行性迫害的万爱华、侯冬梅、周喜香、李秀梅、刘面焕等山西籍妇女，仅仅是当年山西数以万计受害妇女中的几个幸存者。日军不仅在山西境内残害山西妇女，他们还将山西妇女押解到省外，供山西境外的侵华日军欺侮，充当随军性奴隶。日本侵晋八年间，究竟有多少山西妇女被日军掳掠到省外随军当性奴隶，究竟有多少山西妇女遭受过日军性迫害和杀戮，目前尚无准确的调查统计。

2. 日军对山西的政治统治——扶植傀儡政权、进行殖民统治

（1）各级伪政权组织的建立

日本帝国主义为彻底灭亡中国和实行"以华制华，以战养战"的方针，军事行动喘息方定，就着手网络汉奸走狗，炮制傀儡政权，并操持傀儡政权对中国人民进行殖民统治。1937年11月8日，省会太原沦陷后，日军就在山西建立省、道、县、区、村五级伪政权。

伪山西省公署：1938年6月成立，1938年后半年，伪省公署广布羽翼，开始组织附属机构，内分民政、财政、教育、建设、警务五厅及秘书处，1943年改称省政府，长官称省长。

伪道公署：1939年4月，伪省公署决定恢复道制。道，系仿照明末清初的建制，介于省县之间承上启下的机构，设道公署，长官称道尹，下设一、二、三科。1941年7月，山西92县（不含雁北13县）划为四道。河东道，道公署设运城，共23县，日军实际占领21县；雁门道，道公署设榆次（后迁太原），共25县，日军实际占领20县；冀宁道，道公署设临汾，共25县，日军实际占领19县；上党道，道公署设长治，共19县，日军实际占领14县。

伪县公署：县维持会是伪县公署的胚胎，后改称县政府。长官称县知事，1943年改称县长，设秘书二人及民政、财政、教育、建设各科。

伪区公所：1940年，伪省公署要求各县设置2—4区，开始有区的建制。各区有区长一人，助理员二三人及区警数人。

伪村公所：村为民选自治机构。1941年，日军施行"治安强化运动"，推行保甲制，伪省公署"强化"村政，普遍实行"闾邻制"。

伪太原市公署：除一般建制外，太原设市公署，后改称市政府，与阳曲县分开，高于县而稍低于道，长官称市长，下设各科，后扩为局。

伪晋北政厅：1937年10月15日，在大同成立。雁北13县即大同、阳高、天镇、广灵、灵丘、浑源、应县、山阴、怀仁、朔县、平鲁、左云、右玉划为伪晋北政厅管区，不属山西伪政权管辖，而属伪蒙疆联合自治政府。

（2）日军操纵与控制各级伪政权的主要机构

1）宣抚班

日军在发动全面侵华战争的同时，就组成了所谓宣抚班，随军活动。其成员大部分是从"南满洲铁道株式会社"征调出来的。也有从社会上招募的日本浪人（无职业者）和从占领区招募、培训补充的基层工作人员。1939年春，山西派遣军建立后，军司令部下设宣抚指挥班，统一指挥山西派遣军系统的各宣抚班，但实际上主要听命于配属部队。宣抚班主要任务是：随军活动，首先是充当作战部队的辅助和前导。例如抓夫、找向导、搜集情报、管理俘房等，待到占领一个城镇，就有一个宣抚班随同日军驻守部队留驻下来；二是到军事前沿地带从事宣传和搜集情报；三是在占领区内进行宣传活动，招抚流亡人众返回城镇，胁迫工商各户复业，组织市场贸易；四是物色和拉拢地方士绅及其他头面人物出面并收买汉奸败类建立第一批基层汉奸傀儡组织；五是扶植成立日语学校，推行奴化教育。随着日军进攻锋芒的减弱，占领体制的经常化，宣抚班的功能逐渐减弱，职权日益缩小，1941年撤销，成员并入新民会。

2）特务机关

日军的特务机关就是军政府，其主要任务是秉承军部的命令，建立和操纵控制汉奸傀儡组织。主要活动有：一是物色、培养和扩充汉奸队伍。占领之初，主要拉拢、诱骗甚至胁迫上层人物下水充当汉奸。继之，通过开办学校，举办训练机构等方式，不断地刷新汉奸队伍。二是建立和加强各级各类汉奸组织。三是操纵汉奸傀儡组织的活动。四是直接插手办事。日军攻陷太原，就有一个太原陆军特务机关，属当时负责驻守太原的日军山冈师团司令部领导。1939年春，山西派遣军建立，这个特务机关随之升格为山西省陆军特务机关。军司令部之下的山西境内共有7个兵团（师团或独立旅团统称兵团），分驻崞县（即今原平市）、太原、汾阳、阳泉（后移驻榆次）、临汾、运城、潞安（即今长治市）。每个兵团司令部下设一个陆军特务机关，即以驻地为名。1943年秋，特务机关改名称连络部。实际上与特务机关毫无区别。

3）宪兵队

日本宪兵队是巩固日军军事占领和维护殖民统治秩序的重要工具，具有司法警察的职能。基本任务是维护占领秩序，镇压地下抗日活动。宪兵队为了执行其镇压任务，豢养大批情报人员，并以贩毒、窝藏、聚赌为猎取情报的手段。在"治安强化运动"中，宪兵队在沦陷区各地遍设监牢，随意抓捕，肆意杀人，滥施酷刑。1940 年 11 月，汾阳宪兵队前后抓捕 200 多"共产党嫌疑分子"，其中侥幸生还者 40 多人，其余全部杀害；1941 年 11 月—1942 年 2 月，大同宪兵队抓捕 200 多"中共大同市地下组织"人员，进行逼供，施以酷刑，不少人死在狱中，不少人残疾终身；1942 年 6 月，日本宪兵队在忻县、静乐、定襄三县枪杀伪军"可疑分子"600 余人；1942 年 9 月，长治宪兵队在潞安区召开各县警备队员千余人参加的"检举大会"，当场抓捕百名伪警备队员；1943 年 3 月，汾阳、交城、文水三县宪兵队和伪警察便衣队一夜窜遍 33 个村庄，抓捕 284 名共产党"嫌疑人"，狱中近 200 人死于酷刑，侥幸出狱者，大部分不久也死亡，少数人身留残疾成了废人。当年被称之杀人魔鬼的是阳泉宪兵队长清水利一。1940—1943 年他在昔阳、和顺等县活动期间，仅在昔阳县城、沾淌、东冶头、凤居、三都，以及和顺县的马坊等据点设立的"留置场"（即集中营），就先后杀害 4000 多名抗日军民及"嫌疑分子"。该"留置场"环境恶劣，酷刑手段奇特，令人发指。据幸存者统计，其酷刑有 40 多种①。

3. 日军对山西的经济掠夺

（1）对工矿业的疯狂掠夺与破坏

山西属于资源大省，蕴藏着丰富的煤炭、铁等资源，这些资源均属日本急需的战略物资。因此，日本对山西的经济掠夺首先是掠夺资源。掠夺的资源主要是煤炭、钢铁、电力等。日本掠夺山西资源策略是随着军事形势的变化而不断进调整。1938 年 3 月，山西大部地区沦于敌手后，以"西北实业公司"为基干的工矿业体系遭到毁灭性的打击。日军首先对山西的工矿企业实行军事占领，随后指定各随军财阀、商社代表负责经营这些厂矿。军队与财阀达成共同"开发"山西的产业联盟，财团即以武力为后盾开始血腥的掠夺过程。到 1938 年 8 月，日军以"军管理"方式统制山西重要厂矿达 44 个之多，约占整个华北 82 个"军管理"企业的 53.66%②。

---

① 杜拉柱等主编：《血火铁证》，山西人民出版社 1995 年版，第 2—10 页。
② 陆仰渊、方庆秋主编：《民国社会经济史》，中国经济出版社 1991 年版，第 684 页。

沦陷前厂名	厂址	沦陷后厂名	受军阀委托经营者
晋生染织厂	太原	军管理第一厂	钟渊纺绩株式会社
新记电灯公司	太原	军管理第二厂	兴中公司
保晋公司阳泉铁矿	阳泉	军管理第三厂	大仓矿业株式会社
保晋建昌公司煤厂	阳泉	军管理第四厂	兴中公司
西北煤矿第一厂	太原	军管理第五厂	兴中公司
西北炼钢厂	太原	军管理第六厂	大仓矿业株式会社
新记电灯公司附属面粉厂	太原	军管理第七厂	日东制粉株式会社
西北窑厂	太原	军管理第八厂	大仓矿业株式会社
魏榆面粉厂	榆次	军管理第九厂	日东制粉株式会社
西北育才炼钢机器厂	太原	军管理第十厂	满洲工厂
晋华祁县染织厂	祁县	军管理第十一厂	上海纺绩株式会社
晋华纺织公司	榆次	军管理第十二厂	东洋纺绩株式会社
晋华卷烟厂	太原	军管理第十三厂	东亚烟草株式会社
西北印刷厂	太原	军管理第十四厂	日本火药制造株式会社
西北发电厂	太原	军管理第十五厂	兴中公司
西北毛织厂	太原	军管理第十六厂	钟渊纺绩株式会社
西北皮革厂	太原	军管理第十七厂	钟渊纺绩株式会社
西北电化厂	太原	军管理第十八厂	钟渊纺绩株式会社
西北化学厂（老厂）	太原	军管理第十九厂	日本火药制造株式会社
西北化学厂（新厂）	太原	军管理第二十厂	日本火药制造株式会社
西北火柴厂	太原	军管理第二十一厂	中华磷寸株式会社
聚德祥铁工厂	太原	军管理第二十二厂	丰田自动车工业会社
晋恒造纸厂	太原	军管理第二十三厂	王子制纸株式会社
西北造纸厂	太原兰村	军管理第二十四厂	王子制纸株式会社
西北发电厂兰村分厂	太原兰村	军管理第二十五厂	兴中公司
东山采煤所	太原	军管理第二十六厂	兴中公司
保晋公司寿阳分厂	寿阳	军管理第二十七厂	兴中公司

---

① 山西省史志研究院编：《日本侵晋实录》，山西人民出版社 2005 年版，第 97—98 页。

沦陷前厂名	厂址	沦陷后厂名	受军阀委托经营者
阳泉煤矿	阳泉	军管理第二十八厂	山西煤矿株式会社
介休煤矿	介休	军管理第二十九厂	兴中公司
晋生面粉厂电灯公司	平遥	军管理第三十厂	日东制粉株式会社
晋益面粉公司	临汾	军管理第三十一厂	日东制粉株式会社
昆仑火柴厂	汾阳	军管理第三十二厂	中华磷寸株式会社
大益成纺织公司	新绛	军管理第三十三厂	上海纺织株式会社
永裕纺织公司	新绛	军管理第三十四厂	上海纺织株式会社
西北洋灰厂	太原	军管理第三十五厂	浅野水泥株式会社
太谷同记电灯公司	太谷	军管理第三十六厂	南朝鲜电力株式会社
爕和火柴公司	新绛	军管理第三十七厂	中华磷寸株式会社
洪洞煤矿	洪洞	军管理第三十八厂	兴中公司
东山煤矿	太原	军管理第三十九厂	（不详）
运城盐池	运城	军管理第四十厂	山西盐务管理局河东分局
金矿局	代县	军管理第四十一厂	大仓矿业株式会社
富家滩桃钮煤矿公司	灵石	军管理第四十二厂	兴中公司
宁武、神池、五寨森林	宁武	军管理第四十三厂	大仓矿业株式会社
西北煤矿第二厂	轩岗	军管理第四十四厂	大仓矿业株式会社

为了保证日本最大限度获取山西资源，日本政府成立"国策会社"——"华北开发公司"，在"华北开发公司"的统一领导下完成对华北经济的统制工作。该公司相继制定《华北产业开发第一个五年计划》和《华北第二次五年计划》。"第一个五年计划"是关于煤炭生产，即实施计划之开采。大同煤矿于1940年为加快采煤速度，引进链式割煤机4台、泉式1.51—p型煤电机315台[1]。并在此基础上制定大同煤矿生产"十年计划"，计划第一年（从1938年4月至1939年3月）产煤100万吨，第二年产煤215万吨，第三年产煤370万吨，第四年产煤700万吨，第五年产煤1000万吨，第十年则达到3000万吨[2]。太原西山煤矿计划从1940年起逐年增加10万吨，到1943年时由原来的40万吨增至

---

[1] 山西地方志编纂委员会编：《山西通志·煤炭工业志》，中华书局1993年版，第193页。

[2] ［日］岩崎继生：《大同风土记》，载侯振彤译编：《山西历史辑览》，山西省地方志编纂委员会办公室1987年版，第255—256页。

70万吨。阳泉煤矿从1938年至1941年煤产量逐年增加，计划到"第一个五年计划"结束时年产量上升至120万吨①。随着日军对华侵略的扩大，对煤、铁、电力等资源需求更加迫切。

1941年日本制订了"第二次五年计划"，对山西资源采取"掠夺式开发"，即根本不顾厂矿机器设备的生产能力，超负荷运转。为此，日本侵占大同面粉公司电灯厂、大同义记电灯股份有限公司、兴农酒精厂电灯部，并相继兴建了装机总容量为11500千瓦的岩岭3个发电所和容量达17000千瓦的平旺发电厂，还两次对阳泉蔡洼电厂改建扩建，使其年最高输电量达3150万千瓦②。特别是对军工生产所需的钢铁掠夺尤甚。

1940—1945年太原钢铁厂年产量（单位：吨）③

品名	1940年	1941年	1942年	1943年	1944年	1945年
生　铁	10773	33172	43303	36695	17067	13962
平炉钢			11918	16184	1600	4928
中型钢材		1669	14268	15719	不明	593
小型钢材				172	242	485
冶金焦			40516	60360	19656	不明

同时，日军大肆掠夺所产生铁。如在晋城、高平、阳城等县，按各县原有烘炉数指派生产"铁砖"数量。并统一"铁砖"规格为每块40斤至50斤。日军把掠夺的铁砖，交由伪县政府无偿征派的民夫挑运，辗转长治、邯郸，集中后盗运回日本。据《晋城县志》（1962年初稿）记载，1940年至1945年，日军掠夺该县的生铁约在一亿斤以上。

1942年4月，日本组建"山西产业公司"即"山西产业株式会社"，以统一经营山西省内重、轻、化学工业。公司下设35厂，产品大致50类110余种。从表面上看日军取消了对前述35家工矿企业的"军管"，但实际上仍具有明显的军事性质。尤其随着太平洋战争的爆发，日本人力、物力、财力渐趋困乏，日军对山西工矿业的掠夺迅速升级为野蛮的掠夺式"开发"。这种掠夺方式造成资源本身浪费并严重破坏周边地质结构和自然生态环境。据不完全统计，1938

---

① 山西省史志研究院编：《日本侵晋实录》，山西人民出版社2005年版，第113页。
② 山西省史志研究院编：《山西通志·电力工业志》，中华书局1997年版，第17页。
③ 山西省史志研究院编：《日本侵晋实录》，山西人民出版社2005年版，第130页。

年至 1945 年，从大同煤矿盗运日本原煤达 1400 万吨。野蛮的杀鸡取卵式的开采，致使山西煤炭资源惨遭严重破坏[①]。

（2）对交通运输业的掠夺

日军侵入山西后，立即控制山西交通网络。1937 年末至 1938 年初，正太和同蒲两条铁路干线几乎完全被日军用于在山西和西北地区的军事行动，军用占 90% 以上；客运货运能力也大幅下降，正太、平绥、同蒲 3 条干线铁路 1938 年货运量仅为 1935 年的 59.2%，正太、同蒲两路 1938 年客运量仅及 1935 年的 36.9%[②]。随着战争进入相持阶段，铁路交通主要用于军事物资和"国防资源"的输送。为此，从 1939 年开始，日军对正太路、同蒲路以及山西公路进行改造和整修。还修建了一些用于掠夺煤炭资源的铁路支线，总计 343.83 公里。

在邮政方面，日军相继在榆次、阳泉、太原、平遥等 31 个市县设立邮政局，在定襄、宁武离石等 16 县开办代办所 71 个，晋北 13 县划归伪"蒙疆"邮区管理。到 1940 年，日军管辖下的山西邮路总长已达 17451 公里。

（3）垄断金融，滥发伪币

日军侵入山西后，其金融侵略或掠夺的第一步是建立伪金融机构。1937 年 12 月成立"蒙疆银行"，在大同、朔县设立分行，在晋北开始发行伪蒙疆币。1940 年初，日军又在大同设立"晋北实业银行总行"，并在阳高、天镇、左云和岱岳四处分设支行，以此控制了晋北 13 县的金融活动。1938 年 2 月 11 日，在华北方面军的操纵与控制下，在北平成立了"中国联合准备银行"。随即，"中国联合准备银行"在山西沦陷区相继设立"太原中国联合准备银行"及临汾、运城、潞安分行。1941 年 7 月，又设立了"山西实业银行"，总行设在太原，并陆续在汾阳、崞县、曲沃、阳泉、榆次、临汾、运城、潞安、平遥、忻县等地设立办事处。此外，随日军侵入太原的伪朝鲜银行还在太原设立朝鲜银行太原出张所。至于山西省原有的金融业，除部分转移外，一般的银号、钱庄都已倒闭。没

---

① 主要参考资料：西山矿务局矿史编写小组编：《西山煤矿史》，1961 年版；阳泉矿务局阳泉煤矿编写组编：《阳泉煤矿史》，山西人民出版社 1985 年版；山西省大同市文史资料研究委员会主编：《大同文史资料》第 12 辑，1985 年版。

② 山西省史志研究院编：《山西通志·铁路志》，中华书局 1997 年版，第 428 页。

有倒闭或重新组合开业的，也在日伪金融机关严密控制之下，变成了日伪银行的附属机构。

日军金融侵略或掠夺的第二步是大量发行伪钞，这是日军掠夺山西人民财富的主要手段之一。其具体做法是：1941年以前，日军不仅用大量伪联银币和伪蒙疆币抢夺沦陷区人民财产，而且还通过各种渠道向中共领导的晋冀鲁豫、晋察冀和晋绥三大抗日根据地推行伪币，抢购抗日根据地物资；日军还用大量伪币收兑法币，用法币兑换英镑和美元等外汇。太平洋战争爆发后，法币不能再套取外汇，日军转而抛出法币，加紧了对中国经济的掠夺。1937年日军在北方发行伪币14472万元，到1945年8月日本投降后停止。北方伪币发行最高额到145929073万元，发行指数比1937年增长1029700倍，平均每年要增加发行伪币1824亿元之巨，这对北方沦陷区财产的掠夺是很惊人的[1]。1938年伪联币发行之初，在市场上和银元是等价使用的。在黑市上，最高1.30—1.40元的伪联银币也可以兑换到银元1元。太平洋战争爆发后，物资紧张，物价上涨，到1944年以后，"中国联合准备银行"发行了500元面额的伪钞票，使不断贬值的伪联银币加速贬值。当时太原到处流传"孔子拜天地，五百元顶一元"（500元高面额伪联币印有孔子和天坛图像）的怨愤之声[2]。

（4）对农业的破坏与掠夺

山西地处内陆，是个典型的农业省份，到1936年人均粮食317.8公斤、棉花2.83公斤[3]，农业生产水平已是民国年间山西农业生产的最高水平。但是，随着日军侵入及其掠夺性破坏，山西农业发展遭到灾难性打击。

1）山西大片土地或被强征占用或被迫撂荒，农业生产遭遇严重窒碍

据不完全统计，日军侵晋8年间在长治市、长治、襄垣、长子、屯留、黎城、潞城、壶关、平顺、高平、沁水、武乡、榆社、和顺等地修筑壕沟、封锁墙和碉堡等军事设施占用耕地113889.6亩，估计可产粮1979032.41石，而其余土地则在战争影响下大幅减产，每亩平均减产0.31石，每年减收粮食222050509.6石[4]。

① 山西省史志研究院编：《日本侵晋实录》，山西人民出版社2005年版，第166页。
② 山西省史志研究院编：《日本侵晋实录》，山西人民出版社2005年版，第166页。
③ 山西省地方志编纂委员会编：《山西通志·农业志》，中华书局1994年版，第18页。
④ 解放区各救济分会晋东南办事处统计制表：《上党区八年抗日战争资财损失调查表》，1946年，山西革命历史档案A128—4—7，山西省档案馆馆藏。

2）日军对人力资源的大量征用，使农业丧失了必需的劳动力

因日军屠城、"扫荡"、制造"无人区"，挖掘"割断壕"，拉派壮丁筑碉堡、修汽路、下煤窑干苦力，致使山西农业丧失必需的劳动力，大片农田荒芜，粮食生产难以自给。例如：太岳区 10 县（沁源、沁县、安泽、长子、屯留、霍县、灵石、介休、赵城、平遥），抗战期间老百姓被日伪军杀害 59516 人，其中被杀壮丁 22807 人。仅沁源县即被杀害 11100 人，占全县总人口 85000 人的 13%，全县 70% 的房屋被烧光，城关 20 里内不剩一间①。再如，晋西北抗日根据地，"农业人口到民国 29 年（1940 年），比战前减少 1/3，牛减少 6/10，驴骡减少 8—9/10，羊减少 6/10，猪减少 8/10 以上"②。1941 年，日军大量征调民夫沿各城市、铁路、公路或挖深壑或筑高墙或修碉堡炮楼，若男子不够则拉女子服役，民众因之奔逃至根据地者甚多。昔西日占区因劳动力缺乏，约有 2/3 的土地无人耕种③。据统计，中共上党区长治、长子、襄垣、屯留、黎城、壶关、平顺、高平、沁水、榆社等 11 县民众八年来修筑碉堡、据点、炮楼、公路及封锁沟等耗去人工 533129511 个，而 11 县战前原有人口 1461924 人，按此计算，八年平均每人出工 365 个，加之服劳役者大多为青壮劳力，土地由此大片荒芜④。

3）日军对粮食、农副产品的直接掠夺加速了山西农村经济的崩溃

对粮食的掠夺：抗战爆发初期，由于日本准备充分，军需供应充足，日军对各地粮食主要以"焚毁"为主。随着日军速战速决战略破产，战线日益拉长，侵晋日军近 10 万人，加上 3 万侨民，军需供给日趋紧张，尤其粮食短缺现象严重，日军于是调整政策，开始极力贯彻"以战养战"政策。1939 年秋通过伪山西省公署开始征收田赋。例如：猗氏县当年共有农田 4000 倾，按日军规定田赋计算，第一年（1939 年秋至 1940 年秋）应征粮折价 8 万余元，而实际征得 2 万余元。1942 年和 1943 两年，分别征得 5 万—6 万元；1944 年和 1945 年两年，分别征得 5 万元和 4 万元。日军横征暴敛，但仍未征得预期数量，可对于农民已是涸泽而渔。又如：荣河县从 1939 年征收田赋后，每年被日军以种种方式夺走的粮食约有 500 万斤，相当于全县每人平均负担 50 多公斤。就是说，日军每年掠走的粮食，高达该县年产量的 1/3⑤。该县每年种棉 10 万余亩，年总产量约 5 万

① 《新华日报》（太岳版），1946 年 4 月 1 日。
② 孔经纬著：《续中国经济史略》，吉林人民出版社 1959 年版，第 8 页。
③ 华北新华社晋冀豫十八日电《敌寇统治下的人间地狱》，载《新华日报》（华北版）1941 年 8 月 21 日。
④ 解放区各救济分会晋东南办事处统计制表：《上党这几年来抗日战争资财损失调查表》，山西革命历史档案 A128—4—7，山西省档案馆馆藏。
⑤ 山西省史志研究院编：《日本侵晋实录》，山西人民出版社 2005 年版，第 140 页。

担，其中90%以上被日军用伪联币强行购走。而老百姓用3斤棉花还换不到日本的1尺麻织品。1939年全省田赋征收额为150万元，1942年增加到了350万元。从折征率看，由开始的每亩粮银2.70元，增加到了3.50元①。

太平洋战争爆发后，日军在山西开始实行"现地自活体制"。所谓"现地自活"，就是日军在山西近10万军队和3万多侨民的一切生活来源、战略物资供给全部掠夺于山西沦陷区人民。当时，山西派遣军参谋长亲自出面，率领伪省顾问甲斐政治、伪省长冯司直等省一级的日伪官员及各伪道、县的大小头目，领着荷枪实弹的日伪士兵，沿铁路各县，开始公开抢粮。1943年，伪省公署权力能延伸到63个县，据伪省公署不完全统计有耕地26233000余亩，年产量13895000余石。按日军方案规定，要掠夺24万吨（约等于331万石），几乎是63县全年产量的1/4②。日伪军见村就进，挨家逐户翻箱倒柜，只要是能吃的东西，有啥抢啥。日军到永济县抢粮，口袋不够，就把老百姓的门帘、被单、箱柜都抢去装粮。他们在村民脊背上号数，号多少，交多少。被号数的农民，背后跟着持枪的日军士兵，不交出粮就杀头。在日军威迫下，老百姓不得不交出隐藏起来的救命粮。1944年夏季，晋城一带蝗虫蔽野，颗粒不收，仅5月县城内饿死者在千人以上。每天苇席卷尸，弃于城壕者众。7月间，县城发生了卖人肉的惨闻。类似此种人吃人的惨案，在山西沦陷区并非晋城一例。日军对抗日根据地、阎统区及交错区一律实行"烧"和"抢"。能抢走的抢走，抢不走的付之一炬烧成灰，其手段极其凶残。抗日根据地军民，虽然对日军"扫荡"实行了"坚壁清野"，但损失十分惨重。阎统区与沦陷区相接的交错区，损失更是惨重。例如：稷山县西崤村是阎锡山的一个粮食转运站，西崤村所有窑洞里都堆满了粮食。1941年10月初，日军到这里抢粮，整整运了半月才拉完。1944年阎锡山把征集到的小麦运到河津县的上市、稷山县的底市等村，10月19日左右，日军派两千人马将几万袋（每袋40—50斤）小麦抢走③。

对棉花的掠夺：日军疯狂掠夺山西的棉花，一部分是中国战场军需之用，另一部分是抢运回日本。日军从1938年开始往其国内盗运山西棉花，约65万斤。此后历年不断。1941年的盗运量达38000担（每担100斤，即380万斤）④。

对森林资源破坏和掠夺：日军侵占山西大部县城，沿铁路、公路交通之处，

① 山西省史志研究院编：《山西通志·总述》，中华书局1999年版，第273页。
② 山西省史志研究院编：《日本侵晋实录》，山西人民出版社2005版，第141页。
③ 山西省史志研究院编：《日本侵晋实录》，山西人民出版社2005年版，第139—143页。
④ 侯亮亭著：《伪山西省合作社联合会前后》，载山西省政协文史资料研究委员会编：《山西文史资料》第12辑，1981年版。

修筑碉堡，砍伐树木，使各地森林遭受极大的破坏。如1938年，日军在盂县郑沟放火烧林三天三夜，1200亩油松全部化为灰烬[①]。此外，日军在晋西北地区也曾多次纵火烧山，损失难以估计。与此同时，日伪还在1939年成立了山西产业株式会社，组织专事树木采伐，大肆掠夺山西森林资源，铺设轻便铁路。日军侵占山西期间，全省林业木材损失约42亿元（法币），间接损失25亿元（法币）[②]。

对羊毛的掠夺[③]：1939年2月，日军在交城、汾阳两地分设"皮毛合作社"，直接由山西陆军特务机关控制，对附近16个县强制收购羊毛。其他产地也指派掠夺数量，并限期交售日本洋行。1940年，日军派人逐县调查山西羊毛、羊皮生产及输出情况，并绘制了七七事变前羊毛集散出口路线图和当年产量调查图。以下两表分别是1938年4月至1941年9月日军掠夺山西羊毛情况和1940年4月至1941年3月，日军在我省各县（镇）掠夺羊毛数量情况。

1938.4—1941.9 日军掠夺山西省羊毛情况表

单位：公斤，元（伪联币）

年月 \ 项目 数据	掠夺数量	折合金额	每公斤平均强征价格
1938.4.—1939.3.	1417413	1139149.94	0.80
1939.4.—1940.3.	570019	1071437.46	1.88
1940.4.—1941.3.	453522	1033330.49	2.28
1941.4.—1941.9.	511401	1165994.78	2.28

1940.4—1941.3 日军掠夺山西省各县（镇）羊毛数量表

集货县镇	掠夺数量（公斤）	集货县镇	掠夺数量（公斤）
宁武	483	汾阳	28976
五寨	411	孝义	
岢岚	5186	介休	3529
静乐	2456	灵石	11297

---

① 李培慧主编：《山西林业志》，山西省地方志编纂委员会办公室1988年版，第295页。
② 温常贵编著：《山西林业史料》，中国林业出版社1988年版，第779页。
③ 资料来源：山西日伪时期档案，经济类，三目一号、六号，山西省文史研究档案馆馆藏。

集货县镇	掠夺数量（公斤）	集货县镇	掠夺数量（公斤）
代县	1876	霍县	12945
原平镇	10756	赵城	1759
五台	9642	洪洞	
定襄		临汾	3436
忻县	30621	新绛	4527
孟县	6498	史村	
阳泉	22101	曲沃	
寿阳	90615	运城	4630
太原	28278	南阎镇	2259
榆次	54412	沁县	11413
徐沟	3588	故城镇	
清徐		武乡	282
交城	7066	沁源	2658
太谷	92131	夏店镇	6221
祁县		屯留	2033
平遥	2936	潞安	28266
离石	2896	壶关	451
柳林镇		长子	2519
		高平	200
总计	499349（其中盗回日本453522公斤）		

对羊皮的掠夺①：山西省在历史上羊皮输出量最高年达到百万张，由于日军肆意宰杀羊只与低价强制购买，使农民蓄羊数锐减。日军利用伪政权及日军便衣四处采取强制性摊派办法，从老百姓手中掠夺羊皮。1938年4月至1941年9月，日军对我省羊皮掠夺情况详见附表，由此可见一斑。

---

① 资料来源：山西日伪时期档案，经济类，三目一号、六号，山西省文史研究档案馆馆藏。

1938.4—1941.9 日军对山西省羊皮掠夺情况表

单位：张，元（伪联币）

年月　　品名	项目 数量和金额	掠夺数量	折后金额	每张平均 强购价格
1938.4— 1939.3	滩羊皮（鞣） 绵羊皮（干皮） 绵羊皮（鞣） 山羊皮（干皮） 山羊皮（鞣）	39805 100117 112806 177178 91283	169171.25 127148.59 206434.98 124024.60 64810.93	4.25 1.27 1.83 0.70 0.71
1939.4— 1940.3	滩羊皮（鞣） 绵羊皮（干皮） 绵羊皮（鞣） 山羊皮（干皮） 山羊皮（鞣）	1765 147063 — 36970 —	3891.40 334865.19 — 29564.70 —	2.20 2.27 — 0.80 —
1940.4— 1941.3	滩羊皮（鞣） 绵羊皮（干皮） 绵羊皮（鞣） 山羊皮（干皮） 山羊皮（鞣）	191 357597 104539 —	574.90 648849.33 103135.67 	3.11 1.81 0.98
1941.4— 1941.9	滩羊皮（鞣） 绵羊皮（干皮） 绵羊皮（鞣） 山羊皮（干皮） 山羊皮（鞣）	13522 186954 — 104523 —	31100.60 392603.40 — 125427.60 	2.30 2.10 — 1.20

　　此外，太原皮革厂生产的皮革制品均被日军掠去作为军用物资。如 1939 年该厂生产使用 148178 张羊皮，1942 年生产使用 159713 张羊皮。以此可估计其八年，从该厂掠夺的羊皮总量达 122991740 张。

　　对牛皮的掠夺①：日军对牛皮的掠夺是采用各级伪政权往下摊派任务的手段进行搜刮。1939 年至 1942 年日军对山西牛皮掠夺情况，详见下表。

---

① 资料来源：山西日伪时期档案，经济类，三目一号、六号，山西省文史研究档案馆馆藏。

1939—1942 年日军对山西省牛皮掠夺情况表

单位：张，元（伪联币）

项目 数量和金额 年度	掠夺数量	折合金额	每张平均强购价格
1939	7786	124208	15.95
1940	10359	74767	7.21
1941	8708	86467	11.08
1942	13004	109056	8.39

日军掠夺的牛皮，有一部分进了太原皮革厂。该厂制作的牛皮革制品大部分被日军掠夺作军用品，1942 年该厂生产用牛皮 7418 张，供日军的牛皮就有 6905 张。

对猪鬃、猪肠和羊肠的掠夺①：日军侵入山西，凡有用之物都要大肆抢掠，猪鬃、猪肠和羊肠也在其抢掠范围之内。我们仅将 1939 年至 1942 年日军掠夺鬃、肠情况列表，以示其贪婪之面目。

1939—1942 年日军对猪鬃、猪肠、羊肠的掠夺情况表

单位：猪鬃斤、猪肠羊肠副、元（伪联币）

项目 数量和金额 年度	品　名	掠夺数量	折合金额	平均每斤 （副）价格
1939	猪鬃	9533	39039	4.10
	猪肠	35048	15831	0.45
	羊肠	76104	20976	0.28
1940	猪鬃	14629	99353	6.79
	猪肠	81765	40441	0.49
	羊肠	118618	29760	0.25
1941	猪鬃	9696	81633	8.42
	猪肠	73128	40689	0.56
	羊肠	102934	29309	0.28
1942	猪鬃	4985	33806	6.78
	猪肠	67641	25484	0.38
	羊肠	64038	35602	0.56

---

① 资料来源：山西日伪时期档案，经济类，三目一号、六号，山西省文史研究档案馆馆藏。

(5) 霸占市场、倾销日货、掠夺民财

战前，日本的三井洋行、大仓洋行、公兴洋行、金山洋行、鸟羽洋行、三昌洋行、月岛机器会社、日立制作所、日本打字机公司、三菱公司、田村铸造铁工所、杉浦铁工所、华对贸易公司、岛津制作所、松木盛药房、栗本铁工所、亚细亚商会、永田商店、林植洋行等五花八门的大小财阀和商家涌入山西，或与官僚买办企业进行商务往来以牟取巨额利润，或直接到本省农村廉价搜刮土特产及农副产品以夺取暴利。到 1932 年，太原市场出售的商品，日货牌号竟高达 664 种之多，其中匹头类 130 种，卫生品类 26 种，瓷器类 7 种，搪瓷类 7 种，杂物类 17 种，海味类 18 种，糖类 16 种，纸张 64 种，印刷材料 25 种，文具类 43 种，五金类 170 种，靴鞋类 17 种，成药类 142 种。而市面上仅有国货 91 种。

山西沦陷后，日本侨民成群结伙，携带家眷，纷至沓来。据统计，1939—1942 年在山西省定居的日侨分别为：1939 年，6066 户，14704 人；1940 年，9869 户，25734 人；1941 年，11734 户，32408 人；1942 年，11129 户，30028 人。这些所谓的"侨民"，实际上都是殖民掠夺者。他们有严密的组织和领导，以经商手段来敲诈老百姓。太原城当时只是 9 平方公里的弹丸之地，据不完全统计，就开设了 74 家日本商店（主要的）。大同有日本商店 68 家，阳泉有日本商店 12 家。这些日本商店的经营项目，五花八门，应有尽有，且多数是专作批发，获得垄断权，独享高额利润的。随着日商潮水般地涌进，山西手工业作坊遭到致命打击，山西商业被日商霸占，国货滞销，经销国货的商店纷纷倒闭。1939 年初，太原尚有销售国货的商店 2128 家，年末便倒闭 1626 家；1941 年初，恢复到 3038 家，年底又倒闭 679 家①。勉强挣扎营业的商号，也是朝不保夕。

4. 日军对山西人民的思想奴化、毒化

(1) 推行奴化教育，企图毁掉民族精神

日军在对山西进行军事侵略和政治奴役同时，大肆开办各级各类奴化教育。一方面，为其在中国实施殖民统治，培养任其摆布的奴才和顺民；另一方面，为其造就统治山西所需的各类人才，特别是培养其最需要的汉奸。日伪在长达八年

---

① 梁绍森、庞义才编：《山西外贸志》（上），山西省地方志编纂委员会办公室 1984 年印。

的统治中，奴化教育主要体现在开办各类奴化学校教育和开展奴化社会教育。

1）日伪在山西的奴化学校教育

1938年6月27日，伪山西省公署成立，下设教育厅，各县设教育科，各县维持会教育科内设"社会教育股"，日伪通过这些伪教育行政机构在各地开设伪学校并贯彻奴化教育方针。

在各地开设伪学校：日军首先操纵伪山西省教育厅恢复小学教育，先后在原国师附小、西缉虎营小学、天平西巷小学、前所街小学、新城北街小学的校址开办了伪省立第一至第五新民小学，同年冬伪华北株式会社开办了职工子弟学校——扶轮小学。1939年日伪又在东缉虎营、北仓巷设立伪省立第六、第七新民小学；在大北门东头道巷、新道街分别设立伪市立第一、第二新民小学。1940年在西羊市街设立伪市立第三新民小学。这些小学中大多设有高小和初小两级，其中以西缉虎营小学规模最大，大约有20多个班。据统计，日伪统治时期太原市共有小学十二三所、学生91个班、教员160多名，每年招生4700余名①。在其他沦陷区日伪也建立了许多小学校。

在恢复和设立小学的同时，日伪对中等教育的建设及其作用亦十分重视。在太原，日伪于1939年9月，恢复山西省立第一师范学校。1939年11月，设立山西省立第一中学。1940年成立山西省立第一女子师范学校。此外，1938年后半年还建了一所太原市商业新民学校，1940年建立了山西省立初级农科职业学校，1943年设立太原工业职业学校。1943年秋，设立太原日语专科学校。在太原开始恢复中等学校的第二年即1940年，日军授意伪教育厅在临汾、运城、代县分别设立山西省立第二、第三、第四师范学校。1942年又设立了山西省立长治师范学校，山西省立榆次初级农业职业学校、山西省立太谷初级农科职业学校，以及道（县）立中学7所②。

日伪占领山西后，原有的山西大学、省立法政专门学校、省教育学院、省立工业专门学校、省立农业专门学校、省立商业专门学校、川至医学专科学校、并州学院等8所高校被迫停办。到1941年为了医治日军伤病员才设立桐旭医学专科学校，这是日伪统治时期山西唯一的高等学校。

推行奴化教育：日伪"恢复"或设立这些学校的目的在于推行奴化教育，以确立殖民统治。主要表现在：一是非常重视封建伦理道德和殖民主义思想的渗透，废除了战前印发的各类教材。在教学上，采用由日军授意并经伪华北政务委

① 山西省史志研究院编：《日本侵晋实录》，山西人民出版社2005年版，第178页。
② 山西省史志研究院编：《日本侵晋实录》，山西人民出版社2005年版，第178—179页。

员会编写、新民书馆独家印行的奴化教材。在所有教材中将日军侵华罪行全部抹去并肆意歪曲。二是日军为了同化中国人民，强制在各级学校普及日语，并将其定为各级各类学校之主课或必修课。三是日军利用封建道德来麻痹青少年的品格心性，在中小学"修身"和国语课中重点讲授"礼义廉耻"等封建思想并予以奴化注释，而这种利用中国古籍奴化中国人思想的教育方式很容易使中小学生在潜移默化中中毒。这套"礼义廉耻"之说，实际上就是要中国青少年忘掉国耻而心悦诚服地服从日本奴役。四是在"新民主义课"上，大肆宣传"优胜劣汰"之说。污蔑中华民族是"劣"等民族，颂扬日本大和民族是"优"等民族，优胜劣败顺乎天理，公开为日本帝国主义强盗行径编造汉奸亡国理论。还提倡"王道"，驯化学生树立苟且偷生，安贫乐命的奴才思想①。五是各级各类学校都派有日本人担任教官及其他职务。这些人凌驾于伪校长之上，对学生和教职员工打骂、高压管制及监视。六是各学校强迫师生员工穿"新民服"，做"新民操"，读"新民报"。七是日军利用各种途径推行奴化教育。如每逢寒暑假举办"校长恳谈会"、"学生家长恳谈会"等活动进行奴化宣传。八是选送学生留日与组织赴日参观团。从1940年开始到1944年止，伪省公署每年选派一些学生公费留日。其目的就是在中国青年一代中培植一批亲日亡国汉奸。

  2）开展奴化社会教育

  日伪在山西开办各类奴化教育的同时，也十分重视开展奴化社会教育。其目的就是向民众灌输"中日亲善""王道乐土""剿共建国""增产救民""肃正思想""东亚共荣"等反动思想，来实现其对中国人民进行长期殖民统治。为此，日伪广泛招募各方面人才，开展各种类型的宣传与教育活动。

  一是开展亲日反共宣传和情报活动。山西派遣军下设第二课，专门负责在社会上开展谍报活动。山西陆军特务机关暗中指使新民会和新民教育馆开展情报和宣传活动。日军设立调查班、侦察班、特别情报队等机构，在民众中进行散发宣传品、报刊、传单、照片，还通过电影、戏剧、演讲、广播等对民众进行奴化教育和反共宣传。二是在民众中开展奴化日语教育活动。在大同成立晋北兴亚协会，在其分支机构大同商会内附设日语学校，专门对成人进行日语培训，为日伪培养服务人员。三是举办各类识字班，以便推行奴化思想教育。新民会在各地举办"新民妇女识字班"，对妇女实行免费识字教育。这些所谓识字班打着教民识字的幌子，对民众进行奴化思想渗透，让民众阅读日伪的反动宣传品，无形中进

---

① 山西省史志研究院编：《日本侵晋实录》，山西人民出版社2005年版，第184页。

行奴化教育。

（2）实施毒化政策，妄图摧毁中华民族

日军入侵山西后，私贩毒品的日本"浪人"在日军的保护和支持下，都成为公开贩毒的"商会"或"公司"的经理。日本毒贩在太原城内有三处公开批售毒品的地方，一是红市街的"平安商会"，一是钟楼街的"金井商店"，还有柳巷街的"战友食堂"。柳巷街、羊市街至桥头街一带，日本人开设的零星贩毒的"料面店"比比皆是。到1939年12月底，太原市开设的"土膏店"共有21家。到1940年8月，私营"土膏店"发展到榆次、代县、繁峙、临汾、宁武等20个县72家。仅以资本最小的"兴亚楼"为例，该店1943年1月至8月份的销收"土膏"数量分别是：购入19310两，销售7599.1两①。

日军除准许公开贩卖和吸食鸦片、吗啡、海洛因等毒品外，还强迫沦陷区人民大量种植罂粟，以从农民身上榨取更多利润，并通过纵容人们吸食来疲惫其肢体、麻痹其生产力、弱化其抗日意志。1939年，在日军授意下，山西有30多个县、500多万亩良田开种罂粟，仅"罚款"一项就掠得民财一亿余元。1940年和1941年两年，伪省公署勒令阳曲等61县大种罂粟。1942年缩小为24县栽种。仅此24县即种烟苗34200余亩。其中离石县种植面积最大，4300余亩。盂县较少，70余亩。罂粟成熟后，伪县公署即按亩"罚款"（实为征税）。1940年阳曲等61县就被掠夺"罚款"费1928200余元。11942年除"罚款"外，还增加了"应缴不种烟县份补助费"、"禁烟局执照费"、"禁烟附加费"等项搜刮民财的名目，是年，仅数月时间，从24个种烟县送到省里的"罚款"就高达171万余元、不种烟县份补助费342000余元、禁烟局执照费411400余元、禁烟附加费860600余元，合计达伪联币3334000余元②。

1939年，日军从东北运到大同一批罂粟种籽，分供雁北13县播种，仅大同一县583个自然村就有近百个村子种上了罂粟，其占地达全部水浇地的95%。1939年，在日军支持下，伪晋北政厅网罗一批汉奸组成垄断性的大烟土收购组织"大同土药公司"，将雁北13县每年所产的大烟土尽收囊中。"大同土药公司"不仅垄断了收购，还垄断了毒品的加工。他们加工的干板鸦片，

---

① 张全盛等编著：《日本侵晋纪实》，山西人民出版社1992年版，第280页。

② 牛新田：《山西省日伪政权的建立和覆灭》，载《山西文史资料全编》编辑委员会编：《山西文史资料全编》第4卷第41辑，山西文史资料编辑部1999年版，第409—410页。

每块百两重。制成干板后，再由晋北政厅武装押送到日军把持的"察哈尔土药组合"，集中转运出口。"大同土药公司"历年制造的鸦片，除了他们走私、行销各地毒害老百姓及伪职人员外，每年还可上交"察哈尔土药公司"150—200万两干板①。

在日军毒化政策及其毒品倾销下，山西各地吸毒人数逐年增加，上自达官贵人和富商绅士，下至贩夫走卒以及无业游民，不分贵贱，分布遍地。许多民众染上毒瘾后很难戒除，精神萎靡，由懒而穷，典房卖地、鬻子卖妻、倾家荡产，最终流落街头沦为乞丐或者背井离乡葬身沟壑。还有些人因吸毒成瘾受人要挟，或为盗贼和娼妓而败坏社会风气，或被日军利用，专门替敌搜集情报成为民族败类等，中华民族岌岌可危。另一方面，日军通过推行毒化政策掠夺大量财富，成为日本扩大侵略中国的经济支撑。

（四）人口伤亡情况

抗日战争时期，日军华北驻军的1/3驻守山西。因此，日军依靠武力对山西人民进行大量屠戮或以各种各样的方式进行凌辱和消耗，造成山西人口巨大伤亡。

1. 以往调查统计情况

抗战胜利后，国民党山西省政府及共产党领导的太行、太岳、北岳、晋西北解放区民主政权都曾对山西抗战期间人口伤亡和财产损失做过调查统计。

1）国民党山西省政府调查统计的人口伤亡情况

战前山西设106县、市（一个市，即太原市），八年抗战中，阎政权从1938年退居晋西南后，其政权所能行施控制的范围仅有吉县、乡宁、大宁、隰县、永和、石楼、蒲县7个完整县和几个县的个别村庄。阎、日勾结后，日军又先后将孝义、安泽、沁源、浮山、翼城、曲沃、长子、襄垣、黎城、长治、沁水、阳城、晋城"让渡"给了阎锡山。以上诸县县境内均有共产党领导的抗日民主政权，日、伪军和阎军占据县城及其四周平川地带，八路军占据山区和乡村，成犬牙交错状态。1945年8月15日日本投降后，驻山西日军又将其侵占的县城与阎锡山军队进行了接交，开始了新形势下的又一轮的阎、日勾结。此时，阎锡山遵

---

① 山西省史志研究院编：《日本侵晋实录》，山西人民出版社2005年版，第174—175页。

照蒋介石命令，无理要求共产党领导的八路军不能"受降"。在山西坚持抗战八年的八路军和抗日民主政权，只有继续对日（其中也包括与日勾结的阎军）作战，在日本投降后又夺取了一些拒不对八路军投降的顽守县城。阎锡山为独享抗战胜利的成果，在日本宣布无条件投降后的第二天（1945 年 8 月 16 日），便开始发动了对八路军上党地区的抗日根据地的进攻，八路军和当地抗日军民被迫反击，由此揭开山西内战序幕，直到 1949 年 5 月全省解放，山西境内大小战争从无止息。在此种局势下阎锡山当局根本无力和无法开展完成国民政府所下达的调查抗战损失的任务。

1945 年底，国民党山西省政府在国民政府行政院抗战调查委员会（该会后改属内政部）通令下，开始进行抗战时期山西人口伤亡和财产损失调查统计工作，该项工作，山西省政府责成民政厅"专责承办"（厅长严廷飏），具体负责人张俊杰，其下抽调有建设厅周有良、工商处周信、财政厅张□清、社会处安奠华、教育厅卫昶、秘书处郭孟云等，各司其职。

因此，国民党山西省政府在山西人口伤亡调查中，将山西 106 县、市分成三类即第一类：确实查报者（交城、隰县、安邑、临晋、阳曲、永和、灵石、沁县、大同、太原、襄陵、崞县、赵城、河津、静乐、荣河、洪洞、繁峙、五台、太原市、新绛、祁县、代县、清源、永济、汾西、孝义、解县、怀仁、介休、蒲县、乡宁、稷山、汾阳、平陆、平遥、朔县、霍县、武乡、平定、临汾、猗氏、忻县、虞乡、汾城、寿阳、万泉、宁武、芮城、吉县、定襄、榆次、榆社无报告单，大宁、太谷、曲沃无报告单，共 56 县、市）；第二类：按克服区填报者（垣曲、晋城、高平、沁水、阳城、翼城、陵川、长子、长治、应县、沁源、浮山、徐沟，共 13 县）；第三类：未查报，全县列入估报者（安泽、昔阳、和顺、盂县、离石、中阳、方山、临汾、兴县、岚县、壶关、平顺、潞城、屯留、黎城、石楼、神池、五寨、偏关、河曲、保德、岢岚、天镇、阳高、广灵、灵丘、浑源、山阴、左云、右玉、平鲁、绛县、闻喜、夏县、襄垣、辽县、文水，共 37 县）进行统计。但是，在统计中又将第一类分出两种情况来统计。一种，已详确查报又按克服区填报者（交城、灵石、沁县、襄陵、河津、洪洞、繁峙、五台、祁县、代县、清源、介休、汾阳、平陆、平遥、霍县、武乡、平定、临汾、汾城、寿阳、宁武、定襄、太谷、大宁，共 25 县）；另一种，已详确查报，因"共匪"扰乱，未能全报，又列入估报者（阳曲、榆次、太原、忻县、崞县、隰县、解县、虞乡、永济、乡宁、稷山、大同、怀仁、朔县、汾西、赵城、曲沃、安邑、万泉、荣河、孝义、静乐，共 22 县）。根据现存于山西省档案馆的

"国民政府山西省政府民政厅关于呈报抗战期间全省人口伤亡和财产损失的呈报"这份档案，全省人口伤亡为 1661534 人（不包括军人），之后括号加注说"内计表报者 41152 人，克复区表报者 771482 人，估报者 848900 人"[①]。

可见，国民党山西省政府的人口伤亡调查估算的成分很大。但是，因为资料缺乏，我们也无法考证出其估算的依据。这一人口伤亡数据有一定局限性。

2）山西各解放区对人口伤亡的调查统计情况

1947 年 8 月 14 日，中国解放区救济总会给各解放区下发《关于对日索偿问题的通知》，认真安排开展对解放区抗日战争期间的人口伤亡和财产损失的调查统计工作。由于当时山西各解放区处在战争环境，又多高山大川，沟壑纵横，地域上敌我犬牙交错，交通和通讯工具相当落后，且人口流动性很大，要想拿出"全面调查统计"数据是十分困难的，"进行一些典型调查"则是可能的。所以，当年山西解放区的人口伤亡和财产损失调查材料，虽然珍贵，但是仍为不完全的调查，各类数据也是不完全统计数据。

太行区山西境内人口伤亡情况：

据太行区 1946 年 2 月 26 日《太行区八年抗战被敌直接残害与间接影响下死亡之人口统计》[②] 表所载，八年抗战期间，太行区所辖山西境内的平定、昔阳、和顺、寿阳、榆次、太谷、襄垣、武乡、辽县（今左权县）、祁县、榆社、黎城、平顺、潞城、长治、壶关、陵川、晋城等 18 县，被日、伪直接屠杀人口为 71348 人，被日、伪以各种手段致伤残者 7377 人，被俘者 21763 人，病死饿死者 89041 人（注：以上太行区人口伤亡统计数据不包括军人）。

太岳区山西境内人口伤亡情况：

据《太岳区八年来被敌杀伤人口及各种灾害统计数》[③] 一表所载，该区所辖山西境内 33 县，八年不完全统计：共被日伪军屠杀 127440 人、被致伤残 36077 人、被俘被抓 77488 人、被奸妇女 47358 人、被奸污后患上各种性病者 24894 人；因日军入侵，战争不断，丧失医疗条件、医治能力的病人剧增，一人身患二三种以上疾病者（含日军细菌战、毒气战所残害者）高达 867529 人，被日伪军蹂躏使其成为孤寡者 69066 人；因日军入侵及战争原因使老百姓成为流离失所者高达 399646 人（注：以上太岳区人口伤亡统计数据不包括军人）。

---

① 山西省政府编制：《山西省人口伤亡汇报表》，1946 年，山西省档案馆馆藏档案，档案号 B13—1—75。
② 太行行署编制：《太行区八年抗战被敌直接残害与间接影响下死亡之人口统计》，山西省档案馆馆藏档案，档案号 A52—2—106—24。
③ 太岳行署编制：《太岳区八年来被敌杀伤人口及各种灾害统计数》，山西省档案馆馆藏档案，档案号 A52—2—106—24。

北岳区山西境内人口伤亡情况

北岳区在抗战时期属于晋察冀边区行政委员会领导，1946 年 4 月，晋察冀边区划分为 2 省（察哈尔省、热河省）、3 行政区（冀晋、冀中、冀东行政区）。其中，冀晋行政区下设 3 个专区，一专区所辖 10 县、二专区所辖 9 县均在山西境内，三专区所辖 13 县属于河北省。据 1946 年 7 月《冀晋区人口损失统计表》① 所载：抗战八年期间，冀晋区（原北岳区）19 县直接被日伪屠杀人口达45631 人，间接被日伪屠杀人口达 43677 人，被日伪抓走人口 43902 人，至 1946年下落不明者 9579 人，因日伪强奸患性病妇女 10696 人，被日伪致伤残者 5167人，因日伪致鳏寡孤独及无靠抗烈属 78037 人（注：以上北岳区人口伤亡统计数据不包括军人）。

晋西北地区人口伤亡情况

据《晋绥边区因敌灾天灾引起之人口重大损失》② 报表记载，抗战八年期间，该边区所辖山西地区直接被日伪杀害者 85810 人，间接被日伪杀害者50288 人，被日掳走者 77815 人，被日伪掳走后到抗战胜利后返乡者 47743人，转投阎锡山或傅作义部 15280 人，漂流在外或下落不明者 14792 人，被日伪致残者 12462 人，因日伪致鳏寡孤独及无靠抗属烈属 88060 人，因日伪强奸而患性病妇女 25357 人，患慢性病者 44423 人，关节炎、肺痨病、妇女病、中风瘫、严重的沙眼等等（注：以上晋西北地区人口伤亡统计数据不包括军人）。

从以上调查统计，就山西整体情况看，战时由于社会剧烈动荡，全省被几种政治势力或外来力量切割成互不统属的若干区域，且这种情行在战后相当时间内仍然存在，以致人口统计缺失而根本没有完整的人口资料，即便有之，亦因各方控制区域变数很大，在统计上要么交差重复，要么遗漏不计或进行推测估计，故想弄清楚这一时期人口变动的确切面貌实际很困难。

2. 本次中央党史研究室领导下的山西人口伤亡调研统计

抗战时期的山西与山西省现辖区的行政区域变化很大，特别是随着人口流动频繁，现居 70 岁以上老人多系新中国成立后从外地迁入人口，对抗战时期人口伤亡情况掌握不多、不细。而历史档案和历史文献对抗战时期人口伤亡的记载多

---

① 《冀晋区人员损失统计表》，载山西省雁北地区档案馆编：《雁北抗战档案史料选编》，1985 年版。
② 晋绥边区行署编制：《晋绥边区因敌灾天灾引起之人口重大损失》，1945—1946 年，山西省档案馆馆藏档案，档案号 A90—1—28—5。

以抗战胜利时的行政区域进行统计。鉴于此，这次我们对抗战时期山西省人口伤亡情况的整理和统计，主要以甄别后的历史档案和历史文献为依据，以入户调查形成的数据为辅助。

按照中央党史研究室的统一分类要求，抗战时期山西省人口伤亡分为直接伤亡与间接伤亡两大类。直接伤亡是指由于日军或受日军指使的伪军因军事进攻、飞机轰炸、屠杀虐待所导致的直接伤亡，包括死、伤、失踪；间接伤亡是指由于战争的影响而造成的间接伤亡，包括伤残和被折磨致死、病故的被俘捕者、难（灾）民和劳工。

因此，本次调研，山西省 11 个市，下辖 119 县（市、区），即吕梁市（2 市 1 区 10 县）、晋中市（1 市 1 区 9 县）、长治市（1 市 2 区 10 县）、太原市（1 市 6 区 3 县）、运城市（2 市 1 区 10 县）、晋城市（1 市 1 区 4 县）、阳泉市（3 区 4 县）、大同市（4 区 7 县）、忻州市（1 市 1 区 2 县）、朔州（2 区 4 县）、临汾市（2 市 1 区 14 县）全部参加本次抗损调研，人口伤亡全部分直接伤亡与间接伤亡两大类进行统计，伤亡数字全部采用档案、文献、入户调查三种所得，经鉴别、分析、研究后，再决定取舍，进行汇总。2010 年，全省 11 市完成人口伤亡统计数据并上报省课题组。2011 年，省课题组对各市上报数据进行核查并汇总，最终形成山西省人口伤亡数字。

1）直接人口伤亡

A. 直接人口伤亡数量

在全省 11 市 119 县查阅档案文献资料及入户调查基础上，依据各县、市上报直接人口伤亡数据，省课题组汇总统计出三组数据即：档案数据、入户调查数据、认定数据。档案文献数据是各市县对力所能及范围内收集到档案文献资料进行分析、核实并汇总得出，直接伤亡为 735960 人（不包括军人），其中，死 470669 人、伤 209477 人、失踪 55814 人；入户调查数据是各市县对入户调查统计数字进行汇总得出，直接伤亡为 203196 人（不包括军人），其中，死 164263 人、伤 29698 人、失踪 9235 人；认定数据是各市县根据课题调研情况，对统计出的档案文献数据、入户调查数据进行鉴别、分析而得出，直接伤亡为 799484 人，其中，死 524145 人、伤 216098 人、失踪 59241 人。此次课题调研即采用认定数据。这里还需要说明的是，此次调研我们统计的直接人口伤亡仅含山西平民的伤亡，不包括军人的伤亡。主要原因有二：一是抗战结束后无论国民政府还是共产党领导的抗日民主政权都对抗日军队伤亡情况作过调查统计，已有权威性汇总数据；二是目前各市县缺少抗日军队在本地战斗的档案资料，且社会调查也难以准确获得这方面的材料，因而统计比较困难。

从全省 11 市认定数据的结果看：晋中、长治、太原、晋城、阳泉、大同、忻州 7 市都采用了档案数据，吕梁、运城、朔州 3 市采用档案数据和入户调查数据相加，临汾市是没有完全采纳档案数据和入户调查数据，而是在这两数据基础上进行分析取舍，最终得出结论。但是，认定数据并不是山西人口伤亡的最终数据，是根据截至目前所掌握的资料和进行的相关研究而得出的。应该说，我们得出的这些数据还只是初步的和尚不完整的数据，并不是研究的最终结果；今后，我们将继续推进本课题调研工作，以期在掌握更多资料和取得研究新成果的基础上对有关数据再做出修订和补充。

B. 直接人口伤亡情况

日军在山西制造的桩桩惨案是导致严重的人口直接伤亡的重要原因：日军侵入山西后，始终贯彻"尽灭作战"，对山西平民实施野蛮杀戮。1940 年 9 月，日军第一次晋中作战的原则是"彻底扫荡歼灭敌根据地，使敌人将来不得生存"，"尽灭目标和方法"是："敌人及当地居民中的假象敌"、"居民中 15—16 岁有敌意的男子"统统杀之，"敌人隐蔽的弹药爆炸器具等"、"敌人积藏的粮食"、"敌人文件"或没收或带走或烧毁，"有敌意的村庄"则一律彻底破坏或烧毁①。日军依靠野蛮武力，竭尽所能地对山西无辜平民进行杀戮与摧残，制造了一桩桩骇人听闻的惨案。依据此次抗损课题调研不完全统计，抗战时期日军在山西省各地制造杀害平民 5 人以上惨案数统计如下：

太原市：

一次杀害 5—50 人的惨案达 68 起；50—100 人的惨案 6 起。

大同市：

一次杀害 5—50 人的惨案达 28 起；50—100 人的惨案 9 起；100—500 人的惨案 13 起；500—1000 人的惨案 1 起；1000 人以上惨案 3 起。

阳泉市：

一次杀害 5—50 人的惨案达 31 起；50—100 人的惨案 96 起；100—500 人的惨案 3 起。

长治市：

一次杀害 5—50 人的惨案达 132 起；50—100 人的惨案 21 起；100—500 人的惨案 21 起。

---

① ［日］江口圭一著，杨栋梁译：《日本十五年侵略战争史（1931—1945）》，天津人民出版社 1995 年版，第 187 页。

晋城市：

一次杀害5—50人的惨案达76起；50—100人的惨案9起；100—500人的惨案1起；1000人以上惨案1起。

朔州市：

一次杀害5—50人的惨案达36起；50—100人的惨案7起；100—500人的惨案4起；1000人以上惨案2起。

晋中市：

一次杀害5—50人的惨案达159起；50—100人的惨案20起；100—500人的惨案21起；1000人以上惨案1起。

忻州市：

一次杀害5—50人的惨案达33起；50—100人的惨案4起；100—500人的惨案3起；500—1000人的惨案3起；1000人以上惨案4起。

运城市：

一次杀害5—50人的惨案达121起；50—100人的惨案20起；100—500人的惨案9起。

临汾市：

一次杀害5—50人的惨案达118起；50—100人的惨案25起；100—500人的惨案7起。

吕梁市：

一次杀害5—50人的惨案达128起；50—100人的惨案3起；100—500人的惨案11起；500—1000人的惨案1起；1000人以上惨案1起。

日军对山西人口的杀戮手段异常残暴，令人发指：日军制造惨案、残杀山西平民的主要手段有：集体枪杀、活埋坑杀、放火焚烧、活体解剖、活人作靶、凌迟剐杀、开膛破肚、重刑致死、施放毒气、细菌武器等，种类之多，不胜枚举，残忍程度是骇人听闻。其中，在武乡五区牛家村安木虎被日伪用石头捣死，又将肚子割开，挖出肠子并挂在树上。在马牧村，日军将郝心田鼻子割掉，眼睛剜了，并用铁丝吊在梁上吊死；有人则被故意致残，如赵干车脚后筋被割断，鼻子被削；有人腿被割；有人胳膊被剁……①1941年10月，日军将太谷县城100余名无家可归的贫民、乞丐集中在西门外集体活埋。两月后，又抓捕100余名贫民

---

① 中国解放区救济委员会晋冀鲁豫分会晋东南办事处武乡县政府编制：《武乡八年来战争损失调查》，1946年3月3日，山西省档案馆馆藏档案，档案号A128—4—26。

和乞丐作为新兵演练刺杀的活靶而刺死①。1942 年 5 月 19 日，日军包围壶关神郊村，先将妇女 36 人、小孩 9 人衣服脱光，尔后一一掷入水池淹死。又将群众 83 人以"训话"为名集中广场一一用刀刺死②。

一些日军军官对山西人民变态虐杀，以杀人为嗜好：活动在辽县、和顺、平定、昔阳一带人称"杀人大魔王"的清水利一，仅在昔阳、和顺杀人即达 2000 多名。清水驻昔阳时设一"留置场"（即看守所），常有 100 多名无辜百姓关在里边，每天只 100 多人之提供 9 斤剩饭，大小便不准出来，不到一周即被折磨而死，清水则每隔十日收尸一次，用以喂养军犬。在晋城，日军宪兵司令在城南专门设一杀人牢狱，名曰"六杠"。它是一处十几个半间大的平房，周围均是石头、牲畜，后面有不足两平方尺的窗户，中间钉着直径三寸粗的六根杠，下边是猪圈门那么大一个小口，爬下可出入一人，里边是潮湿地，进去的人衣服剥光，拉屎撒尿全在里边，炙热天气可被臭气熏死，酷寒严冬可被冻死，若死不了则被拉到南门外刺死，常年如此不断收拾尸体与刺杀又不断往里边扣押，不知多少老百姓在此死于非命。战后不久，除农民种地将看到的尸体收拾外，城南门外 100 余亩土地上仍有层层抛野的白骨，观之莫不愤慨③。

日军对山西妇女的蹂躏与摧残更为残暴：当时山西缠足妇女大约在 75% 以上，她们行走不便，受害严重。日军对山西妇女多是奸后又杀。而且，对妇女侮辱方法也是五花八门。在武乡，敌人除了强迫各村供应妇女，并强迫民众夜间早睡，不准闭门，不准点灯，以便敌人随时闯进民家，强奸妇女。反抗者立遭残杀④。八年间，武乡被奸淫杀害的妇女达 7420 人⑤。太行区有个叫"老扁嘴"的日军头目，一人奸污中国妇女达 57 人之多，其中辽县土峪村姑娘无一幸免⑥。尽管我们现在已经无法统计出抗战八年来山西有多少妇女受到日军蹂躏和摧残，但是从战后一些零星的调查材料可以看出她们的受损程度和大致情形，可以肯定的是山西妇女身心健康因此受到莫大影响，而且这种影响是潜在的隐形的不容忽视的。

---

① 郝玉照等：《日军侵太谷的暴行》，载山西省档案局编：《山西革命根据地》1990 年第 2 期，第 64 页。
② 中国解放区救济委员会晋冀鲁豫分会晋东南办事处：《八年来晋东南人民被敌蹂躏的一瞥》，山西省档案馆馆藏档案，档案号 A128—4—8。
③ 解放区救济委员会晋冀鲁豫分会晋东南办事处：《八年晋东南人民被敌蹂躏的一瞥》，山西省档案馆馆藏档案，档案号 A128—4—8。
④ 《难活下去——武乡敌占区妇女生活之一》，载《新华日报》（华北版）1942 年 5 月 17 日。
⑤ 解放区救济委员会晋冀鲁豫分会太行办事处：《武乡八年来战争损失调查》，1946 年 3 月 3 日，山西省档案馆馆藏档案，档案号 A128—4—26。
⑥ 山西省史志研究院编：《日本侵晋实录》，山西人民出版社 2005 年版，第 386 页。

2）间接人口伤亡

A. 间接人口伤亡情况

日军侵晋，不仅造成山西地区大量人口直接伤亡，而且造成了大量人口间接伤亡。此次调研所确定的间接人口伤亡范围，主要限于因战争而非日军直接攻击造成死亡、受伤或失踪的被俘捕、难（灾）民和劳工。因此，全省 11 市 119 县课题组在查阅档案文献资料及入户调查基础上，都对各地抗战时期被俘捕、难（灾）民和劳工的伤亡人数进行了统计，并上报省课题组。省课题组将上报数据汇总，形成三组数据，即档案数据、入户调查数据、认定数据。档案文献数据是将各市县上报数据中的档案文献数据及收集到档案文献资料进行分析、核实并汇总得出，间接伤亡人数为 1817065 人，其中，被俘捕伤亡 293617 人、难（灾）民伤亡 1053820 人、劳工伤亡 469628 人；入户调查数据是各市县对入户调查统计数字进行汇总得出，间接伤亡人数为 151107 人，其中，被俘捕伤亡 11845 人、难（灾）民伤亡 69315 人、劳工伤亡 69947 人；认定数据是各市县根据课题调研情况，对统计出的档案文献数据、入户调查数据进行鉴别、分析而得出，间接伤亡人数为 2037508 人，其中，被俘捕伤亡 290855 人、难（灾）民伤亡 1116140 人、劳工伤亡 630513 人。此次课题调研即采用认定数据。从全省 11 市认定数据的结果看：晋中、长治、晋城、阳泉、大同、忻州、朔州 7 市都采用了档案数据，吕梁、太原、运城 3 市采用档案数据和入户调查数据相加，临汾市是没有完全采纳档案数据和入户调查数据，而是在这两数据基础上进行分析取舍，最终得出结论。但是，认定数据并不是山西人口伤亡的最终数据，是根据截至目前所掌握的资料和进行的相关研究而得出的。应该说，我们得出的这些数据还只是初步的和尚不完整的数据，并不是研究的最终结果；今后，我们将继续推进本课题调研工作，以期在掌握更多资料和取得研究新成果的基础上对有关数据再做出修订和补充。

B. 间接人口伤亡情况

对难（灾）民情况的分析

ⅰ. 日军对山西发动的军事作战，使山西人民丧失土地、粮食、房屋、生产工具等基本生存条件，大量沦为难（灾）民。1937 年 9 月，日军侵入山西北部开始，攻城略地，肆意践踏，在其势力范围内，修筑大量碉堡、据点、封锁沟、封锁墙、"无人区"等军事设施，山西大片土地或良田被强征占用或者荒弃与破坏，造成粮食减产。据北岳二专区八县 340 个村不完全统计，因日军制造"无人区"荒芜土地竟达 1000 余亩①。1942 年起，日军实行"现地自活体制"，在占领区开始田赋征粮，并对抗日根据地、国民党控制区及双方交错区大肆抢粮或者抢不走就烧毁，这样严重影响了广大百姓的吃饭问题。据上党区八年抗战损失统计，日军抢走或烧毁粮食 280801808.7 斤，强征摊派 381048478.6 斤，总价值达 9499418250 元②。与此同时，日军在疯狂"扫荡"中，实行"三光政策"，房屋被焚被拆，百姓居无定所，四处流离；生产工具及耕畜也被日军肆意破坏或宰杀，致使农业生产受到严重影响。

日军的劫掠恶化了人们赖以生存的基本条件，人民生活日趋艰难，生活状况日益恶化，纷纷沦为难民。在襄垣县，1943 年百姓的粮食被日军全部抢走，百姓纷纷卖儿鬻女，走上妻离子散的逃亡之路③。从 1946 年武乡县政府的一份救济工作报告中也可以看出当时该地区难民、灾民情形：当时一区各村需要救济和安置的人有，马牧村 353 人，无办法难民 200 人；玉家沟村 538 人，无办法难民 200 人；南沟村 187 人，无办法难民 100 人；型庄村 700 人，无办法难民 50 人；东黄岩村 200 人，无办法难民 70 人，其中一部分人甚至无衣蔽体④。

ⅱ. 日军无止境掠夺与破坏，弱化了农民抵抗自然灾害的能力，加深了灾荒的危害程度：经过长期战争破坏，人民防灾抗灾能力大大削弱，农村地区捎遇灾荒便出现饥民遍野、饿殍塞道的悲惨景象。1941 年，河曲、保德、偏关、神池、五寨、岚县、静乐、临南、离石、朔县、宁武、兴县等 14 县从入夏就饱受雹灾和水灾之害，有些地方则遭遇风灾、旱灾和瘟疫袭击。1942 年，山西又发生大旱灾，灾情延续到 1943 年，遍及全省各地区，太行、太岳地区受灾最重。日伪的军事"围剿"和经济封锁又进一步加剧了当地人民苦难，仅太行区五六专区灾民达 30 余万人。1944 年，全省又发生蝗灾，随之则是瘟疫大面积流行。晋城、高平、沁水、阳城四县饿病死者达 94000 人⑤。

据中共太行、太岳革命老区不完全统计，八年间 8.49 万人冻馁而死，流亡

---

① 中央档案馆、中国第二历史档案馆、吉林省社会科学院合编：《日本帝国主义侵华档案资料选编·华北大"扫荡"》，中华书局 1998 年版，第 880 页。

② 解放区救济委员会晋冀鲁豫分会晋东南办事处编制：《上党区八年抗日战争资财损失调查表》，1946 年，山西省档案馆馆藏档案，档案号 A128—4—7。

③ 襄垣县政府：《襄垣县政府关于抗日战争中八年血债的统计》，1946 年 6 月 15 日，山西省档案馆馆藏档案，档案号 A128—4—37。

④ 武西县委：《救济工作报告（1946 年 2 月 1 日给武专员）》，山西省档案馆馆藏档案，档案号 A181—1—8。

⑤ 解放区救济委员会晋冀鲁豫分会晋东南办事处：《八年来晋东南人民被敌蹂躏一瞥》，1946 年，山西省档案馆馆藏档案，档案号 A128—4—8。

在外难民约 128.7 万人。又据太原、大同、交城、太谷、榆次等 65 县市统计，逃亡外省者约 30 万人①。

对劳工情况的分析

日军在山西强征、使用劳工及其伤亡的总体情况，因种种原因，已经很难搞清楚。现在根据我们此次课题调研中掌握的资料对有关情况进行简要分析。

ⅰ. 日军 "以人换煤" 的血腥政策导致大量劳工死亡

日军占领山西期间将掠夺重点放在矿产资源尤其是煤矿 "开发" 方面，而要实现这个目标就必须以充足的劳动力为依托。因此，日军大力推行以 "以人换煤" 的血腥政策，即以中国劳工生命换取煤炭 "超度" 开采。日本不断变换手段，用诱骗、强征、摊派甚至征用战俘等多种方法把破产农民、城市无业者、打短工者、城市贫民以及流离失所而生活无靠的百姓 "招募" 为矿工，进行血腥奴役。西北煤矿第一厂战前工人最多时不过 970 人，而 1940 年增至 2842 人，到 1944 年又猛增至 4000 多人。大同煤矿战前工人最多时 8000 人，日军占领时则多达 18000 余人。

日军通过延长劳动时间、提高劳动强度，"努力出煤"。但是，为了降低开采成本，大量削减安全设施投入，井下通风设备不良，矿井事故频发。据统计，仅西山煤矿二号井等三个坑口在 1939—1945 年间就发生 12 次重大事故，死亡 121 人②。1938 年春，大同煤峪口九号掌子里透水，日军仍强迫工人下井，结果 100 多名矿工困在井下 15 天，除 8 名侥幸活命外，其余均活活饿死③。1939 年 11 月 9 日，大同煤矿爆发洪水，2000 余名被日伪紧闭巷道的冒险做工的矿工仅仅逃出六七十人，其余全部遇难④。仅大同煤矿 1941 年就死亡矿工 869 人，占在籍人员 6934 人的 12.5%，受伤者 2983 人，负伤率达 44%，两项合计死伤率高达 56.5%⑤。1942 年，大同、阳泉、灵石富家滩煤矿接连发生三次冒顶和透水事故，死亡 300 余人。恶劣的生活环境，残酷的劳动条件，摧残着矿工的身体，吞噬着矿工的生命。尤其是每当疫病流行，无医无药，生病矿工就被日军拉尸队拉到在荒郊野外挖的 "炼人坑"，并在里面架起炭火，将一息尚存的矿工扔进去，浇上汽油焚烧，数以千计的矿工被活活烧死。随着病死人数的增多，山谷沟壑或废弃旧矿井都成为抛尸场所。日积月累，这些地方白骨累累，腐臭熏天，"万人坑" 由此得名。大同煤矿比较大的 "万人坑" 就有 20 多处。日军占领大

---

① 山西省史志研究院编：《山西通志·民政志》，中华书局 1996 年版，第 264—265 页。
② 山西省史志研究院编：《日本侵晋实录》，山西人民出版社 2005 年版，第 201—212 页。
③ 山西省史志研究院编：《日本侵晋实录》，山西人民出版社 2005 年版，第 199 页。
④ 薛世孝：《中国煤矿工人运动史》，河南人民出版社 1986 年版，第 446 页。
⑤ 山西省人民检察院编：《侦讯日本战犯纪实（太原）》，山西人民出版社 1995 年版，第 7 页。

同八年间，有六万名矿工死于非命，所掠夺 1400 万吨煤沾满了矿工的血与泪。"只见矿车天天走，不见矿工几个活"就是当时大同矿工悲惨遭遇的真实写照。

ⅱ．日军修筑军事工程及各种杂役消耗了大量民力

日军占领山西之后，为了维持并巩固其统治，不仅大肆修筑各种工事、碉堡、封锁墙（沟）、公路、铁路、"护村墙"、"护村壕"，还建岗楼、立电杆、开机场、挖隔断壕等，这些活动都是以山西各地大量劳工无偿服务为基础的。特别是 1940 年起，日军为了消除中国共产党领导的八路军及其抗日根据地，在公路和铁路干线上实行一里一兵营、三里一碉堡、十里一据点办法，企图以铁路和公路为"链"、据点和碉堡为"锁"的"囚笼"，将各抗日根据地分割、包围、封锁，然后各个击破。到 1943 年 5 月，日军在华北大小据点增加到 9300 多个，碉堡更达 29000 座，以此推算，其所役用华北民力用工量则不得不以亿为单位进行衡量①。八年来，山西各地因此而消耗的民力通过《抗战时期山西部分县市八年民力消耗统计表》可知概貌：

抗战时期山西部分县市八年民力消耗统计表

类别 \ 地区		长治市	长治县	襄垣县	屯留县	壶关县	长子县	潞城县	合计
占用土地（亩）		4479	8643	40243	25326	1318	17600	1336	110604
修碉堡	座数	339	412	98	41	9	34	4	937
	用工	152900	158374	4441000	41000	4860	170000	18000	4986134
修据点	数量	94	56	35	11	4	15	11	226
	用工	56400	203643	490000	20900	8000	67500	22000	868443
修炮楼	座数	210	368	225	10	9	60	56	938
	用工	42000	324890	342500	110000	3240	120000	42080	984710
修封锁沟墙	段数	28	828	—	453	—	2300	—	3609
	用工	105033	619372	6396000	36000	64800	2500000	1043312	10764517
修公路	段数	61	460	300	8	121	170	145	1265
	用工	235200	582680	600000	35000	18150	37000	11600	1519630
其他差务		1148377	905100	7819200	3881152	1756000	9806600	151200	25467629
平毁误工		24774	36880	6222900	445000	91400	390000	17008	7227962

① 张国祥主编：《山西抗日战争史》（下），山西人民出版社 1992 年版，第 15 页。

表格说明：

1. 表中占用土地数据来源于山西省档案馆馆藏档案：解放区救济委员会晋冀鲁豫分会晋东南办事处编制，《上党区八年抗日战争的资财损失调查表》1946年，档案号 A128—4—7—10；

2. 其他数据来源于山西省档案馆馆藏档案：解放区救济委员会晋冀鲁豫分会晋东南办事处编制：《上党区八年民力损失统计表》1946年，档案号 A128—4—1—1。

此外，日军在驻地和历次"扫荡"作战中，经常役使附近民众从事各种杂役服务，如伙夫、带路、脚夫等。据日军战犯藤田茂供述：1939年6月1日至12月25日半年多时间，日军在绛县白水村等地每天役使伙夫杂役10人，累计达1840人次。而榆次全县人口51391人，除去妇幼老弱无法支差者外，能够服差役的12830人八年间总计出差5617000天，每人平均出工437天[①]。寿阳县道坪村每人每年平均50个工，仅1942—1944年三年间就消耗民工46950个，若每工以当时工价小米5升计，可折合小米2347.5石[②]。

日军不仅征用大批劳工，同时在服役中对劳工百般折磨，严重摧残。日军在辽县（今左权县）修筑红都炮台时，民夫白天背石运料，晚上赤脚跳入石灰池踩灰，腿脚严重烧伤，布满血泡，行走困难。日军正是用这种做法，既准备好了次日施工用料，又防止了民夫逃跑。为此，有15名壮年男子丢掉性命，30多人失去下肢而终身残废[③]。1942年1月，日军在武乡段村周围大修围墙与碉堡，强迫附近25里以内所有村庄各出民夫两名，合计160余人，每天从早到晚只准吃一顿饭，稍一休息即遭毒打。同年，日军在昔（阳）西修筑据点，强迫当地8—60岁全部男丁服役，每人每天给米6两且不准回家、不准懈怠，遭受酷刑而死或因困饿、劳疾倒毙者则一律埋入城壕[④]。

ⅲ. 设立战俘集中营，奴役残害战俘

日本侵略者占领太原后，为了其侵华战争的需要，1938年前后，在位于太原旧城东北角的原阎锡山炮兵营房，建立了战俘集中营。为掩人耳目，对外称

① 解放区各救济分会晋东南办事处编制：《晋东南几个县八年来给敌人修碉堡炮楼支差及平毁差役初步调查表》，1946年，山西省档案馆馆藏档案，档案号 A128—4—7。
② 寿阳县政府编制：《寿阳县政府针对八年以来的经济损失状况所做的申请救济报告及损失调查表》，1946年7月9日，山西省档案馆馆藏档案，档案号 A128—4—86。
③ 王乃德、翟相卫：《日军对华北地区人力资源的掠夺与摧残》，载中国历史第二档案馆编：《民国档案》1999年第1期，第95页。
④ 张国祥主编：《山西抗日战争史》（下），山西人民出版社1992年版，第17页。

"太原工程队"。太原工程队直属山西派遣军第 1 军司令部管辖，日军木村中佐、松本大佐先后担任所长。为了分化瓦解被俘人员，在成立工程队时，日本侵略者还设立了教化队，由日军上尉川田负责。工程队关押人数少时 1000 多人，多时超过万人，经常保持在 3000 人左右。据曾经关押在工程队的董汉章回忆，1942 年 3 月 26 日至 4 月 10 日，工程队关押的战俘从 1200 多人猛增到 9000 多人。因囚室不够，日军便在院里遍搭席棚，容纳俘虏①。集中营的主要任务是将作战中被俘的中国士兵、"扫荡"中抓捕的抗日军民，以及各地宪兵、警察抓捕关押的所谓抗日"囚犯"，经所谓"教习"、"训练"后，作为"特殊劳工"送往各地，包括日本。据当年的老人回忆，1943 年太原西山煤矿曾索要战俘 500 名，1944 年又要 200 名，同年冬还从太原监狱要去 50 多名"犯人"。仅此三次，该矿就得到 750 余名无偿劳动力②。又据山西省太原市晋源区姚村人马海生回忆，1944 年 5 月 14 日被日军俘虏后即被送到"太原工程队"，随后又被押送日本国内做苦力，饱经苦难后于 1946 年回国。同时，还背回清徐大峪村雷江仁的骨灰盒③。

日军侵晋八年，为了满足人力多方需求，大肆掠夺人口充当劳工，以致山西人口损失严重。但是，由于档案资料的匮乏以及时间的流失，我们已经无法对山西劳工伤亡数据作出精确统计。据不完全统计，八年间日军在晋察冀抗日根据地抓壮丁 50.5 万余人，仅 1941 年 8—10 月就抓走 2 万余人④；在太行抗日根据地掳去 48.8 万人⑤；太岳区被抓被俘 92648 人⑥；晋绥边区所属山西地区被抓 77815 人，漂流在外或下落不明 14792 人⑦。这些不完整的统计数据已足以令人震惊！

综上所述，此次调研我们得出：日军侵晋八年（1937—1945 年）造成山西人口巨大伤亡，据初步调查和不完全统计，全省人口伤亡总数为 2836992 人。其中，直接伤亡为 799484 人，间接伤亡为 2037508 人。

但是，必须要说明的是：由于拥有资料的有限以及时间久远，无论是历史档

---

① 董汉章回忆：《太原俘虏营纪实》，载太原市政协文史资料研究委员会编：《太原文史资料》第 21 辑，1989 年版，第 23 页。

② 山西省史志研究院编：《日本侵晋实录》，山西人民出版社 2005 年版，第 165 页。

③ 马海生口述：《我去日本当劳工的经历》，载山西省史志研究院主办：《沧桑》2002 年第 1 期，第 17 页。

④ 谢忠厚、肖银成主编：《晋察冀抗日根据地史》，改革出版社 1992 年版，第 310、593 页。

⑤ 军事科学院外国军事研究部编：《凶残的兽蹄——日军暴行录》，解放军出版社 1994 年版，第 214 页。

⑥ 晋冀鲁豫边区政府太岳行署民政处：《太岳区八年被敌杀伤人口及各种灾害统计表》，1946 年 6 月 24 日，山西省档案馆馆藏档案，档案号 A71—1—75。

⑦ 晋绥行署：《晋绥边区因敌灾引起之人口重大损失》，1945—1946 年，山西省档案馆馆藏档案，档案号 A90—1—28。

案资料所记载的山西抗战期间人口损失数，还是此次调查后经统计得出的山西人口伤亡数，都不能全面准确反映山西抗战期间人口伤亡总数。我们所进行的这次统计，只是一个阶段性成果。

（五）财产损失情况

1. 国民党山西省政府调查统计的财产损失情况

据 1946 年 8 月山西省民政厅张俊杰呈民政厅厅长严廷飏的报告称，山西省抗战财产损失调查承办人员，对省县各机关团体、营业部门及城乡居民所报各类表单，经两月分类、整理、统计，全省抗战期间财产损失总数为 6448399039727 元（法币，1945 年 6 月法币币值，以下皆同）。其中，各类损失共分 16 项，各项具体损失数据如下：（1）人口伤亡医药葬理费 3087157485 元；（2）人民财产直接损失 544050997384 元；（3）机关财产直接损失 26630055119 元；（4）学校财产直接损失 12242229826 元；（5）农业财产直接损失 5251191310 元；（6）矿业财产直接损失 267598359051 元；（7）工业财产直接损失 697403094737 元；（8）公用事业财产直接损失 10422423400 元；（9）商业财产直接损失 71447961580 元；（10）金融事业财产直接损失 11994000 元；（11）铁路财产直接损失 225823501680 元；（12）公路财产直接损失 140420000 元；（13）电讯财产直接损失 40398500100 元；（14）克复区财产损失 2104436015986 元；（15）各种财产间接损失数 2104436015986 元；（16）未报地区估报损失数 1432800000000 元。

以上统计的全省财产损失 6448399039727 元（法币元）中，公私损失约各占半数。私有损失，是以全省总人口 1500 万人计，每人平均损失以 20 万元计，并按民国三十四年（1945）年前半年的价值估算而来。公有损失，计西北实业公司损失 2 万亿元，西北制造厂损失 8000 亿元，同蒲铁路损失 2000 亿元，晋北矿务局损失 1000 亿元，阳泉矿务局损失 800 亿元，连同其它共约 3 万亿元①。

---

① 山西省政府编制：《山西省民营事业财产直接损失汇报表（矿业部分）》，1946 年，山西省档案馆馆藏档案，档案号 B13—1—78—1。

2. 山西各解放区对财产损失的调查统计情况

（1）太行区山西境内财产损失不完全统计情况

1946 年《太行区各县八年来物资损失统计表》① 记载，太行区所辖山西境内平定、武乡、左权、和顺、昔阳、榆次、太谷、寿阳、祁县、榆社、襄垣、黎城、平顺、潞城、壶关、长治、陵川等 17 县。据不完全统计，八年抗战期间，太行区被日伪军烧毁房屋 867523 间，被抢劫烧毁小米 5246644 石，对敌负担小米 14330480 石，被抢劫烧毁家具及其他财物折合 7902920000 元（本币，即冀钞，下同），商业损失 3567637000 元（本币），矿业损失 26508538000 元（本币），被抢劫烧毁农具 3417090 件，被抢劫屠杀牲口 123364 头、羊 500414 只、猪 88024 头、鸡 1969531 只，蜜蜂损毁 6293 窝。（山西省档案馆馆藏档案，档案号为 A128—2—8—4 的《八年抗日战争中太行区人口与劳役负担损失统计》表中称，"计算单位，以本币为单位，折合时以市价本币一元折价蒋币② 两千元，蒋币每五万元折美金一元"。）

除上述损失，太行区还对全区 41 县的森林果木、水利（水井、水库、水坝、引水渠道等）工业（如煤矿、银矿、铁矿、制机器厂、皮毛厂、纺织厂、皮草厂等）、交通（如铁路、公路、电信、邮政等）、社会福利事业及教育部门的损失作了调查和统计。但从统计表格上看，大多无法将山西损失的部分剥离出来单独统计。现将太行区八年抗战期间物资损失调查的部分表格附后。

---

① 太行行署编制：《太行区各县八年来物资损失统计表》，1946 年，山西省档案馆馆藏档案，档案号 A71—1—77—1。

② 蒋币即法币，引者注。

八年抗日战争中太行区农业畜牧森林损失统计

1947 年 7 月 9 日

损失品	损失品数目	直接损失 本位	直接损失 单价（元）	直接损失 合计（元）（折法币合美金计）	间接损失 损失数目	间接损失 本位	间接损失 单价（元）	间接损失 本位	间接损失 合计（元）（折法币合美金计）
粮食棉花（折小米计）	12056101 石	法币	100000	120561010000	49387962 元	法币	100000	法币	4938796200000
		美金	2	24112202		美金	2	美金	9875924
农　　具	5134944 件	法币	40000	205397760000	334200 件	法币	40000	法币	13368000000
		美金	0.8	4107955		美金	0.8	美金	224960
牲　　口	279774 头	法币	800000	223869200000	124324 头	法币	800000	法币	9939200000
		美金	16	4476384		美金	16	美金	1989184
家禽损失　猪	105815 口	法币	150000	15832250000		法币		法币	
		美金	3	317445		美金		美金	
家禽损失　羊	684009 只	法币	30000	20520276000		法币		法币	
		美金	0.6	410405		美金		美金	
家禽损失　鸡	2652607 只	法币	4000	1061024800		法币		法币	
		美金	0.08	212209		美金		美金	
家禽损失　蜂	11030 窝	法币	40000	441200000		法币		法币	
		美金	0.8	88240		美金		美金	

项别（损失品）	本位	直接损失 损失品数目	直接损失 单价（元）	直接损失 合计（元）	间接损失 损失数目	间接损失 单价（元）	间接损失 本位	间接损失 合计（元）
果 木	法币	11000棵	300000	330000000			法币	7500000000
	美金		6	66000			美金	
水 利	法币	200处	50000000	10000000000	1500	5000000	法币	7500000000
	美金		1000	200000		1000	美金	1500000
森 林	法币	500000株	50000	2500000000	154000株	50000	法币	770000000
	美金		1	500000		1	美金	154000
合 计	法币			1685561810800			法币	4970373400000
	美金			34490840			美金	102644068000
备 考	表中法币均为1946年的市值							

（解放区各救济分会大行事办事处制表，山西省档案馆馆藏档案，档案号 A128—2—8—4）

八年抗日战争中太行区公私财产社会福利事业损失统计

1947年7月

损失品	损失品数目	本位	单价（元）	本位	合计（元）	损失数目	本位	单价（元）	本位	合计（元）
				直接损失 价值（折法币合美金计）					间接损失 价值（折法币合美金计）	
房屋损失	2262488 间	法币	250000	法币	5556720000000	7500000 间	法币	250000	法币	18750000000000
		美金	5	美金	11313440		美金	5	美金	37500000
被服损失	6055029 件	法币	50000	法币	307751450000	30275145 件	法币	50000	法币	15137572500000
		美金	1	美金	6055029		美金	1	美金	30275145
家具损失	345240 件	法币	50000	法币	17262000000	800033 件	法币	50000	法币	40001650000
		美金	1	美金	435240		美金	1	美金	8000033
医疗机关	20 处	法币	100000000	法币	2000000000					5300000000
		美金	2000	美金	40000					700000
中师小学校	580 座	法币	200000000	法币	116000000000					
		美金	4000	美金	232000					
图书馆及育婴院	5 处	法币	37500000000	法币	18750000000000					
		美金	350000	美金	1750000					

· 56 ·

损失品\项别\数目\价值	损失品数目	直接损失 本位	直接损失 价值（元）单价（元）	直接损失 合计（折法币合美金计）本位	直接损失 合计（元）	间接损失 损失数目	间接损失 本位	间接损失 价值（折法币合美金）单价（元）	间接损失 价值（折法币合美金）本位	间接损失 合计（元）折法币合美金计
五金损失 铜铁				法币	37500000000					
				美金	2500000					
金银				法币	9000000000					
				美金	1100000					
商业损失				法币	175032000000				法币	200000000000
				美金	3417260				美金	40000000
合　计				法币	182121745000				法币	543405890000
				美金	26842969				美金	116475178000
备　考	表中法币均为1946年的币值									

（解放区各救济分会大行办事处制表，山西省档案馆馆藏档案，档案号 A128-2-8-4）

八年抗日战争中太行区各种工业直接损失统计表

1947年7月7日

类别	厂名	地址	厂别	厂数(座)	损失机器折价 美金(元)	损失机器折价 法币(元)	损失工具折价 美金(元)	损失工具折价 法币(元)	损失原料折价 美金(元)	损失原料折价 法币(元)	损失产品折价 美金(元)	损失产品折价 法币(元)	合计 美金(元)	合计 法币(元)
近代化之煤矿业损失	峰峰煤矿	峰峰	煤矿	1	400000	2000000000	600000	30000000000	300000	15000000000	700000	3500000000	200000	10000000000
	红坚煤矿	井陉	煤矿	1	800000	40000400000	500000	25000000000	1000000	50000000000	1700000	8500000000	400000	20000000000
	焦作煤矿	焦作	煤矿	1	600000	3000000000	600000	30000000000	800000	40000000000	1000000	5000000000	300000	15000000000
	六河沟煤矿	安阳	煤矿	1	600000	3000000000	300000	15000000000	400000	20000000000	700000	3500000000	200000	10000000000
	石圪节煤矿	潞城	煤矿	1	200000	1000000000	160000	8000000000	100000	5000000000	540000	2700000000	100000	5000000000
小　计				5	2600000	13000000000	2160000	10800000000	2600000		4640000	23200000000	1200000	60000000000
手工业工矿损失	磁山煤矿等	长治等18个县	煤矿	495			600000	30000000000			900000	4500000000	1500000	7500000000
	阴城铁矿等	长治、昔阳、左权3个县	铁矿	253			300000	15000000000			500000	2500000000	800000	4000000000
	娘娘庙银矿	平定	银矿	1			300000	15000000000			400000	2000000000	700000	3500000000
小　计				749			1200000	80000000000			1800000	9000000000	3000000	15000000000

类别	厂名	厂别	地址	厂数(座)	损失机器折价 美金(元)	损失机器折价 法币(元)	损失工具折价 美金(元)	损失工具折价 法币(元)	损失原料折价 美金(元)	损失原料折价 法币(元)	损失产品折价 美金(元)	损失产品折价 法币(元)	合计 美金(元)	合计 法币(元)
近代化各种工厂损失	兴化纱厂		左权	3	800000	40000000000			900000	45000000000	1100000	55000000000	2800000	14000000000000
	大兴纱厂		涉县	1	400000	20000000000			60000	3000000000	600000	30000000000	1600000	8000000000000
	磨电厂		邢台、长治、涉县	3	1000000	50000000000			600000	3000000000			1600000	8000000000000
	华丰铁厂	制机器	长治	1	400000	20000000000			400000	20000000000	400000	20000000000	1200000	6000000000000
小　计				8	2600000	13000000000			2500000	12500000000	2100000	10500000000	7200000	36000000000000
非近代化各种工厂损失	皮革厂	皮毛业	邢台长治	189			560000	28000000000	540000	27000000000	900000	45000000000	2000000	10000000000000
	小型纺纱厂	纺织	黎城、武安等30个县	456			400000	20000000000	600000	30000000000	1800000	90000000000	2800000	14000000000000
小计				645			960000	48000000000	1140000	57000000000	2700000	135000000000	4800000	24000000000000
总　计				1407	5800000	26000000000	4320000	21600000000	6240000	312000000000	11240000	562000000000	27000000	135000000000000
说　明	表中法币均为1946年的币值													

（解放区各救济分会太行办事处制表，山西省档案馆馆藏档案，档案号 A128—2—8—4）

八年抗日战争中太行区各种工业间接损失统计表

1947年7月7日

类别	各种工厂简情如下				因战争而失业或停工之工人工资折价		因战争而锈烂各种原料折价		因战争而减产量折价		合　计	
	厂名	地址	厂别	厂数（座）	美金（元）	法币（元）	美金（元）	法币（元）	美金（元）	法币（元）	美金（元）	法币（元）
近代化之煤矿工业损失	峰峰煤矿	峰峰	煤矿	1	8000000	40000000000	2000000	10000000000	8000000	40000000000	18000000	90000000000
	红坚煤矿	井陉	煤矿	1	16000000	80000000000	2600000	13000000000	24000000	120000000000	42600000	213000000000
	焦作煤矿	焦作	煤矿	1	7000000	35000000000	1200000	6000000000	7800000	39000000000	16000000	80000000000
	六河沟煤矿	安阳	煤矿	1	5600000	28000000000	1200000	6000000000	3800000	19000000000	10600000	53000000000
	石圪节煤矿	潞城	煤矿	1	2400000	12000000000	1400000	7000000000	2800000	14000000000	6600000	33000000000
	小　计			5	39000000	195000000000	8400000	48000000000	46400000	232000000000	93800000	469000000000
手工业工矿损失	磁山煤矿等18个县	武安等18个县	煤矿	560	6600000	33000000000			12000000	60000000000	18600000	93000000000
	阴城铁矿等	长治等3个县	铁矿	253	3400000	17000000000			5600000	28000000000	9000000	45000000000
	娘娘庙银矿	平定	银矿	1	1200000	6000000000			1800000	9000000000	3000000	15000000000
	小　计			814	11200000	56000000000			19400000	97000000000	30600000	153000000000

· 60 ·

续表

类别\项别\数别	各种工厂简情如下				因战争而失业或停工之工人工资折价		因战争而锈烂各种原料折价		因战争而减产量折价		合　计	
	厂名	地址	厂别	厂数（座）	美金（元）	法币（元）	美金（元）	法币（元）	美金（元）	法币（元）	美金（元）	法币（元）
近代化各种工厂损失	兴化纱厂	左权		3	3600000	18000000000	2400000	12000000000	8720000	43600000000	14720000	73600000000
	大兴纱厂	涉县		1	2800000	14000000000	2000000	10000000000	5200000	26000000000	10000000	50000000000
	磨电厂	邢台、长治、涉县		3	4200000	21000000000	1800000	9000000000	2000000	10000000000	8000000	40000000000
	华丰铁厂	长治	制机器厂	1	1800000	9000000000	1400000	7000000000	2800000	14000000000	6000000	30000000000
小　计				8	12400000	62000000000	7600000	38000000000	18720000	93600000000	38720000	193600000000
非近代化各种工厂损失	皮革厂	邢台、长治	皮毛业	189	760000	3800000000	540000	2700000000	2700000	13500000000	4000000	20000000000
	小型纺纱厂	黎城、武安等30个县	纺织	672	3400000	17000000000	1800000	9000000000	1600000	8000000000	21200000	106000000000
小计				861	4160000	20800000000	2340000	11700000000	18700000	93500000000	25200000	186000000000
总　计				1688	66760000	333800000000	18340000	91700000000	103220000	516100000000	188320000000	941600000000
说　明	表中法币均为1946年的市值											

（解放区各救济分会大行办事处制表，山西省档案馆馆藏档案，档案号 A128—2—8—4）

八年抗日战争中太行区交通事业损失统计

1947 年 7 月 9 日

损失品 \ 价值	直接损失		间接损失	
	价值（以法币计）元	价值（以美金计）元	价值（以法币计）元	价值（以美金计）元
铁道损失	125000000000	2500000	5000000000000	100000000
公路损失	45000000000	1300000	1700000000000	34000000
电信损失	43309550000	866191	850000000000	17000000
邮政损失	10000000000	200000	497750000000	9955000
合　计	223309550000	4866196	7997750000000	150955000
备注	1. 铁道、公路直接损失包括路线、桥梁及车辆等损失，间接损失指营业遭受之损失。 2. 电信直接损失包括电话机、电线等器材在内，间接损失包括营业损失。 3. 邮政直接损失主要以邮局建筑物及邮政损失储金部分为统计依据，间接损失部分指储金损失之应获利息部分。 4. 表中法币均为 1946 年的币值。			

（解放区各救济分会太行办事处制表，山西省档案馆馆藏档案，档案号 A128—2—8—4）

（2）太岳区山西境内财产损失不完全统计情况

据 1946 年《太岳区各专县粮食、房屋畜类损失统计表》（太岳行署编制）①、《太岳区各专县各种物资损失统计表》（太岳行署编制）② 载，太岳区所辖山西境内平遥、安泽、沁源、长子、霍县、屯留、赵城、介休、灵石、沁县、浮山、襄陵、洪洞、临汾、沁水、曲沃、翼城、绛县、夏县、闻喜、安邑、平陆、新绛、稷山、高平、晋城、阳城、垣曲 28 县（原表中有山西境内 32 个县，因其中冀氏并入安泽，稷麓分别划归闻喜、绛县或新绛县，安北并入安邑，士敏并入沁水，所以太岳区实际所辖山西境内战前的 28 县。因此，被删除的冀氏、稷麓、安北、士敏四县的各类损失，已算入上列 28 县之中）据不完全统计，八年抗战期间，被日伪军抢劫烧毁糟蹋粮食 16625990 石，烧毁各类房屋 683275 间，抢走牲口 492887 头、羊 1460970 只、猪 124515 头、鸡 5326.484 只；被日伪军损毁农具 7353943 件，抢走金银 5390100500 元、铜 1146297 斤、锡 93911 斤、铁

---

①② 山西省档案馆馆藏档案，档案号 A71—1—77—1。

103212530 斤；被日伪军强迫服劳役折工 25628136 个工，被日伪军毁坏树木 435164 株，抢夺或损毁盐 2517270 斤，抢走或毁坏布匹 5378758 丈，抢走煤 464100000 斤（原表注明，所列损失物品系日常用品中几种主要的，至于桌椅板凳均未计入，蚕、蚕丝、药材、磁业、造币业、烟业、蜂蜜、棉花、麻织物均未计入，运城盐池未计入；森林、布店、煤矿均列了沁源、晋城、高平损失严重者，其余县损失未列入）。

（3）北岳区山西境内财产损失不完全统计情况

据 1946 年 4 月《冀晋区（北岳区）粮食被服房屋损失统计表》[①]、《冀晋区（北岳区）农林牧畜损失统计表》[②]、《冀晋区（北岳区）工业损失统计表——手工业与农村副业损失》[③]、《冀晋区（北岳区）商业损失统计表》[④] 载，北岳区所辖山西境内浑源、灵丘、广灵、山阴、代县、大同、阳高、怀仁、繁峙、应县、五台、盂县、平定、寿阳、榆次、阳曲、忻县、定襄、崞县 19 县。据不完全统计，八年抗战期间，北岳区被日伪军抢走粮食 6515493 石，被抢被烧被损坏被服 2174603 件，被烧毁房屋 379010 间。被抢劫宰杀牛 45622 头、马 7926 匹、骡 17178 头、驴 47496 头、猪 89178 头、羊 224070 只。损失鸡 7266459 只、鸭 3546 只、蜜蜂 920 箱、农具 1126792 件、家具 880227 件。果木树及农家种植的各类树木被砍被毁 207150 株（以上损失数，均缺广灵县）。损失盐场池锅 1228 个，盐场减产 15566123 斤。纺车机毁坏 4099 架，织机毁坏 1320 架，榨油坊毁坏 207 家个，磨坊毁坏 119 个、粉坊毁坏 154 个、酒坊毁坏 114 个、打铁铺毁坏 331 个、纸作坊毁坏 23 个、皮革坊毁坏 113 个、毡坊毁坏 47 个。日军入侵八年，致使店铺倒闭 4664 个，造成商业损失金额达 51368600000 元（折合 1946 年法币）。

（4）晋西北地区财产损失不完全统计情况

抗日战争时期，晋绥边区行政公署所辖山西晋西北地区诸县，各个时期变化较大。1945 年 9 月 19 日行政区划调整时，晋西北地区共 47 县。1946 年 3—6 月再次行政区划调整时就变成了 39 县，且其中掌握的完整县为 25 个、不完整县为

---

①②③④　山西省雁北地区档案馆编：《雁北抗战档案史料选编》，1985 年版。

14 个。25 个完整的县为：兴县、岚县、河曲、保德、偏关、五寨、岢岚、神池、临县、离石、方山、左云、右玉、山怀、朔县、平鲁、宁武、静乐、忻县、崞县、代县、洪洞、赵城、霍县、灵石。14 个不完整县为：大同、孝义、平介、汾阳、交城、文水、清太徐、阳曲、汾西、隰县、石楼、永和、大宁、蒲县。

据 1946 年晋绥边区行署调查编制的《晋绥边区八年来粮食房屋及被服财物损失统计》①、《晋绥边区八年来农业损失初步统计》②、《晋绥边区八年来作坊损失初步统计》③、《晋绥西北地区八年来牧场损失统计》④载，该区所辖山西境内各县，在抗战八年期间，财产损失巨大。粮食被日、伪军抢劫烧毁糟蹋 36997109 石，被服被损 4422790 件，房屋被烧 804650 间，银元被抢 5700000 元，首饰被抢 950000 两，耕畜（指牛、驴、马）被抢被杀 253353 头，家畜（指猪、羊）被抢被杀 3046960 只，家禽被抢（指鸡、鸭、鹅）7552255 只，农具家具被毁 9324593 件，牧草损失 42240000 斤，皮革损失 240000 张，羊毛损失 550000 斤，树木损失 543417 株。牧场住所及设备被毁 7 处，水渠被毁被废 272 道，水坝被废 25 座，水车被毁 311 架。各类作坊被毁被烧被抢夺被停业而受损者，烟坊 136 个、瓷窑 59 个、香坊 226 个、皮坊 128 个、油坊 1506 个、酒坊 338 个、粉坊 519 个、染房 268 个、磨坊 141 个、铜铁木匠铺 482 个。此外，该区所辖山西境内 12 家牧场（方山县打羊坪、静乐县小算沟、交城县子窝儿、岢岚县牛家庄子、岚县阴寨、兴县交丫申、山阴县岱岳、保德县南河泊、宁武县、阳曲县、五寨县荣华寺、朔县等牧场）共计损失美利奴羊 1268 只（战前每只银元 50 元，共 63400 银元），荷兰牛 166 头（战前每只银元 1000 元，共 166000 银元），牛 243 只（战前每只银元 200 元，共 48600 银元），羊 3459 只（每只银元 10 元，共 34590 银元）。需要说明的是，这些牛羊损失数为 1939 年调查统计数字，价洋是按照战前银洋统计。除此之外，还损失房屋 919 间（共价银元 91900 元），农具 1433 件（共 7275 元），粮食 2024 石（40 元银元/石，共价银元 80960 银元），骡马 47 头（500 银元/头，共 23500 银元），书籍 1236 本（银元 2 元/本，共 2472 银元），家具 3211 件（银元 20 元/件，共 64220 银元），牧草 422000 斤（0.03 银/斤，共 12660 银元）。

3. 本次中央党史研究室领导下的山西财产损失调研统计

山西省政府虽对抗战八年山西财产损失进行过调查、统计和估算，并有最

①②③④　山西省档案馆藏档案，档案号 A90—1—28—1。

原始的各种"表单32种，共30余万张之数字"，但这些原始资料残留到今天的已所剩无几，所以我们对64年前山西省政府的调查、统计、估算等工作具体细节和内容知之甚少。财产损失方面，统计的"直接损失"含"人民财产"、"机关财产"、"学校财产"、"农业财产"、"矿业财产"、"工业财产"、"公用事业财产"、"金融事业财产"、"商业财产"、"铁路财产"、"公路财产"、"电讯财产"12大项，而各种财产均无"间接损失"项，而是将12大项的"间接损失"合并成了一总项。究竟当年各种财产的"间接损失"是怎么计算的？目前，我们因所获历史资料有限，尚无法得知。又如，山西省政府将当年山西106县市分为三种五类，即：（1）确实查报者56县市；（2）按克复区填报者13县；（3）已详确查报又按克复区填报者25县；（4）未查报全县列入估报者37县；（5）已详确查报因"共匪"扰乱未能全报又列入估报者22县。其实，在其第（1）类的56县市中，已包括了第（3）类的25县和第（5）类的22县。这就出现了一个问题，既然第（1）类为"确实查报"的56个县里，怎么又包括了"已详确查报又按克复区填报的25县"和"已详确查报因共匪扰乱未能全报又列入估报者的22县"？这种分类是自相矛盾的，概念上是混淆不清的。还有，既已"详确查报"，又为何按"克服区填报"？……山西省政府在其16项损失中，最后一项是"未报地区估报损失数"，这些"未报地区"是指那些地区（或县）？是指第（4）类37县和第（5）类22县，还是单指第（4）类的37县？这一系列的问题，对我们今天调研统计工作造成了很大的困惑。再如：铁路损失，京绥线和石太线，当年属国家财产，非山西地方所有，故国民党中央政府和山西省政府都未统计。

山西抗日根据地太行区、太岳区、北岳区、晋西北地区所辖各县的调查统计，也系不完全统计。一、各解放区所掌握的县不是山西全部的县市，如前所列也仅为89—103之间。二、这89—103县，许多是不完整的县（不完整到什么，谁也无法说清，因其处在交战状态下，此消彼长，一时一样），其统计工作和调查工作根本无法作到精准。

本次调研，我们在充分利用建国前的各种历史资料的基础上，又吸收了建国后审判日本战犯所调查的资料、省政协"三亲"史料、省党史办公室进行党史研究时所获得的日本罪行的资料、省地方志调研的资料，还有部分日本反战人士记述资料。加之入户调查，才得出了此次调研统计的数据。

本调研报告，关于山西抗战八年财产损失，仅分社会财产损失和居民财产损失两大部分，详情如下：

（1）山西省抗战时期（1937—1945）社会财产损失汇总

山西省本次调研，抗战八年全省社会财产总损失为：6732347019448.52元（法币，1945年6月法币币值，以下皆同）和3007336159银元和127503431493.92元（币种不详）。其中，直接损失：4568802566288.8元（法币）和3007336159银元和127503431493.92元（币种不详），间接损失：2163544453159.72元（法币）[1]。

全省11市除晋城（晋城损失：89376025497元法币，无具体损失）外，社会财产分类损失如下：工业：4641007966423.6元（法币）和4786773495元（币种不详）和71951860银元；农业：29657498285元（法币）和19969208629.92元（币种不详）和21794700银元；交通：226737835128.72元（法币）和650000元（币种不详）和76607200银元；商业：236956064700.5元（法币）和4335474270元（币种不详）和181214230银元；财政：16205944700.5元（法币）和528685000元（币种不详）和55798银元；金融：321504636640元（法币）和519050000元（币种不详）和5813800银元；文化：243166355480元（法币）和1553552088元（币种不详）和26629636银元；教育：7367011464元（法币）和38096000元（币种不详）和417888665银元；公共事业：259757870891.9元（法币）和91178201970元（币种不详）和2129122070银元；人力资源：63744902460元（法币）和10380798元（币种不详）；邮政：2800920000元（法币）和76050800银元；其他：594063987777.3元（法币）和4583359243元（币种不详）和207400银元[2]。

本次调研，全省11市具体损失情况见下：

吕梁市：

直接损失和间接损失合计：28416196元（币种不详）和35007477763元（法币）。具体损失如下：工业：7565800元（币种不详）和1368498000元（法币）；农业：177198元（币种不详）和996095800元（法币）；交通：650000元（币种不详）；商业：28200元（币种不详）和672435830元（法币）；财政：75000元（币种不详）；金融：950000元（币种不详）；文化：426000元（币种不详）和24500元（法币）；教育：15401000元（币种不详）和1304966000元

---

① 以上数据是根据全省各市上报损失数字相加汇总的统计数字。
② 以上数据是根据全省各市上报损失数字相加汇总的统计数字。

（法币）；公共事业：2980000 元（币种不详）和 28769130633 元（法币）；人力资源：162998 元（币种不详）；其他：1896327000 元（法币）。（数据来源：根据 2008 年吕梁市各县抗战损失课题调研综合资料汇总，该资料存中共山西省委党史办公室。）

晋中市：

直接损失和间接损失合计：1135272086740 元（法币）。其中，直接损失 1043026972660 元（法币），间接损失 92245114080 元（法币）。具体损失如下：工业：134039655180 元（法币）；农业：11005299000 元（法币）；交通：106400000 元（法币）；邮政：12480000 元（法币）；商业：70451958160 元（法币）；财政：13256832000 元（法币）；金融：120421299900 元（法币）；文化：242397879980 元（法币）；教育：2690100980 元（法币）；公共事业：19480626220 元（法币）；人力资源：1502482860 元（法币）；其他：519907072460 元（法币）。（数据来源：根据 2008 年晋中市各县抗战损失课题入户调查资料及山西省档案馆馆藏档案汇总，该资料存中共山西省委党史办公室。）

长治市：

直接损失和间接损失合计：110182380 银元和 8929883778 元（币种不明）和 80103305780 元（法币）。具体损失如下：工业：27400000 银元和 4232120000 元（币种不详）和 25366800 元（法币）；农业：376750 元（币种不详）和 15118625280 元（法币）；商业：3615000000 元（币种不详）和 82782380 银元和 295540000 元（法币）；财政：520100000 元（币种不详）和 39734100 元（法币）；金融：518100000 元（币种不详）；文化：63000 元（币种不详）和 510440000 元（法币）；教育：22695000 元（币种不详）和 1868000000 元（法币）；公共事业：993428 元（币种不详）和 3000000 元（法币）；人力资源：10217800 元（币种不详）和 62242419600 元（法币）；其他：180000 元（法币）和 10217800 元（币种不详）。（数据来源：根据 2008 年长治市各县抗战损失课题入户调查资料及山西省档案馆馆藏档案汇总，该资料存中共山西省委党史办公室。）

太原市：

直接损失和间接损失合计：2249655981403.72 元（法币）。其中，直接损失 570416611924 元（法币），间接损失 1679239369479.72 元（法币）。具体损失如下：工业：1728810497325.6 元（法币）；交通：218313955128.72 元（法币）；

商业：20142048241.5 元（法币）；财政：1552000 元（法币）；金融：201070836740 元（法币）；文化：142128000 元（法币）；教育：1231520200 元（法币）；公共事业：79943443767.9 元（法币）。（数据来源：根据山西省档案馆馆藏档案及台北"国史馆"馆藏档案汇总，该资料存中共山西省委党史办公室。）

运城市：

直接损失和间接损失合计：206568697712.3 元（法币）。其中，直接损失204582186512.3 元（法币），间接损失1986511200 元（法币）。具体损失如下：工业：2353054000 元（法币）；农业：2157454755 元（法币）；商业：330522469 元（法币）；财政：2360000 元（法币）；教育：203701700（法币）；公共事业：129680811271 元（法币）；人力资源：力役折工65928624 工；其他：71840793517.3 元（法币）。（数据来源：根据2008 年运城市各县抗战损失课题入户调查资料及山西省档案馆馆藏档案、台北"国史馆"馆藏档案汇总，该资料存中共山西省委党史办公室。）

晋城市：

直接损失和间接损失合计：89376025497 元（法币）。其中，直接损失89376025497 元（法币），间接损失，因各地口径不一，无法统计。具体损失如下：工业：煤矿310 座；冶铸4341 处；其他614 处；农业：粮食25500.9 石（晋城、阳城）；树木4224360 株（晋城、阳城）；交通：公路83 处（晋城）；桥梁3 座（晋城）；商业：2303 家（晋城、陵川）；铜1936176 斤（高平、阳城）；蚕丝24076 斤（晋城、高平）；文化：图书馆2 处；文物325 处；古迹467 处（座）；医疗机构183 个；教育：小学664 所；中学22 所；公共事业：机关2 所（陵川、阳城）；人力资源：力役折工36392402 工（高平、阳城）。（数据来源：根据2008 年晋城市各县抗战损失课题入户调查资料及山西省档案馆馆藏档案汇总，该资料存中共山西省委党史办公室。）

阳泉市：

直接损失和间接损失合计：30400000 银元和1330361867000 元（法币）和18991867337.92 元（币种不详）。具体损失如下：工业：直接损失煤炭480 万吨、间接损失煤炭2300 万吨、总计损失2780 万吨、折合损失1042305457800 元（法币），其他工业部门：273387769200 元（法币），工业总损失1315693227000 元（法币）；工矿业：盂县16000000 银元，平定北14400000 银元，平定南12728700 元（币种不明，疑为冀钞）；交通：706040000 元（法币）；农业：路北——粮食 52669 石、折合 1122744242 元（币种不明，疑为边币），路南——粮食 702731.295 石、折合 17827182239.92 元（币种不明，疑为冀钞）；商业：路北（盂县）——519 个店铺、折合 13962600000 元（法币），路南——2753400 元（币种不明，疑为冀钞）；其他商业部门——26458756 元（币种不明，疑为冀钞）；文化：图书 3394 册、文物 165 处、古迹 72 处（座）；教育：小学 367 所，其他 301 所；公共事业：机关 2 个，团体 30 个，其他 6 个；人力资源：力役折工 4376 万个工。（数据来源：根据 2008 年阳泉市各县抗战损失课题调研综合资料汇总，该资料存中共山西省委党史办公室。）

大同市：

直接损失和间接损失合计：15632135 银元和 1594961238907.5 元（法币）。其中，直接损失 15632135 银元和 1204887780507.5 元（法币），间接损失 390073458400 元（法币）。具体损失如下：工业：1453269755400 元（法币）；农业：43000 银元和 11700000（法币）；交通：6450 银元和 7611440000 元（法币）；邮政：800 银元和 2788440000 元（法币）；商业：9050000 银元和 131100960000 元（法币）；财政：4100507.5 元（法币）；金融：465.43 万银元和 12500000 元（法币）；文化：1743840 银元和 113240000 元（法币）；教育：133625 银元和 49103000 元（法币）；公共事业：120 银元。（数据来源：根据山西省档案馆馆藏档案及 2008 年大同市各县抗战损失课题入户调查资料汇总，该资料存中共山西省委党史办公室。）

忻州市：

直接损失和间接损失合计：2851121644 银元（缺保德县数据）。具体损失如下：工业：14151860 银元；农业：21751700 银元；交通：76600750 银元；邮政：76050000 银元；商业：89381850 银元；财政：55798 银元；金融：1159500 银元；文化：24885796 银元；教育：417755040 银元；公共事业：2129121950 银元；其他：207400 银元。（数据来源：根据 2008 年忻州市各县抗战损失课题调研综合资料汇总，该资料存中共山西省委党史办公室。）

朔州市：

具体损失如下：工业：112 个作坊，矿业 3 座，盐 6410547 斤、折 3000 元（币种不详）；农业：粮食 19800000 公斤、折 2019600 元（币种不详），树木 46929 株，牧业 332507 头（只），土地 10 万亩、折 10000000 元（币种不详）；交通：公路 91 处，桥梁 2 座；商业：343 家店铺；财政：45300000 元（币种不详）；钱庄：4 家；文化：图书 1530 册，文物 172 处，古迹 86 处（座），其他 36

处；教育：小学 207 所。（数据来源：根据 2008 年朔州市各县抗战损失课题入户调查资料及山西省档案馆馆藏档案汇总，该资料存中共山西省委党史办公室。）

临汾市：

直接损失和间接损失合计：99553264182 元（币种不详）和 11040338645 元（法币）。具体损失如下：工业：534358995 元（币种不详）和 5447912718 元（法币）；农业：1018728200 元（币种不详）和 368323450 元（法币）；商业：691233914 元（币种不详）；财政：8510000 元（币种不详）和 2901366093 元（法币）；文化：1553063088 元（币种不详）和 2643000 元（法币）；教育：19619584 元（法币）和 14689332590 元（币种不详）；公共事业：76484895952 元（币种不详）和 1880859000 元（法币）；人力资源：374400 个工；其他：4573141443 元（币种不详）和 419614800 元（法币）。（数据来源：根据 2008 年临汾市各县抗战损失课题调研综合资料及山西省档案馆馆藏档案汇总，该资料存中共山西省委党史办公室。）

（2）山西省抗战时期（1937—1945）居民财产损失汇总

山西省本次调研，抗战八年吕梁、晋中、太原、运城、晋城、大同、忻州 7 个市的居民财产总损失为：12656282997286 元（法币，1946 年法币币值，以下皆同）和 865472060.3 银元和 74142414.4 元（币种不详）①。7 市中除太原（太原损失：55127980544 元法币，无具体损失）外，居民财产具体损失如下：土地：29573928.35 亩，折合 1447183098600 元（法币）和 4395287.5 元（币种不详）和 2346420 银元；房屋：6268121 间，折合 125308877876 元（法币）和 30928200 元（币种不详）和 508904120 银元；树木：3482244 株，折合 17394146800 元（法币）和 5163112 元（币种不详）和 2638370.6 银元；禽畜：9861710 头（只），折合 89207985647 元（法币）和 13889790 元（币种不详）和 6123878 银元；粮食：42210062090 公斤，折合 9214824735587 元（法币）和 18262625.4 元（币种不详）和 36633504 银元；服饰：36547398 件，折合 428276924099 元（法币）和 1109112 元（币种不详）和 2265876.5 银元；生产工具：93997899 件，折合 824897735619 元（法币）和 177609 元（币种不详）和 7737332.2 银元；生活用品：111692537 件，折合 334142479810 元（法币）

---

① 以上数据是根据吕梁、晋中、太原、运城、晋城、大同、忻州 7 市上报损失数字相加汇总的统计数字。

和 216678.5 元（币种不详）和 6009544 银元；其他：119919032704 元（法币）和 292813015 银元①。

长治、阳泉、朔州、临汾 4 个市居民财产损失情况统计：土地：2227427.1 亩；房屋：2838159.5 间；树木：5931148 株；禽畜：7490316 头（只）；粮食：2967338067 公斤；服饰：14100688 件；生产工具：26992205 件；生活用品：311647525 件、布匹 10350 丈、棉花 26250 公斤、盐 62094 公斤、金属 2625856267 公斤②。

全省 11 市，居民财产损失详情见下：

吕梁市：

损失合计：74132414.4 元（币种不详）和 286424334 银元。主要损失如下：土地：87905.75 亩，折合 4395287.5 元（币种不详）；房屋：309282 间，折合 30928200 元（币种不详）；树木：645389 株，折合 5163112 元（币种不详）；禽畜：462993 头，折合 13889790 元（币种不详）；粮食：91313127 公斤，折合 18262625.4 元（币种不详）；服饰：1109112 件，折合 1109112 元（币种不详）；生产工具：177609 件，折合 177609 元（币种不详）；生活用品：433357 件，折合 216678.5（币种不详）和 212167 银元；其他：286212167 银元。（数据来源：根据 2008 年吕梁市各县抗战损失课题调研综合资料汇总，该资料存中共山西省委党史办公室。）

晋中市：

损失合计：2893395939000 元（法币）。主要损失如下：土地：27917597.6 亩，折合 1116703904000 元（法币）；房屋：351515 间，折合 56242400000 元（法币）；树木：714934 株，折合 857920800 元（法币）；禽畜：3233780 头（只），折合 578243814 元（法币）；粮食：668200560 公斤，折合 427648358400 元（法币）；服饰：28878903 件，折合 346546836000 元（法币）；生产工具：61382140 件，折合 613821400000 元（法币）；生活用品：110332292 件，折合 330996876000 元（法币）。（数据来源：根据 2008 年晋中市各县抗战损失课题调研综合资料及山西省档案馆馆藏档案汇总，该资料存中共山西省委党史办公室。）

长治市：

土地：1303558.1 亩；房屋：2551046.5 间；树木：5559121 株；禽畜：

---

① 以上数据是根据吕梁、晋中、太原、运城、晋城、大同、忻州 7 市上报损失数字相加汇总的统计数字。
② 以上数据是根据长治、阳泉、朔州、临汾 4 市上报损失数字相加汇总的统计数字。

5756715 头（只）；粮食：2729268593 公斤；服饰：10715841 件；生产工具：24211915 件；生活用品：311050967 件和 3466203880 元（冀钞）；其他：银元 1214020 个，金属 5250549432 斤，盐 15888 斤等。（数据来源：根据 2008 年长治市各县抗战损失课题调研综合资料及山西省档案馆馆藏档案汇总，该资料存中共山西省委党史办公室。）

太原市：

损失合计：55127980544 元（法币），为太原市、阳曲县、太原县、清源县四县合计。房屋：73033 间（徐沟县、交城县古交部分、娄烦县）；猪羊鸡：82111 只（头）（交城县古交部分、娄烦县）；衣物家具：37410000 元（法币）和折小米 7945000 公斤和 24450 件（徐沟县、交城县古交部分）。（数据来源：根据山西省档案馆馆藏档案及文献资料汇总，该资料存中共山西省委党史办公室。）

运城市：

损失合计：286081288758 元（法币）。主要损失如下：土地：1030482 亩，折合 515241000 元（法币）；房屋：173185 间，折合 31088492876 元（法币）；树木：1469904 株，折合 367476000 元（法币）；禽畜：1168351 头（只），折合 6591576800 元（法币）；粮食：36787349706 公斤，折合 79311397187 元（法币）；服饰：1651889 件，折合 28063338747 元（法币）；生活用品：367572 件，折合 367572000 元（法币）；生产工具：800026 件，折合 21343181619 元（法币）；其他：106328881094 元（法币）；现款：9366936912 元（法币）；图书：1090385067 元（法币）；仪器：1074878320 元（法币）；医药用品：571931136 元（法币）。（数据来源：根据 2008 年运城市各县抗战损失课题调研综合资料及山西省档案馆馆藏档案汇总，该资料存中共山西省委党史办公室。）

晋城市：

损失合计：9110748480222 元（法币）。主要损失如下：土地：218701 亩，折合 110225304000 元（法币）；房屋：275120 间，折合 24760800000 元（法币）；树木：410025 株，折合 12300750000 元（法币）；禽畜：1618844 头（只），折合 43258088047 元（法币）；粮食：4339652490 公斤，折合 8679304980000 元（法币）；服饰：3340274 件，折合 53444384000 元（法币）；生活用品：120494 件；生产工具：31198859 件，折合 187193154000 元（法币）；其他：261020175 元（法币）。（数据来源：根据 2008 年晋城市各县抗战损失课题调研综合资料及山西省档案馆馆藏档案汇总，该资料存中共山西省委党史办公室。)

阳泉市：

主要损失如下：土地：95153 亩；房屋：139358 间；树木：125838 株；耕畜：120299 头（只）；粮食：180922800 公斤；服饰：2995241 件；生活用品：286783 件；生产工具：2274323 件。（数据来源：根据 2008 年阳泉市各县抗战损失课题调研综合资料及山西省档案馆馆藏档案汇总，该资料存中共山西省委党史办公室。)

大同市：

损失合计：529881669 银元和 310929308762 元（法币）。主要损失如下：土地：276431 亩，折合 822380 银元和 219738649600 元（法币）；房屋：4903414 间，折合 13217185000 元（法币）；树木：201221 株，折合 397800 银元和 3868000000 元（法币）；禽畜：2253829 头（只），折合 2910916 银元和 38780076986 元（法币）；粮食：296052152 公斤和麻油 12900 公斤，折合 29437545 银元和 28560000000 元（法币）；服饰：303805 件，折合 222365352 元（法币）和 292455 银元；生活用品：438822 件，折合 263413 银元和 2778031824 元（法币）；生产工具：264748 件和 249 辆交通工具，折合 2540000000 元（法币）和 5375785 银元；其他：5280205 银元和 1225000000 元（法币）。（数据来源：根据 2008 年大同市各县抗战损失课题调研综合资料及山西省档案馆馆藏档案汇总，该资料存中共山西省委党史办公室。)

忻州市：

损失合计：49166057.3 银元。主要损失如下：土地：42811 亩，折合 1524040 银元；房屋：182572 间，折合 23802950 银元；树木：40771 株，折合 2240570.6 银元；禽畜：1123913 头（只），折合 3212962 银元；粮食：27481155 公斤，折合 7195959 银元；服饰：1263415 件，折合 1973421.5 银元；生活用品：5533964 银元；生产工具：174268 件，折合 2361547.2 银元；其他：1320643 银元。（数据来源：根据 2008 年忻州市各县抗战损失课题调研综合资料及山西省档案馆馆藏档案汇总，该资料存中共山西省委党史办公室。)

朔州市：

主要损失如下：土地：118234 亩；房屋：27727 间；树木：84205 株；禽畜：407018 头（只）；粮食：24094760 公斤；服饰：74294 件；生活用品：73179 件；生产工具：84145 件；银元：747561 块；其他：49.5 万元（币种不详）物资，檩条 100 根，古屏风 6 扇等。（数据来源：根据 2008 年朔州市各县抗战损失课题调研综合资料及山西省档案馆馆藏档案汇总，该资料存中共山西省委党史办公室。）

临汾市：

主要损失如下：土地：710482 亩；房屋：120028 间；树木：161984 株；禽畜：1206284 头（只）；粮食：33051914 公斤；服饰：315312 件；生活用品：被褥 236596 床，布匹 10350 丈，棉花 26250 公斤；生产工具：421822 件；其他：盐 108300 斤，铁 1091000 斤，铜 68460 斤，金银 741110000 万元（法币），锡 3642 斤。（数据来源：根据 2008 年临汾市各县抗战损失课题调研综合资料及山西省档案馆馆藏档案汇总，该资料存中共山西省委党史办公室。）

（六）结论

理清抗战时期中国人口伤亡和财产损失，实际是在理算日本侵略中国所犯的滔天罪行。此项工作责任重大，意义深远。我们是在完成一项当年国民政府和中共建立新中国前后未能完成的一项浩大的系统工程。今天我们所进行这项工作，既不是为了向国际救济委员会争取什么战后救济物资，也不是为了"对日索偿"，而是为了被人肆意宰割的亡国奴历史不再重演，警世万代。

通过此次调查统计，我们深刻感到：1. 用人口伤亡和财产损失两组铁的数字，永远告诉当代及后人，落后就要挨打，一个民族的文化、政治、科技、经济、军事、国防等综合国力的进步是硬道理。一切不利于民族进步的都应在社会安定的大局下渐行改革。2. 抗战期间，日本在山西摧毁的是山西近现代工业的基础，它阻隔了山西近现代工业发展的进程。3. 抗战期间，日本从山西掠走的是山西人民五六百年财富的积累，破坏的是几千年的文明。4. 抗战期间，日本屠杀的和与日战死的是山西财富的创造者（最活跃，最富有创造性的生产力），其中囊括了无法统计的山西工农、知识、国防、科技、文化等各界的精英，对山西的发展造成无法弥补的损失。5. 介于目前我们资料收集的欠缺，此次所能调查统计出的数据，也仅仅为阶段性的成果，还有待我们及后人进一步努力发掘和发现新的资料给予补充、校正，以求更加接近历史的真实。这项工作仅仅是个开始，距离结束还很遥远，随着工作深入开展，将会显现出更加深远的意义。敢于面对鲜血淋漓的屈辱史的民族是一个有希望的民族。

（执笔人：刘辉、张全盛）

二、专题调研报告

（一）太原失陷前日军在山西制造的重大惨案

　　1937 年 7 月 7 日，日本侵略军制造卢沟桥事变，以此为起点，发动了旨在灭亡中国的全面侵华战争。同年 8 月，日军对山西展开了疯狂的军事进攻，并狂妄地叫嚣要"一个月占领山西，三个月灭亡中国"。为此，日军每攻下一座城池，必定进行一场灭绝人性大屠杀，制造了无数骇人听闻的屠城、屠村惨案。1937 年 9 月 9 日至 11 月 8 日，日军从侵入山西第一个县城——阳高到太原失守两个多月期间，就在山西制造屠杀千人以上的阳高惨案、天镇惨案、朔县惨案、宁武惨案和崞县惨案 5 起惨案。日本法西斯强盗惨绝人寰的屠杀，给山西人民造成了巨大的灾难和伤害，严重践踏了人类的道德法则和良知。"白骨露于野，千里无鸡鸣"的凄惨景象成为真实写照。

1. 阳高惨案[①]

　　阳高县位于山西省东北部，阴山支脉云门山脚下，北部古长城从县境通过，桑干河、白登河贯穿南北县境。北起云门山，与内蒙古丰镇、兴和县隔山相邻。南至六棱山，与浑源、广灵两县以山为界；东与天镇县、河北省阳原县接壤；西与大同市、县毗连。阳高自古就是汉族与少数民族交汇之地，向以"山西之肩背，神京之屏障"而为兵家所注目。

　　1937 年 8 月下旬，日军侵占南口、张家口等战略要地后，立即兵分南北两路向山西逼近。为了阻挡日军对华北的进攻，由李服膺、高桂滋、陈长捷等率领的国民党部队陆续经阳高向察哈尔、张家口方向开去。阳高县的老百姓为了支持抗日，自觉地把积攒起来的粮食拿出来支援部队，县商会动员当地米面店加速磨

---

① 参考资料：山西省史志研究院编：《日本帝国主义侵晋罪行录》，山西古籍出版社 1995 年版；政协山西省大同市委员会文史资料研究委员会编：《大同文史资料》第 5 辑，1982 年印行；中央档案馆、中国第二历史档案馆、吉林省社会科学院合编：《日本帝国主义侵华档案资料选编·华北历次大惨案》，中华书局 1995 年版；山西省史志研究院编：《日本侵晋实录》，山西人民出版社 2005 年版。

面，把一袋袋上好的白面成车成车地送往部队的驻地。可是，国民党部队未能抵挡住日军的进攻，山西的北大门迅速被日本攻破。1937年9月7日，日军东条英机察哈尔兵团沿平绥县绕过天镇城南北一线，直扑阳高县城。9月8日晨7时，日军6架飞机轰炸县城，致使西北角城墙30多米严重损坏。同时，日军在飞机掩护下向城关猛攻。驻守阳高的晋军第414团，奋力拼搏，沉着应战，敌军未能得逞。9月9日，日军利用坦克、战车、迫击炮联合猛攻东关守军414团第一营阵地，双方激战半日，日军分别由东西方向攻上城墙。晋军第414团在与日军激战3昼夜后，因伤亡惨重，于1937年9月9日深夜从南门突围而去。

1937年9月9日，日军由西门侵入阳高县城。就在城陷民危之时，有个叫孙存仁的人，是个地地道道的投机钻营之徒。1927年，他曾经带头欢迎过奉军，得到一顶支应局长的头衔，把腰包装了个满，由一个穷光蛋转瞬间变成了小富翁。这次，日军打进来，他又故伎重演，跑到大街上，又敲门又喊叫，让商店铺子张灯插旗欢迎日本兵。他从东街、南街窜到西街，带领聚集的一些人，一直向日军入城的西门走去。荷枪实弹的日军立即把这伙人抓住，带向城中心，县城顿时充满恐怖气氛。一路上，日军见人就抓。有个开炭栈的名叫阎友的人，早晨去看望老母亲，在一个小巷里被日军抓住。还有一位幸存者张有先在家中被日军抓去，并亲眼目睹了这一场景。他说："我当时16虚岁，家住西街北巷靠北头，全院20多口人。1937年9月8日晚9点来钟，我们家正在吃晚饭的时候，突听霹雳似的大炮声划破天空，接着枪声、手榴弹声响成一片。我们扔下饭碗和全院人下到山药窖躲避起来。9月9日天刚麻麻亮就听不到枪炮声了。这时全院的男女老少，从山药窖爬上来，一夜没睡，人们又饥又渴，正要烧火做饭之时，8名日军端着明晃晃上了刺刀的枪冲进院子，把我和同院的两个男人驱赶到被抓的人群中。"日军把群众统统驱赶到北大街口，勒令跪下，不准动弹。过午时分，被驱赶到大街上的人已约有千人。日军又把跪着的人们分作两堆：青壮年一堆，老年人、幼儿一堆。有个穿着军服的晋军士兵，当场被日军枪杀。许多青壮年因被日军疑为未来得及突围的晋军士兵，遭到了毒打。此时，有人预感到事情不妙，便瞅空逃走了，而更多的人还是老实地跪着，等候发落。

下午4时许，日军喝令600余名青壮年起来，押着向大南街走去。走到寺巷口的时候，有一个胆大的青年突然跃出人群，向巷里撒腿就跑，一个日本兵端枪就打，那个青年应身倒在血泊之中。这时，人群像炸开了锅，哭爹喊娘，乱作一团。日军用枪托砸，用刀横劈，把一场骚动压了下去。日军驱赶着人群走进南城门外的瓮城内，勒令人们再次跪下。

傍晚时分，日军架在城头上的轻重机枪对这600余名青壮年扫射。人群中有的父亲把儿子压在身下，有的哥哥把弟弟搂在怀里，以自己的肉体掩护亲人的生命！还有极个别青年在混乱之中钻进勒马神庙，爬到天花板上隐蔽起来。据当时幸存者张有先回忆："那时我在瓮城西北角口袋铺门前，在慌乱中见一名身强力壮的大汉撞开口袋铺门板，我跟着跑进口袋铺，又转到勒马关帝庙，跳下山药窖。过了一会儿，枪声渐渐平息，听见日军脚步走近山药窖，日军向山药窖口连投两颗手榴弹，我被炸晕了过去。后半夜，我醒了过来，爬出山药窖，碰见5名侥幸活着的人一块逃了出去。"有的人从血泊中爬起来，赤手空拳，扑向日军。卖肉的老刘冲上前去，出其不意地夺过一名日本兵手中的枪，一连刺死3个日军，最后喷出满腔热血，同乡亲们一起倒在血泊之中。

瓮城惨案共死亡百姓600余人，只有梁凤仪、赵官印、李四子、二软软（绰号）、任维先、张有先、楚宏世等12人从血泊中爬了出来，死里逃生。李四子被日军用木棒殴打致伤。二软软被日军拉着两条腿拖了几步，肚皮磨破了，日军见他满身鲜血，以为他死了，便扔下了他。张有先、楚宏世是钻入瓮城里关帝庙内的山药窖中才得以活命的。由于日军向窖内投了手榴弹，钻进窖内的人死了不少，楚宏世的一只眼被炸伤。

第二天，在日军的监视下，人们开始掩埋尸体。在死人堆里还有因受伤严重不能逃走者，都被日军逼迫着强拖去当死人埋了。有个叫刘华的人身受重伤，还能说活，也被拉去活埋了。

9月11日，日军发出命令：12日中午12时开始"清乡"，凡男子没有"良民证"的，一律按便衣队论处。填写"良民证"先要扣上碗圈，划上格子，填写完后，还要盖上日军头子的印章等，手续极为复杂。这晚下起了倾盆大雨，但人们为了活命，都拥挤在商会里，等待着领取"良民证"。

然而，蓄意要进行大屠杀的日军，已经等不到12日中午12时了。12日上午10时，许多人还未来得及领到"良民证"，日军就出动人马"清乡"了。穷凶极恶的日军挨门挨户搜查，凡是没有得到"良民证"的男人，不是被拉出去就地处死，就是被抓起来集中在城内关帝庙、眼光庙、南金道巷、桥儿北姑姑庵等地，被日军以刀砍、枪击、刺刀戳等方式全部杀害。那些领了"良民证"的也有不少被杀。这一天，日军杀害阳高城百姓至少有四五百人，仅眼光庙和马家大院旁的一个大坑内就掩埋了二三百人。

据惨案亲历者昝先锷控诉：12日早晨七点多，他被日寇抓到关帝庙内，当时庙内已扣捕200多名老百姓，周围日寇架起机枪站岗。上午11点多来了七八个宪兵开始检查，结果在关帝庙当场杀死18名，以后将剩下的分三批，第一批当场释放；第二批20余名被拉到南金道街姓李的院内用刺刀杀死在茅坑内；第三批80余人被押到眼光庙进行第二次检查，结果杀了永兴德张姓饼匠、杨铁匠、老祝等40余人。日寇检查时，见有穿红背心的，扎红裤带的，或手心肩膀有痕迹的，他们认为是当兵的，就都杀害了。其实穿红布衣服等是此地群众的风俗习惯，手心肩膀有痕迹的是劳动群众。

增盛源杂货庄于民国元年设立在阳高城内南街路西号内，有职员共20名（其中5人住家不在柜内）。在12日大清查中，日军把全体职员集合于院内，留下两名60多岁的老汉、两名15岁以下的学徒及炊事员一名，共5人。其余10人全为青壮年被汽车拉走，杀死在城内南金道街便坑内，又将土墙推倒压在上面。事后将死者起出坑外，发现两名无伤，是被活活的推到坑内被墙压死的。被杀死的10人是贾宗鹤、睢汝珍、届义勇、胡银、谷增、马树节、马嘉瑞、胡礼、姚玉、王钧。该杂货庄被日军抢走的货物计有：白糖10000多斤、大米9000多斤、桃仁14000多斤、煤油6000多斤、洋蜡50箱等。

日军侵入阳高城后，众多女性包括少女惨遭奸污蹂躏，其状难以言表。有的被摧残致死，有的因抗拒被杀。在玄楼街节家巷王家院内，住着郝天福一家。日军在逐户搜查中国士兵时，见这家有6个年轻妇女，便逼令该家的5个男人脱掉上衣，解去裤带，提着裤子站在屋外，并有日军持枪轮流监视。然后将这6个妇女剥光衣服，集中到内室进行轮奸。有怀抱孩子的，日军便将孩子夺下扔在地上。因孩子在内室啼哭，又被日军扔到院里。从清晨一直到中午，日军在发泄兽欲后才离去。

下午，日军又到王家院内，企图再次奸淫妇女，见郝家的人全部逃走，便逼着王姓的长子，人称"红公鸡"的神经病人带他们寻找。"红公鸡"因不知郝家去向，将日军带到东街东衙门内。日军见东衙门院内一片荒凉，没有人迹，遂恼羞成怒，用刺刀将"红公鸡"的生殖器割下。"红公鸡"的肠子也从腹内脱出，痛疼致死。

在外躲藏的郝天福一家听说日军杀了"红公鸡"，想到全家13口人遭受日军蹂躏的苦难，便来到马家园的关帝庙附近，用绳子互相拴在一起，集体投井自杀。郝家的大女儿、大女婿见一家人如此悲惨死去，绝望中，也跳进临近的一口井内自尽了。是日，在悬楼街5个门内，有30多人被杀死。南街小书铺有个青年，日军将他的头砍下来后扔进了煮饭锅里。

据统计，从1937年9月9日至9月12日，日军在阳高城共屠杀和平居民一千余人。房屋、财产损失难以计数。

2. 天镇惨案[①]

天镇县属大同市辖，地处晋、冀、蒙三省（区）交界处。天镇是个具有悠久历史的地方，早在新石器时代就有人类居住。境内地貌复杂，地形由西南向东北微倾，三面环山。

1937 年 9 月初，日本关东军东条英机察哈尔兵团本间旅团和铃木旅团沿平绥路西犯，进入天镇县境。奉命驻守天镇防线的国民党晋绥军在北起袁治梁、瓦窑口，南至罗家山、大桥等村沿线展开抗击。9 月 6 日，晋绥军的战略防线主要阵地盘山（位于城东南 8 里处）被攻占。天镇县城已失去屏障，担负守城的晋绥军第 61 军 200 旅 399 团仍顽强固守。日军只得先绕过天镇城，西取阳高城。9 月 11 日，日军再次向天镇城发起进攻，399 团因孤立无援，于当日夜间从城西撤出。9 月 12 日晨 6 时左右，日军用大炮轰坍城墙东北角进入城内，连续进行了 3 天大屠杀，致 2300 余名群众遇害。因 9 月 12 日为农历八月初八，这次惨案亦称"八八惨案"。

（1）日军在北门瓮圈奶奶庙的屠杀

日军在攻陷天镇城前，就不时派飞机来轰炸。县城有少数居民为避战祸，将妇女、老者、弱者向山区亲戚家疏散。而大部分居民以为有晋绥军守城，对日军的入侵缺乏思想准备。更有一些富裕户为守财产，不愿离开家。这数千名留在城内的居民，便成了日军任意屠杀、蹂躏的对象。

日军从城墙的轰坍处入城后，兵分三股：一股沿东城墙向南，一股顺北城墙往西，另一股直入城内街巷。东北街的刘全义，清晨上城墙搬自家门板（晋绥军作掩体借用），第一个发现日军，被登上城墙豁口的日军一刀将头砍落城下。日军闯入东北角居民院内后，不分老少，逢人就杀，许多人都是在刚起床来不及躲藏，便被杀害。据统计，这一处遇难人数就达百余人。

就在城陷民危之时，城内一些绅士、商人和富户，竟对凶残的日军抱有幻

① 参考资料：山西省史志研究院编：《日本侵晋实录》，山西人民出版社 2005 年版；政协山西省天镇文史资料委员会编：《天镇文史资料》第 1 辑，1988 年版；刘景山主编：《侵华日军大屠杀罪行》，人民日报社 2005 年版；谢忠厚、张瑞智、田苏苏总主编：《日本侵略华北罪行档案·大屠杀》，河北人民出版社 2005 年版；中央档案馆、中国第二历史档案馆、吉林省社会科学院合编：《日本帝国主义侵华档案资料选编·华北历次大惨案》，中华书局 1995 年版。

想，张罗着烧茶、备饭、制小旗，准备欢迎日军。以东北街街长王国安为首，敲锣集合起200余名居民去北城门搬运堵门的装土麻袋，以示欢迎日军，致使日军坦克、汽车直入城内，大批日军尾随而入。日军入城后横冲直撞，滥杀无辜。这200余名搬完麻袋的居民被日军用枪驱赶着囚入北岳城（北门瓮圈）奶奶庙中，接着就遭到日军的追杀。一时人群乱成一团，哭喊声、惨叫声响成一片。西北街的侯裕破口大骂日军，被一刀将头砍下。人们发了疯似的拼命向庙内碾道或庙门口冲去，挣扎着，呼喊着，想冲出魔鬼的罗网。日军见状就改用枪射和往人群密集处掷手榴弹，在爆炸声和射击声中，200余名徒手民众一个个、一群群地倒了下去，就连守庙的一名和尚也未能幸免。

（2）日军在天镇县城街巷、民宅的屠杀

9月12日上午9时许，日军在城内四处鸣枪，搜杀逃散在街巷中的难民。西北街贺贤等14人被7名日本兵逼到一个院里进行杀戮。贺贤因抱头躲闪，虽身中9枪，因未伤致命处，才死里逃生。同街姓马的一个大院里十几口人，除一名8岁幼女受枪声惊吓昏倒在一位70多岁的老奶奶死尸旁幸存外，其余皆惨遭枪杀。一位年轻的母亲正坐在炕沿边给孩子喂奶，被日军一枪打死，倒在地上。天真、可怜的婴儿竟爬在血泊中的母亲身上含着奶头吮吸，因吸不出奶汁哭叫，母亲的鲜血染红了不懂事的孩子，其状目不忍睹。

位于南街古建筑慈光楼和北街的实业银行等被日军烧毁。西街的"积厚成""庆福元""德庆隆""义和成""天德公"等商号，店门大开，货架狼藉，货物被抢掠一空，不值钱的货物弃掷满街。日军在大肆抢劫后，又将这20余间店铺浇上汽油点燃、烧毁。

大批日军进入城中心后，便三五成群，挨门逐户勒令开门，如应声稍迟或探头张望者，即遭枪杀。日军闯入民宅，肆意抢掠奸淫。东南街一位姓马的老翁，因与日军争夺一件新皮袄而遭到杀害。日军每到一家，对男人都要搜身，其用意，一是怕藏武器，二是要白洋。东南街王炽和被一名日军挑开衣扣，浑身上下搜了个遍，因未搜出白洋被打得死去活来。日军在光天化日之下，公然强奸妇女。同街一位姓阎的姑娘，出嫁吉日已临近，被几名日军轮奸后扔入水坑。一位年仅十五六岁的张姓少女，被7名日军轮奸后，揪住双腿，活活分尸。西南街郭兴子被日军逼着撕掉南街马王庙（原牺盟会驻地）墙上的抗日标语后，也遭杀害。郭的儿子见状爬在父亲尸体上边哭边怒骂日军，也被杀头。东北街一位老人

眼见日军逼来，无处躲藏，慌忙中从炕上摸起一把剪刀自杀。王面匠一家三口人，在日军的屠刀下，为保全尸，纷纷投井自尽。

（3）日军在南街马王庙、城西门云金店、北城门外霜神庙的屠杀

从上午10时许起，日军在四条街道沿门逐户地将居民驱出，分别押往南街路东侧马王庙、西城门云金店前、北城门外霜神庙三处，展开了一场骇人听闻的大屠杀，使一座古县城很快变成了人间地狱。

日军在南街逐户撵出500余名男女老幼，全部驱赶到马王庙前，将男、女分别被押在马路东、西两侧跪着（小孩跟随母亲）。在南、北、西三面架着机枪，四面有日军把守。马王庙分里外两院，里院有一个长3丈5尺、宽深各1丈5尺左右的大坑子（晋绥军留下的防空掩体）。日军比划着先让男人们这边的阎毅、张凤祥等5名地方绅士进庙，当即刺死在坑内。随后又有几批人被撵进庙院，人们只见有进去的，没有出来的，不知鬼子葫芦里卖的什么药。后来有人问或听到几声惨叫声，方知日军在下毒手。有几个胆大的青年想偷偷溜走，被看管的日军拦回。杀人成性的日军在里院坑后站成一排，端着刺刀，在指挥官的指挥下，一齐动手，刺刀从人们的背部穿至胸前，再一使劲，便把尸体挑入坑内。刽子手们杀累了，就吃喝一气。后来嫌群众穿着衣服不好刺，就强令人们进庙前脱掉衣服，有的人被连捅十几刀，最多的被捅了33刀。大坑堆满了尸体后，就用棉被盖实，上边压上大石块。余下的尸体，又逼迫活着的人将其堆在房里，然后再杀，直到死尸堆满了3间房子。

马王庙里有一个山药窖，一些急于逃命的人想跳进去躲藏，被日军发觉后，一阵刺刀猛刺，挑入窖内，直至尸体堆满。日军犹恐有活人逃出，又把窖边一堵土墙推倒，将窖口盖住。从上午10时一直杀到下午1时许，除路西侧跪着的妇女、小孩被放回外，300多名男子几乎被杀尽（内中有跟随大人的十几名儿童），只有极少数人死里逃生。于进海身负7处伤，待晚上无人看守时，从死人顶层爬出，解下死人的裤带作绷带，包住伤口逃回家里。教员任定国身中11刀，幸存下来。西南街高瓒和两个儿子、一个孙子，一家三代四口，均被惨杀。他的孙子高辅，年仅13岁，被刺杀在坑沿。第二天苏醒过来后，口渴难忍，挣扎着爬进北屋，在被日军砸烂的半截水缸前喝了几口残留的脏水，最后因流血过多而死亡。

与马王庙惨杀几乎同时进行的，还有城西门南侧的大屠杀。城西门附近路南

云金店前有一片空地，东、北、西三面皆是民房。日军将从西南街、西北街逐户赶出的300余名成年男子集中到此。在店前高台阶上架一挺机枪，对着人群。日军将人们分成每10人一批，逐批用机枪狂扫，顿时积尸成垒，尸堆下淌出来的血殷红了土地。住在附近的侯二，虽双目失明，也被日军拉出来杀害了。张进恩在逃跑时被日军追上用刀砍断了腿，他怒视着敌人高喊："给爷爷一个痛快吧！"遂被枪击而死。住在西门附近马路南侧的张凤有，在大屠杀前出来担水，两个儿子不放心跟随在后，被从东面大街上过来的一伙日军撞见，一名日本兵端起机枪扫了一梭子，父子3人全部倒在了血泊之中。加上云金店前大屠杀，张家共有9口人丧生。与张凤有隔路在对面开车铺的吴唐（张凤有的女婿），眼看亲人被杀，心中充满激愤，在敌人向他逼近时，不畏强暴，以车锛为武器，利用车铺中堆放的杂物掩蔽，与敌人周旋，在接连砍死4名日军后壮烈牺牲。

同日上午11时左右，一股日军将从东南街周牌楼巷一带搜查出的40余名男人赶进西城门瓮圈城墙洞里，周炬、吴正德抗拒入洞，被当即枪杀。接着敌人用机枪封锁住洞口，向洞内接连扫了3梭子子弹后，又扔进去一枚手榴弹。因洞正中间设有一厚实木门框掩蔽，有10余人死里逃生外，其他人均被杀害。

9月12日上午，东街、西街、北街的成年男人也被日军从家里赶出来，分别集中在东街大魁阁前和县政府大照壁后两处。在大照壁处，日军当众将张模老两口的头砍下，血淋淋地掷在桌子上，一名日本军官"叽里嘟噜"地喊叫着，威胁民众。后来日军将集中在这两处的民众共500余人，全部押到城北的南洋河北岸霜神庙后崩楼坡下的水壕边。水壕开口约五六尺，水深三尺余。日军仍沿用马王庙大屠杀的方法，将民众分批用刺刀挑入壕内。有几名未被刺死，发出呻吟或惨叫声，鬼子听见后就用刺刀尖朝下像捣蒜似的乱捅一气。任宏在被刺时，顺势倒在死尸上，装成死人的样子才得以逃生。西北街贺巨恒被连刺5刀，后从昏迷中清醒过来才活了下来。贺巨恒的儿子贺贤在回忆录中叙述了他父亲在日军大屠杀中死里逃生的经过：

"在我被捉之前，日寇喊叫院门时，我父亲贺巨恒前去开门，日寇一进门就把他裤带解下来，将他背绑起来，他拖着脱到膝下的裤子被赶到东街旧警察局院内。鬼子在这里集中了四五百人，又全部驱赶到县城北门外霜神庙前，用刺刀逐一刺杀在一个大水涮坑内，上面又盖了一层土。我父亲被刺5刀，推倒在坑内的上层，后醒过来，顶破薄土层爬出来。不敢进城回家，就跑到新平村我姨妈家躲藏养了三四个月，保住了性命。据说那次霜神庙前还有几个活下来的。其余四五百人都惨死在坑内。""被日寇打死在家里、院内的人也到处可见。我家隔壁的王三、吴三的小子就是被日寇打死在院内的。"

据几天后去收尸的目击者回忆：大约长三十余丈的一段壕内，几乎填满了横七竖八的尸体。以上事实证明，霜神庙大屠杀遇难者足有500余人。

（4）日军在天镇县城东北街大操场的屠杀

9月13日上午，日军在县城东北街大操场又制造了大操场惨案。实际上，日军在第一天就做好了继续大屠杀的准备工作。屠杀了整整一天的刽子手们，将来不及杀死的人们，控囚在北城门瓮圈中过夜。在押送时，为防止人们逃跑，日军将居民们的裤带解下，一个个反捆手臂，排成一行。因失去裤带，裤子均掉到膝下（当地成年人习惯扎裤脚），下身裸露，这些男人们受尽了屈辱。更有一些人因迈不开腿走得慢，跟不上队，不时地遭到鬼子的抽打。日军还将被他们强逼着担水、灭完火的青壮年们，也一同囚进了露天的瓮圈中，外面派日军严密把守。可怜这500余名居民在冻饿了一整夜后，等待他们的不是温饱，而是死亡。第二天一早，敌人先从人群中挑出袁美等40人，要每人佩戴着"苦力"字样的白布袖章，清理街道上的尸体，也有一部分人被分配到城外拉水，以供日军食用（因城内40余口水井均有死尸），其余全部被押往东北街大操场附近一个院里。操场中有原先晋绥军挖好的3条大壕，壕深约3米，东西长11米，南北宽2米，3条壕互相沟通，原用于防空用。日军将被囚的人们分成10人一批，接踵押到壕沿，然而用机枪狂扫，跌入一批再扫一批，机枪吼叫了大半上午，500余人尽被打死，无一幸免。日军还在这里照了相。直到20世纪50年代，在原大操场上破土新建天镇一中校舍时，仍能挖到遇难者的累累白骨。

9月14日，日军的暴行仍在继续。这些侵略者杀人杀红了眼，唯恐还有躲藏起来的男人没有被杀绝，是日又对四周城墙的洞、坑，进行了一番"清理"，见到洞、坑，就用机枪扫射。

被日军洗劫后的县城内外，大街小巷，尸横遍地，臭气熏天。白天乌鸦盘旋乱叫，黄昏狗叫狼嚎。据西南街幸存者高弼亲眼所见，马王庙院内，猪狗成群结队地撕啃腐尸，狗吃死人吃得眼都红了。

大屠杀过后许多天，日军才让居民清理死尸。大多数尸体已血肉模糊，腐烂不堪，家里人只能凭亲人衣服的布料和自己做过的针线活儿来认尸。在霜神庙蒙难的高峨的尸体，只剩下一条胳膊，是家属从裹胳膊的那只破袖子上认出来的。死在城内无人认领的尸体，由七八辆大车拉到南城门外偏西一里许的三官庙一带，挖坑掩埋。有个幸存者王家珍数过，仅一个坑内就有 286 具死尸。

日军杀人手段残忍至极。除了随时随地、随心所欲地任意枪杀、刀刺外，还用尽了种种其他的杀人方法，诸如砍头、劈脑、切腹、刺穿阴户、杀后扔入水中等等。西街魏科子的头被日军劈为四瓣而死。东南街一个大污水坑内几乎漂满了死尸。一位妇女见后，误认为里面有被抓走的自己男人的尸体，对生活失去希望，悲愤地将亲生男婴溺死后，自己跳入水坑自尽。

凡是躲藏不及的年轻妇女，多数被日军奸淫糟蹋。东南街有一伙年轻姑娘和媳妇躲在一间房里，被日军发觉后尽行奸污。有一位姑娘被日军整整轮奸了一天。西街刘银兰、刘玉兰两个女学生，被日军奸污后上吊自尽。西北街、东北街妇女被日军奸污后跳井自尽的就更多了。据一些老人回忆，井内尸体女多男少，有几口井已填满了女尸，除少数是因受惊吓轻生外，多数是受辱后觉得无颜再活于人世而跳井自尽。还有不少妇女为逃避灾难，剃发扮男，毁容换装，在脸上抹锅底黑或藏在山药窖，多日不敢露面。也有为保护自己人格而奋勇抗击被敌人残杀的。西北街姑娘贺月娥，面对衣冠禽兽，奋力反抗，抓打敌人，被敌人枪击腹部，流肠而死，后来埋在北城门外，被人们追誉为"贞女"。

日军还为取乐而肆意侮辱妇女。9 月 14 日，几名日军把从四处搜寻出来的一群妇女赶到东北街，在头天枪杀过人的大操场上，强迫这些妇女把裤子退到膝下，用枪托追打着绕圈子，妇女饮泣吞声地在横七竖八的同胞尸体边转着，日本鬼子却站在一边开心地狂笑。

日军在天镇的大屠杀，造成 2300 余人蒙难，其中绝户者 400 余家，有名有姓者西南街 332 人，东南街 368 人，东北街 258 人，西北街 290 人，总共 1248 人。被残害致伤未统计。被抢劫的财物数未统计。

3. 灵丘惨案[①]

灵丘县，属山西大同市辖，位于大同市的东南部，东与河北涞源、蔚县接壤，南与阜平交界，西与繁峙、浑源毗邻，北与广灵相连。境内山区面积占 87.6%，有赵北河、唐河、上宅河、冉庄河、独峪河等。灵丘在战国时为赵邑，西汉置灵丘县。

① 参考资料：山西省史志研究院编：《日本帝国主义侵晋暴行录》，山西古籍出版社 1995 年版；全国政协文史和学习委员会编：《亲历惨案》2，中国文史出版社 2005 年版；刘景山主编：《侵华日军大屠杀罪行》，人民日报出版社 2005 年版；中共山西省委党史研究室编：《侵华日军在山西暴行》，山西人民出版社 1986 年版；李秉新等主编：《侵华日军暴行总录》，河北人民出版社 1995 年版。

日军制造天镇惨案后，开始由北向南推进。凡所到之处，无不实施烧杀抢掠。1937年9月14日，日军在广灵县城杀害百姓34人；9月17日，日军侵占左云后，烧杀、枪杀百姓210余人。坂垣第五师团第21旅团（旅团长三浦敏士）突破晋绥军第73师刘奉宾部和独立第3旅设在灵广交界的义泉岭、白旷防线，9月20日下午侵入灵丘城。9月23日、24日，日军杀害灵丘县城和城郊居民800余人；从25日开始，日军又进行报复性屠杀，又杀害城乡居民400余人。在一个月时间内，日军共杀害灵丘县城乡居民达1200余人。

这支南侵日军的先头部队，开始急于南进平型关，把青壮年男子抓来替他们背运物资，把妇女抓起来给他们做饭，开头几天还没有大批杀人，一些逃出去的人有许多又返回县城。

谁知这是日军的缓兵之计。9月23日，由三浦敏士率领的日军21旅团第21联队第3大队便把城门紧闭，只准老百姓进城，不准出城。一清早，日军分头沿门逐户大搜捕，凡是男人都要抓起来，连小孩也不放过，全部驱赶到集中点。全城集中点有3处：一处是城内东北角大云寺后的大马场，一处是北城墙下奶奶庙南的大菜园，另一处是城内西北角财神庙、老君庙后的空场上。有人想找机会躲藏逃跑，但都被日军当场打死。住在南城门口开店的王进福在闯出城门南逃的时候被打死在清水河边；一个姓马的住店客人，藏在厕所被日军发现用刺刀挑死。

当一批一批群众被赶到集中点时，日军已经往这3个地方运入了大批的草绳和铁锹，人们看出这是敌人有预谋的大屠杀，但是已经来不及逃跑了。成群的日本兵逼着一部分青壮年铲土挖坑，把其他群众用草绳捆起来。整整一个上午，挖了许多深达丈余、宽10余丈的大坑。大坑刚挖完，敌人机枪就开火了，挖坑的人们全被打死在坑内。紧接着，日军把被捆的群众逼到坑边，一个一个用刺刀挑死推下坑去。

在大马场，被日军枪杀和挑死的达300余人。刘廷干、刘汉英兄弟4人，刘来德兄弟3人和他们的两个孩子都被杀死在这里。在奶奶庙南，被日军屠杀的有200多人。李海一家4口，郝登之一家3口就在这里被杀。在财神庙、老君庙后，被杀者有袁耀国、武忠、刘廷雨等100余人。3个场地被日军集体屠戮者达600多人。

日军把抓捕的妇女集中起来，强行剥光衣服，连裹脚布也强行撕掉，浑身上下一丝不挂，一面抽打，一面强迫她们裸体扭摆，然后这群野兽将她们集体强奸、轮奸，许多妇女奋力与日本兵厮打在一起，有的同日本兵拼命，当场被杀死的就有10余人。东驮水村的几名妇女，被日军赶到南河槽轮奸后用刺刀刺死。

日军继续四处搜捕，把抓到的居民带到杀人场来，进行所谓杀人比赛和杀人表演。他们把抓到的人按个头大小，分别绑成几串，强令跪倒，由日本兵挥动大刀分批砍杀。有的人头被砍下滚在地上，有的人头还连在脖子上，有的未被砍死倒在血泊里挣扎。如果持刀的日本兵能把被绑群众的头一刀砍下，便会受到围观日军的称赞，并发出疯狂的笑声；如果持刀的日本兵一刀杀不死一个人，便会受到日本军官叽里呱啦的喊骂，围观的日本兵也发出一阵阵喊叫和嘲笑。日军还把抓到的群众强按在凳子上，一个个砍杀。日军还把抓到的群众当作练刺刀的"活靶"，这个一刀，那个一刀，乱挑乱刺。一位姓丁的居民，被刺了17刀，遍体刀伤，血肉模糊。当时日军以为他死了，到半夜他又苏醒过来，爬回家藏起来。以后，为了控诉日本侵略者的暴行，他把自己的名字改为"十七刀"。侵华日军就是这样野蛮残暴地屠杀中国无辜的平民。

这一天，被敌人零星杀害的也不少。城外帽铺的刘玉珠、聂永耀进城找人，被日军抓住，绑在东街树上用刺刀挑死。

侵入灵丘的日军，在县城进行有计划大屠杀的同时，还在灵丘城外各村制造屠杀惨案，仅在灵丘通往平型关沿路的东河南村、小寨村、关沟村、唐之洼村、蔡家峪、南梁等地，就屠杀无辜群众200余人。

东河南是灵丘第一大镇。9月23日，日本兵开始对村民大肆屠杀。他们将沿街抓到的人统统赶到村西五道庙巷内杀死。敌人杀人手段很多，有的开枪打死，有的用刺刀挑死，有的用战刀砍死。有个叫刘大成的中年农民，被两个日军架起双臂，由另一个日军用一根炉条硬从他的后脑颈部沿脊椎活活钉死，死后尸体长时站立不倒。第一天残杀了30余人。第二天又进行了更大规模的屠杀，在村内逐户搜查，在村外四处寻找。在村里搜出70多名老弱妇孺，都赶到五道庙巷残杀。在村外，有7人在马家河附近收割庄稼，中野窝村宋启瑶弟兄两人都被开枪打死。古路河村一个老人到东河南卖柴，身背一捆柴，手提一团豆渣饼作干粮，被日本兵推倒刺死。只有东河南村的卢昌是个留日学生，23日上街和日本军官用日语对话，他家才免遭搜杀，然而第二天他又上街，也被抓捕赶到五道庙巷杀死。两天里东河南村惨遭杀害的群众达100余人。

9月23日，小寨村的村民有的已经下地干活，有的还在家里。日军一进村就分成几路，在村内挨门逐户搜杀，在村外散开四面搜山。日军进入村西的李梦璧、李文生、张同堂几家土屋。李梦璧一家见日军杀气腾腾闯进家来，妻子、儿子一家3口吓得抱成一团，日军一刺刀捅进李梦璧儿子的臀部，顿时血如泉涌，痛得他爹呀娘呀的乱叫，李梦璧夫妇连忙用身子挡住儿子，日本兵又用刺刀把他们夫妻捅倒，3 人仍紧紧抱在一起，日军挥刀乱劈，一家 3 口人的脚全被砍断，死在血泊里。章江林母子 3 人在邓家岭树湾收割庄稼，孙正老两口和孙金贵父子两人都在木瓜沟收割庄稼，被日本兵逼到村边的河沟，这个一刀，那个一刀，练了刺杀。浑源县一个老汉来小寨贩果子，也被日军枪杀在果树下。

只有一个人幸免于难，就是住在村口的张本祥老汉。一个日本兵闯进他家，对准老汉举枪就刺，张老汉是个拧铁丝灯笼的手艺人，手上有功夫，见日军刺来，不闪不躲，伸手就把刺刀从枪上拧下来，日军慌忙开枪，子弹从张老汉身侧飞过，老汉手拿刺刀向日军猛扑猛刺，吓得这个日本兵呀呀直叫，掉头逃跑。张老汉探头见村外河槽日本兵很多，他考虑跑不出去，赶忙钻进窑子里。不一会儿，那个日本兵带着一群日军进院搜捕，发现了窑子，就向里射击、投手榴弹，后又投入干柴放火烟熏，不想张老汉早用刺刀掏通邻居另一个窑堂，安然无恙。

第二天，敌人继续杀人放火。日本兵搜遍全村找不到一个人，便放起火来，200 多间房子全被烧毁，藏在莜麦秸堆里的李石头娘俩被活活烧死。两天里小寨村被杀 30 余人。

关沟、唐之洼、蔡家峪、南梁等村被杀者也有几十人。敌人在关沟四处搜杀，藏在村附近露明沟的 20 多名群众全被发现，多是老弱妇孺。面对这些病人、孩子和女人，日军也不放过，一会儿用刺刀挑一个，一会儿用大刀劈一个，一会儿又用枪打一个。王良树四肢全被砍掉，日本兵看着这些重伤未死者疼痛挣扎的样子，发出疯狂的狞笑。

9 月 24 日，唐之洼村后街的宋培，让 2 名长工、7 名短工去抢收村东地里的谷子。过了晌午，日军巡逻队 10 余人骑马飞驰而来。一军官向收谷子的人招手，张明珠、张逢吉见状急忙爬在谷地里，顺着谷垄爬行逃走。其他 7 人被逼到公路上，和正在割豆子的张干金一起被带到村南小沙河南边的场面上。日军举刀向卢景劈去。卢景的头耷拉下来，倒在血泊里，此时，10 多个日兵都下马端枪，围着 7 名村民乱穿乱刺。宋培见到雇工们一具具血肉模糊的尸体，大叫一声昏了过去，不久也因惊惧死去。

从 9 月 23 日至 24 日，共两天时间，日军就杀害灵丘县城及城郊居民 800 余人。

9 月 25 日，刚到山西的八路军第 115 师在平型关打了个大胜仗，歼灭日军坂垣师团 1000 余人，毁汽车 100 余辆。日军恼羞成怒，开始了以疯狂屠杀平民百姓来泄愤的报复性屠杀。

驻守灵丘城的日军每天在城内逐户搜捕，城内除留下少数为他们服务的男人外，大部分都被杀害了。他们又到城外的魁见、沙嘴、沙坡、城道坡等街道、院落逐户搜杀。大街上、许多院落都有惨遭杀害的群众尸体。

杜锦绣一家在西福田村藏着，这天他和儿子杜四回家取东西，正遇上搜杀的日军，杜锦绣被敌人用刺刀挑死在家里，杜四跳窗而逃，赤手空拳和日军展开搏斗。日军用刺刀刺他，他用双手把敌人刺刀狠命攥住，奋力夺枪，十个指头都被割断了，鲜血淋淋，仍不放手。杜四踢倒一个日本兵，冲出院子往大庙后逃奔时，被追赶的日军开枪打死。聂尧的15岁侄儿听到日军来搜捕，急忙往地窖里躲藏，被打死在窖口边。其母闻讯跑出来抱住儿子放声痛哭，亦被日军开枪打死。在魁见，马元祥被敌人抓住，绑在东城门外的树上，当活靶子刺死。在东关，日军刀劈了乔国栋，并抓住几个妇女强行奸污。张金娥奋力和日军厮打，被开膛挑出了肚肠。在城内和城关陆续被屠杀的群众有400余人。

10月14日下午，日本兵又到西关搜捕，群众向县城西南的东福田方向逃奔。日军发现后尾随追出，东福田位于唐河南岸的坡梁上，离县城仅3里，这里山沟纵横，直通到太白山下，城关群众为了躲避日军的屠戮经常藏在这些山沟里。群众边跑边喊叫，日军边追边打枪，东福田的村民听到喊声也都呐喊着四散奔逃。东福田村邓来运之妻抱着行李往土梁上跑，被追赶的日军一枪打死。郭小马探头张望，被发现后打死。孩子、女人们毕竟跑得慢，很快被日军追上，她们慌不择路跑进了村东的姚涧沟。这条沟，只有进口没有出口，一大群孩子、老人被日军堵在沟里。日军把住沟口，把妇女、孩子当作活靶子，一个一个瞄准射击。一枪打不死，就再打第二枪、第三枪，有的死者身中几十枪。日军又到沟底，把没咽气的人用刺刀挑死。这条沟里的妇女、孩子、老人，除一名妇女被其他尸体压住未被发现外，其余都惨死沟底。后来，这名妇女被吓得疯疯癫癫，不久也死去。县城西关李太恒的闺女已快临产，被敌人开枪打穿了肚子。李太恒的闺女死前疼痛地挣扎抽搐，日本兵走到她跟前用刺刀在面部乱挑乱刺，致使血肉模糊。西关一个妇女带着一个小女孩也跑到这条沟里，这个妇女被打死后，不懂事的孩子还爬在她身上喊叫着："娘，娘，回家吧！"结果也被打死在她娘身旁。邓东的母亲跑到沟边和日军拼命，她拾起石头砸敌人，被日军刺倒，把胳膊砍下。跑进沟里的54人，除刘桂莲的母亲跌到水旋坑被其他尸体压住未被打死外，其余的全部死亡。其中西关36人，东福田17人。

在县城内活着的妇女，不堪日本兵逐日折磨，有的妇女悬梁自尽，有的投井而亡，有部分妇女晚上由大云寺和尚广显帮助，从城墙上攀绳逃出城外。日本兵发现留下的妇女越来越少，就到处搜查，从大云寺佛像后搜出一团大绳后，日军就把广显和尚浇上汽油活活烧死。有的妇女从城墙上攀绳逃跑时，被城墙上的日军哨兵发现开枪打死，有的跌下城墙摔死。

日军从 9 月 25 日开始的屠杀，使灵丘城乡 400 余人遇难，加上 9 月 23 日、24 日被杀害的 800 余人，在一个月时间内，日军共杀害灵丘城乡居民 1200 余人。

日军对灵丘城乡居民的大屠杀，正是农历 8 月，天气还很暖和，被害者的尸体迅速腐烂，到处散发着死尸的腥臭。

10 月 23 日，八路军第 115 师第 687 团和杨成武独立团，终于把侵占灵丘的日军赶走了。在外逃难的群众陆续返回家园，在幸存者的指点下，在城东北部的大云寺后，找到一坑又一坑亲人的尸体；在奶奶庙南的 10 亩大菜园里又找到一坑坑尸体；在城西北角财神庙、老君庙后也找到一坑坑尸体。在东城门外的树上，在西城门外的沙坡，城道坡的房院内外，在北城墙外，在县城南的南河边，到处是亲人的血迹，到处是亲人的尸体。人们从上千具尸体中辨认寻找着自己的亲人，但多已面目全非，无法辨认。

4. 朔县惨案[①]

朔县即今朔州市朔城区，位于朔州市境内的中南部，地处大同盆地南沿，西北部与内蒙古高原毗邻，南扼雁门关隘。据朔州市境内"峙峪遗址"考证，早在 2.8 万年前就有人类在此生息。到 1937 年，朔县县城已是雁门关外一个政治、经济、文化、交通重镇。

1937 年 9 月 28 日（农历八月二十四日），侵华日军攻破朔县县城后，屠城 3 日，杀害 3800 多人。

（1）日军破城封门，准备屠城

1937 年 9 月上旬，侵华日军长驱直入雁北地区。仅半个月时间，天镇、阳高、大同、怀仁、广灵、浑源、灵丘、山阴、应县、左云、右玉等 11 个县城相继沦陷。9 月 26 日，日军攻入平鲁县城后，枪杀百姓，奸淫妇女，烧毁房屋，抢掠财物，杀死畜禽。为了阻挡日军进入朔州县城，当时朔县城内驻有东北军何

---

① 参考资料：山西省史志研究院编：《日本侵晋实录》，山西人民出版社 2005 年版；政协山西大同市文史委员会编：《大同文史资料》第 5 辑，1982 年版；塞北革命烈士陵园管理委员会王彪采访录；《晋察冀日报》1942 年 10 月 14 日；当事人回忆资料和证言。

柱国部队一个连和从大同败退的晋军赵承绶的一个骑兵团及近百名县公安警察，在县长郭同仁、公安局长白生成、牺盟会特派员宋效先的组织发动下，将朔县城的4个城门全部封闭，并用麻袋装上沙土堵塞，决心据险固守。

1937年9月27日，日军调动万余兵力分两路扑向朔县城。东路日军在旅团长酒井指挥下，从山阴县岱岳镇出发，途中未遇中国部队任何抵抗，接近中午时，直下朔县境内马邑镇（今朔县神头镇马邑村）。当时正值秋禾成熟之时，农民们正在庄稼地里忙收割，日军即向他们开枪射击，青年农民尹补龙等5人未来得及躲避，当场惨遭杀害。这路日军在马邑镇烧杀、抢掠之后，即向朔县县城逼近。西路日军为第4师团第32旅本间旅团和第12留守师团的铃木旅团，从平鲁出发，路经井坪镇北面的白洋坪洼时，与东北军何柱国的部队相遇，经过短时间交战，何军战败撤走，日军进逼朔县城下，与从东路进犯的旅团会合。

9月28日凌晨4时左右，东西两路日军会师于朔县城北后，立即在古城小村一带布置了阵地，用重炮猛轰朔县北城门和北城墙上的一些军事设施。驻朔城的东北军和公安警察，据城奋起抵抗，予敌以猛烈还击。此时朔县古城上空硝烟弥漫、弹片横飞，城里的民众惊慌恐怖。许多群众从家里跑出来，欲逃出城外，但4个城门都已堵塞，只得又返回，有的藏到自家山药窖内，有的携儿带女躲藏到古庙内，还有的跑到耶稣教堂内避难，只有少数青年人从城墙上抓着绳子溜爬到城下逃出城外。还有一部分群众，认为自己是平民百姓，日军若是进了城，也许不会有三灾六难，所以只紧闭了家门，隐蔽在家里。他们哪想到，一场骇人听闻的大屠杀即将降落到头上。

驻朔城的东北军、公安警察在与日军交战四五个小时后，由于兵力太少，装备又差，挡不住日军强大炮火的攻击。上午10时许，日军用坦克把朔县北城门撞开，随即一大批日军跟着坦克涌进了城内，朔县城遂告沦陷。

日军入城后，首先用机枪封锁了县城的东门和西门。守卫在南门的中国部队见城已破，遂丧失斗志，迅速把南门打开，争相逃走。县政府机关人员和警察所的政法人员及部分居民得知日军入城的消息，纷纷向南城门方向涌来，慌乱的人群把南门的通道挤堵得水泄不通。牺盟会特派员宋效先见无路可走，便从城墙上跳到城外逃走；公安局长白生成见城门堵塞得走不出去，便隐藏到东街的耶稣教堂内，晚上利用夜幕逃出城外；县长郭同仁换了便衣，化装成老百姓，牵着一匹驮着东西的马，刚到南城门瓮圈时，恰遇日军押着朔县商会会长贾德成赶到，贾德成将郭同仁的身份暴露，日军当即把郭同仁枪杀。

日军枪杀县长郭同仁后，立即把朔城南门封锁，并把未逃走的一大批男女老幼用刺刀逼回瓮圈和靠城门口的街道上。一部分没来得及逃走的东北军和公安警察，扔掉枪械，脱下军装，混在老百姓中间。此时朔县城激烈的枪炮声虽然停止了，但稀疏的枪声和喊呼声不时从四面八方传来，在每一条大街小巷里，都有被日军枪杀的零散尸体。日军就此拉开了大屠杀的序幕。

（2）日军在南城门外护城壕的集体屠杀

日军进行大屠杀的主要场地是在南城门外的护城壕边。这段护城壕，长100多米，深、宽近10米。日军先把从城门口截回来的居民押到城壕边上，让他们一排排地跪在地上，四周由全副武装的日军士兵把守，一挺挺轻、重机枪像恶狼一样地张着血口直对着人群。

在城内的日军，则展开了大搜查，抓捕无辜的居民，如遇稍有反抗的或要逃跑的，当场就开枪打死或用刺刀挑死。日军把抓到的成批群众，先是用麻绳10个一伙，8个一堆捆串起来，一批一批押到南城门外的杀人点上。后来又找来细铁丝，在每人脖子上缠上几圈，一个一个地连在一起。有的日军还把不少群众的鼻子、肩锁骨穿开小孔，然后用铁丝再串连起来。在押往南城门外杀人点的途中，谁要是走得慢或有点反抗的动作，不是用刺刀刺，就是用小刀在脸上划，惨叫声不绝于耳。不少人因鼻子、肩锁骨、脖子上缠着铁丝，走起路来又互相拉扯，被活活勒死了。

下午四五点钟，南城门外已跪下黑压压一大片人群。这时，在日军指挥官的亲自指挥下，先是将一批跪着的群众拉到护城壕的边沿上，排成"一"字形，每人后面站着一个日军，当指挥官的命令一下，这些日军动作很整齐地把刺刀从人们的背部穿至胸膛前，搅动一下后，又一使劲，尸体就挑进了城壕里。这样杀了几批后，日军指挥官又下令改变杀人方法，先开膛破肚，再用刺刀挑杀。当一批群众的胸膛被日军剖开，肚肠流出外面，疼痛得在地上喊叫打滚时，日军官兵拍手狂笑。后来又用战刀直接往下砍头颅，数十名群众"一"字形跪在护城壕边上，每人跟前有一手持战刀的日军，当指挥官的口令一发，数十把战刀在空中一起一落，一个个人头便滚跌到城壕里，其惨状不堪入目。日军如此轮番地杀了一批又一批，被抓来的群众越来越多，又改用机枪扫杀，对半死半活的人再补几刺刀，然后将尸体一起推入城壕里。就这样，一直杀到夜幕降临，横七竖八的尸体填满了护城壕。

仅9月28日这天，就有3000多名群众倒在血泊中，其中南街两道胡同的一个巷，被杀死在南城壕的就有500多人。

日军在南城门外成批杀人后，唯恐有些人乘天黑苏醒过来逃生，又开来坦克在死尸堆上翻来覆去地进行滚压。接着又用汽车拉来了柴草，撒到城壕里的尸体上，浇上汽油点火焚烧。顿时，滚滚浓烟腾空而起，呛鼻的血腥味笼罩了整个朔县城。后来又把被抓来的不少群众全部扔到火海里烧死。

日军撤走后，城内活着的人出来寻找亲人，他们在城壕里看到的是一壕人肉酱，有的只有身躯没有头，有的皮肉全无，有的已成一堆碎尸，根本无法辨认了。

（3）日军在县城内的大肆屠杀和奸淫掳掠

日军在南城门外集中屠杀以后，于29日、30日两天，在城内继续进行了大屠杀、大奸淫、大抢掠。

许多群众虽然未被抓到南门外杀害，但在日军挨家挨户的搜查中倒在血泊里。躲藏在西关帝庙里的60多名群众被日军发现后，立即将庙门堵住，不分男女老幼一律枪杀，其中有十几个盲人吹鼓手藏在庙内的西下房，日军将几枚手雷扔了进去，顿时炸得皮肉横飞，血流满屋，没有一个幸免于死。西街姓曹的一家人连其外甥共13口，在自家的山药窖里藏着，日军进院搜查发现后，即把手雷扔了进去，将一家人全部炸死。草市街"义伸祥"成衣局师徒12人和"广亨源"布铺的掌柜、伙计20多人，也全部惨遭日军杀害。另有徐达、徐通、徐和三兄弟开了一处"义和店"，日军进去后，把三兄弟杀害，将店铺放火烧毁。在西街的各处，日军将搜抓的十几名已放下武器的东北军士兵押到花园街的一块空地上，将汽油泼到这些士兵的身上，然后放火点燃，受害者疼痛打滚呼喊，日军疯狂地狞笑；对没有烧死的，再用刺刀捅死。居民高不忙老人见儿子被日军扔到火坑里，口里大骂："狗日洋鬼子丧尽了天良，老子和你们拼了！"奋不顾身地挥拳打向敌人。日军用刺刀将高老汉捅倒在地，然后将高老汉也扔进火坑，父子俩被活活烧死。

日军在城内一面到处杀人放火，一面肆意奸淫掳掠，发泄兽欲。有许多妇女被日军奸污后，惨遭杀害，有的被逼投井自杀或上吊。南街吕耀先的嫂嫂，是刚结婚的新媳妇，日军入院后把她从房里拉出来，当着其丈夫的面进行了奸污，然后用刺刀从她的下部一直剖到腹部，使肚肠流了一地。丈夫看到妻子被奸被害，怒不可遏，赤手空拳与日军展开博斗，当场被日军用刺刀刺死。徐宝院内的十几名妇女，几乎全部被日军糟蹋。徐宝的侄女被日军奸污后，气愤难忍，抱着一岁半的亲生女儿投井自杀。

日军一面到处杀人放火、奸污妇女，一面深入各家各户和各个门市店铺，大肆抢劫金、银、首饰和贵重物品，绝大多数门市部和富裕的家庭被洗劫一空。

日军在朔县城的血腥屠杀和奸淫掳掠，激起朔城人民的满腔怒火，不少群众置生死于脑后，同残暴的日军展开机智勇敢的斗争。南街有个姓姜的老猎手，隐蔽在城外一间看瓜房内，有两个日军窜到瓜地意欲摘吃西瓜，被老猎手用猎枪击毙。后面来的日军看到瓜房内有持枪者隐蔽，便对瓜房展开猛烈射击。老猎手不畏强暴，坚持同日军对战。后来日军调用重炮把瓜房轰塌，老猎手英勇牺牲。

南关有户姓刘的居民，兄弟 3 人同心协力，与前来抓他们的一名日军搏斗，用瓷罐猛砸他的脑袋。日兵死后，兄弟 3 人随即逃走脱险。还有一个东北军士兵，负轻伤后持枪隐藏在南街朱衣阁内，被日军在搜查中发现包围，这位战士顽强抵抗，拒不缴械投降，击毙击伤日军多名，直到弹尽壮烈牺牲。

日军在朔城连续 3 日的大屠杀，仅当地居民就有 3600 多人被害，约占当时城内总人数的一半，其中绝户的有 160 家，加上被杀的外地探亲者，进朔县城做买卖的商贩，以及放下武器的中国士兵，总计被害者达 3800 多人。

5. 宁武惨案①

宁武县，属忻州市辖，位于晋西北管涔山区，境内地势高峻，山岭纵横，海拔在 2000 米左右，为三晋母亲河——汾河的发源地，战略地位极为重要。

1937 年 9 月 28 日，距宁武 80 华里的朔县陷入敌手。其时，活动在神池、五寨、宁武等地的八路军第 120 师，深入到朔县一带阻击日军，给敌以沉重打击。日军遂将地处战略要地的宁武作为重点进攻目标之一。

阎锡山当局为了抵御日军继续南侵，曾授命其所属独七旅扼守阳方口，并从各地调集数千民夫修筑工事，凭险据守。但独七旅慑于日军咄咄逼人的进攻态势，目睹从雁北等地蜂拥而至的难民，便军无斗志，主动放弃要冲阳方口，丢弃数千民夫，经宁武、静乐向太原方向仓皇逃遁。晋军溃退，民夫各自逃生。离家近者回乡，离家远者只好暂时滞居宁武城，待机返乡。

① 参考资料：山西省史志研究院编：《日本侵晋实录》，山西人民出版社 2005 年版；政协山西省宁武县文史资料研究委员会编：《宁武文史资料》第 1 辑，1988 年版；中央档案馆、中国第二历史档案馆、吉林省社会科学院合编：《日本帝国主义侵华档案资料选编·华北历次大惨案》，中华书局 1995 年版；山西省史志研究院编：《日本帝国主义侵晋罪行录》，山西古籍出版社 1995 年版；张成德、孙丽萍主编：《山西抗战口述史》，山西人民出版社 2005 年版。

10月2日，日军独立混成第一旅团由坦克开道，从朔县出发，经神池县的丁庄窝、龙元村、马家梁等村，进至宁武县所属的大水口，避开阳方口修筑工事布下的雷区，进入阳方村，遂沿恢河逆流而上，直逼宁武县城。由于晋军和国民党县政府均已撤退，日军在未受到阻击的情况下，长驱直入，于当晚20时左右侵占县城。

日军侵占县城后，即强占民房，将民房的门窗摘下当床板，将家具箱柜砸碎当柴烧，将水缸、菜瓮当浴盆，禽畜尽被宰杀。城内居民大多逃入山野和城外岩洞避难。未来得及逃离者，多是老弱妇孺。

10月3日黎明时分，城北华盖山下的晋北名刹延庆寺僧侣照例撞钟做功课，该钟重达千余斤，声震数里。钟响之时，恰遇八路军第120师一支游击分队潜入县城，将日军在城西北隅设置的军火库纵火点燃，并杀死了守护库房的哨兵。顿时，日军弹药库起火爆炸的声音震耳欲聋，烈焰冲天，将城西北的天空染的一片通红。驻守城内的日军仓皇集中出动，包围了西北隅，但八路军游击队早已安全转移。

事后，日军惊恐万状，便伺机报复。由于延庆寺撞钟和八路军袭击军火库的时间恰好偶合，日军便怀疑寺僧与八路军暗通，以撞钟为联络信号。又由于城内居民与无家可归的民夫、逃难的难民，以及因战争而停工的北同蒲筑路工人杂居，日军又怀疑其中有乔装的八路军游击队。于是，驻宁武县城的侵华日军司令部，便丧心病狂地策划了一场大规模的血腥屠杀。

为了诱骗外逃的居民回城，麻痹群众，日军在城郊虎进沟村物色了一个名叫辛梅生的游手好闲之人。日军收买了这个民族败类，命他出城四处奔走，招摇撞骗，讹称"日本人退走了，城里安然无事了，可以回家安居了。"

起初，群众并不相信，无人敢回城去。过了一天，见城内平静如常，少数回去的人亦安然无事，加之仓促外逃，所带食品衣物很少，难以维持生计，人们便三三两两地陆续回到城内。

群众初回城内，见主要街道有日军值勤巡逻，并未骚扰百姓，各处城门虽有日军哨兵，但四门洞开，群众进出自由，日军不加盘查。之后，逃难群众返城者甚多。日军遂令民夫在城墙上架设了铁丝网，并用沙袋将城门堵死，扬言为了防止八路军入城。群众并不知其真实用意。

10月8日上午，日军把城内大多数男性居民集中在宁武县师范学校操场上"开会"。当集中到两三千人的时候，日酋后藤大佐登场，叽哩哇啦讲起什么"中日亲善，共荣共济，建立王道乐土"的鬼话，并假惺惺地说要"慰劳良民"，每人发给香烟 5 支，水果糖 10 粒。此时，日军已偷偷地将操场四周出口全部封锁，只准进不准出。见群众惊魂甫定，惕意渐消，后藤大佐便暗发信号，一时间，操场四周枪声大作，机关枪子弹像雨点般向人群疯狂扫射，手无寸铁的群众大半中弹，有的当场毙命，有的绝望挣扎；幸存者仓皇呼叫，四散奔逃，有的在逃跑中被打死，有的从城墙上跳下去摔死、摔伤，有的想搬开城门沙袋外逃，被尾随追赶的日军击毙，有的不愿死于日军的屠刀下，便投井、投厕自尽。

与此同时，日军另一分队闯入延庆寺，勒逼住持仁柱法师交出寺内金佛。但仁柱法师不畏淫威，宁死不屈。日军遂将住持及全寺僧侣三四十人尽数杀害。寺内原住有数百名同蒲铁路民工和难民，日军也将他们以八路军嫌疑杀害。寺前一口两丈多深的水井被尸体填满。有的虽半死也被塞入。

此外，在城内东关街、教场街、观音街、新街、头百户街、二百户街、三百户街、五百户街、六百户街和七百户街等处，日军挨门逐户搜查，肆意奸淫烧杀。见男人就用铁丝将锁骨穿透，数十人一串集体砍杀，见妇女则先奸后杀，老妇幼女亦不能免。遇有贵重财物，则全部抢劫，许多商号的货物和钱柜被洗劫一空。

惨案幸存者姚旺老人回忆，日军第一次侵入宁武县城时，他才 11 岁。他记得日军在城里驻扎了十几天，杀了许多人。延庆寺里的 50 多个和尚大部分被杀死，留下来的没几个。日军不管大人小孩、老太太，看见人就拿枪打，用刺刀捅，宁武城街上的厕所里面、井里面，还有地窖、菜窖里，到处是死的人。在此次屠城中姚旺的家人就死了 5 口。他们是：他的祖父惧怕日军，跳进醋缸里淹死了；他的祖母和大姑也以同样方式被日军逼死；他的外祖母因阻拦日军抢家里东西，被日军一枪打死在门道口；他本家的五爷爷，叫姚闰瓦，已经 60 多岁了，也被日军杀死。

10 月 14 日，八路军第 120 师在晋绥军的配合下，向守城日军发起连续攻击。朔县之敌出动装甲车、汽车 57 辆增援，被埋伏的八路军击退，据守宁武县城的后藤联队趁夜幕低垂狼狈逃窜。八路军主力部队打扫城外战场后转移，八路军一部和晋绥军一个营则奉命进驻宁武县城。

当八路军进入城内时，看到的是一片惨不忍睹的凄凉景象。城内街道两旁横七竖八躺着数不清的尸体，男女老少皆有，10 多岁的小孩和数月的婴儿，也都与其父母一样倒在血泊之中。街道上人血与泥土混和，凝结成黑红色血泥，院落里、水井里、菜窖里，甚至厕所里，到处都有死难者的遗体。有的尸体被狗咬掉一半面孔，露出惨白的牙齿，令人怵目。有的狗吃人肉吃得眼睛发红，已分不清活人死人，见了人乱扑乱咬，不得不用枪击毙。到处弥漫着一股难闻的死人腥臭味。

一些幸免于难的人们听说日军败退，八路军进城，纷纷从掩体中跑出来。有的在死人堆里寻找死难亲人的遗体，有的拉着八路军官兵的手，字字血、声声泪控诉日军暴行。战士们顾不得休整，随即带领群众扑灭仍在燃烧的火，掩埋同胞的尸体。

入城的八路军官兵想找宿营的地方，但因房屋大部烧毁，把未毁房屋让给群众和晋绥军居住。许多战士只好露天宿营。城西一带因是八路军小分队袭击过的日军军火库所在地，遭劫更惨。这里房屋倒塌，焦土瓦砾满街。在一处宅院内，躺着两具血肉模糊的壮年男尸，身旁扔着两柄铁锹，看样子是反抗日军暴行时，被日军用刺刀捅死的。

北房门口有一具跪爬的老妪尸体。她全身裸露，乳房被割，血流满坑，这显然是日军发泄兽欲后，又干了灭绝人性的勾当。坑拐角还躺着3个幼童尸体，地下散落着吃了一半的装莜面窝窝的笼屉，分明是正在吃饭时被屠杀的一家子。

在永顺店的铺面，柜房未被烧毁，室内陈设讲究，炕上还铺着毛毯和花布被褥。3具赤身裸体的青年女尸横在上面，有一具已被割开肚皮，肠子外溢，鲜血染红了大半个被面。她们惨遭蹂躏后，含恨离开了人世。

有个姓刘的手工匠人，被日军杀害，儿子被日军抓去割掉耳朵，仍被迫挑水，后又遭屠杀。其妻和15岁的小女润莲起先藏在一处古庙中，后见儿子被害，痛不欲生，冒险撇下小女去探视，被日军捉住受尽折磨而死。小女孤零零躲在古庙中，又惊又怕，又恨又冻，昏厥过去，奄奄一息，幸被收复县城的八路军发现，经抢救保住了性命。此女发誓报仇雪恨，当即参加了革命，投入抗日斗争。

一位30岁出头，才貌出众深受人们爱戴的女校校长，被日军拖到院内，在光天化日之下，轮番折磨，摧残致死。

更有甚者，日军把许多青年妇女和老年男子押上大街，强令脱光衣服，拴在一起扭转，供他们取乐。稍有不从者，则刺刀捅，洋刀砍，当众杀戮。待他们乐够了，先将老年男子杀死，然后将惊吓半死的妇女全部奸杀。

周公庙原是人们祈神拜佛的地方，如今却是处处见尸体，步步淌鲜血，连庙门口的石狮子都被鲜血染红。日军还把成批群众押上城墙，从3.6丈高的城墙上推下去活活摔死，见有动弹者，或搬起城砖向下砸，或举枪射杀。

对于日军的残暴行径，宁武人民也进行了反抗。被羁于一所院落的几十名同胞，在一个曾当过兵的名叫二保子的率领下，用事先准备的一枚手榴弹炸死日军哨兵，越城墙而逃。一名姓赵的晋绥军团长，不堪忍受日军当面污辱其妻女而拔枪自卫，击毙日军 3 名，终因寡不敌众，饮弹身亡。还有不少血性男儿，奋起抵抗日军暴行并与之同归于尽。

灭绝人性的大屠杀，使宁武城这座享誉晋西北的"凤凰城"在短短几日内玉石俱焚，变成死城一座。日军在宁武县城的屠城连续进行了 3 日，4800 余名中国同胞惨遭杀戮。

6. 崞县惨案①

崞县，即现山西省原平市，属忻州市辖，东临五台，西靠宁武，南与忻州、定襄毗邻，北和代县、朔州接壤。据史料记载，战国中期，赵国渐强，武灵王二十年（公元前 306 年）北破林胡、娄烦，括地千里，这里始置崞县，至今已有 2300 多年的历史。西汉以来，崞县一直是山西北部的一个重要县份。1958 年 12 月 7 日，经山西人民委员会报请国务院批准，崞县改名为原平县；1993 年撤县设市，称原平市。

1937 年 9 月底、10 月初，日军第五师团和独立混成第二、第十五旅团 5 万余人，相继攻陷茹越口、阳方口、雁门关和繁峙、代县、宁武等战略要地，国民党军各部苦战不支，纷纷由内长城防线退守崞县、原平、忻口一线。日军步步直逼，攻城掠地，1937 年 10 月 8 日至 11 月 8 日，整整一个月在崞县境内制造了三起屠杀百姓千人以上的重大惨案，即崞县县城惨案、原平镇惨案、南怀化惨案，我们将这三起重大惨案统称崞县惨案。

（1）崞县县城惨案（1937 年 10 月 8 日—9 日）

1937 年 8 月下旬，平绥线方面的日本侵略军突破南口、张家口要隘之后，便长驱侵入晋北。9 月中旬，天镇、大同失守后，晋绥军第 19 军奉命撤回雁门关一带，奉命死守崞县县城，其中第 205 旅守北城和北郊，第 407 团在北郊布防，团指挥所设在城墙附近背敌向南的窑洞内。10 月 1 日，日军在飞机和重炮

---

① 参考资料：山西省史志研究院编：《日本帝国主义侵晋罪行录》，山西古籍出版社 1995 年版；政协山西省大同市委员会文史资料研究委员会编：《大同文史资料》第 5 辑，1982 年版；中央档案馆、中国第二历史档案馆、吉林省社会科学院合编：《日本帝国主义侵华档案资料选编·华北历次大惨案》，中华书局 1995 年版；山西省史志研究院编：《日本侵晋实录》，山西人民出版社 2005 年版；张成德、孙丽萍主编：《山西抗战口述史》，山西人民出版社 2005 年版；政协山西省原平市委员会文史资料研究委员会编：《原平文史资料》第 3 辑，1993 年版。

掩护下，向崞县城发动了进攻。

崞县县城位于低洼之地，日军在城外居高临下，连日炮轰县城，第 19 军处于劣势，虽予敌一定杀伤，但渐露不支之势。第 410 团团长石成文在指挥作战时中弹牺牲，全旅官兵伤亡惨重。第 19 军军长王靖国在率部坚守县城 6 天后，终因寡不敌众，只得趁夜撤退。

10 月 8 日晨，数百名日军从大西门外进入崞县县城，开始了对和平居民的残酷屠杀。

日军进入崞县县城后，城内居民惊慌万状。商会会长田杰害怕日军屠城，便组织了一个所谓的"治安维持会"，亲自带领着城内商民 200 余人，手持日本国旗，列队齐集小西门外。当发现大西门外集结着数百名日军后，商民们跪伏于地，表示愿当顺民。田杰通过翻译告诉日本军官说，他是商会会长，是来迎接日军进城的。日军军官问跪伏的是什么人？田杰回答说："不是兵，都是商民。"日军军官示意田杰、张峰等 3 人带领日军进城，其他商民留在原地，不准回城。谁料在西门外"欢迎日军"的人群却变成了任人宰杀的羔羊。

正当汉奸田杰等人给日军号房子找住处的时候，留在西门外的 200 多商民，早已被一个个捆住。等人们清醒过来，已经晚了。当晚，日军一声令下，西门外便开始了屠杀。日军一面用机枪扫射被捆在一起的 200 多个商民，一面在王家围、西关庙、西崖等处放火焚烧房屋、庙宇、戏台。一时哀声四起，火光映天。人们想逃命，然而出逃之路早已被全部封锁。

10 月 9 日上午，日军开始在城内大举烧杀抢掠，凡被抓到的居民一律杀掉。西门附近 100 名居民被枪杀后，扔到城墙边一个大粪坑内，同时还有 100 多人惨死在街头院落。日军又到小东门挨门逐户搜查，见东西就拿，见人就杀。又有 96 人倒于血泊之中。此外，还有 120 多个外来的逃难者在此丧生。

傍晚，日军将正街、西街、南街等处的居民和逃难者，陆续赶到南关郭二和家场院内。院子挤满后，又集中到门口，从门口又排列到大街上。日军威逼群众供认谁是晋绥军，大家都沉默不语。日军便将居民中的青壮年一个个拉出来，用铁丝串在一起，押往南门外，立即进行枪杀。共有 120 余人被害。

南街的一个空场成了日军的屠宰场。日军将两个逃难的年轻人脱光衣服，用钉子将四肢钉到门板上，然后像宰猪一样，豁开肚子，取出心脏、肚肠，扔到地上。还将 4 个年轻人的四肢一截一截剁去，放在地上。年轻人痛得来回摇动，日军围着大笑。在西街王绍武院里，也有好多人被日军砍去四肢，只留一个肉桩子，扔到院内，然后放出狗乱咬。人在院内喊叫、滚动，狗见状，咬得更凶。本街陈五未的儿子就是这样被折磨死的。与此同时，数以百计的姑娘、媳妇分别在家中、院内被日军奸污后惨遭杀害。整个城内街头巷尾躺满了受难者的尸体。

接着，日军又将集中起来的240多名百姓用井绳串起，押往南门外枪杀，然后扔入大坑。当时，有少数群众听见枪声顺势跌倒。不料，有一个叫杨铜牛的人倒后又站起来喊叫挣扎，日军发觉后，便用刺刀对倒下的人群挨个捅了一遍，使许多幸存者丧生。

天黑以后，日军将已经集中起来的群众300余人串捆起来，进行集体枪杀。整个南门外尸骨堆成山，鲜血染红水，惨不忍睹。

据战后统计，日军这次屠城共杀害无辜百姓、商人、难民，以及晋绥军士兵2500余人，烧毁房屋、庙宇近2000余间，致使不少居民全家绝户，不少儿童变成孤儿，不少老者无人赡养，成百群众无家可归。

（2）原平镇惨案（1937年10月11日）

原平镇为晋北的一座名镇，属崞县（即现忻州原平市）所辖。同蒲铁路从西北方向经过，大同公路从东北方向经过，后来修建的京原线铁路也在此和同蒲铁路交会。日军占领宁武和代县后，兵分三路向南推进。其中，日军篠原诚一郎少将率领关东军第15混成旅团，从小路绕过崞县，意图占领原平镇，然后紧逼忻口中国军队防线。1937年9月30日，晋绥军姜玉贞旅长受命率领第196旅由代县向南奔向崞县。10月1日，姜旅进入原平后，部署第391团在火车站，第392团守公路，第413团为预备队，炮兵在城内布防。旅部和各团营部与勤杂部队驻扎在原平城里，各部队沿城西和城北构筑防御工事。

从10月1日开始，日军篠原诚一郎关东军第15混成旅团就对原平发起猛烈攻城。开始两天，战斗在城外进行。原平城南门外汽车站，是全原平城的重要城防要地。日军和第196旅反复拉锯，战斗异常激烈，几天里打退了日军的5到6次进攻。两天后，日军继续增兵，将原平团团围困住。为了保存实力，中国军队放弃火车站撤回城内固守。之后，日军的攻击愈加激烈。每天都有两三架飞机在原平城上空投弹轰炸和扫射，然后坦克炮兵和步兵从地面大举进攻。姜玉贞指挥士兵坚守原平，战斗就这样艰难地打到10月7日。10月8日，日军占领崞县和轩岗之后，就迅速增援原平，将原平围得水泄不通。姜玉贞率领官兵们据守西半城，近5000人马，只剩下不足千人。10月10日夜晚，姜玉贞旅长率剩余部下几百人突围，一直到11日凌晨4点，约200人生还。突围中姜玉贞旅长不幸被炮弹击中，壮烈牺牲。日军占领原平镇。

日军侵占原平镇后，屠杀1800余人，烧毁房屋、庙宇3000余间。

一支日军搜杀队进入狄家巷，将李润有一家老小杀死后，又到对门南绪院内开枪打死其八十多岁的爷爷南关和其父亲南喜，狄开庆在房上正欲逃走，被一枪打死栽下地来。接着，日军窜入新楼巷，杀死李二斗、李斗红兄弟俩和常正印、常拴柱父子俩。日军到仁义巷后直闯高占魁院。日军见高家院人多，就先把高占魁及其五个儿子拉在前院一律砍头。女人孩子们一看，吓得慌忙跑到隔壁天主教堂院内，就接二连三地跳进了水井，把一口不大水井几乎填满。天黑以后，最上面的大儿媳妇及其女儿桃桃醒过来，才偷偷逃去。一家25口人，就她俩死里逃生。

安补红一家13口人，被日军用铁丝捆在一起，用刺刀一一扎死，安补红被刺三刀后佯装已死，侥幸留下一条活命。

在小北关，日军将抓住的20多名群众当作活靶一一刺杀，一个叫宋元卯的村民奋起反抗，用手抓住刺来的刺刀，结果10个指头全被削掉。在一个皮麻店，日军将被抓到的20多人用麻缠住，一一刺死后，扔到了临时防空壕里。在一个居民院内，日军强令17个居民排成一队，然后将头一一砍去。

日军闯进大北关田家巷时，这巷子里的群众大部分逃走了，只留下田灵瑞、田周周、田保、郭福年等五人，全遭到了日军的惨杀，郭福年身上被刺17刀。

曾任太平街大队党支部书记的贾银马，那时，他家共有9口人，其中两个叔叔，两个奶奶，两个姑姑，全被日军杀死。

原平镇是个经济繁华的大镇，有大商号81家，小商号200余家。日军侵占时，共杀死居民（包括商人）1800多人，共烧毁房屋3000余间，整个城堡内完全变成了一片废墟。

守城的中国官兵近5000人，战死4300余人，旅长姜玉贞及1名团长殉国。另外，从大同方面撤回的手无寸铁的伤病员数百人，也被日军杀害。

（3）南怀化惨案（1937年10月13日—11月8日）

南怀化村，在抗战时期为崞县（今原平市）所辖。村子位于县城西南，金山脚下，云中河以东，北邻公路，距忻口约4公里。

1937年9月下旬，日军在平型关惨败后，迅速重新部署兵力，伺机进行反扑。9月27日，日军从应县茹越口突破晋军的防线，在茹越口及其周围四村连续进行烧杀奸淫，杀害无辜群众30多人。日军以5万多人的兵力逼近忻口。忻口与南怀化村之间的高地，成为敌我双方战斗最为激烈的地段。10月13日拂晓，坂垣师团的萱刀联队等精锐部队万余人绕道永兴、后河池，突然扑进南怀化村，制造了杀害1200多名村民的惨案。

日军一进村，就抢占了村南的山头，接着又用机枪封锁了村北的河川，而后实行了灭绝人性的"三光"政策。当时，村里群众有的躲进窑洞，有的聚集在院内。日军进村后沿门搜索，成群杀戮，使一批又一批无辜居民倒于血泊之中。

一户村民院内的两孔窑洞里藏着52个群众。日军发现后，立即用枪把群众赶出来，让男、女分别两边排队。然后把男人用机枪扫死，强迫女人脱光衣服。妇女们害怕、害羞跑回窑内，日军又把她们一个个拖出来，用刺刀扎死。一个日本兵从一个妇女怀里一把抢过一个婴孩，扯着两腿一撕两半，母亲惨叫一声晕了过去。一个七八岁的女孩，吓得抱住母亲的腿直哭叫，日军扑上来，把她的衣服剥光，然后将两只腿钉在大树上。有的婴儿被日军挑在刺刀上，有的还被割去鼻子。就这样，52名男女老少一个个被枪打、被刀扎。日军临走时，又一一检查，见没有伤口或不流血的，还要再捅几刀。幸存者赵平瑞等4个人就是在这个窑洞前被枪打倒，又挨了两刀，而后顽强地活下来的。其余48人都被杀害了。

与此同时，村民赵喜全院内的一个藏着40多人的窑洞也被敌人发现。日军见窑口放着几把铁锹，不敢靠近，便架起机枪向窑内猛扫。后窑口被尸体挡住了，洞内未死的孩子受惊哭喊，日军又在洞口堆起柴禾，倒上汽油点着烧，终于使洞内40余人无一幸存。日军走后，回去的居民在窑内看到的只是些焦骨灰烬，洞深处才依稀可见大人压着小孩、小孩躺在母亲身上的惨状。

在另一处院子的三孔窑洞内藏着100多名群众，日军将他们赶出洞外，或砍下头挂在树杈上，或绑在柱上当刺杀活靶。怀孕的妇女有的被开膛剖腹，取出婴儿挂在树上，有的被踩着肚子，压迫流产。孕妇聂翠珍想夺路逃跑，被日军抓回，竟用火烧她的肚子，直到肚子被烧裂，胎儿死在她的身旁才罢休。还有不少妇女被剥光衣服遭到轮奸。之后，日军又在洞内塞满柴禾，倒上汽油，点着火，再逼迫居民钻进洞内。居民不进，日军大怒，立即下令机枪、步枪一齐开火。顿时，院内黑烟滚滚，鲜血四溅，大人呼喊自己的骨肉，孩子在绝望中叫娘，惨不忍闻！这时，隐藏在厕所里的赵千东老人再也忍耐不下去了，他趁敌不防，抄起一把粪杈，用尽平生之力，对准一个日军小头目的脑袋，狠狠击去，这个小头目当场死去。于是，刽子手们更加疯狂，他们把70岁的赵千东老人绑在树上烧死，又将院内倒下的百余名居民尸体一一扔进大火熊熊的窑洞。

日军砸开赵拴拴家的大门，把赵拴拴、赵如春和赵常春三人杀害后，还把赵如春的肚子剖开，将肠子拉出来，一头拴在赵拴拴的脚腕上，一头绕在赵常春的膀子上。拴拴的母亲年近古稀，见儿子惨遭杀害，愤怒叫骂着撞向敌人，被日军一枪打死。栓栓一个6岁、一个3岁的女儿，被日军分别用绳子绑在其被杀死的奶奶腿上，直到饿死。一个叫王粉粉的媳妇被抓去给日军缝衣服，王粉粉怕缝不好挨打，不敢缝，一个鬼子便紧紧抱住王粉粉的腰要她伸出双手，让另一个鬼子拉住手，用指挥刀砍落在地。王粉粉痛的整日喊叫，三四天后终于死去。女青年宋登登藏身的菜窖被发现后，日军朝里打枪往外赶人，见宋登登不出来，就把烧着的柴禾往窖里扔，姑娘呛得耐不住了，只得慢慢地爬出来。日军立即扑上去，把她的衣服撕掉，百般凌辱。她的脖子被刺刀穿通，生殖器被挖得露出了白骨，最后疼痛而死。

　　就这样，日本鬼子从10月13日到11月8日，对南怀化村的无辜百姓杀了一批又一批，烧死一伙又一伙。致使这个原来有204户，基本无单身的村子仅留下了104户，有100户被杀绝。只有24户未死人，但其中就有14户被烧了房子。单身户增加到40多户，其中70岁以上的老人8户，18岁以下的儿童14户，他们只得投亲靠友，或沿村乞讨，以求生存。原来1024人，被杀害766人，另还有500多个外村来此逃难者。全村仅留下了254人，其中在外经商未回来的17人，零星逃出去的93人，在村幸存下来的寥寥无几。大牲畜200多头没留一头，200口猪、600只羊也未存一个。全村仅留下一只鸡、一条狗。而鸡也是因藏在了屋内一块板子下，狗是钻进了炕洞内才侥幸未杀。全村房子被烧1000多间，凡值钱的东西都被抢了，即使坛坛罐罐也大部被打碎，柴草全被烧光，粮食、衣、被散满街巷院落。

（作者：山西省抗战损失课题组）

（二）日军北支（甲）1855部队在山西罪行调查

侵华日军北支（甲）1855部队，对外称151兵站医院，又称西村部队，代号"北支"（甲）1855与凶残的东北731部队一样，是一支打着"防疫"旗号的细菌战部队。其建立于1938年5月，主要活动在华北一带，本部设在现北京天坛公园西南角的神乐署内，下设13个支部，山西支部称"华北防疫给水部太原支部"，在太原支部管辖下另设有运城办事处。日军投降前夕，销毁了大量有关细菌战的罪证，并把"北支那防疫给水部"即北支（甲）1855部队名称从华北派遣军名册上划去，将所属官兵转属各陆军医院，所以有关北支（甲）1855部队资料很少，对其调查与研究只能从当时遗留的文件器具、战犯供词和当事人回忆着手。具体而言，日军北支（甲）1855部队在山西的罪行主要可分三种，即研制细菌、进行人体试验、投放细菌。

1. 研制细菌

为了全面侵略中国，日本高度重视使用细菌武器，就像细菌战头子石井四郎所说："细菌武器的第一个特点是威力大，钢铁制造的炮弹只能杀伤其周围一定数量的人，细菌战剂具有传染性，可以从人再传染给人，从农村传播到城市，其杀伤力不仅远比炮弹为广，死亡率非常高。第二个特点是使用少量经费即可制成，这对钢铁较少的日本来说尤为适合。"[1] 在这种思想指导下，日本一面在战场上侵略中国，一面加紧制造各种各样的细菌武器，而在华北一带活动的北支（甲）1855部队就进行过多次细菌试验。

1942年7月，日军在雁北一带强迫人民交纳虱子、老鼠、臭虫喂养病菌，然后向抗日根据地散放。1945年1月13日，大同伪政府勒令所属各村限期交纳定量蚤虱、老鼠，朔、代等县要求每间交纳老鼠5—10只，平鲁每村要老鼠2000只、虱子2两，准备大量制造鼠疫，毒害解放区军民[2]。

据战犯汤浅谦供认："潞安陆军病院以细菌战为目的，保存平时从患者所取

---

[1] 郭成周、廖应昌：《侵华日军细菌战纪实》，北京燕山出版社1997年版，第40页。
[2] 新华社晋西北29日电：《敌寇阴谋制造鼠疫》，载《解放日报》1945年4月2日。

的新菌，将这些补给于潞安防疫给水部，令制造使用最强毒力菌。即病院作成强力的菌株，防疫给水部将此增菌，使用于细菌战。"① 在被问到究竟培养过多少细菌时，汤浅谦供认："我所培养的是菌株，还不是直接散布的细菌，至于数量，每一试验管只能放 0.5 瓦，我先后共送潞安三六师团野战防疫给水部的菌株在 8 次以上，每次 3 试管，共 12 瓦。这都是新的强有力的菌株，但是再经过防疫给水部培养的话其就更加大了，想培养多少都行，如以 1.5 瓦的菌株经过一天的培养就能生产 1 公斤。"②

为研制和生产更多更强的细菌残害中国人民，日军还对山西各地发生的病情做了详细调查。正如战犯吉泽行雄所供认："1940 年 8 月，我在轩岗镇……亲自于当地诊疗了 40 名老百姓所患的赤痢和斑疹伤寒的病症情况，写成材料送交独立步兵第九大队医务室，做了兵要卫生地志，这地志的内容即各地之气候、居住状况、河与井的情况、地形及每年发生最多的传染病情况。其目的是为了便于进行作战，作用是能掌握了作战地区之卫生情况，对日军作战是有利的③。1944 年 1 月，为了检查流行性的脑膜炎，独立混成第三旅团军医部近藤卫生曹长向我拿去约有 170 名士兵的喉头黏膜，经萩野大尉检查后，均是阴性无菌。1942 年 12 月、1943 年夏及 1944 年 1 月，为了检查新兵的大便，先后将 140 名新兵之大便，我令卫生下士官送至独立第三旅团防疫给水班进行检查 3 次，结果确定 2 名有赤痢菌，其余都没有赤痢菌和伤寒菌。1943 年夏和 1944 年夏，为确定 B 型副伤寒菌，先后两次，我将 170 名士兵之血液及大便令卫生兵交旅团防疫给水班进行检查，结果含有此种细菌的共 2 人，其余皆无。1943 年夏和 1944 年夏，为了检查用水中之细菌，我令卫生兵先后两次将通信队所食用之井水送至旅团防疫给水班进行检查，结果无菌，并确定水质的硬度是 17 度。"杉下兼藏供认："1937 年 10 月间开始直到 1938 年 5 月为止，任日军第一〇九师团卫生队步兵曹长时，曾做卫生调查工作，于山西省太原、忻县、五台、太谷、平遥、汾阳、交城、文水、昔阳等到各地，我都进行了详密的调查，如风速、水速、流行病等，共写成了 43 页的调查材料。后经卫生队浅井卫生准尉及一〇九师团军医部军医古贺大尉交给一〇九师团山冈师团长，以作为著山西通志的材料（保存于晋阳学院），调查的目的准备散布细菌活动之用。以后情况我不了解。"④

---

①② 汤浅谦 1955 年 8 月 31 日的口供，原件存中央档案馆，卷宗 119—2—81—5。
③ 吉泽行雄 1954 年 9 月 1 日的口供，原件存中央档案馆，卷宗 119—2—732—1—5。
④ 原件存中央档案馆，卷宗 119—2—74—1—5。供述人姓名、供述时间不详（编者注）。

2. 人体试验

北支（甲）1855部队为了研究和生产大量细菌战武器，提高他们的医疗水平，还进行了惨无人道的活人体试验，残杀了山西省无数抗日志士和平民百姓。由于日军进行的兽行般的人体试验是有违人道而又残忍的，是见不得光的，所以每次都是秘密进行，可以提供这方面资料的只能是当事人，但受害者已经被他们折磨致死，唯有当时参加解剖的日军才是唯一的证人，他们的供词就成为最有力的罪证。

据日军战犯吉泽行雄供认："1940年3月中旬，我任第九大队第二中队少尉军医时，在山西省崞县轩岗镇西北河滩，将轩岗镇焦家寨的一个村民约35岁，以偷粮为借口，与桥本少尉共谋斩杀，并又命令新兵约35名以刺刀进行刺枪练习，同时我为提高我的技术和教育新兵，又做了虫样突起切除解剖的手术，然后将尸体放置原地①。同年7月中旬，我在原平镇陆军医院养病时，曾参加了解剖两名中国男子的事实。我为了试验药物，将其中1名以升汞液200CC直注心脏，练习了心脏注射，后经庶务主任用手术刀刺死，将尸体烧掉。1942年7月，任独混三旅团通信队中尉军医时，在山西崞县县立医院，为了试验麻药效力，给一名生疮患者中国少年（年约13岁）皮下注射0.5CC强性麻药，当即陷入麻醉中。此注射量按成年人来说亦是过多的数量，但是对少年进行手术治疗后没有发生性命危险，从此即了解到此种强性麻药的效力。1944年2月下旬，在原平陆军医院时，由旅团司令部军医部的汽车从崞县宪兵队拉来2名八路军工作人员（约30余岁）解剖。先行麻醉，当时分两组进行，我与原见及萩野3人一组，先令别组将被害者下肢切断，其次我好动手，原见协助开腹及小肠缝合术，共2小时杀死，另一位大体是同样方法杀害的。尸体处理大约是送到火葬场烧了。"②

相乐圭二供认："1940年7月底左右，我是独立混成三旅团独立步兵第一〇大队中尉通信班长。在大队对宁武县西境内'扫荡'时，我在接官亭（或石板桥村）一农家发现了八路军重病员1名（25岁左右，估计是肺病），通过翻译审问后就将其遗弃于原地。当我在大队本部说此事之后，本部和泉军医中尉和篠田卫生军曹对其进行活体解剖而杀害了。"③

中岛京子供认："1939年7月，我在山西省潞安陆军医院任护士，奉小岛军医之命，将鼠疫菌8CC注射在一个年约20多岁的抗日军俘虏的胸部。几分钟

---

① ② 吉泽行雄1954年9月1日的口供，原件存中央档案馆，卷宗119—2—732—1—5。
③ 相乐圭二1954年3月12日的笔供，原件存中央档案馆，卷宗119—2—11—1—5。

后，此俘虏面部发紫，出黑斑，嘴唇变黑，呼吸困难，很快就死亡了，尸体可能由小岛军医等解剖了。听说这个俘虏是中村军医由舞部队带回来的4个中的一个。"

1954年11月24日，时任北支那派遣军108师团野炮兵108联军第3大队本部陆军辎重兵、特务兵及大队本部事务兵的高梨文雄供认："1938年4月，在山西省潞安县城西1公里左右的西关村驻扎时，时值谷本部队中队把一名盗窃电线的中国农民送到本部审讯之后，交本部军医见习士官筑馆熊雄解剖，我因想看一看活人的内脏，就协助军医将该人由西关村带到村南约50公尺的地里，让他面朝上躺倒，随即在他左臂上打了麻醉药使之昏迷不醒。军医为了由上腹开始解剖，先把他的手足压住，让其不能乱动，最后军医又往他心脏内注射。我就这样协助杀死了那个农民。协助解剖的除我以外尚有四五名，大都是军医室有关的人员。"① 汤浅谦供认："1942年2月任潞安陆军医院中尉军医后，为了演习解剖手术，曾先后参加过8次活人的解剖演习。第一次活体解剖：1942年3月间，我任潞安陆军医院中尉军医时，由院长西村庆次（中佐）召集三六师团军医及兵源军医共20人开研究会，上午进行了施诊研究，下午进行了活体解剖手术演习。在进行解剖时，首先把从三六师团要来的2名俘虏带进解剖室，绑在解剖台上，由院长指导将参加的军医人员分成两组，首先给俘虏注射第四麻药，然后将其腹部剖开，进行了盲肠切除和肠缝合术；继又用全身麻醉罩在口上，进行了气管切开及四肢切断演习。这两名俘虏经过我们进行解剖手术演习后尚没有绝气，我与音羽军医即用绳子勒死，埋于解剖室东侧。第二次1942年4月初，潞安陆军医院令我与卫生下士官和护士各一名，来到太原陆军医院，参加研究伤员营养伙食会时，在前3日，由下士官和护士们研究营养伙食问题，我和各地来的军医共20名，第一天在太原防疫给水部受防疫给水训，第二天在工程队做了解剖演习手术，当时首先有工程队军医1名（姓名不详）佩带白肩章，他令他的部下提来4名俘虏，他亲自用手枪将这4名俘虏各打一枪，未死。这时，我们在太原陆军病院院长佐藤中佐指导下，分为4组，然后将被枪打伤之4人，缚在手术台上，进行解剖。有的剖腹取子弹，有的切断四肢，军医部长兵头周吉也在场教手术法。我解剖了其中一人，是做了上肢切断术。在手术做完后，这4个俘虏完全死了。第三次，1942年8月，在潞安陆军病院，解剖了2名俘虏，其解剖方法与第一次相同。但我为了实验麻药效力，特用5CC麻药打在其中1名左臂静脉

---

① 高梨文雄1955年的笔供，原件存中央档案馆，卷宗119—2—179。

内，仅两三分钟后人即死去了。第四次，1943 年 3 月底，在潞安陆军病院，由院长酒井满负责用俘虏 2 名进行了解剖演习，我亲自进行了同第一次的手术演习法，并将其中 1 名做了睾丸摘除手术。第五次，1944 年 3 月，在潞安陆军病院，仍由院长酒井满负责用俘虏 2 名进行了全身麻醉后，做了气管切断、肠缝合、盲肠等手术，最后酒井满又做了眼球摘除术。第六次，1944 年 9 月，又用 2 名俘虏进行了解剖，先将其中一名，施行了全身麻醉，然后用第五次解剖法进行了演习。另一名，由院长用种村文三的军刀斩杀。第七次，1945 年 1 月底，将俘虏 1 名进行全身麻醉后，仍做了与第五次同样的解剖演习。各军医走后，我与卫生下士官将头骨切开，将脑取出，放入乳钵内研成膏状，装入百瓦的瓶内，送交太原电传九联队长杉野蒙三郎大佐带回日本制药，这是受酒井院长的指示做的。第八次，1945 年 3 月，用俘虏 2 名，施行全身麻醉后，做了如同第五次的解剖演习。并在其他军医走后，我与卫生下士官将此 2 人之脑质取出，切成小块，分装于 500 瓦的八个瓶内，交与电传九联队的第三中队卫生兵拿去了。1944 年 1 月，我作出 1944 年度的解剖计划，又于同年 12 月提出 1945 年度的解剖计划，计划是依每两个月解剖一次，每次解剖两人。至于 1944 年的解剖计划，因外科军医参加作战，部队换防，未按计划进行，只进行了两次。而 1945 年的解剖计划，是按照计划进行的，我在 1 月和 3 月亲自参加了两次解剖，4 月份我就到了运城，而未参加。"[①] "我在潞安的 3 年里，就是这样，通过活体解剖残杀了 18 名俘虏和和平居民。有时是摘除眼球或睾丸。还有一次，受原电信九联队联队长的委托，为了给日本的制药会社寄去注射药，而取出了人脑。我就是通过这些手段来提高自己的手术水平，从而更好地为日本帝国主义的战争服务，向卫生兵显示自己的胆量，借以制服他们，进而达到任意驱使的目的。"[②]

菊地修一供称："1941 年 9 月中旬，驻偏关县楼沟堡的分遣队长荒古定藏少尉，以通敌的名义，将楼沟堡村长和一个约 16 岁的少年逮捕，送到偏关县，拘留在偏关城南门外卫兵所，当天夜间村长逃跑了。第二天早晨，配属在中队的军医河原信二中尉向我提出，为了研究肠子的切断缝合术，要解剖该少年的意见。对此，我说：如不是在偏关这样的地方，是不能自由解剖的，今后再捉到俘虏，还可以多做些研究和解剖，于是就许可了。下午 1 时至 5 时，该军医在中队内的碉堡内进行活人解剖，将肠子切断又缝合上，至次日下午期间看其变化经过，5 时，又将该人运到城东南城墙附近，由河原军医以手枪击其头部惨杀，尸体埋在

① 汤浅谦 1954 年 11 月 20 日笔供，原件存中央档案馆，卷宗 119—2—81—1—5。
② 汤浅谦 1955 年的笔供，原件村中央档案馆，卷宗 119—1—174。

当地。"① "1945年6月下旬，根据情报得知崞县西南贾村有八路军的工作人员活动，治安很不好。为逮捕他们，我指挥部下250余名、原平宪兵队10余名、特务工作队30余名，早5时许，突袭了西南贾村，村南边打死居民1名，接着又'扫荡'该村，又打死居民3名，逮捕居民40名，宪兵队考讯中打死3名。又下令抢夺草800斤、猪2口、鸡至少有30只。返回驻地时，宪兵队以嫌疑为名带走居民4名，特务队也带走4名，同时带走1名年约18岁的少女。当天下午3时，在谈儿庄命特务工作队枪杀了逮捕来的居民2名，其余2名带回原平镇，以后将其中1名送到原平镇陆军医院被解剖，另1名释放。同年7月上旬，我派部下一个中队到崞县大漠村东南方一带'扫荡'，逮捕居民4名，带至谈儿庄。为了鼓舞第三中队的士气，在谈儿庄东南角刺杀了2名，另外2名带回了原平镇，让部下军医吉泽行雄大尉在营盘医务室做皮肤缝合手术研究，之后释放了。"②

松永光穗供认："1941年6月30日左右，我在大同宪兵队服务，受宪兵分队长平野大尉的命令，我和补助宪兵莳田上等兵2人，将拘留在该队中的共产党员1名，带往大同日军陆军医院城内诊疗所，交给该诊疗所军医中尉，立即开始活体解剖。将该共产党员强制拉在手术台上，我和莳田上等兵2人共同紧握他的手脚，积极帮助中尉军医进行活体解剖。3天后，听诊疗所的卫生兵说，该人于当晚10时左右死去。"③

森野博明供称："1943年6月到9月上旬，我在山西省稷山县仁义村，以第三七师团二二五联队第九中队第一小队第二分队伍长的身份，参加了第二次汾北封锁作战。6月下旬，在仁义村北门外，当中野卫生上等兵刚解剖完一个由中队带来的山西军伤兵时，我正好路过那里，看到解剖，围在士兵们面前显示自己有胆量，命令中野卫生上等兵用石头砸开头部看，他便掷下重约30斤的石头，打碎头盖骨。见此，我便对士兵们说，脑袋是最易碎裂的东西。听说这次解剖的经过：先将伤员的脖子用绳子套上，由两方面拉，使之陷于假死状态后，把肚子剖开，取出内脏，点教名称，最后用解剖刀刺扎心脏致死。"④

杉下兼藏供认："1938年8月14日下午，我与第一〇九师团卫生队队长部的少尉军医佐伯及卫生准尉浅井共谋，在太原市西羊市街工业学校运动场南侧的两间房内，将同年6月26日在山西省长治县阴城镇委托第一〇九师团司令部大

① 菊地修一1955年的笔供，原件存中央档案馆，卷宗119—2—1—1—4。
② 菊地修一1955年3月12日的口供，原件存中央档案馆，卷宗119—2—12—14。
③ 松永光穗1954年11月7日的笔供，原件存中央档案馆，卷宗119—2—738—1—4。
④ 森野博明1954年11月的笔供，原件存中央档案馆，卷宗119—2—747—1—6。

久保精一中佐带回太原的 1 名俘虏进行活体解剖。该俘虏是卫生准尉浅井于同年 8 月 13 日从师团带回来的。开始解剖时，先将全身麻醉，由卫生准尉浅井解剖，我并取得解剖时的照像片。最后将尸体在宿舍熄灯后，我令卫生军曹中村投入运动场后面井内。"①

远山哲夫供称："1944 年 1 月 15 日，我于同上地点（山西临汾县北支那派遣临汾陆军医院）充放射线理疗科陆军卫生一等兵时，奉同院第一外科主任陆军军医中尉神纳光治郎的命令，洗印人肝、脾、胃、胆囊、脑等照片，共印 40 张，作为军医和卫生下士官的教育资料。我听一等兵大良兵长告诉我，在山西省太原市北支那派遣太原防疫给水部活体解剖了 10 个中国人照的。"② "1944 年 10 月 27 日晚 8 时，在临汾第一一四兵站医院，我奉军医大尉神纳光治郎之命，对放在脓盘内的约 25 岁 1 个中国男子的头，以大脑为中心，拍照脑室内前后各方面变化的照片。只见脑室内已注入空气和碘酒一类的造影剂，头是用外科刀切的。听说以后由神纳光治郎作为博士论文的一部分送给日本大阪帝国大学医学部小泽凯夫教授。此时我任放射线理疗科卫生上等兵，按着指示摄了 20 张照片。"③

平旺医院是日军占领山西大同口泉煤矿时建立的一所矿工医院。1946 年 7 月中旬，晋绥军区第二野战医院派出一个小组前往口泉煤矿接收这所医院。接收小组到达平旺后，对医院里里外外进行了详细检查。在检查到仓库时，推开门就有一股怪味扑鼻而来，进去后一位姓吴的医生无意中踩到墙边地板上的一棵小木桩，木桩上连着一个铁环，拉动铁环才发现地板下面还有一间约 30 平方米的地下室，里面阴暗潮湿，气味难闻。打开手电筒一看，让他们毛骨悚然。原来那里面摆着许多玻璃缸和陶瓷大缸，装的全是中国胎儿。这些胎儿年龄约在 4—7 个月之间，足有六七百之多。胎儿用福尔马林溶液浸泡过，全身蜡黄，僵硬如棒。他们有的浑身肿胀，有的缺胳膊断腿，有的发育不全，有的体型异变。顿时，大家想到了群众反映日军占领期间附近常有孕妇失踪的事情发生。之后，经过了解，终于弄清事情真相。原来，丧心病狂的日本法西斯打着建立矿工医院为矿工治病的幌子，肆意残害中国妇女，进行人种试验。

日军对待中国人民使用的这些残忍手段，令人发指。就连战犯远山哲夫也供认："这些人为了获得博士学位，不惜杀害中国人民。他们的医学基础是奠定在

---

① 杉下兼藏 1954 年 8 于 13 日的口供，原件存中央档案馆，卷宗 119—2—74—15。

② 远山哲夫 1954 年 11 月 18 日的笔供，原件存中央档案馆，卷宗 119—2—405—1—6。

③ 远山哲夫 1954 年 11 月 18 日的笔供，原件存中央档案馆，卷宗 119—2—405—1—5。

中国人民的鲜血之上的，博士学位是以中国人民的鲜血为代价换来的。我在医务技术方面的知识，也同样来自这一片血腥气味之中。"①

日军北支（甲）1855部队残害中国人民的事实，我们不仅可以从战犯供词中证实，还有当时很多中国人民可以见证，他们将自己所见所闻写出来以检举和控诉日军在山西的滔天罪行，如马合盛、马天才、郭成则等人对种村文三等的检举，裴喜狗对汤浅谦活剥其弟裴胖狗的控诉，马海水对汤浅谦解剖3名中国人的指证，张存福、高福生、陈水池等对吉泽行雄的控诉等等。

根据战犯供词和见证者回忆，日军在山西进行过的人体解剖实验现可证实的有：

在太原市，1938年8月14日下午杉下兼藏与第109师团卫生队队长部少尉军医佐伯及卫生准尉浅井共谋，在太原市西羊市街工业学校运动场南侧两间房内将同年6月26日在山西省长治县阴城镇委托第109师团司令部大久保精一中佐带回太原的1名俘虏进行活体解剖（杉下兼藏1954年8月13日口供）；1942年4月初，汤浅谦等在太原陆军病院院长佐藤中佐指导下解剖了4名俘虏（汤浅谦1955年8月31日笔供）；1944年1月15日，远山哲夫于山西临汾县北支那派遣临汾陆军医院充任放射线理疗科陆军卫生一等兵时，奉同院第一外科主任陆军军医中尉神纳光治郎命令，洗印人肝、脾、胃、胆囊、脑等照片共印40张作为军医和卫生下士官的教育资料。听说这些相片是在山西省太原市北支那派遣太原防疫给水部活体解剖了10个中国人照的（远山哲夫1954年11月18日笔供）。

在长治潞安县，1938年4月筑馆熊雄在潞安县城西西关村将一名中国农民解剖（高梨文雄1954年11月24笔供）；1939年7月，中岛京子奉小岛军医之命，将鼠疫菌8CC注射在一个年约20多岁的抗日军俘虏的胸部，之后小岛军医等将其解剖（中岛京子1954年9月3日笔供）；1941年10月，潞安陆军病院院长西村、外科科长松田、副科长种村文三将4人解剖（马合盛等人1952年8月10日检举）；1941年11月，潞安陆军病院外科科长松田将2名城外支差者惨杀，之后将尸体挖出进行了解剖（马合盛等人1952年8月10日检举）；1942年3月间，潞安陆军医院院长西村庆次进行为了活体解剖手术演习，将两名俘虏解剖（汤浅谦1955年8月31日笔供）；1942年8月，汤浅谦在潞安陆军病院解剖了2名俘虏，为了实验麻药效力还将5CC麻药打在其中1名左臂静脉内，仅两三分

<hr>

① 远山哲夫1955年在战犯管理所期间自动写的笔供，载谢宗厚等总主编：《日本侵略华北罪行档案》第5卷《细菌战》，河北人民出版社2005年版，第144—146页。原件存中央档案馆，卷宗119—1—174。

钟后人即死去了（汤浅谦 1955 年 8 月 31 日笔供）；1943 年 3 月底，在潞安陆军病院，由院长酒井满负责用俘虏 2 名进行解剖演习，并将其中 1 名做了睾丸摘除手术（汤浅谦 1955 年 8 月 31 日笔供）；1943 年 10 月，汤浅谦将裴胖狗活剥（裴喜狗 1954 年 9 月 13 日控诉）；1944 年 3 月，在潞安陆军病院，由院长酒井满负责用俘虏 2 名进行了全身麻醉后，做了气管切断、肠缝合、盲肠等手术，最后酒井满又做了眼球摘出术（汤浅谦笔供 1955 年 8 月 31 日）；1944 年 9 月，汤浅谦又将 2 名俘虏解剖（汤浅谦 1955 年 8 月 31 日笔供）；1945 年 1 月底，汤浅谦将俘虏 1 名进行全身麻醉后做了解剖演习，之后还将头骨切开、将脑取出并放入乳钵内研成膏状，装入百瓦的瓶内，送交太原电传九联队长杉野蒙三郎大佐带回日本制药（汤浅谦 1955 年 8 月 31 日笔供）。

在临汾，1944 年 10 月 27 日晚 8 时远山哲夫在临汾第 114 兵站医院奉军医大尉神纳光治郎之命，对放在脓盘内的约 25 岁 1 个中国男子的头以大脑为中心拍照脑室内前后各方面变化的照片。头是用外科刀切的，脑室内已注入空气和碘酒一类造影剂（远山哲夫 1954 年 11 月 18 日笔供）。

在运城稷山县，1943 年 6 月下旬森野博明等在稷山县仁义村北门外将一名受伤士兵解剖（森野博明 1954 年 11 月笔供）。

在大同，1941 年 6 月 30 日左右松永光穗受宪兵分队长平野大尉命令，帮助宪兵莳田将拘留在大同宪兵队中的共产党员 1 名带往大同日军陆军医院城内诊疗所，交给该诊疗所军医中尉立即开始活体解剖（松永光穗 1954 年 11 月 7 日笔供）。

在忻州，1940 年吉泽行雄将崞县六区上封村百姓苏万金活剥，将皮肉掩埋，骨头用笼蒸水煮后，再用铁丝自头至脚串连在一起构成人形骨架，作为他们教育新兵学习的资料（高福生见证）[1]；1940 年 3 月中旬，吉泽行雄在崞县轩岗镇西北河滩对轩岗镇焦家寨的一个约 35 岁的村民做了虫样突起切除解剖手术（吉泽行雄 1954 年 9 月 1 日口供）；1940 年 7 月中旬，吉泽行雄在原平镇陆军医院参加解剖了两名中国男子以实验药物（吉泽行雄 1954 年 9 月 1 日口供）；1940 年 7 月底，日军在宁武县"扫荡"时，和泉军医中尉和篠田卫生军曹将 1 名八路军重伤员活体解剖杀害（相乐圭二 1954 年 11 月 22 日笔供）；1941 年 9 月中旬，菊地修一、河原信二等在偏关县将一名约 16 岁的少年解剖，将肠子切断又缝合上，至次日下午期间看其变化经过，最后将其残忍杀害。之后，又在偏关马王庙

---

[1]　高福生的控诉见证书，1954 年，原件存中央档案馆，卷宗 119—2—3—42。

逮捕 3 名居民，将其中一名解剖（菊地修一 1955 年笔供）；1942 年 7 月，吉泽行雄在崞县县立医院为了试验麻药效力，给一名生疮患者中国少年（年约 13 岁）皮下注射 0.5CC 强性麻药，以了解此种强性麻药的效力①（吉泽行雄 1954 年 9 月 1 日口供）；1944 年 2 月下旬，吉泽行雄在原平陆军医院与原见及萩野等人将 2 名八路军工作人员解剖（吉泽行雄 1954 年 9 月 1 日口供）；1944 年 7 月间，吉泽行雄在崞县柳巷乡班村东营盘陆军医院将远神山村百姓贾招来解剖，尸体扔在营盘西墙外。心、肝、肠都没有了，还锯掉一条腿②。（张三多 1954 年 12 月 25 日证词）；1944 年 9 月，在崞县城仓街，吉泽行雄在陆军医院解剖剥死 3 名干部。（段心宽 1952 年 8 月 11 日对吉泽行雄的控诉）；1944 年 9 月，日军将 3 名八路军送到崞县陆军医院，解剖了 2 人，由小笠原中士杀了 1 人（贺银柱 1954 年 12 月 28 日证词）；1945 年 6 月下旬，菊地修一所部将在崞县西南贾村逮捕 40 名居民，将其中 1 名送到原平镇陆军医院被解剖（菊地修一 1955 年 3 月 12 日口供）；1945 年 7 月上旬，菊地修一所部从崞县大漠村东南方一带逮捕 4 名居民，带至谈儿庄，将其中 2 名交由部下军医吉泽行雄在营盘医务室做皮肤缝合手术研究（菊地修一 1955 年 3 月 12 日口供）。

3. 投放细菌

日军在山西不仅进行大量细菌战实验，还将细菌用于实战，杀害了无数山西人民。

据战犯菊地修一供认："1942 年 7 月中旬至 8 月，我以中尉中队长的身份，率部下参加了山西省五台县制造'无人区'的活动。主要任务是担任五台县的警备和掩护由第一军派来的细菌组散布细菌。8 月上旬，奉命掩护细菌组在五台县麻子岗散布过带病菌的老鼠 2 只，结果有 60 余名居民患传染病，其中有 30 余名死亡。"③ "1942 年 9 月，我驻神池县奉命前往五台警备，我带日军 90 名，保安队 20 名，先到崞县旅团部，旅团参谋对我说：掩护细菌班前往五台。两日后，我和细菌班 2 人（一个军属、一个军曹）每人带一个箱子，内装老鼠。以后，我们乘车到河边村东冶镇住宿。次日，即派部下与东冶镇原分遣队换防，后继向五台前进，途中又换防一次，当日到达五台城，与八大队接头并将细菌班送到八

---

① 吉泽行雄 1954 年 9 月 1 日的口供，原件存中央档案馆，卷宗 119—2—732—1—5。

② 张三多 1954 年 12 月 25 日的证词，载谢忠厚等总主编：《日本侵略华北罪行档案》第 5 卷《细菌战》，河北人民出版社 2005 年版，第 170 页。原件存中央档案馆，卷宗 119—2—732—3—49。

③ 菊地修一 1954 年的口供，原件存中央档案馆，卷宗 119—2—12—1—4。

大队，并与五台警备队换防。次日，我带兵 50 名掩护细菌班到苏子坡北方 6 公里的村庄，可能是高平庄村，老百姓一部逃跑，一部存在，并令部下逮捕逃跑群众 2 名，并将老鼠 2 只在村中东端纵放。随后出发，约 9 时到达苏子坡村，稍微休息又将 2 只病鼠放在村内。苏子坡村为无人地带的集中村庄，当时有其他村庄的群众约二三百人。后将逮捕群众一名带回五台送大队本部后释放。这是第一次散布细菌的经过。次日，我由田家庄出发，12 小时到东头道村搜索。16 时竹川德寿送来一名细菌人员，让掩护散布细菌。随后，我率队掩护到东长畛村，我派一个小队掩护细菌人员进入东长畛村散布病鼠，散布数字不明。散布后即返田家庄。次日，将一名细菌人员送到五台城。再次日，我奉命移驻苏子坡村，并奉命使用苏子坡村集中之群众修理苏子坡到田家庄的道路。当日午后 4 时到达苏子坡。当时以前散布之病菌已经蔓延开了，军医到苏子坡村调查，我队严禁群众到达中队附近。以后数日，虐待群众七八十名修理道路，当时我听军医（我的指挥班长）大野报告：村中有 2 名群众已患传染病死亡，并有 12 名群众患病。军医将 2 名群众的尸体用石油焚烧。当日晚，我听见步哨放枪，以后我即到步哨处看，在步哨东北方的道路上有 2 名群众爬着，大野曹长即往殴打，我命大野将这 2 名群众惨杀。因为怕群众传染病传到中队中来。次日，村中又因传染病死群众 1 名，同样地焚毁了。又听大野曹长报告高平村群众大部迁居，但仍留一部，其中有 6 名患病。"①

对于菊地修一等人在五台散布细菌的罪行，还有当日的幸存者可以作证。据五台县西坡乡麻子岗村张英男等回忆："1942 年 6 月间，驻田家之日军约 50 多名，来我村活动。日军走后十来天，我村便发生了严重的病疫。当时全村 118 人，就有 48 人患传染病。凡病者，皆头痛，全身发冷发热，约六七天之后便死亡，结果死了 35 人。安四元等家都死绝了，孙金元家 11 口人有 8 人得病，5 人死亡。"中医韩西亭也根据自己所见所闻提供了相应证据："1942 年阴历七月间，据守五台县田家村据点的日本侵略军中队长菊地修一，指挥所部配合日军第一军司令部细菌人员，于麻子岗滋扰并散布细菌，10 余天后该村即突然发现急性病疫。在 1 个月内发病的 48 人，死去 35 人，且死的很快，这种病状当地历史上从来没有发生过的。""我是当时接受我抗日政府的委派前往该村救治的中医生，诊视的结果是：症状：初病，头疼、高烧、浑身骨节酸痛、面色青紫、呕吐黄水，继而腹泻，即昏迷不醒、说胡话，过五六天即吐黑汁，肚子一疼即腹泻黑

---

① 菊地修一 1954 年的第二次口供，原件存中央档案馆，卷宗 119—2—12—4—45。

汁，不久即死，这系中毒肠胃出血现象。脉象：初病，六脉洪大，过三四天即脉眩短促，随后逐渐转入沉细，脉眩短促时即吐黑汁，随后六脉转入沉细时即肠痛泻黑汁而死，这也是中毒的脉象。当时本人鉴别：根据症状，头疼、高烧、骨节酸痛、面色青紫、昏迷不醒、说胡话，类似瘟疫症伤寒，但无吐黄水和腹泻现象，更没有吐泻黑汁的症状，而且死的很快，吐泻黑汁即是中毒肠胃出血，属于败血性的出血现象。按脉象来说，初病人脉洪大，很快就变成促脉，即是中毒后剧烈性的败血脉象，又由短促而转向沉细，系血球被毒菌吸收减耗，肠胃发生溃疡，因而肠胃出败血，这种情况很少见。根据当时几种现象，相距不过百步的东长畛没有一人感染的，为什么自菊地修一率部到麻子岗滋扰后该村即发生严重病疫呢？为何把该村的通少军梁大道改走了大峪口呢？未发病，为什么禁止该村民走到他庄呢？又为什么阴历八月十三上五台山的大队掩护队戴口罩跑步通过该村呢？从上述事实可以肯定，是驻田家庄据点的日本侵略者菊地修一等所为。本人用最大的努力急救，但由于病情严重，被传染 48 人中，仅救好了 13 人，35 人死亡，其中安四元等两户死绝人烟，造成了家败人亡的恶果。这种杀人不见血的罪恶，菊地修一应当负责。"①

根据菊地修一供词、居民回忆，还有医生出具的患者病状证明及其他有关材料，山西医学院内科传染病学副教授何其英和山西医学院内科学讲师曹鸿山，于 1956 年 5 月 13 日专程对菊地修一等于 1942 年 7 月掩护第一军细菌组人员在山西省五台县麻子岗村施放带有病菌老鼠致使和平居民发生严重疾病一案进行医学鉴定，得出结论：1942 年 7 月，在山西省五台县麻子岗村所发生的这种疾病是由于人工散布带有鼠疫病菌的老鼠所造成的鼠疫病流行②。

日军在山西散布的细菌主要有霍乱、伤寒、赤痢、鼠疫、鼠伤寒、传染性黄胆等；散布方式以直接投于房内或井内为主，以飞机、炮弹投掷为辅。而在村庄散布的细菌，主要是把细菌投放在居民日常生活所必需的物品上，如水缸、水井、碗筷、面粉中，具有很强的致命性。据战犯种村文三供认："1944 年 4 月，在潞安医院任卫生准尉时，我在潞安西南约 6 公里的某村北边井内投过伤寒菌。经过 15 天后，听说得伤寒的老百姓有 30 名，其中 3 名死亡。同年 9 月，将病院内使用的中国人 1 名疑为密探，用伤寒菌注射杀死。1945 年 5 月，在潞安东方 1 公里半的某村的井内投入伤寒菌，经调查 4 次，在 4 个星期中受感染的老百姓 38 名，其中死亡者 14 名，并传染倒了附近的村庄。同时，又在常村站附近村里

①②　此医学鉴定书，原件存中央档案馆，档案号不详（编者注）。

的井中投入了伤寒菌，经 3 次调查后，受感染的老百姓 35 名，其中死亡者 15 名。同年 6 月，在常村南约 1 公里的某村及潞安东方约 2 公里的马坊庄，散布了伤寒菌，经调查 2 次后，马坊庄受感染的老百姓 22 名，其中死亡 7 名，常村附近之某村亦感染了 60 多名，其伤亡者十七八名。同年 7 月，在潞安南约 1 公里的某村，投入伤寒菌，经两次调查后，受感染的老百姓 30 名，其死亡者十二三名。同时，在潞安南约 2 公里的某村的水池内投入了伤寒菌，经调查两次后，受感染的老百姓 20 多名，其中死亡 5 名。又在潞安南方约 1 公里某村前约 100 公尺的密集蝇子的厕所内投入伤寒菌，经调查后，受害的老百姓 23 名，其中死亡十二三名。同时又在潞安至潞城间的村庄投入伤寒菌，经调查后，受感染的老百姓 60 多名，其中死亡十多名。同年 8 月在潞安陆军病院东约 500 公尺的井内投入赤痢菌，一星期后，染病者约 30 多名，其中死亡小孩 2 名。同月，由潞安撤退时，并在病院的井内、火房前的水池里，投入伤寒菌。同月下旬，在撤退路经沁县车站时，当停车中在车站的水缸内和脏土堆里，投入伤寒菌，其结果均不明白。"[1] 战犯住冈义一供认："1942 年 2 月 1 日起约 1 个月的时间，独立混成第四旅团，以破坏太谷、榆社、和顺、昔阳 4 县城内的八路军（决死第三纵队、游击队、县政府、公安局）根据地为目的进行作战。我的小队配属于独立步兵第一二大队前川集成中队第三小队，在前川中尉的指挥下，我以少尉校队长的身份参加作战。2 月下旬，中队根据大队长的命令，掩护大队本部医务室曾根军医大尉以下约 10 名散布伤寒菌和霍乱菌。此时，我的小队与中队一起，占领榆社及和顺县境的龙门村、官池堂、阳乐庄及其他二三个不知名的村庄，由医务室的人员在民房中，向碗、筷、菜刀、面杖、面板、桌子等食器上涂抹细菌，又向水缸中、村中的水井中及附近的河中投放细菌。"[2]

根据战犯供述和幸存者回忆，日军北支（甲）1855 部队在山西实施细菌战，现可以证实的罪行如下：

1939 年 8 月，一架日本飞机在南村坡上飞过，不到半个月，在阎锡山成立的行政人员训练所的首批受调学院第二大队大部分人染上伤寒，其中 30 多人病死。

1941 年 4 月，日军在晋绥边区扫荡结束后，河曲县巡镇一带发现鼠疫，得病的人吐血、便血，短期内即死亡，死亡人数不详。5 月，我军某部在岢岚五区查获化装挑担子的敌探一名，他深入各村活动，行担内有好几个散播毒菌的老

① 种村文三 1954 年 8 月 31 日的口供，原件存中央档案馆，卷宗 119—2—1106—1—4。
② 住岗义—1956 年 5 月 31 日的笔供，原件存中央档案馆，卷宗 119—2—14—1—5。

鼠。同年秋，日军在盂县一个泉水中散布细菌，之后在此泉水中喝水的人就开始得病，相继死去，死得痛苦万状，口鼻出血，脸色黑紫。几天之内就有114人死亡。

1942年，在日本驻军撤到册上之后，村里人就开始得怪病，在这场怪病中有90人死亡。就连当时幸存的两个小孩也得了后遗症，一个患气喘，一个高血压、高血脂，长年服药。

1942年2月，日军独立混成第4旅团在占领榆社及和顺县境的龙门村、官池堂、阳乐庄及其他两三个村庄之后，医务室人员在民房中向碗、筷、菜刀、面杖、面板、桌子等食器上涂抹细菌，又向水缸中、村中的水井中及附近的河中投放细菌。同年春，日军在五寨县城内做"鼠疫实验"，将城内居民实验死了1500多人①。3月，日机飞过后，山西河曲发生鼠疫，有26人死亡。7月中旬，日军细菌组人员在五台县麻子岗村散布带病菌的老鼠2只，一个月内发病48人，死去35人。初夏，日军在盂县池盆村民宅散布伤寒菌，很多村民得伤寒病，头疼、头昏、呕吐不止，四肢病痛，呼吸急促，有23人因此而死去。9月，日军细菌班在高平庄村、苏子坡村各放两只细菌老鼠，之后又到东长畛村散布病鼠，高平庄6名群众患病，苏子坡村12名群众患病并有2名死亡。秋季，日机在盂县上空飞过，之后村民就得"脓疱疥"，眼角刺痛，全身奇痒，皮肤溃烂。

1943年敌人"扫荡"八分区，在屯兰川一带散播大量伤寒病菌，后来伤寒蔓延各村，仅营上一个不满百户的村子不到一个月就死了50多人。同年5月，日军在晋南汾城、新绛、稷山、河津一带散布细菌，驻扎在当地的很多官兵都得了伤寒病，不到50天就有2000多官兵因此死去，死去的老百姓比之更多。

1944年4月，日军在长治县六区交城村井中投放伤寒菌，该村在4月至6月受传染者19户71人，其中男36人、女35人；死亡16户31人，男15人、女16人，其中3户死绝。同月，日军在长治郊区北石槽村井中投放伤寒菌，3个月内该村传染17户101人，男52人、女49人；其中死亡36人，男21人、女15人。屯留县二区姬村因日军散布伤寒菌，有36户受到传染，男52人、女46人，共98人，其中有13户13人死亡，男10人、女3人。长治郊区寨子村传染伤寒，三个月之内共传染15户65人，男35人、女30人；其中死亡17人，男10人、女7人。长治下西街小北营村因日军散布伤寒菌，村里开始传染伤寒病，先是一家3口人得病，不久就死亡2个，4—7月间发病者27户58人，死亡29人，

① 《敌寇八年来在晋绥边区的暴行》，1946年10月20日，原件存中央档案馆，卷宗185。

男 12 人、女 17 人。当月，种村文三等在潞安西南约 6 公里的某村北边井内投过伤寒菌，经过 15 天后得伤寒的老百姓有 30 名，其中 3 名死亡。5 月，长治宋家庄突然传染伤寒，先是一人得病传染全家，之后其他村民受到传染，一个月之内全村得患者 14 户 53 人，男 25 人、女 28 人；死亡 9 户 13 人，男 4 人、女 9 人。长治郊区焦家庄村传染伤寒，5 月患病 1 户 5 人，男 2 人、女 3 人；6 月份患病 1 户 2 人，很快死亡；7 月得病 1 户 1 人，死亡；三个月之内全村得病者 3 户 8 人，男 5 人、女 3 人，死亡 4 人。

1944 年 5 月，长治针漳村因日军往水井中投放伤寒菌，村里突然出现伤寒，先是村民杨和尚得病，后将全家传染，之后病症迅速蔓延，至 8 月全村有 13 户 77 人患病，男 42 人、女 35 人，死亡 9 户 17 人，男 12 人、女 5 人。同月，屯留县北渔泽村因日军散布病菌伤寒流行，全村患者 40 户 189 人，男 104 人、女 85 人，其中死亡 38 人，男 24 人、女 14 人。6 月，潞城县南岳镇村出现伤寒病，先是王宝泰全家发生伤寒病，不久全家都死亡，后传染全村，患病者 12 户 46 人，男 22 人、女 24 人，其中死亡 10 人，男 4 人、女 6 人。

1945 年 5 月，种村文三在潞安东方 1 公里半的某村的井内投入伤寒菌，在 4 周内受感染的老百姓 38 名，其中死亡者 14 名，并传染附近村庄。同时，又在常村站附近村里的井中投入伤寒菌，受感染的老百姓 35 名，其中死亡者 15 名。6 月，种村文三在常村南约 1 公里的某村及潞安东方约 2 公里的马坊庄散布伤寒菌，马坊庄受感染的老百姓 22 名，其中死亡 7 名；常村附近某村亦感染 60 多名，伤亡十七八名。7 月，种村文三在潞安南约 1 公里的某村投入伤寒菌，受感染的老百姓有 30 名，其中死亡十二三名。同时，在潞安南约 2 公里的某村的水池内投入伤寒菌，经调查两次后受感染的老百姓 20 多名，其中死亡 5 名。之后，种村文三又在潞安南方约 1 公里某村前约 100 公尺的密集蝇子的厕所内投入伤寒菌，受害的老百姓 23 名，其中死亡十二三名。同时又在潞安至潞城间的村庄投入伤寒菌，受感染的老百姓 60 多名，其中死亡 10 余名。7 月上旬，日军第 114 师团直辖炮兵大队本部在曲沃县城外驻扎时，五十岚猛等将从临汾县部队司令部情报室领取的高热剂和下痢毒品扔到东头井里和村中的水井里。8 月，种村文三在潞安陆军病院东约 500 公尺的井内投入赤痢菌，一星期后染病者约 30 多名，其中死亡小孩 2 名。同月，由潞安撤退时在病院井内、火房前水池里投入伤寒菌，路经沁县车站时又在车站水缸内和脏土堆里投入伤寒菌。

据现有资料不完全统计，抗战期间山西遭到细菌感染的村社至少有 46 个，患病者 5050 人以上，死亡 4150 人以上（部分地区患病人数和死亡人数不详），其中受细菌战毒害较多较严重的是忻州市和长治市；遭受解剖的有 760 人以上。日军为了掩饰罪行，在投降前夕将大量书籍和细菌培养器销毁，正如山西潞安日陆军病院军医大尉种村文三所供认的那样：1945 年 8 月 16 日 8 时，在山西长治潞安站听了日本投降的报告，之后就采取了以下措施：在撤退时将不用的卫生材料及器械完全烧毁；在仓库的其他东西全部烧毁；医院内的书籍全部烧毁；食用、家具及患者用的衣服以外的完全不交或是烧毁或是破坏。8 月 18 日，我命令将医院内的各种书籍完全烧毁，并将医院设立以来的（1940 年 5 月）历史行动证据烧去。主要有：医院历史 1 册，卫生录 2 册，命令录 6 册，北支那陆军医院编成规则 1 册，陆军将校实役停名簿 3 册，战时卫生勤务令 2 册。10 月 1—2 日，在太原按司街第三赤十医院，正准备回国的北支那防疫给水部太原支部长桥本军医少佐以下 86 人被揭发为战犯。为了防止这一揭发，我命令将被揭发者 86 名侵华以来的行动事前记载及战时名簿改写成虚伪的，隐匿他们侵略以来的罪恶（共改写 2 日）。桥本在 1946 年 4 月和临汾陆军医院人员一同归国，其他人在 1945 年 12 月 26 日和潞安医院人员一同归国。

我们现在得到的资料并不能代表全部受害者，只是其中一小部分，还有很多遭到细菌感染的村庄的资料没有挖掘出来，很多被残害的中国人长眠于地下无法得到申诉，这就有待我们继续查找更多资料，以更有力的证据来审判日本战犯对中国人民所犯下的滔天罪行，为深受其害的中国同胞讨回一个公道。

（作者：山西师范大学历史学院　张欣欣、张玮）

（三）日军"慰安妇"政策在山西的实施

"慰安妇"一词不是汉语名词，是当年侵华日军官兵使用的专用词语。在日语中"慰安妇"发音为 lanfu。日本最权威的日语辞典《广辞苑》对这一名词的解释是："慰安妇是随军到战地部队慰问官兵的女人"或"慰安战地官兵的女性"。这些解释都刻意回避了"慰安"的真正含义，它根本无法让人明白这一名词掩盖的真实内容，即这些妇女"随军"并向军人提供"慰安"是出于自愿还是被迫、"慰安妇"与日军又是何等性质的关系。这一称谓，最初用在日本妇女身上，随着日本侵略战争的扩大而渐渐被用在被侵略国的受害妇女身上。这一称谓，今天仍然遭到被侵略国受害妇女的强烈反对。下面就来介绍日军"慰安妇"政策在山西的实施过程①。

在日本政府和军部许可下，"征集"妇女建立"慰安所"在各侵华日军中成为"合法"行为。华北方面军于 1938 年 6 月由该军参谋长冈部直三郎向所属数十万部队发出设置慰安所命令。华北方面军不仅将设立慰安所作为解决日军官兵性要求和防止性病以保证战斗力的手段，同时还将建立慰安所作为反共防共的一种手段。华北方面军司令部于 1939 年 4 月 5 日下发《防止共产党对我军思想瓦解工作的对策》的文件明确指出，为遏制军队官兵思想恶化，必须尽量设立军人慰安设施②。

日军在占领区对当地妇女的"征用"实际上是直接用武力强迫和掳掠，被占领地的妇女不过是日军会说话的性工具而已。在日本侵略者看来，占领地的"女人是一种战略物质，并且是对胜利不可缺少的有独特营养的战略物质"，日军可以任意对其进行各种侮辱和处置。虽然同称慰安妇，但来自不同地区的慰安妇，其身份地位完全不同；其中来自日本本土的身份最高，来自殖民地的次之，来自新占领区的最低。

日军从 1937 年 9 月入侵山西，一路攻城略地、烧杀抢掠，直到 1945 年战败投降，奸污山西妇女的兽行从未停止。自日本政府和军部将日军奸污妇女的兽行

---

① 山西省史志研究院编：《日本侵晋实录》，山西人民出版社 2005 年版，第 312 页。
② 山西省史志研究院编：《日本侵晋实录》，山西人民出版社 2005 年版，第 314 页。

以建立"慰安所"制度合法化，日军的这一行为在山西呈现出如下不同的三种形式：一是在大中小城市里建立了由日本籍或朝鲜籍妇女组成的慰安所。这种慰安所是专供日军官兵泄欲的，中国籍嫖客不准进入。另一种形式是日军在占领区边沿地带设立据点的地区靠"扫荡"抓捕扣押当地妇女设立所谓的"慰安所"，供其发泄。还有一种形式是，在一些设有维持会的乡村靠伪村长为他们"搜罗"妇女，有伪县政权的地方则靠伪政权来操办这些事。但是，无论在日军占领的大小城市还是在日军占据的广大农村或是日军随时"扫荡"的地区对中国妇女随时随地搜捕和奸污，就是在其"慰安妇"制度实施下也没有停止过①。

在所有的调查的居民的回忆和众多的文献资料中，都述说着侵华日军不论在城市还是农村，在进攻和各种扫荡作战中强奸当地妇女的情况。日军占领当地后，一般设置傀儡政府来压制抗日力量，能够比较安定地维持军队对所统治城市和前线据点的治安秩序，在这些"治安地区"中日军的性暴力的形式一般会有所不同，这是由于军队和当地居民的关系不同而形成的。在占领山西的八年间，日军在设有大队以上的县城和城市都有可以被称作"慰安所"的地方。

1. 城市中专为日军官兵治疗性病的"防疫班"

有资料显示，日军侵入山西之时已从其他地方带入大量性病。1937 年 11 月 8 日太原沦陷，日军随军医疗队 30 多人进驻太原市按司街路南斌记五金商行（今上海饭店处），成立"新民医院"。第二年春天，该医院又抢占路北斜对面按司街甲字 2 号大院（解放后山西高级人民法院所在地）。不久，该医院改称"同仁会太原第四诊疗防疫班"，俗称"同仁会医院"（同仁会总会在日本东京）。太原第四诊疗防疫班负责人为日军中将卫藤，日本临投降时由日籍医师片桐仁礼负责。这个防疫班主要是为日本军人服务，除治疗一般疾病外还为日军官兵治疗花柳等性病。除日本人外，偶尔也有一些中国人光顾，主要是一些日伪政府里的汉奸和那些有钱的富豪，一般中国老百姓很难进入这里。该防疫班发展到 1941 年时设有内科、外科、妇产科、小儿科、药房、化验室等 10 余个科室，工作人员 80 余人；其中包括中国籍医师 2 人、护士 5 人、汽车司机 1 人、人力车夫 1 人、杂工 6 人，其余均为日本人。该防疫班设有病床 60 张。1945 年初，日军将一批医疗器械和药品运抵太原，除打算给太原第四诊疗防疫班分留一部分外还打算分发设在大同、临汾、运城等城市的同仁会诊疗防疫班，但不久因日本战败投降，

---

① 山西省史志研究院编：《日本侵晋实录》，山西人民出版社 2005 年版，第 314 页。

这批货物便全部留在太原第四诊疗防疫班①。

为防止日军官兵从中国妇女身上染上性病，1937年底首先在旧城街三道巷2号院开设"传染病院"，牛呈璋任院长。日军发给该院一些白面，又从原晋军军医院收集来一些西药和医用器械。不久即更名"太原中国新民医院"。1939年2月又改称"市立医院"，直属伪太原市公署管理②。

2. 太原城内"料理馆"

1937年11月，日军占领太原城，城内外频繁地发生强奸事件。不久，日军在太原市组织了太原市政公署（后改称太原市公署）、山西省公署等傀儡政府，建立了各种各样的统治机构和协助日本的组织。有关史料显示，"旧的统治时期，太原城内有百余家妓院，察院后、旧城街、福寿里都有妓院"。当时，太原老百姓称日军在太原所设立的"慰安所"为"料理馆"，这种叫法或许是为了区别于中国人开的妓院③。在太原，日本人开的"料理馆"很多，日本官兵和商人进进出出，"女招待"妖里妖气地迎送日本人，太原一些老人对此至今记忆犹新。设在大街上的日本人的"料理馆"可能同时具有吃饭和"慰安"双重功能。太原市老人冯炳楠说，他家原住太原市西校尉营23号，而日军在西校尉营26号、中校尉营代县馆等院内都设有"料理馆"。西校尉营26号原属一杨姓人家，杨家在七七事变后搬走，日军侵入太原后便在此设立了慰安所。日军官兵常在这条街上出没，有些醉兵还不时误入23号，而23号居民吓得整天插住大门以防那些日军官兵闯入。又据刘展所撰文章，1945年8月他以第八行政区专员公署工作人员身份随晋军先遣部队返回太原，住宿在大袁家巷22号院内，该院大门正对面是一"料理屋"，实为日军一所"军妓院"。该院是一所四合院，约有十几间房，有四五个朝鲜籍"慰安妇"，均为20多岁。其中有名叫"桃子"的妇女，穿一身粉红色朝鲜衣裙。另有一位妇女，常穿一身青色衣裙，戴一副眼镜。据说她们都是被日军从朝鲜强征过来充当"慰安妇"的④。"料理屋"不准中国人进去，如有中国人要强行进入的话，守在门口的老鸨就用电话通知日军前来强行制止。此屋一直开到1945年9月才关门。日军官兵来了，先在门口老鸨处登记、交费，然后在大院里坐着等候。出来一个，再进去一个。节假日，往往客人很多。那些"慰安妇"很少外出上街，只有开饭时才在院里走动。从大门口可以

---

① ② 山西省史志研究院编：《日本侵晋实录》，山西人民出版社2005年版，第314—315页。
③ 山西省史志研究院编：《日本侵晋实录》，山西人民出版社2005年版，第315页。
④ 山西省史志研究院编：《日本侵晋实录》，山西人民出版社2005年版，第316页。

看到她们脸上忧郁的表情。据冯炳楠回忆，东校尉营有两家"慰安所"，其中一家叫"岛楼"；正太街及西羊市一带鸡窝巷、豆芽巷都设有"慰安所"，这些都是日军专用场所，中国人一般不允许进入。

3. 日军据点推行的"慰安妇"制度

日军占领山西铁路沿线主要城镇后，与抗日根据地形成相峙局面。为巩固和扩大既得地盘，日军在这些相峙的前线地带不断设立据点，修筑炮楼，每个炮楼有约一个小队士兵守备，这些守备日军不断对周围农村进行"扫荡"。而这些地区多是崇山峻岭，日本籍和朝鲜籍"慰安妇"很难到达，再加上日本慰安妇数量有限，这里几乎没有日本慰安妇光顾，为稳定军心和士气，日军便将战场上和"扫荡"中俘虏的八路军等中国军队女俘虏、中共地下党员中的女青年及农家妇女押送到这些据点充当"慰安妇"①。最初，日军征集当地妓女，但这里是穷乡僻野，妓女数量有限，根本满足不了日军需要。日军于是命令伪政府提供良家妇女供其泄欲。被抓入炮楼的中国妇女总数极其惊人，据研究，每个地区的据点和炮楼里均有几十个甚至上百个慰安妇。例如，盂县一地被抓入炮楼充当慰安妇有很多人，至今尚在人间的原被迫充当慰安妇的老人就有 23 人之多。1937 年 10 月，日军第一混成旅团一部侵入宁武县城，掳掠大量中国妇女，弄成临时慰安所，每日奸污蹂躏，当其撤退时又将之全部杀害。

抗战八年，在中国战场上的日军极少设立女战俘集中营，女战俘有的被审讯后随即处死，有的被押送到华北等荒凉地区和前线充当"慰安妇"。日军第 14 师团士兵田口新吉对这一问题有如下一段回忆和交代："日军在作战中，一抓到这些人（指八路军游击队的女战士），立即送到后方的大部队中，在那里，如果她们受了伤，就由医务人员先给她们进行治疗，如果没有受伤，则由担任情报工作的军官对她们进行审讯，这是惯例。但是，这些中国妇女就在不知不觉中消失了。虽然，士兵们有时也偷偷传说：这些当官的又干好事了，但谁也不会去追查这些中国妇女的去向。"②

（1）盂县县城"慰安所"

占领盂县的日军部队属第一军独立混成第四旅团独立步兵第十四大队。日军

---

① 山西省史志研究院编：《日本侵晋实录》，山西人民出版社 2005 年版，第 318 页。
② 山西省史志研究院编：《日本侵晋实录》，山西人民出版社 2005 年版，第 319 页。

于 1938 年 1 月占领该县县城，很快便在这里建立起协助日军傀儡政府县公署和新民会、警备队等机关。在盂县驻扎的基本是日军第十四大队主力，据日兵山本泉所说，这里供日本士兵的娱乐设施只有"慰安所"，那里至少有五六名朝鲜籍"慰安妇"。盂县西潘乡日军则在进圭村设立炮楼，他们以炮楼旁的窑洞作为慰安所。当时 15 岁的李秀梅和其他 5 名妇女就被关在暗无天日的窑洞中，如果某个日军士兵被获准接受"慰安"，他就可以挑选一名"慰安妇"拖入一孔小窑洞。把妇女抓入据点然后充当"慰安妇"，这在山西等农村地区极为普遍。

（2）阳泉"慰安所"

阳泉位于石太线交通要冲，也是生产优质无烟煤的煤矿地区。它于 1937 年10 月被日军占领，日军第一军下属独立混成第四旅团担任石太线警备任务，其司令部设阳泉。据阳泉市对所属各县进行的抗战损失调查报告所述，和顺县各区8 年间被强奸的妇女保守估计为 566 人，患性病的妇女人数保守估计为 84 人[①]，此数据有可能持续上升。又据该旅团原士兵近藤氏回忆，在日军占领和"扫荡"过程中发生大量的强奸和轮奸行为。

（3）阳曲县南温川"慰安所"

据原任侵华日军陆军独立步兵第 244 大队中尉大队长住冈义一供认：他在任阳曲县南温川分遣队长时于 1941 年 12 月至 1943 年 3 月间先后命令部下在阳曲县北温川、岔口村等地强掳妇女刘某某等 10 人，在南温川分遣队前面民房内（四所）设置慰安所，供士兵强奸。该慰安所管理由军曹森五郎负责。1943 年 3月下旬，分遣队长换班时交接给后任分队长行见军曹，被害妇女大都在 20—30岁。又据家住阳曲县某农村曾被日军强征为慰安妇的刘某某口述，日军占领山西阳曲县后在南温川设立日军据点，驻扎一个分遣队，常驻日军官兵约 30 人。当时日本人经常到村里抓人，日本人一来，妇女们就在自己身上、头上、脸上抹上脏东西往山里跑，跑不了的就被日军带回据点强奸。1943 年，她 22 岁，南温川日军据点向村里要女人，她由村长指定被抓到南温川日军据点。当时与她一起被抓到据点的还有同村 4 位妇女，据点里还有被日军抓来的其他村的一些妇女。被

---

① 和顺县政府于 1946 年 5 月 24 日作成的统计表，藏于山西省档案馆，档案号 A128—4—60—11。

· 123 ·

抓到据点的妇女不甘心受日军蹂躏，经常想一死了之。被抓到日军慰安所的妇女经常轮换，但也有妇女被关在里面时间比较长，直到日军投降撤走时才得以解脱。

（4）山西其他地方的"慰安所"

日军入侵山西后凡在某一县城或乡村驻定，其首要任务便是向投靠他们的汉奸或伪职人员征集民夫、粮食、蔬菜、肉类和妇女，以支应日军所需。如赵聘三回忆说，1938年农历正月二十六日原国民党县政府人员和县保安队等机构全部撤走，27日日军侵入晋城，中和坊街长李清连受盐店指示出面维持，"迎接"日军。日军石黑少将便在城内老盐号店铺大厅里任命赵聘三为伪商会会长、李廷相为伪维持会会长，同时命李廷相为日军提供"花姑娘"。于是，李廷相与晋城名流郭可阶在晋城小东关内设"平康里"（即日军所谓的"慰安所"），迫令暗娼和贫穷人家的姑娘供日军奸淫①。又如1939年初文水县伪政权在日军命令下曾公开张贴布告，明令征用妇女。其文如下："文水县公署训令，差字第一号令：南贤村长副，为训令事，查城内贺家巷妓院，原为维持全县良民而设，自成立以来，城乡善良之家，全体安全。惟查该院现有妓女，除有病者外，仅留四名，实不敷应付。顷奉皇军谕令，三日内务必增加人数。事非得已，兹规定除由城关选送外，凡三百户以上村庄，每村选送妓女一名，以年在二十岁左右确无病症、颇有姿色为标准，务于最短期内送县，以凭验收。所有待遇，每名每月由维持会供给白面五十斤，小米五斤，煤油二升，炭一百余斤，并一人一次给洋一元，此外游客赠予，均归妓女独享，并无限制，事关紧要……"② 时至今日，文水县老人们还记得就是这些汉奸们为日军在贺家巷设立了妓院，而日军在文水县的侮辱妇女的兽行从未停止过。布告中所说要"每村选送妓女一名"，其实这是打着"妓女"旗号在强征民女。即使各村真有"妓女"，这些妓女也不会心甘情愿地去"慰安"屠杀中国人的魔鬼，她们是被迫的。原山西潞安日本陆军病院军医汤浅谦在其所著《无法抹去的记忆》中对当年日军在潞安设立慰安所和侮辱"慰安妇"的罪行有一个全面的交代，证实侵入山西的日军在其驻扎的县城里的确设有慰安所，并分为由日本妇女组成的且由军队批准的慰安所、由日本妇女组成的

---

① 山西省史志研究院编：《日本侵晋实录》，山西人民出版社2005年版，第316页。
② 西安通讯社：《文水汉奸"通令"强征妓女》，载上海文献丛刊社编辑：《妇女文献》第5卷，1939年2月出版，第57页。

且为日本人服务的慰安所、由朝鲜妇女组成的且为朝鲜人经营的慰安所以及随日军流动的专供军官服务的慰安所等几种。其具体情形如下："在潞安也有慰安所。一家是军官专用的，受到军队批准的，还有两家民营的日本餐馆……另外，还有两家全是朝鲜人的妓院……下士官和一般士兵大都到朝鲜妓院去。每逢星期日，兵营放假，这些女人一天要接送几十个客人，有的在接客时就累得睡着了。这些士兵只好放下钱回来。星期日外出，一般士兵是下午六时、下士官是八时必须归队，而军官们则不受此限制。这样，有的军官就有意晚出，而往往会遇到女人们因极度疲乏而睡着了的情景……战败前一年的一天，听说军官团的军人会馆，也就是慰安所来了十几名年轻的'慰安妇'，十分热闹……有天晚上，一个下士官腹部受了伤，被送进了医院。一问才知道是因为争女人被别的士兵用刀捅了。那个下士官所在部队的人事负责人急急忙忙跑来，说是为了部队的战斗荣誉，请把这件事说成是战伤吧，战情报告随后补来。看着他可怜的样子，我们没办法，只好答应下来，并让这个下士官住进了医院。"①

曾随军入侵过山西的日军技术中士泽昌利在其《太行恶梦——一个侵华的日记和回忆》里也述及日军在汾阳县、长治县实施慰安妇制度的一些情况："在离开日本内地向中国北部战地出发的时候，联队医务室向每一个士兵发放了装有'性秘膏'和'卫生保险套'的卫生袋，是预防性病用的。卫生袋的外部印有使用说明之类的字样。我不知道有多少人在什么地方使用过这些东西，但是作为军队处理性欲问题的对策，以及因性病而使兵员减少的对策，的确是一件大事……以后听说，卫生保险套已成为了军需品中的一个重要物品，优先安排。现在谈谈人世间最丑陋的事。在广岛乘军用船离开日本的前夜，好像有相当数量的士兵在日本的这最后一夜，是在妓院抱着日本女人度过的……由于喝得醉醺醺，多数人因怕麻烦或忘了带保险套，或干完事后也不加清洗，这样多数人就传染上了性病。"②"以后到了汾阳，我被分配到了金森部队，在等待进攻长治的休整期间，我曾被同期的壁内候补生邀请到汾阳县城内的妓院区看过。在战地，可以说凡有日本帝国驻军的地方，都开设着妓院，只要不是非常危险之地，都有妓女们装点着门面……大兵们的性欲处理问题是个严重问题，弄不好就会引起出乎意料的强奸事件，为了防止这样的事件，部队承认的妓院总是跟着部队一起行动。我去汾阳县的妓院看过，是联队本部的壁内候补生约我的……这是中国式的房子，把两三家中国人撵走而成了部队承认的妓院。一个有六块榻榻米大的房间，是妓院的

①② 山西省史志研究院编：《日本侵晋实录》，山西人民出版社 2005 年版，第 317 页。

最合适的单间，炕上铺着席子，有套花里胡哨的被褥。打开木板做成的门扉，五颜六色的花被很自然地进入眼帘。往里一瞅，屋里的女人立刻走到门口来，拉着我的手说：'伍长先生，请进来玩玩吧！'房间里倒也像是女人过日子的样子，除了五颜六色的被褥外，还在枕头边花瓶里插有两支草本花，有两三块彩色毛巾搭在晾衣服的绳子上，墙上挂着鲜艳的和服，还贴着日本明星的招贴画，有一种使人感到温柔轻松的气氛，是厮杀战场上所没有的……我没有那种心情……我不顾那女人的纠缠，拉着壁内候补生赶快逃离了。"① "在侵入上党盆地的长治城时，正是雨季，给养接不上。不久，补给总算到了。一天，正在我去联队办完事的归途上，在长治西关看到了一辆满载粮食的卡车开过来，车上车下满是尘土，看上去好像是经过长途跋涉很艰难地才到这里。在米袋的垛子上，坐着三四个女人和两个男人，尽管浑身上下都是黄土，但他们还是抱得紧紧的……我想，在卡车上的妓女们都经过战地运输线，其生命很可能会被轻而易举地葬送。不久，在城里开设部队妓院的消息迅速在士兵中传开了，我听说大兵们接连不断地在妓院门口排起长队，简直是门庭若市了。"② "军队和被批准的妓院之间的这种割不断、切不开的罪恶的渊薮关系在我面前，我只有惊叹而已。这些妓院在军队里简称'P屋'。把妓女叫作'P'，这是大兵中的习惯用语。为何称作'P'？当时没有刨根问底地深抠，后来听说，妓女在英文中叫 Prostitute，取其开头字母叫'P'。在这些随军'慰安妇'中，有日本的、朝鲜的、满人的、中国的（满族人也是中国人的一部分，当年日本对中国采取了民族分裂的政策，故有满人和中国人之说），有严格的等级序列和规格划分。最上等的是日本的妓女，其次是朝鲜的，再次是满人的，最下等的是中国的。这是日本军队中种族歧视观念的突出反映。不仅'慰安妇'有等级序列，配备的翻译也有同样的种族差别。"③ "闯进长治的军用P屋，我没有搞清楚屋主是日本人还是朝鲜人，人数仅有三四个，她们至少担负着1000多大兵的性欲问题，这怎么能受得了啊！由于士兵来得太多，她们忙得不可能每个人完了之后也都进行洗涤，根本没有空隙时间休息。也许由于这个原因，听说性病在迅速扩散。被征召入伍的牙科医生、一个一等兵告诉我，士兵中的性病是在部队风传即将凯旋的前夕检查出来的，多得使部队中的军医（多是妇科医生）感到吃惊。"据长期生活在左权县城的杨英老人讲：在左权县城内，一开始是日军带来身穿和服的四五名女人，大概是朝鲜女人，以后很快就变成中国女人，场所也移到别的地方。左权县地方史料记载，当时城内外经

---

①②③　山西省史志研究院编：《日本侵晋实录》，山西人民出版社 2005 年版，第 318 页。

常发生日军士兵结对成群绑架、强奸、轮奸中国女性的事件①。

关于浮山县日军占领区"慰安所"设立经过和营业状况，据日军第一军第五十宣抚班原班员市川寅雄所述："部队进入浮山县后，朝鲜人老板就带着五名朝鲜慰安妇来了。宪兵队为她们负责办理营业许可性病检查。几乎所有的慰安妇都会一点日语，当她们生活上有困难时，立刻就会向宣抚班讲。这是由于平日里宣传的'宣抚班是百姓的朋友'、'有什么事就讲给我们'。当时不称作'慰安妇'，只是叫做'朝鲜女人'，都是二十二三岁左右的年龄。当被敌人包围，发生战斗时，会有慰安妇紧贴着我们哭着说'不想死在这里，不想死在这里'。这如果是周围有很多朝鲜人时另当别论，而是指在周围都是日本人的地方不想和日本人一起死的意思。老板与从临汾来联络部队的日本士兵一起，乘汽车每周一次来这条街上慰安妇住的地方。平时不设宿舍管理人员，付钱也是慰安妇们自己来做，老板拿到钱就回去了，中国人称呼其为掌柜。经常也有宪兵队中的朝鲜翻译负责打点慰安妇的事情，他接受日本方面的嘱咐将朝鲜人领过来。"在广灵县，1937 年日军占领后立即在县城、南村等地建立为日军士兵服务的妓女馆，先后有数百名中国女性被强征于此②。

4. 日军碉堡控制下的山西农村和性暴力的日常化

《盂县人民抗日斗争史》中有这样一段杨姓老人的描述："在日军军队里面，年龄大的老兵比队长更坏。他们连队长的话也不听，干坏事，特别是'傻队长'和'猫耳'两人最坏……南二仆就是被这个'傻队长'霸占，从1942年秋开始被关了很长时间并被强奸。他是警备队的教官，在村里警备队炮台中有自己的房子，南二仆就是被关到了那里。"

对晋察冀边区"治安肃正"作战之后，盂县日军分布状况大致固定下来。在县西部，独立步兵第十四大队第一中队本部设进圭村，在西烟镇和河东村分别配置分遣队。在这种局面下，驻扎在分散的据点中的日军各自都是一个小的军事单位。例如，在河东村，日军在村子背后羊马山山顶构筑碉堡据点并派兵常驻。起初人数较多的分遣队由少尉担任队长。后来人数减少，变成由下士官担任队长。据杨宝贵老人（曾给日军当过炊事员）回忆：在羊马山顶上，其四周用很

① 山西省史志研究院编：《日本侵晋实录》，山西人民出版社 2005 年版，第 318 页。
② 市川寅雄在1938 年 1 月作为日军第一军第 50 宣抚班成员（1940 年 4 月后转到新民会）到山西就任，日本战败投降后留在山西省。在国共内战的 4 年时间里他参加了阎锡山军队，新中国成立后被处以反革命罪并服刑，于1954 年回国。听证是由掘井一郎于 2000 年 10 月 8 日在市川家进行的。

高的墙壁围住，兵营的屋顶架有迫击炮，在通往房梁的两个地方以及背后的一个地方都架有迫击炮。从山顶上可以观察到四周非常广阔的地域，其眼前不仅仅有河东村，而且可以将日军控制下的周边各个村庄尽收眼底。在下到村一侧的山路末端，两侧用壁垒和有刺铁丝守护起来。从山顶向下依次为情报站、机枪掩体壕、伙房。穿过由日军把守的路口，在前面一段地势较低的地方有一块比较宽敞的平地，这里被日军用来作为平日操练的操场。在紧接着的前面的崖面上挖掘有窑洞，日军将抓到山上的女人关到这里，对她们进行残暴的强奸以及轮奸。在村外的碉堡据点由日军驻守，在村内由警备队或类似的傀儡部队驻守，这种结构在进圭村、西烟镇完全相同。在进圭村，日军在村背后的山上构筑碉堡据点并驻扎其中，同时在西面和东面的山上也构筑了碉堡，傀儡部队清乡队驻扎在村中。位于平坦高地上的西烟镇的情况是，出村北门不远处设有日军碉堡据点，在村内有警备队驻扎地。上述结构是日军占领村庄、转入长期控制后的基本方式。日军虽直接参与傀儡武装部队的训练、指导以及宣抚工作，但基本方针是对于一般的行政以及治安维持等活动，极力让中国傀儡政权并培植的武装力量去管制。日军军官经常让周围村庄"供出"漂亮女人或亲自去村里强抢女人作为自己的"专用"，把她们关在警备队驻地内自己的房间内任意蹂躏。就河东村来说，前面提到的受害妇女南二仆就是其中一例。南二仆是由河东村维持会统治下的山河村"供出"的，她被警备队教官独占，在其房间内不断地遭受摧残，到最后还生出了孩子。等到那名日本教官调走以后，从山上据点下来的后任下士官又独占了她。这期间她曾一度逃亡成功，但恼怒的下士官将她的弟弟南拴成绑在马鞍上，让马拖着他在村子里乱跑。知道弟弟的悲惨遭遇后，她被迫又回到日军驻地。在进圭村，日军将村里的一些民房没收，然后将"讨伐"周围村庄时强夺的女人们关到里面任意蹂躏。

5. "慰安妇"的苦难

"慰安妇"除满足士兵性欲外，还要做护士、洗衣妇、勤杂工以及女招待等。在有些慰安所里，尤其城市中的慰安所里，日军规定要对"慰安妇"进行体检，但这种卫生检查的目的是防止性病在日军内部蔓延，而不是为了保护"慰安妇"。实际上，日军官兵对"慰安妇"除让她们充当性奴隶外还经常进行殴打与侮辱，不少"慰安妇"就曾受到日军士兵的香烟烫伤、打伤、刀枪刺伤或扭伤等。日军对于"慰安妇"极尽性摧残性虐待之能事，战犯市毛高友曾供认："1939 年 12 月至 1942 年 9 月盘踞山西各县，我任小队长、中队长、联队代理副官等职务时，扣禁在联队本部中国妇女、朝鲜妇女进行强奸共数十次。强奸中国妇女 4 名，朝鲜妇女 7 名，并在联队担任代理副官管理被拘禁的妇女，虐待她们，或者把她们像玩具一样的奸污。"

"慰安妇"的食物和服装由军队提供，但几乎活下来的"慰安妇"都对食物表示不满。相当多的"慰安妇"，尤其中国妇女被日军掳掠为"慰安妇"的场合，根本就没有任何报酬。有报酬的场合也多是替代服务费的票券，到战争结束时日本军用票之类的票证变成一张废纸。

"慰安妇"长期处于非人的奴隶般的生活之下，身心受到极大摧残。日军对山西广大妇女的性暴行犯罪造成数以万计的善良女性永远难以愈合的身心创伤，数十万无辜妇女含恨而死，丈夫丧妻、儿女丧母、父母失去亲爱的女儿，许多家庭因此解体。例如，日军于 1938 年正月占领离石吴城后疯狂奸淫，致使梅毒蔓延。据调查，东头村患梅毒的妇女有 34 人之多，沟门村患梅毒者有 27 人之多。吴城镇韩天魏妻子因患梅毒连生 5 个小孩一到四五岁就害病死了。又据 1945 年 1 月 3 日《抗战日报》报道，山西妇女患性病者占 68%，小孩死亡率占 56% 强，成人死亡率占 10%，最普通的病症是花柳、梅毒等，这些病症的广泛传播是因日军强奸的兽行引起的。

"慰安妇"制度是日本军国主义在侵略中国或亚洲国家期间出于将战争持续下去的目的而强迫各国妇女充当日军士兵性奴隶并有计划地为日军配备性奴隶的制度。这一暴行极大地侵害了被强迫女性的人格、人性、民族自尊性和民族荣誉感，使她们蒙受巨大的肉体和心灵痛苦。慰安妇与日军的关系是数千年人类文明史上找不到第二例男性对女性的集体奴役现象，这一现象充分反映了日本军国主义的野蛮、残忍和暴虐。"慰安妇"制度是日本军国主义违反人道主义、违反人类两性伦理、违反战争常规的制度化了的政府犯罪行为，也是世界妇女史上最为惨痛的记录之一。"慰安妇"制度与战时德国军队疯狂屠杀犹太人行动是法西斯主义践踏文明世界的两大罪状，而尤以"慰安妇"这种完全违反人类两性伦理的性奴隶制度给人类带来的耻辱最深重。

（作者：山西大学历史文化学院　孟晓虎）

（四）日本对大同煤矿的经济掠夺与"万人坑"

  大同位于山西省北部，地下煤得天独厚，素有富饶"煤海"之称。煤田横跨大同、怀仁、左云、右玉、平鲁、朔州等地县，储量大，可采煤层多，灰分低，硫、磷杂质少，发热量高，且煤层稳定，易于开采，平均厚度 30—40 米。大同煤矿是全国最大的煤矿，是最大的优质动力煤供应基地。

  大同煤炭开采历史悠久，早在汉代及南北朝时期，大同煤已应用到人们的日常生活中，明清时期，煤炭已大量用于冶铁和烧制业。1840 年鸦片战争后，在煤炭市场日益扩大和高额利润的刺激下，一些军阀、官僚、买办、地主、商人视大同为发财之地，竞相投资开矿。20 世纪初，保晋分公司忻州窑矿井的诞生，揭开了大同近代半机械化采煤的序幕，办矿公司风起云涌。大同煤田相继出现同宝公司、晋华公司、裕晋公司、宝恒公司、大兴公司，此外还有天脊、天兴、恒义、宝丰、同成等公司和煤厂多达 40 余个，划定煤田 198 处，占地面积为 200余万亩①。许多公司用蒸汽锅炉、绞车和矿车，实现机械化、半机械化的开采，采煤业规模扩大，大同煤矿步入最繁荣时期。山西总督阎锡山看到煤炭有利可图，在 1924 年以办军人煤厂为名，插手大同煤矿，1929 年成立晋北矿务局，在永定庄煤峪口各建一对立井，修建矿山铁路，成立"大同矿业总公司"和"同达运销处"，控制铁路运输和销售，在北京、天津、青岛、上海等地设办事处，与各公司矿厂分产合销，将大同煤源源不断地输出朝鲜、日本等国和东南沿海各地。大同煤矿成为开采最早、产量最高、市场最大、销售最远的煤矿，名扬海外。

  日本自明治维新以后，狂吠"开拓万里波涛，布国威于四方"，迅速走上了对外扩张的军国主义道路。1937 年 7 月 7 日，悍然发动全面侵华战争，大同地区成为受侵害最早最深的地区。从 1937 年至 1945 年间，为"以战养战"，日本在中国疯狂掠夺资源，尤其是山西的煤炭资源。在日本控制下的山西大同煤矿，大批劳工在侵略者的奴役下，遭受到种种非人待遇，无数人不堪折磨而死去，他

---

① 李秉刚主编：《万人坑——千万冤魂在呼唤》，中华书局 2005 年版，第 107 页。

们的尸体被扔进山沟、山洞，形成了骇人听闻、白骨累累的万人坑。伴随日本帝国主义侵略、经济掠夺和非人的虐待，造成了中国劳工大批死亡，形成了大同煤矿万人坑，是日本侵华犯下滔天罪行的铁证。

1. 对煤炭资源的掠夺

（1）掠夺野心由来已久

日本资源缺乏，能源不足，严重限制了其发展，因而对中国大同煤炭资源觊觎已久。1872 年德国李希霍《山西煤炭资源调查报告》公开发表后，大同煤引起日本政府高度重视。甲午中日《马关条约》签订以后，日本帝国主义的侵略魔爪伸进中国的沿海地区。1918 年日本临时产业工业局，门仓三能受命来大同做调查，掌握了大同煤田的重要资料。1923 年，日本的上野、太旧以参观访问考察为名，在大同煤矿长期活动，窃走了煤田地质等大量的资料，迫不及待地要进行掠夺。九一八事变后，日本侵略者占领中国东三省，很快成立侵华机构，"南满铁路株式会社"和"华北经济开发中心"，充当日军的先遣队和经济的掠夺工，制定中国煤炭开发计划，为掠夺大同煤炭做充分的准备，接着又制定"华北产业第一个五年计划"，把大同煤矿作为华北六个煤矿的开发重点，要将煤炭的总投资的44%用于大同，继而进行大规模掠夺。

（2）铁蹄踏进矿山

1937 年 9 月 13 日，大同沦陷。10 月 6 日，日本侵略者侵占大同煤矿，随即解除晋北矿务局矿警全部武装，对大同煤矿进行军事管制，随军而来的南满铁路株式会社要员植田房雄受日本关东军军部委托，带人对晋北矿务局进行了全面接收。1938 年 2 月 11 日，伪蒙疆联合委员会与满铁签订协议，正式委托满铁临时经营大同煤矿，同时又以伪蒙疆联合会的名义，委托中兴运输公司运销。

从 1937 年底到 1938 年初，满铁陆续从抚顺煤矿派入大同煤矿 317 名各类管理人员，其中参事 3 名，副参事 2 名，职员 48 名，雇员 35 名，佣员 223 名，嘱吒 1 名，常佣方（技工）5 名，并从各地抓骗来 5500 多名矿工，首先利用晋北矿务局永定庄矿、煤峪口矿和保晋公司忻州窑矿开始出煤。

由于日本国内大资本集团对满铁独家掠夺异议颇多，他们互相争夺并向日本政府提议，将大同炭矿分割经营，1940 年 1 月 10 日，满铁、日本军部及伪蒙疆联合政府就大同煤矿经营权多次协商后，经日本政府批准成立了伪蒙疆特殊法人的大同炭矿株式会社，改年昭和（日本纪年）。大同炭矿株式会社总资本 4000 万日元，满铁投资 1000 万日元，伪蒙疆政府出资 2000 万日元，日华北开发股份有限公司出资 1000 万日元，赤裸裸地对大同煤炭进行掠夺①。会社设在平旺村，支社设在张家口市东菜园，日本东京、北京等地设有事务所，天津设有驻在所。大同炭矿会社由会长和副会长及监事组成，下设总务部、劳务部、组事部，各矿设矿长、副矿长，其中除汉奸夏恭是中国人，为挂名的会长，其余从顾问、副会长到下属各部首脑矿长、副矿长全是日本人，并制定了一个年产煤炭 1000 万吨的所谓"宫本"规划②。

（3）疯狂地掠夺资源

为了满足侵略战争的需求，日军对大同煤炭的掠夺几近疯狂的地步。从 1938 年 6 月下旬，满铁通过兴中公司第一次将约 35 万吨大同煤供给日本大阪、神户重化工会社和电力会社，此后，源源不断地将大同煤炭运往日本国内。为了进一步扩大生产，更多地掠夺煤炭，1943 年，日军对大同煤矿的投资追加到一亿两千万日元。除继续开采煤峪口（裕丰坑）、忻州窑（保晋坑）、永定庄矿外，加大了新井建设和旧窑的改建。又相继开凿了同家梁、四老沟（宝藏坑）、白洞（同宝坑）；改建了白土窑、胡家湾，还在怀仁鹅毛口开凿了昭和坑，拖皮村的平旺炭矿，土窑沟的大北沟坑。同时，不惜追加投资，改造阎锡山修的窄轨同泉铁路，建设岩岭坑口电站、平旺发电厂、平旺雷管炸药厂，调查水资源，控制煤炭销售、出煤计划，成立一条龙的管理经营机构。此外，还将大同煤矿的庄瓦沟、大青窑、马口窑、和尚嘴、杨树湾、黄土沟等 17 处以无主煤窑收归"兴亚公司"，对其它小窑下令一律不准开采。1940 年太平洋战争爆发，日军更加紧了对大同煤炭的控制，他们在大同城内设立"兴亚公司"专供民用燃料，只在财神庙设煤场一处，不准其他人经营，煤场每日人头攒动，拥挤不堪，遍地煤炭的大同居民竟无煤可烧。

日本侵略者为了达到大肆掠夺大同煤炭的目的，采取杀鸡取卵、竭泽而渔的政策和破坏性的开采方法，乱采乱掘，吃肥抛瘦，取易避难，甚至将采空的掌子面的煤柱、大巷煤壁也盗采一空，严重地破坏了大同的煤炭资源。国民党政府在

---

① 大同矿务局党史征编办公室编：《大同煤矿史》，人民出版社 1989 年版，第 129、131、154 页。
② 何天义：《日本侵略华北罪行档案——奴役劳工》，河北人民出版社 2005 年版，第 58 页。

日本投降后的接收报告中写道："日人占领期间，专注采煤，井下工程多有未尽合理，如主要巷道的煤柱，竟有薄至 5 米以下……各巷道中没建水沟，积水浸漫，低洼处多被水淹。"[①]

日本侵略者侵占大同煤矿不到八年时间，掠夺大同煤矿共计 1400 多万吨[②]。1946 年日本投降后，保留在大同炭矿的留用名单及铁路修建计划、水资源调查报告、开采煤炭计划以及土建费用计划等，这些资料都是原始铁证。

2. 对劳动力资源的掠夺

日本侵略者对煤炭资源的掠夺，主要通过对中国人民的劳力资源的掠夺才得以实现，日本侵略者对中国煤炭的掠夺过程，就是利用中国劳力资源最大限度地占有剩余价值的过程，而这掠夺和榨取，是从大规模的骗招、奴役劳工开始的。

劳工来源：

日军占领大同煤矿初，沿袭了晋北矿务局的管理办法，将工人分为里工和外工。里工便是机械、电气等技术工人，多数是保晋公司、晋北矿务局遗留和抚顺调来的一些人，为数不多，待遇虽低，却有人身自由，又称固定工；外工则是井下采煤工和搬运工，人数多，待遇差，不稳定，为矿山生产的主要劳动力，均为临时招募，故又称临时工。开初不少人出于生活所迫，只好下矿井谋生，日本人采取好多办法费尽周折招募了 5000 人，在永定庄、煤峪口、忻州窑进行生产。可这种办法仅仅实行几天，因是掠夺式的开采，井下没有安全设施，生产条件恶劣，事故频繁，劳动强度大，每天只有几角钱的工资，跟班的日本人又十分凶恶，不把劳工当人，说打就打，想骂就骂，很多人便不愿再下井。逃跑、旷工的人越来越多，生产几乎陷入瘫痪。

从此，日本法西斯的凶相毕露，便不惜采取一切手段征集劳工和强化管理。他们先是在各矿盖了好多大房子，四周筑起了土墙，用铁丝网电网围起，又在北京、天津、山西、山东、河北、内蒙古、安徽等地设立"招工事务所"，以盖房、筑路、办工厂为名，将大批的破产农民、失业手工业者和灾区的难民诱骗到矿山，还兴办"训导院"、"收容所"，派宪兵队、警察在街道、旅店、商场、娱乐场所到处抓人，经过"收容所"、"训导院"输送到矿山。

他们还以"清剿"、"扫荡"为名，命令军队从抗日根据地、边远山区，抓捕成批成批的农民。还采取奖励的办法，抓 60 人奖励 50 元，抓 70 人奖 70 元，

---

① 何天义：《日本侵略华北罪行档案——奴役劳工》，河北人民出版社 2005 年版，第 60 页。
② 李秉刚主编：《万人坑——千万冤魂在呼唤》，中华书局 2005 年版，第 108 页。

抓 80 人奖 85 元，抓 90 人奖 100 元，抓 100 人奖 110 元；还把战场上的战俘和监狱里的囚徒押来，充当井下劳工。时隔不久又以伪蒙疆政府的名义，向山西、内蒙、河北及矿区周边各县的村庄征集劳力，所谓"青年报国队"，强行押到矿山下井挖煤。名义上是每村一人，一年一轮换，实际上是有来无回。

为增加劳工数量，日军还大量收罗童工。当时，一些矿井看风门、扳道岔、挂钩、打钟、往坑外抬石头、推煤车、给机器注油等工作，均由童工负担。煤峪口矿有一个姓姜的把头，他手下使用的全是童工，从八九岁到十五六岁的孩子都有。

他们除不惜采取诱骗、抓捕、掳掠等卑劣的手段征集劳工外，还由华北驻屯军特务系负责，成立了华北劳工协会，由江浙福建等全国各地往大同煤矿输送劳工。

他们将被抓劳工关进围着铁丝网电网的大房子加以控制，并重用一批日本人充当把头，实行把头制管理，强迫大家下井挖煤。那些大房子有的是夯土做墙，有的是砖砌，长四五十米，宽十余米，泥巴秸草盖顶，通头两条大炕，四周有铁丝网电网围着，门上有持枪的日本兵把守，号称劳工大院，又名劳工营。把头制是日本军国主义奴役劳工最野蛮最残酷的管理办法。他们每矿设一名大把头，全面负责管理工人的劳动生产。大把头下设若干小把头，分采煤区和工种组织生产。小把头下设管账先生一人，负责劳工的工资和伙食；设看房子一人，管理工人住宿；又设工头若干人，带领劳工下井生产。

那些大房子夏天漏雨，冬天透风，窗子留几个小孔，每间要挤一百几十号人，光线暗淡，空气污浊，苍蝇、蚊子、臭虫横行，劳工们一旦关进去后，便登记造册实行指纹管理，吃住在里面，上班被日本兵用枪押着下井，下班又被用枪押着回来，被严密的控制起来，毫无人身自由，过着牢狱般生活。每当劳工们下井，利欲熏心的把头就派督察员跟着，或亲自巡视，发现哪个劳工不好好干活，挥起榔头或镐把便是一阵痛打。劳工们长年吃的是红高粱面、黑豆面和谷糠花生皮加工的所谓"新亚兴面"蒸的窝头，以致煮高粱、煮黑豆，喝的是井下的污水①。好多人食不果腹，衣不遮体，身上裹着麻袋片，绑着洋灰纸，少铺没盖，睡觉头枕半头砖，身体受着严重的摧残，有病无法医治，只能听天由命②。矿上虽然设有所谓的医院，可治轻病不治重病，一般的病人进去，检查一下，给几片药了事；重病号抬进去，等待他们的便是"拉尸队"（一开始，这项工作由杂工

---

① 李秉刚：《万人坑——千万冤魂在呼唤》中华书局 2005 年版，第 109 页。
② 参见何天义主编：《华北劳工协会罪恶史》，新华出版社 1995 年版，第 194 页。

兼做，1942年以后，劳工死亡率增加，成立了专门的拉尸队)①，从前门抬进去由后门抬走，扔进山间沟谷古煤窑，活活地喂了野狼恶狗。当时的拉尸队员幸存者崔有山证实，拉尸队分3个班，每班9人，忻州窑就有36名抬尸队员。他在抬尸队干了一年，每天抬2—20人，三班倒，每班6—9人。开始死了人矿上还给一只薄板匣子，后来就用席子卷，再后来用两个铁丝圈将死人胸腿分别套住，用木杠抬着扔到荒山峡谷或废旧矿坑中，渐渐便形成万人坑。

据张守忠老人后来回忆，劳工仅他们县两次就骗来500多人，那年他们村正闹蝗虫灾害，他家来了8口人，不到二年时间，七口人被折磨丧生，现仅活了他一人。来的500人逃出活命的寥寥无几。

据河南屈福山老人回忆，日本人以盖房修路等为名，说是这里吃的好、挣钱多、能看电影，一次从河南新乡市招骗来160多名劳工。这些劳工不到两年时间就全部被折磨致死，仅他一个小孩借埋葬父亲为由逃跑回家。

高怀秀老人回忆，日本人一次从河北抓来80多人，当时年仅8岁的他随父亲佟凤贤一起被押送到白洞矿，后因受不了非人的折磨，1945年逃跑时与父亲走散，他连续被卖了三次，最后被河南老工人高全堂收留，由原名佟小狗，改名为高怀秀。

3. "万人坑"概况

大同煤矿在日军的血腥统治下，大批劳工被摧残致死。八年来死难劳工多达6万多人。按日军掠夺大同煤炭的数量计算，日军每掠夺千吨煤，平均死亡四名劳工。

当时在大同煤矿的荒郊野外、河滩山谷、废旧矿井等地形成了一个个大大小小的"万人坑"。当年日本侵略者对大同煤矿的死亡劳工极力掩饰，以致现在未查出确切数字，仅据老人们回忆，比较大的万人坑就有二十一处。如：

忻州窑的杨树湾、南山沟、绵羊沟、豆角沟。

同家梁的黄草洼、黄龙沟。

永定庄的大南湾、后窑沟、瓦渣沟。

白洞的老爷庙、郑家沟。

煤峪口的后沟、皮裤沟、南沟等。

如今，大同煤矿"万人坑"仅存2处，煤峪口南沟"万人坑"和忻州窑杨

---

① 参见何天义主编：《华北劳工协会罪恶史》，新华出版社1995年版，第329页。

树湾"万人坑"。煤峪口南沟"万人坑",是国内现存万人坑中面积最大、保存最完整的一个,忻州窑杨树湾"万人坑"是大同煤矿最大的露天"万人坑"。

(1) 煤峪口南沟"万人坑"

煤峪口南沟"万人坑"全称"山西大同煤峪口南沟万人坑",即大同煤矿"万人坑"。位于煤峪口南沟的北山坡上,距离大同市区24公里。其傍山而立,分上下两个洞,上洞海拔1175米,是一个挖掉露头煤的岩洞,宽6—7米,深40多米;下洞距上洞20余米,是一孔斜形的古煤窑,宽4—5米,深70多米,洞内层层叠叠堆满了死难矿工的尸体,从尸体的姿态可以看出,许多劳工还活着就被扔进了"万人坑"。他们有的仿佛挣扎着向洞口爬出去,有的则痛苦地抚摸着臂上的伤痛,还有的被截掉了四肢,击穿了头颅,扭断了脊骨,好多劳工是活活被扔进洞中,洞中情景惨不忍睹①,正因如此,有人将万人坑称作中国的"奥斯维辛集中营"。

据一个姓刘的木匠回忆,1953年煤峪口南沟万人坑是敞开的,在封闭前刘木匠曾进入洞内30米,但没有走到尽头,尸骨主要堆放在洞两侧,洞很干燥,虽有臭味,但不浓,尸体比较新,还有木板棺材和破棉衣,洞内尸体保持临死前状态。1963年煤峪矿开展阶级教育,将洞打开并架设了木支架,安了门框和门,修了通往山下的石阶路,撰写了碑文,期间组织职工参观,进行阶级教育。1965年5月,大同煤矿筹建阶级教育馆,为了防止雨水渗漏,曾在洞顶抹过水泥,并把洞内木支架改为铁支架,在架设过程中,有些尸体进行了移动,部分尸体的主要姿态已失去。

1966年12月27日,由国家文物局、文博所、中国科学院古脊椎所、中国科学院考古所、北京自然博物馆等科考人员及大同煤矿的有关科考人员,开始对煤峪口南沟万人坑进行考察,通过对现场考据,制定了尸骨清理鉴定及尸骨保护方案,清理时,看到洞内散布着干尸、头骨和一些残缺的尸骨,还有一些破棉衣,在离洞口18米处,堆放着二到三层薄木棺材约六到九排,科考人员进行拍照后,喷洒了消毒剂并将尸骨位置绘制了平面图,以图以后恢复原状,尸骨清出洞外后,分别进行了编号,归类制表,两洞共清理尸骨200具,其中有棺木的30具,而在这200具尸骨中,有尸体80具(完整的61具,不完整的19具),

① 李秉刚主编:《万人坑——千万冤魂在呼唤》,中华书局2005年版,第113页。

完整头骨 87 具，残破头骨 8 具，完整下额骨的 24 具，残破下额骨的 1 具，在尸骨的遗物中搜寻出针线、工资单、引换证、劳工证明书等遗物，同时发现有姓名的有 7 人，他们分别是江苏徐州房子乡的袁廷宣，河北宛平李新庄的龚瑞海，江苏大浦的李玉文，天津的邓玉枝，还有不知籍贯的何金才、赵明堂、李文彬。研究人员严格按照人类学的方法，对 200 具尸骨的年龄、性别进行鉴定，并根据人体解剖学来识别遇难劳工死前受伤害的情况，经过多种数据进行统计分析，得出科学的结论，鉴定结果为：坑内尸骨大多为青壮年，生前平均年龄为 32.8 岁，年龄最大的超过 56 岁，最小的 15 岁，坑内尸骨示未出现过女性，在无头的残尸骨中有三根不同的个体尸骨，根据鉴定结果，一根的年龄为 16—18 岁，两根为 15 到 17 岁。另有三具完整的尸骨，从毛发和牙齿推断年龄在 16—18 岁之间，这些尸骨表明，当时井下有着相当的一部分童工。研究人员在尸骨衣袋中搜寻出一些遗物，其中有一张李文彬的工票，它记录着 11 月的工作 19 天，每天 6 角，共得 11 元 4 角，扣铺底 7 元，鞋 1 元，帽子 2.85 元，只剩下 7.55 角钱；在袁廷宣的衣物中发现 5 张采炭夫工赁（即工资单），其中有一张破损，其余 5 张证是 13.48 元、12.03 元、9.07 元、1.42 元，工资单的数字逐日递减，这说明了他的劳动能力在减弱，袁廷宣也许是饿死的，也许是病死的，但最终被抛进万人坑。

（2）忻州窑杨树湾"万人坑"

1967 年 5 月 4 日，由国家文物局、文博所、中国科学院古脊椎所、中国科学院考古所、北京自然博物馆等科考人员及大同煤矿的有关人员，对忻州窑的杨树湾"万人坑"进行了试掘，挖掘人员很快在杨树湾划出一块 20 乘 20 平方的地域，这是任选的一地，研究人员发现横七竖八乱抛埋劳工尸体有数百人之多，深度不到 1 米，稠密处尸骸压有五六层，这是大同煤矿一座规模最大的露天万人坑，由于地理环境条件所限，坑中无一具是完好的尸体，全部是白森森尸骨和黑眼窝的骷髅，经过拍照和挖掘等必要的科考程序，考古人员又默默地用土把这里填平了。如今，依然可以发现裸露或散落在野地的尸骨，提醒人们不要忘却那个已经逝去的岁月。

1967 年初夏，大同煤矿"万人坑"第一次清晰地出现在人们面前。200 具风干了的遗骨静默依旧，扭曲了的只有生死瞬间的呐喊和悲号。无声的悲号连接着今生前世！

这些死亡劳工的家庭情况如何？1967 年 6 月，中国科学院的学者王予予、周国兴乘火车来到山东徐州房子乡，找到袁廷宣的家踏进门，看到他的妻子和女儿都在。原来袁廷宣于1942年以盖房的名义被骗走，他们日日想天天盼，一直在等着他回来，哪想到他从填劳工证到最后一次领工资只下了29天井就被残害，成为了"万人坑"的冤魂。当母女看到袁廷宣劳工证照片后，都悲痛欲绝泣不成声，不久袁廷宣的妻子悲愤去世。

两位学者又访问了死难者龚瑞海的家。龚瑞海，43岁，河北宛平李新庄人，1940年被抓到煤矿19天就被扔进"万人坑"，他妻子已去世，当他女儿听到他被残害，顿时号啕大哭，泪如雨下，村中还有好几个人和龚瑞海一起被抓走，家人一直在盼望着他们，得知龚瑞海葬身万人坑，全村一片哭声。

他们是"万人坑"的见证：

赵秉仁，85岁，日占煤峪口矿劳工，19岁被日本人捉到煤峪口矿干木工。刚去时，因为不明白日本人说什么，一个日本兵解释得不耐烦了，就拿刺刀向其面门戳了过来。他一偏头，虽然躲过了眼睛，但眉骨上至今留下了一道伤疤。还有一次，一位叫松本的日本领班路过工作场地时，被堆放的木器绊倒了，一怒之下，随手操起一把镢头向他身上猛打。当他从昏迷中醒过来时，发现胸部断了3根肋骨。

任巨财，82岁，日占煤峪口矿劳工，左云县马道头人，1943年被汉奸逼着参加了"报国队"（为日本煤矿干活的雇工组织），然后来到煤峪口矿下井挖煤。在井下干活时，监工、把头站在身后监视，12个小时内根本不让休息。当时因为伸了一下腰，监工就抢起榔头朝他脑袋打了过来，他用手一挡，手指全被打折了。他第一天进工房时，室内有12个人，第二天就剩下6个了。当时的老同志告诉他，没回来的都被扔到"万人坑"了。

齐三保，78岁，日占四老沟矿见证人。10多岁时跟着父亲和哥哥去了四老沟矿。由于干了活日本人根本不给钱，一家人过着食不果腹、衣不遮体的生活。父亲因为想捡张水泥袋往身上裹，结果被日本人发现打死了。哥哥他们十几个人刚要下去挖煤时，发现顶板漏煤、窑壁渗水，大家都说不能下井。可监工和把头拿着刺刀、机枪逼着他们下去。这些人刚下井，顶板就塌了下来，大家全死在了里面。

王荣，78岁，日占煤峪口矿童工。他回忆说，当时一位工友生病了，连续几天不能工作，日本人让他把他抬走。第二天，两位中国人去"万人坑"扔死人时，这位工友恰好从昏迷中醒了过来，他在"万人坑"里大喊："我还没死呢，快救救我。"大家把他拉了上来，这位工友一直活到前年才去世。

焦云风（女）75 岁，日占忻州窑矿见证人。1942 年，全家 7 口人被日本人以招工的名义从北京门头沟骗到了大同。父亲和哥哥们都下井挖煤，没到半年，全家死得只剩下两口人了。后来发生了瘟疫，她和矿上一大批人被赶到了黄草洼（万人坑之一）。上千人被圈在一起，吃喝拉撒全在圈内。她在那里呆了二十几天，人死了一批又一批，死后就被就近焚烧，烧剩下的骨头填满了长达百米的黄草洼。

钱奎保、任清玉、张富成、马生子、王进财五人就是被活着扔进"万人坑"又侥幸逃脱的幸存者。

请看万人坑爬出来的幸存老人的控诉：

钱奎保，原名王久香，今年 74 岁，河南人，1943 年随父被日本人骗来大同煤矿，1943 年其父被折磨丧失劳动力之后，被活活扔进了万人坑。年仅 10 岁的钱奎保被迫当了童工，在井下打钟、给车轱辘注油，一次因疲劳睡着了，被日本监工发现后，用榔头在头上敲了一家伙。当时就血流不止，昏死过去，日本人将其扔到白洞矿老爷庙万人坑。后苏醒过来，爬到马路铁道边，被姓钱的救回，故把王九香改名为钱奎保[1]。

任清玉，今年 84 岁，是从河北省抓来的劳工。1942 年从外地抓来的劳工，吃的是高粱面、黑豆面，喝的是井下淋头水，时间长了就会水土不服拉肚子。一连拉了三天肚不能上班，日本人发现他丧失了劳动力，将其扔到了煤峪口南沟万人坑。因当时年轻苏醒过后，晚上从万人坑爬上来，跑到煤峪口村姓李的老人家，老人无儿无女，将其认作娘家侄救回。

王进才，原名张小泉，河南省博爱县人，77 岁，1938 年全家 4 口被骗到大同煤矿四老沟矿，哥哥、父亲都被折磨而死，姐被把头强抢而去。本人被迫当了童工，一次被打死后扔到四老沟万人坑，同乡救出后，跑到马脊梁矿姓王的老汉家认作儿子，故张小泉改名为王进财。

张富成，77 岁，是本地同家梁村人，从小失去父母，1939 年当童工给日本人提灯，一次在井口提灯等日本人下井，结果日本人一直未到，就在井口睡着了。日本人来后，看他睡着了，就把他打的死去活来，还要扔到水泵窝淹死他，最后一看将他打的不省人事了，就把他扔到同家梁矿黄草涯万人坑。当时被雨淋醒后，爬到村里场房，后全身伤发炎化脓，至今伤势还在。

据煤峪口老劳工李贵、孙亮回忆，他们都是煤峪口村人，也是当时的童工，

---

[1]　何天义：《日本侵略华北罪行档案——奴役劳工》，河北人民出版社 2005 年版，第 64 页。

日本人为了扩充劳力，常把战场上的战俘，监狱里的囚犯押解到矿上另行看守，为其出煤，对不服管的拉出用枪打死，以杀鸡给猴看。

"万人坑"是日本侵华期间在大同犯下的滔天罪行的一部分，随着时间的推移，日本帝国主义制造的万人坑比较完整保留下来的已很少，许多埋葬死难劳工的场所或因其后的开发建设所破坏，或被矿渣矸石所埋，今天多数已无从查找。同时在众多的万人坑中，至今仍在进行调查，由于时间已过了半个多世纪，当年的幸存者已经不多了，对许多事情已无法了解到当时的全面貌，也由于日本侵略者对档案资料进行了有组织的销毁和战乱损毁，许多历史资料残缺不全，仅仅从这些收集到的资料进行分析，仍可看清概貌及形成的基本原因，足以说明日本帝国主义在大同煤矿犯下了不可饶恕的罪行。

（3）"万人坑"遗址的保护

20 世纪 60 年代中期，大同市对万人坑尸骨洞穴进行了保护性整修，在山下建造了展览馆，并陆续对外开放，前来参观凭吊者络绎不绝。曾先后被省政府命名为"爱国主义教育基地"、"国防教育基地"。2002 年万人坑被省旅游局确定为国家 AA 级旅游景点。2004 年被省文物局确定为省级文物保护单位。据统计，40 多年来先后接待过党和国家领导人、国际友人及国内观众达 500 余万人次。其中接待联合国官员、美国、法国、德国、日本、意大利、巴基斯坦、朝鲜等近50 个国家的外国观众 4000 余人次，万人坑以其特殊实证震惊了世界，教育并影响了几代人。

万人坑遗存的抢救保护一直得到从中央到地方的关注。大同煤矿一直设有专门保护机构和人员进行管理，拨付专项资金进行维修保护。大同煤矿死难劳工"万人坑"在 1962 年建馆开放之初，因自然通风条件较好，洞内空气相对干燥，遇难劳工尸体保存很好，相当一部分还有肌肉和毛发。自 20 世纪 90 年代以来，由于各种因素影响和客观环境制约，一些问题不断显现，尤其是近年山体渗水问题日益严重，致使洞中大量尸骸出现腐蚀甚至破碎现象，侵华日军残害中国劳工的"活证据"保护工作已迫在眉睫，引起中央领导李长春与山西省委书记田成平的关注。为落实李长春关于对大同煤矿死难劳工"万人坑"渗水问题的重要批示，省委主要领导会同省发改委、省文物局、大同市委和大同煤矿集团公司组成联合调查组，对大同煤矿死难劳工万人坑渗水问题及万人坑专题展览馆进行改造问题作了专题调研。再次确定了第二次世界大战期间日军侵华遗址——大同煤矿死难劳工万人坑遗存的抢救保护问题具有重大政治意义和历史价值。为了让广大观众能更详细地了解日军侵华罪行，新改进保护后的第二次世界大战日军侵华遗址——大同煤矿"万人坑"遗址纪念馆由原来的占地1万平方米改扩建为2万多平方米。同时，在保持原貌的基础上，展览大体分为三个类型：第一类是以现存两个万人坑洞穴为展区，聘请专家彻底解决和处理万人坑洞穴山体渗水及遗骸防腐化、风化，并进行尸骨洞穴改造工程，用剖面切割方式扩大"万人坑"参观厅，以展示全貌；第二类是利用万人坑附近及报废的小煤窑，开发日军占领大同煤矿时期井下工作场景，模拟建筑炮楼、工棚、劳工生活实物，再现历史场景；第三类是在原展览厅旧址旁新建一座与布展建筑历史背景相协调的陈列馆，以馆藏资料和新征集的实物、图片、采访录像等，从不同角度全方位地集中展示第二次世界大战期间大同劳工在日伪统治下暗无天日的非人生活及不屈不挠奋勇反抗的斗争历程。二战期间日军侵华遗址——大同煤矿死难劳工"万人坑"改进保护工作目前已全面展开，随着其设施不断完善，展览内容不断丰富，它将以崭新的面貌在加强爱国主义教育和国防教育方面发挥出不可替代的重要作用。

4. 万人坑形成原因——"以人换煤"，野蛮迫害劳工

日本侵略者的逻辑是用劳工血肉换中国人煤炭，大同煤矿劳工死亡率极高，根源在于日本侵略者的残酷迫害和盘剥。大批劳工因遭受非人的生活待遇、超负荷的劳动强度、险恶的劳动环境、流行的瘟疫而死亡，"只见煤车天天走，哪见劳工几个活"，这是日本侵略者血腥推行"以人换煤"政策的真实写照。

（1）要煤不要人，矿难频发

日军为满足其掠夺的欲望，采取掠夺式采煤法，经常用榔头、镐把殴打劳工，强迫劳工在恶劣的生产条件下出煤。至于井下的安全设施，则根本不予考虑。温度过高，通风不良，瓦斯、煤尘超限，有些把头柜为了节约坑木开支，掌子面支护数量远远达不到要求，致使瓦斯爆炸、透水、冒顶等井下恶性事故屡屡发生。1938年春天，仓促占领又急于开始生产的煤峪口矿发生了透水事故。当时的日本大同炭矿矿长在发给张家口铁路局的电报中说道：4月7日下午1时30分，煤峪口突然涌水，井下大部分灌水，除60余名劳力外无事出井……预计三日内可恢复。这是可以找到的关于日本占领时期大同煤矿最早的成规模的矿难记录。然而这仅仅是这些背井离乡的中国劳工灾难的开始。日本满铁华北经济调查

所在《大同煤矿劳动调查概要调查报告》中记载："大同煤矿作业环境恶化，为节省必要的坑木等……根本谈不上采煤粗放化以致安全等考虑。另外，煤矿方面由于原材料价格高涨，对必要的设备等闲视之"。由于被迫冒险作业或违章作业，劳工伤亡惨重。

证人张守忠证实，1941 年春天，由于井下没有支护，四老沟矿塌顶，一次死了 70 多人，其哥哥被打死，父亲、叔叔都被摔残致死。

据幸存者郭四龙之子郭辉讲述，1938 年 4 月 7 日下午，煤峪口矿南沟一号井下，涌出大水，100 多名工人死于非命，当时幸存的只有七八个人，郭四龙就是其中之一[①]。

证人尚义、邱福、侯成孩、段成明、冯金、仝长寿证实，1941 年白洞矿西坑掌子面大顶响了好几天，劳工不敢进去，日本人在风门前拿着榔头逼着劳工进去干活，当他们 6 人第二次刚抬出几节铁道后，工作面顶板就大面积塌落，有 70 多人丧生[②]。当时日本人把工作面封闭了起来，后因开采邻近工作面，臭气逼人，才又打开密闭将尸体移走。

1943 年春，煤峪口南大巷 24 号掌子面响了三天，人们不敢进去，一个叫小高桥的日本人用镐把打着劳工进去，结果三米厚的顶板塌落下来，压死了 18 名劳工。

据《大同煤矿劳动概要调查报告》统计，1941 年在籍人员为 6931 名，死亡 869 名，死亡率为 12%，负伤者 2983 名，负伤率 58.1%，而 1942 年死亡人数增加到 1700 名[③]。

（2）待遇低微至极，劳工严重饥饿

事变前，工人日平均工资为 4 角，当时 1 元钱可买白面 40 斤。事变后物价猛涨，1 元钱只能买 2 斤半白面。1942 年，劳工日工资最高为 3.18 元，最低为 0.84 元，平均 1.58 元，1 元 5 角左右的工资，又何以维持一家人之生活。住在宿舍中的单身劳工，每人日平均生活费大约为 1 元 4 角。生活费大部分用来买把头发行的饭票，每月两次结算，把头扣除了饭钱、铺底金（房钱），劳工实际上根本拿不到工资，而且欠账者很多，高达 50% 以上，就算个别劳工略有结余，也拿不到现金，而是拿到一种"引换证"，只能在把头开的卖店里买东西，就是

<hr>

①② 何天义、范媛媛、何晓：《强制劳动——侵略的见证，死亡的话题》，中华书局 2005 年版，第 114 页。
③ 大同矿务局党史征编办公室编：《大同煤矿史》，人民出版社 1989 年版，第 145 页。

这种状况，亦不能维持很久。劳工如若短时间内不能康复，那只有死路一条。单身职工尚且如此，养活家小的劳工生活可想而知。此外，把头还开赌场、卖烟泡，还设妓院，坑害劳工，使劳工雪上加霜，饥寒交迫，衣食无着，劳工当中，饥饿病死的不计其数。

据高怀秀老人回忆说，他们父子两人只能吃父亲的一份饭，饿得不行了父亲就给烤着吃老鼠，结果患了鼠疫，至今鼠疫伤疤还在。

（3）随意延长劳动时间，劳工过度劳累

1940 年，八路军在华北发动百团大战，井陉、阳泉等煤矿停产，日本国内的煤炭供不应求，工业生产受到了限制，特别是钢铁和军工生产，影响到其对外扩张和侵略战争，于是加紧了对大同煤的掠夺。他们除不断地向大同煤矿输送劳工外，还将井下的八小时三班生产制，改为两班生产。让劳工每天在井下劳动长达 12 小时以上不说，还搞"努力出煤日"。

这种活动多至半月，少至 10 天，甚至一周要搞一次。每逢"努力出煤日"，炭矿株式会社就给各个矿井下了高指标，除宪兵队和矿警队之外，矿山所有的日本人总动员，从炭矿株式会社总部的头头到各矿的矿长，从把头到普通的日本职员，每人都戴上红柳条帽，胳膊上扎红布条全部下井。还举行什么效忠天皇仪式，带着棍棒皮鞭，分布在各个工作面，督促劳工们努力生产，叫赶煤。看到哪个劳工磨洋工偷懒，挥起棍棒就打，完不成任务不让出井。同时还给劳工们发大烟片，激发劳工努力出煤。有时一次"努力出煤日"要搞几天，每个班劳工上井吃饭，在大房子休息一会儿就又下井干活，以致吃在井下，休息在井下，几个班都不让出井。无休止的连续作业，又遭受野蛮的毒打，每次"努力出煤日"结束，就有好多人被折磨而死。

据吴家窑的老劳工张四讲，弟弟张万水被日本人以"青年报国队"名义征到矿上，在井下巷道做了推车工。一次"努力出煤日"，弟弟和一名劳工推着一辆叫大洋马的矿车，在 200 多米一段巷道往井口运煤。由于工作面出煤多，他们不停脚地推着，两个监视在巷道的日本人还只嫌他们跑得慢，赶牲畜一般不住地用棒子打他们。十几个小时下来，两人浑身被打得青一块紫一块，累得筋疲力尽，都吐了血，出井时腿都抬不起，被抬上来扔进大房子，几天后两人都死去。

1940 年，四老沟矿的劳工杨义才，跟着父亲和叔叔及同村的两个人，一起被日本人从山东骗到矿上，都分到一个叫西下山的掌子面采煤队，正遇上了

"努力出煤日"。他们都是农民，初到矿上哪干得了井下的活，他父亲还有病，不到半年时间，四个人全部死在日本人的棍棒下。他因年纪小没有下井，被赶到井口煤场捡煤矸石，才保留了一条活命。

同年，大同二区龙堡乡的张才等五人，被以"青年报国队"名义征到了白洞矿，下井没几天赶上了两次"努力出煤日"，其中三人被累被打死亡。

据 1940 年 10 月《抗战日报》一篇文章写道：黄土沟是人们去口泉的一条捷径，往年路上的行人总是络绎不绝，今年这条路上几乎断绝了行人，即或有人走，也是寥寥无几，原因是黄土沟的死人臭气太大了。据陈九孩、张善义、李占文老人证实，到晚上七八点，一两个人根本不敢走，每天总有三五个死人从口泉煤矿抬到黄土沟，不是病死的，便是打死的矿工，总是浑身被剥得的一丝不挂，赤条条的躺在那里，让狼、狗信口大嚼，咬得血肉狼藉，有脚无手，有腿无头，真是凄惨至极①。

（4）传染疾病，瘟疫流行

劳工们无休无止超负荷的井下劳动，吃的是红高粱、黑豆面和掺有花生皮谷糠做的所谓"新亚面"窝头，甚至是整煮高粱黑豆，喝的是井下古塘臭水，住在千人圈在一起的劳工大院，百人共室的大房子，苍蝇、蚊子、臭虫肆虐，空气污浊不堪，生活环境极其恶劣，因此各种疾病不断发生，有许多劳工被夺去生命。1942 年夏季，矿山流行着一种日本人称为"虎拉痢"的瘟疫，也就是传染性极强的霍乱病。这种瘟疫先是发生在煤峪口矿，后是永定庄矿，接着是同家梁、忻州窑矿、白洞矿等各处，迅速地曼延。不少人染上这种病，有的大房内成批成批的劳工病倒，成批成批地死亡。矿山一片混乱，井下生产大量减员，出勤率下降，严重地影响着煤炭的生产。霍乱病的流行，大批的劳工染病，对他们的掠夺是个致命的打击。于是大同炭矿株式会社的头目久保侉，从张家口和天津调来一些医务人员，组成防疫队，在各矿设立了隔离所，把染病的劳工关进去，派兵严密把守，与外界隔绝进行防治，防止疫情的发展蔓延。隔离所，也就是腾出的一些房子。当时八大煤矿，调来的医务人员分散后，每个矿没有几个人，大都是以日本兵来充实；所谓防治不过是在大房子内喷些药水，每天给患者吃几片药。可霍乱是一种传染力极强的恶性病，被隔离的患者缺铺少盖，牛羊一般被关

---

① 大同矿务局党史征编办公室编：《大同煤矿史》，人民出版社 1989 年版，第 149 页。

在一起，吃的仍是新亚面，喝的是井下排出的污水，生活得不到正常保障，隔离毫无作用。不只关进去的人成批成批地死亡，而且疫情仍在到处肆虐蔓延，染病的人越来越多，许多的大房子都有死人，以致有的成了空房，好多的采煤队没几个人能下井，有的坑口都停止了生产。整个矿山人行路，到处可见尸体，人心惶惶，沦为一片死亡的世界。

一贯不把人当人看待的日本法西斯，采取了最残忍、最可怕的手段，下令对患者尸体和患者进行焚烧，以杜绝霍乱的传染蔓延。一时间各矿都开辟烧人场，建起焚尸炉，一些穿着白大褂长筒鞋戴着面罩的日本人便忙碌起来。他们在隔离所给患者打上麻醉剂，和死难者一起拉到了焚人场，浇上汽油扔在架起的炭火上焚烧。后来顾不上麻醉了，便用铅丝拧住患者的手脚，抬到焚人场扔进大火中，人们挣扎着，嘶喊着，哭叫着，被活活地烧死。浓浓的黑烟布满了山谷，空气中散着令人作呕的气味，矿山成了一个魔鬼的世界，到处充满了死神，令人惊惧、恐怖、毛骨悚然。这些毫无人性的法西斯分子，烧掉隔离所的人，又以检查粪便的方式，在劳工中寻找感染霍乱病的患者，继续进行焚烧。他们令各个大房子内的劳工们排着长队，用玻璃管子挨个地抽取人们的粪便，劳工们称是屁股打针，发现闹肚子拉稀的便拉走，用铅丝拧住手脚，拖进焚人场。各个矿每天都有不少人活活被烧死。

忻州窑矿疫情最重，是日本人所谓防疫的重点。他们在南山上一排挖了三个大坑，坑内用水泥砌了两道砖墙，上边铺了些铁轨，建三个焚尸炉，架起了大炭火，封锁矿山，对所有的工人逐个进行检查，一天之内三号劳工院里，就有一间大房子住了十个人，有六个人染了霍乱症，另外四人都好好的，为防止霍乱蔓延，他们却给十个都注射麻醉剂，全部扔进焚尸烧掉。此外还有一些拉肚子闹虎拉痢的人，跟着也遭到同样的下场，被投进焚尸炉白白送了性命。

据焦云凤证实，刘安祥的父亲就是扔到烧人场烧死的，刘安祥将其母的骨灰另行安葬，未和其父合葬，就因为不知是否是其父的骨灰。当时忻州窑每天要烧掉几十人，但传染病仍在蔓延，病人成倍增加，日本人干脆停止了检查，凡认为有病的一律烧死，那一回忻州窑整整烧了四天。特别是外地来的，因水土不服，吃的是豆面，喝的是井下的污水，都要拉肚子，一检查粪便，就确诊为传染病。劳工任清玉就是活着被扔进万人坑的。

当时永定庄料炭沟、忻州窑的小南沟都设有烧人场和炼人坑。烧人场长十多米，宽八米，场里架起炭火把人扔在里边烧。炼人坑三米多深，把人扔进去，浇上汽油，然后点火烧①。

据当年的一些老劳工估计，在霍乱流行的短短几个月的时间内，各矿被葬身大火的人多达2000余名，制造了世界上罕见的千古奇冤和人间惨案。

（5）残酷虐杀

大同炭矿株式会社实行法西斯高压政策，劳工们生活在朝不保夕的恐怖之中。在日本人残酷的压榨和迫害下，逃跑是唯一的出路，因此劳工们不惜冒着生命危险，采取一切手段设法逃跑。他们有的捣毁电网铁丝网集体逃跑，有的打死门卫上执勤的日本兵结伙而逃，有的是夜间挖了地道逃出了那些大房子，有的在井下打死把头出井后四散逃跑。总之井下生产老是缺员，因此日本人穷凶极恶地对劳工们实行严密控制。除铁丝网电网外，他们在矿山驻了宪兵队，还成立矿警队，督察队，情报班。

宪兵队是日本驻军，总部开始设在永定庄矿，后转移到新平旺，大约有上千人，分成许多小队，分布在矿山各据点，建有碉堡、炮楼、封锁墙和封锁沟等各种军事设施。主要任务是镇压抗日武装和劳工暴动，防止劳工逃跑。凡出入矿山的人，都要严格盘查，发现逃出矿山的劳工，便抓回来毒打审查，甚至不问青红皂白开枪射杀。

同家梁矿扳道工乔印的舅舅，从内蒙古来看他，由云冈沟沿着小道爬上了南山，刚过了石燕庄就被日本人开枪打死。类似的事数不胜数，有的不少行人和种地农民无故被打死打伤，在矿山周围制造了一道无人区。

矿警队大部分是日本人，其中也有少量的伪警察，养着许多狼狗，每矿都有百人左右的一队，为炭矿株式会社直接所管，主要任务是巡逻、站岗、放哨、押送劳工上下井，监视劳工，维护矿山治安，是直接迫害工人最凶恶的刽子手。发现劳工逃跑，或有不轨行为，抓起来不是毒打，就是灌辣椒水，压杠子，用狼狗咬，甚至别出心裁，将人吊在树上，浇上凉水冻死；或绑在烧红的火炉上烤死，叫冻冰棍、烤红薯。

1938年夏天，忻州窑矿七名劳工撬开铁丝网电网，从大房子向外逃跑，其中一名跳沟跌断了腿，和另两名被抓回来，日本人将三人绑在井口上，把劳工集合起来，牵来十几条狼狗，当着众人的面，唆使狼狗活活地将三个人咬死，谓之

---

① 何天义：《日本侵略华北罪行档案——奴役劳工》，河北人民出版社2005年版，第63页。

杀一儆百，撕得肠子流了一地，其惨烈之状，令人目不忍睹。

督察队全是日本人，属大把头所管，都穿着军装，戴红色的柳条帽，每人配备了短枪，带着棍棒皮鞭或小榔头，活动在井下。如监督牲畜一样，监督劳工生产，发现有人偷懒磨洋工，挥起皮鞭棍棒便打，十分凶恶。

1940年冬，永定庄矿有个叫王二焕的劳工，因受不了他们的污辱，挥起铁锹进行了反抗，被当场打得皮开肉绽，最后拖出井绑在树上用刺刀捅死，又砍掉头颅。四老沟矿四个劳工掘进巷道，看到督察队来了，点了炮放了一炮，日本人没炸着，四人被弄到井上，都让狼狗活活给咬死。这些人专靠打人混日子，全是一帮穷凶极恶的日本流氓，劳工们对他们敢怒不敢言。

情报班是一批日本人豢养的中国人，穿着便衣，活动在矿山各个角落，到处收集情报，因此又称便衣队和特务队。这些人大部分是大烟鬼，为满足烟瘾的需要，死心塌地地为日本人卖命，堕落为日本帝国主义的鹰犬。他们不顾国格人格，削尖脑袋到处钻，甚至穿着破衣服，和劳工们一起吃着猪狗食，混到工人中窃取情报。1941年日本人从战俘营运来一批国民党战俘，分散到各矿充当劳工，其中有名叫刘勇、王强、张建行的3人，分配到永定庄矿下山二号掌子面，3人在劳工中秘密策划，准备夜间切断照明电源，组织劳工一起逃跑。混入劳工中的特务刘三万得知后向日本人告密，三人便都被杀害。

劳工郭玉老人在井下干活稍慢了点儿，被日本人发现后，用榔头将小肚划了30多公分长的口子，当即流出了肠肚，至今伤痕仍在。高万才老人被吊起来打断肋骨，至今伤痕仍在。李恒老人用刀在脖子上砍了一刀，至今留有刀痕。赵四平老人坐老虎凳、灌辣椒水，李贵老人用冷水灌，高怀秀老人让洋狗咬伤，至今留有伤疤。

日军用各种酷刑残害劳工，当时，宪兵队、矿警队、督察队施行的酷刑主要有：榔头打、皮鞭抽、火柱烫、坐老虎凳、灌辣椒水、过电刑、洋狗咬、刺刀捅、浇汽油烧等。宪兵队、矿警队、督察队、情报队，是日本军国主义伸向大同煤矿的四只魔爪，严密地控制着劳工一行一动，榨取着劳工的血汗。在他们残酷的迫害下，劳工们受着非人的虐待，一批一批地被迫害致死，成了"万人坑"的冤魂。

1942年9月晋察冀根据地出版的《晋察冀日报》对日军罪行进行了揭露："大同煤矿在五个月内，敌寇虐死矿工2400人"。

大同煤矿万人坑是日本侵略者掠夺大同煤矿的产物。日本帝国主义对大同煤矿人民的奴役和对煤炭的掠夺，一方面留给中国人民的是贫穷和死亡，无数家庭家破人亡，流离失所，造成大同人民生命财产巨大损失和严重后果，另一方面使煤炭源源不断地运往日本，增强了其扩大侵略战争的能力。大同煤矿万人坑，是中国人民受尽了苦难和屈辱历史的真实写照，是日本帝国主义侵略中国留下的不可抹杀的铁证。

前事不忘，后事之师。如今，新中国早已翻开历史新的一页，形成万人坑的历史条件已经不复存在，但是历史是不能忘记的，也是不应该忘记的。日本帝国主义在侵华期间所犯下的种种罪行，早已被钉在历史的耻辱柱上，无法抹去掉，它在中国人民和中国大地上所造成的重大创伤也是久久难以抚平的。让我们牢记那段历史，永不忘却，凝聚民族精神，发奋图强，维护世界和平，为建设和谐社会作出贡献。

调研人：贾利生　武新田　中共大同矿区区委党史研究室
执笔人：贾利生　武新田　中共大同矿区区委党史研究室
修改人：贾保权　边晓东　中共大同市委党史研究室
审定人：景　京　　　　中共大同市委党史研究室

（五）抗战时期日军对山西大中小学校教育的破坏

自 1937 年 9 月日军入侵晋北各县开始，之后数月晋中、晋南大部分地区相继沦陷。在日军在对山西进行军事侵略、摧残生命与掠夺财产的同时，对山西的文化教育也进行疯狂打击与破坏。日军在每次进行武力进攻时，总是伴以文化教育侵略，焚烧学校、毁坏教学设施、逮捕教师等毒辣手段并用，正入时任华中大学校长的韦卓民所说："敌人对于我们的教育设施是毫不留情的，只要有机会，第一个受到攻击和破坏的就是学校。"① 山西的高等教育、师范教育、中小学教育、职业教育等都受到极为惨烈的破坏，遭到灭顶之灾，各类学校的教学秩序严重混乱，广大师生在精神和肉体上都受到日军疯狂的残害。同时，为使中国"亡国灭种"，日军在侵略山西期间，推行奴化教育。八年来，日军的侵略不仅使得山西文化教育事业彻底瘫痪、甚至倒退，而且更为严重的是山西的人才出现了断层，极大地影响了山西乃至整个国家的发展。

1. 抗战前山西各类学校教育概况

清末以来，山西教育一直走在全国的前列。1902 年李提摩太创办山西大学堂，成为全国最早成立的 3 所大学之一。民国成立之前，"山西已拥有 2 所大学和 1 所政法专门学校，4 所师范学校，13 所中学，98 所高级小学，1948 所初级小学，更重要的是，有 180 名女孩在 2 所女子学校受教育"②。民国建立后，特别是在阎锡山主政山西以来，重视教育发展，大力兴办地方教育，到抗战爆发前山西各类教育事业已取得长足发展。

民国六年（1917 年），阎锡山推行"用民政治"，其中一个措施便是发展教育，以此开启民智。其具体做法是，"第一，推行以改良为主的国民教育；第二，创办以发展国民经济为主的职业教育；第三，推行以改良社会风俗，开通知识为主

---

① 韦卓民：《抗战时期的中国教育》，载《韦卓民学术论著选》，华中师范大学出版社 1997 年版，第 425 页。

② ［美］E. A. 罗斯著，公茂虹、张浩者译：《变化中的中国人》，时事出版社 1998 年版，第 301 页。

的社会教育。在此 20 多年间，山西教育事业许多方面走到了全国前列。"① 由此可见，阎氏以普及教育为重点，来提高国民素质。这项举措收到了明显成效，陈启天在《近代中国教育史》中提到："民国十二年间，小学教育以山西最为普及，其他各省均落后很多，以女生受国民学校教育之人数而言，仍以山西省占第一位。"② "民国十三年和十四年，全省受初级小学教育儿童数占学龄儿童数分别为 72.2% 和 72.6%。"③ 在当时社会条件下，这个比率已相当高了。随着教育的普及，教师出现严重供不应求，应社会所需，师范教育蓬勃发展起来。

至七七事变前，山西省无论高等教育还是职业教育、中小学教育都有一定规模，数量多，质量高。高等学校方面，山西大学文、理、工专业一一俱全，一度达到 14 系。其他高等学校坚持办学至抗战的有：山西省立农业专科学校、山西省立工业专科学校、私立山西川至医学专科学校、太原私立并州学校，共有高等学校 5 所。职业教育方面，1934 年有 6 所省立职业学校，毕业生 261 人，在校生 463 人，有教员 46 人，职员 23 人，教育经费岁入岁出均 50868 元，固定资产 253236 元，具体情形见表 1。

表 1　　　　　　　　　　1934 年山西省立职业学校概况表

学校/项目	班级	在校学生	毕业学生	教员	职员	教育经费（法币元）	固定资产（法币元）
合计	14	463	261	46	23	50868	253236
运城农科职业学校	3	105	61	9	5	10512	38953
朔县农科职业学校	3	99	66	9	3	7905	13522
长治农科职业学校	3	3	103	99	12	8	9466
运城盐务职业学校	1	45		5	1	2418	8171
岱岳畜牧职业学校	2	70	35	6	2	9167	57595
魏榆商科职业学校	2	41		5	4	11400	98000

（资料来源：山西省史志研究院编：《山西通志·教育志》，中华书局 1999 年版，第 249 页）

---

① 山西省史志研究院编：《山西通志·教育志》，中华书局 1999 年版，第 4—5 页。
②③ 山西省史志研究院编：《山西通志·教育志》，中华书局 1999 年版，第 5 页。

省立师范学校共9所，即省立国民师范学校、省立太原女子师范学校、省立代县师范学校、省立大同师范学校、省立大同女子师范学校、省立临汾师范学校、省立运城师范学校。还有多所县立师范学校。此外，山西省中学教育事业稳定发展，"到抗战爆发止已拥有55所中学，在校生达10011人。据1933年统计，省立中学14所，学生3199人，教职员329人"①。至1934年，私立中学17所，在校生454人，教职员537人②。1925年全省各级各类小学发展到30113所，在校学生1078432人，教职员51997人；1934年全省各级各类小学恢复到22399所，在校学生772288人，教职员29686人③。可见，四年制义务教育取得很大成效，全省学龄儿童入学率已比较高，详情见表2。

表2　　　　　　　　　1923—1934 年山西省小学教育情况表

年度	校数	在校学生		毕业学生		教职员	
		初小	高小	初小	高小	教员	职员
1923 年	33058	1100342	45201	67792	9979	40018	25077
其中：国民小学	26084	1089144		56459		30785	24214
高等小学	536		44481		9813	2578	794
其他小学	6438	11201		21333	166	6655	69
1924 年	32357	1135834	30162	76069	10484	37335	24799
其中：国民小学	25398	1022521		54604		32631	24771
高等小学	556		29921		10396	4693	28
其他小学	6403	113313	241	21465	88		
1925 年	30113	1046437	31995	77235	73112	26669	25328
其中：国民小学		961104		61210			
高等小学	25511		31892		13027	31684	25320
其他小学	4602	85333	103	11125	85	4685	8
1933 年	23127	719217		63930			
其中：初级小学	21656	712437	76551	63773	16598	25665	
高等小学	772					4359	
简易小学	454	4852	76551	78	165898	364	30640

① 山西省史志研究院编：《山西通志·教育志》，中华书局1999年版，第132页。
② 山西省史志研究院编：《山西通志·教育志》，中华书局1999年版，第133页。
③ 山西省史志研究院编：《山西通志·教育志》，中华书局1999年版，第80页。

年度	校数	在校学生		毕业学生		教职员	
		初小	高小	初小	高小	教员	职员
短期小学	241	1709		54		248	
其他小学	4	219		29		4	
1934 年	22399	691118				29686	
其中：初级小学	18771	645189	81170	54772	15764	22534	
高等小学	747			53292		4246	
简易小学	2499	41640	81170		15764	2523	
短期小学	381	4259		1400			
其他小学	1	30		80		1	382

（资料来源：山西省史志研究院编：《山西通志·教育志》，中华书局 1999 年版，第 83 页）

自民国以来 20 多年间，山西教育取得可喜成就，如果能继续发展下去，山西教育事业必将是一片欣欣向荣景象。不幸的是，日军侵入之后山西学校教育几乎中断，高等学校和中学有的南迁，有的停办，小学已全部停办。日军不但对学校进行强占、掠夺，扰乱教学秩序，更对师生进行惨无人道的迫害，使得学校设施和人力资源都受到毁灭性破坏，山西教育文化事业建设被完全阻断。

2. 抗战期间山西各类学校的教育资源的损失

日军烧杀抢掠，无所不为，昔日校园成了日军兵营，学校桌椅板凳更成了日军烧火做饭的燃料，我们视如珍宝的图书亦成了日军手纸，教学仪器无不化为废铜烂铁碎玻璃，教师在敌军的轰炸下变为一片瓦砾，教育事业顿时陷入瘫痪。山西文化教育事业在八年战争期间遭遇空前浩劫，其前所取得的成绩也毁于一旦。

日军所到之处，烧杀抢掠，学校停办，师生流散，太原失陷时山西省政府下令各大专院校停课解散，所有一切文书档案、图书仪器、物资设备大部失散。如在晋绥地区，1940 年春、夏、秋、冬日军对边区连续进行 4 次大"扫荡"，仅汾阳、文水等 18 县牺牲的小学教师就有 101 人，被烧毁校舍达 106 处[①]。在高等学校，苦苦购置起来的种种仪器、图书免不了劫掠，"日军侵入晋东南后，相继捣毁了一批学校与文化机关，省立长治中学、长治师范学校、长治职业中学、长治女子中学和乡村师范学校以及晋城崇实沪泽中学、阳城中学、沁县潼川中学全部

---

① 杜心源：《民国二十九年度教育工作总结》，载于《行政导报》第 2 卷第 2、3 期合刊，1941 年 8 月出版。

被毁，各个学校理化仪器、文物或实验标本、图书等设备被抢窃一空。榆社中学5间图书馆所藏化学、历史、社会科普、二十四史、诸子百家图书集成以及各国文字学洋装或精装图书数千类两万余册希被付之一炬，其他大学、师范、中学、高小损失图书及理化仪器、科学标本、体育用具等设备按时价均在百万元以上"。据1931年统计，山西大学藏有图书10.85万册，各种仪器、标本和机器价值共12.9万元，山西商业专科学校馆藏图书10518册（其中外文图书1153册），各种仪器462件，标本349件，教具1950件，战争爆发后省城各大学南迁，校产荡然无存。虽然小学在战争中相继恢复上课，但与抗战爆发前相比，其学校数和入学儿童数已不可同日而语。根据伪山西省公署1940年3月调查，1940年山西省各县恢复上课的学校为3795所，与事变前1934年的14974所小学相比仅占25%，入学儿童数有127796人，与1934年的488611人相比仅占26%。

乡村小学的破坏、损失情况更加严重。据1946年4月中国解放区临时救济委员会晋绥分会报告，"晋绥边区抗战损失中的学校损失折合成卅四年八月之价值是397663073423元（法币，下同——引者注），其中直接损失为266846049603元，间接损失为130817023820元，未折合之价值是159367561元，其中直接损失为777978821元，间接损失为381390740元。"据1946年武乡县统计（缺3个区），该县战前拥有初小212座，学生9816人，八年间被敌摧毁102座，损失总值2925344元（法币），战后需恢复101座并需支出救济费254100（法币）元。太岳区八年间损失初级小学6000座，高级小学120座，中学和乡师15座，省立中学8座，若以法币时价折算，重建这些学校则需要资金391000万元。各级学校详细损失状况如下列各表所示：

表3　　　　　　　　　　山西省立学校财产直接损失统计表　　　　　　单位：元/法币

学校名称	共计	建筑物	器具	现款	图书	仪器	医用药品	其他
省立大同师范学校	29900000	1400000	3000000		4500000	14000000	7000000	
省立宁武中学校	248700000	18000000	8700000					72000000
省立商业专科学校	63046000	12400000	1280000	2400000	31280000			15686000
合计	341646000	31800000	12980000	2400000	35780000	14000000	7000000	87686000

（资料来源：《山西省政府关于抗战期间人口、财产直接损失汇报表》，山西省政府1946年7月编制，山西旧政权档案B13—1—75，山西省档案馆藏；表中法币为1945年6月币值——引者注）

表4

山西省各县县村立学校财产直接损失统计表

学校名称	共计	建筑物	器具	现款	图书	仪器	医药用品	其他
交城县立两级中学	15375000	6250000	2250000		4000000	2000000		800000
隰县学校	26238211	15443908	4850503		3915800	360000		1668000
安邑县立中心学校	861305050	662604500	25396200	125084150	32534000	3994000	50000	11642200
临晋县立学校	98989245	332294	50335960		25945000	21670000		706000
永和县各级学校	10049900	7300000	1057800		262500	1330000		99600
太原县立各级中学	2920500	735000	1517500		430000	231000		7000
襄陵县立各级学校	37599370	14858800	5126700	300000	2027600	519470	120000	120000
崞县县立各学校	35849000	16400000	9349000		10100000			14646800
河津县立高小及实验小学	105952200	3275000	691500		547000	100800000		638700
静乐县各级学校	13507000	5157000	2150000		2080000	2280000		1840000
荣河县立学校	35380050	16335000	16920400		1692650	250000		182000
繁峙县立学校	22487000	11432000	2250000		2775000	6030000		
洪洞县立及村立学校	9887000	4718500	1778100		1368400	1187000		835000
五台县各区村立学校	417113930	298758700	298810310	1500000	28915900	254000	5000000	52875020
新绛县立各级学校	137735000	73700000	31205000		19850000	8490000		4490000
新绛东韩洁村学校	16000		16000					
祁县中心学校及小学	134023900	13500000	3693500		38472900	18861500		26233000

学校名称	共计	建筑物	器具	现款	图书	仪器	医药用品	其他
代县县立各学校	53349760	29556000	5168960		3984800	12792000		1848000
寿阳县区村立学校	172345000	18445000	79220000	10200000	27140000	1020000		36320000
永济县立学校及民教馆	38737000	26110000	4584000	150000	5376000	347000	100000	1710000
孝义县中心学校	35826510	3918700	5869340		6756330	11553300		7728840
介休县立各级小学校	75030830	12648140	14159200		8159500	5595600		446390
怀仁县立各级小学校	39502040	25670000	5476500		3428540	300000		4627000
蒲县县立学校	127700850	16989000	11344600	21650000	4690050	1530750	67299900	4196550
乡宁县县立学校	24451800	6268000	9795800		6168200	38000		2163800
稷山县立中心国民学校	8918500	3330000	5588500					
汾阳县立各学校	7522159500	51790600	79177700	600000	1701200	7387490000		1400000
平陆县立各学校	65950700	31965000	19672100		5420100	2588000		6305500
霍县各级小学校	64217400	51755000	6760000	1124200	1109200	2724000		745000
临汾县立各级小学校	98229700	51046000	34352000		7605200	3490000	100000	1736500
临汾县各村立学校	276892222	163658560	75889500	470472	6381100	11139190		19253400
虞乡县各小学校	18542205	8192500	3675520	1277185	2025500	2418500		935000
芮城县立及村立学校	342563950	256802740	35491010	17012300	9623430	9567030		8836910
吉县所属各级学校	65264900	24900	6374000	1855000	21636900	4140000		6269000
榆次县县立学校	10578000	5400000	3323000		82000	1005000		30000

学校名称	共计	建筑物	器具	现款	图书	仪器	医药用品	其他
大宁县立学校	16326524	13650000	1586584	175000	300000	500000		115000
汾城县立中心学校	74832000	14748000	13709500		19593500	6781000		
稿氏县县立学校	25968250	11170000	3182050		1855200	6661000		3100000
宁武县县立学校	32384200	19020000	10172400		1386200	944000		861600
寿阳县县立各级学校	114025882	14164380	77632555	2958105	6430340	10435800		2454702
大谷县立各小学校	284668000	48000000	53820000		20850000	53000000		109998000
曲沃县立学校	4403680	2321500	213700	29180	35850000	1561000	57550	184000
合计	11527344828	2082409822	787971992	184385592	347771890	7704879040	77957980	341986512

（资料来源：《山西省政府关于抗战期间人口、财产直接损失汇报表》，山西省政府1946年7月编制，山西旧政权档案B13—1—75，山西省档案馆藏；表中法币为1945年6月币值——引者注）

表5

山西省私立学校财产直接损失统计表

单位：元/法币

学校名称	共计	建筑物	器具	现款	图书	仪器	医用药品	其他
私立汾州中学	358654000	99344000	20710000		80000000	50000000		108600000
芮城县私立学校	13485000	3800000		2400000	2800000	2280000	950000	100000
解县基督培真小学校	1100000				100000	500000	950000	
合计	373239000	103144000	22365000	2400000	82900000	52780000	950000	108700000

（资料来源：《山西省政府关于抗战期间人口、财产直接损失汇报表》，山西省政府1946年7月编制，山西旧政权档案B13—1—75，山西省档案馆藏；表中法币为1945年6月币值——引者注）

表6 　　　　　　山西省各县县村立学校财产间接损失统计表 　　　　单位：元/法币

学校名称	共计	迁移费	防空设备费	疏散费	救济费	抚恤费
静乐县城内各学校	2030000	300000	500000	30000	800000	400000
介休县立各初级中学	500000	200000	100000			200000
虞乡县各村学校	3931500	80000	727000	2210700	893800	20000
猗氏县村立学校	1500000	800000	500000	200000		
宁武县各小学校	762000	90000	84000	180000	198000	210000
合计	8723500	1470000	1911000	2620700	1891800	830000

　　（资料来源：《山西省政府关于抗战期间人口、财产直接损失汇报表》，山西省政府1946年7月编制，山西旧政权档案B13—1—75，山西省档案馆藏；表中法币为1945年6月币值——引者注）

表7 　　　　　　山西省省立学校财产间接损失统计表 　　　　单位：元/法币

学校名称	共计	迁移费	防空设备费	疏散费	救济费	抚恤费
省立大同师范学校	103000	8000	12000	70000	3000	
省立宁武中学	7280000		1500000	840000	200000	2840000
合计	7282000	8000	1512000	910000	203000	2840000

　　（资料来源：《山西省政府关于抗战期间人口、财产直接损失汇报表》，山西省政府1946年7月编制，山西旧政权档案B13—1—75，山西省档案馆藏；表中法币为1945年6月币值——引者注）

表8 　　　　　　中共太岳区八年间文化事业受敌摧残损失统计

机关种类	损失数目	每处建设费（元/法币）	共需建设费（元/法币）
省立县立中学及师范	省立8处 县立47处	20000000 10000000	630000000
高级小学	123处	500000	61500000
初级小学	4750处	200000	950000000
民众教育馆	15处	700000	10500000
总计			1652000000元

　　[资料来源：《太岳区八年来敌灾损失初步统计材料（1946）》，中央档案馆、中国第二历史档案馆、河北省社会科学院编：《日本侵略华北罪行档案·损失调查》，河北人民出版社2005年版，第183页]

表 9 中共晋冀鲁豫边区八年间文化事业遭敌摧残损失统计

文化机关	摧毁座数	每座需建筑费（元/法币）	共需建筑费（元/法币）	备考
初级小学	46567	500000	23283500000	每个行政村以个小学计每县平均以个高小计县立中学包括乡师在内
高级小学	1000	5000000	5000000000	
县立中学及教育馆	400	10000000	4000000000	
省立中学	400	200000000	10000000000	
合计	48017		42283500000	

［资料来源：《晋冀鲁豫边区八年抗战中人民遭受损失调查统计表（1946年1月）》，中央档案馆、中国第二历史档案馆、河北省社会科学院编：《日本侵略华北罪行档案·损失调查》，河北人民出版社2005年版，第167页］

表 10 中共晋绥边区八年间文化事业损失初步统计

文化机关	损失数	图书及仪器	价值（元/法币）
中学师范	9座	仪器4.5副 图书48000册	2820000000
高小完小	122座	137960册	1379000000
初小	1866座	931256册	5588136000
图书（文教）馆	20座	65271册	1304340000
私人藏书	235座	96156册	1923120000
合计		1301459600元	

［资料来源：《晋绥边区抗战八年损失：文化事业损失初步统计（1947）》，中央档案馆、中国第二历史档案馆、河北省社会科学院编：《日本侵略华北罪行档案·损失调查》，河北人民出版社2005年版，第272页］

由于以上各项统计调查是在抗战期间或战争刚结束时进行的，因战局混乱，资料缺失，所以统计并不完整，但即使是这些零碎而不完整的损失数目也已是天文数字，足以证明抗战期间山西省文化教育事业所受的惨重损失。如果说这些显形损失还可统计的话，那么那些隐形损失却是我们永远所无法估算的。

3. 正常教学秩序被打破，各类学校被迫停办和迁移或迁移后又关闭

日军侵入山西之初烧杀抢掠，无恶不作，无数校舍或被敌军强占为敌营，或

在炮击下变为一片瓦砾，大批图书、器材及各级教育机构也一并摧毁，致使学校正常教学秩序无法继续下去。同时，还成立伪省公署以加强对学校教职员和学生的思想控制。日军统治太原8年，教育事业几乎被摧毁殆尽。在普通教育方面，太原沦陷时小学校全部停课，中高等学校或南迁或停办。例如，"运城沦陷前仅城内就有省立中等学校4所，私立中学3所，职业中学1所，在校学生2000余人。沦陷后，这些学校全部被迫停办，运城中学被日军烧毁，其他校址被征用为兵营和仓库"。

（1）高等学校的厄运

卢沟桥事变不久，在日军节节进逼的形势下，太原部分机关、学校已开始流散。山西大学、山西农业专科、工业专科和私立并州学院、川至医专，均先后南迁。即使学校搬迁，也难免遭受劫运，各校物资全部遗失，师生各奔东西，流散很多。下面以山西大学为例来看看其辗转各地的艰苦生活。

山西大学 山西大学是山西省创办的最早的一所大学。到1936年，山西大学发展成拥有文、法、理、工、教育5个专门学院及14个系的综合大学。据1936年统计，山西大学共有教职工120人，其中专任教师86人、职员34人，详情见表11。

表11　　　　　　　　　　　　**1936年山西大学教职工一览表**

单位教职工	教职工总数	专任教师					职员
		小计	教授	副教授	讲师	助教	
山西大学（总）	120	86	26	3	41	16	34
文学院	20	20	4		10	6	
法学院	49	35	10	1	17	7	14
工学院	26	17	8	2	6	1	9
理学院	11	8	1		5	2	3
教育学院	14	6	3		3		8

（资料来源：山西省史志研究院编：《山西通志·教育志》，中华书局1999年版，第459页）

抗日战争爆发后，山西大学流离辗转，到1939年在三原复校时全校教职工只有8人。教职工从120人陡落到8人，支撑一所大学，其惨败景象无法想象。

1937年8月初，日机轰炸太原，学校奉省府令迁校晋南，法学院迁平遥，理、工两院前往临汾，文学院迁运城①。9 月中旬，各院陆续开学上课，但因军情紧张，到校学生不足半数。1938 年春，日军南进，各县相继沦陷，所有校产均星散遗失，荡然无存。全校师生数百人各自行动，分散四方。迫于形势，山西大学被一分为三，维持上课，疲于东奔西转，加上途中被日军的轰炸、迫害，随校学生边走边散，日渐减少。1939 年底，山西大学复课，省府限于经费下达命令，凡二、三、四年级学生报到每班满 10 时方可延师开班上课，土木系四年级旧生报到 11 人即开班上课，其余各班报到旧生有二三人的，也有一二人的，他们屡次要求开班上课，限于省令，没有应允，引起他们的不满，最后未能开班上课的旧生 20 余人则由学校发给转学证书与旅费离校他往。学生流失严重，导致学生大量缺失，而政府因困于战争，经费不足，又致使一些想上学的学生无法继续求学，教学秩序被严重破坏。由此可见，学校建制已徒有虚名，继续招生更是无暇顾及。1939 年，山西大学复校时当年录取新生 90 人。1940 年川至医专并入山西大学时全校只有专科生 3 个班 64 人，普通班 2 个班 54 人。到 1941 年 10 月底，山西大学文、法、工三院共有学生 80 人，其中医科学生 60 人。此后 4 年山西大学招生情况如表 12 所示。

表 12　　　　　　　　1942—1945 年山西大学招生情况统计表

年份	招生数	其中	
		文、法、工	医科
1942	61		
1943	110	85	25
1944	110	85	25
1945	178	153	25

（资料来源：山西省史志研究院编：《山西通志·教育志》，中华书局 1999 年版，第 447 页）

　　生源不足则表明入学率低，学生不能及时受到教育，国民素质必然受到影响，知识分子断层现象也会随之出现，进而阻碍整个社会进步。

　　战前，山西共有高等学校 5 所，文、法、工、医齐全，而在日伪统治时仅有 3 所，其中只有桐旭医专初具规模，日语专科学校成立仅两年，还有一所是佛教僧学院，即使仅有的 3 所也是按照日伪教育方针进行教育，无法收到应有的教育成效。

---

① 教育部编：《第二次中国教育年鉴》第四编·高等教育，上海商务印书馆 1948 年版，第 630 页。

（2） 中等学校的惨状

太原失陷后，中学已经多数停办，只有少数进行了搬迁，搬迁的学校经历了一波三折，损失惨重，学生更是在心惊胆颤的状态下上课。

铭贤中学 铭贤中学是 1907 年孔祥熙在太谷创办，由于经费充足，所以无论在环境方面还是学校设施、师资力量方面都很优越，此学校在山西很有名望，其培养的学生非常优秀。1937 年 9 月，这里朗朗的读书声被日军空袭声打破。日军对太谷进行空袭轰炸，学生无不被这种刺耳的怪叫声吓得惊慌失措，师生人心惶惶，根本无心上课，也无法上课。

太谷危在旦夕，为了继续办学，学校于 1937 年 10 月开始南迁。铭贤南迁采用分批进行的方式。南迁的第一站是运城，第一批平安到达，局势还算平静。后两批在迁移时，局势就紧张了。南下的列车已经无法卖票，火车的每个角落都站满了难民。"火车顶上，火车头上的两旁都密密麻麻的挤满了人。车行到灵石县境的汾河峡谷时，日军的飞机追着火车向车顶的难民开枪扫射。中弹难民滚入汾河，其中，铭贤的王文俊、李得凯两位同学中弹牺牲了，路载川同学的胳膊上至今还留有日军机枪的弹痕。"日军的滔天罪行，让学生连上学的愿望也无法实现。长途跋涉，不但使学生的身心受到伤害，更给正常的教学带来了巨大困难。"铭贤南迁的第二站是河南陕县，在陕县期间，有的同学离开学校从不同的途径走上抗日前线，有的投考了中央军校，有的去了陕北，这些同学有的已经牺牲了，有的今天仍奋战在社会主义建设的各条战线上。"据其中一位同学回忆，"1938 年，由于局势紧张，铭贤学校当局断然决定大量裁减教职员，并动员学生自找出路或投靠亲友，命令下达后，学校秩序混乱了，许多被解聘的教职员，携家带眷，寸步难行，少而壮者，各奔前往。据当时知道的，物理老师刘康投向山西南部由共产党领导的抗日游击队、敢死队，有的回家，有的直奔延安，参加革命。我跟一帮志趣相投的年长同学，走上弃笔从军，抗日救国的道路"。面对日军的疯狂掠夺和大肆屠杀，同学们内心澎湃，于是他们决然放弃求学，奔向了战场，奔向了军校。铭贤学校在陕县仅停留 3 个月，因经济拮据难以维持上课，"1938 年 1 月迁到西安，继续上课 10 个月。后来日机多次滥炸西安各处，学校又于 11 月迁到陕西丐县，因难以发展，最后于 1939 年 3 月迁到四川省金堂县作为临时校址"。从抗战爆发以来，铭贤中学 5 次迁址，辗转 4 省，行程约 2000 多公里，才固定下来，购地建舍，聘请老师，添置设备、器材，进行重建，费时费力，无不是日军的"功劳"。

然而，即使在四川，铭贤中学也经历了艰难历程。由于通货膨胀，条件恶劣，资金紧缺，学生被纳入到半工半读方案中，甚至后来停止对学生的一切资助并动员他们去国立中学上学。

职业学校　抗战前一直持续办学的省立、县立职业学校全部停办。至日伪军统治山西时，"职业教育开展最差的是山西，据伪华北教育总署总务局于1940年10月编制的'二十八学年度华北教育统计'，伪山西政府辖区内的职业教育机构，1939年度时还是一大空白，1940年度时才有省立初级职业学校一所，该校设3个学级，126名学生，且都是男生。"这与1934年统计的6所省立职业学校相比，相差甚远，而当时牧畜、商科、农科、盐务等一一俱全。

师范学校　省立、县立各级师范学校随太原沦陷相继停办，即使打算搬迁的学校也因战事吃紧、局势紧张而不得不停办。如太原女子师范学校在太原失陷前夕由校长赵诚斋带领部分师生前往榆次，后又转迁晋南，以后因情况复杂不少学生参加抗日队伍，还有的返乡，学校停办。由于师范教育主要是培养师资，所以对师范学校的破坏直接影响到后来各级学校教师供应不足，进而使得学校教育很难顺利开展。

（3）小学校的散失

各级小学在抗战爆发后全部停办，旨在提高国民素质的四年义务教育就此中断。之后，小学教育虽相继恢复，但随着日伪侵占区的不断扩大，小学课程已与战前大相径庭，几乎全被日伪控制，推行奴化教育，不但使学生心灵受到伤害，更打乱了正常的教学秩序。据统计，被日伪侵占、控制的小学数目庞大，其损失不可估量，损失情况详见表13。

表13　　　　　　　　　1939—1942年日伪占领区小学教育情况表

年份	校数				在校学生			教职员	备注
	计	初小	高小	两级	计	初小	高小		
1939 其中：太原市 省立 私立	3614 9 8 1				122310 3645	119391 2846	5619 799	4339	55市县统计
1940 其中：太原市 省立 私立	5718 14 8 2			12 8 2	202671 4832 3325 156	198352 4015 2682 91	3319 817 643 65	7287 160 102 15	69市县统计

年份	校数				在校学生			教职员	备注
	计	初小	高小	两级	计	初小	高小		
1941	6944			15	227649	221780	5869	8340	
其中：太原市	15	6836		11	6043	5042	1001	140	64市县统计
省立	9	4		9	3865	3141	724	122	
私立	2			2	377	303	74	16	
1942	8376				346906			11388	
其中：太原市	17				6423	5330	1093	225	59市县统计
省立	2				1014	779	235	34	
私立	2				360	287	73	17	

（资料来源：山西省史志研究院编：《山西通志·教育志》，中华书局1999年版，第84页）

由此可见，长达八年的抗日战争阻断了山西省刚刚起步的义务普及教育，从而延误了山西教育事业发展进程。而其造成的间接损失如对学校课程的改变、对小学生幼小心灵的伤害是永远不能抹掉的。

以上是各级学校在抗战爆发后的基本情况，学校无法继续正常上课，甚或停课。日军每攻陷一个重要城市都要举行"庆贺"，强迫师生提灯笼上街游行。日军对抗日根据地进行"大扫荡"和推行"强化治安运动"期间，日本军官便驱赶师生上街搞宣传，命令学校停课，出去游行、贴标语等。

学校教学需要大笔经费，而在战争爆发后随着战事吃紧、形势恶化，教育经费大大削减，具体情形见表14。

表14　　　　1933—1942年山西省各项教育费岁出情况表　　　单位：元/法币

年度	中学教育费	师范教育费	职业教育费	初教教育费	社会教育费	义务教育费
1933	979723	545286	32698	4355347	216263	
1934	396992			4065698		
1935						100000
1936	975597	337783	59357	4171737	42925	
1937	1349330	300098	125449	4742582		
1938				3440465		
1939	180345		36625	3898438	116954	140000
1940				3455325		
1941	676279	左中学栏含师范、职业学校		2364039	190000	
1942	957526			1442144		

（资料来源：山西省史志研究院编：《山西通志·教育志》，中华书局1999年版，第449页）

教育经费的削减使得学校无法正常运转，或图书、仪器购置不足，或无法给学生发放补贴，如上文提到的学校因不能发放补贴而遣散学生别往、学校停办；可见，教育经费是影响学校能否继续办学的一个至关重要的因素。

4. 日军对山西在校师生的摧残和迫害

日军每侵占一个城市首先对各级机关学校进行毁坏或强占，每个学校都安插有日本军官，他们个个飞扬跋扈，控制学校教学以及师生行为，并对不执行命令或具有抗日倾向的学生和老师加以迫害，不但给这些师生带来巨大创伤，且因此致死的师生数量庞大。

（1）日军对师生的精神伤害

日军在各类学校都派有日本人担任教官或其他职务，其中"师范和中学的日语教师几乎都是日本教官担任，他们是凌驾于伪校长之上的实际权力的操纵者。他们公开对学生采取驯兽式打骂教育，对教职工施以高压统治和监视。学校里的中国人整天都在战战兢兢中度日，小心翼翼地看日本教官的脸色行事。"学校师生惊恐度日，稍有不慎，便棍棒相加，暴力对待，且教官经常命令学校停课并迫使老师和学生上街搞亡国宣传。伪山西省公署还规定，"各学校师生必须每周为日军'勤劳奉仕'一天，'大东亚战争纪念日'，全体师生要整队前往'神社'悼念被中国抗日军民击毙的日军将士，祈祷'圣战必胜'"。不但学校不能正常上课，师生还丧失了人身自由，必须依日军教官意志行事，且他们凌驾于校长之上，没人敢得罪他们，否则就面临丧命危险，这些日本教官的险恶和毒辣是各类学校有目共睹的。"对广大教职员工和学生，他们开口就骂，伸手就打，甚至扣捕关押。一次，组织了赴日本观光团，太原师范学校校长郭自励、女师校长×××也在其中，不知为何，在赴日途中两人突然被日军1479特务部队从山海关东站扣捕，押回太原，而伪教育厅竟无一人敢过问此事。"

日本侵略者为了让青年学生不再有抗日情绪，甚至用各种欺骗手段麻痹学生神经。"在山西省太原市，日本将大量翻印的反动文艺书籍推销给青少年学生，甚至将鲁迅著作篡改丑化，以欺骗学生，引诱青年阅读风花雪月的小说，看淫荡电影，日伪还强迫学生实行所谓'勤劳奉仕'，让学生到农村为日军开稻田，让女学生为日伪军缝衣做鞋干杂活。"无论从精神方面还是体力方面，日军都给山西乃至全国学生带来巨大伤害。许多学生对此不满，甚至反抗，日伪军当即施行武力殴打或凌辱。日本教官对中国女学生欺辱更是常有之事。如"伪山西省汾阳中学大权操于日本人青木千鹤男之手，不仅任意打骂学生、罚跪或送日军司令部，还令校长将女生宿舍搬到他独住的楼里，伪校长便强迫两位女生去住，任其凌辱"。兽性的日本侵略者对女学生的伤害并不会因为时间推移而消逝，在她们心中这是永远都揭不开的疤。

（2）日军对师生的肉体残害及屠杀

日军对学校师生的迫害源于他们对中国共产党及其他抗日力量的敌视和恐惧，在他们眼里学校是知识分子最聚集的场所，必然隐藏着大量不明身份的八路军。于是，他们将似有抗日情绪的老师和学生都视为"共产党员"，对其进行精神上的折磨和肉体上的残害，这些无辜者或变得精神异常或被害致死，甚至当时的目击者提起来仍心有余悸。据太原市黄廷璧回忆，"1939 年夏，太原师范学校的多数教师是中国人，其中有 3 个日本人教官教日语，实际他们是日军派到学校监视中国师生是否有抗日活动的特务，有天，校长郭自励突然失踪了，听说被日军宪兵队抓了，40 多天后，郭校长回来了，一个十分和蔼，常和学生谈笑的胖乎乎的老人变成了瘦骨嶙峋的沉默寡言的人。还有一个叫松山次郎的教官对人蛮横粗野，一个严寒的冬天，他来到教室上课，见我们都想再烤烤火，便把书一摔，'拿上课本，统统出去！'我们被赶到院里，围操场跑了十几圈，接着，让每十几个同学围住一堆雪，把手插入雪中，第二天有几个同学病倒了，其中一个因伤寒严重死了。"[1] 这些日本教官对师范学校师生痛恨至极，一直将他们作为迫害的重点对象。又如在代县师范学校，"1944 年 10 月，一个深夜被吵醒，见日兵和伪警绑着一个学生离开了学校，一打听，才知是校北日本草库失火。被捕学生叫李桥，性情柔弱，据说他的鞋有嫌疑。次日，李桥的室友 4 人被抓走。快放寒假时，4 个人才回来，但个个面黄肌瘦，气息奄奄的，询问时才知，被多次拷打，但他们说失火那晚李桥没出过门。两年过去了，听说李桥被释放了，但疯疯癫癫，已成了废人。"如果说日寇在太原师范学校和代县师范学校采取的是个别迫害，那么在大同女子中学则是大规模迫害，无论教师、学生或职工大部分都被逮捕，当时一名受害者详细描述了那时的恐怖场景："日寇大同宪兵队于 1941 年 12 月开始逮捕大同师范学校及大同女子中学的教职员及学生，至 1943 年 3 月

---

[1] 项致中：《大同教育志》，山西高校联合出版社 1993 年版，第 262 页。

底大同女子中学除了校长、新来的一个教员和一个工友外，中国教员算是全部被逮捕了。后来，这些难友致死很多，在宪兵队，监房的条件极差，夏季像大蒸笼，口干舌燥，有的难友因挨打流血过多，甚至想喝难友的小便，日寇宪兵把我们说成是共产党。他们逼我们脱光衣服，盘腿坐在院中，把大石条和大石头压在我腿上两三个小时，全身麻木，以至失去知觉。拷打不出证据的就将孩子抓来头朝下、腿朝上绑在木梯上，向鼻子里面灌凉水。对待我们极为恶劣，吃饭不给筷子，直直的跪着吃，还亲自给我们刮胡须，但每次都流血，以此来取乐。1942年10月21日，我们终于被以所谓的'共产党员'的罪名宣判了，死刑的32人，判2~7年的52人，被日寇释放的只有3人，且死在宪兵队的有七八十人。监狱当时押着900多人，每天都有被折磨致死的，有天就死过25人。"①

　　日本侵略者对山西爱国教师进行了大肆逮捕杀害，甚至进行了各种方式的屠杀。在山西大同市，"1942年阴历年，日军以请客为名，逮捕397名知识分子，凡是懂英语的，即视为对日本皇军不忠，被统统活埋在郊外的五条深沟里。1943年，日军在平遥县逮捕教员400人，以同样的理由杀死其中100多人，在文水县日军一夜逮捕了250人，当即杀了20多人。"比起这些小数量的屠杀，还有对师生大规模的屠杀，如制造杀人场、"万人坑"等。"1955年5月，山西省人民检察院对原日军在太原市小东门外赛马场对340人进行的屠杀尸骨进行了挖掘鉴定。根据挖出的21具尸骨，依次进行检查，其中有男尸18具，年龄均在30岁左右，女尸3具，年龄均在20岁左右。在多处肋骨上有明显之锐器伤，伤口每每为斜形，而且每每适于第五、六、七肋之上缘。在肩胛上有多处锐器劈伤。多数头颅骨上、髋上、胫骨、股骨上，均有明显锐器刺伤。上述损伤均有明显之血瘀，洗刮不退，置紫外光线下检查为土棕色。据此足以证明为生前损伤。根据上述尸骨鉴定的结果，结合案情，当时杀害的方式和经过与所检查尸骨断定的刀伤均在第五、六、七肋之上缘等结果，完全相符。证明被检尸骨确系日军集体屠杀抗日干部及抗日大学师生等340名之部分尸骨。"

　　在迫害、屠杀师生时，日军用尽各种手段，机枪扫射、施放毒气、淹死、火烧、吊死、闷死、冻死、砸死等，其中活埋知识分子是最常用的一种手段。据不完全统计，"1940年5月2日，日军在山西昔阳县'清政大屠杀'中，以此活埋知识分子和机关人员100多名；1940年9月19日，日军将从山西左权友爱医院、育贤学校捕来的20多人杀害，并挂头示众；1941年4月3日，日军制造山西和

---

① 张全盛、魏卞梅编著：《日本侵晋纪实》，山西人民出版社1992年版，第414页。

顺县羊蹄洼惨案，砍杀 30 名学生；1941—1942 年，日军在大同屠杀知识分子 500 多人，在监狱囚禁知识分子 200 多人，几乎每天都有三五人被活埋；1943 年日军在平遥逮捕教员 400 多名，屠杀 100 多人，在文水，日军曾一夜逮捕知识分子 250 多人，当即杀死 20 多人，在五寨，日军在半月内屠杀知识分子达 800 多人"。日军对山西爱国知识分子的屠杀充分暴露了日本帝国主义对中华民族文化和精神的极端仇视，更暴露了日本作为一个边缘民族，其性格中灰暗的一面。日军的残杀可谓使用了各种手段和借口，"日军在山西汾阳仁岩村制造了'吃油糕'惨案。当时，驻汾阳日军宪兵队请仁岩伪村干部和小学教员等 193 人在铁佛寺开会，先请大家吃油糕，然后以'通敌'罪分批押走杀害或送往宪兵队拷问，使用了过铁骨筛子，用电磨磨等酷刑，有 147 人被残害而死。"并且，日军的各种试验如细菌试验竟然用活人作试验对象，还有一种被称为日军对新兵的"勇敢测验"，即用"活人作靶"供新兵练习。如 1938 年 8 月日军驻扎山西临猗蒲坂中学，在此设'活人靶场'，用活人练习射击或刺杀，先后杀死 60 多人。日军以此来显示皇军威严，然后留下一具具血淋淋的尸体扬长而去。这是人们脑海中对"日本鬼子"最深刻的记忆。

十年树木，百年树人！教育是一个民族和国家最根本的事业，山西的教育事业经过民国前 20 年不断的努力和推动，呈现出一片欣欣向荣的面貌，但日军的侵略使得山西的教育陷入瘫痪，无以数计的教室变成一片瓦砾。随之而来的是日本为使中国"亡国灭种"而推行的奴化教育。日本帝国主义在侵华战争期间所犯下的罪行早已被钉在历史的耻辱柱上，其中造成教育的损失是无法估量，它对一个国家和民族的影响深远。我们写段历史并不是要记住仇恨，而是在和平年代里，在日益强大的国力支持下，我们应该大力发展我的教育事业。从一定意义上说，教育决定这一个民族和国家的未来，通过教育提高全民族的整体思想道德素质和科学文化素质，为把我国建设成为富强、民主、文明的社会主义现代化国家提供坚实的基础。

（作者：山西师范大学历史学院　孙立智）

（六）日军侵晋期间对山西文物的劫掠和破坏

　　日军侵晋八年，山西许多珍贵文物惨遭劫掠和破坏。日本帝国主义的侵略，不仅是对中国领土主权和人民生命的凌辱，其中还包括对中国古老文明和历史文化的掠夺和摧残，其行径可恶可恨。本文略述日军侵略山西后地上文物惨遭劫损的历史罪证，以启迪后人。

（一）

　　宗教寺庙是古建筑的重要组成部分，这在中国、日本、印度、泰国乃至埃及、罗马（教堂）等皆是如此。山西近百年来战事较少，相对稳定，加之交通不便和信仰浓郁等历史原因，寺庙建筑保存较多。日本帝国主义侵入华北后，曾派遣文化特务到山西80多个县市的名胜古迹和寺庙，为他们的文化侵略和文化摧残提供信息和情报。帝国主义者知道，古代建筑属于不可移动的历史文物，欲窃不能，故而不加保留地大肆毁坏。笔者在考察山西古建筑文物过程中，得悉其中有60多个县市的古建筑程度不同地在抗日战争中被摧毁，或焚于战火，或被纵火烧毁，或被拆除，或被践踏后折损，已知者即达数百座之多。其中具有历史、艺术和科学价值者，尤为痛惜！

　　1935年，我国著名建筑学家梁思成先生等曾考察山西古建筑，将其有价值者撰文刊载于《晋汾古建筑预查纪略》和《营造学社汇刊》之中。七七事变后不到两年时间（即1939年），梁先生考察公布于众的古建筑：霍县中镇庙、霍县太清观、霍县福昌寺、霍州火星圣母庙、赵城女娲庙、汾阳峪道河龙天庙、大相村崇圣寺、小相村灵业寺、杏花村国宁寺、文水开栅镇圣母庙、孝义吴屯东岳庙、榆次永寿寺雨花宫等10余处，都已变成了瓦砾。

　　不仅如此，稷山小宁村兴化寺，在被盗窃壁画之后，日军于1939年又将寺院焚毁，还有霍山兴唐寺1938年被焚毁。芮城清凉寺山门、天王殿，1939年被拆毁。芮城永乐镇护国西齐王庙，1940年被焚毁。芮城北关圣寿寺，1942年被拆毁。运城寺北村报国寺1939年被拆毁。同年，村北关帝庙又遭火焚。安邑太平兴国寺 1939 年被焚毁。永济万固寺大雄宝殿、天王殿等 1939 年被毁。永济普救寺明建大雄殿、天王殿 1940 年被拆损。临汾尧庙舜殿、禹殿 1938 年被拆毁。临汾龙子祠康泽王庙 1942 年被焚毁。同年，泊藏圣母庙被拆毁。介休绵山大佛寺 1939 年被摧残。翼城乔泽庙 1939 年被拆毁。汾西博济寺 1942 年被摧折。太原晋祠北堡关帝庙 1942 年被拆毁。五台豆村古竹林 1942 年被拆毁。代县北关圣母庙 1943 年拆毁等。这些寺庙建筑或被焚、或被拆、或遭践踏、或摧折，当地老者义愤填膺，记忆犹新，这种历史罪责，是永远也无法抹煞的①。

上述寺庙建筑，考具碑碣，多为宋元遗构，个别寺庙（如霍州兴唐寺、运城报国寺等）可能还是唐物，这在我国建筑史和文化史上无疑是重要的篇章，至为可贵。所惜毁于侵略者之手，令人愤慨！正像临汾市文化局一位老者解春华先生所言：日本帝国主义者摧残我国历史文物，妄图割断祖国的历史文明和历史功绩，就像挖掉中华民族的祖业一样，令人切齿痛恨，永难忘怀。

（二）

寺庙和石窟中的彩塑、石雕造像和壁画，是宗教供奉的主体，也是人们信仰和崇拜的化身偶像，这些造像是历代艺术大师们经过辛勤劳动创造出来的宗教艺术硕果，世界各国（包括日本）对历史上的优秀宗教造像无不奉为艺术珍品，视为国宝。山西石窟宏伟，寺庙林立，各种泥质彩塑、石雕造像和壁画遍及全省各地，这无疑是先辈艺术家为我们创造的一批具有强大生命力的文化财富。帝国主义踏上山西境域之后，文物被盗屡屡发生，1920—1940 年间，云冈石窟大量佛像被凿，1925 年天龙山石窟被窃，1926 年和 1927 年，稷山兴化寺壁画和洪洞广胜下寺壁画被分块剥离盗卖。日本帝国主义者对此垂涎三尺，侵入山西之后，采取能盗则盗，不能盗则毁的恶劣手段，大肆摧毁山西的石雕造像和寺庙之中的彩塑、壁画。日军侵晋 8 年中，这种摧残达到了无以复加的地步。除已毁的寺庙和塑像、壁画外，现存寺庙中的许多塑像、壁画和石窟摩崖雕像毁于日军魔掌之中者为数甚多，刀痕累累，残迹斑斑，这是谁也无法磨灭的罪责。

大同云冈石窟，是我国三大石窟群之一，造凿于北魏，距今 1500 多年历史，石窟规模宏伟，雕造富丽，各种造像 5.1 万余尊，为世人所瞩目。进入 20 世纪

---

① 狐畔：《消失的山西寺庙》，《中华民居》2013 年第 1 期，第 10 页。

以来，帝国主义者即将魔爪伸至云冈，屡造凿窃，日寇侵略时期，日本帝国主义分子借"学术研究"的幌子，不惜毁洞损像，大肆搜集石窟造像资料。截至1949年中华人民共和国成立前夕，云冈石窟中被盗凿和打坏的佛头、佛像达1400多尊，堪称空前浩劫。太原天龙山石窟继1925年被盗之后，日本侵占后续有凿窃，致天龙山21个洞窟中各种佛头、佛像除第九窟露天大佛外，几乎全部洗劫一空。当时省城和太原县一些有志之士，组织当地群众奋力反抗，盗者惊慌，已凿取下来的少部分佛头和造像残躯未装箱运走，被当地群众收藏，现存晋祠博物馆中。迄至今日，天龙山石窟中仍可看见窟周的残垣断壁和刀凿斧砍的痕迹，国内外各界人士目睹这一情景，无不为之愤恨！此外，平定天宁寺魏齐石雕造像、长子法兴寺魏唐石雕造像、昔阳石马寺魏唐石雕造像、朔州崇福寺魏雕石塔、交城天宁寺唐雕石塔、灵丘觉山寺辽代石像、太谷圆智寺唐代石像、新绛隆兴寺唐代石像等，都曾在日本帝国主义侵华期间被盗窃过。其中朔州崇福寺石塔颇引人回忆，塔本名千佛塔，乃曹天度为祭亡父、亡子幽灵于北魏天安元年（公元466）在平城（今大同）雕造。塔平面方形，9级，高约2米，底座束腰须弥式，座上平台两层、塔身第一层正面和背面皆雕佛龛，四周及上层千佛列坐，全塔共雕佛像1333尊，塔刹雕绶花及露盘，内置复钵，钵上雕项轮和宝珠。所惜，千佛塔身首异处，令人惋惜！8年抗战期间，日本帝国主义者发现朔州崇福寺石塔是一件具有极高历史和艺术价值的文化珍品，遂将塔身和基座凿成碎片，编号装箱运至国外，然后粘接起来，先在日本帝室博物馆陈列，后辗转台北历史博物馆中。在盗凿中，塔刹被当地群众收藏，后奉还崇福寺保存，人们看到塔刹，必然联想起千佛塔当年被凿被盗的情景，至今身首仍不能壁合，这种破坏我国历史文物的罪证，是永远也赖不掉的。

古代寺观是我国美术史的重要组成部分，也是我国古代文物中的珍贵遗产之一。帝国主义者深知我国寺观壁画的价值，抗日战争中趁机掠夺，在1926年稷山兴化寺大殿内壁画被盗之后，1939年日本帝国主义者再次盗窃兴化寺前院和东西配殿内壁画，分块剥取，然后装箱起运，临行纵火焚毁寺院，妄图消灭罪证。在装运中，其中3块被当地群众私藏，内容为《释迦本行故事》和《善财童子五十三参》，现存稷山县博物馆，可资为证。平顺大云院五代壁画，绘于弥陀殿内四周和扇面墙上，日军发现后，随即对西壁和北壁后半部进行剥离揭取，但墙疏软，盗窃者技法拙劣，剥离失败，当地群众为保护壁画，将东壁和扇面墙上的画面遂抹压泥皮一层，予以掩盖，现该殿东壁及扇面壁画尚存，而西壁及北壁西半部壁画则荡然无存，至为可惜！此外，平顺龙门寺后殿和西配殿壁画以及襄汾普净寺壁画、新绛白胎寺壁画、阳泉关王庙正殿内东西两壁壁画、五台善文村延庆寺大殿内壁画、浮山清微观壁画、洪洞广胜寺水陆画、繁峙岩山寺水陆画、稷山青龙寺水陆画、平遥双林寺水陆画等，也都毁于日军之手。

寺庙之中多有塑像，这是人们信仰中所必需的。现存山西数十座寺庙之中，大半仅存建筑，而塑像已毁，经访问当地老者，其中相当大一部分毁坏于民族危亡的抗日战争年代里。有时日军为了压服百姓，将民众集合于附近寺庙之中，以塑像作靶子，持枪射击，用以威胁民众从属日军，致塑像残损而毁坏，或者直接捣毁塑像，恐吓百姓。例如：芮城清凉寺大殿内塑像 1939 年被毁；芮城水乐宫龙虎殿青龙、白虎像，1939 年被毁；芮城广仁王庙塑像 1940 年被毁；广胜下寺天王殿和前殿内塑像，1940 年被毁；五台延庆寺大佛殿内塑像，1940 年被毁；翼城四圣宫塑像，1941 年被毁；永济万固寺塑像，1941 年被毁；浮山清微观塑像，1942 年被毁；霍县女娲庙塑像，1942 年被毁；应县净土寺塑像，1942 年被毁；太原市纯阳万寿宫塑像，1942 年被毁；临汾关帝庙塑像，1942 年被毁；长子崇庆寺千佛殿四壁佛像，1943 年被毁；太原东太堡芳林寺塑像，1943 年被毁；太原南郊报恩寺塑像，1943 年被毁；等等。这些都是具有较高历史和艺术价值的作品，是中国艺术和世界艺术宝藏中的重要组成部分。日本帝国主义者在战争中摧残中国文化和宗教艺术的恶劣行径，在中国文明史和世界文明史上都是一种极大的犯罪，为各国有正义感的人士所不容。

（三）

七七事变后，我国华北、华东、华南大片领土沦陷，广大人民群众疲于奔命，社会经济凋敝，民不聊生。寺僧道徒也不例外，布施稀少，生存无济，墙垣塌累，殿顶杂草丛生，寺院一片破败景象。庙堂中的供器和乐器——香炉、蜡台、钟、鼓、志向、鱼、牌、盏、幡、坛等，或被盗，或窃卖，或摧毁，或散失。许多具有丰富文化内涵的佛道藏经被盗，它不仅是宗教的历史文献，也是我国文化宝库中不可缺少的重要组成部分。它记载了宗教的教义、宗派、戒律、规范，也记载了我国宗教的形成、发展和壮大的全部经过，是我们研究历史、研究宗教、研究社会形态，乃至研究文化艺术源流不可缺少的古代文献资料。日本侵略者深知藏经的重要，所到之处无不大肆掠夺。就山西调查所知，被日军盗窃和损毁的佛道藏经，不下数十处之多。比如：芮城永乐宫保存 700 多年的元版道藏，是彼云真人宋德芳于 1230 年前后在平阳（今临汾市）印刷装帧后移存于此的，为目前全国元版道藏中所未有，1939 年，日军将其分别装箱，后因偷运被阻而焚毁。浑源县北岳恒山朝殿之中，原存明版道藏一部，1940 年夏季晾晒之际被日军发觉，大部被撕成碎片而散失。太原纯阳万寿宫贮藏的明版道藏，1940 年被日军装箱运走，迄今下落不明。至于佛教藏经被盗窃和损毁者更多，洪洞广胜寺明版佛藏，隰县小西天明版佛藏，稷山青龙寺明版佛藏，永济万固寺明版佛藏，大同华严寺明清版佛藏，临汾兴佛寺（北仙洞）明清版佛藏，朔州崇福寺明清版佛藏，太谷圆智寺明版佛藏，太原崛围山多福寺明清版佛藏，五台山碧山寺、金阁寺、万佛阁三处明清版佛藏等，或窃或毁，大多毁于日军之手。这是我国古代文献中的巨大损失，其中永乐宫原存平阳元版道藏，是未见著录过的孤本，损毁之后无法弥补，成为永久悔恨。

在日军窃夺我国古籍藏经中，洪洞（原为赵城县，今合称洪洞县）广胜寺金版《赵城藏》一事轰动全国，我八路军为保卫这批文化财富付出了血的代价，从而也激发了我抗日军民的爱国热忱和保护祖国文化遗产的责任感和使命感。下面略述广胜寺《赵城藏》的价值和保护经过，以明其原委。

洪洞广胜寺原存有佛教金版大藏经一部，世称《赵城藏》。经考证，金皇统九年（公元 1149）开始雕印，（一说金天眷年间，公元 1138—1140 年始印。）大定十三年（公元 1173 年）完成，历时 25 年之久，它汇集了金代以前全部佛经和有关佛教资料，是我国佛教经籍中的巨著之一。该藏为卷轴式装帧，每卷经文前面印制着释迦牟尼说法图一幅，右上角竖印着"赵城县广胜寺"六字，说明是专为该寺雕印的，下角间有"住持人霍山老人"一语。雕刻工整，印制清晰，装帧讲究，是世界上从未著录过的孤本。该藏原为 7000 余卷，12 个大经橱盛装，元代以前存于上寺，明代移置于下寺后大殿保存。抗日战争中，日军残暴无度，民生疾苦，寺僧四散，寺庙逐渐荒败，管理乏人，庙产遭窃，经卷逐渐遗失。为保其金藏安全，寺僧于 1927 将其又移于上寺弥陀殿内保存。1933 年，上海影印宋版经藏理事会范成等来晋访古，到广胜寺发现金版《赵城藏》后，为弥补碛砂藏之缺页，拿走数百卷，未予归还。与此同时，南京佛学院蒋唯心研究《赵城藏》的《金藏雕印始末考》一书问世，随即又公布于报刊之上，此藏遂引起了国内外各界人士的广泛重视。1939 年，国民党军阀冯欣哉到洪洞活动，妄图把藏经窃走，在我人民武装力量的反击下，盗窃未遂。日本帝国主义者闻得金版大藏经的消息，惊喜若狂，垂涎欲滴，借侵华之际，妄想掠走。1942 年春，日军向我解放区大规模"扫荡"，我解放区军民聚集力量昼夜抗战，日本天皇趁此时机派日本东方文化所所长，以东方文化考察团团长的名义，奔赴赵城（今洪洞县赵城镇），几次到广胜寺窥测，欲图将藏经盗走。我太岳区党委发现日军动向后，决定保护金藏，不能丢失，要从日军魔掌中夺回来。在当地群众的积极配合下，先将藏经密封在飞虹塔的第三层里，随之于 3 月 12 日派部队前往包装和迁移，在洪洞县人民武装力量的掩护下，当晚即离开了广胜寺。次日清晨，日军得悉我方转移金藏的消息，即行派兵追劫，在安泽与沁县两县交界处，展开了激烈的战斗。我军英勇善战，机智灵活，很快击溃了日军，保卫了祖国这份珍贵的文化遗产。在这次战斗中，我军 8 位抗日战士为此献出了自己宝贵的生命。在那战火纷飞的艰苦岁月里，随着战事的转移，《赵城藏》也在一部分同志的掩护下转战南北，怕敌人发觉，把藏经装到煤窑里，天气晴朗时再拿出来晾晒。1946 年，随着当时太岳行署的行军转移到河南陕县，经过多方保护，这部近 6000 卷的金版佛藏再没有受到损失。新中国成立以后，移存于北京图书馆。这部用革命烈士的鲜血保护下来的古典经籍就更显珍贵了①。

以上所述，只是日本帝国主义侵华期间盗窃和掠夺我国文物的一少部分。回顾历史，声讨帝国主义掠夺和盗窃我国文物罪行，以提高中华民族的自尊心和爱国热情，进一步保护祖国文物，保护祖国历史文明，以激励人们奋发图强，建设幸福的明天。

（作者：山西省古建筑保护研究所原所长　柴泽俊）

---

① 马学良：《〈赵城金藏〉发现始末及其版本问题》，载黑龙江省图书馆学会和黑龙江省图书馆主办：《图书馆建设》2010 年第 12 期。

三、资　　料

（一）档案资料

1. 综合资料

（1）敌在我晋东北一带制造"无人区"的情形

（1941 年秋）

（一）

日寇为了加强其占领区的血腥统治，在其"治安强化"后"总力战"的指导方针下，于 1941 年秋季"扫荡"时，提出并实施"三光"政策，即对我中国人民施行杀光、烧光、抢光的惨毒办法。日寇在区域上是这样划分的，谓其占领区是"治安区"，称我之抗日根据地为"匪区"，对敌我接交地带，惨施"三光"政策制造所谓"无人区"。日寇在华北敌后制造所谓"无人区"的地带是广大的。在"无人区"的广大地带中，中国同胞不知被日寇杀死、烧死、打死了多少！每忆往事，不禁令人发指鼻酸。其杀人之惨之多，试举数端以资佐证：

1941 年秋，日寇在五台进行"扫荡"，施行"三光"政策，制造"无人区"时有下面一些材料：

敌人纠合狐峪沟等数据点之敌，向双庙三角城一带"扫荡"，将中国人民 53 人（包括男女老少）赶到双庙村一个农家院中，放火大烧，只该家 10 口人中即被烧死 9 人，其未死之 1 人，又被日寇用刺刀刺死。在三角城村一家 4 口，被敌烧死两口，被杀死 1 口，一个女子是被兽奸之后又被刺死的。就在这一次"扫荡"中，只此一沟共死 120 名，其中绝大部分是被敌寇赶到东大地集体烧死的。

敌人在狐峪沟将 7 个自然村的人民都圈在沟口，老百姓因为害怕，企图逃跑，日寇即集体烧死 9 人，用来镇压。又在榆树坪村杀死 8 个人，其中除两个是孩子外其余都是女人。只在这一次的敌人"扫荡"中，该沟被敌残杀的共 34 人之多。日寇在施行其"三光"政策，制造"无人区"时，是进行连续反复的"扫荡"与杀烧的，除了如上所述那样的大杀大烧之外，人民所有的粮食衣被等皆都一无所余的被敌抢光了！虎口余生的人民处在这样恐惧悲惨的环境里，无心农作，也无力农作，满山满坡荒草，高与人齐，山药冻在地里，无人收获，人民无衣无食，三五十人避居一个山洞中，衣不蔽体，采食冻山药，大黄菜（一种野菜名）、野草籽、山留菜、苦菜是上等食品，吃这些东西，不能大便，时间稍久，便都生病，患病者占 80% 到 90%，冻死病死很多。马家庄一村 320 人，在一个月内便死去 120 名，死亡比例为 3/8。1943 年狐峪沟有 70% 闹病。女人被敌人强奸轮奸致患花柳病者占 30%。敌寇制造的"无人区"，简直是把人间变成了地狱，其凄惨景象，非笔墨所能形容，日寇在晋东北制造的所谓"无人区"的地带，北从龙泉关以南到盂县上社以北，长 200 余里、宽五六十里。

（二）

日寇在制造成为"无人区"之后，是怎样去对待此地区尚未死完的中国人民呢？

五台一区前坪村共 40 户，男女老少共 120 名，壮年劳动力 32 个，半劳动力（青壮年妇女）16 个，共劳动力 40 个。在风雨及时与努力耕作的情况与条件下每人每年平均收获粗粮 320 斤，合小米 224 斤。绝大部分生活资料是依靠糠菜度日的。自从经过日寇制造"无人区"占领后，1944 年 1～4 月，共 4 个月的时间当中出款（共 12 项）1837.97 元（银洋）。

第一次出 148.42 元（4 项）

第二次出 818.86 元（3 项）

第三次出 483.54 元（2 项）

共出黑钱 280 元

应酬与花姑（娘）费 107.65 元。

共出工 3600 个

出粮（1943 年 9～12 月，共 4 个月）1930 斤。

从上面的材料当中可以看出和估计出来几个问题：

1. 按 1837.97 元银洋，合边钞 91828.5 元（当时每银洋 1 元合 50 元边钞），平均每人在 4 个月内，负担 765.23 元强，边钞每人每年平均负担 2295.69 元，当时每边钞 2 元买米 1 斤。以此计算每人每年负担米 191.3 斤强。

2. 每人在 4 个月内负担米 16 斤，每人每年负担米 48 斤。

3. 连款合成的米 191.3 斤，共为每人每年负担小米 239.3 斤，在好年成每人每年平均收入细粮为 224 斤，这样便不足 15.3 斤。

4. 再看劳动力使用在农作上的时间有多少呢？

全村 40 个劳动力在 4 个月（120 天）内为敌做工 3600 个，即每劳动力为敌做工 90 天，全年为敌做工 270 天，做 3/4，只有 1/4 时间去农作。

在日寇统治区的人民，每人每年向敌负担占其全部生活资料的 106.67%，劳动力使用于农作时间为 1/4。

中国解放区临时救济委员会晋察冀边区分会

（河北省档案馆馆藏档案，档案号 579—1—149—6）

（2）伪华北政务委员会救济字第 307 号^①（节录）

（1941 年 12 月 9 日）

为遵令呈复核拟山西省上党长治工厂办法及救济盂县、平定两县灾民共请饬拨 40000 元交省长负责转饬办理并随时具报由。

……又省署代电称：据盂县、平定两县知事呈报，盂县二、四两区计 152 村，居民 13257 户，平定五区计 33 村，居民 572 户，以友军将该地区划为清野地带，所有房屋悉数焚毁，沦为饿殍，其中代〔带〕病者约有三四万，凄惨境况不忍触目，现正向各关系机关洽商临时收容所办法，请迅拨款急赈各等情。当派巡回医疗班前往诊治，并先派员携款分别赈济抚慰。惟省库奇绌，殊难为继，伏恳迅予拨款救济等因。本会查该省署代电及上党道尹呈称各节，自应分别筹济……

[中国第二历史档案馆馆藏档案，档案号二〇〇五（2）511]

---

① 此标题为档案馆馆藏档案标题，原标题不详。

（3）伪山西省长苏体仁致伪华北政务委员会电^①

（1942 年 1 月 15 日）

友军为彻底剿灭五台县第二区共匪起见，将该区划为无住地带，村民 11200余名流离失所沦为饿殍，伏恳俯念灾黎凄惨迅予拨款救济。

由华北政务委员会委员长王（王揖唐）钧鉴，兹据五台县李知事呈称，查职县第二区共匪盘踞 4 载有余，苛捐剥削民不聊生，现友军为彻底剿灭起见，将该区划为无住地带，所有 84 村房屋悉被焚毁，村民 11200 余名流离失所，沦为饿殍，凄惨状况，目不忍睹，际此严冬冻馁尤甚，恳请速拨巨款施救等情。到署除派员携款 3000 元前往急赈外，惟省库奇绌，杯水车薪，难收实效，伏恳钧座念灾黎凄惨，迅予拨款救济，不胜迫切待命之至。

[中国第二历史档案馆馆藏档案，档案号二○○五（2）512]

---

① 此标题为档案馆馆藏档案标题，原标题不详。

（4）山西省第五次治强运动各道工作汇总报告①

（1942 年 12 月）

一、大东亚战争意义及发展宣传

（一）雁门道：该道各县组设宣传队，分赴各区村召开民众大会，讲演大东亚战争意义，以及战争胜利情况，并举行座谈会、学生观摩会，广为宣传，又散发多种宣传品，以期民众一致了解。

（二）冀宁道：该道拟定 5 次治运实施章则令饬各县遵办，发动各种宣传组织分赴各地宣传。现临汾、洪洞、赵城、霍县、灵石、介休、平遥、祁县、太谷、汾阳、交城、文水、离石等县，所有民众，对大东亚战争意义及治运 4 大目标，已有 70% 以上民众，能深刻了解，并能协力推广治运。至宣传区亦较 4 次治运扩大 1/3，其他方山、中阳、汾西、蒲县、浮山、安泽等县，因治安不良故宣传未能普遍。

（三）河东道：该道督导各县，分别召开座谈会、民众大会，印发宣传品，举办农民及妇女识字班，并饬各县署人员，组织巡回宣传班，对民众及妇女等详释大东亚战争意义，因之民众均有深刻了解，且均抱有牺牲决心，愿与友军合作，同甘共苦，争取大东亚战争之最后胜利。

（四）上党道：该道拟定各县五次治运宣传办法，饬各县遵照实行，如召开座谈会、讨论会等，详加研讨 5 次治运之意义，印发宣传品多种，举办展览会，以期一般民众对治运目标有深刻之认识，藉以唤起民众之协力实践，收获预期以上之成果。

二、国防资源之开发

（一）雁门道：该道对于已开发之矿产，力谋增加产量，计清源月产煤 90 万斤，寿阳增加石炭产量 9000 吨，阳曲煤产量 113354 吨，其他平定等县对于未开发之石膏煤矿等资源，现正积极计划进行开采中。

（二）冀宁道：该道各县已开发之国防资源，计有煤、棉、皮、毛等，煤年

---

① 此件系伪山西省公署所做工作汇总报告。

产 20 余万吨，棉年产 263 万余斤，皮年约产 22000 余张，毛年约产 4 万余斤，按上列数目较之上年同月生产量约增 2%。其未开发之矿产，有灵石县之铁与石膏 2 种，铁之埋藏量约 6 万余吨，石膏埋藏量约 4 万余吨，石膏业已开发。棉花一项，各地棉产改良分会，均有奖励增产推广办法，各县署协办正在积极进行中。

（三）河东道：该道各县已开发之资源，计食盐年产量为 2766990 担，较上年减少 40%；棉花年产量为 7937365 斤，较上年减收 50% 强；煤年产量为 30 万斤，现仍在积极开采中。

（四）上党道：该道国防资源之生产以煤矿为最甚，计沁水产煤 800 余万斤，潞城 750 吨，长子 2770 吨，襄垣 54 万斤，其他各县正在统计中。

三、金属产品之收集

（一）雁门道：该道属之平定县，收铁 1 万公斤，收铜 9000 斤，其他金属产品 2000 斤，神池、徐清二县，各收铁 10000 斤，盂县收铜铁共 7000 斤，根据各县已呈报数字统计，共收集 70580 斤，其未呈报之各县，尚未列入统计。

（二）冀宁道：该道现已收集废铁统计 18816 斤，铜 351 斤，子弹壳 300 粒，较上月增收 1/3。此项收集，以文水、灵石、汾阳、祁县、平遥等 5 县为最多，临汾、太谷、霍县、离石等 4 县次之，其余交城、洪洞、赵城、介休、汾西、安泽、中阳、浮山、方山、蒲县等 10 县，均无收数。

（三）河东道：该道共计收集铜铁等总数为 45231 斤，责成合作社及商会主办。

（四）上党道：该道属之壶关县计收集烂铁 3324 斤、铜 201 斤、罐头筒 1201 个，襄垣收集铜币 215 枚，长子县计收集铜铁合计 30000 斤，沁水县收集铜 146 斤，长治县收集铜铁 200 斤，潞城县收集铁 4200 斤、铜 107 斤、锡 2 斤 10 两，晋城收集铁 20000 斤，其他未呈报之各县，尚未列入统计。

四、日语普及之运动推进

（一）雁门道：该道积极督导各县推进日语运动，如举办日语巡回教员讲习团，分赴各乡村讲授日语，以期分期普及，促进中日语言之沟通，现将全道受讲人员共 9400 余名。

（二）冀宁道：该道设有日语讲习班训练道署职员，县新民小学校亦均增授日语并组成日语讲习班，计男学员 374 名，女学员 26 名，后举办日语征文，日语试验，按成绩给奖，该道署曾举办日语学艺会一次，现计民众粗通日语者，已达 1288 名。

（三）河东道：该道令饬各级学校一律加授日语，并于县立各级学校，附设民众日语讲习班，各级机关，举办公余日语讲习班，举行日语检定及试验，日语学艺会，日语征文等，以资鼓励。

（四）上党道：该道各县属各级新民小学校一律加授日语课程，并普遍举办日华语讲习班，现在学习人数已达 1000 余人，日语推进运动成绩颇佳。

五、剿灭共匪

（一）雁门道：匪徒概数：9000 余名，讨伐次数：4007 次，掳获枪械：步枪 115 枝，手枪 2 枝、子弹 1872 粒，手榴弹 245 枚，地雷 24 颗，俘获人数：152 人，投降：26 人，伤亡、毙匪 126 人，我方死亡 560 人，伤匪 44 人，我方伤 93 人，奖恤人数 13 人。

（二）冀宁道：该道计有决死队 12000 余名，共产军 3700 余名，晋绥军 4 万余名，经讨伐后，仅余决死队约六七十名，共产军 1000 余名，晋系军 14000 余名，讨伐次数 980 次。掳获枪械：冲锋枪 8 支，步枪 253 支，轻机枪 7 挺，手枪 24 支，子弹 2926 粒，手掷弹 187 枚。俘房人数：530 名，投降人员 81 名，伤亡人数：毙匪 398 名，殉职人数 18 名，奖恤人数 71 名。

（三）河东道：匪徒概数：8520 名，讨伐次数：569 次，掳获枪械：512 枚、子弹 3070 粒、手榴弹 112 枚。俘获人数：412 名、投降人数 410 名，伤亡人数：毙匪 293 名（我方伤 12 名），殉职人数：13 名，奖恤人数：269 名。

（四）上党道：该道有伪 27 军及伪 40 军盘踞，活动于长治、壶关陵川之东南部及高平、晋城之东部，又有八路军第一、十、五各旅，决死第一、三两纵队，数目不详。前后讨伐 234 次，掳获步枪、手枪 9 支，轻机枪 1 挺，子弹 1119 粒，俘匪 205 名，伤亡匪军 569 名，殉职 16 名，奖恤 14 名。

六、扫除共产思想之宣传

（一）雁门道：该道督饬各县派员分赴各区村召开民众大会，宣传共产赤化之阴谋，悬赏征集论文，广贴漫画标语，藉以坚强民众反共信念，并由各县灭共班，督饬各学校组织学生宣传队，讲说共产党之暴行。

（二）冀宁道：该道祁县、平遥等县，在各城市乡村举办讲演会、座谈会，以揭穿共产党之罪恶，并将宣传品向敌方散发，冀收扩大宣传宏效。汾阳、文水等县组有灭共班，随时下乡调查检举，赵城举行化装讲演，赤城县举行时局座谈会。对共产主义之谬误作彻底的反驳。

（三）河东道：该道督饬各县组织巡回宣传班，于城市村镇扩大宣传，召开民众大会、讲演会、纸剧等，向学生、民众反复演讲共产党祸国实迹，民众闻之莫不深恶痛绝。

（四）上党道：该道利用各种宣传方式，以民众为主要对象，在各县城区村展开此项宣传工作，树立民众反共决心。

七、民间固有道德之提倡

（一）雁门道：该道为举行中国固有美德运动，派员分赴各县区村，倡导忠孝、仁爱、信义、和平、敬老扶幼、护乡爱家等固有美德，并调查孝子节妇事实，分别褒扬，以亦提倡。

（二）冀宁道：该道督导各县村于孝悌节义敬礼耆老，鼓励节约，抚恤贫弱等，积极提倡，现各县对于节约均能力行实践。霍县、洪洞、赵城，各举行敬老会一次；祁县印制通俗道德故事；交城成立道德会，表彰孝子节妇，并搜集嘉言懿行，编制教材，列为学校课程之一，文水规定节约办法，其他各县亦积极提倡中。

（三）河东道：该道各县调查年高德劭者，加以表彰，并举行敬老会，由各县知事新书匾额，分别表扬，并抚恤贫弱，编写八德宣传方案，由学生编列成队，分赴各村扩大宣传，而于宣扬尊孔尤为热心。

（四）上党道：该道召开民众大会，对于敬老扶幼等意义切实倡导，并表彰孝子节妇，以资鼓励。

八、农作状况

（一）雁门道：该道各县本年多因先旱后涝，并受虫害，农作物大受影响，各县除谷子豆类收成较丰外，其他高粱、玉蜀黍等仅收上年 2/10。

（二）冀宁道：该道各县本年收获，以谷类较多，小麦次之，然因雨水不调，故收成欠佳。如临汾、洪洞、赵城、文水、交城等 6 县均遭重大水灾，汾阳、离石、霍县、灵石、介休、平遥、太谷、安泽、方山等 9 县，均被水害，祁县、太谷、文水、平遥、汾阳又受虫害风灾。因之高粱、谷子，秀而不实，本年农作物较上年减收一半。惟各县本年筑井 3900 眼，临汾、赵城、介休、洪洞，开发水田 16200 亩，对于收护，裨益匪浅。

（三）河东道：该道本年农产，以小麦为最多，棉花次之，惟因雨少风多，故收量极薄。迄至秋季大雨，汾涑及黄河水涨，各县沿河村庄房屋倒塌，田禾淹没，灾情惨重。

（四）上党道：该道本年农产，以谷子为最多，但因雨缺，仅收4成。至潞城一带，因秋季雨水泛滥，灾情颇重。

九、匪区食粮封锁之情形

（一）雁门道：该道各县分设检问所、谷物保管委员会，列物资外流采取严重监视态度，或责成经济警察及自卫团严加防范，以杜绝食粮流入匪区情事。

（二）冀宁道：该道对匪区食粮封锁甚严，如赵城、灵石、祁县、介休、离石、中阳等县由经济警察不时稽查；平遥规定每人携带小麦不得过5斗，杂粮不得过斗；汾阳对匪区设有遮断壕，长50余里；临汾没收敌存小麦4800余斤；文水县施用物资购买票；洪洞设有经济检问所15处；交城成立物资流动取缔所；太谷设有检索所。严防物资外流，成绩颇佳。

（三）河东道：各县划定封锁线，由经济警察班、警备队、自卫团驻防各村，不时严查，并由经济督察专员及巡回指导班巡查监督，又防止食粮流入匪区，设立农仓储存民间食粮，按月配给。

（四）上党道：该道各县设检问检索所，并警告民众不准运动食粮外出，指定县联合会为枭枲地区，以杜绝食粮流入匪区。

十、农村合作社之推进

（一）雁门道：该道原设合作社191处，资本总额120173元，社员数45914名。在此次治运中，增加资本2340元，社数30处，社员222名，成绩颇佳。

（二）冀宁道：该道共有县区合作社627处，社员165879人，资本总额69444元，社数、社员、资本与上月比较，约各增1/2。

（三）河东道：该道各县设有合作社846处，社员322588人，现有股金770280元，刻下仍在继续推广中。

（四）上党道：该道各县共设合作社830处，社员总数94448人，资本总额220540元，逐月均有增加之势。

十一、减低物价之施行

（一）雁门道：该道励行廉价制度，全体商号一致恪遵公定价格，并设立物资对策委员会，办理评定物价、分配物资，并明密彻查奸商囤积居奇、暗码交易，以保物价减低之效。

（二）冀宁道：该道对各商号订有公定价格，并定有奖惩办法，商民均能恪遵。货物颇感足用，惟麦粉缺乏，未能按公定价格交易，已由经济警察督察调查，并鼓励商民自动检举，以期彻底实现减低物价政策。

（三）河东道：该道订有公定价格，恪遵者予以奖励，违反者予以处分，并严禁囤积、操纵。由经济督察专员及经济警察班，巡回监督，严密查察，成效颇著。但有因价格公定而发生物资缺乏情形之弊。

（四）上党道：该道各商号均能恪遵公定价格，并无高抬市价情形，对遵守公定价格及违反者之商号，由各县署及商会酌予奖惩。

十二、物资需供之情形

（一）雁门道：该道最需要之物资，以棉花、石油、小麦、砂糖、麻油等为最，但本年秋收欠佳，杂谷亦不敷用。除以代用品代替外，颇有供不应求之势。

（二）冀宁道：该道物资需供，尚称圆滑，惟麦粉、煤、油、糖类等，最感缺乏，食盐、火柴由合作社配给，尚敷应用。

（三）河东道：该道以煤油、糖、火柴、煤炭最感缺乏，以食盐存量最丰，现以植物油代替煤油，以蜂蜜代糖，凡日用物资均由合作社配给。面粉、杂谷、植物油、肥皂、布匹等尚不缺乏。

（四）上党道：该道土产物资尚称足用，惟食盐、砂糖、火柴、煤油最感缺乏，现以植物油代替煤油，日用物资以配给票购买。供需情形，不甚圆滑。

十三、人民自肃自戒之倡导

（一）雁门道：该遭规定各县每月8日实行民众清扫道路、劝导节约、禁烟毒、禁缚足、禁溺女、戒奢侈等事，并鼓励一致努力于自肃自戒及储蓄之运动，以裕民生，而期促成新国民运动之实践。

（二）冀宁道：该道对于人民自肃自戒之节约储蓄，勤劳拒毒等事，无不竭力提倡，督导各县每月举行节约储蓄运动周，每月8日举行勤劳奉仕，修筑道路，并于11月16日举行禁烟、拒毒、禁赌周，分设戒疗所5处，以期戒绝毒瘾情事。

（三）河东道：该道督饬各县分设戒毒所，实行烟民登记，勒令戒除，并严禁赌博、早婚、男子蓄发、女子烫发，厉行勤劳奉仕，实行早起早眠，鼓励储蓄，规定婚丧酒席价格，以杜绝靡费。

（四）上党道：该道通令各县厉行禁毒戒烟，散发宣传品，唤醒民众一致革新生活，崇尚节约，并利用各种集会，扩大宣传，对于勤俭美德莫不积极提倡，而挽颓风。

十四、官吏自肃自戒之倡导

（一）雁门道：该道厉行廉洁政治，严惩贪污，实践节约，实行新民体操，并倡导官吏发扬勤劳奉仕、灭私奉公之精神，以促进政治效率，戒绝不良嗜好，以祛除官场恶习。

（二）冀宁道：该道对官吏自肃自戒确实推进，对酬酢宴会均有规定。各县举行朝会，及勤劳奉仕，公务员改着新民服，并推进新国民运动。

（三）河东道：该道署职员更着新民服，每晨举行早操及朝会。凡染有嗜好者勒令戒除，禁止无谓应酬及一切不合理之消耗，厉行廉洁，认真节约，举办邮政储金，服用土货，并对大东亚战争献金，以作民众之倡导。

（四）上党道：该道各县职员，对公私生活均有规律，一扫萎靡不振之风，对于储蓄、早操、朝会、着用新民服等事，均经先后实行，并严厉提倡勤劳奉仕，厉行节约，至于赌博吸烟等不良嗜好，勒令戒除，违者严惩。以达自肃自戒之目的。

[中国第二历史档案馆馆藏档案，档案号二〇〇五（2）462]

（5） 晋察冀边区八年来敌伪烧杀抢掠统计表[①]

（1946 年 1 月 20 日）

类别 数目 区别	冀晋区	冀察区	冀中区	冀热辽区	合计
人口死亡	152099 人	100800 人	232000 人	225000 人	709899 人
粮食损失（抢掠勒索）	1001452506 公斤	3224629462 公斤	3939775200 公斤	5156352000 公斤	13322209168 公斤
房屋损失	1006195 间	390500 间	480000 间	690000 间	2566695 间
牛、马、骡、驴损失	205222 头	215000 头	150000 头	60000 头	630222 头
猪、羊损失	507886 只	801200 只	378000 只	2016000 只	3703086 只
农具、家具损失	6311357 件	6100000 件	12000000 件	1800000 件	26211357 件
被服损失	3987530 件	4125000 件	13020000 件	5200000 件	26332530 件
敌抓走壮丁数	60000 人	65000 人	120000 人	260000 人	505000 人
碉堡、公路、沟墙占地	1228800 公亩	528384 公亩	6451200 公亩	6844416 公亩	15052800 公亩
敌抓夫要工	96000000 个	12000000 个	218400000 个	34800000 个	361200000 个

说明：1. 本表系根据截至敌人投降后之不完整材料整理。

2. 反攻后新解放地区在敌统治期之损失已计算在内。

3. 人口死亡数内不包括部队牺牲数目，其中被敌直接杀死者为 377899 人（计冀晋为 82099 人，冀中区为 180000 人，冀热辽为 75000 人，冀察区为 40800 人），其余 332000 人为被敌虐待伤病致死者。

4. 粮食损失：除包括敌"扫荡"征抢外，其余勒索款子亦折成粮食计算在内。

5. 粮食计算单位已折成公斤（每 1 斤 = 0.5968 公斤）。

（河北省档案馆馆藏档案，档案号 48—1—32—2）

---

① 此件系晋察冀边区行署编制。

（6）交城县在反法西斯战争中被日寇烧毁抢劫破坏损失统计表（1937年—1945年）①

区别 / 数目 项目	第一区	第二区	第三区	第四区	第五区	第六区	第七区	总计
被敌大规模摧残总数								19次（大规模）
烧毁房屋数（间）	123	20500	22000	35000	20700	1077	12600	120000
杀人数（人）	105	435	854	837	327	113	327	3043
被俘人数（人）	78	235	221	215	193	132	182	1256
被奸淫妇女数（人）	3180	280	1550	1025	234	134	97	6500
抢走及烧毁粮食（斤）	17600000	7630000	6540000	9160000	6140000	4340000	2002354	53342354
抢走及杀死牲畜数　牛（头）	102	384	321	847	537	178	437	2806
驴（头）	57	165	86	146	192	171	110	927
羊（只）	378	1933	1430	3268	2800	371	1760	11940
猪（口）	105	131	76	136	105	74	89	776
鸡（只）	8.483	14700	11050	6000	9600	3700	6200	60633

① 此件系交城县政府编制。

项目　　数目 　区别	第一区	第二区	第三区	第四区	第五区	第六区	第七区	总计
抢走损坏衣物衣具数折小米计（斤）	970000	4850000	4150000	5630000	4240000	3100000	5700000	26640000
被杀致孤儿寡妇数（人）	22	65	208	63	59	23	32	472
被杀致绝户数（户）	18	13	21	20	12	6	18	108
敌人残暴之行为	一、敌杀我无辜人民，手段极残惨，主要有：火烧（如有沟 40 年一次烧死 50 多人），活埋刀刺（43 年冬在瞿家庄一次剌死十多人，点名，用机枪步枪排队打死），剥皮冻等惨无人道之手段。二、奸淫妇女的手段，其无人道亦达极点，不但奸淫妇女，而且轮奸十二岁之幼女（如草庄头未源村），五六十岁老年妇女亦被奸淫。三、40 年冬季敌人大散布病菌，因而致死者不计其数。							
附　注	一、表内统计不完全，因年久遗漏很多。二、全县被敌人的摧残计十九次之多，小规模的扫荡未统计在内，但估计有百次以上，40 年冬一次扫荡达 50 天左右，又如家子等很多村庄一年之内（41 年）即摧残五次之多。三、抢走损坏衣物家具数目是按当时市价折小米计算的。该表 1946 年 2 月 22 日整理。							

（山西省档案馆馆藏档案，档案号 A33—4—13—1）

（7）日军在太行区屠杀资料① （节录）

（1946 年 2 月 23 日）

卢沟桥事变后，敌人一天天向山西侵略。1937 年冬，129 师在朱、彭总副司令直接指挥下，提出："与华北人民共存亡"、"开展敌后游击战争"等口号，坚持北上抗日。并以太行山为依托，结合当地抗日政府，维持社会秩序，安抚流民，发动群众，开辟抗日基地。当时由于国军南撤，使敌人长驱直入，疯狂残杀，人民悲愤异常，纷纷揭竿而起，军民团结，与敌人展开了空前的斗争。

这时驻太原敌 20 师团长川岸文三，对太行山这支壮大武装"破坏交通，摧毁敌伪组织"，颇为焦虑，于是发出训令称："要集中兵力歼灭他们"。在 1937 年 12 月间，向我区发动了"六路围攻"，"分进合击"，形成马蹄形之包围战。太行山的人民，开始遭到第一次洗劫。但由于我军民的坚决抗击，"敌人在腹背受击，伤亡惨重的形势下"迅即败退，围攻遂告粉碎。

1938 年 2 月，敌人北由太原南下，东由东阳关攻入取得长治，钳击临汾，于 2 月陷临汾后，邯（郸）长（治）公路即成为敌人 108 师团西进的主要补给线，同时也成为太行区的腹心大患，烧杀掠夺，惊耗频传，人民所受之浩劫，罄竹难书。这时 129 师则首袭黎城，设伏神头（潞城属），消灭由潞城向黎城远运之敌千余。接着又在响堂铺（涉县属）打了一个漂亮的伏击战，敌 108 师团的 180 辆汽车及掩护部队全被我消灭，所有军用物品也为我悉数缴获。这一役对敌打击很大，感到太行山的威胁性日渐严重。4 月里敌遂出动兵力 3 万，由博爱、邯郸、长治、邢台、石家庄、阳泉、榆次、太谷、沁州，分 9 路向我"分进合击"，企图消灭我军于辽、榆、襄、武等地，摧毁日益成长之太行山根据地。这是敌人对我腹心地区首次摧毁。兵行所至，大肆屠杀，焚烧抢掠，牛羊牲畜几遭全拉，民间妇女横被奸污，武乡、榆社县城纵火变成废墟，辽武沿线房屋焚烧 8/10，武乡一县即杀人达 1500 余名之多，人民对敌恨之入骨，复仇火焰，到处燃起。4 月初，129 师在麻田给了由涉到辽之敌以迎头痛击，跟着于 16 日在武乡长乐一役获得大捷，彻底粉碎了敌人的"九路围攻"（长乐之战是全国闻名的急击战斗，敌人伤亡人数在 2200 人以上）。自此以后，晋东南人民的胜利信心更加

---

① 此件原题为《八年来敌人摧毁太行区人民的概述》，系太行行署编写。

坚定，深信八路军与人民共存亡之真谛，与保卫他们生命财产之力量。因此，太行区战局更加稳定，抗日根据地之建立，奠定了坚固的基础。

但敌人为掌握华北的"兵站基地"，在攻陷武汉后，放松了正面进攻，把作战重点放在后方，回师华北，陆续提出："治安肃正"、"治安强化"、"总力战"及"囚笼政策"等。此种政策是以"铁路为柱，公路为链，碉堡为锁"，并辅以封锁沟墙，逐渐向根据地压缩包围，争取机动，企图用"清乡"、"蚕食"和"扫荡"3套法宝，将我一鼓歼灭。因之围困我之敌兵增加到1000000以上，用以进行"以华制华"、"以战养战"的阴谋。在政治上，他把铁路、公路与据点，当做统治奴役中国人民的枷锁，实行保甲连坐，发展维持，扩张伪政权，强化特务，扩张伪军，要伪军来据点当炮灰，要群众看路当"肉电杆"，给每个中国人身上加上一副镣铐。在经济上，他把铁路、公路、据点当做吮吸中国人民膏血的大小血管和毛孔，开发资源，掠夺农产，倾销毒品，推广伪币流通，对我根据地则加强其经济与贸易之封锁。在文化上，把铁路、公路、据点，当做放毒管，强迫小学生上日语课，"造兴亚语"，散发伪宣传品，甚至连关帝庙灶君像上也有反动标语。在乡村出演诱人堕落诲淫诲盗的戏剧电影，盛倡中日同文同种等等。尤其是在军事上，利用铁路、公路调动快速部队，从分散配置灵活进剿，用牛刀子战术，发展到"铁壁合围"、"三角合击"、"纵横扫荡"等各种花样，来进行全面的进攻与摧毁。我军在1939年后，主动发动了著名的平辽战役、邯长战役、白晋战役、邢沙战役、榆武战役、临屯战役等，坚决破袭敌人的交通线，使其"囚笼计划"为之推迟或根本流产。且有因破袭而收复县城（如榆社），切断公路而围困敌人，这样使敌人的"囚笼"日益破碎，根据地日益扩大。这种"敌人白天修，我们晚上破"，及今天破这里，明天破那里的破击战，固然使敌人防不胜防，疲于奔命，但我确实也耗费民力不少。敌人更依托"囚笼"频繁"扫荡"，使本区战争空前紧张。其中最严重的为：1939年对晋东南的大围攻，动员敌兵在50000之多；百团大战后及1941年秋的对太行区毁灭性"扫荡"；1942年5月的"铁壁合围"、"抉剔清剿"，都是惨绝人寰的。敌调集兵力36师团、110师团、独立第1混成旅团、第9混成旅团等约20000余人，在太行山进行报复"扫荡"，从1940年10月6日起，一直到年底才大体结束，中经两个半月的时间，曾进行了3次大合击。敌酋冈村宁次命令中说："为根绝敌人之根据地区住家，及居民助敌背我之行为，实行彻底毁灭'讨伐'。"故敌人一进根据地见人就杀，见房就烧，见东西就抢。用这种恐怖的"三光"政策（烧光、杀光、抢光）来压吓人民。在进行3次大合击中，敌人曾由白晋、平汉、平辽等路，分数十路出动，在清潭、浊漳两岸，往返窜扰。并犯我水腰兵工厂，附近村庄群众，都大遭残杀和掠夺，无一人幸免。至此，反"扫荡"烽火，遍燃了太行山。彭副总司令亲自指挥5、6、10旅及决死队各一部，乘敌疲困之余，于10月30日，出演有名的武乡关家垴歼灭战。这样大规模的反"扫荡"，群众遭受损失可想而知。1942年5月，敌曾出动60000兵力，在敌酋冈村宁次亲自指挥下，陆空配合，向我作大规模的合击。先向太北，以辽县、偏城之间为重点，轮番"清剿"，搜山挖洞，仅辽县一县死人528名；后转太南，以平顺为重点，曾在浪梯大放毒气，无数军民惨遭毒害。我八路军总部副参谋长左权将军，竟英勇殉国。其斗争之空前残酷，可见一斑了！

太行区经过这样疯狂残酷的洗劫"扫荡"后，群众积蓄空虚，建设摧残殆尽，担惊受怕，忍饥挨饿，生活失常，营食更缺，疫瘟疾病接踵而至；加之水、旱、虫灾，连年歉收，造成太行山上严重的1942年与1943年的大灾荒。只就五、六两个专区统计：灾民达300000余万人，豫北灾民向太岳区逃亡者不下200000余人；外区逃来太行区的灾民也在四五万人以上。这说明，我们不但须救济本地灾民，而且得安置赈济外来灾民。因之，在生产自救的方针下，全区动员起来，组织起来，开荒、修滩、开渠、打井，政府贷棉，组织妇女纺织，组织运输，发动人民互助，军民一心同甘共苦，节衣缩食，吃糠咽菜，才把灾荒渡过。而蝗灾又在1944年和1945年袭击在解放区的人民头上，党政军民又全体组织起来，展开了捕蝗运动，创造了历史上的奇迹。如林县二区岸峪村全村老少，4天挖了蝗卵10多石；林安组织了清凉山10000人捕蝗的歼灭战，一天时间打了七道岭八道沟，捕了70000多斤蝗虫，救下2600多亩麦田，其蝗情之严重性可知。现只就1944年的统计：全太行区就有250000人参加打蝗战斗，占解放区人口1/10，花费时间半年，用工在1000万个以上，每人平均40天；五分区有的县每人平均达73天。战斗地区南起黄河北岸的修武、沁博，北达正太路南的赞皇、临城，东达平汉线磁武、邢沙，西达太行山巅的和顺、左权，共包括23个县份，占全区县份的46%。面积达约3000平方华里，被吃光、损坏庄稼600000亩，合粗粮600000石。就林北等14个县的统计，打死蝗1835万余斤（其中除蝗卵10万多斤外，蝗蝻飞蝗各占一半）。到1945年受灾区域大到43县，达全区县份75%，面积约5000平方华里，被灾亩数为750000亩，合粗粮为600000石。人力动员为300000个，占全区人口9.7%，用工810万个，每人平均27天。1944年还严重，但由于土地进行过秋耕，动手早、有经验，提出消灭在蝗蝻蝗卵阶段，所以为害较轻。这种奇迹，惟有在共产党领导的民主根据地，才会出现。即此，群众受到的损失也够惊人了！

敌人乘根据地严重的灾荒时期，更毒辣地举行逐步"蚕食"和分区"扫荡"，并组织了1943年的灭绝性"扫荡"，使腹心地区和边沿地区〔处〕在极端紧张和困难的环境中。边沿区是抓丁拉夫，奔袭"扫荡"，修路筑堡，挑沟垒墙；腹心区是烧杀抢掠。如1943年5月对太南、太北的"扫荡"，是突入腹心打下据点，包围山头，即进行"清剿"搜山，抉剔下层，把黎城弄了个全县几乎没有一个村庄未受损失。当5月5日我军民粉碎敌人"扫荡"后，只城内一个井内，就填进173具死尸。其残酷之状，真是难以尽述了！这样的天灾与敌祸的结合，群众蒙受的灾难，已经够苦了；而伪军还助纣为虐，配合敌人来摧残人民，修筑碉堡，节节向我进攻。至1943年孙、庞及27军投敌后，陵川、壶关、林县等地的群众，更遭浩劫。这种一面与敌伪勾结，一面与根据地暗藏的特务结合，加上顽军的自己掠夺和暗杀抗日军民，给豫北一带群众的灾难是更大的。

总之，在8年抗战中，太行区所遭受的敌灾、水灾、旱灾、蝗灾、瘟灾，是一笔算不完的血债。敌人是愈来愈凶，除边沿区频繁"扫荡"外（有一个月"扫荡"达20次之多的）；对腹心区的大小"扫荡"，达数十次，且大部在生产季节，如下种、麦收。对生产破坏，粮食掠夺，更无所不用其极。其详细情形与损失数字，分别概述于后。（下略）

（中央档案馆馆藏档案，162卷）

（8）中国解放区救济委员会晋绥分会致鲍丁先生①函

（1946 年 4 月 26 日）

鲍丁先生并请转联合国善后救济总署署长阁下：

我晋绥边区 360 万人民，在 8 年抗战中，对反法西斯战争共同事业上的贡献是不可磨灭的，同时其所遭受的灾难也是深重的。惟自日寇投降已经近一年，而其所造成之严重灾难与大量待救难民之实计，犹未获得世人注意，兹特向阁下略为陈述。

日本法西斯野兽于 1937 年侵入晋绥，一开始就向善良居民大肆屠杀，当时每县被杀人口已均在千人以上，此后更不断"扫荡"，实行所谓"三光"政策，每次进入我根据地，都往复施行严密搜索，对人口则实行所谓"杀光"政策。一次在临县贺家庄，在一个地洞中被熏死男女老幼 300 余，在汾阳之所谓三次"强化治安"中，全县被杀掉 3000 余人，统计直接被杀死者，根据吾人初步调查统计，全区共 92560 人，至被虐待凌迫，抢劫以致引出疾病冻饿而死之 57240 人犹不在内。晋绥地广人稀，此项无可补偿之人口损失，又引起今日善后工作之严重困难。对粮食、牲口、禾苗、财物以及人民之一切生活资料、生活工具，则实行所谓"抢光"与"烧光"政策，对一切抢运不尽与不能运走的东西，都彻底焚烧，企图将我广大之抗日根据地造成全面"无人区"。就粮食损失如 1940 年之所谓秋季"扫荡"中，安城西冶川 9 个村庄待收之谷物，全被放火焚烧，如绥蒙之有名产粮地区，每年于禾谷成熟之际，纵骑兵入禾田践踏；如五寨古城杨堂雨村一次被抢去粮食 200000 多斤，抢运之余，复于焚烧；对其统治之沦陷区，则尽数勒索不容余留，如朔县上村李聚龙，只收粮 90 石，被收粮款而项勒索即达 83 石 6 斗，加之日寇投降后，傅作义收编之苏美龙，失大义复继续对人民施行残暴，如去年集宁弓沟村，富户张钦所种之 800 亩莜麦全被践踏，抢夺粮食一如日寇，根据吾人初步调查统计，全区损失粮食 44919860 市石。经此摧残损失，向以产粮著称之晋绥，反而形成粮食奇缺之现象。曾经我民主政府采取各种补救步骤，至今尚未完全解决粮荒。就牧畜说，晋绥向以产牲畜著称，到处不少大牧场、大畜场。敌寇侵入以后，逐年都大肆抢夺与杀戮，如某某村，在一次

---

① 鲍丁先生为当时联合国善后救济总署驻华官员或职员，国籍不详，待考。

"扫荡"中被抢去牛驴 200 余头、羊 900 余只，平集朱家堡在一次"扫荡"中全村耕牛悉被杀光……统计 8 年来直接被抢损失：牛、驴、骡马共 304603 头，猪、羊 3557465 只，鸡 8892465 只。经此摧残，不仅直接以牧畜为生之人民，生活上已陷于穷乏，且形成农村耕畜与肥料之缺乏，间接又引起耕地之荒落。就人民之住屋而言，敌寇每次"扫荡"都附有所谓点火队，见屋就烧，如汾阳一二三道川，交城山地，清太边山，静乐米峪川，凉城蛮汉山，朔县、右玉等县，80%以上的房屋全被烧光，右玉清阳沟等 36 个村庄之窑洞门窗全被焚毁，并每每往复进行，屡修屡烧。在其统治之沦陷区，除一部分被焚烧外，敌人为筑构碉堡工事等等，拆毁房屋亦为数甚巨，如朔县井坪镇 25000 间房屋被拆一半以上，总计房屋损失全区共 853400 间，致人民居住问题，今亦称为严重。其次在反复"扫荡"与"三光"政策下，人民之被服，农具家具，金银首饰，其他财物等损失，尤不可统计。根据吾人之初步统计调查，共被抢夺被服 5384430 件、农具家具 10988443 件、土布 4000000 尺、银洋 6000000 元、金银首饰 1000000 余两……此外工、商、矿业、交通、文化机关、慈善团体之损失，以及敌伪发伪币套取之物资，为数尤巨，吾人特于善后问题上，另向阁下提供此项材料。

因此，本区 698434 难民中，目前情况：缺衣的 247932 人，缺食的 285792 人，缺衣食两项者 98543 人，缺衣食住三项者 66167 人，并因此种缺乏，引起许多人患病之严重现象。其中尤以缺衣缺食为最普遍、最严重，如绥蒙、雁北一带，一年四季全靠羊皮遮体反复穿着；朔县下水头村每每全家只穿一条裤子，轮流穿着外出；右玉西家沟村，许多人没裤子，以破麻袋缀成布块掩着下体，八九岁儿童严冬赤条，平鲁兔儿村前年冬季冻死 6 人。粮食问题在新解放区亦颇为严重，尤以晋西南与雁北各县为甚。如右玉县□□村，许多人以谷糠、榆皮、棉蓬、苦菜果腹，数月吃不上盐，面呈菜色，脸肿腿软，小尿经常便结。住的情况，凉城大榆树鸟索图一带家人、牲畜同住一室，前炕睡人，后侧栏畜者，比比皆是，至全家挤住在一间小屋者在蛮汉山、交城、汾阳山区各处更属常事。本区向多疾病，加之在此种衣、食、住缺乏情况下，更为严重。特别是伤寒、疥疮、疟疾、天花，曾成为普遍之严重现象，死亡率达惊人程度，如今春岢岚城内 10 日内死 19 人，东豹峪村半月内死 16 人，朔县东昌峪两月内害伤寒者 30 余人，平鲁四区熊沟梁村患伤寒者占全村人口 70%，其中有 3 家 18 口人全数死绝，情况严重，于此可见。

我民主政府对此严重灾情，曾采取各种补救步骤，除实施急赈外，并发展生产，提倡种棉纺织，开展卫生运动，放粮贷款，发动人民自救互救（如今年春耕代粮款合法币 125000000 元），但终以灾情过重财力有限，仍不免杯水车薪。闻贵署已运抵中国之救济物资共达 500000 余吨，并曾昭示世人"公平分配"为原则。惟本区难民至今尚未得到寸布、粒米、分文，殊觉遗憾，吾人深知，阁下必系为情势所障，对本区灾情不甚了了，因特将以上情况……急之难民，向各位作迫切之呼吁。至于农……亦竭诚期待贵署之援助与指导。

（中央档案馆馆藏档案，185 卷）

（9） 八年来太岳区人民血债概述[1]（节录）

（1946 年 6 月 11 日）

　　七七事变后，敌人继续向我山西进攻，×月陷我太原，翌年 2 月敌入一面由太原南下，一面由东阳关与新乡分兵西犯，对我晋南造成钳形进攻之形势。当时由于国民党与阎锡山军队的南撤，于是敌人长驱直入，疯狂地奸淫烧杀，仅数日间，晋南之重镇——长治、临汾、运城等城相继沦陷，敌人遂达黄河边。从此，我晋南同胞，纷纷揭竿而起，华北军民在朱、彭总副司令"与华北人民共存亡"、"展开敌后游击战争"的号召下，军民亲密地团结起来，以太岳、中条之地山脉为依据，与敌人展开了空前英勇的斗争。

　　在 1939 年武汉失守后，敌人即放松了正面的进攻，回师华北，企图在华北建立"兵站基地"，以达到"以华制华"、"以战养战"之目的，因而敌人在数年中即陆续提出"治安肃正"、"治安强化"、"总力战"及"囚笼"政策等。敌人以"铁路为柱，公路为链，碉堡为锁"，并辅以封锁沟墙，不断地向我"扫荡"、"奔袭"、"清乡"与"蚕食"。在岳北周围敌伪最多的时候即增加到×万人以上，碉堡×××个。敌人在政治上并实行保甲连坐，居住证，扩张伪政权，发展维持，扩充伪军，强化情报特务工作，以巩固其恐怖统治。在经济上，实行对我封锁与"物资配给制度"，并开发资源，掠夺农产，倾销毒品，推行伪币。在文化上，强化国民小学上日语课，散发伪宣传品，宣扬"东亚新秩序"、"王道乐土"，以奴化我中国同胞。

　　正在外患方张之际，不料祸起萧墙，1939 年 12 月后事变发生，当时国民党与阎锡山军队除对我八路军、决死队进行攻击外，并残杀临汾抗日县长李从文、浮山抗日县长武之诚，及各地地方工作人员达千余人，其残酷行为较之敌人只有过之而无不及。从此，我八路军、决死队遂退到岳北（临屯公路以此），岳南与中条即为日军所占。从此，我岳北即处在了敌人与国、阎军的多方面进攻的极端严酷的斗争环境中。

　　1940 年 5 月，阎军 61 军与教导师结合敌人千余人，侵占我洪、赵两县后，对当地群众进行了残酷的奸淫、枪杀。我洪洞抗日县长卫勋元同志以下数十名干

---

[1]　此件系太岳行署编写。

部亦先后被捕而壮烈殉国。6月间，该军又向我安泽猛攻，我八路军被迫自卫，在洪洞晋家山一战，群众始解放。

8月间百团大战时，我岳北八路军、决死队东出白晋，西出同蒲，给敌人以重大的破击与杀伤后，10月初敌人以30000余兵力分兵几路对我根据地进行报复"扫荡"，企图以"三光"政策彻底毁灭我根据地，以取掉其心腹大患。此次"扫荡"，虽然由于敌人疲惫与我军民的到处打击，为时仅7天，但由于敌人惨绝人寰的行为，却给予了我们以空前严重的灾难，特别在安泽之和川以北、黑虎坪以东、屯留之张店以西、二沁大道以南方圆百里的地区，房屋完全被烧光，数千年来的建筑与财富，尽成灰烬。群众的粮食与东西亦被烧光或抢走，敌人见人就杀，灭门绝户者不知几几，仅沁源一县被残杀者即达3000余人之多。但是从此以后，我根据地群众并未有悲观失望，屈服于敌人，相反的更燃起了复仇火焰，在百般困难中，不屈不挠的想尽一切办法去克服困难，重新在村外分散地打窑洞建立住所，并一面拿锄积极生产，一面拿枪参加民兵，根据地反而又更巩固了一步。

1941年5月，敌人以200000余兵力，用所谓"铁脚闪击战"向中条进攻。国军200000大军不战而溃，从此，岳南、中条即成为敌伪、土匪、特务、溃兵盘踞下的混乱局面。中条战役后，我八路军应岳南、中条人民之请，挥军南下，9月间敌人又以20000余兵力，奔袭岳南之马壁一带，企图截击我南下部队，未能得逞。但国军在岳南、中条仅有之98军在沁水东西峪一战，又被击溃，该军军长武士敏将军亦不幸殉国。我南下之八路军，即在此敌人不断向我"奔袭"、"扫荡"的严重困难中，仍继续东自白晋线，西自同蒲线，实行宽纵面的向南推进，恢复国土，发动群众，建立政权，1941年光复了沁水、阳城等县以北之广大农村，1942年恢复了济源等县与曲绛公路以北之广大乡村，1943年与1944年即到达平陆、垣曲、济源以南之黄河岸，我军所到之处，群众由于敌伪、土匪、特务、溃兵的奸淫烧杀抢掠，而颠沛流离，饥寒交迫，尸体狼藉，无人掩埋，蒿蓬满地，豺狼当道，无数村庄，不见人烟的凄惨景象，真是罄竹难书，亦为中国历史上所罕见。

1941年10月，敌人30000余人，分兵20余路，以"梳篦队形"向我进行"铁桶光备之包围阵"、"电机反转之机略作战"，敌人所至，奸淫烧杀，无所不为，并在我腹心地区严密的搜山搜沟，在轼洪、棠子峪、水峪3个煤窑中，施放毒气，毒死躲难的群众260余人，同时根据地的牲口此次损失最为严重，几遭全拉。但是由于我八路军、决死队英勇作战与群众性的游击战争普遍展开，经半月苦战，大小战斗 50 余次，最著名者如安泽之圪塔沟与将军沟，某县之刁哨岭之战役，先后杀伤敌 2000 余人，始将敌人击溃。经多次"扫荡"后，敌人亦不能不认为根据地是不可战胜的堡垒，根据地群众的胜利信心则更为坚定！

1942 年 2 月，敌人又以 20000 余兵力"扫荡"岳北，特别是对沁源城与安泽之唐城以西之霍山东麓，进行了半个月的分区"清剿"。4 月间，阎军结合敌人万人进攻岳南，反复"扫荡"半个月。11 月敌人万余人，又对岳北进行了 3 个月的分区"抉剔清剿"。其每次"扫荡"的残酷性较之以前则有增无减。但我根据地的力量亦日益强大，敌人在我军民反击之下，终归失败。虽然在 11 月敌人在我岳北腹心——沁源城驻下据点，但城关及二沁大道约 12000 群众，发誓不维持敌人，遗弃了 42000 亩的土地离开了家乡。敌人一再抢掠、杀戮，企图征服沁源人心，1943、1944 两年中即抢去牲口 1980 余头，仅 50 户人家的五凤池，即被屠杀了 34 个壮丁。敌人这些暴行只能增加沁源人民的血海深仇，引起了坚决而英勇的反抗，沁源沦陷后至 1942 年 12 月底的统计，仅民兵作战 2730 次，毙伤敌伪 3078 名，生俘特务、汉奸 245 名，炸坏敌人汽车 14 辆，并且沁源人民没有一个当汉奸的，诚如《解放日报》指出："为敌后放出光芒万丈的异彩"！战斗的尖锐与残酷则可见一斑！

1943 年 9 月，在华北的敌酋冈村宁次亲自指挥之下，以 50000 余兵力，对我根据地进行了空前的一个半月的"铁滚扫荡"，敌人由岳北而岳南一直到黄河边。此次空前凶恶，我根据地损失亦最为严重。但敌人亦遭受到我军民的最大杀伤，如我八路军 14 团在洪洞较略之伏击战，歼灭了敌人的军官参观团，击毙旅团长 1 名、联队长 6 名，只有 1 个联队长负伤逃跑，给敌人以重大打击。

1944 年 2 月，阎军结合敌伪 20000 余人，又向我太岳区作第三次进犯，占领我襄陵、曲沃、临汾及浮山、洪洞、翼城一部，其后并不断地向我根据地进攻，其奸淫烧杀，抓夫修工，强迫壮丁当兵等残暴行为，竟甚于敌人。其后，与我八路军经过三安子、柏村、柏家掌、北五村等战斗后，于 1945 年某月该阎伪军始退过河西。在阎占领区内之群众，十室九空，满地荆棘，群众被杀害与饿死者，不可胜计。

在 1944、1945 两年与敌严酷斗争的局面里，严重的旱灾、蝗灾接踵而来。（略）

总之，8 年抗战，我们终于击败了敌人而赢得了胜利，这是值得我中华民族所庆幸的！在 8 年抗战中我们曾在敌后建立了很多的根据地，与敌人进行极端尖锐而长期的搏斗，这是世界人类历史的奇迹，是值得我们自豪的！但是，我们却也遭受了不可想象的灾难困苦与流血牺牲。这是一笔算不清的血债。

（中央档案馆馆藏档案，173 卷）

（10）山西省人员伤亡及财产损失总表①

填送日期：1946 年 7 月 15 日

分　　类	伤亡人数（人）	价值（国币②元）	附记
人口伤亡	812634	3087157485（医药埋葬费）	
人民财产直接损失		544050997384	
机关财产直接损失		26630055119	
学校财产直接损失		12242229828	
农业财产直接损失		5251191310	
矿业财产直接损失		267598359051	
工业财产直接损失		697403094737	
公用事业财产直接损失		10422423400	
商业财产直接损失		71447961580	
金融事业财产直接损失		11994000	
铁路财产直接损失		225823501680	
公路财产直接损失		140420000	
电讯财产直接损失		40398500100	
克复区财产损失		1006655138067	
各种财产间接损失		2104436015986	
总　　计	812634	5015599039727	

（山西省档案馆馆藏档案，档案号 B13—1—75—1）

---

① 此件系山西省政府编制。
② 国币即法币，下同。

（11）山西省克复地区内损失实情清查汇报表①

填送日期：1946 年 7 月 15 日　单位：国币元，个

分类 报告者	价值共计	毁坏企业约值	掠夺企业约值	开采资源约价	征发物资约值	征收税捐约值	套购物资约值	所付代价	医药埋葬费	伤亡人数	附单数	附注
交城县	13439667500	700000000	50000000		10500000000	750000000	700000000	100000	739567500	22200	1	
灵石县	40913900000	17656000000	988000000	21040000000	99900000	85000000	1025000000	20000000		10780	4	
沁　县	15975009200				12000000000	3975009200				20800	1	
河津县	12071896960	12071896960								20000	1	
洪洞县	12083800000	38800000	35000000	1000000	12001000000	8000000				22713	1	
繁峙县	22591050000	450000000			22116400000	24650000				6200	1	
五台县	87307927000	45840000000	1499489000	30352828000	7029450000	60160000	2536000000			7600	1	
祁　县	25991228500	205000000	90000000	215578000	25400000500	5650000	75000000			5660	2	单份
代　县	44547200000	276060000	1111140000	44160000000						5508	1	
清源县	1213500000				1200000000	13500000				5600	1	
介休县	27349579100	40515000	59643200		17006164000	456900	242800000			5461	1	

① 此件系山西省政府编制。

分类 报告者	价值共计	毁坏企业 约值	掠夺企业 约值	开采资源 约价	征发物资 约值	征收税捐 约值	套购物资 约值	所付代价	医药埋葬费	伤亡人数	附单数	附注
汾阳县	23107521391	684800391	360807000	92951700	21260403000	150236300	557823000	500000		6043	1	
平陆县	27660028947	9736806447	135000000		3944560000	22600000	13821062500			4025	1	
平遥县	30447298300	6050000	330000	5000000	5934730300	4300245000	2020086000	83000		10150	6	
霍　县	51446220770	8260620770			4312000000	1600000	64000000			1200	1	
武乡县	25390374200	15168316200			10071158000	150900000				5751	1	
平定县	60103025000				60100025000	2000000	1000000			13500	1	
临汾县	21679619552	58131300	13049000		21491552862	18962780	97923610			8433	1	
汾城县	6159890000				5923070000	800000	236020000			6511	1	单份
寿阳县	6318646000	5690636000										

单位：国币元

分类 报告者	价值共计	毁坏企业 约值	掠夺企业 约值	开采资源 约价	征发物资 约值	征收税捐 约值	套购物资 约值	所付代价	医药埋葬费	伤亡人数	附单数	附注
宁武县	10420000000	2100000000	600000000		10150000000					2800	1	
定襄县	1715550000				1435000000	4550000	276000000			2600	1	
垣曲县	8029351200	4864000000	1985910000	2400000	1174080000	2360000	601200			1572	2	
晋城县	72014920652	20652	75000000	485000000	8549000000	5300000000	17600000000			147428	1	
高平县	44481900000	1095500000	806400000	350000000	4008000000	50000000	2100000000			97500	1	

分类　报告者	价值共计	毁坏企业约值	掠夺企业约值	开采资源约价	征发物资约值	征收税捐约值	套购物资约值	所付代价	医药理葬费	伤亡人数	附单数	附注
沁水县	26566500000	1050000000	300000000	1500000	21000000000	15000000	4200000000			35600	1	
阳城县	38970050000	3050000000	1560000000	50000	3017000000	90000000	4100000000			57000	1	
襄陵县第二、四区	10075500000	5000000			1005500000	7500000	6000000	2000000		350	1	单份
翼城县	20244120000	5000000	5000000	7000000	2010000000	2000000	125000000	120000		12000	1	
陵川县	52200000000		300000000	600000000	5000000000	400000000	800000000	100000000		45000	1	
长子县	30019000000		10000000	7000000	3000000000	2000000				22000	1	
长治县	36685730000	1384500000	1636200000	30000	3095000000	70000000	3500000000			89400	1	
应　县	26449453177				11768168700	114702877	1192498000	2641601600		13843	1	单份
沁源县	34173455000	9204950000			24968805000					28059	1本	单份
太谷县	19558300000	5000000000	500000000		13300000000	15000000	736800000	6500000		12000	1	
浮山县	3096832000				1617969000	10178000	1380990000	87695000		7642	21	
徐沟县	6222364100				6190910100	3960800	27493200			5200	2	
大宁县	93429518	88870200			845559318					296	2	
合　计	1006655138067	14284147920	10580968200	9732037700	602003805780	6347021857	86335353510	2858599600	1367577500	771482	70	

（山西省档案馆馆藏档案，档案号 B13—1—75—23）

（12） 晋绥边区八年来各项损失初步材料[①]

（1946 年 7 月）

第一部分　灾难民统计

一、流徙难民

流徙难民统计表　　　　　　　　　（单位：人）

一分区	吕梁区	雁门区	绥蒙区	合计
4930	20840	9330	3500	45800

　　1. 在一分区，为从河南、河北、山东、陕西之神木谷逃至兴县、岚县避灾种地者。

　　2. 在吕梁军区系从河北、山东、河南与山西之平遥、晋西南等地逃至三分区之离石、方山、静乐及八分区之交城、汾阳避难逃荒种地者。

　　3. 在雁门的系从山东、河南、河北等省逃至二分区之岢岚、六分区之宁武种地，及本区之河曲、保德，因本地土地缺乏迁移出来种地者。

　　4. 在绥蒙地区系从山东、河南、河北逃至集宁种地者。

二、无衣、无食、无住需要紧急救济以便恢复生产能力者

急需救济灾难民分布概况表　　　　　（单位：人）

项目＼区别	无衣	无食	缺衣食	缺衣食住	合计
一分区	25292	4156	3691	2263	35402
二分区	45056	7583	8101	31136	91876
三分区	18153	21048	14730	2670	56601
五分区	48348	32054	18885	5307	104594
六分区	23480	28307	15956	4781	72524

---

① 此件系晋绥行署组织调查统计。

项目 \ 区别	无衣	无食	缺衣食	缺衣食住	合计
七分区	19315	51643	4405	3730	79093
八分区	12133	40105	16050	22547	90835
九分区	6105	78410	2420	15528	102463
绥蒙区	50052	22486	14305	21204	108047
总计	247934	285792	98543	109166	741435

目前边区人民最困难者是穿衣吃饭与医药问题，其次某些地区的住房亦成困难。在绥蒙、雁门一带穿衣困难极其普遍，因无布衣广大地区之皮袄皮裤终年不能下身，冬天穿里面，夏天把毛翻出来穿在外面，似如野人。甚至有些地区如朔县下水头等村，很多人家衣不蔽体，全家轮流穿一条裤子，出门者穿裤子，在家者则以烂羊皮或破布遮盖下部以蔽羞。在玉西沟村很多女人以麻布袋片子掩盖下部，八九岁的小孩无论冬夏皆无衣可穿。平鲁兔儿村前年冬天因敌伪将衣服抢尽，曾被冻死6人。粮食以晋西南、雁北、七、八分区及绥蒙之一部最感困难。晋西南数年来因阎军与敌伪军之压榨过狠，劳动力缺乏，生产量锐减，连年入不敷出，以致现在人民普遍的啼饥号寒。七、八分区在战争时被敌伪抢夺，去年敌人投降以后，阎日伪军合起来又连续村村抢劫，兼之去年天旱虫灾收获不好，而酿成普遍缺粮，即从去年冬天就开始，至今年很多人家连种籽都被抢光了。雁门地区去年天旱，五六月才下雨，致影响产量很大，很多村庄（如右玉口业等村）人家以谷糠、榆树皮、棉蓬、沙蓬、苦菜等野菜充饥，几个月不见油盐，致面黄肌瘦，脸肿腿软，得夜盲者尤不少，小孩子往往因饮食太坏大便不下。房屋因敌焚烧拆毁太甚，兼之不易修复，至今在斗争残酷地区大部未予修复，例如绥蒙之大寿山地区，雁北之右玉、平鲁、朔县，八分区之交城、太原山地，七分区之汾阳地区，三分区之离东等地，往往人与牲畜同住一室，各居其半，或者仍寄居于山洞土窑，最好的全家人同住一屋，翁媳同宿一炕者竟成普遍现象。

由于以上等情及已往长期战争一般人民经受着各种折磨，摧残过甚，致伤寒、天花、疟疾、疥疮、梅毒等病普遍流行，岢岚县城今年4月10天内患天花死了19人，豹峪村半月内死了16人，朔县东昌峪因患伤寒两月内死了30余人，平鲁四区熊沟梁村患伤寒病者70%，有13户全家18口人都死绝了。如此情况，非急救实难以恢复其生产能力。

三、伤残情况

各分区因伤残废人数：一分区 1262 人；二分区 1481 人；三分区 1573 人；五分区 1867 人；六分区 1446 人；七分区 1585 人；八分区 1910 人；九分区 1338 人；山西小计 12462 人；绥蒙区 1750 人；总计 14212 人。

本区因伤致残者共 14212 人，其中包括退伍负伤员之荣誉军人，民兵因战斗伤残，我一般人民在敌刀、枪、轰炸所伤残者及被抓去严刑拷打而致残疾失去劳动者等四大类。四项中以退伍军人最多，后三项中以敌已经争夺最激烈之游击区为最多，如朔县、平鲁、右玉、交城、汾阳、忻县、崞县、离石、方山、岚县、静乐等县份居多。

四、鳏寡孤独及无靠抗属、烈属

一分区 8163 人；二分区 9306 人；三分区 10832 人；五分区 13445 人；六分区 11301 人；七分区 11150 人；八分区 12062 人；九分区 11801 人；山西小计 88060 人；绥蒙区 13713 人；总计 101773 人。

本区 8 年被敌直接、间接杀死的人民 153800 人，加上部队中先后牺牲之 20000 多抗日将士及烈士，共牺牲人数在 18 万以上，由此而遗留下该等家庭缺乏劳动能力，老弱幼童，即鳏寡孤独共 101773 人，抗属以兴、临、离、河、保、岢、五寨人数为最多，鳏寡孤独以朔县、平鲁、右玉、汾阳、孝义、交城、清、太、徐及晋西南等县为最多，该等不能独立维持生活，故生活极为困难。

五、患慢性病者

各分区患慢性病的情况：一分区 3841 人；二分区 5730 人；三分区 4853 人；五分区 7257 人；六分区 4582 人；七分区 5946 人；八分区 6761 人；九分区 5853 人；山西小计 44823 人；绥蒙区 6802 人；总计 51625 人。

8 年来一般人民在极残酷的斗争中，因为无衣无食无住，经常处于饥饿或冷热不均的恶劣的饮食不调，冷冻或者穴居野外身受湿潮风寒侵蚀，以及敌人之有计划的施放毒菌，致使患肺痨病、关节炎、妇女之月经病、老年之中风半身不遂、眼睛失明等慢性病不少，8 年来共 51625 人，其中尤以游击区为最多。

六、因敌之残暴兽行强奸妇女而引起之性病者

性病（花柳病）分布情况：一分区 2410 人；二分区 2831 人；三分区 2928

人；五分区 3814 人；六分区 3149 人；七分区 3230 人；八分区 3542 人；九分区 3453 人；山西小计 25357 人；绥蒙区 3602 人；总计 28959 人。

敌寇兽行中之强奸妇女极为普遍而损害，每到一地无论老幼倘陷敌手即予奸辱，致被辱者不在少数，尤在其占领地区任所欲为，除每天迫令向伪政权要"花姑娘"外，欲欺谁家良女即难幸免，并往往形成轮奸，因之好多妇女不是奸淫而死，即是羞愤自尽，最普遍的是由之引起子宫病、花柳病的发展，现据不完全统计，全边区达 28959 人。

第二部分　各种损失统计

一、直接被敌伪杀害人民

各区被敌残杀人数表：

一分区 6600 人；二分区 9730 人；三分区 9960 人；五分区 14610 人；六分区 9760 人；七分区 13670 人；八分区 12980 人；九分区 8500 人；山西小计 85810 人；绥蒙区 10750 人；总计 96560 人。

敌寇 8 年来对我人民之屠杀真是惨无人道，任性至极，上列所牺牲者大约不外以下数种情况：即第一，在敌刚占领各地时，为了施行大量的血腥镇压，故每占一地区即大肆杀人，如朔县、岢岚、五寨、静乐、岚县、汾阳等地，各县均大量的每次杀人在 1000 以上。第二，在敌之"三光"政策下，每次"扫荡"时驻下临时据点，四出在山沟、森林中搜索，搜出即大量屠杀焚烧，如临县贺家湾一次在地洞里熏死 300 余人，交城南沟村一次从森林中搜索回来 63 人，全数为之烧或用枪打死。第三，在敌我争夺之游击区及离敌较近地区，敌往往以奇袭、奔袭等行动，一下把村庄包围，堵住去路施以残杀，如平鲁之白家幸庄一次被包围即杀我同胞 72 人，伤 20 余人，如此 1940 年至 1943 年的 4 年中，我游击区人民牺牲最大，以朔县、平鲁、右玉、交城、宁武、静乐、离石、汾阳、边山等县，损失最大、最惨，有的如汾阳坡头杀得只留下寡妇，很多村庄的婴儿、孕妇惨遭毒手，直至 1943 年我军民爆炸运动开展以后，直接被杀者始较前减少，但因斗争更加残酷尖锐，敌之报复"扫荡"更加频繁，其杀害较前更加毒辣，被杀亦复不少。第四，在沦陷区，敌往往借端任意杀人，其数量之大，方法之毒，无从详为记忆，有严刑拷打毒害的，有纵犬咬死的，大多是活埋的，其中以"强化治安"时次为最多，仅汾阳在三次"强化治安"就杀了 3000 多（两个多月），朔县井坪镇敌据点每隔一天，甚至每天都在杀人，岚县东村敌据点有两个"万人坑"，在我收复之后，从数里外即闻到尸骨臭味。

二、间接被敌伪杀害人口

一分区 4819 人；二分区 5646 人；三分区 6036 人；五分区 7037 人；六分区 6475 人；七分区 6754 人；八分区 6858 人；九分区 6623 人；山西小计 50248 人；绥蒙区 6952 人；总计 57200 人。

8 年来广大人民在敌奸、掠、烧、杀、抢夺、放毒等暴行摧毁下，而致民于饥饿、疾病中，日复一日，年复一年，疾病者医药问题无法解决，疾病丛生的根源不能去掉，致引起死亡率增大，尤其婴儿死亡率达惊人程度，天花、鼠疫、猩红热等病，在战争中甚为流行，往往此起彼倒，甚至病无解起者，如朔县井坪镇几乎每天在埋死人，岢岚东豹峪村半月内死了 16 人，平鲁熊沟梁患伤寒者达70%，其中 3 户 18 口人全部死绝，凉城之陈家营去年 7 月至 12 月先后死了 113 人，占全村人口 11%，除此尚有直接冻死者或因敌迫害过甚而自杀者，如平鲁兔儿村因敌伪把衣、被抢尽而冻死 6 人，朔县一户 8 口人以因敌索款催面全家服毒自杀。

三、被敌伪抓去、俘去的人口

被敌伪抓去俘去人口及现况统计表 （单位：人）

项目 地区	原被抓人数	现已回乡者	现尚在伪军中者	下落尤不明者
一分区	5070	4568		502
二分区	5070	4568		502
三分区	9253	8048		1205
五分区	12126	6989	3037	2100
六分区	8432	6173	1642	614
七分区	11058	3862	4258	3038
八分区	12424	2958	5843	3623
九分区	9749	7441	600	1708
山西小计	73182	44607	15380	13292
绥蒙区	12406	4985	3580	3841
总计	85588	49592	18960	17133

本区敌伪共掠去青年壮丁 85588 人，其中一部系敌在"扫荡"中对根据地

游击区青年壮丁偶遇即捕，大肆掠回者，或为我在战争中被俘之战士、民兵、伤员，凡属此类情况被掠夺后，均被敌编入工程队或送往东北与日本下煤窑、修工事等苦役。第二种情况被掠者，即在沦陷区及其附近村庄，经过伪政权强征或强抓壮丁，人民为家庭生命财产之苟安，不敌抗拒而被强征或抓走者，此类数量更大而且普遍，凡属此种多被编入伪军、伪警及其杂务人员服役，其中也有送往东北或在太平洋战争爆发后运往太平洋者。

彼等现据初步调查统计，现逃跑回乡者49592人，但由于家庭经济破产，生活十分困难，日本投降后尤被阎锡山及傅作义部强令留在伪军者约18000多人，下落不明者18633人，这10000多人尚不知生死存亡或漂泊他处。

四、耕畜、家畜、家禽之损失

耕畜、家畜、家禽损失统计表

地区 项目	耕畜（头）	家畜（头/只）	家禽（只）
一分区	26015	260150	630405
二分区	35111	451720	925059
三分区	29905	399055	1197040
五分区	37830	438300	1157801
六分区	35002	350428	854060
七分区	29855	398550	1096054
八分区	38013	480137	1244206
九分区	21761	228620	430630
山西小计	253492	3006960	7535255
绥蒙区	51050	510505	1330210
总计	304542	3517465	8865465
以法币折价 单价	500000 元	200000	800 元
以法币折价 总价	152271000000 元	703493000000	7092372000 元
附记	耕畜指牛、驴、骡、马	家畜指猪、羊其中猪占1/6	家禽本区指鸡

牲畜为本区之一大出产，抗战前即有不少大牧场如绥蒙之灰腾梁一地就有300至500的大马群12个，静乐之牧场有荷兰牛200多个，美利奴羊12600多只。牛以兴县、岢岚为最多，驴骡普遍亦不少。猪以兴、岚县最为著名，战前输

往平津。当敌侵入后，牲畜即为其主要抢夺对象之一，由于牲畜不易隐蔽，每次"扫荡"中牛、驴、骡、马大量驱走，牛、羊、猪、鸡无限制的杀吃与践踏。如五寨三岔敌1944年"扫荡"五儿村、李家掌一带时，一次在10多个村庄抢去牛、驴200多头，羊900多只，右玉乃何头村一次抢去牛、驴190头，羊500多只，汾阳二道川岔儿会1940年敌"扫荡"时杀牛充饥只取其大腿，平鲁朱家堡因无法抢走，致使50多头牲口一齐用机枪打死。且往往一再抢夺，致损失无法补救。如右玉下井村一富户买一次抢一次，8年来共被抢去72头牛、驴、骡、马，岢岚全县30000多人口，8年来共损失耕畜43548头。

由于牲畜之大量损失，肥料随之大减，进而使土地荒芜、产量锐减，以致影响人民生活甚大。

本区鸭、鹅很少，故鸡为本区特产，战前输出甚多，离石、丰镇等地均设有打蛋工厂，8年来鸡的损失达8000000多万只，虽然其繁殖很快，但由于不易隐蔽，损失过大，如1940年敌"扫荡"河保时，据27个村子统计，连续3次"扫荡"就抢去猪、羊4141口（只），鸡13629只。此类损失尤以游击区为最大，许多村庄曾经一度绝了种，连叫鸣鸡也没有了。

五、被敌伪烧毁之房屋损失情况各区房屋损失情况

各区房屋损失情况 （单位：间）

一分区		90451
二分区		109583
三分区		138664
五分区		164730
六分区		108501
七分区		86902
八分区		96015
九分区		8804
绥蒙区		48750
总计		852400
折价	单价	150000 元
	总价	127860000000 元
附记		折价以法币计

8年来本区被敌伪焚烧拆毁房屋852400间，其损失情况约分两类：

1. 敌对我根据地、游击区房屋完全采取烧光政策，每次"扫荡"均带上放火队，到处进行焚毁。例如汾阳之一二三道川，交城、清、太山地，静乐之米峪川、细米川、西川，绥蒙之蛮汗山等地区80%以上的房屋，都被烧光，往往连烧数十村，如平鲁、右玉交界处之石磨村一带连烧十余村，房屋及窑洞、门窗被烧后，连烟囱尤予破坏，青阳沟一带一连烧了36村，窑洞、门窗屡修屡烧，有一连烧五六次者，城镇烧得更惨。临县白文镇，一条街的商家全被烧毁无余。兴县城竟烧了十之七八，蛮汗山一带及右玉阳青、阳沟等广大地区烧大片的"无人区"。在接近敌占区的地方，敌常以烧尽全村房屋来威胁人民维持。在人民拒绝后敌即大肆焚烧。其中以交城、静、右玉、平鲁等地为最甚。

2. 在沦陷区（现在之新解放区）房屋损失，其中一部为敌刚占领时焚毁者，大部是敌拆毁充作修筑碉堡工事器材及材炭者。例如朔县井坪镇，原来共有25000多间房屋，在敌占的8年中拆去一大半，至去年敌被驱走时仅余10000间。五寨三岔之敌把周围村庄的房屋绝大部分拆光，三岔本村2500余户的房屋，拆掉仅余200余户，岢岚在敌占领中除拆毁大部民房外，把岢岚中学的1000多间房都拆毁了。在沦陷后还有一部分房屋在房主人逃难流亡后，即被伪警、伪村长拆毁卖掉，雁门、绥蒙地区之敌往往因人民不交银款而焚烧房屋。如此种种损失，致我全区房屋损失甚大。由之，很多人家合住在一间小屋，或则逃避山沟野处穴居，或本人与牲畜同住一室，致疾病丛生。

六、粮食的巨大损失

粮食损失统计表

一分区	1976940
二分区	5514803
三分区	4575304
五分区	6604671
六分区	3577210
七分区	4835917
八分区	6319275
九分区	3592956

绥蒙区		7922751
总计		44919827
折价	单价	16000 元
	总价	718717232000
附记		以法币折价

本区向为产粮地区，以小米、莜麦、高粱等谷物为大宗大量出口，抗战开始各地粮店、义仓甚多，民间存粮不少，始初敌虽未大量抢回囤积，但人吃、马喂、焚毁践踏甚大，以崞县、岚县、河曲、保德、五寨、朔县、平鲁等县小城镇损失特多。继之敌作出庞大夺粮计划，一面从我根据地游击抢夺，一面在其占领统治区作无限制的榨取。对我根据地，在每次"扫荡"中即扎下临时据点，在小沟四处乱刨，并以优势兵力掩盖抢运，如五寨敌拉回一年"扫荡"中在固城、阳堂两村以 60 辆大车连抢 3 天，抢粮 200000 余斤，在右玉乃何头村一次以百多头牲口轮流抢运，共抢去粮食 5000 多石。抢不走的即行焚毁，如交城西冶川 1940 年秋季"扫荡"中 9 个村庄之待收谷物被全部焚毁，汾阳二道川傅家庄藏粮 156000 多斤，全被焚毁践踏。

在敌沦陷控制地区的勒索抢夺更不在少数，往往起粮超过当年产量，1944年二马营、三马营等村每户出粮 1600 余斤，朔县上村李聚龙 1944 年收粮 90 石，就出粮 83 石 6 斗，因自己食用一部不够交纳，改卖羊 40 只于敌补给。有的地区如文、汾、清、太、徐一带白面、大米全为军用品，不准人民食用，晋中平川每年夏敌伪往往亲自到麦田抢收麦子，至经常因要粮款而逼迫人民自尽，如朔县一家中农因无粮可交，逼其将毒药放在饺子内全家食后而死。又如 1944 年丰镇孟家营北原上等村一带因敌要粮过甚，激起四五千农民暴动，一度夺去伪警人员武装，结果被敌镇压下去，击毙农民 400 余人。

另外，对铁道、公路、碉堡、电线杆等周围之青苗每年长成后即予割掉，至人民损失亦颇不小。在绥远地区敌对粮食践踏不少，每当小麦、莜麦成熟之际，敌伪即以大量骑兵闯入田禾任意毁坏，去年八九月傅作义所收编之土匪，万义龙、赵太所部骑兵，在集宁弓沟村一带把牲口放入莜麦田里任其践踏，一家富户张钦的七八百亩莜麦全被糟蹋。

加上 1939 年、1945 年的大旱，以致广大地区人民的粮食不够食用，而食谷糠、棉蓬、苦菜，小孩大便不下，大人面黄脸肿，疾病死亡率很大。

七、被服、农具、家具、首饰、财物的损失

被服、农具、家具、首饰、财物损失统计表

类别 种类		被服（件）	农具、家具（件）	首饰（元）	银洋（元）
一分区		30584	891678	500000 元	5970000 元
二分区		74112	1068224		
三分区		53306	1686612		
五分区		96696	1903392		
六分区		56960	633020		
七分区		58632	377364		
八分区		74566	1558135		
九分区		12310	288620		
绥蒙区		90164	1586398	500000 元	30000 元
总计		547330	9993443	1000000 元	6000000 元
折价	单价	8000 元	3000 元	1000 元	1000 元
	总价	4378640000	29980329000	1000000000 元	6000000000 元
附记		以法币折价			

在敌人的"三光"政策下，抢掠农具、家具、首饰、财物与抢劫牲畜、粮食、杀人放火是分不开的，往往同时进行。例如敌"扫荡"岢岚时，张家村被杀人 14 名，烧房 596 间，抢大小牲口 846 头，抢细粮 495 石，同时抢衣被 596 件，损坏及抢劫农具 375 件、家具 996 件、银洋 831 元、银首饰 531 两。在西坡村烧 542 间，毁坏抢夺农具 423 件、草 994 斤。1944 年秋季"扫荡"右玉时，把兔儿村粮食衣物以 500 头牲口轮流抢运得精光，青阳沟也是将粮食、衣物、用具一并抢光。敌人为了造成沦陷区人民与根据地人民之对立，和彻底破坏根据地，往往迫令或以笼络地痞流氓手段，在每次"扫荡"根据地时，敌即强令沦陷区人民及流氓地痞参加抢掠，驱其冒我地雷爆炸之险作前锋，在山沟地下挖掘我人民"空室清野"寄藏物品，并以分给一部分东西作鼓励，一股伪军因在敌人生活上的虐待下无法维生，致每次出发即大肆抢夺财物回去补充其家庭与充作吸料子的开支。曾经一个时期敌人在朔县、平鲁、右玉等县专门组织脱衣队，经常把人民衣服剥得精光，例如 1944 年敌在平鲁 40 余户的兔儿村人民的衣服全部

脱得精光，致使很多女人没裤子穿，以破麻袋片子、羊皮掩盖下体，七八岁的小孩在严冬之际赤裸裸地无衣可穿，结果冻死6人，有的一家人轮流共同穿一条裤子，谁出门谁穿，此尤以雁门绥蒙地区为多，土炕上普遍的没有席子被子，更说不上有被褥，好多人羊皮袄终年不能下身，冬天穿里面，夏天翻转穿外面，因此种种疾病丛生，死亡很大。家具、农具因不便埋藏，故往往损失殆尽，凡被焚毁、抢夺过甚地区，无法补充，朔县、右玉一带地区往往一家人共用一个碗，几家人合用一口锅。另就财物说，向喜储蓄银洋和银子，妇女爱戴彩银首饰如手镯、锁、项圈等装饰品，但在"抢光"政策下，随同衣物纷纷为敌伪所抢夺殆尽。

八、农田水利的破坏损失及减产损失

农田水利的破坏及减产损失统计表

项别	数目	共长	可灌溉田数	本身损失	减产损失
大小坝	25 道		50000 亩	2849396000 元	15637440 石
水渠	680 道	7160 里	1002400 亩	1575200000 元	2080000 石
水车	354 架		17900 亩	354720000 元	460200 石
因人畜力及肥料的减少而减少耕地面积					65239654 石
合计			1070100 亩	4779316000 元	83417294 石

1. 大小坝系文水、清源、平遥、阳曲、太原十余县，其中以清源之铁水坝为最大，至今尚未恢复，因此减产系 8 年合计。

2. 水渠比较普遍，兴、临、河、保、岚、五寨、静东、方山、集宁、丰镇、崞县等地均尤可；因有一部分已陆续修复，因此减产系 3 年的合计。

3. 水车主要为河曲、文水、孝义、汾阳、离石、忻、崞等县材料，其中少部已修复，减产系 5 年的合计。

4. 因人力畜损失，耕地面积与肥料减少，因减产系普遍现象，减产约等于战前 1/3，上述数目系 8 年合计。

九、树林、果园、牧场、盐场、蜜蜂、蚕桑等业的破坏损失及减产损失

树林、果园、牧场、盐场、蜜蜂、蚕桑等业的损失统计表

类别		数量	损失价值	减产数量	减产价值
果园	果子			10560750 斤	2112150000 元
	葡萄	4798420 斤			959684000 元
	核桃仁	1201400 斤			720840000 元
	枣子	28181320 斤			2818132000 元
树林		685417 株	8225004000 元		
牧场		24 个	欠前牧畜损失项内		
蚕丝		48000 斤	240000000 元		
蜜蜂		54 箱	2700000 元	21600 斤	12960000 元
合计			8467704000 元		
附记			以法币折价		

1. 果园除以上著名特产外余均未计入，表内水果尤保、清源、汾阳、文水、离石、崞县、临县、河曲、偏关、兴县、交城、忻县、中阳等 13 县之材料，余皆不详，故亦未计入。

2. 树林系 8 年来敌在宁武、岢岚、交城、方山、凉城等县从林中砍去做桥梁、枕木、电线杆等损失数目，烧山不在内。

3. 牧场在绥蒙灰腾梁 12 处，静乐、兴县、交城、方山其牛羊牧场 12 处。

4. 盐场在敌占领期间限制作业故大部停止，其减产量系凉城岱海滩、大同、恒亿、朔县、文水、清源等 6 县材料的合计。

5. 蚕丝，由于敌之不定期"扫荡"，致养蚕者大减，其减产地区为离石、临县、汾孝。

6. 蜜蜂系临县、离石、汾阳、孝义、清、太等县材料。

十、手工工场、作坊的破坏损失及减产损失

手工工场、作坊的破坏损失及减产损失情况表　　　　（单位：法币）

性质	类别	损失数目	损失折价数（元）	减产折价数（元）	恢复财富资金（元）
手工工厂	轧花厂	12 座	41590000	347310000	155875000
	蛋厂	3 座	12695000	139645000	55660000
	纺织厂	5 座	4229000	390241000	422999000
	小计	20 座	58514000	877196000	634534000
家庭作坊	纺花厂	25579 架	76737000	127895000	76737000
	纺毛厂	2200 架	6600000	11000000	6600000
	快织机	2898 架	144900000	4347000000	144900000
	土织机	5358 架	91086000	214320000	91086000
	小计	36035 架	319323000	4700215000	319323000
作坊	皮坊	152 座	3052960000	4456000000	15359690000
	油坊	1686 座	2468828000	4048400000	3844149000
	酒坊	384 座	533600000	1530000000	14679230000
	盐坊	640 座		416000000	1950006000
	粉坊	567 座	538650000	1020600000	14649632000
	染坊	284 座	231280000	852000000	2149390000
	磨坊	1329 座	1980639000	1993500000	9946943000
	纸坊	155 座	75109000	186000000	375960000
	香坊	226 座	66062000	339000000	116240000
	藤坊	136 座	65920000	244800000	325946000
	瓷窑	59 座	25926000	141600000	156749000
	钢铁、木匠铺	552 座	67568000	883200000	3375230000
	其他	152 座	144480000	273600000	690247000
	小计	63422 座	13230034000	16384700000	67619412000
合计			13607871000	21962111000	68573269000

1. 家庭妇女纺织业损失，为兴县、临县、离石、孝义等为大，纺车已修复一部分，轧花机多未修复。

2. 皮坊、油坊在交城、右玉、平鲁、河曲、保德、偏关、丰镇、集宁、岢岚损失为多。

3. 轧花厂仅兴县、临县、离石材料，纺织厂为临、兴、河3县材料。

4. 粉坊、染坊、酒坊、香坊、钢铁木匠铺仅31县材料，故不完全。

5. 其他一项包括麻坊、酱园、瓦窑、银矿、锡匠等5种（为21县材料）。

6. 损失多系工具、器具、原料、成品、牧畜、场坊等。

十一、近代工厂的损失情形近代工厂的损失统计表

近代工厂的损失统计表　　　　　　（单位：法币元）

类别	厂数（座）	损失资材数（元）	减产数（元）	现在恢复所需资本（元）
煤矿	14	2159652000	43562384000	10752890000
炼油厂	1	602579000	10444422000	3299623000
火柴厂	1	366940000	8072680000	3092699000
锰矿厂	1	229980000	5059692000	1566273000
总计	17	3359151000	67139178000	18711485000

1. 机器煤窑在左云、□□、大同、太原、孝义等县，炼油厂在左云吴家窑，火柴厂在交城，锰矿在宁武西马坊。

2. 损失主要机器、装备、零件、器具及厂房、部分原料，现在全未恢复。

3. 煤每年减产500000多吨，8年共减产4000000万吨左右。

十二、手工矿业的破坏及减产损失

手工矿业的破坏及减产损失统计表　　　　　　（单位：法币元）

类别	数（座）	损失资材数值（元）	减产价值（元）	恢复资本（元）
煤窑厂	200	3002546000元	12936000000元	12508269000
铁厂	30	3058400	5280000000	61068000
白矾厂	3	4564000	74724000	9128000
石英厂	8	12833000	230994000	38499000
总计	241	3023001400	18521718000	12616964000

1. 煤为本区之大特产（详见本材料之出产部分），战前总产量，每年1300000吨，战后最高产量（除敌人抢夺外）为500000吨，共减产800000吨，

其中机器煤窑每年减产 500000 多吨，手工小煤窑 8 年共减产 1100000 吨，占全部减产约 1/3，其价值为上表。现在恢复者少数。

2. 铁品为本区之特产，战前仅阳曲之西北炼钢厂年产砂 4000 吨。产铁每年在 6000000 斤以上（手工业出产）。战后年产减少约一半，共减少 2640000 斤。现极大部分未恢复。

3. 白矾主要产于太原，石英产于交城，战前出口很大，石英多制成灯罩、玻璃玩具，推销各地，战后根本停产，现极少恢复。

4. 以上多项损失为工具、器具、牲畜、成品、材料等。

十三、商业损失

商业损失全区共损失 9317 家，其中大商家 1012 家，中商 3124 家，小商 5261 家，共损失资产 38074362000 元，其中包括布业、货栈、粮店、杂货、山货、运输等业，资财包括银洋、钞票、棉纺、棉花、布匹、家具、车辆、马匹，各种货物。损失情况有焚毁者，有抢夺者，有被所谓"没收"者数种。此数尤系初步统计，歇业者尤未计入。

十四、交通损失情况

交通损失情况统计表

（单位：法币元）

类别	数目	损失及现在恢复资本（元）
木船	576 只	285460000
大车	4292 辆	7564250000
电话机	148 架	8880000
电话线	3261 里	546900000
脚踏车	1546 辆	184920000
合计		8590410000

1. 木船为本区沿黄河由保德至离石县主要交通线之一，致敌每次"扫荡"隔河以大炮击沉或飞机轰炸毁坏不少，上表为 8 年之总损失数。

2. 大车在交通不十分发达的区域作用很大，故普遍各地，因此项车辆隐藏极不易，致敌每次出击"扫荡"即大肆抢夺或焚毁，在其占领区更是无止境向人民索取，如遇我运输则连牲畜、车辆、物品一齐夺去，如文水人民一次给我送粮时被敌抢去大车 200 余辆。

3. 电话机、电话线，在战前普遍各县城镇皆能通话，战后即全部破坏抢夺尽净，在战争中我曾屡次修建，但在其长期不断进袭下，屡经破坏，故损失如上表。

4. 脚踏车，在本区之晋中平川各县及凡有公路地区，在战前使用极普遍，除经商而外一般人民多指备用，但敌侵入后到处抓扣脚踏，至人民不敢公开使用，但因时间过长，车辆无从隐蔽，结果因重点搜索，很多地方被抢殆尽。

十五、文化教育方面的损失

文化教育损失统计表　　　　　　　（单位：法币元）

名称　数目　类别	损失数	损失仪器	损失图书	折价（元）
中学师范学校	7 座	45 套	48000 册	545680000
高小完小	122 座		18796 册	138543000
初小	1860 座			931256000
民众教育馆图书馆	20 座		63217 册	256700000
私人藏书	7 处		35620 部	估计约 10686000
合计	2016 处			1882865000

敌对我文化教育一向采取毁灭性的摧毁，致除一般知识分子被敌大量残杀欺辱外，学校等文化团体机关往往悉数焚毁之。如岢岚中学、离石中学、各地完小和初小莫不如此，故在本区以往文化教育不甚发达地区，一度摧毁殆尽。上表之中等学校即右玉、离石、静乐、岢岚、崞县、丰镇等地之中学师范，折价均以约数估价，仪器以 4500000 计（战前合约约 10000 元）。

十六、慈善团体的损失

慈善团体损失统计表　　　　　　　（单位：法币元）

类别	数目	折价（元）
育婴堂、孤儿院	2 处	20000000
公私医院	8 个	240000000
中药铺	436 个	523000000
合计		783000000

（中央档案馆馆藏档案，184 卷）

（13）河曲城关市抗战八年来的损失统计①

（1946 年 7 月）

兹将抗战 8 年来敌人对河曲一区城关市群众的烧杀、抢掠、奸淫兽行蹂躏下所造成之直接和间接之损失，以及一切减产情形详述如下：

一、因敌人"扫荡"与轰炸造成之损失

民国 27 年阴历二月初五，敌人经偏关、五寨来进行抢掠烧杀共有 14 天，杀了常五、郭忠孝、刘三、王书仓等 20 余人，抢了许多东西，民国 33 年九月初五，敌人又经山岔来进行"扫荡"驻两天，前后来过两次，又自民国 27 年起敌机常来轰炸，共计有数百次之多，其中最惨、死人最多者有下列 3 次，一次是民国 27 年阴历七月十九来 3 架敌机，轰炸约 20 分钟，炸死南洞巷张二，今年 60 岁，家有 5 口人，无土地只有房屋几间，自己做木匠，炸弹落到院里，房子全炸倒，并炸烂水桶两担，柜子 4 顶，棺材两副，家具什物一无所存，其儿子是给人家看铺子，亦被炸死，下半身血肉横飞已经找不到了，现在只留下老的两口，小的一口才 7 岁，不能维持生活，急需救济粮食 2 石，此次还炸死赵家口村两个来卖炭的，又有河西大□□卖炭的兄弟二人亦被炸，弟弟把眼炸瞎了，哥哥肚子炸烂流出肠子来，4 个毛驴全炸死，又南门城壕里炸死一堆，共 20 余人，有的炸掉了头，有的炸没了腿，当时马厚的母亲炸掉了脚，鲜血流下一摊，当时看到的人如姚喜存、王四庆都曾流出泪来，又有旧公安局院里炸死 18 个人，全院房屋都炸毁。

又一次是民国 28 年阴历十一月初四，上午 10 点钟左右，敌机来 34 架轰炸约有半点钟，炸死中马营图王丑狗，年 19 岁，家中 3 口人父亲亦被炸死，其岳母亦炸死，岳父大兄嫂当时亦炸伤，后来岳父因此气死，一所很好的房院炸成一片瓦砾，王丑狗之妻亦因炸掉一只脚，且少吃没穿，只好另行改嫁了，又西门外，水门洞里亦炸死很多，有担水的邬二蛇、许挠、侯二猴、唐占宽等 17 人。

最后一次便是民国 29 年正月初一，早饭后来敌机 9 架，把邬栓狮之老婆肚

---

① 此件系河曲县政府调查统计。

里还怀着孩子炸死，又炸烂钟并压住洞口压死 7 人。如上说，这类事实是很多的，只举出几种来以示敌人之残杀情状，死亡人数另附表说明。

人畜死伤统计表

类别 数目 项目	敌机炸死人数		敌机炸伤人数		轰炸吓死小孩数		炸死牲畜数	
	男	女	男	女	男	女	驴	骡
数目	32	19	6	7	1	1	1	1
合计	51		13		2		2	
说明								

此外在敌人的"扫荡"中人民的被残杀，财产的被抢劫，损失甚为浩大，以后列表统计，现在将其"扫荡"中的残暴兽行略述如次。民国 33 年九月初五，敌人"扫荡"时，赵平城之老婆，在半路上被拉回，还有与她同行的 3 人拉到南关天德顺院内，关到 4 间屋子里，被十几个敌伪军轮流奸淫，另外又把十数个男人关到一间房里让听他们的奸淫兽行，经头一天捉到后一直奸淫到第二天。就这样还不算，还将赵平城打的死去活来，敌人走了以后，民兵们放出她们来，但这些女人已被欺负的快要死了，都不会行走，后来一听到钟响就怕得往外跑，以后都因此而死了。还有张××的老婆亦被强奸而死了，另外在强奸贺××的老婆时，让马兰在地下看，一面强奸，一面还问马兰你看好不好，把女人的脸咬破，这是对妇女的残害情形。另外因敌人之"扫荡"以及轰炸致使老百姓无法维持生活流亡出外者，共有 229 户，计有 798 人，大部是跑到河西麻地沟等地，远的亦有走到五鱼后套等地的，都有正当职业，多数是做些游击买卖，也有少数种地的，但生活都很困难，迁到河西的因生活所迫现在已经死了的，据统计已有 339 人之多，现在还没有死的这些人急需救济口粮以及少数衣服，否则不能生活。下面是因敌人抢掠与杀伤致残疾而不能维持生活急需救济者的情况，举例如齐来滨，现年 50 岁，老两口没有房子、土地、儿女，也没有正当职业，只是零打零闹，饿一顿饱一顿，经常每天吃一顿饭，急需解决食米一石五斗，衣服两件，如这类的人很多，列表如下：

无依靠的贫苦人及鳏寡孤独急需解决衣食者统计表

项目 数目 类别	户数 （户）	人口 （人）	需米 （石）	需衣 （套）	需房子 （间）	说　　明
无衣的	14	39		39		每人以一套计
无食的	24	45	45			每人以河曲斗一石计
无衣食的	19	36	18	18		每人以半套衣服计
无衣食住的	33	55	16.5	28	35	
合计	90	175	79.5	85	35	
附记	1. 内有无儿无女者 22 人；2. 有 13 岁孩童无人抚养者 1 人；3. 无房子的是自己没有房子的；4. 表列救济数字是以全年计。					

二、因敌灾天灾所引起之各种损失列表如下

食物损失统计表

食物名称	数目	说　　明	备考
各种粮食	64106 石	糜、谷、黑豆、高粱、草麦、麦子、豇豆、绿豆等	1. 此表石、斗以河曲斗计；2. 食物折洋是以当时市价计算；3. 流亡出走之人所丢东西未统计在内。
食物折洋	7386 元	以银洋计算	
白面	3300 斤		
肉类	197 斤	猪、羊肉	
各种秸草	6100 斤		
各种面	16388 斤	白、莜、豆、荞等面	
药材	139 斤		
黄酒	1205 斤		
白酒	460 斤		
梨	180 斤		
糖	410 斤	赤糖 260、麻糖 150（斤）	
各种米	123 石	糜谷米及大米	
食盐	4789 斤	红、白盐	
麦曲	225 块		
菜干皮	250 斤		
菜籽	3 石		

金银首饰及货币损失统计表

名称	数目	说明
银器	6105 件	内有包金镯子两副
银洋	5749 元	
法币	6000 元	
农币	1436400 元	
备考	还有不知道的未统计，逃亡人的未统计。	

衣物损失统计表

名称	数目	折价	说明
衣服	8387 件		男女老少的单夹棉皮等衣
布匹	392 匹		按三二布计算
被褥	128 件		
鞋袜	168 双		鞋 18 双、袜 168 双
各种毡毯	59 块		毛、线毯
什物估价		17817 元	
麻和绳	265 斤		麻 235 斤、绳 30 斤
棉花线子	12.5 斤		内线子 2 斤
备考	1. 逃亡的人、什物未统计；2. 有些衣物折价不在此表内。		

勒索及焚毁其他财物统计表

名称	数目	估价	说明
钟表	7 架		
毛口袋	82 条		只统计毛织厂的
家具	298 件		
大小铁锅	125 口		有的打烂有的拿走
棺材	12 付		木匠铺做下卖的
柜子	52 个		当柴烧掉了
洋蜡	100 包		
眼镜	221 副		
其他零碎		516 元	
玻璃	1600 块		有 12 眼的，有 16 眼的

牲口损失统计表

类别 项目	直接损失	间接损失（减产数）	备考
马	7 匹		
毛驴	61 头		
骡子	15 头		1. 马、驴、骡、牛完全系抢走了；
牛	1 头		2. 猪、羊、鸡是杀着吃了。
猪	113 口	200 只	
羊	7 只	8 只	
鸡	290 只	24000 只	

今年因水灾损失之庄稼有 27 亩，有的改种了一部分菜和荞麦。

商业店铺的损失破坏：

这里过去商业很发达，资本亦大，人口亦很多。自从敌人来后因交通不便，又经过两次"扫荡"和飞机不断地轰炸，各行商铺就陆续倒塌流亡。现举几家因遭敌人抢掠而倒闭的商店以见损失之大。

锦义泰被敌抢掠损失调查表

日期	名称	数目	折银洋（元）	名称	数目	折银洋（元）
（民国）27 年	白糖	40 斤	40	大猪	9 口	108
	赤糖	50 斤	40	单夹棉衣	120 件	660
	冰糖	30 斤	45	黄油	200 斤	70
	白面	200 斤	24	黑豆	2 石	20
	香豆油	250 斤	110	干果	15 斤	22.5
	白布	22 匹	436	白饼	120 斤	54
	毛驴	3 头	150	其他物品		150
（民国）33 年	单夹棉衣	110 件	66	棉被	5 件	50
	黄油	25 斤	16	褥毡	9 件	55
	豆油	30 斤	135	豆腐干	1000 块	50
	合计		9405			1239.5
说明	本表所列系（民国）27 年、（民国）33 年两次所抢的。					

以上锦义泰是一家资本较大的，丢的东西亦较多，再举一家较贫苦的，丢的东西亦不少（刘清河的）。

刘清河被敌抢掠损失调查表

名称	数目	折银洋（元）	名称	数目	折银洋（元）
织袜机子	1架	100	绒子	6斤	24
袜子	2打	13	衣服	9件	65
被褥毯	4件	40	鞋子	1双	3
糜谷米	7斗	12	各种面	27斤	4
盐油	9斤	3	大小锅	2口	4
席子	1块	0.8	门帘	2间全套	40
其他		120	棉花	1.5斤	3.5
手巾	3块	1.5	白菜	80斤	1
合计		290.3	合计		144.5

以上只说了两家丢东西最多的，除此以外还有张振家、王丑狗儿等买卖亦由此而凋零。

寺庙和公共建筑的损失数字：

1. 寺庙有文庙、大市庙、关帝庙等22个，共有49所院子，最多的文庙圆通庵7所院，一所有12个房子共计715间，被敌机炸坏拆倒的有469间，全拆完的有大市庙、城隍庙等11个庙，共计200间，还有些未拆完的大部是没有门窗了。

2. 旧的高级小学、县政府、公安局、营部、基督教等6个地方15所共有384间，现只留下基督教46间，其余338间被敌机轰炸均已成为荒滩。

3. 摧毁了育婴堂，现在有许多娃娃没有办法，群众要求再成立1个。

机关损失财务统计表

类别 数目 名称	政治处	县政府	公安局	商店	公和成	区公所	二完小	村公所	民兵纺织铁匠医药合作社	合计
糜谷米		100		200	78			1108		1486
各种杂粮	150	320	630	1040	360			411	520	3431
各种面				150					250	400

类别数目名称	政治处	县政府	公安局	商店	公和成	区公所	二完小	村公所	民兵纺织铁匠医药合作社	合计
黄油		2		28					2	32
食盐				18					5	23
糖		25		118		60				203
白酒				50	67					117
衣物		40								40
大毡毯		2		1		1				4
布匹				9	2			12		23
毛口袋	2		10		15			4		31
棉花		165		220	220					605
锹镢	2	2			2					6
做饭用具	4	10		15			2			31
什物	10	120		50						180
挂钟							1			1
玻璃	6	45				5	28		10	94
大小瓷		8	7	15					5	35
秤								1		1
纺车	2	53				1			54	110
大小锅		7	2							9
柜子		13							2	15
洋灯		55							5	60
柴炭		4500								4500
算盘		5								5
洗脸盆		4								4
鞋和鞋底		22								22
书籍文件		2					1			3
门窗		9								9
水桶		1	1							2

类别 数目 名称	政治处	县政府	公安局	商店	公和成	区公所	二完小	村公所	民兵纺织铁匠医药合作社	合计
毛驴				2						2
骡子				2						2
马				2						2
猪		6	1							7
羊		3								3
鸡	5				4	10	9			28
说明	1. 米面均以斤计算；2. 还有些零碎东西如玻璃瓶亦合在玻璃内。									

（中央档案馆馆藏档案，184 卷）

（14）国民政府山西省政府民政厅关于抗战期间全省人口伤亡和财产损失的呈报

（1946 年 8 月 5 日）

查本省抗战期间财产损失及人口伤亡各数现已调查、估计完竣，谨将各总数开后，呈阅。

一、人口伤亡数，166（万）1534 人，以全省人口 1500 万人计，占九分之一。

二、财产损失数，64483（亿）99039727 元。公私约各占半数，私有损失以全省人口 1500 万人计，每人平均损失 20 万元，系按（民国）34 年前半年之价值估算。公有损失计：西北实业公司损失 2 万亿元，西北制造厂损失 8 千亿元，同蒲铁路损失 2 千亿元，晋北矿务局损失 1 千亿元，阳泉矿务局损失 800 亿元，连同其他共约 3 万余亿元，多系按战前物价 2000 倍计算。

八月五日

自七七事变日本侵略中国以来，本省继冀察之后首遭敌人蹂躏，八年以还，遍及全省人民受种种暴行，生命任其残害，财富任其攫夺，企业多被摧毁，物资悉为征发，损失之重，难以数计。中央于战时即令调查公私财产损失及伤亡人口。民政厅于奉令后曾分电各县详确查报，因在战时，未能办竣。胜利后，本省社会处成立，即移归该处主办，以查报抗战损失。为对日要求赔偿，事机紧迫，不容再缓。而各县对查报办法尚欠明了，乃印发《查报须知》及各种表单，并训练委员七十余人，分县督导限期完成，于本年五月先后表报到省。省府鉴于兹事体大，且内政部有抗战损失调查委员会之组设，特决议由民政厅召集有关机关组织抗战损失调查委员会，各派一人，专责承办。此项工作，本：一、就各县报来表单整理统计，无汇报表者由省统计；二、省县各机关团体、营业部门及人民，未表报者甚多，特登报通告限六月底以前表报，逾期不予统计；三、中央各部会前曾分数专案调查某项损失者，仍由主管厅处主办（如合联社、合作社之损失由合作处，粮食之损失由田粮处，社团之损失由社会处统计报告等）。

本此三个原则积极办理，但因发生以下困难：（子）各县汇报表式不一致，甚有无汇报。

表须代为统计数字者；（丑）各县所送汇报表及报告单有两份，不全及未分订成册，须一张一页整理者；（寅）各县电文与实送表单有不符者；（卯）各县、市有分数次表报，须统计为一表者；（辰）省级各机关及营业部门多未能按期表报有碍统计者；（巳）省级各机关及营业部门有表式错误往返更正数次者。经各同志二月之努力，始分类整理统计就绪，兹将多项数字分列于后。

（甲）县市数。

一、确实查报者，五十六县市（交城、隰县、安邑、临晋、阳曲、永和、灵石、沁县、大同、太原、襄陵、崞县、赵城、河津、静乐、荣河、洪洞、繁峙、五台、太原市、新绛、祁县、代县、清源、永济、汾西、孝义、解县、怀仁、介休、蒲县、乡宁、稷山、汾阳、平陆、平遥、朔县、霍县、武乡、平定、临汾、猗氏、忻县、虞乡、汾城、寿阳、万泉、宁武、芮城、吉县、定襄、榆次、榆社无报告单，大宁、太谷、曲沃无报告单）。

二、按克复区填报者，十三县（垣曲、晋城、高平、沁水、阳城、翼城、陵川、长子、长治、应县、沁源、浮山、徐沟）。

三、已详确查报又按克复区填报者，二十五县（交城、灵石、沁县、襄陵、河津、洪洞、繁峙、五台、祁县、代县、清源、介休、汾阳、平陆、平遥、霍县、武乡、平定、临汾、汾城、寿阳、宁武、定襄、太谷、大宁）。

四、未查报，全县列入估报者，三十七县（安泽、昔阳、和顺、盂县、离石、中阳、方山、临汾、兴县、岚县、壶关、平顺、潞城、屯留、黎城、石楼、神池、五寨、偏关、河曲、保德、岢岚、天镇、阳高、广灵、灵丘、浑源、山阴、左云、右玉、平鲁、绛县、闻喜、夏县、襄垣、辽县、文水）。

五、已详确查报，因共匪扰乱，未能全报，又列入估报者，二十二县（阳曲、榆次、太原、忻县、崞县、隰县、解县、虞乡、永济、乡宁、稷山、大同、怀仁、朔县、汾西、赵城、曲沃、安邑、万泉、荣河、孝义、静乐）。

乙各种损失数

一、全省财产损失总数：64483（亿）9903（万）9727元。

二、人口伤亡医药葬埋费：30（亿）8715（万）7485元。

三、人民财产直接损失数：5440（亿）5099（万）7384元。

四、机关财产直接损失数：266（亿）3005（万）5119元。

五、学校财产直接损失数：（经报教育厅者除外）：122（亿）4222（万）9828元。

六、农业财产直接损失数：52（亿）5119（万）1310元。

七、矿业财产直接损失数：2675（亿）9835（万）9051元。

八、工业财产直接损失数：6974（亿）0309（万）4737元。

九、公用事业财产直接损失数：104（亿）2242（万）3400元。

十、商业财产直接损失数：714（亿）4796（万）1580元。

十一、金融事业财产直接损失数：1199（万）4000元。

十二、铁路财产直接损失数：2258（亿）2350（万）1680元。

十三、公路财产直接损失数：1（亿）4042（万）0000元。

十四、电讯财产直接损失数：403（亿）9850（万）0100元。

十五、克复区财产损失数：10066（亿）5513（万）8067元。

十六、各种财产间接损失数：21044（亿）3601（万）5986元。

十七、未报地区估报损失数：14328（亿）0000（万）0000元。

十八、人口伤亡数：166（万）1534人。（内计表报者41152人，克复区表报者771482人，估报者848900人）

于此有应陈明者，各县查报数字漫无标准、相差悬殊，如晋城原报数字为现在全省损失总数之三百余倍，五台原报数字为现在全省损失总数之一倍余，蒲县村公产损失为现在全省损失总数之二分之一强，均属不合。乃本（子）日军占据时间久暂，（丑）人口数二原则，以五万人损失一万亿（每人二十万元，按三十四年前半年之价值估算）为标准，将太多者，如晋城、五台、蒲县、霍县、离石、陵川、河津等七县，酌予减少（尚较其他县为多）。原报少者，分别在克复区损失表内及估报表内增加。惟寿阳、浮山二县，因原表无法修改，未予增加。再，各县已填克复地区内损失实情清查报告表者，因系估报，于未报损失地区财产损失估报表内不予估报，合并陈明。

现此表单三十二种、共三十余万张之数字整理、统计、汇编工作已告完成。此皆各机关派员之忠勤努力，特为提出，以为奖惩政绩之参考。

建设厅：周有良，最努力。

工商处：周信，最努力。

财政厅：张澜清

社会处：安奠华

教育厅：卫昶

秘书处：郭孟云

谨此报告，敬请鉴核。

谨呈　厅长。

职　张俊杰　呈

八月八日

（山西省档案馆馆藏档案，档案号 B13—1—78—1）

（15） 敌寇八年来在晋绥边区的暴行[①]（节录）

（1946 年 10 月 20 日）

一、对根据地的杀光、烧光与抢光

在 8 年抗战，晋绥边区和其他敌后各个根据地一样，遭受了敌伪残酷而频繁的"扫荡"。据最近初步的调查统计：8 年中被敌伪烧杀，直接杀害的，已有 96560 人。被烧毁的窑洞、房屋，有 853400 多间，被烧毁与抢去的粮食，有 44919860 石，被烧毁与抢去的被服 5384430 件、银洋 600 万元、牛驴骡马等耕畜 304630 头、猪羊等家畜 3557465 头，其他作坊、纺车、农具及日用家具等等，损失都极惨重。敌人曾用其毁灭人性的"三光"政策，将许多村庄变成一片瓦砾，将中国劳动人民几世几代辛苦创作积累起来的家园、用具，都烧为灰烬。他们残暴的杀人方法，更是惨绝人寰，刺杀、打靶、刀砍、活埋、压死、钉死、摔死、砸死、冻死、灌死、煮死、铡刀铡死、洋狗咬死、斧子劈死、煤油熏死等等。这种在 8 年里数不清的频繁"扫荡"中，每次敌伪都在用血手制造着毁灭人性的烧杀惨案，在中国人民的历史上，写下血海深仇。现据很少的一部分材料，举出杀光、烧光、抢光的几件事实。

（一）山药窖也放火点着——敌人有计划、有组织的烧杀抢掠

敌人对于成为晋绥边区心脏的兴县，自然是和对其他晋绥边区根据地一样，自实行"三光"政策以来，历次都是有组织、有计划的烧杀。在 1941 年冬那次"扫荡"中，我们曾缴获过这种组织计划的文件。冲入山地的敌军，不仅有战斗部队，还有专门搜山的组织、放火的组织、破坏家具的组织，分工很严密，他们不单对过路的村庄进行烧杀，并且以一个大村庄为据点，向其周围的小村庄进行烧杀。在武家塔就是这样，结果 11 个自然村就烧掉了 9 个，不仅挨村的烧，而且挨户的烧，离散的房子就一处一处的烧，如像高家村 29 户，就是这样烧光的。由二十里铺一直到黑峪口，70 多里的大川和两旁村庄，都这样被烧杀的，到处是瓦砾和血污。

---

① 此件系晋绥行署调查统计。

因为敌伪这样有计划的烧杀，也就烧杀得更加残酷、彻底。①不管是穷家富家，一律都杀，二区岔儿上只有 20 多户，一次就杀了 70 多个人，有几家已经杀的绝了后，有一户只留下一个 7 岁的孩子；②不管什么东西都烧，房子、窑洞、农具、水桶、风箱、箩头、簸箕、桌凳、箱柜……无所不烧，柴草也一点不留（特别是喂牲口的草），20 多户的岔儿上，只剩下 1 间房，什么都烧光了，对保村的山药窖，也放进草去点着；③烧时并不点着就走，野兽们一直守到烧完；④烧不着的东西，便彻底破坏，如锅、碗、水缸、菜缸、钵子，通通捣毁，武家塔的碾子打不破，就推下山沟去，对保村的猪拉不走，就打死丢了。

（二）3 岁的孩子扔到火里烧死——1941 年敌在兴县城川的烧杀

1941 年冬，敌伪"扫荡"我晋绥边区根据地，只就在兴县城川地方的烧杀，据零散材料统计，城里 964 家的房子，只有几家没被烧，东门外柴沟一带，被杀的群众，就有 180 多人。只白家岩、小善、大善、阴家沟、贺家庄、镇东村、侯家沟、刘家曲、王家会、巡检司、元条村、孟家湾、赵家川口、黑峪口等，据不完全的统计，共烧毁窑洞 693 孔、房子 1064 间，未及躲藏而被杀的居民 143 人，另有 12 人被刺重伤，烧毁与抢走的粮食在 357 大石以上，柴草、衣物、家具都被烧光。

此外，界河口被杀的居民 5 人、干部 5 人，还有 6 个居民被关在窑洞里烧死，杨会崖一个村被杀死的就有 56 人，公义村有个 3 岁的小孩，被扔到火里烧死，石人村被杀的 19 人中，最老的 70 多岁，最小的还不满 7 周岁。吕三槐一家 6 口，杀的只剩他一人，凤角上有一家 7 口的，杀的只剩下一个孩子。另一个村子里，一个 10 来岁的小女孩，被轮奸后，又用刺刀剖开了大腿。阴家沟有一家 3 口，都被杀绝了。

（三）70 岁老妈妈被活活埋死——1944 年在我展开爆炸运动的反"扫荡"中敌伪对兴县大川的烧杀抢掠

1944 秋，敌伪在我展开爆炸运动的反"扫荡"中，到了（兴县）蔡家崖，因空室清野彻底，没有门窗可烧，却想尽办法，把 40 多孔窑洞，烧成焦黑。在胡家沟因两次宿营，到处搜寻，结果烧掉门板 120 副、窗子 65 副、房子 25 间。60 多户的李家湾，烧毁窑洞 44 孔、房子 42 间。距黑峪口不远七八户的一个小村，已没有什么可烧，但敌伪把窑洞也熏成黑窑子。在一区贾沟一个山窊里，也因空室清野彻底，没东西可烧，竟将地里的黑豆，一捆一捆的抱着烧掉。

杀人的方法，也因恐慌而更残暴，在一区白家梁搜到一个 70 多岁的老太太在山窊里躲藏，马上有五六个敌寇，一齐用锹掘土，把那老人家用土块活活埋死。石和村一个65岁的老汉，被敌抓住，当即毒刑拷打，问我方军民的去向，老汉坚决不说，敌便用刺刀乱刺，并逼迫老汉带路，老汉坚决不屈，敌便把老汉推到几丈高崖下跌死。在一区下会村搜到了6个男人和1个女人，都被用刺刀刺死。五龙堂康果儿的婆姨，被敌人用枪把腿打穿，还逼她带路，到温家崖，女人再不能走了，便也将她从3丈多高的崖上推下，跌得半死。高家村白为信，先被敌打伤后，又逼他背锅，并用碗粗的木棒乱打，逼问我军政负责人的姓名，白终不肯说，敌就另找一伪军背锅，把白塞到半人多深的水坑里，后虽经我们救起，但不久就死了。

敌到处刨地，大肆抢掠，但因我地雷爆炸与民兵袭击，敌伪恐慌，东西难以带走，便千方百计地破坏。一次在某村正想抢走刨出的小米4斗、黄米6斗、白面40斤、豆面60斤，但因民兵袭击，敌便把米面扬了满地，把炒面吃掉，缸盆打碎，用两筐土把黄酒拌了，把棉籽撒了满院。在白槐茂院里，集中了28口锅，也因不能带走，用石头打碎。另外在白多孩家刚刨抢到一石豆面，一出村也遇到民兵袭击，便把豆面丢到蔚汾河里而逃跑了。

（四）多少人被钉在墙上——1942年敌在汾阳三道川、离石贺家湾的烧杀

只1942年汾阳三道川一个小村子，便杀了88个居民，屠杀之手段极其残酷：有的将妇女及小孩，剥去衣服，绑在高峻的山岩树枝上冻死，或放在河沟冰上，身上压了石头，使其冻死压死，有的将四肢钉在墙上钉死，或把头在石头上碰死。在有些村子，如东坡底，敌寇把十几个人或几十个人，分别关在房屋里，用火烧死，或用刺刀刺死。在离石仅贺家湾一村，便被敌将藏在岩洞里的居民200余人，用棉花、煤油、辣子，经过一天一夜的毒火，而全部烧死，有9户人家绝了后。

（五）用孩子的血在墙上面画圈——1943年敌在文汾三道川、交城中西川的烧杀

1943年冬敌伪"扫荡"八分区，大小村庄山沟，几乎全部搜遍，见人就杀，见东西就抢，见房子就烧。在汾阳三道川中庄，敌人搜出20多个女人，强迫脱光衣服，每人刺了4刺刀，然后推到沟里，用石头砸烂。下社村的一家9口人，被敌人从山沟里搜出来，全用刺刀刺死。"扫荡"后在王家社的土窑内，堆着32具被敌人烧得焦头烂额的男女尸体。李家掌30个人，被关在房子里，放火烧死，遇难同胞们的哭喊、惨声远闻数里，有些伪军都落了泪。二道川仓儿会一村，杀的只留下7个人，有个青年妇女，被从山里搜出来，轮奸后把衣服剥光，绑在树上，活活的冻死了。在交城中西川和葫芦一带的情形更惨，只双家寨村便有好多

家被杀的绝了后。在翟家庄，把 20 多个男女同胞拉到一个窑里刺死后，每人身上还压了一块大石头。李油子的老婆抱上两岁的娃娃往山里跑，被一个日军捉住，把娃娃抢过去提起两条小腿在石头上用力一摔，娃娃的脑浆流出，娃娃的妈也被刺死。白草庄的 4 个年轻妇女被拉上山，轮奸后，用刺刀刨开肚子，把肠子拉出来挂在树枝上。更惨的是一个未满周岁的婴儿，被掷到半空中，再用刺刀去接，婴儿的骨肉被穿透，血从枪身流到日军的手上，他们却狂笑着，用孩子的血在墙上画圈圈。

凡是敌人走过的地方，都是浓烟上升，火光冲天，搜出的粮食和牲畜，除运走外，剩下的粮食和驴屎马粪掺在一起，撒到满山，把拉不走的牲畜，也都用火烧死，或用刺刀刺死。

（六）全村一齐躺在血泊里——1940 年冬敌寇血洗岚县草子寨

1940 年冬，敌寇因"扫荡"我根据地失败，恼羞成怒的大川部队，在腊月初一的黎明，突将草子寨包围，首先把村里 200 多口人，不分男女老幼，都驱至村前的河滩里，随着把全村的 400 多间房子，一齐点着，没离开家的，便活活烧死在屋里，或被刺死在路上。当人群被赶到河滩上，站成队的时候，4 挺机关枪，便一齐向手无寸铁的居民扫射，连续达 10 分钟，全村 200 多居民，一齐躺在血泊里，四五里的河滩地，都流成血河。

枪声刚停，30 多个日军，带着刺刀，又依次一个个地在死尸堆上刺过去，直到这些残暴的野兽们筋疲力尽的时候，才住了手。

8 岁的花女子，被刺了两刀，还喊着妈妈，后来敌人一刺刀，挑开了胸口，扔到半天空。戴五成的婆姨已经死了，2 岁的孩子还趴在她的怀里吃奶。12 岁的段海柱从死尸堆里爬出来，一手拉着弟弟，一手抱着肚上流出来的肠子，哭喊着在死尸堆里寻找爹娘。高天德等 8 家，全部死绝。少数人在尸体叠压下，幸免于死的，也都遍体鳞伤。经过这次惨绝人寰的屠杀，草子寨灭绝了人迹，直到岚县解放后的最近，才有几户在废墟上重建起家园。

（七）铁锅扣头架火烧死——1939 年冬敌在汾阳龙湾村的烧杀抢掠

在 8 年抗战中，敌寇对龙湾村的"扫荡"相当频繁，如 1944 年旧历正月，一月就"扫荡"了 16 次，15 日那天，一天就去了 3 次。但就所得材料，1939 年冬旧历十一月十八日一次的烧杀，已相当残酷，把任常吉和他的女人，扔到烧着的房子里，当他们挣扎着往外爬时，日军便用刺刀不断的刺着，4 岁的孩子眼见自己的爹娘要被烧死，便大哭起来，于是日军又把孩子也扔到火里，一家 3 口便这样活活地都烧死了。正在害病的任宝珠被敌寇拉下炕来，用大铁锅把脑袋扣住，在身上架起木柴烧着，就这样把任宝珠活活烧死。穆兰生被日军用水桶砍掉头上一块肉，又用刺刀戳穿了肚子，致肠胃流出而死。其余张万力一家8口，被关在窑里放起火来，郭大海等3个老汉和12个妇女躲藏在一起，被日军发现，也放火烧起，这些人虽当日军走了便往外冲，但已经被烧成残废。

只这一次"扫荡"的烧杀，龙湾村的窑洞、房屋、家具，已被烧的干干净净，连没来得及跑掉的十几只猫和104只羊，都被烧死。真是烧杀的鸡犬不留。

（八）洋狗咬杀60多岁老人——1944年春敌在静宁泥河岭的屠杀

1944年4月23日晚，敌寇率伪挺进队，穿着孝衫，伪装埋人，从炮台上吊下来，不经过任何村庄，分三路包围了泥河岭，大肆屠杀。54岁的老人阎来存，被敌人抓住后用掭粪锤子打死，还刺了十几刺刀。67岁的赵来顺，被敌用洋狗咬的快死了，又穿了十几刺刀。25岁的张哑巴，敌人硬打着要他说话，后被刺了30多刀死了。42岁的阎玉禄被敌打倒后，肚子被割开，肠子流了满地。第二天的早上，更将捕去的赵有有等3个青年捆在南门外小河沟大树上，当活人靶用刺刀杀死后，喂了洋狗。

（九）滚水煮死3岁孩子——1945年春敌在静宁磨管峪等村的屠杀

1945年2月10日拂晓，敌寇进了磨管峪村，杨孩的老婆正抱着她3岁的孩子，在做豆腐，敌寇进家后，就将孩子夺去，丢在滚水锅里，母亲马上不顾一切地从滚水里抢出自己的孩子，敌寇又将她母子俩，一齐推到滚水锅里，结果，孩子被煮死，母亲受了伤。杨二仁抱着王贵家6个月的婴儿跑到山沟，被搜山的敌寇赶上，从他的手里夺去孩子摔死，更将杨二仁用刺刀乱刺一阵而去。50多岁的老人赵雪正，身上害病，被日军乱刀砍死，还将头割掉。

敌寇住宿在黑土塔村里，四处搜山，将63岁的老人阎成年，用斧子劈死。阎二挠抱着他心爱的独子跑上山头，敌寇追上去，把孩子抢下，丢在山头，把他一脚踢到山沟里，孩子被活活冻死。

（十）20多人一起铡死——1940年敌在岚县与1942年至1944年敌在离石的屠杀

1940年敌寇盘踞岚县的大队长，叫大村敏雄的，他是血洗草子寨、上寺垌、大蛇头等地的主要罪犯。当他在1940年冬参加"扫荡"兴县、临县，并血洗了上述的村庄之后，曾在石桥村，把抓到的二十几个居民，一起用铡刀铡死。

1942年5月，敌寇"扫荡"到离石碛口附近四湾村时，到处烧杀，不必说了，一个日军竟将一个未满4岁的孩子，当着孩子母亲的面，抓住两条小腿，一扯两半的把孩子活劈死了。在那村，一位长着2寸多长胡须的老人，被敌寇一把将胡须扯掉，疼得老人血泪齐流，晕倒在地。

1944 年在离石新王村，把藏在天桥洞里的男女老少 77 人，放火、加药，用毒烟熏死，绝门的 4 户。

1943 年，敌在临南坪头村杀死居民 100 多。同年在崞县五区刘庄村，100 多户人家，惨遭屠杀的就有 200 多人。自 1942 年后，敌为达到其"蚕食"我根据地的阴谋，曾公开提出将我根据地与沦陷区接壤的边缘区，要用种种残暴的烧杀，造成"无人区"。有多少村庄，曾在这种血腥的摧毁下，确已人迹灭绝，一片荒芜了。

二、到处残杀伤员，淫辱妇女，毒杀群众

日本法西斯匪帮的残暴兽行，不仅表现于对中国和平居民的烧杀抢掠，更表现于对我完全没自卫能力的伤病员的残杀，与对妇女的奸淫凌辱，他们专找伤病员来杀害，想尽办法，奸辱妇女，更制毒放毒，用鼠疫毒菌来残杀中国人民，这些兽性罪行，在晋绥边区也同其他敌后根据地一样，几乎到处都留下血证，仅就方便材料，列举几件事实：

（一）专意搜杀伤员、病员

敌寇于每次"扫荡"中，都专意到处搜杀我完全失去自卫能力的伤病员，而加以残酷的杀害，这种法西斯疯狂残暴的野兽行为，在斗争更残酷、"扫荡"更频繁的八分区、绥蒙区更甚。

如在八分区于 1940 年冬敌寇"扫荡"时，曾将我隐藏在文水汾阳三道川一带的决死二纵队伤员、病员从深山里搜索出来，或就在原处，用刺刀刺死，用石头砸死，更惨的是开膛破肚，或捆在崖石上、树上，脱光衣服，活活冻死。1941 年秋在交城西葫芦板沟山里，将工人武装自卫队隐蔽的一个医院全给烧毁，将伤员、病员 100 多人，除一部能动的逃脱外，全数刺死、烧死，或用石砸、刀砍等等杀掉。1942 年正当旧历除夕那天敌寇竟从开栅出发，连夜长途奔袭，进山不路过村庄，而竟将远在中西川白草庄的二纵队伤员医院袭击摧毁，伤病员也是除一部分脱逃外，大部遭到残杀。

（二）在根据地的奸淫凌辱（略）

（三）在沦陷区的奸淫凌辱（略）

（四）实行所谓"毒疫攻势"

敌寇于"扫荡"中，于所派的敌探汉奸活动中，投毒放毒，相当普遍。1942 年春，敌在五寨县城，公开提出所谓"毒疫攻势"，先收集了大批老鼠，在

城内做所谓鼠疫实验，将五寨城内居民，曾"实验"死了1500多人。

同时，我们在岢岚五区，曾查获过伪装肩挑小贩的敌探一名，他曾深入各村活动，在挑担内，却藏有好几个散播毒菌的老鼠。其他地方，也有过许多和这同样的事件发生。

（五）水井投毒，散放毒菌

1944年3月，敌伪"扫荡"离石时，在石家峁村的水井里，便投放过慢性毒药，毒死居民很多。当即查出的，有3个水井里放了毒，一个是由清水变成浑水，两个是由清水变成黑水，因为都是慢性毒药。敌寇刚走时井水既不变色，又无臭气，喝了后却周身疼痛，后来发肿，三四天后死亡，死后身上发黑，七窍流血，起浓泡［脓疱］。该村24户人家，男女老少86人，中毒的有16户39人，已死11人。

1943年，敌人"扫荡"八分区，在屯兰川一带散播了大量的伤寒病菌，后来伤寒病蔓延各村，仅营立一个不满百户的村子，不到一个月，就死了50多人。

三、虐杀战争俘虏，残害和平居民

日本法西斯匪帮，其灭绝人性的疯狂残暴，也更表现在对我战争俘虏以及和平居民的刑罚与屠杀，极端虐待的临狱和苦役，惨绝人寰的刑讯和杀场，都极尽了旷古未有的人类暴行。这曾使多少中华民族的英雄儿女，在火与血的苦难里，留下了万万千千的壮烈事迹，它将成为全人类反法西斯战争中的辉煌史实。这里，却只能提出晋绥边区某个角落的一些情况。

（一）监狱重重，冻饿霉烂

敌寇在各个稍大的据点，都遍设监狱，将我被俘的战士、干部、民兵和和平居民禁在里边（太原于1942年夏季名为工程队的那个监狱里的万余人，就有一大部分是被捕去的和平居民）。在岚县东村这样一个据点里，就有3处监狱。在南街十字口的一处是敌宪兵队直接管辖的，两三间大的房子里，装设着3个大木笼子，此外还有间隔着的单人房间，四周都敷设着铁钉板，小小的窗口上，密排着铁柱，张着铁丝网，在墙根底留着一尺多高的口子，算是门，只能爬着进出。外边有5寸厚的木板门，用铁锁锁着，里面常年见不着一线阳光，地上全是粪堆、尿滩和潮湿的碱土，夏天苍蝇、蚊子、臭虫和跳蚤，简直要把人吃掉，许多人的刑伤和创口都烂得生满白蛆，生了疥，得了病，被活活折磨死的不知有多少。狱中的"犯人"，吃的每天给两小碗能照见影子的稀饭，这是由敌寇强迫村内居民轮着给做下送去。原先许多居民知道里边受难的是自己人，便偷偷地在稀饭里煮进山药蛋，放进咸盐和青菜，有时放进几个面窝窝，后来被敌发现，打了送饭的，以后每次送饭去，都要经过严密的检查，用勺子搅，用嘴尝，冬天顶多放进点草，这样冻死、饿死的更不知多少。

（二）逼做苦役，刀刺鞭打

在太原、汾阳等地，敌寇把大批俘虏编为所谓工程队，用刺刀、皮鞭监押着做苦工、修路、修碉堡，每天吃不饱，腊月天穿草衣服，赤着脚，有的还戴着脚镣，稍一怠慢或不遂看押者的意思，便是刀刺鞭打。

在岚县东村，敌寇抓不到居民做苦役时，也就派"犯人"做苦役，都是戴着脚镣，拿着镢头，后边跟着几十个敌军，带着刺刀皮鞭，在赤日炎炎的暑天或溯风凛冽的严冬，常常有人被折磨的当场昏倒或冻死。最令人发指的是，常常令"犯人"去挖"埋人坑"、"杀人壕"，有时，那些受难的战俘或居民们，往往就在自己所挖的壕坑里，被枪杀或活埋了。

（三）刑讯室里，惨绝悲壮

敌寇只在岚县东村的刑讯室，就有3处，和监狱一样，一在西街财神庙北旁，一在南街十字口，一在敌营盘内部，每个刑讯室都堆满着各种各样的刑具，有5尺、2尺、圆形、方形、三角形、粗大的"精神锻炼棒"，有专门用来烤烙人的铁板、铁丝盘（又叫麻花）、铁铲、铁火炉，有电丝、吊钩、锥子、竹针、皮绳、麻绳、木杠子，有辣子水、肥皂水、冷水、手铐、脚镣……等等。在这些刑讯室里，每到更深人静，便传出哭声、惨叫声、喊骂声。

358旅陈光同志就被捉到这刑讯室里，先用洋糖美酒欺骗，后即用严刑拷打，问："到底你是哪一部队？"答："我是抗日部队。"问："你的长官是谁？"答："我的长官是老百姓。"问："你们队伍在哪里？"答："到处都有。"问："有多少人？"答："有四万万五千万人。"打的愈凶，陈光同志愈一声高一声低痛斥敌寇，他经过4次拷问，昏过4次，最后牺牲在敌人的血手里。

古城村副牛恒新被抓进刑讯室，脱光衣服，手臂、浑身都用绳捆住，左右手拉起，敌班长山本问："与八路有联络吗？""没有！"他几次都这样不更改的说。于是两个日军举起5尺长5寸厚的"精神锻炼棒"，一轮一下的打了半个钟头，浑身皮肉打成血棉花，敌翻译又拿带铁帽的棒子，在头上猛敲以致头破血流，晕倒在地，冷水泼醒又问暗号，他从牙缝里回答说："哼，死也没有。"于是敌又把他抬到一扇门板上，脸朝天，浑身捆住，绳子勒到肉里，两个日军扯着耳朵，头不能摆动，然后脸上罩起布，漏水管架在嘴上，一口一口往下灌，不一会儿，肚子胀起，敌宪兵们穿着皮鞋上去踩，更用杠子滚压、打，使水从口里吐出，这样往复地一次再一次地直到把大桶的辣子水灌光，一面灌，一面更用火烧皮肤，把2寸长的铁针钉在胸膛上、脸上、大腿上，遍体全是血孔。当他再一次醒来时，他又被脚朝上头朝下地倒吊起来，他的头胀了，眼珠瞪出来了，接着刺骨的冷水浇下来，11月的寒天，水逐渐在身上结成冰块，然后头下又烧起了一堆火……在各种严刑下，他没说一个字。

斜坡贫农张锁德被汉奸张枊子告说通八路，敌宪兵队把他带到这刑讯室，首先是把铁板烧红，按着他的双膝跪在上面（这叫"吃烙饼"），后又叫他坐在烧红的带刺铁丝盘上（叫"吃麻花"），因为张坚决不说话，敌寇宪兵们骂他的嘴太紧，又用烧红的铁铲去烙他的嘴，把白牙烧成焦灰还不够，再把他吊在红火炉上去烤，跳动的火焰烧了他的头发、筋肉，人油水珠似的滴落下来，野兽们还在烧他，他含愤死去了。

刑讯室就这样惨绝人寰地摧毁着中华民族的优秀儿女，这还仅是岚县东村刑讯室的几个片段情景。

（四）万人冢上血肉横飞

敌寇各据点都有万人冢，明的杀人坑，秘密的暗杀壕，白骨与人骨遍布在处决人的杀场上。在东村敌寇的杀人场也有3处，而村西北角那个几十亩大的荒坡和围墙里十几亩大的那块平地，是最大的杀人场之一。那一带的土质，已被死难英雄们的鲜血染成红色，单在那块地被活埋、刀砍、枪刺、活剖、狗咬致死的就五六百人以上。而每次又都是十数个、数十个的一群。有一次敌将30多个被俘去的我方战士与民兵刀砍枪刺后，半死半活，有的嘴上还呓语着，就推埋在一个大坑里。西村抗日村长牛成锁也是这许多被难者中的一个，当他们9个人被拖到杀场上时，敌寇翻译还诱骗牛投降："投降吧，只要你投降，保你全家……"牛向他脸上唾去，并双手拍着胸膛喊："杀就杀，剐就剐，我姓牛的没有投降那回事……"汉奸又来劝降，他牙一咬，头撞过去，"狗日的。"未及骂完，鲜血四溅，壮烈牺牲了。

另外，在敌兵营内的西南角上，一块5亩大小凹凸不平的地方，有许多塌陷的埋人坑与小坟丘，上面有无数的骷髅与烧过的白骨灰。靠东角有5丈长、2丈宽的一段地带，有12个长1丈、宽8尺、深6尺的壕坑，每坑中间栽立3根木柱，敌寇在深夜里，用棉花塞住被杀者的嘴巴，拉在壕内向前跪下，用绳将腰腿捆在中柱上，把两只手钉在左右两柱上，然后活活地用土埋死。究竟这个暗杀场杀了多少人，围墙以外没人知道。

多少中华民族反法西斯的英勇战士，和多少优秀勤劳的和平居民，都在这样的杀场上壮烈地牺牲了。他们的血染红了祖国的土地，他们的尸体所堆成的"万人冢"将成为中华民族争取独立解放的光辉标志，永垂到万古千秋！同时也是中国人民对侵略中国的法西斯帝国主义、对出卖祖国的民族败类永远不能忘记的血海深仇！

四、对沦陷区人民的掠夺、奴役与淫虐

（上略）

（七）残暴的屠杀淫虐

在敌寇宰割下8年的沦陷区人民，真是历经了说不完的灾难，前边关于在沦陷区淫辱妇女的情形，曾经提到，在每个敌据点内及其附近村庄与每一次的"清剿"、搜查、抢掠中都要有多少妇女遭其奸侮淫辱，公开的洗劫更不消说。前边也曾提到在敌寇的刑讯室里、杀人场上受难的、牺牲的很大部分是沦陷区的和平居民。敌寇对沦陷区人民8年中除抢夺、压榨、淫辱、奴役、勒索、敲诈……等等外，更极尽了近代史上从未有过的凶杀与淫虐。

首先我们就一些零星的杀人数字来看：驻宁武的敌煤铁矿厅大队长木椿，于1942年在硫黄分水岭杀当地居民10余人，在寺儿沟杀居民3人。敌木青大佐于1939年1月在宁武头马营杀王富小、陈玉仁，到三马营打死王四仁、张兰娃，于1938年2月在小木场打死马狗、毛栓、邓黄毛、张来成。敌荒谷守藏中尉于1944年10月到宁武，至1945年1月时就杀了居民30余人，仅在支家沟、毫水沟、半沟等村就杀了居民14人。特务队长左藤于1940年12月在蘑菇峪杀了居民7人，监禁死1人，1941年在南大寺杀居民3人。荒谷队的二贝戒岛于1945年1月12日杀居民魏明、吕五昌，同年5月13日杀江三三，又同年1月15日在分水岭杀居民常富娃、白保才等12人，同年2月又杀死李几林、刘三，同年6月22日在小木场扣马四、毛娃到东寨杀了。自1943年驻宁武的宪兵队长金口，自到宁武以来，至日寇投降时止，所杀不下500居民。于1945年2月间，他更把伪宁武煤矿警残杀了六七十人。又于1945年任宁武伪保安大队副及煤矿警备队长石林，只在磁窑沟一次就杀了居民20多人。这仅是敌寇巡查、零星杀人的情况。

我们再看在静乐一个敌据点南沟口，几个先后驻在该据点的敌军曹长屠杀居民的情形：川富曹长，驻一年余，杀居民30余人；衣田曹长，驻一年余，杀居民38人；自赖曹长，仅驻3个月，就杀了居民18人；鸟十兰曹长驻一年半，杀居民33人；雁金曹长，驻半年，杀居民13人；心野曹长驻半年，杀居民20人。

从这一个敌据点曹长们所亲自动手与在其指挥下所屠杀的居民数目，就很能看出敌寇在沦陷区对中国人民的屠杀是如何疯狂残暴了。

据初步的统计：敌寇在五寨 5 年中，在城内公开屠杀的人数已在 1800 人以上，暗中杀害及在农村里杀害尚未计算在内。岚县敌在 1943 年 8 月份内就拘捕居民 300 余人，惨遭活埋与恶狗咬死的很多。静乐、阳曲、交城被杀人数都在八九百以上，平遥、文水、孝义、汾阳 4 县遭敌屠杀人民有 30995 人。在敌寇这样残暴的恐怖政策下，伪组织人员也难幸免。汾阳敌于 1941 年间，召集伪村长、书记、教员等 800 多人开会，先以酒席款待，然后勒令互相选举"抗日分子"，结果就有 400 多人被屠杀了。五寨敌于 1942 年 5 月的半个月内曾大肆拘捕伪组织人员，监狱容纳不下，捆绑在院内，每天冻死、饿死的很多。

敌寇真曾想尽了残杀中国人民的办法，除了前边已经提过的活埋、刀砍、火烧、锅煮种种之外，曾用过前边提到的"鼠疫实验"，更曾用过惨无人道的抽血办法，在偏关清河一带居民，每人曾被抽血 200CC。

……

（八）人民生活在地狱里（略）

（中央档案馆馆藏档案，185 卷）

（16） 日寇在晋察冀边区所制造的"无人区"[①]

（1946 年）

抗战中敌寇用尽了一切"清剿""扫荡""三光"政策等残酷至极的手段，对付解放区人民的英勇斗争，但其结果，总归失败。最后敌寇为加强其占领区的统治，并分割封锁和进而统治解放区的人民，乃在 1941 年秋季"扫荡"惨施"三光"政策的同时，提出并实行了最毒辣的手段，于山西、河北交界的地带，制造了北起五台县跑泉场，南至盂县上社长 200 余里、宽五六十里的"无人区"。

在"无人区"不准许有一个中国人存留。其办法：第一步是先将散居村外的零星住户集中到村庄。第二步是把山沟小村的居民集中到山口较大的村庄，名之为"部落"或"人圈"。这套办法叫"集家并村"。但因为我人民不肯驯服地任从敌寇摆布，他们采取各种办法，忍受着不可忍受的苦难与敌进行残酷斗争，所以敌寇制造"无人区"的实际办法不是"集家并村"，而是"三光"政策：见人便杀，见房便烧，牲畜、财物抢掠一空。在五台后峪沟，敌寇将三角城一带住民男女老少 53 人赶到双庙村一个农家院中，放火大烧，一个 10 口人的一家，被烧死 9 口，其未死的 1 人也被敌寇刺死了。一个 4 口之家被敌烧死两口，杀死 1 口，一个妇女被敌强奸之后又惨遭刺杀。在后峪沟一道小山沟内，就死难人民 120 人，其中绝大部分是被敌寇赶到东大地集体烧死的。五台二区屋腔村，是刚刚百户的山沟小村，被敌制造"无人区"的严重损失是：计原有人口 430 人，被敌寇杀死 50 人，逼迫逃亡饿死者 110 人，损失总人口 38%；房屋原有 1200 多间，烧毁 840 间，拆毁 353 间，剩余的 30 间也都坍塌倒坏不堪居住了。耕畜原有牛、骡、驴 78 头，被敌抢走 70 头，损失约当 90%；猪、羊、鸡 500 余只（头）完全损失。荒芜土地 1000 余亩，被抢掠衣服 1200 余件，一切器物捣毁净尽。

敌寇的这种烧杀抢掠是连续反复进行的，每个村至少遭到数次，马尾沟村竟遭到 14 次的浩劫。不甘屈服的解放区人民在敌寇第一次烧了房子之后，他们搭起草屋来，但残暴的敌人又来个第二次、三次的连续烧杀，经过无数次的"搭"

与"烧"的斗争，群众无力再建了，只得退避在深山野谷，住在山洞、崖堂里，或以秸秆搭成的草棚略避风雨。在阴雨时，潮不可耐，山洪暴发，则更是危险，瓦札坪村（定襄）一家3口竟被山水冲走淹死了。被野猪、狼、豹所伤害的惨剧也不断发生。特别使人民恐慌不安的，还是敌人的搜剿。敌寇在各处山头建立堡垒，从高处监视人民的动静，只要发现人影，必追逐杀死而后已。因此，躲藏在深谷的群众，连火都不敢生，恐怕火烟暴露了目标。母亲抱着婴儿，不敢让他离开奶头，生怕孩子的哭声引来敌人。曾有一个女人抱着孩子跑了一天，到晚来才发现孩子已被奶头堵死。于是她也疯了，披头散发地到处呼唤她的孩子。每遇敌寇搜山"清剿"时，就得逃跑，饿着肚皮跑不动，一被敌寇发现即难逃命。他们身上的衣服破烂不堪，以致不能遮盖。有的大人两个人伙穿一套衣服，谁出门谁穿，小孩都是赤身露体，至于被子更谈不到。他们的吃食是敌人烧过的黑莜麦、大黄菜（一种野菜）、野草籽、山留菜、苦菜等。吃这些东西，不能大便，日子稍久便多生病，患病者占80%到90%，冻死、病死者很多。马家庄一村320人，在一个月内便死去120人，死亡率为37%。1943年后峪沟村有70%的居民患病，妇女被敌寇污辱致害花柳病者占30%。

被造成"无人区"的村庄，村中没有一个人影，除了乌鸦之外不见一个动物，荒草在院里在街道上长得高与人齐，水井被填了，碾磨被砸毁了，分不出街道，分不出房间，全村都成了瓦砾堆。一次，报社记者张帆路过"无人区"的村，听见一间破房里有小孩的哭声，进去一看，却是一个小狼羔在嚎叫。由此可以想见"无人区"的荒凉凄惨的景象。

被抓到"部落"、"人圈"的人们，也同样过着非人的生活。在每个"部落"、"人圈"里都有严密的特务组织，规定有"思想犯"、"政治犯"、"运输犯"、"秘运犯"等"犯罪"的条款，敌寇看着哪个人不顺眼，就任意加以罪名，结束了他的生命。从到"人圈"第一天起再也不能与外面有联系，就是相离咫尺的村庄，也不能互相往来，10里以外的土地，一概不准耕种。在这苦难深渊中的难民，没有住房，没有吃食，用以维持生命的食物，多是野菜、糠粃、马铃薯等。据统计，五台屋腔村被圈在"人圈"的难民，平均每人每天所吃：野菜12两，马铃薯3两5分，粮食2两6分。因为这样的缺乏营养，有的人是直接饿死了，有的人则因饥致病，倒在村道上，也不断地死去。如被赶到五台耿镇的难民，在一天之内就曾埋葬了张六合等6人。

被赶到"人圈"中的难民，在饥寒交迫的生活下，也莫想休歇，因为他们每天须在敌寇威逼监督之下出苦工，不是修"人圈"的外壕，就是盖山头的堡垒或修汽路，他们每日像牛马一样被敌寇奴役着。之外，还有花样百出的捐税和勒索，沉重地压在他们身上。

五台县前坪村，共40户，男女老少共120人，壮年劳动力32个，半劳动力（青年妇女）16个，共劳动力48个，在风雨及时与努力耕作的情况下，每人每年平均可收获粗粮320斤，合小米224斤，绝大部分生活资料是依靠糠菜度日。自从日寇制造"无人区"占领后一年中，每人每年出款折米191斤3两强，出米48斤，合计每人每年负担小米239斤3两，除去好年景时全年的收获224斤，尚不足15斤。

在劳役的负担，每人每年平均为敌出苦工270天，约为全年日数的3/4，只有1/4的日数，人民能用之于农业的劳作。

上面是简短不全的记述，但是，从中已可窥见敌寇在制造"无人区"时，施之于我人民的残暴凶恶的毒辣手段和我人民悲惨的苦难生活了。

下面是二专区"无人区"340村庄的损失统计表：

北岳区二专区"无人区"八年来寇灾损失统计（1946年6月）

项目 数目 县别	阳曲	五台	寿阳	崞县	定襄	忻县	平定	盂县	合计	说明
村庄	84	83	4	5	13	1	30	120	340	1. 粮食只是"无人区"一次抢之数，荒芜土地减产数第亩按2.5大斗，以4年计为255175大石；2. 农具、家具只是器物一部，其他损失物品无从统计；3. 家畜包括羊、猪、鸡，每户损失平均5只；4. 人口损失：25%以上；5. 房屋损失：89%；6. 牲畜损失：90%；7. 只五台"五人区"面积即达2100平方华里。
房屋损失	8544	49800	1505	2503	1100	901	10000	44160	118513	
人口死亡	1154	9200	180	208	1820	93	2200	8180	23035	
衣被损失	113920	996023	19213	24152	212053	10529	216000	883260	2475150	
耕畜	818	7354	146	175	2420	73	1611	6724	19321	
家畜	3165	27665	534	665	5500	270	6000	23500	67299	
农具及家具	31328	273900	5280	6600	55000	2750	5940	242880	623678	
粮食损失（数）	966	9545	460	575	1495	115	3450	3800	20406	
被捕损失人数	280	80	2490	83	50	4	70	5	500	
学校损失（数）	13	100	1	410	30	2200	120	6100	336	
荒废耕地	10640	95000	1900	2280	36458	950	20520	87400	255148	

（中央档案馆馆藏档案，181卷）

（17）太岳区八年来敌灾损失统计材料[①]

太岳区八年来敌灾损失初步统计材料　　　　　"密件"

1946 年

目　次

（一）几点说明

一、本调查统计数字：系根据地各县救济委员会在民国三十四年十二月份不完全之材料。至于敌人投降后国民党进攻解放区，我太岳区人民之损失数目，系本年四月份之调查统计，这些材料有的是典型村调查（如辛李、西板桥、柳树垣），有的是一般估计（如灾荒损失者）。

二、根据新老解放区、山地与平原遭灾轻重之不同，有的平均估计，有的重点的分别计算，如沁源、安泽、沁县、浮山、冀氏烧杀最严重，即划为烧杀区；晋城、高平、济源等县灾荒最严重，即划为灾荒区；临汾、沁县、浮山、襄陵、翼城受顽灾最严重，即划为顽灾区等。

三、统计物价数目均以法币为准，系据去年十二月份一般物价折算，每法币

---

① 此件系晋冀鲁豫太岳办事处救济分会调查统计。

五元兑冀钞一元，有些不能计算者，只列品名，如人口伤亡等不计款数。

四、所列损失物品，系日常用品中几个主要项目，至于日常什物如桌椅板凳均未统计，因此实际损失当远超过现有数目，同时在估价上也系据市价最低物价计算。

五、敌人烧杀、物资掠夺、抓壮丁、修炮楼、筑壕沟以一九四〇年——一九四四年最为凶残，因此损失统计应以此五年为准，至于一九四〇年以前则未完全统计在内。

六、根据战前人口、房间、牲畜、土地产量与现在人口、耕畜、房间、土地产量之比较计算之。

七、物资损失项内，对我太岳区之特产，如：蚕丝、药材、磁业、造纸业、蜂蜜、棉花、麻皮、烟业尚未统计在内，须待补充统计另行发表。

（二）各项损失统计

一、人口伤亡损失统计表

太岳区总人口	3300000 人
被敌屠杀者	85800 人
负伤者	28300 人
遭敌拷打者	726000 人
被掳壮丁	56100 人
受敌蹂躏致成孤寡者	89100 人
流亡外出难民	495000 人
因敌灾致冻饿死者	28300 人
水灾蝗雹死亡人口	102900 人
妇女被奸污者	42900 人
被奸后患传染病者	29700 人
目前急待救济者	595000 人
现在患疫病者	1386000 人

二、物资财产损失统计表

品　名	损失数目	价　值	
		单价	合计（元）
粮　食	2210000000 斤	50 元	110500000000 元
房　屋	813000 间	50000 元	40650000000 元

品　名		损失数目	价　值	
			单价	合计（元）
被　服		9292000 件	4000 元	37168000000 元
农　具		9648000 件	5000 元	48240000000 元
食　盐		72000000 斤	250 元	180000000 元
力役折工		212000000 个	500 元	106000000000 元
牲畜	耕畜	478000 头	75000 元	35760000000 元
	羊只	1550000 只	3000 元	7750000000 元
	肥猪	65000 头	30000 元	1950000000 元
	鸡子	9000000 只	500 元	4500000000 元
铁		各种容量铁炉 4000 具		295250000000 元
铜　锡		1200000 斤	500 元	600000000 元
银		折价		11000000000 元
硫　磺				6050000000 元
树　木		800000 株	2500 元	2000000000 元
总　计				427898000000 元

三、文化教育事业受敌摧残损失统计表

机关种类	损失数目	每处建设费	共需建设费
省暨县立中学及师范	省立 8 处 县立 47 处	省立 20000000 元 县立 10000000 元	630000000
高级小学	123 处	500000	61500000
初级小学	4750 处	200000	950000000
民泉教育馆	15 处	700000	105000000
共　计			1652000000 元

以后材料统计研究中，后续发表。

（山西省档案馆馆藏档案，档案号 A71—1—75—9）

（18） 血腥的西峪事件及其他①

——记日军晋东特务队长清水利一的暴行种种

（1947 年 4 月 5 日）

自从日军侵入太行区的那一天起，兽蹄所至，便给我和平、勤恳的人民带来无边的灾难。在抗战初期最惊人的暴行有昔阳县西峪村和昔阳城郊两大屠杀事件，凶手晋东特务队长清水利一可算是日本法西斯匪徒一个最残暴无耻的标准代表，这两个事件不过是他屠杀晋东特别是昔阳人民初试刀锋的集中表现。他从1940 年到 1943 年经常活动于平定、昔阳、和顺、辽县一带，而他前前后后对当地人民肆意屠杀和奴役的规模之大、方法之惨、花样之多真是闻所未闻，举不胜举。这里只把他的罪恶择主要的谈几点。

血腥的西峪事件

西峪村在昔阳县的西乡，原有居民 187 户，有人口 641 名。1940 年敌人在昔阳县城的周围布满了大小碉堡并威胁各村人民对敌"维持"，凡"维持村"在清水利一的魔掌下人民没有一天安宁。就西峪村说，每天要给敌人送情报、送鸡蛋、送白面、送女人，百般勒索无厌，诛杀、逼害、拷打，民不堪命。当年 10月群众忍无可忍，全村公决与敌展开不合作运动，17 日打断"维持"，到第 3 日的黎明，清水利一便率领他的兽兵及一部分伪军"棒棒队"分成两路如狼似虎地奔到该村，紧紧的将村子包围。一面喊人假称集合开会，一面挨家夺门破户地冲了进去，不分男女老幼，一起驱赶出来。到太阳将出山的时候，把人群赶到村外五道庙前一个三角形的圈牛坑内（又是老百姓的沤粪坑），四周用他的特务队的兽兵持枪实弹杀气腾腾地包围着。西峪村的老百姓还以为敌人可能真是召集开会，大概也不过是要他们拿粮出款等等，继续"维持"敌人罢了。全村的人集拢在一堆以后，在山村的早晨的冷空气中，妇女小孩的啼泣声以及劳苦人民的呛呛声，织成了一个人间惨剧开场前的凄厉的交响前奏曲。忽然一个翻译出来说话了，他大着嗓子说：你们"不许哭也不许响了，你们这些支那人，还不欢迎清水太君给你们讲讲话么？"老百姓惊魂未定，也摸不着究竟是怎么一回事，就不

① 此件系太行行署调查编写。

自在地七零八落地拍起掌来。谁知掌声未落，随之而来的不是什么太君讲话，而是这个匪徒老早命令好发出的"砰！砰！"的两枪，（群众）逃到坑的东边去，接着又是 3 枪，向惊恐哀号中的人丛打来，群众又"哗"地一下逃到西边去，倒在地上血泊中翻嚷惨叫的有 5 个无辜的群众，其中还有一个孕妇。恐怖威胁着这一群忍受宰割的灵魂，像惊弓之鸟，正在呼爹唤娘、寻妻觅子、混成一团，而敌人则看见遭到枪击的群众，东躲西避，来回奔逃，反而拍手狂笑。但野兽们的狞笑声掩盖不了群众的号哭声，于是以残暴为玩乐的野兽们，觉得这样对于善良的中国人的生命的玩弄还不够满足，在狞笑之后，一阵冰雹似的手榴弹、地雷等从四周向坑里投来，一时天崩地裂，火花迸溅，烟硝腾舞，而可怜的西峪村老百姓们，便血肉横飞，肢体崩裂，肝脑涂地了，惨剧达到了最高潮，但人还没有被炸完，其中有个青年，奋勇跃身出坑，企图逃命，却被敌人当心一刀刺去，又跌入坑内，接着又是 3 挺机枪齐向坑内扫射，前后共约 20 分钟。在弹影刀光下的这一群的西峪人民，完全没有声音了，野兽们才真玩得兴致淋漓了，但还不算终局，又把四周的石头和土坯向坑中扔去，直将尸体完全覆盖才停止，然后洗劫全村财物而去。这次惨案中牺牲的群众共 425 人，占原有人口的 67% 还多（以往调查死 375 人，不准确），全家死光的有 25 户，死去半数者有 146 户。王三妮等 19 户每户死得只留下一个寡妇，马寅午等 15 家只留下几个孤儿。在死难者中有儿童 57 人。全村人口残存 1/3，这些人有些是事先外出的，有些是在敌刚进村时设法潜逃的，有个别是受伤后埋在死尸下被救起来的。抢走牲口 245 头，粮食约 2000 余石，衣物等抢劫一空，烧毁房屋 280 余间。

昔阳城郊的大屠杀

民国 29 年 4 月间，清水利一在昔阳城内捕到一个人，说是抗日分子，经过灌冷水、戴凉锁（把铁索烧红戴在脖子上）、坐火练等百般酷刑后，这人忍受不住了，乱扯了一顿，口供牵连了很多无辜的人民，甚至还包括好多日伪人员。清水利一认为有杀人理由了，手忙脚乱的就从阳泉调来部队，将城围住进行搜索，屠杀了 6 批群众及日伪人员，前后共杀了 3 次（零星屠杀、活埋者尚不计算在内）。第一次四月初八，活埋了 83 人，第二次 4 月 16 日，又活埋了 34 人，第三次从路东"扫荡"回来，集合群众开会，又活埋了李尚成等 200 余人。清水利一说："支那人不值得用枪杀死，活埋就是好办法。"这样的大屠杀还认为不够，于是他又提出："要在 10 日内杀死'红红'300"的口号，向城附近各村要人，指定于 10 日内每个"维持村"送交 5 至 8 个人，如交不到，各村长就要来顶死。

于是各村长只得胡乱抓人。这时间内单人在外走路者随时有被抓去的危险，如一抓住送往城内，先施酷刑继则活埋，造成村村恐慌、人人自危、路断行人的极度恐怖的局面，甚至造成了敌占区与根据地群众间的互相仇视，这是敌人"以华制华"的一种毒辣阴谋。其后据清水利一向其上级报告称肃清"共匪"3000余人，可见这一野兽的疯狂之甚了。

变相的屠场"留置场"

清水利一在昔阳一带设有"留置场"，特别以"红部留置场"、"宪兵留置场"，大部是用一个能容100人左右的房子，经常放二三百人在内，大家如罐头、香烟似的一个靠一个地站着，任何人没有坐卧的余地，大小便皆在里边。因怕逃跑不开窗户，空气之恶臭污浊，难以想象。每天每人两碗玉荗煮的稀饭，吃的人人跑肚呕吐。敌人还大发雷霆，叫人把自己呕吐下的东西再舔吃下去。有时根本不给东西吃，强迫这人吃那人的大便，不吃便遭毒打。和顺马方王二成便是吃了又吐出来被打死。有的因饥饿得不行，而自己去吃大便，或吃死人的肉。敌人把洗锅碗、洗脸洗脚、抹家具的污水给人喝，有时连污水也喝不着，渴得被迫喝小便是个平常的事情。有时敌人大发"慈悲"，在屋顶上开个通风洞，因此人们都争挤到洞下喘口气，敌人在上面用大木桶、石头、砖块打下来，碰到谁的头上，活的希望就很少。有的"留置场"是就地打个土洞，人们屈膝爬下去，然后以石头将口砌住，闷死在里面的不知有多少。清水利一每10天收尸一次，用以喂他的军犬。在榆次黄彩到白细的公路上，沿途很多"留置场"是用木头制成，留一个小口，在里面的人不能立起，坐着挤成一堆，透不过气来。因为"留置场"太多了，远远望去，像鸡场里的鸡窝。"留置场"中也关着妇女，常是把妇女供兽兵奸污后裸体放进，有的妇女白天替日军洗衣服、做针工、推磨，黑夜就进行所谓"谈话"，"谈"完"话"就送进"留置场"。民国30年6月16日，我军攻打沾尚据点，解放了民夫与"留置场"的"犯人"400余名，没有一个不是病得只剩一口气。有不停呕吐的，有肚子胀大的，有不住发抖的，有不停出冷汗的，放出后即死去的就有百余人，可见折磨之惨。

72种杀人方法

以上事实还只能画出清水利一暴行的比较粗略的典型轮廓，还不能代表和说明这一法西斯匪徒的残暴性的全部和深度。晋东和昔阳人民曾经根据他们的父老兄弟姐妹儿女尤其是青壮年被屠杀的普遍而惨痛的经验，统计了这个匪徒杀人的方法，有72种之多。因为野兽们的杀人方法，只有野兽们才想得出记得清，今天时过境迁，只能把人们还知道的几种最常用的杀人方法介绍一下。照例必用的第一种方法：清水利一准备着两条3尺长、直径约三四寸、上细下粗的木棒，受难者不论谁，必先用这种木棒恶打一顿，直打得卧地不起，然后才开始问讯口供。第二种方法是灌凉水或辣椒水：用一种器具把凉水或辣椒水从口内灌入，直灌得肚子膨胀得不能再灌，受难者躺在地上，敌人即站在肚上，使水从口鼻倒泻出来。用这种方法的结果，有的生了病，有的胀死，有的踏破肚子而死。第三种方法是用蒸笼蒸死：在一口大锅上装一个大木架子，把被难者捆起，放在木架上，并用东西盖起，烧开了水，把人蒸死。左权县王白小就是这样蒸死的。蒸死后人的体积就蜷缩得很小了。第四种方法是用铁筛子筛死：用铁丝编成大筛子，筛中密布铁刺，将人赤条条的捆住放进去，筛起来，被筛者惨叫不已，始则满身血污，继则皮脱肉绽，最后则白骨暴露。在昔阳受这种刑法惨死的人很多。第五种方法是戴凉锁：把铁索烧红，下面系一大秤砣，戴在受难者脖子上，往往把脖子烫烂而死。在和顺、昔阳两县，经常用此。第六种方法是戴红帽子：将铁火口即炉口烧红，戴在受难者的头上，把脑壳烧开而死。其余方法如贯竹签，用竹签插入指缝内。跪红链，把铁链烧红，让人跪上。坐电椅、坐开水、坐铁板凳等，名堂很多。据说还有一种专门杀人的机器，通以电流，转动机器，将人旋为肉泥。还有把人捆住，指挥其军犬狼狗去咬，直至把人咬死等等。总之，当这个万恶的匪徒统治晋东和昔阳人民时代，一提到"清水"两个字，就立刻使人谈虎变色，毛骨悚然，然而也正因如此，清水这个野兽的行事无比的凶恶，也使晋东和昔阳人民更加清醒的、刻骨不忘它所欠下的血债与结成的民族仇恨。

（中央档案馆馆藏档案，166卷）

（19）八年抗日战争中太行区人口与劳役负担损失统计①

1947 年 7 月 9 日　单位：人

数目＼项别	成年人		小计	儿童		小计	总计
	男人	女人		男儿童	女儿童		
被敌屠杀者	170121	45915	216036	10206	6805	17031	170047
因敌灾害残废者	34108	22739	54847	1944	1048	2992	59839
因敌灾害病饿死	95472	78144	173584	193425	128950	322375	475941
备　考	杀死人项内单指敌人直接杀害者而病饿死数内包括被敌逼死与自杀者在内。						

数目＼项别		征兵（人）	负伤（人）	掳去壮丁（人）	合计（人）	无偿征用人数（人）	无偿征用工数（工）	每工折价（元）	合计工价（元）
人数		151044	55142	30088	100294	17929500			
工数							38762000		
元数	法币							5000	19381000000
	美金							0.01	3876200
备注	1. 无偿征用工数项是由四一年到四五年统计数字。 2. 计算单位以本币为单位折合时以市价本币一元折价蒋币两千元，蒋币每五万元折美金一元。								

（山西省档案馆馆藏档案，档案号 A128—2—8—4）

---

① 此件系太行行署编制。

（20）沁源县城关镇各村中日战争中损失调查表①

（1949年3月25日造）

类别	项目	战前统计（25年）	战争中损失（26—34年）	估价 小米	估价	现在统计	现与战前比较 增	现与战前比较 减	说明
	户数（户）	1080	42			873		207	1. 战前敌人烧毁房屋为25806间，每户平均23.9间，每人平均3.777间。此数是包括敌人数次烧城关房屋在内，41年敌人将关内大部分烧毁，扫荡结束后，群众无家可归，居住又搭修房屋，数千间在42年敌人占住城关将全部房屋全一齐拆光，故群众房屋全部损失。砖土窑虽未倒塌全部，而门窗梁柱全都拆尽。 2. 廿五年时城关共有土地8354亩，在八年过程中，群众斗争封建，城周围群众没收1500余亩，河水冲塌土地300余亩，二年来出卖900余亩。
	人口（口）	6840	1476			3573		3267	
房屋	楼房（间）	7956	7956	10石	79560石	30		7926	
	房屋（间）	17850	17850	8石	142800石	1012		16838	
	砖窑（孔）	328	328	2石	636石	178		150	
	合计	26134	36134		222996石	1220		24914	
牲畜	牛（头）	197	528	8石	4224石	66		131	
	驴（头）	144	325	7石	2275石	43		101	
	骡（头）	159	354	1.5石	5310石	22		137	
	马（头）	86	121	10石	1210石	11		75	
	合计	586	1328		13019石	142		444	

① 此件系太岳一专署民政科编制。

类别	项目	战前统计（25年）	战争中损失（26—34年）损失数	单位	战争中损失（26—34年）折价	现在统计	现与战前比较 增	现与战前比较 减
副业	猪（头）	360	1336	1石	1336石	162		198
	鸡（只）	1296	3840	4升	153.6石	2485	1189	
	羊（只）	2842	5230	5斗	2615石	20		2822
	合计	4498	10406		4104.6石	2667		3020
粮食	米（石）		148600		1486石			
	麦（石）	1837	18450	1石	18450石	203.68		1133.32
	玉荄（石）	4972	41960	6斗	25176石	2967.23		2004.77
	谷子（石）	4510	46510	5斗	23255石	2360.944		2149.056
	高粱（石）		23568	6斗	14140.8石	96.64	96.64	
	豆子（石）	836	39365	7斗	27555.5石	3157.2		520.28
			2654	6斗	1592.4石			
	合计	12155	148600		111655.7石	6744.214		5807.426
	每人平均	1.778			16.317石	1.8036		
农具	犁（张）	428	632	5斗	316石	84		344
	楼（张）	65	93	9斗	83.7石	20		453
	耙（面）	55	79	1石	79石	13		42
	锄（张）	9120	2530	2斗	506石	526		386

说明：

…亩，八年中 400 余亩，现只留 5163.4 亩。

3. 农具统计表以一般农具估计，未挨门挨户调查。

4. 杂物、家具是根据过去情况估计。

5. 金银首饰战前数是损失数与现在封建摘出的总和。

6. 工商业现在情况另有说明。

7. 各种损失财物之折价是按现在市价。

8. 总计损失 503177.58 石。每户平均 465.9046 石。

	项目	战前统计（25年）	战争中损失（26—34年）			现在统计	现与战前比较 增	现与战前比较 减	说明
农具	镢（把）	890	2100	2斗	420石	742		148	
	镰（张）	1580	3486	3升	103.58石	796		784	
	斧（把）	924	1840	1斗	184石	624		300	
	车（辆）	256	357	5石	1785石	75		181	
	其他		3432	1斗	343.2石				
	合计	6110	14569		3820.48石	2880		2230	
杂物	衣服（套）	2352	407000	4斗	16280石	5411		18109	
	被褥（条）	9318	16800	4斗	6720石	2395		6983	
	布匹（丈）	20813	50000	1斗	5000石			208.13	
	棉花（斤）	4476	20000	1斗	2000石			4476	
	合计				30000石				
财物	银条（两）	24746	18900	5升	945石	5486		18900	
	现洋（元）	284555	376400	4升	15056石	8155		346400	
	首饰（斤）	1015	971	5斗	485.5石	44		971	
	金子（两）	1441.72	1440	10石	14400石	172		1440	
	合计				20886.5石				

		战前统计（25年）	战争中损失（26—34年）			现在统计	现与战前比较		说明
							增	减	
家具	锅（口）	3471	4460	2斗	892石	1506		19650	
	碗（个）	17892	23811	4	78.24石	5118		12774	
	箱子（个）	6425	6936	3斗	208石	750		5675	
	磁器（个）	7968	8372	2斗	1674.4石	1400		6568	
	纺车（架）	70	80	1斗	8石	335	265		
	织布机（架）	12	18	7斗	12.6石	20	8		
	桌椅凳（张）	3551	4753	24斗	950.6石	276		3275	
	合计	39389	48430		14598.8石	9405		30257	
工商业	金货（件）		38500	5斗	19250石				
	市布（丈）		1100	3石	3300石				
	药材（斤）		52300	1斗	5230石				
	皮革（张）		13220	1斗	1322石				
	杂货（间）		10860	1斗	1086石				
	颜料（桶）		986	2石	1972石				
	棉花（斤）		69500	1斗	6950石				
	土布（丈）		30000	1斗	30000石				
	合计				69110石				

其它		战前统计（25年）	战争中损失（26—34年）			现在统计	现与战前比较		说明
							增	减	
	麻皮（斤）	33500	58400	4升	2336石	24000		9500	
	麻籽·（石）	334	9656	1石	9656石	210		124	
	菜蔬（斤）		180000	100斤	920石				
	铜铁（斤）		18900	5石	94.5石				
	合计				12886.5 石				
	总合估价				503177.58 石				
抗战中杀伤人	1476	负伤		伤寒	捕去	残废			
给敌人支差数	民夫工数	牲畜工数		时疫	劳疫	共计天数	合计	估价	合计
疾病	磨疾								
	种类								
	数目								

备考：
1. 说明典型材料每年敌人活动办法及损失情形。
2. 这表如未有项目者可用其它写明。
3. 损失作价均以小米为单位。

（21）沁源县交口村中日战争中损失调查表①

		战前统计（25 年）	战争中损失（26—34 年）		现在统计	现与战前比较		说明
				估价		增	减	
	户数（户）	52	68		66	14		
	人口（口）	317	245		243		74	
房屋	楼房（间）	245	365	2450 石	11		234	
	房屋（间）	365	50	2190 石	48		317	
	砖窑（孔）	54	660	250 石	42		12	
	合计	664		4890 石	101		563	
牲畜	牛（头）	42	30	240 石	15		27	
	驴（头）	27	25	175 石	8		19	
	骡（头）	5	5	100 石				
	马（头）	4	4	40 石				
	合计	78	64	555 石	23		46	

① 此件系太岳行署一专署民政科编制。

类别	项目	战前统计（25年）	战争中损失（26—34年）		现在统计	现与战前比较		说明
						增	减	
副业	猪（头）	49	49	98 石	1		48	
	鸡（只）	295	270	13.5 石	140		155	
	羊（只）	159	139	97.3 石	2		155	
	合计	500	458	208.8 石	143		358	
粮食	米（石）	163.5	163.8	163.8 石	33.8		129.7	
	麦（石）	212	188.3	188.3 石	38.8		173.2	
	玉茭（石）	5788	5623	324.9 石	226.1		352.2	
	谷子（石）	545	605	403.3 石	205		340	
	高粱（石）	301.1	217.3	·147.5 石	22		298.9	
	豆子（石）	252	388.8	259.2 石	42.1		209.9	
	麻籽（石）	123	100	70 石	29		94	
	合计	2176.4	2225.5	1557 石	1044		1498.4	
	平均							
农具	犁（张）	46	42	18.9 石	35		11	
	耧（张）	15	13	13 石	4		11	
	耙（面）	17	16	19.2 石	2		15	
	锄（张）	74	62	18.6 石	34		40	

续表

分类	品名	战前统计（25年）	战争中损失（26—34年）		现在统计	现与战前比较		说明
						增	减	
农具	镢（张）	111	91	18.2石	59		52	
	镰（张）	232	205	10.2石	80		152	
	斧（把）	83	72	7.2石	53		30	
	车（辆）	25	18	128石	12		13	
	扇车（辆）	4	4	20石	2		2	
	合计	607	523	253.3石	281		426	
木料	檩（根）	1044	1034	155.1石	163		881	
	椽（根）	1522	1513	15.13石	170		1352	
	合计	2566	2547	170.23石	333		2233	
杂物	衣服（套）	819	751	300.4石	46		773	
	被褥（条）	310	196	147石	161		149	
	布匹（丈）	458.5	295.5	295.5石	28.4		430	
	棉花（斤）	199	302	30.2石	2		197	
	合计			773.1石				
财物	银条（两）							
	元宝							
	现洋（元）	193	193	19.3石			193	

类别	项目	战前统计（25年）	战争中损失（26—34年）		现在统计	现与战前比较		说明
						增	减	
财物	首饰（两）	418	418	41.8石			418	
	金子（两）							
	合计	611	611	61.1石				
家具	锅（口）	205	171	51.3石	82		123	
	碗（个）	1058	1077	5.4石	353		705	
	箱子（个）	274	266	186.2石	46		228	
	磁器（个）	501	640	32石	56		440	
	纺车（架）	86	81	12.2石	53		33	
	织布机（架）	26	23	23石	11		15	
	桌椅凳（张）	24	22	11石	5		19	
	合计	2164	2275	321.1石	606			
工商业	金货							
	市布（丈）	16.1	16.1	8石			16.1	
	药材（斤）	150	150	30石			150	
	皮革（张）	15	15	6石			65	
	杂货	颜料5桶	5	5石			5	
	绳子	99	94	9.4石	41		58	
	合计							

		战前统计（25年）	战争中损失（26—34年）	估价	现在统计	现与战前比较 增	现与战前比较 减	说明
其它	麻皮（斤）	1332	885	44.3 石	65		1267	
	口袋（个）	69	69	34.5 石	5		64	
	草刀（口）	12	12	6 石	4		8	
	铜铁（斤）	3789	3789	37.9 石	4		3785	
	大瓮（个）	368	220	88 石	91		277	
	总合计	5597	4975	210.7 石	169		5401	

抗战中杀伤人	23	负伤 128	捕去	共计天数 1	残废 23
给敌人支差数	民夫工数	性畜工数	时疫	合计	
疾病	种类	痘疾	伤寒	劳疾	
	数目				
估价			64 石		

备考：
1. 说明典型材料每在敌人活动办法及损失情形。
2. 这表如未有项目用其它写明。
3. 损失作价均以小米为单位。

（山西省档案馆馆藏档案，档案号 A83—2—36—9）

（22）沁源县绵上村中日战争中损失调查表①

（1949年3月）

		战前统计（25年）	战争中损失（26—34年）			现在统计	现与战前比较		说明
				估价			增	减	
房屋	户数（户）	251	14			261	10		1. 分家移走、新来死亡户相顶，少4户。
	人口（口）	1043	2850			803		240	2. 所有原有少损陆续置买，敌人累年损害集中数目。
	楼房（间）	799.5	662	12石	7944石	275		524.5	3. 在战前相原有人口项内，在战争中相抵者。现在又有人口抵者是另外顶门项者，亦为现有户数。
	房屋（间）	982	890	6石	5340石	332		650	4. 工商业者估作六百三十八石米，是因损失户已死亡或逃走移走，大约把号内所有之货物初步估计作的。
	砖窑（孔）	24				20		4	5. 原有数与现在数不符合是由于有新移来者顶在缺额内。
	合计	1805.5	1552			627		1178.5	
牲畜	牛（头）	227	154	10石	1540石	110		117	
	驴（头）	102	101	6石	606石	18		84	
	骡（头）	8	7	25石	175石	4		4	
	马（头）	9	7	12石	84石	2		7	
	合计	346	269		2405石	134		212	

① 此件系太岳行署一专署民政科编制。

		战前统计（25年）	战争中损失（26—34年）			现在统计	现与战前比较		说明
							增	减	
副业	猪（头）	170	274	14石	383.6石	70		100	6. 如有问题看不明可参看全村概况表。 7. 粮食的现有数是指全年的收入粮食数而计之。
	鸡（只）	422	547	2石	10.94石	343		79	
	羊（只）	1114	503	2斗	150.9石	867		247	
	合计	1776	1324		545.44石	1280		426	
粮食	米（石）	392.7	1062.7		1082.7石	147		245.7	
	麦（石）	55	105		105石	48		7	
	玉茭（石）	1128	2193		1370石	139		989	
	谷子（石）	997	1922		961石	199.9		797.8	
	高粱（石）	120	512		512石			120	
	豆子（石）	369	592		422.9石	36.1		332.9	
	莜麦（石）	1005	808		808石	7		1004.3	
	合计	4066.7	7194.7		5241.6石	576		3496.7	
	平均								
农具	犁（张）	254	298	2斗	59.6石	134		120	
	耧（张）	38	38	7斗	26.6石	7		31	
	耙（面）	24	26	1石	26石	7		17	
	锹（张）	284	344	1.5斗	51.6石	166		118	

	项目	战前统计（25年）	战争中损失（26—34年）			现在统计	现与战前比较		说明
							增	减	
农具	镬（把）	358	410	1.5 斗	61.5 石	220		138	
	镰（张）	636	718	3	21.54 石	355		281	
	斧（把）	381	673	5	33.65 石	257		124	
	车（辆）	74	56	10 石	560 石	22		52	
	席子（张）	1200	2600	1 斗	260 石	780		420	
	合计	3249	5163		1100.496 石	1948		1301	
木料	梁（根）	470	764	2 斗	152.8 石	91		379	
	檩柱（根）	1030	1623	4 斗	64.92 石	222		808	
	合计	1500	2387		217.72 石	313		1187	
杂物	衣服（套）	1727	2174	5 斗	1087 石	255		1472	
	被褥（条）	848	545	6 斗	327 石	464		384	
	布匹（丈）	226	304	5 斗	152 石	1.5		224.5	
	棉花（斤）	157	244	1 斗	24.4 石	9		148	
	合计	2958	3267		1590.4 石				
财物	银条（两）								
	元宝								
	现洋（元）	540	433		1443.3 石			433	

类别	项目	战前统计（25 年）	战争中损失（26—34 年）			现在统计	现与战前比较 增	减	说明
财物	首饰（斤）	107	400			35		72	
	金子（两）				2660 石	35		505	
	合计	647	833		2804.3 石				
家具	锅（口）	630	517	4 斗	206.8 石	387		243	
	碗（个）	3387	4596	4 合	18.38 石	1128		2259	
	箱子（个）	1119	1037	7 斗	726 石	237		882	
	磁器（个）	1219	1235	3 斗	371 石	203		1016	
	纺车（架）	80	105	2 斗	21 石	154	74		
	织布机（架）	11	12	1.5 斗	18 石	10		1	
	桌简凳（张）	672	858	1.5 斗	128.7 石	58		614	
	合计	7119	8360		1489.88 石	2177		5015	
工商业	金货（件）	245.3	314.9	3 对	94.47 石				
	市布（丈）	580		5 对	31.6 石				
	药材（斤）		632						
	皮革（张）								
	杂货（件）								
	合计				638 石				

类别	项目	战前统计（25年）	战争中损失（26—34年）	损失估价	现在统计	增	减	说明
其它	麻皮（斤）	15800	30230	1209.2 石	404		15400	
	秧歌衣乐器（套）	15	15	15 石	4 对			
	戏箱（套）	2	2	150 石	1.5 对			
	铜铁（斤）	4757	5238	78.57 石	132		4625	
	合计			1452.77 石			20025	
	总合估价			61739.14 石				

类别						增	减
抗战中条伤人	255	负伤 806	捕去 16		残废 42	3	
给敌人支差数	民夫工数	牲畜工数	共计天数 8		合计		估价 48.36 石
疾病	种类	痨疾 45	伤寒 105	时疫 47	劳疾 15	合计	212

备考：
1. 说明典型材料每在敌人活动办法及损失情形。
2. 这表如未有项目用其它写明。
3. 损失作价以小米为单位。

（山西省档案馆馆藏档案，档案号 A83—2—36—9）

（23）屯留张店各村中日战争中损失调查表[①]

（1949 年 3 月造）

	战前统计（25 年）	战争中损失（26—34 年）		现在统计	现与战前比较		说明
			估价		增	减	
户数（户）	143	45		207	64		1. 此表在调查时感觉很难统计周到，因时间太久，一般干部、群众对这一工作都记不很清了，所以对此项工作很是生疏，只作了几项主要损失的统计。 2. 对于工商业无法统计，大部都是本村的小商贩，他们的一切财物都统计到表里各项去了。 3. 总估价内将人畜工资未在内。
人口（口）	1120	350		810		308	
房屋 楼房（间）	3250	2963	3 石	287		2963	
房屋（间）	154	85	2 石	397	243		
砖窑（孔）	132	23	1 石	150	18		
合计	3536	3071	9082 石	834	261	2963	
牲畜 牛（头）	73	51	5 石	76	3		
驴（头）	42	20	5 石	16		26	
骡（头）	44	41	10 石	8		36	
马（头）	11	11	7 石	3		8	
合计	147	129	842 石	103	3	70	

[①] 此件系太岳行署一专署民政科编制。

分类	项目	战前统计（25年）	战争中损失（26—34年）			现在统计	现与战前比较 增	现与战前比较 减	说明
副业	猪（头）	563	563	5石	2815石	185		378	
	鸡（只）	730	730	2石	14.6石	2300	157		
	羊（只）	155	155	4石	72石	43		112	
	合计	1448	1448		2891.6石	2528	157	490	
粮食	米（石）	7000	6000		6000石	614		6386	
	麦（石）	5000	4000	1.8石	2143石	717.55		42825	
	玉麦（石）	3500	3000		1875石	630		2870	
	谷子（石）	2300	2000		1250石	1230		1070	
	高粱（石）	200	150		93.75石	100		100	
	豆子（石）	1200	1000		888.9石	3650		835	
	合计	19200	16150		12270.65石	6941.5		155435	
	每人平均	17.14				8.57			
农具	犁（张）	70	40	0.4石	16石	63		7	
	耧（张）	42	12	0.4石	4.8石	14		8	
	耙（张）	20	11	0.4石	4.4石	9		11	
	锄（张）	300	200	0.2石	40石	209		91	
	镢（张）	430	200	0.15石	30石	439	9		

		战前统计（25年）	战争中损失（26—34年）			现在统计	现与战前比较		说明
							增	减	
农具	镰（张）	450	300	0.03 石	9 石	610	160		
	斧（把）	110	40	0.05 石	2 石	200	90		
	车（辆）	95	42	8 石	336 石	42		53	
	其它（张）	100	70	2 石	14 石	65		35	
	合计				456.2 石				
木料	松（株）	3000	2890	0.3 石	867 石	120		2880	
	杨柳（株）	2500	2100	0.3 石	630 石	3000	500		
	合计	5500	4990		1497 石	3120	500	2880	
杂物	衣服（件）	5000	4000	0.18 石	600 石	3400		2600	
	被褥（件）	2000	900	0.4 石	360 石	600		140	
	布匹（丈）	5000	3000	0.5 石	150 石	200		480	
	棉花（斤）	2000	1304	0.1 石	130 石	450		155	
	合计				1240 石				
财物	银条								
	元宝								
	现洋（元）	10000	10000	0.5 石	50 石				
	首饰								

			战前统计（25年）	战争中损失（26—34年）			现在统计	现与战前比较		说明
								增	减	
财物	黄金	合计	10000	10000	0.05石	50石				
家具		锅（口）	4000	3800	0.05石	190石	90		3100	
		碗（个）	3000	2200	0.05石	9石	2600		400	
		箱子（个）	450	350	0.3石	105石	400		50	
		磁器（个）	1000	800	0.01石	8石	300		700	
		纺车（架）	40	30	0.1石	30石	200	160		
		织布机（张）	5	3	1石	3石	28	23		
		桌椅凳（张）		400	0.2石	70石	350			
		合计				400石			210	
工商业		金货（件）								
		市布（丈）								
		药材（斤）								
		皮革（张）								
		杂货（件）								
		合计								

		战前统计（25年）	战争中损失（26—34年）	现在统计	现与战前比较		说明
					增	减	
其它	麻皮（斤）						
	铜铁（斤）						
	总合估价		28789.45				
抗战中杀伤人		26	负伤 62　　4	捕去		合计 30 人	
给敌人支差数	民夫工数		牲畜工数	共计天数　残废	估价		
				2000 天　60 石			
疾病	种类	疟疾	伤寒时疫	劳疾			
	数目			合计			
备考	1. 说明典型材料每年致人活动办法及损失情形。 2. 这表如末有项目者可用其它写明。 3. 损失作估价以小米为单位。						

（山西省档案馆馆藏档案，档案号 A83—2—36—9）

(24) 安泽六区城关村中日战争中损失调查表①

（1949 年 3 月造）

		战前统计（25 年）	战争中损失（26—34 年）	估价	现在统计	现与战前比较 增	现与战前比较 减	说明
房屋	户数（户）	456	285		258			1. 一宗总合作价米八万二千七百九十石五斗八升，一宗文差折米五千八百三十六石，二宗共合米 88635.58 石。
房屋	人口（口）	2169	1876		971			
房屋	楼房（间）	496	420	6300 石	146		250	
房屋	房屋（间）	1697	1423	14230 石	429		1268	2. 工商业是按户填表，因货物无法统计故折成小米若干石填入表内。
房屋	砖窑（孔）	522	248	2478 石	489		33	
房屋	合计	2715	2091	23008 石			1651	
牲畜	牛（头）	107	74	592 石	138	31		
牲畜	驴（头）	32	23	230 石	24		8	
牲畜	骡（头）	26	22	550 石				
牲畜	马（头）	4	4	60 石	2		2	
牲畜	合计	167	123	1432 石	164	31	10	

① 此件系太岳行署一专署民政科编制。

续表

分类	项目	战前统计（25年）	战争中损失（26—34年）		现在统计	现与战前比较		说明
						增	减	
副业	猪（头）	521	350	1400 石	65		456	
	鸡（只）	1032	990	29.7 石	1642		190	
	羊（只）	1958	1106	884.8 石	1650		308	
	合计	3511	244	2314.5 石	2557		954	
粮食	米（石）							
	麦（石）	2936	2148	2148 石	1548		1388	
	玉茭（石）	1450	975	4875 石	321		1129	
	谷子（石）	2140	1914	987 石	112		2028	
	高粱（石）	500	412	206 石	115		385	
	豆子（石）	779	584	390 石	235		544	
	合计	7805	6093	4218.5 石	2331		5474	
	每人平均	3.662			2.4			
农具	犁（张）	157	105	31.5 石	321	164		
	楼（张）	27	18	18 石	522	25		
	耙（张）	60	45	675 石	65	5		
	铩（张）	399	202	60.6 石	317		82	
	馒（张）	518	382	76.4 石	421		97	

续表

类别	项目	战前统计（25年）	战争中损失（26—34年）		现在统计	现与战前比较		说明
						增	减	
农具	镰（张）	880	491	24.55 石	605		275	
	斧（把）	382	207	20.7 石	261		121	
	车（辆）	4	2	25 石	2		2	
	其他	871	555	196 石	1222	351		
	合计	3306	2007	1127.75 石	3266	545	577 石	
木料	合计							
杂物	衣服（件）	3431.7	2468	7404.3 石	7643		26674	
	被褥（件）	2860	1909	1909 石	1241		1619	
	布匹（丈）	7877	7108	924.04 石	1345		6532	
	棉花（斤）	8369.7	7108	710.8 石	321		8549	
	合计			10948.14 石				
财物	银条		5	8 石				
	元宝（斤）	5						
	现洋（元）	4500	34	341 石	7.1			
	首饰	69	51	81 石				
	金子							
	合计			430 石	685		747	

类别	项目	战前统计（25年）	战争中损失（26—34年）	（石）	现在统计	增	减	说明
家具	锅（口）	1432	859	429.5石	1324		3346	
	碗（个）	4670	3786	18.93石	735		784	
	箱子（个）	1519	827	827石	13		72	
	磁器（个）	85	63	63石	392		2	
	纺车（架）	374	332	33.2石	80	32		
	织布机（架）	48	32	58石	1513		890	
	桌椅凳（张）	2405	1229	245.8石				
	合计			1685.43石				
工商业	金货（件）	2	3000石	5000石				
	市布							
	药材（斤）	5	2000石	2000石	400石		1600石	
	皮革（张）	2	1000石	1000石			23300石	
	杂货（件）	31	24500石	24500石	1200石		6700石	
	摊数（户）	34	7400石	5270石	700石		2760石	
	其他（户）	30	3000石	2470石	240石		34360石	
	合计	104	37900石	35240石	2540石			

其它		战前统计（25 年）	战争中损失（26—34 年）		现在统计		现与战前比较		说明
							增	减	
	麻皮（斤）								
	盆子（个）	2740	1550	155 石	1456			1484	
	缸子（个）	040	1560	825 石	157			1470	
	铜铁	2176	2026	20.26 石	64			2132	
	估价		82799.58						

抗战中杀伤人	27	负伤	66720	捕去	22500	残废	94220	增	1
给敌人支差数	民夫数	牲畜工数	共计天数	4					
		66720	22500				合计	估价	合计
									5836 石
疾病	种类	痨疾	伤寒时疫	劳疾					
	数目								

备考
1. 说明典型材料每年敌人活动办法及损失情形。
2. 这表如未有项目者可用其它写明。
3. 损失作价均以小米为单位。

（山西省档案馆馆藏档案，档案号 A83—2—36—9）

（25）安泽县一区府城各村中日战争中损失调查表①

（1949年3月造）

		战前统计（25年）	战争中损失（26—34年）	估价	现在统计	现与战前比较 增	现与战前比较 减	说明
房屋	户数（户）	155			134		21	1. 在廿五年每人平均粮食栏内数目字大，因有打租行和粮店的存粮在内。
	人口（口）	8870			540		347	2. 损失牛数超过廿五年数，因是历年的损失。
	楼房（间）	735	735	11025石	80		705	3. 财物只把知道的搞出来，不知道的没有搞出来。
	房屋（间）	678	678	5424石	504		174	4. 虽有平房500余间，大部分是泥房和草房，现已坏丁。
	砖窑（孔）	20			25	5		5. 粮食估米，麦米一样顶，高粱、玉麦，谷子两石顶一石，黑豆十五石顶一石。
	合计	1473		16449石	559	5	879	6. 总合作价小米四四四一三。三一石，填在说明栏内，如果把给敌支工数小米合并计算为五四四五六八.九一石。
牲畜	牛（头）	49	26	7.5石	13		3	
	驴（头）	10	8	8石	8		2	
	骡（头）	96	75	1.7石	12		84	
	马（头）	5	5	13石	3		2	
	合计	127	114	1599石	36		91	

① 此件系太岳行署一专署民政科编制。

类别	项目	战前统计（25年）	战争中损失（26—34年）数量	单价	折石	现在统计	现与战前比较 增	现与战前比较 减	说明
副业	猪（头）	265	265	2 石	530 石	84		187	
	鸡（只）	180	180	3 石	5.4 石	142		38	
	羊（只）	100	100	9 斗	90 石				
	合计	545	545		625.4 石	226		219	
粮食	米（石）	1619	1619		1619 石	32.1		1586.9	
	麦（石）	1428.5	1428.5		1428.5 石	91		1337.5	
	玉荛（石）	1476.7	1476.7		7383.5 石	24		14743	
	谷子（石）	13298	13298		6449 石	2		13296	
	高粱（石）	5270.5	5270.5		2275.25 石	15		5755.5	
	豆子（石）	1834	1834		1222.6 石	10		1824	
	合计	38717	38717		20577.85	174.1		34542.9	
	每人平均	43.65	43.65			0.265			
农具	犁（张）	39	30	8 斗	24 石	6		33	
	耧（张）	22	22	9 斗	19.8 石	3		19	
	耙（张）	39	39	9.5 斗	27.5 石	6		33	
	锄（张）	749	116	1.9 斗	22.04 石	64		85	
	镢（张）	198	156		46.8 石	60		138	

类别	项目	战前统计（25年）	战争中损失（26—34年）			现在统计	现与战前比较 增	现与战前比较 减	说明
农具	镰（张）	294	294		14.7石	20		274	
	斧（把）	122	100		10石	22		100	
	车（辆）	61	50		900石	7		54	
	其他	485	371		47.2石	67			
	合计	2750	1278		1342.7石	255		736	
木料	板椽（块）	150	150		45石	150			
	大梁（根）	67	67		26.8石	60		7	
	合计	217	217		71.8石	210		7	
杂物	衣服（件）	2680	2680	米	1340石	310			
	被褥（件）	939	714		428.4石	100			
	布匹（匹）	60	40		20石	30	40匹		
	棉花（斤）	1256	1256		125.6石	546		1206	
	合计	4935	4890		1914石			4429	
财物	银条								
	元宝（斤）	2	2	10元	5石				
	现洋（元）	17550	17550		1755石				
	首饰	26.8	26.8		84.2石				

财物	项目	战前统计（25年）合计	战争中损失（26—34年）		现在统计	现与战前比较 增	现与战前比较 减	说明
财物	金子							
	合计			1844.2石				
家具	锅（口）	848	748	299.2石	244		604	
	碗（个）	3768	3200	16石	524		2944	
	箱子（个）	486	430	430石	78		408	
	磁器（个）	96	96	96石	3		93	
	纺车（架）	24	24	4.8石	13		11	
	织布机（架）	8	8	16石	6		2	
	桌椅凳（张）	2224	2200	1100石	377		1847	
	合计	7454	6706	1962石	1545		5909	
工商业	金货（匹）	450	450	2250石				
	市布（匹）	550	550	2200石	10		549	
	药材（斤）	1200	1200	2400石	300		900	
	皮革（张）	1200	1200	84石	40		1160	
	杂货（件）	24900	24900	1245石	1300		23600	
	纸烟（条）				1000	1000		
	洋火（箱）	10	10	30石	13	3		
	合计	28310	24310	8209石	2663		26163	

续表

其它	战前统计(25年)	战争中损失(26—34年)	估价	现在统计	现与战前比较（增）	现与战前比较（减）	说明
麻皮（斤）	1230	1230	86.1 石	60		1170	
荼（篓）				40			
锡（斤）	1100	1100	55 石	40			
铜铁（斤）	3568	3568	71.36 石	40		3528	
洋车（辆）	25	25	100 石	8		17	
总合估价			226.36				

抗战中杀伤人	负伤	捕去	残废		
	51	19	30		
给敌人支差数	民夫工数	牲畜工数	共计天数	劳疾	合计 估价
	506 天	350 天	856 天		155.6 石
疾病	种类	伤寒时疫	疟疾		
	数目	63 个			

备考
1. 说明典型材料每年每人活动办法及损失情形。
2. 这表如未有项目者可用其它写明。
3. 损失作价均以小米为单位。

（山西省档案馆馆藏档案，档案号 A83—2—36—9）

(26) 沁县南仁各村中日战争中损失调查表①

(1949 年 3 月造)

	项目	战前统计（25 年）	战争中损失（26—34 年）		现在统计	现与战前比较		说明
			数	估价		增	减	
房屋	户数（户）	167	3		816	49		1. 现与战前比，表栏内增数是损失中后补的，减数是战前与现在统计数的差。 2. 战前共统计（廿五年）共 167 户人口共 815 人，在敌人八年损失各种物资中，此表项目共损失小米价 14409.751 石。每户平均损失小米价 86.286 石。每口平均 17.681 石。
	人口（口）	815	56		816		3	
	楼房（间）	569	392	4296.32 石	249	72	320	
	房屋（间）	368	258	2148.16 石	146	36	222	
	砖窑（孔）	265	104	208 石	220	59	45	
	合计	1202	754	6652.48 石	615	167	587	
牲畜	牛（头）	45	26.5	212 石	29	13	13	
	驴（头）	17	11	77 石	11	7	6	
	骡（头）	10	9	144 石	8	1	2	
	马（头）	16	2	18 石	4.5	2	4.5	
	合计	78	48.5	451 石	52.5	23	25.5	

---

① 此件系太岳行署——专署民政科编制。

类别	项目	战前统计（25年）	战争中损失（26—34年）		现在统计	现与战前比较		说明
						增	减	
副业	猪（头）	24	24	16.8 石	6	6	18	
	鸡（只）	1120	1120	5.6 石	651	651	449	
	羊（只）	750	750	375 石	400	400	350	
	合计	1894	1894	397.4 石	1057	1057	799	
粮食	米（石）	155	935.42		704.88			
	麦（石）	1064.8	913.6		509.22			
	玉麦（石）	300	297.9		1131.57			
	谷子（石）	221	786.49		111.3			
	高粱（石）	500	436.36		282.57			
	豆子（石）	480	4611		106.47			
	糜子（石）	160	12106					
	合计	4315.1	3932		2847.7			
	每人平均	5.94			3.507			
农具	犁（张）	198	50	25 石	21	5	140	
	耧（张）	35	15	10 石	25	2	18	
	耙（把）	43	18	11 石				
	锄（张）	335	95	41.5 石	216	19	1190	

	项目	战前统计（25年）	战争中损失（26—34年）		现在统计	现与战前比较		说明
						增	减	
农具	镢（把）	335	98	34.3石	228	25	107	
	镰（张）	835	264	9.24石	648	150	187	
	斧（把）	58	16	128石	15	6	33	
	车（辆）	72	72	198石	34	3	38	
	其他	335	55	22石	279	19	56	
	合计	2280	643	415.04石	1466	229	576	
木料	檩（支）	520	498	64.74石	300			
	板（付）	79	48	48石	8.00			
	合计			112.74石				
杂物	衣服（套）	4186	2968	148.4石	1615	560	2553	
	被褥（条）	1200	864	649条	659	323	341	
	布匹（丈）	2768	2307.5	346.12石	250	38.0	2518	
	棉花（斤）	1563	1418	1418斤	112	11	1451	
	合计	9699	7551.3	1285.225石				
财物	银条（斤）							
	元宝（斤）							
	现洋（元）	786	680	23.58石				

类别	项目	战前统计（25年）	战争中损失（26—34年）			现在统计	现与战前比较 增	减	说明
财物	首饰	107	103.12						
	金子								
	合计				136.94石				
家具	锅（口）	562	324	2斗	65.2石	248	12	314	
	碗（个）	2500	1720	5石	8.6石	1230	109	1270	
	箱子（个）	744	625	3斗	190.5石	344	63	380	
	磁器（个）	3624	2868	2.5斗	43.7石	1242	172	2382	
	纺车（架）	314	245	2斗	49石	124	32		
	织布机（张）	84	67	7斗	46.9石	30	11	56	
	桌椅凳（张）	1859	1744	2斗	94.8石				
	合计				892.08石				
工商业	金货（件）	25	25	1石					
	市布（丈）	30	30	5斗					
	药材（斤）	56	56	4.5斗	25.3石				
	皮革（张）								
	杂货（件）	350	350	1.5斗	5.29石				
	合计				170.59石				

其它	战前统计（25年）	战争中损失（26—34年）	现在统计	现与战前比较		说明
				增	减	
麻皮（斤）	2342 个	2213 个　3 斤	286	48	2054	
车套（个）	8	17　1 石	3	2	5	
铜铁（斤）		10.065 石　10.5 石				
总合估价	14409.751					

抗战中条伤人	56	负伤 3	捕去	残废 8	合计 67 人

给敌人支差数	民夫工数	牲畜工数	共计天数 合计	工资收入（估价）
			11	4345.1 石　532 石

疾病	种类	磨疾	伤寒	时疫	劳疾	合计
	数目	4	3	2	2	11

备考：
1. 说明典型材料每年致人活动办法及损失情形。
2. 这表如未有项目者可用其它写明。
3. 损失作价以小米作价为单位。

（山西省档案馆馆藏档案，档案号 A83—2—36—9）

（27） 屯留圪道各村中日战争中损失调查表①

（1949 年 7 月 15 日造）

类别	项目	战前统计（25 年）	战争中损失（26—34 年）损失	战争中损失（26—34 年）估价	战争中损失（26—34 年）估价合计	现在统计	现与战前比较 增	现与战前比较 减
	户数（户）	96				115	19	
	人口（口）	470				444		26
房屋	楼房（间）	296	31	2 石	77.5 石	274		20
房屋	房屋（间）	60	5	1.8 石	9 石	55		5
房屋	砖窑（孔）	139	7	0.9 石	6.3 石	132		7
房屋	合计	495	43		92.8 石	441		32
性畜	牛（头）	4	2	6 石	12 石			
性畜	驴（头）	44	19	6 石	114 石	37		7
性畜	骡（头）	13	7	10 石	70 石	7		6
性畜	马（头）		28					
性畜	合计	61			196 石	44		13

说明：

1. 此表在调查时感觉很难统计，因此事时间太久很难清了，对零星小物记不清，所以此项工作只调查了几项主要损失（如房屋、性畜、农具、猪羊等）。
2. 此表对损失的估价是由村干群评议以每件的估价来计算的。
3. 一般村庄没有工商业，此表是代表一般村庄，所以没有工商业。

---

① 此件系太岳行署一专署民政科编制。

续表

分类	项目	战前统计（25年）	战争中损失（26—34年）			现在统计	现与战前比较 增	现与战前比较 减	说明
副业	猪（头）	81	60	5 石	30 石	38		59	
	鸡（只）	352	329	3 升	1.66 石	229		123	
	羊（只）	162	36	0.4 石	14.4 石	129		33	
	合计	595	425		54.2 石	386		215	
粮食	米（石）		215						
	麦（石）		336						
	玉类（石）		670						
	谷子（石）		238						
	豆子（石）		104.4						
	高粱（石）		220						
	杂粮（石）		22.5						
	合计		1806.9						
	每人平均								
农具	犁（张）	79	33	0.3 石	9.9 石	46		33	
	耧（张）	18	9	0.5 石	4.5 石	12		6	
	耙（张）	32	20	0.4 石	8 石	82		10	
	镰（张）	20	11	0.1 石	1.1 石	19		1	

		战前统计（25 年）	战争中损失（26—34 年）		现在统计	现与战前比较		说明
						增	减	
农具	镂（张）	118	66	0.2 石	66		52	
	镰（张）	254	58	0.05 石	83		171	
	斧（把）	34	13	0.1 石	15		9	
	车（辆）	52	21	6 石	35		17	
	合计			166.9 石				
木料	杨柳（株）	983	216	0.4 石	111		872	
	合计	983	216	86.4 石	111		872	
杂物	衣服（件）	638	450	0.2 石	160			
	被裤（件）	232	98	0.5 石	155		72	
	布匹（丈）	312	270	0.2 石				
	棉花（斤）	94	94	0.1 石				
	合计			153.8 石				
财物	银条							
	元宝							
	现洋（元）							
	首饰							
	金子							
	合计							

类别	项目	战前统计（25年）	战争中损失（26—34年）			现在统计	现与战前比较		说明
							增	减	
家具	锅（口）	252	206	0.1石	20.6石	146		108	
	碗（个）	897	277	0.003石	831石				
	箱子（个）	67	58	0.2石	11.6石	15		52	
	磁器（个）	98	72	0.01石	92石				
	纺车（架）	59	47	0.1石	4.7石	35		24	
	织布机（张）	16	11	1石	11石	10		6	
	桌椅凳（张）	186	129	0.2石	25.8石	67		119	
	合计				762.51石				
工商业	金货（件）								
	市布（丈）								
	药材（斤）								
	皮革（张）								
	杂货（件）								
	合计								
其它	麻皮（斤）								
	铜铁（斤）								
	总合估价								

战前统计（25 年）	战争中损失（26—34 年）		现在统计		现与战前比较		说明
	负伤	捕去	残废	共计天数	增	减	
		性畜工数 1		合计	1 估价	合计	
抗战中杀伤人 5							
给敌人支差数 民夫数							
疾病 种类	虐疾 伤寒时疫	劳疾					
疾病 数目							
备考	1. 说明典型材料每年敌人活动办法及损失情形。 2. 这表如未有项目者可用其它写明。 3. 损失作价以小米为单位。						

（山西省档案馆馆藏档案，档案号 A83—2—36—9）

(28) 安泽县北集村中日战争中损失调查表①

		战前统计（25年）	战争中损失（26—34年）		现在统计	现与战前比较		说明
			1	估价		增	减	
	户数（户）	165	1		203	38		现在与战前比较增数是损失中后补的，减数是战前统计数与现有统计数数的差。
	人口（口）	763	330		752			
房屋	楼房（间）	492	413	4690 石	98	19	394	
	房屋（间）	266	192	1021.4 石	93	19	54	
	砖窑（孔）	297	73	146 石	243	19	173	
	合计	1055	678	5557.4 石	434	47	621	
牲畜	牛（头）	47	92	920 石	20.5		26.5	
	驴（头）	27	35	175 石	22		5	
	骡（头）	2	1	9.5 石	2			
	马（头）	2		1104.5 石	5	3		
	合计	78	128		49.5	3	31.5	

① 此件系太岳行署一专署民政科编制。

类别	项目	战前统计（25年）	战争中损失（26—34年）		现在统计	现与战前比较		说明
						增	减	
副业	猪（头）	57	57	85.5 石	4		53	
	鸡（只）	1267	1267	12.61 石	650		611	
	羊（只）	897	897	448.5 石				
	合计	2215	2215	546.61 石	984		1231	
粮食	米（石）	160	153		468.9	102.7		
	麦（石）	510	8975		342.7		41.1	
	玉茭（石）	240	399		577.5	34		
	谷子（石）	624	643		30		46.5	
	高粱（石）	286	871		286		256	
	豆子（石）	252	276		371.5	161.5		
	糜子（石）	210	52.1					
	荞麦（石）							
	合计	2124	2892		2086.6	298.2	343.6	
	每人平均	2.78			2.774			
农具	犁（张）	164	119	238	85	40	79	
	耧（张）	18	8	48	18	新 8		
	耙（面）	48	33	3315	15		33	

分类	项目	战前统计（25年）	战争中损失（26—34年）		现在统计	现与战前比较		说明
						增	减	
农具	锹（张）	265	57	378	308	新18	150	
	镢（把）	465	108	324	422	65	43	
	镰（张）	1864	205	10.25石	1745	86	119	
	斧（把）	32	16	188石	10		16	
	车（辆）	58	40	36石	24	新6	34	
	其他	1795	816	81.6石	1073	94	722	
	合计	5562	1502	1276.85石	3706	317	1194	
木料	檩	1294	1294	155.28石	80		1214	
	椽	25	25	50石	200		2300	
	板	2989	2989	2989.9石	320		2669	
	合计	6783	6783	5041.8石	600		6183	
杂物	衣服（件）	30506	29398	58.796石	1880	752	28626	
	布匹（尺）	4981.4	4879	170.765石	2112.4	2010	2869	
	棉花（斤）	494.8	795.8	95.47石	161	62	733.8	
	合计			649.031石				
财物	银条							
	元宝（斤）							

续表

类别	项目	战前统计（25年）	战争中损失（26—34年）		现在统计	现与战前比较		说明
						增	减	
财物	现洋（元）	356	281	14.05 石	75			
	首饰（个）	52.25	47.34	37.75 石	6.84	1.93	45.136	
	金子							
	合计			51.8 石				
家具	锅（口）	5940	3860	77.2 石	3810	1730	2130	
	碗（个）	2498	1798	8.965 石	794	89	1704	
	箱子（个）	814	407	203.5 石	481	74	333	
	磁器（个）	2025	1360	340 石	694	29	1331	
	纺车（架）	249	68	13.6 石	80	12	169	
	织布机（架）	64	27	32.4 石	36	1	28	
	桌椅凳（张）	194	98	9.8 石	123	45	71	
	合计	6438		685.4 石				
工商业	金货（匹）	46	46	7 石				
	市布（丈）	194.5	194.5					
	药材（金）	28.95	28.95	14.6 石				
	皮革（张）		24	12 石				
	杂货（件）	754	754	22.62 石				
	合计			105.92 石				

	战前统计（25年）	战争中损失（26—34年）	现在统计	现与战前比较 增	现与战前比较 减	说明
其它 麻皮（斤）	1719.2	1583.8	214.8	9.4	1574.10	
其它 绳（斤）	1284	1133.8	294	143.8	990	
其它 铜铁（斤）	1203	463	1423	845		
其它 树		463.8 石				
其它 合计		595.15 石				
总合估价		17718.451 石				

抗战中杀伤人 数	34	负伤	75002	捕去	1802	残废	8004

绘敌人支差数	民夫工数	牲畜工数 2	共计天数	合计	估价 480.24 石

疾病	种类	磨疾	伤寒时疫	劳疾	合计
	数目				

备考

1. 说明典型材料每年敌人活动办法及损失情形。
2. 这表如未有项目者可用其它写明。
3. 损失作价以小米为单位。

（山西省档案馆馆藏档案，档案号 A83—2—36—9）

（29）山西省襄垣县城底乡人民政府控诉书

（1954 年 7 月 27 日）

控诉日本帝国主义在山西省襄垣县第五区城底乡烧杀抢夺罪恶：

日本帝国主义在民国 29 年 9 月 13 日秋季"扫荡"由南来我乡住了一星期，利用滔天罪恶手段采取"三光"政策（烧光、杀光、抢光），搜山、杀人、找窑洞、放火等种种毒辣手段，陷害我人民，罪恶事实非常严重。

如在城底村王家沟窑洞共烧死赵福锁、赵来中、曹金全等 16 名。又在我乡属自然村南漳湾桃园圪垯用刺刀刺杀我人民杜金管、杜海云等 18 名。又在我乡自然村芦家垴、南漳、桃树沟等拥掉沟里跌死杜福荣、杜思白等 9 名，用枪将逃在山头的赵双全、赵生林等 6 人全部打死，并抢抓去城底乡南漳赵贵林、杜如林等 4 名，共杀、刺、抢、抓、拥、打死共 53 名。

又在我乡 5 个自然村烧房 752 间，共烧毁窑洞 47 孔，抢去耕牛 39 头，抢杀群众羊 188 只。

放火烧毁、抢去各种粮食共计 1340 余石、衣服被褥等 26500 余件，烧毁农具、各种用具 2800 余件，其他一切用具无法可计。

以上种种滔天罪恶、血债累累的事实，铁的证明日本帝国主义是无恶不作，无凶不犯，单指民国 29 年 9 月 13 日一天的事实，当时就造成人民家破人亡、妻离子散、流离失所、少吃无穿，特别是烧死曹金全全家 4 口人，绝根断后。确凿的事实更激起全乡人民咬牙切齿痛恨，时时愤恨的决心。

我们代表全乡广大人民，要求中央人民政府严惩日本战犯。

党支书：赵惠启

乡长：崔成义

治安主任：赵书堂

乡秘书：赵丑祥

人民代表：赵金全　杜思玉

（中央档案馆馆藏档案，274 卷）

（30） 山西省黎城县第六区西井乡全体人民控诉书

（1954 年 8 月 4 日）

为控诉万恶滔天、惨无人道的日本帝国主义于民国 29 年 9 月 23 日，我乡全体农民正处农忙秋收之际，而日本帝国主义的暴军突然入境，广大农民闻听其所施暴政，恐难存在，即纷纷向山区逃难躲避生命。老夫高妇夜间而逃，跌而复起不知去向，妻儿呼声满于遍野，并在情况紧张之下，全家失散、父子相离，目无躲身之地，夜无宿身之处，饿无充饥之粮。而暴军在我乡驻了七日之久，广大农民在山尖野穴隐身避难，饿死复苏者无数。农民在历史上没有受过此种残酷，将全家财产、粮食全部扔下未有拿出，暴军任意摧毁，并随时搜山进行奸淫残杀。奸淫妇女其形难言：父子在旁亲眼观其奸淫，甚有逼母子强行交合，令其在旁图乐。亦有被暴军奸淫后，用刺刀将妇女王引弟从腹部刺死弃尸山野，并使老农刘田与青年妇女交合，刘田觉得不合人道，与他老婆交合。又叫一个男人轮流上班，忠实老农王改成不从命令，一刀亡命。农民栗胜父子回来，未有得了真确消息回家打探，被敌抓住，挖眼睛、割舌头，后用刺刀刺死村西地里。又抓住刘双全等 23 人，排成队带到村南小河，一同跪下，一刀一个全部杀死。在这种情况下，杀害农民全乡共计 45 人，内有 5 户绝根断线。其奸淫、杀人大略如此，而损失房屋、粮食、衣服、器具、牲畜等数目分列于后：

烧毁显圣寺、关帝庙等 5 处计 162 间；

烧房屋 1955 间；

损失粮食 13214 石（大斗），折 396420 斤；

衣服 4460 件；

羊 159 只；

农具 1569 件；

家具 3164 件；

骡 16 头、驴 64 头、牛 51 头、猪 67 头；

寿板 20 付、烟叶 2256 斤、香油 156 斤；

银洋 3800 元。

以上损失仅是民国 29 年 9 月一次初步统计。

全乡农民在受了这次损失之下，痛苦连天，凄惨万状，苦不堪言。

农民一致要求中央人民政府严惩罪犯日本帝国主义，以偿全乡人民血债。

乡长：申彭聚

副乡长：孟庆德　岳献花　杨聚海

治安主任：韩向明

乡队长：李富孩

妇联会主席：付连景

人民代表：石拴成

民政主任：李连萱

工商联办事处主任：郭奉龙

（中央档案馆馆藏档案，274 卷）

（31） 山西省襄垣县西营乡人民政府控诉书

（1954 年 12 月 27 日）

控诉日本帝国主义侵害山西省襄垣县西营乡罪恶：

民国 29 年 9 月，日寇由南来至我乡西营村居住有 3 天之久，在我乡所犯的罪恶滔天。进村后见人就抓，不能走者就杀，远见野外难民也要用枪打死。在村未杀者，带到城底杀了 17 人。在本村抓住农民 36 人，其中两人跌死，余者 34 人全被杀害。特别是我村暴怀中、刘铁匠在地里逃难，就被用枪打死，并将眼睛挖出。还有李根堂、李兆堂（60 多岁的老汉）在家用饭，被日寇抓住将头割下拿走。另外，在本村北郊大沟地洞内用毒瓦斯毒死任和尚全家和邻居 13 人。把我村房子烧了 1190 余间，变成一片焦土。逃难的灾民饿了数日回家，无存身之地，受难死者在数人以上。日寇抢拉牲口 37 头，杀了 7 头。将衣物等捡好的拿走，次的全部烧坏，共计衣服 62870 余件、农具 37200 余件，另外，进行掘地搜寻找出人民的口粮 2260 余石，合 31640 斤，全部拉走、烧掉，共损失猪 135 头，鸡鸭等无数。使我村难民回村无吃、无穿、无住，死者遗体在地，还有找不到整个遗体，全村老少个个痛哭。更残酷的全家被害，老少无留一人，闹的断苗绝根。像这样惨无人道的敌寇，害的我们难死难生的罪恶，世上能容吗？乞人民政府与人民作主，接受人民的意见，替人民报仇。以上的材料是民国 29 年一次的罪恶，我等要求中央人民政府严惩日本战犯。

乡长：赵庚子

副乡长：赵林全　郝大臭　王来喜

秘书：萧义功

人民代表主任：赵传仁

副主任：赵月英

治安主任：巩青荣

副主任：赵全旺

妇联主任：张秀英

武装队长：赵传水

（中央档案馆馆藏档案，274 卷）

2. 人口伤亡资料

（1）冀晋区因敌灾天灾所引起之灾难民统计表①

1946.4 单位：人

专别	县别	流徙难民	无衣食住三项者	无衣食二项者	无衣者	无食者	小计	伤残人数	鳏寡孤独及无靠抗烈属	慢性病者	因敌强奸妇女所引起之性病人数
			无衣无食无住急待救济以便恢复生产能力者								
一专区	浑源	892	12879	1746	496	804	15925	450	7136	2901	807
	灵丘	559	7682	321	190	210	8403	408	2721	1558	483
	广灵										
	山阴	462	4495	442	354	120	5411	106	2011	275	870
	代县	564	12450	528	490	395	13863	261	1403	2463	384
	大同	461	16023	404	745	254	17426	260	1905	1198	495
	阳高	882	13656	424	921	314	15315	318	3002	2011	1393
	怀仁	453	11650	282	880	395	13207	130	1087	1350	142
	繁峙	758	17618	575	891	485	15569	314	1648	710	280
	应县	404	13586	405	888	639	15518	249	1246	828	787
	合计	5435	106039	5127	5855	3616	120637	2696	22159	13294	5641
二专区	五台	606	23501	630	810	621	25562	579	10860	1700	590
	盂县	641	15951	350	760	659	17720	462	1956	1500	359
	平定	306	13500	65	300	421	14376	384	8825	1331	315
	寿阳	245	9204	49	182	281	9716	280	5801	1065	198
	榆次	74	1503	30	162	54	1749	32	3745	306	949
	阳曲	80	5541	75	130	115	5861	25	4700	4500	656

---

① 此件系北岳区冀晋行政区编制。

专别	县别	流徙难民	无衣无食无住急待救济以便恢复生产能力者					伤残人数	鳏寡孤独及无靠抗烈属	慢性病者	因敌强奸妇女所引起之性病人数
			无衣食住三项者	无衣食二项者	无衣者	无食者	小计				
一专区	忻县	143	8805	35	198	296	9334	195	3305	1020	556
	定襄	352	14025	165	265	215	14770	253	4200	1050	857
	崞县	385	12753	238	247	330	13568	261	2483	1300	575
	合计	2832	104883	1637	3144	2992	112656	2471	55875	13772	5055
三专区	阜平	825	10447	1176	545	285	12453	351	3305	1115	50
	曲阳	1631	16225	154	260	95	16734	650	7231	2160	135
	唐县	938	15245	308	540	790	16883	559	7279	1780	345
	定北	1443	12405	210	485	168	13268	321	2151	1170	133
	望都	1287	10255	70	80	29	10434	356	4035	1195	195
	完县	980	12045	45	82	25	12193	250	3407	1587	125
	建屏	707	9046	145	305	156	9652	340	3145	1990	141
	平山	1450	12895	201	254	67	13417	305	4845	1752	220
	井陉	1542	10475	112	194	78	10859	262	2778	1489	345
	获鹿	1519	14051	91	200	63	14405	245	1654	1176	384
	灵寿	1015	13456	71	178	48	13753	336	8780	1514	521
	行唐	1050	15967	195	466	149	16777	575	4276	2340	3408
	正定	1108	8528	138	165	101	8932	347	1228	1190	686
	合计	15495	161040	2912	3754	2054	169760	4897	54114	20458	6688
总 计		23762	371962	9676	12753	8662	403053	10064	132148	47524	17384

说明：
1. 流徙难民有自东北解放后回来的苦工，有作过小商小工，因战争失业流离失所者及其他流浪人要求安置职业和敌俘之小职员等。
2. 无住难民一般全缺衣食故未另列。
3. 伤残人数中，有雁北约十万人，未统计在内系吸毒成瘾无法戒除者。
4. 伤残人数中，尚有一部分荣军未统计在内已由当地政府安置。
5. 慢性病指肺病胃病……等不能劳动又无钱医治者。

（转录自山西省雁北地区档案馆、浑源、灵丘、广灵、应县档案馆

编：《雁北抗战档案史料选编》，1985 年 8 月出版）

（2）上党十九县八年来人口损失统计表①

1946年6月　单位：人

县别＼数目	长治市	长治县	长子县	襄垣县	屯留县	黎城县	潞城县	说　明
战前原有人口	24139		151785	135505	129676	137017	128320	1. 战前原有人数只有十九县一县没有统计表。只有长治县一县有统计数目，只有长治市、屯留、高平、沁县、潞城、壶关、其他没有统计来。 2. 被敌特毒死的总数目字，是七个县的统计，是（长治市、屯留、潞城、壶关、其他没有统计来。 3. 特务暗杀（黑枪）栏内总数目是九个县的调查，是（长治、高平、长子、屯留、潞城、左权）。其他十一个县没有报。 4. 病饿死的只有三个县没有数字（沁县、沁源县、左权）。 5. 灾荒出外流亡的总数报来的总数目只是十四个县的统计。没有报来的有（黎城、晋城、陵川、沁县、沁源、左权）。 6. 在减去的统计上，只有十五个县的统计，没有统计在内的有（晋城、陵川、沁县、沁源、左权）。
战争中损失人口　被敌杀死	463	2347	4215	5121	7784	1467	3861	
被敌抓去壮丁	119	2848	2230	815	1405	175	2200	
被敌特毒死	27				560		1	
特务暗杀（黑枪）	30		263		1035		2	
病饿死者	2803	23538	8600	3515	2080	1051	4290	
灾荒出外流亡	306	6518	1764	518	312		1200	
减去人口合计	3748	35251	17072	9969	13176	2693	11554	
现有人口	28316	170383	164365	141000	116500	134329	116200	
目前急需救济　遭政残废的	653	3986	3143	15396	233	564	3813	
现仍患疾病者	680	886	79456	42538	15613	325	5500	
少衣食住之难民	1681	2675	29752	9650	9560	1834	3022	
需救济合计	3014	7547	39647	67584	25406	2723	12335	
备　考								

① 此件系太行行署三专署解放区各救济会太行办事处编制。

类别＼县别＼数目	壶关县	平顺县	晋城县	高平县	阳城县	陵川县	沁水县	说　明
战前原有人口	131000	112346		265224	220000		96869	
战争中损失人口　被敌杀死	4602	1149	14573	13596	12036	2032	2855	
被敌抓去壮丁	1263	245	11854	4954	558	360	633	
被敌特毒死	79			1296			48	
被敌暗杀（黑枪）	183			7973			42	
病饿死者	6134	3175	39528	18561	4060	2820	9100	
灾荒出外流亡	3194	105		19525	24600		2341	
减去人口合计	15455	4674		65905	41254		15019	
现有人口	150236	107673	278488	223307	204712	136082	81850	
目前急需救济　遭敌残废的	728	75	2340	21117	1537	629	739	
现仍患疾病者	7539	29	45820	48061	21347		26377	
少衣食住之难民	10314	1800		41219	12373		13784	
需救济合计	18581	1904	39971	110397	62757		39180	
备　考								

类别 \ 县别 数目	沁 县	沁源县	武乡县	左权县	榆社县	和顺县	合 计	说 明
战前原有人口			82674		65920	84325	1664598	
战争中损失人口 / 被敌杀死	5900	11769	3374	4612	-1471	9365	112592	
被敌抓去壮丁	3000	2200	593	1931	830	7979	46192	
被敌特毒死			93				2104	
特务暗杀（黑枪）			7	750			10085	
病饿死者			10282		5134	4313	148984	
灾荒出外流亡			740		3125	2967	67215	
减去人口合计			15089		10560	24624		
现有人口	89010	85000	66985	92347	61137	82290	2520210	
目前急需救济 / 遭敌残废的	5600	3794	842	942	1652	8522	76305	
现仍患疾病者	78914	21325	5352		14215	3577	415554	
少衣食住之难民			1988		21300	1589	162541	
需救济合计	96514	19958	5582		37167	29374	574235	
备 考								

（3）山西省人口伤亡汇报表①

填送日期：1946 年 7 月 15 日　第一页

县别	伤亡人口总计	轻伤（人）				重伤（人）				死亡（人）				不明（人）				费用（元）			附表数	附记
		小计	男	女	幼童	小计	男	女	幼童	小计	男	女	幼童	小计	男	女	幼童	小计	医药费	葬埋费		
交城县	184	1	1			5	5			178	170	6	2					12960016	2102130	10857886	33	一、各县市所报调查表内填列伤、失踪及其他不明轻重伤者均以不明计算。
隰　县	247	5	2	3		3	3			232	207	15	10	7	7			6014153	518452	5495701	225	二、本表所列男、女、幼童系按十八岁以上之男女分列男、女，十八岁以下之男女均列幼童计算。
安邑县	1619	6	4	1	1	27	22	2	3	1537	1374	80	83	49	38	7	4	14139417	8761540	13263877	266	三、夏县、沁源二县人口伤亡非县政府特派，系人民汇报到省。
临晋县	1475									1365	1258	61	46	110	88	17	5	13369084	12059143	12163941	252	
阳曲县	457	2	2			1	1			423	393	14	16	31	27	2	2	26770290	82140	26688150	97	
永和县	24									24	24							3622300	57300	3565000	6	
灵石县	1003									947	831	61	55	56	50	3	3	49249682	4461728	44787954	97	
沁　县	541									487	440	31	16	54	37	15	2	33386575	875075	32511500	94	
大同县	362	4	4			14	14			332	298	19	15	12	10	2		30998010	3232870	27765140	151	
太原县	270					1	1			262	234	13	15	7	7			11366869	438923	10927946	199	
襄陵县	598	6	5		1	14	13		1	512	457	38	17	66	54	9	3	27335540	2759616	24575924	126	
崞　县	4222	1		1		11	10		1	4139	2936	765	498	71	59	8	4	324747614	5752364	318995250	854	
赵城县	829					4	3	1		747	644	61	42	78	68	6	4	58112086	6731956	51380130	134	

① 此件系山西省政府编制。

县别	伤亡人口总计	轻伤(人)小计	轻伤男	轻伤女	轻伤幼童	重伤(人)小计	重伤男	重伤女	重伤幼童	死亡(人)小计	死亡男	死亡女	死亡幼童	不明(人)小计	不明男	不明女	不明幼童	费用(元)小计	医药费	葬埋费	附表数	附记
河津县	1555					14	14			1405	1193	109	103	136	116	13	7	57866619	4637996	53228623	267	
静乐县	107									104	94	10		3	3			7550000	195000	7355000	78	
荣河县	958	1	1			4	4			866	817	24	25	87	82	3	2	57934333	4541715	53392618	143	
洪洞县	649	5	4	1		8	7	1		582	506	52	24	54	45	8	1	37745125	3711239	34033886	99	
繁峙县	153									148	138	7	3	5	5			8363475	1134160	7229315	49	
五台县	441					1	1			393	344	26	23	47	42	5		32766534	9127634	23638900	165	
太原市	952					2	2			923	771	89	63	27	20	4	3	63523490	9625977	53897513	611	
新绛县	888	5	5			13	11	2		779	670	59	50	91	68	10	13	63369676	11077438	52292238	267	
祁县	441									425	389	25	11	16	14	1	1	5806617	562405	5244212	77	
代县	276									259	225	22	12	17	11	3	3	25889227	2362767	23526460	125	
清源县	456	1	1			10	8	2		439	407	17	15	6	5	1		324906104	55439400	269466704	77	
永济县	2589					4	3	1		2382	2157	125	100	203	181	15	7	184781236	9010362	175770874	457	
汾西县	252									189	151	24	14	61	44	9	8	16846236	4697176	12149060	72	
孝义县	384									363	330	24	9	21	16	4	1	16905740	1547381	15358359	83	
解县	735	1	1			1	1			685	603	45	37	49	45	1	3	63500190	4071040	59429150	173	
怀仁县	77									72	65	6	1	5	4	1		8071400	1122700	6948700	39	
介休县	315									295	271	16	8	20	18	2		19288427	1929570	17358857	207	
蒲县	465	4	2	2		7	6	1		445	383	39	23	9	9			3196402	189598	3006804	74	
乡宁县	959									868	693	87	88	91	70	13	8	33048860	2064572	30984288	156	
稷山县	1344	8	6	1	1	44	35	5	4	1202	1026	103	73	90	71	11	8	49117150	5035893	44081257	322	

县别	分类 伤亡人口总计	轻伤 (人) 小计	男	女	幼童	重伤 (人) 小计	男	女	幼童	死亡 (人) 小计	男	女	幼童	不明 (人) 小计	男	女	幼童	费用 (元) 小计	医药费	葬埋费	附表数	附记
汾阳县	157	7	7			5	5			143	131	6	6	2	1	1		5386108	785304	4600804	75	
平陆县	1316	1	1			7	7			1224	1054	91	79	84	67	10	7	48021960	4160360	43861600	197	
霍　县	388	4	4			4	4			335	315	13	7	45	37	4	4	20200245	2305300	17894945	91	
平遥县	460	1	1							427	383	22	22	32	29	3		93927180	15657850	78269330	81	
平定县	524									513	480	16	17	11	11			31067333	1482485	29584848	134	
朔　县	812									802	718	35	49	10	9	1		44289262	1466280	42822982	574	
临汾县	1681	1	1			7	5	1	1	1549	1315	133	101	124	101	17	6	131356786	16436597	114920189	391	
猗氏县	861					2	2			808	768	14	26	51	49	1	1	73522590	6224240	67298350	153	
忻　县	834					9	7	2		770	651	68	51	55	47	4	4	45573000	7405000	38168000	163	
虞乡县	928	9	9			22	20	2		855	798	32	25	42	35	4	3	59486947	4444404	55042543	170	
寿阳县	488	6	4	1	1					462	436	20	6	20	20			43244375	1973140	41271235	102	
太谷县	72									65	59	3	3	7	7			3373356	115200	3258156	17	
汾城县	1523	34	32	2		29	26	3		1360	1232	86	42	100	90	10		130942157	15171722	115770435	300	
万泉县	1044	2	2			20	20			968	882	56	30	54	35	10	9	21645160	2612699	19032461	241	
宁武县	379									375	250	95	30	4	3	1		25805936	411200	25394736	95	
芮城县	1882					7	5	1	1	1759	1542	119	98	116	97	12	7	106611123	8423996	98187127	266	
吉　县	303	1	1			17	15	1	1	281	206	36	39	4	4			4597231	211530	4385701	52	
定襄县	1367									1335	1012	212	111	32	27	4	1	215864760	6217324	209647436	312	
榆次县	186					2	2			178	154	11	13	6	5	1		6770650	434000	6336650	35	
夏　县	1									1	1							300000		300000	1	

分类 县别	伤亡人口总计	轻伤（人） 小计	男	女	幼童	重伤（人） 小计	男	女	幼童	死亡（人） 小计	男	女	幼童	不明（人） 小计	男	女	幼童	费用（元） 小计	医药费	葬埋费	附表数	附记
沁源县	2	1								2	1	1						600000		600000	1	
绥署有线电信大队	22	1	1							21	21							29770000	7090000	22680000	6	
大宁县	95									90	82	8		5	5			4670849	108310	4562539	14	
共计	41152	122	104	13	5	315	279	22	14	38332	32990	3090	2252	2383	1993	256	134	3087157485	2830542012804	1032849646		

（山西省档案馆馆藏档案，档案号 B13—1—75—2）

（4）冀晋区人口损失统计表①

1946. 7　单位：人

专别	县别	直接被敌伪杀死人口数	间接被敌伪杀死人口数	被敌伪抓去人口	至今下落不明者	合计	附注
一专区	浑源	3018	1350	3459	1861	9688	
	灵丘	2694	1274	679	1516	6162	
	广灵						
	山阴	1390	872	853	288	2903	
	代县	154	908	210	149	2021	
	大同	433	2820	706	120	4079	
	阳高	3069	2885	201	130	4285	
	怀仁	326	1520	695	210	2751	
	繁峙	910	1431	256	212	2809	
	应县	540	1480	55	870	2945	
	合计	13134	14540	6613	5356	39643	
二专区	五台	6042	5468	6564	716	18790	
	盂县	6594	5494	5976	740	18804	
	平定	3003	3414	4485	694	11596	
	寿阳	2404	2731	3752	555	9442	
	榆次	1305	2918	1054	228	3505	
	阳曲	1618	1300	1645	400	4963	
	忻县	1696	2180	3612	230	7713	
	定襄	3612	3510	6001	260	13383	
	崞县	6223	4122	4200	400	14945	
	合计	32497	29137	37289	4223	103146	

---

① 此件系北岳区冀晋行政区编制。

专别	县别	直接被敌伪杀死人口数	间接被敌伪杀死人口数	被敌伪抓去人口	至今下落不明者	合计	附注
三专区	阜平	4801	2448	82	148	7479	
	曲阳	357	2841	1654	2100	10165	
	唐县	2186	2354	1954	623	7117	
	定县	1451	1856	1505	315	5127	
	望都	3099	2086	560	692	7037	
	完县	3002	2534	1125	933	7600	
	建屏	1390	1897	5520	408	9215	
	平山	2810	2185	204	250	5449	
	井陉	3170	1520	1230	215	6135	
	获鹿	2532	882	141	324	3875	
	灵寿	4253	1883	3405	2056	11597	
	行唐	1801	2597	1623	107	6128	
	正定	1803	1240	632	110	3785	
	合计	36468	26323	19635	8287	90713	
总 计		82099	70000	63537	17866	233502	

说明：间接被敌伪杀害人口系指因被敌伪酷刑虐待伤病致死者

（转录自山西省雁北地区档案馆、浑源、灵丘、广灵、应县档案馆
编：《雁北抗战档案史料选编》，1985 年 8 月出版）

（5）长治市城郊区北石槽村的证明书

（1953 年 7 月 10 日）

兹将日寇盘踞长治时，于 1944 年 4 月间，我村突然发生一种传染伤寒。

在本年 4 月间（十四五日），我村朱腊塔（即克仁）首先得病，将全家男女 15 口人（男 7 口，女 8 口）均传染此症。仅在 3 个月内，全家死亡男女 11 口（男 6 口，女 5 口）。由于此症传染甚快，得病者又很严重，全村在 4 月至 6 月间，共传染 17 户，101 人口（男 52 口，女 49 口），死亡者 36 口人（男 21 口，女 15 口），其中传染最甚者有呼聚金全家（现任村长），全家共 7 口人，均已传染此症，死亡者 4 人（男 1 口，女 3 口）。根据以上得此病症死亡十分严重，当时我们对此种事莫名其妙，因日寇出发到我村来，想是日寇放下病菌（但具体放的情况与细菌战犯，我们不注意，亦不了解），另证明我村中央确有水井一眼，得病者大部在此井吃水，请求政府查明细菌战犯，依法惩办，给我们死者申冤。

长治市城郊区北石槽

村村长呼聚金（盖章）

支部书记田起首（盖章）

死亡者家属代表朱克仁（盖章）

（中央档案馆馆藏档案，档案号 119—2—1106—1）

（6）长治市城郊区寨子村的证明书

（1953 年 7 月 15 日）

　　兹将日寇盘踞长治时于 1944 年 4 月间我村发生一种传染病症伤寒。

　　在本年 4 月间，我村史豆孩首先得伤寒病，后将其全家男 3 口均传染此症，仅在 4 月不到月底全家死亡男 3 人。由于此症传染甚快，得病者又很严重，全村在 4—6 月间，共传染 15 户 65 个人，男人 35 人，女人 30 人；死亡者 17 个，男人 10 人，女人 7 人。其中传染最甚者有王万则，全家 5 口均已传染，死亡者 4 人，男 3 口，女 1 口。因证明我村史豆孩住在村东北角，因门外距 40 余米有水池一个，该民房后有厕所一个，该民经常使用，密集蝇子甚多。根据以上得此病症死亡者十分严重，当时我们对此种事件莫名其妙，因日寇出发常到我村来，想是日寇放下病菌，但具体放的情况与细菌战犯，我们不注意也不了解。我村确有厕所、水池各一个，因得病者大部是在水池洗澡、洗衣服，因我村史豆孩房户厕所在池边，经常有人使用。全村群众意见，请求政府查明细菌战犯，依法惩办，给我们人民除恨，给我们死者申冤报仇。此致

长治市城郊区宋家庄寨子村

村长何泉水（盖章）

支书李立成（盖章）

死亡者家属代表王根生（指印）

（中央档案馆馆藏档案，档案号 119—2—1196—1—8）

(7) 长治县六区交城村的证明书

(1953 年 7 月 16 日)

兹将日寇盘踞长治时于 1944 年 4 月间我村发生一种传染伤寒病症。

在本年 4 月间，我村王四海首先伤寒得病，后将其全家男女 6 口均传染此症，仅在月底，全家死亡者男 3 人、女 1 人。由于此症传染甚快，又很严重，引起全村在 4 月至 6 月共传染 19 户 71 个，男 36 人，女 35 人；死亡者 16 户 31 人，男 15 人、女 16 人，另有死绝户者崔生贵、王乱则、解胖肉 3 户，男 3 人，女 3 人。根据以上得此病症死亡十分严重，当时我们对此种事件莫名其妙，因日寇出发到我村来，想是日寇放下病菌，但具体放的情况与细菌战犯，我们不注意，又不了解。另证明我村东北有吃水井一眼，得病者大部分由此井吃水，此井就在王四海大门外边。请求政府查明细菌战犯，依法惩办，给我们死亡者申冤报仇。此是我村群众意见。

长治县六区交城村人民政府（盖章）

村长崔小根（盖章）

支书牛满喜（指印）

被害者家属代表崔来金（指印）

（中央档案馆馆藏档案，档案号 119—2—1106—1—8）

（8）山西省潞城县南岳村的联名控诉书

（1953 年 7 月）

具控诉书人山西省长治专区潞城县第五区（踞长治 20 华里，距潞城 10 华里）南岳镇村。

于民国 33 年五月间（1944 年 6 月 18 日）王保泰（已死）全家发生伤寒病，于本月 27 日死亡 1 人，于 7 月 3 日死亡 1 人，全家死完了。后流行全村，发生伤寒病者敝村共 12 户，男 22 人，死亡者 4 人；女 24 人，死亡者 6 人。这种滔天罪行值得我们控诉（那时无法控诉），至今控诉散布病菌战争罪犯，希政府依法惩办。此致

被害者家属代表

崔林则（指印）　　路翠利（指印）

张苗利（指印）　　侯红（指印）

张杨□（指印）　　王□（指印）

牛永□（指印）　　贾茂□（指印）

栗喜同（指印）　　宋胜□（指印）

郭登月（指印）

南岳村村长崔不坚（盖章）

支书王生才（盖章）

公安主任王全定（盖章）

（中央档案馆馆藏档案，档案号 119—2—1106—1—8）

（9） 屯留县第二区姬村村民的联名控诉书

（1953 年 7 月）

具控诉书人山西省长治专署屯留县第二区（距常村站 2 华里）姬村村民陈三孩，于民国 33 年三月初二（公元 1944 年 4 月）日寇侵占时，散布在敝村伤寒细菌，全家男女 2 口由母亲先病，传染敝父陈善，病情严重，在 4 月 27 日因病死亡。所以传染敝村 36 户，男 52 人，女 46 人，共计男女 98 人，死亡者 13 人，男 10 人，女 3 人。想这种滔天罪恶使人可恨，至今 10 年有余，无处控诉，（日犯）现已被扣，并讫政府依法惩办，感德无崖矣。

控诉家属代表：

陈三孩（指印）	徐中汶（指印）	徐中沛（指印）
徐保福（指印）	徐中元（指印）	徐中毓（指印）
徐中馨（指印）	韩成珠（指印）	韩三威（指印）
韩五亥（指印）	韩永红（指印）	庞占英（指印）
庞振兴（指印）	韩存成（指印）	徐小酉（指印）
徐天祥（指印）	韩子清（指印）	张和昌（指印）
徐中信（指印）	庞维俊（指印）	徐余清（指印）
徐余风（指印）	郝先保（指印）	姬先和（指印）
姬振成（指印）	姬来存（指印）	李三亥（指印）
程全忠（指印）	秦富生（指印）	郝壬辰（指印）
徐弄章（指印）	张光昌（指印）	姬长全（指印）
姬石成（指印）	武连魁（指印）	

姬村村长　武连魁（盖章）

支书　程全忠（盖章）

治安主任　韩喜充（盖章）

（中央档案馆馆藏档案，档案号 119—2—1106—1—8）

（10） 山西省屯留县北渔泽村的控诉书

（1953 年 7 月）

具控诉书人山西省长治专区屯留县第二区（距城市 25 华里，距常村 5 华里）北渔泽村群众代表崔小英等。

因日军侵占我县时散布病菌，敝村统计得病者 40 户，男 104 人，女 85 人，共计 189 人。受病菌死亡者男 24 人，女 14 人。发生在民国 33 年三月二十九日，全村得病者大部分都是伤寒。这种滔天罪恶万人可恨，至今已有 10 余年，才得到控诉散布病菌战争罪犯。要求政府依法惩办。此致

北渔泽村受病菌代表崔小英联名控诉

崔新和（指印）崔连绘（指印）崔计昌（指印）

郝占先（指印）郝顺成（指印）詹成有（指印）

崔保亢（指印）崔秋和（指印）王改英（指印）

崔文全（指印）崔来保（指印）崔小英（指印）

崔存金（指印）崔连保（指印）温三女（指印）

崔义昌（指印）崔毛的（指印）崔俊的（指印）

崔明三（指印）崔丁三（指印）崔先根（指印）

崔丕熬（指印）崔金生（指印）崔满景（指印）

崔先荣（指印）崔小有（指印）崔里珍（指印）

詹都义（指印）郝石桂（指印）崔起桂（指印）

崔丕先（指印）崔金海（指印）崔福元（指印）

崔旺俊（指印）崔又生（指印）崔仁亢（指印）

（中央档案馆馆藏档案，档案号 119—2—1106—1—8）

（11） 长治县城郊马坊头村的证明书

（1953 年 8 月 8 日）

该村是山西省长治县第二区五马李家庄编村的副村，该村当时是日军的汽车队驻地，全村群众大部分在外逃，返村里有 1/3，但因敌驻不能在家。现该村属山西省长治市城郊区焦家庄主村，该村为副村。该村的病症及来源：

病症是伤寒，先头痛，全身发烧带泻肚。5 月份张成寅得病，在 6 月 5 日死了。该村梁胖只在民国 33 年 6 月间忽然在家里得了病，经医生诊断是伤寒，先头晕，身体发烧，继则泻肚，医药无效，七八日后（22 日）死了。又有梁富只也在 5 月 25 日得病，6 月 2 日死的。又有梁顺只在 7 月 14 日得病，22 日死了。该村在 5 月份病者 1 户 5 口，男 2 口，女 3 口；6 月份得病 1 户，男 2 口都死了；7 月份得病 1 户，男 1 口死了。全村共得病者 3 户，男 5 口，女 3 口，死者 4 人，下余有病的人自 5 月间得病，7 月底才痊愈了。以上全村居民一部分得有此病，确是事实，得此病者 8 人死 4 人，全是事实。据此事实，得确证明有害村民生命。

山西省长治市城郊区焦家庄村

村长　　申火成　　支书　　李文祥

副村马坊头村村副　　王长喜

人代会　李明台

（中央档案馆馆藏档案，档案号 119—2—1106—1—8）

（12） 山西省长治市针漳村的证明书

（1953 年）

兹将日寇盘踞长治时于 1944 年 5 月间我村，突然发生一种传染病症伤寒症。

在本年 5 月间，我村杨和尚首先得病伤寒，后将其全家男女 3 口（男 2，女 1）均传染。此症传染甚快，得病者又很严重。杨和尚得病特重，不到 7 日死了。又有和尚他姐杨风只侍候，将此症传染隔壁婆家原富贵家均传染，全家 12 口（男 6，女 6），风只之夫原才只得病很严重，病到同年 8 月 17 日死了。所以就流行到全村 13 户，人口男 42 人、女 35 人，共 77 人；死亡者 9 户，共死去男 12 人，女 5 人，死绝者 1 户（男 2，女 1）。另外，其中还有 1 户陈昌孩首先得病，全家 23 口传染到 22 口（男 11，女 1）得病，他父亲陈保只病到同年 6 月 25 日死了，他小女病到同年 7 月初死了。根据以上得此病症死亡十分严重，当时我们对此种事件莫名其妙，因日寇出发常往我村来，想是日寇放下病菌，但具体放的情况与细菌战犯，我们不注意也不了解。另证明我村南边有河一条，村北有水池两个，系杨和尚房后，又证明和尚紧依房后确有水井一眼，得病者大部此井吃水。全村群众意见，请求政府查明细菌战犯，依法惩办，给我们死者申冤。

（原长治县二区针漳编村）长治市城郊区针漳主村

村长武土狗（盖章）

支书尚满来（盖章）

死亡者家属代表原富贵（指印）

（中央档案馆馆藏档案，档案号 119—2—1106—1—8）

（13）山西省长治市北营村 60 户群众的证明书

（1953 年）

山西省长治市下西街小北营具控诉人北营 60 户群众。

兹将日寇盘踞本市时于 1944 年间，日寇病院临北营半市里之远，于 4 月间开始有病（伤寒），首先得病者有程怀保之母亲和他妹子，其命家人 3 口（男 1 口，女 2 口），于 4 月间死亡者女 2 个。经传染本街 10 户，死亡者男 3 人，女 5 人。然后传染该处全村，4 至 7 月间，生病 27 户，生病者 58 人，共死亡者 29 人，系男 12 人，女 17 人。其中，最严重者陈文景家中男 2 人、女 2 人全部死亡。根据以上事实，群众反映，病院日寇常往，想是放下细菌，但莫名其妙。群众意见，请政府查明细菌战犯，依法惩办，给人民申冤报仇。

支书　李胖孩（盖章）

街氏　马有富（盖章）

治安主任　陈小明（盖章）

被害者家属代表　程怀保（指印）

（中央档案馆馆藏档案，档案号 119—2—1106—1—8）

（14）长治市城郊区宋家庄的证明书

（1953 年）

兹将日寇盘踞长治时，于 1944 年 5 月间我村突然发生一种传染病症伤寒症。

在同年 5 月，我村有梁金生首先得病伤寒，后传染全家，共 4 口，男 2 口，女 2 口，死亡者有男 1 口，女 1 口。另有本村李生则在同年 5 月底得病，传染全家 5 口，男 3 口，女 2 口，死亡者男 1 口。由于此疾病传染甚快，病疾又很严重，很快传染到全村，在同年 5 月间全村共病户数 14 户，人口男 25 人，女 28 人，共合 53 人；死亡者有 9 户，男 4 人，女 9 人，共 13 人。根据以上病症十分严重，当时我们对此种事件莫名其妙，在当时情况，日寇常出发到我村，又有住上几天，后想是日寇放下病菌，但具体施放情况与细菌战犯，我们不注意亦不了解。全村群众意见，请求政府查明细菌战犯，依法惩办，给死者申冤。

长治市城郊区南门外三里宋家庄

村长　陈元明（盖章）

支书　张毛孩（盖章）

受害者家属代表　李生则（指印）

（中央档案馆馆藏档案，档案号 119—2—1106—1—8）

（15） 证人葛秀魁的证词

（1954 年 1 月 8 日）

我叫葛秀魁，男，现年 42 岁，现在职务为裁衣工人，居住山西省陵川县城内西街兴仁巷。当民国 33 年时，有日本人井下信士（老百姓叫他毛太君）住在我住的隔墙前院里（原来系一门两院从中间隔开的），开着一个酒饱食堂（实际上是个娼妓馆）。这个娼妓馆是井下信士于民国 33 年开设的，开始里边有两个中国妇女，以后即不知这两个妇女哪里去了。到当年的五六月间，日军又抓来 7 个妇女，其中有一个是城西关的女娃都某某，当时约 16 岁。其余的是从高平抓来的，但不知她们的姓名。这些妇女每日受着日军的奸淫，过着最痛苦的生活。到民国 33 年 8 月间，有一天正在吃晌午饭时间，忽听隔墙（妓女馆内）有妇女大哭，又听得有日军拍手大笑，我们从墙缝里看见有一群日军在院里站着，有一个妇女没有穿裤子，在椅子上躺着，有一个日本人从那个妇女的阴户里取出一块像白棉花一样的东西来，上边染有很多的鲜血，该妇痛得放声大哭。这种哭叫的声音每天都能听得见。以上事实完全确实，如有虚假愿受法律处分。

证人葛秀魁

1954 年 1 月 8 日

被告村山隼人

（中央档案馆馆藏档案，档案号 119—2—412—2—12）

（16） 常行乡乡长侯春贵等人的证明书

（1954 年 6 月 6 日）

前日军村山隼人，职务为日本独立步兵第 14 旅团第 246 大队（代号垒子 1477 部队）第一中队少尉，在山西省陵川县郎寺岗驻扎时，与伪剿共军指导官佐藤中尉，于 1944 年（阴历）三月初三（3 月 26 日），率领全队及保安队约 500 余兵力，从陵川县出发，到我常行村进行抢杀。我民兵发觉后，向日伪军进行了射击，并掩护全村群众到磨圪倒窑洞躲藏。日伪军进村后不见人影，便纵火抢掠。之后，日伪军发现窑洞有人，便向窑洞口射击，用谷草将窑洞口堵塞，放火烟熏，结果无效。又将冷水灌入窑洞，同样无用，于是将毒气放入洞内，致使张小孩、邱二计、徐双红、徐礼中之妻及其 5 岁小孩 5 人活活毒死在洞内，其他群众也被熏得头晕休克。当时，我村老人王扎根逃至西池沟隐蔽，徐中德躲藏在水池后，均被日伪军搜出，遭受拷打后，被刺死在山坡。这次还被日伪军抢去群众衣服 380 件、牲口 40 余头、粮食 12 石 5 斗，烧毁房子 30 间。日伪军退走后，我们才回到村里，将张小孩等 5 人的尸体埋葬。

（中央档案馆馆藏档案，档案号 119—2—412—2—9）

（17） 襄垣县西营乡乡长赵庚子等的控诉书

（1954 年 7 月 27 日）

　　民国二十九年九月，日寇来我乡西营村接连"扫荡"3 天。进村后见人就抓，不能走的就杀，还带到城里杀了 17 人。在村里共抓了 36 人，其中两人摔死，余者 34 人全被杀害。当时，暴怀中、刘铁匠在地里避难，日军把他们射死后又将眼睛挖出。还有李根堂、要兆堂（60 多岁的老汉）正在家吃饭，竟被日寇抓住将头割下带走。在村北大沟地洞内，还用毒瓦斯毒死任和尚全家和邻居 13 人。全村房屋被烧 1190 余间，变成一片焦土，逃难灾民饥饿数日，回家后无生存之地，数人死亡。

（中央档案馆馆藏档案，档案号 119—2—168—1—8）

3. 财产损失资料

（1）晋绥边区牧场损失统计表[①]

县别	地址	家　具			牧　草		
		数量（件）	单价（元）	共价（元）	数量（斤）	单价（元）	共价（元）
方山县	打羊坪	800	20	16000	100000	0.03	3000
静乐县	小算沟	400	20	8000	30000	0.03	900
交城县	刀窝儿	400	20	8000	50000	0.03	1500
岢岚县	牛家庄子	300	20	6000	30000	0.03	900
岚　县	阴寨	298	20	5960	25000	0.03	750
兴　县	交丫申	158	20	3160	20000	0.03	600
山　阴	岱岳	145	20	2900	25000	0.03	750
保德县	南河场	152	20	3040	24000	0.03	720
宁武县		132	20	2640	35000	0.03	1050
阳曲县		143	20	2860	28000	0.03	840
五寨县	荣华寺	148	20	2960	30000	0.03	900
朔　县		135	20	1700	25000	0.03	750
合计		3211	20	64220	422000	0.03	12660

注意：1. 价洋先按战前银洋计；2. 表中损失牛羊系 1939 年的统计。

（山西省档案馆馆藏档案，档案号 A90—1—28—8）

[①]　此件系晋绥行署 1946 年编制。

（2）晋绥地方铁路银号财产直接损失汇报表

填送日期：1945 年 12 月 24 日

分　类	价　值	
	二十六年实际损失数	三十四年物价指数倍增数
共计（国币元）	24245555.58	48491111160.00
房屋（间）		
器具（件）	38358.90	76717800.00
现款（元）	15116850.68	30233701360.00
生金银		
保管品		
抵押品		
有价证券（元）	9007346.00	18014692000.00
运输工具（件）	10000.00	20000000.00
其他	73000.00	146000000.00

报告者：晋绥地方铁路银号

（山西省档案馆馆藏档案，档案号 B30—1—867—2）

（3）晋绥地方铁路银号财产间接损失汇报表

填送日期：1945 年 12 月 24 日　单位：国币元

分　　类		数　　　额	
		二十六年实际损失数	三十四年物价指数倍增数
可能生产额减少			
可获纯利额减少		17000000.00	34000000000.00
费用之增加	拆迁费	60000.00	120000000.00
	防空费	45000.00	90000000.00
	救济费		
	抚恤费		34210000000.00

报告者：晋绥地方铁路银号

（山西省档案馆馆藏档案，档案号 B30—1—867—2）

（4）晋北盐业银号财产直接损失汇报表

填送日期：1945 年 12 月 24 日　单位：元

分　类	价　值	
	二十六年实际损失数	三十四年物价指数倍增数
共计（国币元）	3145721.79	9691443580.00
房屋（间）		
器具（件）	12000.00	24000000.00
现款（元）	2380521.79	4761043580.00
生金银		
保管品		
抵押品		
有价证券（元）	753200.00	1506400000.00
运输工具（件）		
其他		

报告者：晋北盐业银号

（山西省档案馆馆藏档案，档案号 B30—1—867—2）

（5）晋北盐业银号财产间接损失汇报表

填送日期：1945 年 12 月 24 日　单位：国币元

分　类		数　额	
		二十六年实际损失数	三十四年物价指数倍增数
可能生产额减少			
可获纯利额减少		1700000.00	3400000000.00
费用之增加	拆迁费		
	防空费		
	救济费		
	抚恤费		

报告者：晋北盐业银号

（山西省档案馆馆藏档案，档案号 B30—1—867—2）

（6）山西省银行财产直接损失汇报表

填送日期：1945 年 12 月 24 日

分　类	价　值	
	二十六年实际损失数	三十四年物价指数倍增数
共计（国币元）	43149930.00	86299860000.00
房屋（间）	1779000.00	3558000000.00
器具（件）	676000.00	1352000000.00
现款（元）	1448242.00	28896484000.00
生金银		
保管品		
抵押品	116717.00	233434000.00
有价证券（元）	26089871.00	52179742000.00
运输工具（件）	40100.00	80200000.00
其他		

报告者：山西省银行

（山西省档案馆馆藏档案，档案号 B30—1—867—3）

（7）山西省银行财产间接损失汇报表

填送日期：1945 年 12 月 24 日　　单位：国币元

分　类		数　额	
		二十六年实际损失数	三十四年物价指数倍增数
可能生产额减少		4505000. 00	9010000000. 00
可获纯利额减少		20400000. 00	40800000000. 00
费用之增加	拆迁费	270400. 00	540800000. 00
	防空费	434200. 00	868400000. 00
	救济费	27500. 00	55000000. 00
	抚恤费	165000. 00	330000000. 00
	遣散费	40000. 00	80000000. 00

报告者：山西省银行

（山西省档案馆馆藏档案，档案号 B30—1—867—3）

（8）绥西垦业银号财产直接损失汇报表

填送日期：1945 年 12 月 24 日

分　类	价　值	
	二十六年实际损失数	三十四年物价指数倍增数
共计（国币元）	2960211.00	5920422000.00
房屋（间）		
器具（件）	203000.00	406000000.00
现款（元）	891487.00	1782974000.00
生金银		
保管品		
抵押品	127100.00	254200000.00
有价证券（元）	1734784.00	3469568000.00
运输工具（件）	3840.00	7680000.00
其他		

报告者：绥西垦业银号

（山西省档案馆馆藏档案，档案号 B30—1—867—3）

（9）绥西垦业银号财产间接损失汇报表

填送日期：1945 年 12 月 24 日　单位：国币元

分　　类		数　　额	
		二十六年实际损失数	三十四年物价指数倍增数
可能生产额减少			
可获纯利额减少		2040000.00	4080000000.00
费用之增加	拆迁费	5000.00	10000000.00
	防空费	10000.00	20000000.00
	救济费		
	抚恤费	50000.00	100000000.00
	遣散费	20000.00	40000000.00

报告者：绥西垦业银号

（山西省档案馆馆藏档案，档案号 B30—1—867—3）

（10）山西省实物准备库关于抗战损失情况调查表

填送日期：1945 年 12 月 28 日

品名	数量	大原	榆次	寿阳	汾阳	岱岳	洪洞	大谷	平遥	临汾	运城	闻喜	大同	原平	忻县	石家庄	天津	北平	合计
小麦	数量（石）	20000	20000		20000		10000	26000	10000	20000	5000	6000	10000						
	单价（元）	28000	28000		26000		20000	24000	26000	20000	20000	20000	28000						
	金额（元）	560000000	560000000		520000000		200000000	624000000	260000000	400000000	100000000	120000000	280000000						3624000000
小米	数量（石）	2000	3000	5000		10000		300					2000	5000	3000	12000			
	单价（元）	16000	16000	14000		16000		14000					16000	18000	18000	20000			
	金额（元）	32000000	48000000	70000000		160000000		4200000					32000000	90000000	54000000	240000000			730200000
黑豆	数量（石）			10000										5000					
	单价（元）			10000										10000					
	金额（元）			100000000										50000000					150000000

品名	项目	太原	榆次	寿阳	汾阳	岳阳	洪洞	太谷	平遥	临汾	运城	闻喜	大同	原平	忻县	石家庄	天津	北平	合计
荞麦	数量（石）		3000			5000		5000					5000	2000	1000				
	单价（元）		12000			12000		10000					12000	12000	12000				
	金额（元）		36000000			60000000		50000000					60000000	24000000	12000000				242000000
面粉	数量（袋）	100000			2000									6000	4000			12000	
	单价（元）	10000			10000									12000	12000			14000	
	金额（元）	1000000000			20000000									72000000	48000000			168000000	1308000000
棉织布	数量（尺）	10000	2000						2000捆										
	单价（元）	16000	180000						120000										
	金额（元）	160000000	360000000						240000000										1600000000
棉花	数量（包）	5000					3000			2000		1000			1000	1200			
	单价（元）	200000					200000			200000		200000			30000	320000			
	金额（元）	1000000000					600000000			400000000		200000000			300000000	384000000			2884000000

品名	地点	大原	榆次	寿阳	汾阳	岱岳	洪洞	太谷	平遥	临汾	运城	闻喜	大同	原平	忻县	石家庄	天津	北平	合计
棉纱	数量(包)	200	800		200				200										
	单价(元)	600000	600000		600000				600000										
	金额(元)	120000000	480000000		120000000				120000000										840000000
棉织品	数量																		
	单价(元)																		
	金额(元)	200000000																	200000000
麻袋	数量(袋)	100000	30000	15000	30000	20000	15000	40000	10000	20000	10000	10000	20000	15000	5000	10000			
	单价(元)	1200	1200	1200	1200	1200	1200	1200	1200	1200	1200	1200	1200	1200	1200	1200			
	金额(元)	120000000	36000000	18000000	36000000	24000000	18000000	48000000	12000000	24000000	12000000	12000000	24000000	18000000	6000000	12000000			420000000
毡毯等	数量																		
	单价(元)																		
	金额(元)		400000000		100000000												220000000		720000000

338

续表

品名	数量	太原	榆次	寿阳	汾阳	岚岳	洪洞	太谷	平遥	临汾	运城	闻喜	大同	原平	忻县	石家庄	天津	北平	合计
毛织品	数量																		
	单价（元）																		
	金额（元）	20000000			200000000														400000000
火柴	数量（箱）	7000			3000														
	单价（元）	16000			16000														
	金额（元）	112000000			48000000														160000000
铁货	数量																		
	单价（元）																		
	金额（元）	200000000																	200000000
其他杂货	数量																		
	单价（元）																		
	金额（元）	400000000																	400000000
金额合计		3104000000	2920000000	1180000000	1044000000	244000000	818000000	7262000000	632000000	824000000	1120000000	3320000000	3960000000	254000000	1200000000	552000000	604000000	168000000	13038200000
附注																			

（山西省档案馆馆藏档案，档案号 B30—1—608—2）

（11）山西省实物准备库抗战损失报告单

1945 年 12 月 28 日　单位：国币元

损失年月日	事　件	地　点	损失项目	购置年月	单位	数　量	价值（国币元）		证件
							购置时价值	损失时价值	
26 年 11 月 8 日	日本进攻	省城太原	小麦	26 年 5 月	石	20000	260000	280000	
26 年 11 月 8 日	日本进攻	省城太原	小米	26 年 5 月	石	2000	14000	16000	
26 年 11 月 8 日	日本进攻	省城太原	面粉	26 年 5 月	袋	100000	500000	500000	
26 年 11 月 8 日	日本进攻	省城太原	棉织布	26 年 6 月	匹	10000	78000	80000	
26 年 11 月 8 日	日本进攻	省城太原	棉纱	26 年 6 月	包	200	60000	60000	
26 年 11 月 8 日	日本进攻	省城太原	棉织品	26 年 6 月			92000	100000	
26 年 11 月 8 日	日本进攻	省城太原	麻袋	26 年 4 月	条	100000	50000	60000	
26 年 11 月 8 日	日本进攻	省城太原	毛织品	26 年 4 月			88000	100000	
26 年 11 月 8 日	日本进攻	省城太原	火柴	26 年 5 月	箱	7000	52500	56000	
26 年 11 月 8 日	日本进攻	省城太原	铁货及其他	26 年 11 月			250000	300000	
			小计				1444500	1552000	

损失年月日	事　件	地　点	损失项目	购置年月	单位	数　量	价值（国币元）		证件
							购置时价值	损失时价值	
26年11月	日本进攻	榆次	小麦	26年5月	石	20000	255000	280000	
26年11月	日本进攻	榆次	小米	26年5月	石	3000	22500	24000	
26年11月	日本进攻	榆次	高粱	26年5月	石	3000	16500	18000	
26年11月	日本进攻	榆次	棉织布	26年5月	匹	2000	170000	180000	
26年11月	日本进攻	榆次	棉花	26年5月	包	5000	450000	500000	
26年11月	日本进攻	榆次	棉纱	26年5月	包	800	224000	240000	
26年11月	日本进攻	榆次	麻袋	26年5月	条	30000	15000	18000	
26年11月	日本进攻	榆次	苫布等	26年5月			191000	200000	
			小计				1344400	1460000	
26年10月	日本进攻	寿阳	小米	26年4月	石	5000	32500	35000	
26年10月	日本进攻	寿阳	黑豆	26年4月	石	10000	48000	50000	
26年10月	日本进攻	寿阳	麻袋	26年4月	条	15000	7500	9000	
			小计				88000	94000	
27年2月	日本进攻	汾阳	小麦	26年4月	石	20000	250000	260000	
27年2月	日本进攻	汾阳	面粉	26年4月	袋	2000	9000	10000	

损失年月日	事件	地点	损失项目	购置年月	单位	数量	价值（国币元）		证件
							购置时价值	损失时价值	
27年2月	日本进攻	汾阳	棉纱	26年4月	包	200	56000	60000	
27年2月	日本进攻	汾阳	麻袋	26年4月	条	30000	15000	18000	
27年2月	日本进攻	汾阳	苦布等	26年2月			50000	50000	
27年2月	日本进攻	汾阳	毛织品	26年4月			90000	100000	
27年2月	日本进攻	汾阳	火柴	26年5月	箱	3000	23400	24000	
			小计				493400	522000	
26年9月	日本进攻	岱岳	小米	26年3月	石	10000	76000	80000	
26年9月	日本进攻	岱岳	高粱	26年3月	石	5000	28000	30000	
26年9月	日本进攻	岱岳	麻袋	26年3月	条	20000	10000	12000	
			小计				114000	122000	
27年1月	日本进攻	洪洞	小麦	26年8月	石	10000	92000	100000	
27年1月	日本进攻	洪洞	棉花	26年8月	包	3000	294000	300000	
27年1月	日本进攻	洪洞	麻袋	26年7月	条	15000	7500	9000	
			小计				393500	409000	
26年11月	日本进攻	大谷	小麦	26年4月	石	26000	286000	312000	

损失年月日	事　件	地　点	损失项目	购置年月	单位	数　量	价值（国币元）		证件
							购置时价值	损失时价值	
26年11月	日本进攻	太谷	小米	26年4月	石	300	1950	2100	
26年11月	日本进攻	太谷	高粱	26年4月	石	5000	22500	25000	
26年11月	日本进攻	太谷	麻袋	26年3月	条	40000	20000	24000	
			小计				33045	363100	
26年11月	日本进攻	平遥	小麦	26年5月	石	10000	125000	130000	
26年11月	日本进攻	平遥	棉织布	26年3月	捆	2000	120000	120000	
26年11月	日本进攻	平遥	棉纱	26年3月	包	200	58000	60000	
26年11月	日本进攻	平遥	麻袋	26年4月	条	10000	5500	6000	
			小计				308500	316000	
27年1月	日本进攻	临汾	小麦	26年8月	石	20000	198000	200000	
27年1月	日本进攻	临汾	棉花	26年8月	包	2000	180000	200000	
27年1月	日本进攻	临汾	麻袋	26年8月	条	20000	11000	12000	
			小计				389000	412000	
27年2月	日本进攻	运城	小麦	26年8月	石	5000	46000	50000	
27年2月	日本进攻	运城	麻袋	26年7月	条	10000	5200	6000	

损失年月日	事件	地点	损失项目	购置年月	单位	数量	价值（国币元）		证件
							购置时价值	损失时价值	
			小计				51200	56000	
27年2月	日本进攻	闻喜	小麦	26年8月	石	6000	54000	60000	
27年2月	日本进攻	闻喜	棉花	26年8月	包	1000	92000	100000	
27年2月	日本进攻	闻喜	麻袋	26年7月	条	10000	5500	6000	
			小计				151500	166000	
27年9月	日本进攻	大同	小麦	26年4月	石	10000	132000	140000	
27年9月	日本进攻	大同	小米	26年3月	石	14000	128000	136000	
27年9月	日本进攻	大同	高粱	26年3月	石	5000	27500	30000	
27年9月	日本进攻	大同	麻袋	26年3月	条	30000	16500	18000	
27年9月	日本进攻	大同	棉花	26年3月	包	2200	326000	342000	
27年9月	日本进攻	大同	面粉	26年5月	袋	12000	81600	84000	
27年9月	日本进攻	大同	苫布等	26年1月			100000	110000	
			小计				811600	860000	
26年9月	日本进攻	原平	小米	26年4月	石	5000	42000	45000	
26年9月	日本进攻	原平	黑豆	26年4月	石	5000	22500	25000	

损失年月日	事件	地点	损失项目	购置年月	单位	数量	价值（国币元）		证件
							购置时价值	损失时价值	
26年9月	日本进攻	原平	高粱	26年4月	石	2000	11200	12000	
26年9月	日本进攻	原平	面粉	26年5月	袋	6000	33000	36000	
26年9月	日本进攻	原平	麻袋	26年3月	条	15000	7500	9000	
			小计				116200	127000	
26年11月	日本进攻	忻县	小米	26年5月	石	3000	25500	27000	
26年11月	日本进攻	忻县	高粱	26年5月	石	1000	5600	6000	
26年11月	日本进攻	忻县	面粉	26年5月	袋	4000	22000	24000	
26年11月	日本进攻	忻县	麻袋	26年4月	条	5000	2750	3000	
			小计				55850	60000	
			总计				6091700	6519100	

附记：
1. 本库被日军侵占损失财产总额陆佰陆拾伍万玖仟壹佰圆，依照财政部规定，西安零售物价指数折算计为壹佰贰拾伍万贰仟柒佰零玖万壹圆仟陆佰伍拾玖圆国际接收玖圆圆伍角圆伍拾贰拾肆佰陆拾肆角圆圆肆圆肆角伍分。以上相抵尚不敷肆拾伍万贰仟圆叁仟零肆佰叁仟贰佰零陆陆肆圆肆角圆圆肆圆肆角伍分。
2. 凡表内单位及数量两栏未填者因损失项目单位各异，数量不一，无法填注，故均只填购置数。
3. 证件因日军进攻随军抗战遗失，故表内证件栏内未填。本库事变前之全部财产损失及接收情形，曾经山西省政府合作事业管理处考查，均属实在卷，由省政府转报社会部备查有案，合并声明。
卯文代电（35）由省政府。
4. 所有不敷本库损失财产之一百廿五万余元，业已呈请省政府转报行政院赔偿委员会，准予汇案向日赔偿在案。

（山西省档案馆馆藏档案，档案号 B30—1—830—15）

（12）复兴汽车公司汽车修理厂财产损失报告表

填送日期：1945 年 12 月 31 日　单位：元（法币）

名　　称	数量	单位	单价	总价	附记
十马力电动机	3	部	300000	900000	
廿五马力电动机	4	部	500000	2000000	
12 尺元车	4	部	1000000	4000000	
8 尺元车	6	部	850000	5100000	
5 尺元车	9	部	500000	4500000	
4 尺元车	12	部	400000	4800000	
立洗	5	部	400000	2000000	
平洗	4	部	400000	1600000	
万能洗	2	部	10000000	2000000	
12 尺龙门刨	1	部	1000000	1000000	
8 尺龙门刨	2	部	800000	1600000	
牛头刨	5	部	300000	1500000	
大钻床	4	部	500000	20000000	
小钻床	6	部	200000	1200000	
磨光机	4	部	100000	400000	
洗缸机	8	部	200000	1600000	
磨瓦拉机	12	部	100000	1200000	
压铁机	4	部	150000	600000	
电动砂轮机	24	部	50000	1200000	
鼓风机	8	部	50000	400000	
截断机	2	部	40000	80000	
空气锤	3	部	1200000	3600000	
电焊机	3	部	500000	1500000	
氧气焊工具	4	部	200000	800000	
过电机	3	部	300000	900000	

名　　称	数量	单位	单价	总价	附记
挂瓦机	2	部	150000	300000	
各式虎钳	42	个	25000	1050000	
各种铜料	32	吨	1200000	38400000	
各种铁料	45	吨	600000	27000000	
风钢	2	吨	2000000	4000000	
汽车零件	126800	件	8500	1077800000	
各种工具	4500	件	1200	5400000	
房屋	340	间	30000	10200000	
器具	2400	件	500	1200000	

（山西省档案馆馆藏档案，档案号 B30—1—867—4）

（13）复兴汽车公司汽车队财产损失报告表

填送日期：1945 年 12 月 31 日　单位：元（法币）

名　称	数量	单位	单价（元）	总价（元）	附记
卡　车	310	辆	2500000	775000000	
小座车	8	辆	2000000	16000000	
修理车	10	辆	2600000	260000000	
车　胎	2400	条	300000	720000000	
汽车零件	254000	件	8500	215900000	
汽　油	56400	加仑	3000	169200000	
机　油	1820	加仑	4000	7280000	
刹车油	950	加仑	4000	3800000	
闸箱油	2400	加仑	3500	8400000	
黄　油	14000	磅	600	8400000	
房　屋	240	间	30000	7200000	
工　具	3540	件	1200	4248000	
器　具	2200	件	500	1100000	
合　计			7455300	1962528000	

（山西省档案馆馆藏档案，档案号 B30—1—867—4）

（14）复兴汽车公司大同长途汽车公司财产损失报告表

填送日期：1945 年 12 月 31 日　单位：元（法币）

名　称	数量	单位	单价	总价	附记
货车	70	辆	2500000	175000000	
客车	30	辆	2700000	81000000	
车胎	780	条	300000	234000000	
汽车零件	95000	件	8500	807500000	
汽油	18000	加仑	3000	54000000	
机油	1000	加仑	4000	4000000	
刹车油	300	加仑	4000	1200000	
闸箱油	8000	加仑	3500	28000000	
黄油	5000	磅	600	3000000	
八尺元车	2	部	850000	1700000	
五尺平洗	1	部	500000	500000	
五尺立洗	1	部	400000	400000	
十马力电机	1	部	300000	300000	
电焊机	1	部	250000	250000	
各式虎钳	10	个	25000	250000	
修车工具	2000	件	1200	2400000	
各种钢料	10	吨	1200000	12000000	
各种铁料	20	吨	600000	12000000	
房屋	120	间	50000	6000000	
器具	150	件	500	75000	
合计				1423575000	

（山西省档案馆馆藏档案，档案号 B30—1—867—4）

（15）西北实业公司抗战时期财产损失统计表

填送日期：1946 年 1 月 30 日　单位：元（法币）

厂　　名	直接损失资产值		间接损失资产值	备　　注
	购置时价值	损失时价值		
西北实业公司	680154.35	1360308700.00	140000000000.00	工业部分
西北毛织厂	310032.48	620064960.00	22557830400.00	工业部分
西北化学厂	3180000.00	6360000000.00	19046000000.00	工业部分
西北机车厂	6543175.24	13086350480.00	886406600000.00	工业部分
西北皮革制作厂	784852.213	1569704426.00	2245800000.00	工业部分
西北印刷厂	404013.54	808027080.00	1758000000.00	工业部分
西北炼钢厂	9829549.91	19659099920.00	61824160000.00	工业部分
西北制纸厂	678000.00	1356000000.00	24444000000.00	工业部分
西北火柴厂	351413.98	702827960.00	9676800000.00	工业部分
西北洋灰厂	1770295.845	13540591690.00	58406000000.00	工业部分
西北窑厂	380665.58	767331160.00	8676000000.00	工业部分
西北电化厂	946573.302	1893146604.00	9423000000.00	工业部分
西北修造厂	5348135.312	10696270624.00	57352000000.00	工业部分
西北育才炼铜机器厂	2887605.34	5775210680.00	24459800000.00	工业部分
西北育才炼钢机器厂附属氧气厂	416130.673	832261346.00	4767001600.00	工业部分
西北实业公司运城芒硝研究所	13333.274	26666548.00	270000000.00	工业部分
榆次芒硝厂	14552.576	29105152.00	280000000.00	工业部分
太白路管理所	70053.80	140107600.00	1350900000.00	工业部分
太原售煤所	26353.15	52706300.00	900000000.00	工业部分
太原织造厂	144939.575	299879150.00	13070000000.00	工业部分
太原油脂厂	38232.61	76465220.00	272378668.00	工业部分
太原制麻厂	22883.083	45766166.00	470000000.00	工业部分
晋华卷烟厂	3949895.80	7899796600.00	131407000000.00	工业部分

厂　　名	直接损失资产值		间接损失资产值	备　　注
	购置时价值	损失时价值		
试验所	64221.378	128442756.00		工业部分
大同洋灰分厂	140660.320	281326400.00	2800000000.00	工业部分
大同炼钢分厂	199697.345	399394690.00	4000000000.00	工业部分
大同实业酒精厂	144146.032	288292064.00	3000000000.00	工业部分
小计	39339569.588	78679139176.00	1361963270668.00	工业部分
西北煤矿第一厂	942528.815	1885057630.00	5224000000.00	矿业部分
西北煤矿第二厂	956425.00	1912850000.00	3110400000.00	矿业部分
西北煤矿第三厂	298538.42	597276840.00	3067200000.00	矿业部分
西北煤矿第四厂	402625.3303	805250660.60	4750000000.00	矿业部分
东山铁矿厂	181340.059	362680118.00	191999500.00	矿业部分
宁武采矿所	371213.60	742427200.00	302400000.00	矿业部分
定襄铁矿所	199949.52	399899040.00	172800000.00	矿业部分
东冶采矿所	3019.90	6039800.00	60000000.00	矿业部分
小计	3355640.6443	6711281288.00	16878799500.00	矿业部分
太原城外发电厂	1201247.22	2402494440.00	99212800000.00	公用事业部分
小计	1201247.22	2402494440.60	99212800000.00	
总计	498964574523	87792914905.20	1478954870168.00	1566747785073

（山西省档案馆馆藏档案，档案号 B30—1—837—2）

（16）晋绥兵工矿产测探局财产损失报告单

损失年月日	事件	地点	损失项目	购置年月	单位	数量	价值（国币元）购置时价值	价值（国币元）损失时价值	证件
26 年 10 月 8 日	日军进攻	太原总局	打字机	26 年 3 月	台	3		300	
26 年 10 月 8 日	日军进攻	太原总局	办公桌椅	25 年 6 月	件	160		900	
26 年 10 月 8 日	日军进攻	太原总局	钻探机	25 年 10 月	部	5		10000	
26 年 10 月 8 日	日军进攻	太原总局	沙金锁机	25 年 10 月	部	3		3600	
26 年 10 月 8 日	日军进攻	太原总局	吸水机	25 年 10 月	部	5		4000	
26 年 10 月 8 日	日军进攻	太原总局	显微镜	25 年 12 月	部	4		6000	
26 年 10 月 8 日	日军进攻	太原总局	缩圆仪	25 年 12 月	部	2		400	
26 年 10 月 8 日	日军进攻	太原总局	经纬仪	25 年 12 月	部	6		18000	
26 年 10 月 8 日	日军进攻	太原总局	水平	25 年 12 月	部	6		6000	
26 年 10 月 8 日	日军进攻	太原总局	测斜仪	25 年 12 月	部	10		1000	

报告者：晋绥兵工矿产测探局主任阎锡珍

损失年月日	事　件	地　点	损失项目	购置年月	单位	数　量	价值（国币元）购置时价值	价值（国币元）损失时价值	证件
26 年 10 月 8 日	日军进攻	太原总局	汽压表	25 年 12 月	部	10		500	
26 年 10 月 8 日	日军进攻	太原总局	望远镜	25 年 12 月	部	15		750	
26 年 10 月 8 日	日军进攻	太原总局	照相机	26 年 1 月	部	10		700	
26 年 10 月 8 日	日军进攻	太原总局	测绘具	26 年 1 月	件	100		550	
26 年 10 月 8 日	日军进攻	太原总局	绘图仪	26 年 1 月	部	10		200	
26 年 10 月 8 日	日军进攻	太原总局	化验设备	26 年 1 月	部	1		50000	
26 年 10 月 8 日	日军进攻	太原总局	洋镐铁锹	25 年 9 月	件	3000		3000	
26 年 10 月 8 日	日军进攻	太原总局	载重汽车	25 年 9 月	辆	1		3000	
26 年 10 月 8 日	日军进攻	太原总局	人力车	25 年 9 月	辆	2		150	
26 年 10 月 8 日	日军进攻	太原总局	自行车	25 年 9 月	辆	6		360	

受损失者: 晋绥兵工矿产测探局

填报人: 主任阎锡珍

损失年月日	事件	地点	损失项目	购置年月	单位	数量	价值（国币元）购置时价值	损失时价值	证件
26 年 10 月 8 日	日军进攻	太原总局	马车	25 年 7 月	辆	2		600	
26 年 10 月 8 日	日军进攻	太原总局	电话	25 年 8 月	台	5		350	
26 年 10 月 8 日	日军进攻	太原总局	电灯设备	25 年 7 月	盏	150		450	
26 年 10 月 8 日	日军进攻	太原总局	钢铁材料	26 年 3 月	吨	30		12000	
26 年 10 月 8 日	日军进攻	太原总局	医药材料	26 年 3 月	斤	20		400	
26 年 10 月 8 日	日军进攻	太原总局	火药	25 年 9 月	斤	5000		4000	
26 年 10 月 8 日	日军进攻	太原总局	图书	25 年 9 月	本	200		400	
26 年 9 月 18 日	日军进攻	宁武矿厂	办公桌椅	25 年 9 月	件	150		750	
26 年 9 月 18 日	日军进攻	宁武矿厂	矿坑	25 年—26 年	个	50		15000	
26 年 9 月 18 日	日军进攻	宁武矿厂	铁矿石	25 年—26 年	吨	110000		320000	

受损失者：晋绥兵工矿产测探局 主任阎锡珍

填报人：

填送日期：1946 年 2 月 28 日

损失年月日	事　件	地　点	损失项目	购置年月	单位	数　量	价值（国币元）购置时价值	价值（国币元）损失时价值	证件
26 年 9 月 18 日	日军进攻	宁武矿厂	洋镐铁锹	25 年 7 月	件	1200		1200	
26 年 9 月 18 日	日军进攻	宁武矿厂	火药	25 年 7 月	斤	1000		800	
26 年 10 月 18 日	日军进攻	东山矿厂	平房	25 年 12 月	间	20		2000	
26 年 10 月 8 日	日军进攻	东山矿厂	办公桌椅	25 年 12 月	件	100		500	
26 年 10 月 8 日	日军进攻	东山矿厂	矿坑	25 年—26 年	洞	20		6000	
26 年 10 月 8 日	日军进攻	东山矿厂	铁矿石	25 年 12 月	吨	20000		160000	
26 年 10 月 8 日	日军进攻	东山矿厂	洋镐铁锹	25 年 12 月	件	1000		1200	
26 年 10 月 8 日	日军进攻	东山矿厂	小轨道及设备	25 年 7 月	公里	20		60000	
26 年 10 月 8 日	日军进攻	东山矿厂	火药	25 年 7 月	斤	1000		800	
26 年 10 月 8 日	日军进攻	东山矿厂	电话	25 年 7 月	台	2		140	

受损失者：晋绥兵工矿产测探局

填报人：主任阎锡珍

· 355 ·

损失年月日	事件	地点	损失项目	购置年月	单位	数量	价值（国币元）		证件
							购置时值	损失时价值	
26 年 10 月 8 日	日军进攻	东山矿厂	电杆电线	25 年 7 月	里	20		360	
26 年 10 月 8 日	日军进攻	东山矿厂	面粉	26 年 5 月	斤	7500		900	
26 年 10 月 4 日	日军进攻	阳东矿厂	平房	26 年 5 月	间	16		1600	
26 年 10 月 4 日	日军进攻	阳东矿厂	办公桌椅	26 年 5 月	件	120		600	
26 年 10 月 4 日	日军进攻	阳东矿厂	铁矿石	26 年—26 年	屯	30000		240000	
26 年 10 月 4 日	日军进攻	阳东矿厂	洋镐铁锹	25 年 7 月	件	500		600	
26 年 10 月 4 日	日军进攻	阳东矿厂	火药	25 年 7 月	斤	1000		800	
26 年 10 月 4 日	日军进攻	河口矿厂	瓦房	24 年 3 月	间	50		7500	
26 年 10 月 4 日	日军进攻	河口矿厂	办公桌椅	25 年 5 月	件	200		1000	
26 年 10 月 4 日	日军进攻	河口矿厂	矿坑	25 年—26 年	个	400		120000	

受损失者：晋绥兵工矿产测探局　　填报人：主任阎锡珍

损失年月日	事件	地点	损失项目	购置年月	单位	数量	价值（国币元）		证件
							购置时价值	损失时价值	
26 年 10 月 4 日	日军进攻	河口矿厂	铁矿石	24 年—26 年	吨	40000		320000	
26 年 10 月 4 日	日军进攻	河口矿厂	洋镐铁锹	25 年 5 月	件	1500		1500	
26 年 10 月 4 日	日军进攻	河口矿厂	矿石车	25 年 5 月	辆	200		2000	
26 年 10 月 4 日	日军进攻	河口矿厂	火药	25 年 5 月	斤	1500		1200	
26 年 10 月 4 日	日军进攻	河口矿厂	黄炸药	25 年 5 月	吨	1		1700	
26 年 10 月 4 日	日军进攻	河口矿厂	面粉	26 年 5 月	斤	3000		360	
26 年 10 月 4 日	日军进攻	河口矿厂	小米	26 年 5 月	担	10		90	
26 年 10 月 7 日	日军进攻	静乐矿厂	办公桌椅	26 年 5 月	件	100		500	
26 年 10 月 7 日	日军进攻	静乐矿厂	矿坑	24 年—26 年	个	50		15000	
26 年 10 月 7 日	日军进攻	静乐矿厂	铁矿石	24 年—26 年	吨	10000		80000	

受损失者：晋绥兵工矿产测探局 填报人：主任阎锡珍

损失年月日	事 件	地 点	损失项目	购置年月	单位	数 量	价值（国币元）		证件
							购置时价值	损失时价值	
26 年 10 月 7 日	日军进攻	静乐矿厂	锰矿石	25 年—26 年	吨	2000		30000	
26 年 10 月 7 日	日军进攻	静乐矿厂	洋镐铁锹	25 年 12 月	件	500		500	
26 年 10 月 7 日	日军进攻	静乐矿厂	火药	25 年 6 月	斤	500		400	
26 年 10 月 3 日	日军进攻	定襄矿厂	办公桌椅	25 年 8 月	件	150		750	
26 年 10 月 3 日	日军进攻	定襄矿厂	矿坑	25 年—26 年	个	4		20000	
26 年 10 月 3 日	日军进攻	定襄矿厂	铁矿石	25 年—26 年	吨	10000		80000	
26 年 10 月 3 日	日军进攻	定襄矿厂	洋镐铁锹	25 年 9 月	件	500		800	
26 年 10 月 3 日	日军进攻	定襄矿厂	小铁轨及设备	25 年 9 月	里	5		15000	
26 年 10 月 3 日	日军进攻	定襄矿厂	火药	25 年 9 月	里	1000		800	
26 年 9 月 17 日	日军进攻	代县矿厂	办公桌椅	26 年 3 月	件	80		400	

受损失者：晋绥兵工矿产测探局　　填报人：主任阎锡珍

损失年月日	事 件	地 点	损失项目	购置年月	单位	数 量	价值（国币元）		证件
							购置时价值	损失时价值	
26 年 9 月 17 日	日军进攻	代县矿厂	淘金工具	25 年 12 月	件	200		2000	
26 年 9 月 17 日	日军进攻	代县矿厂	洋镐铁锹	25 年 12 月	件	800		800	
26 年 9 月 17 日	日军进攻	代县矿厂	厚呢	25 年 12 月	斤	30		900	
26 年 9 月 17 日	日军进攻	代县矿厂	水银	25 年 12 月	斤	20		1600	
26 年 9 月 17 日	日军进攻	代县矿厂	火药	25 年 12 月	斤	1000		800	
总计								1646460	

受损失者：晋绥兵工矿产测探局

填报人：主任阎锡珍

（山西省档案馆馆藏档案，档案号 B30—1—828—5）

（17）斌记商行二十六年度各种货物损失统计表

品　　名	单位	数量	单计价 （国币元）	合计价 （国币元）	二千倍价 （国币元）
各分寸元扁方铁	吨	3150	207.00	652050.00	1304100000.00
各分寸三角马槽工字铁	吨	650	207.00	134550.00	269100.000.00
各分寸洋灰筋	吨	3050	207.00	631350.00	1262700000.00
各分寸英板	吨	2495	230.00	573850.00	1147700000.00
各号铁丝	吨	113	241.50	27289.50	54579000.00
各分寸百录厂、普达厂 金银兰白等牌工具钢	吨	207	920.00	190440.00	380880000.00
各分寸黄牌方九等钢	吨	950	575.00	546250.00	1092500000.00
各号鹰球白钢丝	磅	17500	2.30	40250.00	80500000.00
各分寸铅棍、板	吨	35	920.00	32200.00	64400000.00
各号铅丝	吨	362	920.00	333040.00	666080000.00
各号平瓦铁	吨	148	690.00	102120.00	204240000.00
各分寸铅皮管	条	821	17.25	14162.25	28324000.50
各种纯铝、纯锡	吨	4	1288.00	5152.00	10304000.00
各分寸黄铜棍	吨	28	1955.00	54740.00	109480000.00
各分寸黄铜板	吨	11	1960.00	21560.00	43120000.00
各号黄白铜丝	吨	22	2760.00	60720.00	121440000.00
各分寸钢铁管	条	1510	6.30	9513.00	19026000.00
钢管零件等			约价	23000.00	46000000.00
各牌各种锉刀	打	501	173.00	86673.00	173346000.00
各牌各号砂纸、纱布	打	4510	3.40	15334.00	306680000.00
各种钻头及大小钳子			约价	11500.00	23000000.00
各分寸石棉粉、石棉纸、 石棉绳	榜	3000	0.12	360.00	720000.00
各分寸单双皮带	尺	35000	0.45	15750.00	31500000.00
各号各分寸螺丝	罗	35100	3.45	121095.00	242190000.00

品　　名	单位	数量	单计价（国币元）	合计价（国币元）	二千倍价（国币元）
各牌自行车	辆	543	46.00	24978.00	49956000.00
各种自行车内带	付	2950	2.30	6785.00	13570000.00
各牌自行车外带	付	2930	8.00	23440.00	46880000.00
各号汽车内带	条	207	39.00	8073.00	16146000.00
各号汽车外带	条	331	270.00	89370.00	178740000.00
各种自行车、汽车零件			约价	57500.00	115000000.00
各号黑、红、白铝电线	盘	7498	7.00	52486.00	104972000.00
各种电话机、分话机	架	139	92.00	12788.00	25576000.00
各光灯泡	个	54730	0.45	24628.50	49257000.00
安装电灯各种零件			约价	11500.00	23000000.00
各安匹电表	个	600	46.00	27600.00	55200000.00
各马力电动机	只	25	35.00	8750.00	17500000.00
各种大桶机油、臭油	桶	150	128.00	20700.00	41400000.00
汽油及酒精	桶	9000	11.00	99000.00	198000000.00
二十八磅各色铅油	桶	705	23.00	16215.00	32430000.00
五十一磅鱼油	桶	74	56.00	4144.00	8288000.00
美国各种收音机	只	87	172.50	15007.50	30015000.00
各种无线电零件	只		约价	34500.00	69000000.00
各号汽灯	只	300	46.00	13800.00	27600000.00
大桶石炭酸	桶	6	1840.00	11040.00	22080000.00
各种强水	坛	510	58.00	34680.00	69360000.00
红丹粉	桶	505	34.00	17170.00	34340000.00
各片玻璃	箱	810	22.00	17820.00	35640000.00
各种制革原料			约价	18000.00	36000000.00
色磁漆	桶	9890	0.50	4945.00	9890000.00
电信杆	条	6050	15.00	90750.00	181500000.00
14丈大梁	条	260	35.00	9100.00	18200000.00
11丈4寸檩子	条	45000	3.00	135000.00	270000000.00

品　　名	单位	数量	单计价（国币元）	合计价（国币元）	二千倍价（国币元）
15 丈至 17 丈椽子	条	77000	1.60	123200.00	246400000.00
门寸板	丈	480	4.70	2256.00	45120000.00
造阀麻绳器具			约价	5000.00	10000000.00
总计				4723174.75	94463495000.00

经理：闫志伋 1946 年 4 月 24 日

（山西省档案馆馆藏档案，档案号 B30—1—868—14）

（18）斌记商行二十六年损失房产家具什物统计表

品　名	单位	数量	单计价（国币元）	合计价（国币元）
总行楼房内部拆卸损失				2800000.00
损坏暖气管				1600000.00
暖气锅炉完全移走				1400000.00
三马力西门子电滚全部移走				300000.00
南机厦棚十八间完全损失				1440000.00
北机公事房十间完全损失				5800000.00
西机公事房八间完全损失				240000.00
3尺高25尺宽榆木柜台带抽屉		5	288000.00	1440000.00
八尺高带柜榆木货架	只	564	8794.15	4960000.00
方桌	只	26	10000.00	260000.00
带抽屉办公桌	只	33	60000.00	1980000.00
办公椅子	只	128	6812.50	872000.00
圆桌带凳子	套	3	400000.00	1200000.00
英华文打字机	架	3	120000.00	3600000.00
榆木账柜	只	10	100000.00	1000000.00
保险柜	只	4	1400000.00	5600000.00
办公文具等	只			1060000.00
自行车	辆	20	40000.00	800000.00
贝尔克小汽车	辆	1	5600000.00	5600000.00
道济小汽车	辆	1	4000000.00	4000000.00
雪佛兰大汽车	辆	3	2800000.00	8400000.00
人力车	辆	5	120000.00	600000.00
铜床	只	3	120000.00	360000.00
电灯、电扇、电话损失				18000000.00
114磅磅秤	只	7	300000.00	2100000.00
修械房工具等				2400000.00

品 名	单位	数量	单计价（国币元）	合计价（国币元）
送货小车	辆	4	450000.00	1800000.00
铁火炉	只	18	8000.00	144000.00
炊具				13000000.00
米面等				14400000.00
床板带凳子	付	60	16000.00	960000.00
总计				108116000.00

经理：闫志伋 1946 年 4 月 24 日

（山西省档案馆馆藏档案，档案号 B30—1—868—14）

（19）晋兴机械厂抗战损失财产总表

1946 年 5 月

厂 名	（甲）抗战损失财产总值		（乙）接收产用	（丙）接收财产总值		（丁）纯损失财产（国币元）
	直接损失财产（国币元）	间接损失财产		原有部分	新添部分	
经委会铁工厂	117600000	无	无	无	无	117600000
首善铁工厂	102000000	无	无	无	无	102000000
农具生产厂	92400000	无	无	无	无	92400000
合计	312000000					312000000
附记：表列各工厂在战时均系独立工厂，胜利后开始与本厂合并。						

（山西省档案馆馆藏档案，档案号 B30—1—828—4）

（20）山西省硝磺总局财产损失报告单

损失年月日	事 件	地 点	损失项目	购置年月	单位	数 量 约计	价值（国币元）购置时价值	价值（国币元）损失时价值	证件
26 年 10 月	进攻	太原市	总局公物器具	事变前历年累置			40000.00	20000.00	
26 年	进攻	各县	分局公物器具	事变前数年累置	市斤	分局 16 处平均每处 4000 元	64000.00	32000.00	
26 年 10 月	进攻	阳曲县白道村	产地存磺		市斤	600000	45000.00	90000.00	
26 年	进攻	太原市及各县	库存硫磺		市斤	7423	55690	1138.80	
26 年	进攻	太原市及各县	库存火硝		市斤	260829	23474.90	46949.80	
26 年 10 月	进攻	太原市	1934 年新式福特卡车	25 年 4 月	辆	1	5000.00	5000.00	

名称：山西全省硝磺局　　　　填报者：局长郭符

（山西省档案馆馆藏档案，档案号 B30—1—828—7）

（21） 上党十九县八年来物质损失调查表①

1946 年 6 月调查

类别＼县别数目	长治市	长治县	长子县	襄垣县	屯留县	黎城县	潞城县	说　明
房屋间数（间）	45035	12008	6000	43383	24000	78056	37350	
粮食数（石）	180300	125526	785000	144712	638000	443520	187350	
对敌负担数（元）	300000	100000		200000		350000	180000	
牲畜数（头）	1595	9180	29040	10429	14100	5166	16261	
羊数（只）	2172	138400	110000	13479	108000	48503	43900	
猪数（头）	1032	27450	20000	1024	13000	3400	2680	
鸡数（只）	3330	121405	472000	84250	328800	145742	71500	
蜂数（窝）		245		120		151	72	
农具件数（件）	10580	105600	470000	32500	365000	1268725	138230	

① 此件系解放区各救济分会晋东南办事处编制。

· 367 ·

类别＼数目	长治市	长治县	长子县	襄垣县	屯留县	黎城县	潞城县	说明
被服件数（件）	21433	461615	461000	644384	338000	452376	457500	
商业损失（元）	68756488	43000000		72000000		45605000	56000000	
矿产损失（元）		7006000000		4215000000			1416000000	
家具及其他损失（元）	33118680	2016726000		308644000		188232000	183000000	
总损失价额（元）								
全县人口（人）	28316	170383	157000	125000	116500	94329	133920	
每人平均数								
急需恢复房屋　间数（间）	1510	3602		14317		27319	11579	
急需恢复房屋　合价（元）								
急需恢复牲口　头数（头）	698	3672		4292		2066	5604	
急需恢复牲口　合价（元）								

类别　　　县别 　　数目		壶关县	平顺县	晋城县	高平县	阳城县	陵川县	沁水县	说明
房屋间数（间）		56090	56611	43000	43000	23027	10824	27375	
粮食数（石）		200000	153223	729718	804457	512312	343121	280293.	
对敌负担数（元）		200000	170000				100000		
牲畜数（头）		3471	2376	44350	41830	23750	7200	12880	
羊数（只）		6761	35200	94700	91900	41000	8590	24500	
猪数（头）		2100	1200	3400	3150	2200	79	1796	
鸡数（只）		42100	127500	465000	316838	200000	25400	168239	
蜂数（窝）		50	210				70		
农具件数（件）		110200	311575	590000	483693	632160	79100	120750	
被服件数（件）		705500	566115	344000	210000	312000	413425	143596	
商业损失（元）		49000000	35000000				184000000		
矿产损失（元）		60000000	226446000				8700000		
家具及其他损失		352200000					510213000		
总损失价额（元）			170673						
全县人口（人）		150236		270000	213307	207547	136082	54750	
每人平均数	急需恢复房屋 间数（间）	18153	18681				3355		
	合价（元）								
	急需恢复牲口 头数（头）	1388	9504				2880		
	合价（元）								

类别　数目	沁源县	沁县	武乡县	左权县	榆社县	利顺县	合计	说明
房屋间数（间）	119000	41500	110325	70150	34585	58311	937630	
粮食数（石）	935000	756500	371305	397987	189180	244050	8421554	
对敌负担数（元）			304100	745300	8200	97959	2755559	
牲畜数（头）	21130	19800	6119	6434	3214	12421	291046	
羊数（只）	50000	44000	10100	6601	17000		894806	
猪数（头）	4500	4320	1500	8645	1625		103101	
鸡数（只）	254800	43624	321	32175	66310		3164013	
蜂数（窝）			94490	800	421		2460	
农具件数（件）	450000	312000	1137968	64231	68300		5707134	
被服件数（件）	425000	267000	170000000	509604	504028		8374544	
商业损失（元）			246600000	177000000	149000000		1089361488	
矿产损失（元）			554492000	20138000			13198884000	
家具及其他损失				419868000			4566493680	
总损失价额（元）								
全县人口（人）	85000	89000	151444	98347	62888	82290		
每人平均数								
急需恢复房屋　间数（间）			31614	23149		58311		
急需恢复房屋　合价（元）								
急需恢复牲口　头数（头）			2480	2573	1256	8090		
急需恢复牲口　合价（元）								

（山西省档案馆馆藏档案，档案号 A128—2—15—2）

（22） 上党区八年来教育损失统计表 [①]

县　别 \ 学校种类			壶关县	潞城县	平顺县	长治市	长治县	大谷县	榆社县	榆次县	合计	备考
男女师范	战前数	座数（座）				2						
		学生数（个）				960						
	被敌毁坏数	座数（座）				2						
		损失总值（元）				85600830						
	现需恢复数	座数（座）				2						
		需救济费（元）				7687642						
中学	战前数	座数（座）				1		1	1			
		学生数（个）				320		400	135			
	被敌摧毁数	座数（座）				1		1	1			
		损失总值（元）				54360000		2000000000	3000000			
	现需恢复数	座数（座）				1			1			
		需救济费（元）				1412726		2000000000	3000000			

① 此件系解放区各救济分会晋东南办事处编制。

学校种类	统计分类	项目	壶关县	潞城县	平顺县	长治市	长治县	太谷县	榆社县	榆次县	合计	备考
乡师和职业学校	战前数	座数（座）	1						1	1		
		学生数（个）	85			520			70	168		
	被敌摧毁数	座数（座）	1			2			1	1		
		损失总值（元）	180000			73011200			500000	2500000		
	现需恢复数	座数（座）	1			1			1	1		
		需救济费（元）	240000			28680000			500000	1675210		
高小学校	战前数	座数（座）	6	6	5	4	4	12	4	2		
		学生数（个）	750	500	500	1060		1030	250	210		
	被敌摧毁数	座数（座）	6	5	5	4		12	3	2		
		损失总值（元）	1980000	2500000	1500000	5542318		22160000	1500000	518223		
	现需恢复数	座数（座）	3	5	5	2			3	4		
		需救济费（元）	3840000	2000000	15000000	2892850		22160000	1500000	489000		
初小学校	战前数	座数（座）	291	283	194			240	250	163		
		学生数（个）	13570	8530				14300	6750	8491		
	被敌摧毁数	座数（座）	211	198	148			270	150	152		
		损失总值（元）	18970000	9900000	2480000			4560000	7250000	112818223		
	现需恢复数	座数（座）	49	250	148				100	209		
		需救济费（元）	28750000	5000000	24800000			4560000	5000000	6249370		

学校种类	县别		壶关县	潞城县	平顺县	长治市	长治县	太谷县	榆社县	榆次县	合计	备考
民教馆和图书馆	战前数	座数（座）	1		1	1		2	1			
		学生数（个）										
	被敌摧毁数	座数（座）	1		1	1		2	1			
		损失总值（元）	180000		200000	26000000		8000000	500000			
	现需恢复数	座数（座）	1		1	1			1			
		需救济费（元）	396000		200000	10000000		8000000	500000			
合计	损失数（元）		21310000	1240000	3980000	298402680		238720000	12750000	115836446		
	救济数（元）		32830000	7000000	39900000	50673218		238720000	10750000	8413580		

（山西省档案馆馆藏档案，档案号 A128—4—7—2）

(23) 上党区八年来民力损失统计表①

1946年6月

县别			长治市	长治	长子	襄垣	屯留	黎城	潞城	壶关	平顺	合计
敌人修筑工事消耗民力数	修碉堡	座数	339	412	34	98	41		4	9		
		工数	152900	158374	170000	4441000	41000		18000	4860		
	修据点	处数	94	56	15	35	11		11	4		
		工数	56400	203643	67500	490000	20900		22000	8000		
	修炮楼	座数	210	368	60	225	10		56	9		
		工数	42000	324890	120000	342500	110000		42080	3240		
	修公路	里数	61	460	170	300	8	60	145	121	770	
		工数	235200	582680	37000	600000	35000	7200	11600	18150	30000	
	修封锁沟墙	次数	28	828	2300	328400	453					
		工数	105033	619372	2500000	6376000	30000		1043312	64800		
	其他差务	年数	7	7	7		7		7	6	3	
		工数	1148377	905100	9806600	72192003	612	55518849	1512000	1756000	560000	
	小计	工数	1739910	394059	12780000	15668700	5981152	55518849	2648992	1855050	590000	

① 此件系解放区各救济分会晋东南办事处编制。

	县别／项目		长治市	长治	长子	襄垣	屯留	黎城	潞城	壶关	平顺	合计
平毁误工数	据点碉堡	座数	200		94		55		11	22		
		工数	762152	8800	140000	3021400	230000		13000	16100		
	封锁沟墙	里数	20		2500		43		1336	70		
		工数	8559	28080	250000	3201500	215000		4008	75300		
	小　计	工数	24774	36880	390000	6222900	445000		17008	91400		
总计	以上两种共工数		1764684	2430939		21891600	1043115		2666000	1946450	590000	
	每工折价（元）		100	100		100	100		100	100	100	
	共计值洋（元）		176468400	243093900		2189160000	104377500		266600000	194645000	59000000	

说明

	县别／项目		晋城	高平	阳城	陵川	沁水	士敏	沁县	沁源	武乡	左权	榆社	和顺	合计
敌人修筑工事消耗民力数	修碉堡	座数		62			108						7	9	
		工数		3200000			111996						4000	270000	
	修据点	处数		19			317						4	1	
		工数		855000			320804						35000	80000	
	修炮楼	座数		95			507						11	14	
		工数		950000			207009						4560	280000	
	修公路	里数		145			2919						125	1	
		工数		50000			21988						11000	150000	
	修封锁沟墙	次数		609			398							11	
		工数		88000			3916							358000	
	其他差务	年数		7			7						6		
		工数		9226902			250560						304140	1216000	
	小　计	工数		14269902			916263						358700	2461000	

县 别		晋城	高平	阳城	陵川	沁水	土敏	沁县	沁源	武乡	左权	榆社	利顺	合计
据点碉堡	座数		148			108							10	
	工数		177600			32813						15000	60000	
封锁沟墙	里数		35			317							11	
	工数		28000			30803						16300	50000	
小 计	工数		201600			63616						31300	110000	
平段误工数 以上两种共工数			14471502			979883						394385	7571000	
总计 每工折价（元）			150			130							140	
共计值洋（元）			2170725300			17707030						39438500	359930000	
说 明														

（山西省档案馆馆藏档案，档案号 A128—4—7—7）

(24) 山西省人民财产直接损失汇报表①

填送日期：1946 年 7 月 15 日　单位：元（法币）

分类 报告地	共　计	建筑物	器　具	现　款	图　书	仪　器	文　卷
交城县	516504604	37885300	126401436	8204981	578000		
隰　县	1221369722	108658400	101487504	148310316	3725872	8746460	
安邑县	20154446377	1130542891	963312047	672795640	719031000	968700000	
临晋县	29261608361	1678926850	1687761679	1491559949	2046539	26338350	
阳曲县	1798981182	254349277	175135846	89564530	1997000	149000	
永和县	532448125	138933400	15583800	13770800	2802500	1330000	
灵石县	21613643127	6296294680	1848582632	1094063470			
沁　县	9043304417	487517915	902607647	131904420	220000	534000	
大同县	2647032756	322741115	209219601	180992082			

① 此件系山西省政府编制。

分类　报告地	共　计	建筑物	器　具	现　款	图　书	仪　器	文　卷
太原县	1541038195						
襄陵县	1147685517	412639600	166416288	14355460			
崞　县	19471955808	3228863560	1097601881	399565444	160884180	22173100	
赵城县	10257841424	3229698629	1128148597	125723821	644890700	18857000	
河津县	55117761590	8511322120	9774743120	5023196670	90736400	9185000	
静乐县	172713361	10330680	27038744		580000		
荣河县	2887574640	392500980	122587174	53741810	1264650	199000	
洪洞县	13609748619	346960430	299238775		850000		
繁峙县	91629378	15107100	3438200	3381500			
五台县	4303958509	2019785430	436344030	202449434			

单位：元（法币）

报告地	医药用品	衣物	粮食	其他	附表单数 汇报表	附表单数 报告单
交城县	1545000			34188887	1	1547
隰县	25202575	149348939	29278236	383103400	1	3882
安邑县	310400000			15389664799	1	9409
临晋县	4833990	2147321042	11599224154	10623595816	1	10181
阳曲县	29768000			1248017529	2	3159
永和县	2384000			357643625	1	598
灵石县		1947891841	10894477177	1479225168	2	4021
沁县			1513769936	4058858658	1	2834
大同县			1213383981	720695977		3063
太原县				1541038195		3217
襄陵县			185656344	368617825	1	5560
崞县	307116010	3303398619	1332745196	9619807818	2	9242
赵城县	11554800	2989671336	1395837791	713458750	1	8252
河津县	2338280			3176724000	1	6824
静乐县	2394000	51165642	22333325	58870970	2	67
荣河县	8011950	940033281	644261355	724974440	1	7461
洪洞县		10487353148	439590783	2035755483	2	9157
繁峙县	216000	18042393	4145565	47298620	1	488
五台县			1134167835	411211780	1	5593

附记：

查各县报告表表式不一，且有无汇报表者，兹为划一起，将其中一表，其他表内各栏分别合并表如下：

1. 衣物、被褥、布匹、绸缎、油、糖并列衣物栏内。
2. 工具、钢铁、木器等并列器具栏内。
3. 财帛并列现款栏内。
4. 产品并列粮食栏内。
5. 牲畜、运输工具、树株、木版、苇席、砖瓦、自行车、有价证券、舟机械工具、存货、田园、矿产等项并列其他栏内。

分类\n报告地	共　　计	建筑物	器　　具	现　款	图　书	仪　器	文　卷
太原市	35250694646	4651234379	10729734345	1494881104	3692485623	582208039	83
新绛县	45859373131	11613480541	3259789379	503905506	111508164	30747000	
祁　县	2609961029	555752704	808794388	121909651			
代　县	870271820	279793360	57658740	28170000			
清源县	16537266703	328148151			340000		
永济县	7063121075	1181773831	1553758088	116239632			
汾西县	1117121441						
孝义县	9342897351	2960088645	4203446576	260046138	759447370	1123309	
解　县	1889925860		9086000		900000		
怀仁县	1665442964	312918400	227689843	37355788			
介休县	1961045321						
蒲　县	3384275815	559628570	264011380	309846025			
乡宁县	10488111712	1393917960	519996155	1788506987			
稷山县	5421180752	1144466213	649131442	155674373			
汾阳县	616009190	72247799	18738245	12208890			
平陆县	9256015881	812780400	318737335	71363800	30844500		
平遥县	26220243481	1401572260	263977148	2355881962	10171997	23577838	2775386
霍　县	682606207	113270806	97643200		563400		
朔　县	645908547	132094579	90455662	21134000	2700300	1467626	

単位：元（法币）

分类 报告地	医药用品	衣 物	粮 食	其 他	汇报表	报告单	附 记
太原市	200077511			13900073645	4	18181	查各县报告表式不一，且有无汇报表者，兹为划一起见，将其中一表，其他各栏内各表分别合并如下：
新绛县	21675200	15966576623	3752691479	10598999239	2	7207	1. 衣物、被褥、布匹、绸缎、油、糖并列衣物栏内。
祁 县				1123504286	1	3203	2. 工具、钢铁、木器等并列器具栏内。
代 县	1478000		125576920	379072800	1	840	3. 财帛并列现款粮栏内。
清源县				16207300552	1	5898	4. 产品并列粮食栏内。
永济县			2175335950	2036013574	1	2880	5. 牲畜、运输工具、树株、木版、苇席、砖瓦、自行车、有价证券、舟机械工具、存货、田园、矿产等项并列其他栏内。
汾西县				1117121441		1338	
孝义县	561382			1158183931	2	19735	
解 县	1054000	665025860	1095460000	118400000	1	28210	
怀仁县			411107250	676371683	1	2117	
介休县				1961045321		1987	
蒲 县			1284156830	966633010	1	2849	
乡宁县			524965883	6260724727	1	10634	
稷山县			2215881736	1256026988	1	11252	
汾阳县			208082446	304473810	2	921	
平陆县		637360519	2794951892	4589977435	1	5223	
平遥县	58804100	306658175	230414895	366185106	1	2607	
霍 县		93908240	103457203	273763358	1	1402	
朔 县	1286376			396770004	1	2291	

単位：元（法币）

报告地 \ 分类	共　计	建筑物	器　具	现　款	图　书	仪　器	文　卷
武乡县	798211562	136981100	23116200	20228000	2022000		
平定县	4044826495	128735650	362829843	189002705	18200657	7861800	
临汾县	20124916731		6462933773	296853640			
猗氏县	21246581654	1436177066	1567950032	833735479	126519200	693000	
忻　县	6834434501						
虞乡县	2420618754	331973953	233155531	43602006			
汾城县	13227774454	3528481205	1292190949	280071986	95733500	91707590	
寿阳县	1465362849	302927675	252800948	14213900			
万泉县	2854743574	501040202	328866498	67947900	5696600	35127400	
宁武县	4372641662						
芮城县	22701794571	294310329	283778764	172566147	1838014	3888570	
吉　县	4097017445	286936207	168496296	194882750	43381360	4391000	
定襄县	17562479486	796561800	329960466	9681800400			
榆次县	3186358614						
榆社县	2154432000	14979600000	441066000	2995920000			
大宁县	487132261						
太谷县	899526844						

单位：元（法币）

报告地＼分类	医药用品	衣 物	粮 食	其 他	附表单数 汇报表	附表单数 报告单	附 记
武乡县		63516000	43838480	508509782	1	432	查各县报表表式不一，且有无汇报表者，兹为划一表中一表，将其他表内各栏分别合并如下： 1. 衣物、被褥、布匹、绸缎、油、糖并列衣物栏内。 2. 工具、钢铁、木器等并列其他栏内。 3. 财帛并列现款栏内。 4. 产品并列食粮栏内。 5. 牲畜、运输工具、树株、木版、苇席、砖瓦、自行车、有价证券、舟机械工具、存货、田园、矿产等项并列其他栏内。
平定县	2908280	1824349548	441966271	1068971741	1	6927	
临汾县		6704647708	295674239	6364807371	1	11303	
猗氏县	185134300	1769955625	7314412591	8012004361	1	7385	
忻县				6834443501		4083	
虞乡县			651650484	1160236780	3	6008	
汾城县	53322831			7886266393		12340	
寿阳县		318835719	225559961	351024646	1	2879	
万泉县	7860090	478921983	505050172	924232729	2	5044	
宁武县				4372641662		662	
芮城县	30623326	845427814	2063265474	1906096133	1	7321	
吉县	12207900			3386221932	1	3158	
定襄县		2193120965	435000000	4126035855	1	5472	
榆次县				3186358614		3138	
榆社县		873810000	1331520000	926516000	1	25	
大宁县				487132261		1101	
太谷县				899526844		882	

単位：元（法币）

报告者\分类	共计	建筑物	器具	现款	图书	仪器	文卷
山阴县李沂山	11008800			1620000			
万泉县姚全海	2690200						
万泉县姚大海	2316000						
万泉县姚奎海	2660000						
孝义县王守清	4444700						
灵石县耿步瞻	10000000						
灵石县杨长懋	934560						
灵石县师子绣	1608000						
灵石县蔡文劳	9296500						
沁源县王道美	12000000						
安泽县黄希贤	21555000						
平遥县政府职员及工会水利局等机关学校人员	3149905360	3128682400	9491960	52800	565000		
第九专员公署人员	31424440		8726300				
长官部服装材料总库第二分库人员	145543500	5220000	1001600	1600000			
临汾县政府职员及客民	13605000	5880000	509000				
三民主义青年团山西支团第二分团部	5860000	2860000		3000000			
民族革命同志会纪律委员会	212168	64200	16250	55000	8000		
山西省经济干部训练所	12700000	4600000	580000				
经管局工商事业管理处	248400	15400	45000	16000	60000		

分类 报告者	医药用品	衣	物	粮	食	其他	附表单数		附　记
							汇报表	报告单	
山阴县李沂山						9388800	1	1	自此页山阴县李沂山以下（除曲沃县山以下），均系各县及各机关少数人民及各团体私人经原籍县政府特报，由机关团体汇报之财产损失，特此声明。
万泉县姚全海						2690200		2	
万泉县姚大海						2316000		2	
万泉县姚奎海						2660000		2	
孝义县王守清						4444700		1	
灵石县耿步嶦						10000000		2	
灵石县杨长穗						934560		3	
灵石县师子绣						1608000		1	
灵石县蔡文芳						9296500		3	
沁源县王道美						12000000		2	
安泽县黄希贤						21555000		4	
平遥县政府职员及工会水利局等机关学校人员						11113200	1	26	
第九专员公署人员						22698140	1	24	
长官部服装材料总库第二分库人员						137721900	1	15	
临汾县政府职员及客民						7216000	1	2	
三民主义青年团山西支团第二分团部							1	5	
民族革命同志会纪律委员会						68718	1	5	
山西省经济干部训练所						7520000	1	4	
经管局工商事业管理处	30000					82000	1	1	

単位：元（法币）

分类　报告者	共　计	建筑物	器　具	现　款	图　书	仪　器	文　卷
民族革命同志会工委会及所属	168275805	4066370	12974114	4526130	4994490	1200800	
山西省工程局设计处干部	1399551						
太原铁路管理处	245148000	123430000	17593000		19090000		
山西省合作事业管理处	62291397	11229700	5336500	680000	220200		
太原晋东南干部招待所	373939175	114177900	64198650		2693500		
山西省人民公营事业监督管理委员会	487342500	113000000	27752000	1422500	22400000		
山西省人民公营事业董事会私人	629525086	81290570	125695401	51282255	82950656		
山西省实物准备库	838600	435000	218300		44500		
山西省临时参议会	4231000		450000		468000		
山西省会警察局人员	78664371	19753275	9334146	8829680			
平陆县政府	274662690	297500	4530	160608000			
山西省营业公社	17320000	2000000	13010000		78000		
山西化学工业公司	83000000	24000000	59000000				
一心天道龙华圣教会沁县支会	1714904000	116890000	4659000		220000	534000	
王聪之等九人	1235750357						
武乡县政府	4813585						
曲沃县	3024306536	5971237	674658	90000	5754	248	
西北制造厂	8000000000						
总计	54405097384	82620755694	54369572636	53159311461	6666257626	1840740150	2775469

单位：元（法币）

报告者	医药用品	衣 物	粮 食	其他	汇报表	报告单	附　记
民族革命同志会工委会及所属	889540			139624361	1	108	
山西省工程局设计处干部				1399551	2	6	
太原铁路管理私人				85035000	1	18	
山西省合作事业管理处	300000			44524997	1	21	
太原晋东南干部招待所				192869125	1	12	
山西省人民公营事业管理委员会				322768000	1	15	
山西省人民公营事业董事会私人				288306204	1	13	
山西省实物准备库				140800	1	3	
山西省临时参议会				3313000	1	8	
山西省会警察局人员				40747270	1	34	
平陆县政府				113752660	1	5	
山西省营业公社			1087765124		2	6	
山西省化学工业公司				2232000	1	2	
一心天道龙华圣教沁县支会				1592601000	1		
王聪之等九人				1235750357		13	
武乡县政府				4813585	17	17	
曲沃县	3620	66585		1929729310	17	7	
西北制造厂				800000000	1		
总计	1283981061	54776407605	59990164958	229343806193	102	301868	

（山西省档案馆馆藏档案，档案号 B13—1—75—3）

· 387 ·

（25）山西省民营事业财产直接损失汇报表（商业部分）①

填送日期：1946年7月15日　单位：元（法币）

分类 报告者	共　计	店　房	器　具	现　款	存　货	运输工具	其　他	附表	单数	附　记
交城县政府	516712430	27775000	13497500	10332250	439159720	9767000	16180960	表1	单125	实物准备库系人民公营事业特列入此表
安邑县政府	477265984	17190000	39625500	13940000	379409684	17359000	9741800	表1	单116	
临晋县政府	81623300	35235000	9596800		34879500	942000	970000	表1	单36	
永和县政府	110384775	5175000	5271500	20800	97662475		2255000	表1	单114	
灵石县政府	2479059110	6268000	5443300	4377800	332156600	6506500	2124306910	表1	单148	
沁县县政府	95437878	2293477	6457572	35601	54987917		31663311	表1	单53	
大同县政府	918027033	27830000	72193965	197365450	373987678	1055000	245594940	表1	单63	
太原县政府	83834420	12354100	13647800	11152300	13121100	15168900	18390220	表1	单66	
襄陵县政府	31593884	1596000	7822800	2884000			19291084	表1	单33	
峄县县政府	2684707302	32602000	100861200	67324000	2402587502	8384000	72948600	表1	单255	
赵城县政府	547745710	19201000	139924300	13280000	314140320	3351000	57849090	表1	单108	

① 此件系山西省政府编制。

报告者 / 分类	共计	店房	器具	现款	存货	运输工具	其他	附表	单数	附记
静乐县政府	1400000000	600000000	300000000		400000000		100000000	表 1		
荣河县政府	39628400		57400	1300000	38235000		36000	表 1	单 3	
洪洞县政府	1915995480	130519000	366145130	39417700	758744990	176550000	444618660	表 1	单 218	
繁峙县政府	57009988	652000	372000	4256200	44941788	722000	6066000	表 1	单 64	
五台县政府	48300000	6279000	9660000	3381000	19320000	7245000	2415000	表 1	单 323	
太原市政府	8895164688	103297370	254360325	170013570	7850253164	20463290	496776969	表 1	单 842	
新绛县政府	202689169	53314750	1632783	3000	2152193		145586443	表 1	单 47	
祁县政府	511155171	3680000	15117340	2882746	319522619	850000	169102466	表 1	单 82	
代县政府	252656120	21165200	2070800	13458800	192185720	4522800	19252800	表 1	单 142	
清源县政府	8933500000	8500000	340000000	1700000000	6800000000	34000000	51000000	表 1	单 200	
永济县政府	687031358	65000600	58560200	95300000	444979800	23190758		表 1		
介休县政府	41511075	5108104	21762000	10985000	342235000		31420971	表 1	单 117	
蒲县政府	1286645150	59967900	14610600	15632800	411449200	110346000	674638650	表 1	单 348	
乡宁县政府	1021546507	14548000	41800600	74257657	47862480	230000	842847770	表 1	单 233	
稷山县政府	129303850	6672800	26241500	7712850	84732400		3944300	表 1	单 56	
汾阳县政府	325678435	515000	12758057	17896141	286401218	300040	7807979	表 1	单 48	
平遥县政府	2392653445	27741522	68900643	189102735	1345745765		761162780	表 1	单 204	

报告者（分类）	共 计	店 房	器 具	现 款	存 货	运输工具	其 他	附表	单数	附 记
平陆县县政府	127833300	15970000	4348100	3680000	100849200	2029000	957000	表1	单62	
霍县县政府	577068863	3663650	24057723	11344280	418529595	242000	119231615	表1	单95	
平定县县政府	1427459950	17700000	42931900	20000000	1094483500		251944550	表1	单42	
临汾县县政府	1311550728	53280500	97521828	300000000	809821100	17628000	33299300	表1	单94	
猗氏县县政府	37370075	595000	21500	823000	2968425	3430000	2816350	表1	单29	
忻县县政府	424434736	60311400	25875485	28630000	301924177	370000	7323674	表1	单105	
虞乡县政府	33680000	222000	580500		32427500	450000		表1	单10	
汾城县政府	590897700	121350000	65450000	22150000	125860000	6520000	249567700	表1	单83	
寿阳县县政府	786115230	18666000	206996880	4952700	398423230		157076420	表1	单169	
太谷县县政府	1510267420	363080166	70080210	53560467	908160832	35040105	80345640	表1	单115	
宁武县政府	361263565	3132000	14557800	6140000	337133765	300000		表1	单40	
吉县县政府	690083530	18812500	40744290	436700	308086450		322003590	表1	单116	
芮城县政府	5133500	5775519	385012	288759	3368860		513350			
大宁县县政府	80370200	22154000	8952000	11011200	28253000	10000000		表1	单22	
榆次县县政府	1305596915	10965000	32944200	5365000	985157115	11369400	259796200	表1	单37	
曲沃县政府	4733648	60	1965	1104650	3626648		325	表14		
实物准备库	13038200000				13038200000			表1	单6	

分类 报告者	共 计	店 房	器 具	现 款	存 货	运输工具	其 他	附表	单数	附 记
平定煤矿公司	706040000		16465000		668250000	950000	20375000	表 1	单 2	
山西省营业公社	11888223227	827948154	12119420	2434391101	3162914147	57026280	5393824125	表 1	单 32	
斌记商行	4778331	5140	32618		4723173	10200	7200	表 1	单 11	
合计	71447961580	2832913912	2612458046	5570190257	46591130350	58631827	13254950742	表 50	单 5114	

（山西省档案馆馆藏档案，档案号 B13—1—75—17）

（26）山西省民营事业财产间接损失汇报表（商业部分）①

填送日期：1946 年 7 月 15 日　单位：元（法币）

分类／报告者	共　计	可能生产额减少	可获纯利额减少	费用之增加				附表单数	附　记
				拆迁费	防空费	救济费	抚恤费		
太原市政府	2226290563	1603642000	527468170	40135400	27980493	21287700	5776800	表101	
祁县县政府	15852880	841380	6400650	4000000	4610850			表5	
汾城县政府	318572160		318398860	25300		63000	85000	表22	
寿阳县政府	16000000	8000000	3200000	2400000	1200000	800000	400000	表1	
芮城县政府	9950300	6600000	1780000	1305000	125500	70300	69500	表3	
朔县县政府	91539500	2025000	78350000	9202400	200800	960900	800400	表4	
静乐县政府	2048700000	1440000000	600000000	4500000	2100000	1500000	600000	表2	
宁武县政府	4474800			80500	3758300	306000	330000	表2	
太谷县政府	8908790686	4796600	8861945241	26957785	1788020	12189400	1113640	表51	
平遥县政府	16081559		16081559					表1	
代县县政府	1105300		961000		64300		80000	表4	
五台县政府	773126350	387186800	359743000	14356000	1463650	9006900	1370000	表13	
繁峙县政府	12302000		11700000	602000	602000			表10	
合　计	14442786098	3453091780	10786028480	102962385	43893913	46184200	10625340	表219	

（山西省档案馆馆藏档案，档案号 B13—1—75—29）

---

① 此件系山西省政府编制。

（27）山西省民营事业财产直接损失汇报表（公用事业部分）①

填送日期：1946 年 7 月 15 日　单位：元（法币）

分类 报告者	共　计	房　屋	器　具	现　款	机械及工具	运输工具	其　他	附表	单数	附记
大同酒精厂附属发电厂	18193600		7963200		10048400		182000	表 1	单 6	西北实业公司系人民公营事业，特列入此表
大同发电厂	12442200	416600	4734200		7291400			表 1	单 8	
西北实业公司	10332773600	19500000	247136360O		3810690000	58000000	3973220000	表 1	册 5	
大昌电灯公司	59014000		612000	1800000	56602000			表 1	单 5	
合　计	10422423400	19916600	2484673000	1800000	3884631800	58000000	3973402000	表 4	单 19 册 5	

（山西省档案馆馆藏档案，档案号 B13—1—75—16）

---

① 此件系山西省政府编制。

（28）山西省民营事业财产间接损失汇报表（公用事业部分）[①]

填送日期：1946 年 7 月 15 日　单位：元（法币）

分类 报告者	共　计	可能生产额减少	可获纯利额减少	费用之增加				附表单数	附　记
				拆迁费	防空费	救济费	抚恤费		
西北实业公司	20425580000	200084600000	4171200000					表 5	西北实业公司系人民公营事业，特列入此表
合　计	20425580000	200084600000	4171200000					表 5	

（山西省档案馆馆藏档案，档案号 B13—1—75—32）

[①] 此件系山西省政府编制。

（29）山西省民营事业财产直接损失汇报表（工业部分）①

填送日期：1946 年 7 月 15 日　单位：元（法币）

报告者	共计	厂房	现款	制成品	原料	机械及工具	运输工具	其他	附表	单数	附记
大同酒精，火柴，毛织公司及蛋厂	807983260	48840000	18000000	50175000	115435200	265719200	723000	309090860	表1	单10	西北实业公司系人民公营事业特列入此表
襄陵县政府	18981600	280000	624000	168000				17909600	表1	单15	
静乐县政府	9750000	8400000		300000	200000	350000		500000	表1		
五台县政府	8264359000	435760000		6150000	4500218000	3322231000			表1	单58	
汾阳昆仑火柴公司	556300000	26600000			401700000	9300000	1100000		表1	单3	
新绛大益成纺织公司	8268000000	46000000		1251889000	1360000000	4819860000		79250000	表1	单15	
太原晋恒制纸厂	1938927770	56880000	296027398	162837220	552088032	664840800	49136000	157118320	表1	单172	
临汾晋益面粉有限公司	448392000	23200000	7000000	134440000	101080000	14588000	7860000	28972000	表1	单7	
太原晋生织染厂	4174288624		353018000	2037213000	1346331140	6801200	8000000	42925284	表1	单12	
晋华纺织公司祁县织染厂	3344782473	7400000	366330000	866914000	1197460000	6161900	10000000	835026573	表1	单12	
榆次晋华纺织公司	23456525133	36970000	30000000	16204362100	6819733033	23871000	57508000	69242000	表1	单26	
西北实业公司	238377213607	10503267246	18153774180	40763911102	6737054586	51683396836	3861427910	4603381747	表1	单598	
合计	289665503467	11193597246	19224773578	61511920422	83767299991	61302740936	3995754910	48669416384	表12	单928	

（山西省档案馆馆藏档案，档案号 B13—1—75—15）

① 此件系山西省政府编制。

（30）山西省民营事业财产间接损失汇报表（工业部分）①

填送日期：三十五年七月十五日　单位：元（法币）

报告者	共计	可能生产额减少	可获纯利额减少	费用之增加				附表单数	附记
分类				拆迁费	防空费	救济费	抚恤费		
临汾晋昌电灯公司	1075200000	768000000	307200000					表2	
临汾晋益面粉公司	2208000000	1536000000	672000000					表2	
大同酒精公司	229199000	152064000	76032000	360000	620000	60000	63000	表1	
大同华北毛织公司	136400	115200	20000			200	1000	表1	
大原晋恒制纸厂	2557675048	1965600000	582000000	11256480	19876000	31258000	38360000	表1	西北实业公司系人民公营事业特列入此表
榆次晋华纺织公司	4519000000	1200000000	3200000000	20000000	100000000	30000000	1040000000	表1	
晋华纺织公司祁县织染厂	4596402824	1248000000	1312000000	6600000	7120000	4780000	2017902824	表1	
晋生织染工厂	2286583600	659904000	1216000000	5600000	6000000	4400000	394679600	表1	
西北实业公司	14290243963841	11856989954000	2341254423841	6000000000	2000000000	1000000000	2000000000	表27	
合计	15101866686881	12217190372001	2755286943841	6043816480	2133616000	1070498200	3691006424	表37	

（山西省档案馆馆藏档案，档案号 B13—1—75—28）

① 此件系山西省政府编制。

（31）山西省民营事业财产直接损失汇报表（矿业部分）①

填送日期：1946 年 7 月 15 日　单位：元（法币）

分类 报告者	共　计	房　屋	器　具	矿　坑	现　款	矿产品	机械及工具	运输工具	其　他	附表	单数	附注
大同县政府	259802160	4830000	1500000	2500000	109186000	85992160	52134000		3660000	表1	单11	
赵城县政府	6402800				366500	6000000			36300	表1	单3	
静乐县政府	13200000	6000000	2000000						5200000	表1		
乡宁县政府	299450400		1032400		25000	295416000			2977000	表1	单11	
平陆县政府	29020000	540000	775000	85000		26980000		500000	140000	表1	单2	
霍县县政府	11740000	2000000	600000				5000000		4140000	表1	单1	
阳泉矿务局	71370331200	714328700	176397950	35821669400	375000000	29936653550	2352174100	1286776000	707331500	表1	单5	
晋北矿务局股份有限公司	102077351080	565698440	450002000	3360000000	600000000	91811476000	3840004640	850170000	600000000	表1	单20	
西北实业公司	12568172088	64260000	19500000	23338000	578248860	7974271920	1904944512	1195869540	807689256	表1	单7	西北实业公司系人民公营事业特别列入此表
保晋矿务公司	80778566500	404801280	1025963360	42866566440	608568280	24814772520	6463753640	1200391640	3393749340	表1	单2	
阳泉矿务公司	182481300	30320060	6290440				48508540	92362260	5000000	表1	单1	
合　计	267596517528	1792778480	1684061150	82074208840	2271394640	154951562150	14666519432	4626069440	5529923396	表11	单63	

（山西省档案馆馆藏档案，档案号 B13—1—75—12）

---

① 此件系山西省政府编制。

（32）山西省民营事业财产间接损失汇报表（矿业部分）①

填送日期：1946 年 7 月 15 日　单位：元（法币）

分类\报告者	共计	可能生产额减少	可获纯利额减少	费用之增加				附表单数	附记
				拆迁费	防空费	救济费	抚恤费		
晋北矿务公司	52300000000		52000000000	220000000		60000000	20000000	表1	西北实业公司系人民公营事业，特列入此表
西北实业公司	16758320000	11674000000	5084320000					表8	
合计	69058320000	11674000000	57084320000	220000000		60000000	20000000	表9	

（山西省档案馆馆藏档案，档案号 B13—1—75—31）

---

① 此件系山西省政府编制。

(33) 山西省省营事业财产直接损失汇报表（矿业部分）①

填送日期：1946年7月15日　单位：元（法币）

分类 报告者	共计	房屋	器具	矿坑	现款	矿产品	机械及工具	运输工具	其他	附表	单数	附注
山西省硝磺局	195063		52000			138063		5000		表1	单1	
晋绥兵工矿产测探局	1646460	11100	5700	176000		1230000	113300	81110	29250	表1	单8	
合计	1841523	11100	57700	176000		1368063	113300	86110	29250	表2	单9	

（山西省档案馆馆藏档案，档案号 B13—1—75—11）

---

① 此件系山西省政府编制。

① 此件系山西省政府编制。

（34）山西省省营事业财产间接损失汇报表（矿业部分）①

填送日期：三十五年七月十五日　单位：元（法币）

分类 报告者	共计	可能生产额减少	可获纯利额减少	费用之增加				附表单数	附记
				拆迁费	防空费	救济费	抚恤费		
晋绥兵工矿产测探局	220010600	208880000		8200600	1790000	870000	270000	表1	
山西全省硝磺局	4000000	3200000	800000					表1	
合计	224010600	212080000	800000	8200600	1790000	870000	270000	表2	

（山西省省档案馆馆藏档案，档案号 B13—1—75—30）

（35）山西省各县县立村立学校财产直接损失汇报表①

填送日期：1946年7月15日　单位：元（法币）

学校名称＼分类	共计	建筑物	器具	现款	图书	仪器	医药用品	其他	附表	单数	附记
交城县立两级小学校	15375000	6250000	2325000		4000000	2000000		800000	表1	单2	
隰县学校	26238211	15443908	4850503		3915800	360000		1668000	表1	单105	
安邑县立中心学校	861305050	662604500	25396200	125084150	32534000	3994000	50000	11642200	表1	单18	
临晋县立学校	98989254	332294	50335960		25945000	21670000		706000	表1	单6	
永和县各级学校	10049900	7300000	1057800		262500	1330000		99600	表1	单8	
太原县立各级学校	2920500	735000	1517500		430000	231000		7000	表1	单4	
襄陵县各级学校	37599370	14858800	5126700	300000	2027600	519470	120000	14646800	表1	单33	
崞县县区立各学校	35849000	16400000	9349000		10100000				表1	单6	
河津县立高小及实验小学	105952200	3275000	691500		547000	100800000		638700	表1	单5	
静乐县各级学校	13507000	5157000	2150000		2080000	2280000		1840000	表1	单	

① 此件系山西省政府编制。

分类 学校名称	共计	建筑物	器具	现款	图书	仪器	医药用品	其他	附表	单数	附记
荣河全县学校	35380050	16335000	16920400		1692650	250000		182000	表1	单10	
繁峙县立学校	22487000	11432000	2250000		2775000	6030000			表1	单3	
洪洞县立及各村立小学	9887000	4718500	1778100		1368400	1187000		835000	表1	单12	
五台县各县村立学校	417113930	298758700	29810310		28915900	254000	5000000	52875020	表1	单21	
新绛县立各级学校	137735000	73700000	31205000	1500000	19850000	8490000		4490000	表1	单10	
新绛县东韩洽村学校	16000		16000						表1	单	
祁县中心校及小学	134020900	13500000	36953500		38472900	18861500		26233000	表1	单9	
代县县立各学校	53349760	29556000	5168960		3984800	12792000		1848000	表1	单5	
清源县县区村立学校	172345000	18445000	79220000	10200000	27140000	1020000		36320000	表1	单7	
小计	2190120125	198801702	306122433	137084150	206041550	182068970	5170000	154831320	表19	单264	
永济县立学校及民教馆	38737000	26110000	4584000	150000	5736000	347000	100000	1710000	表1	单9	
孝义县各中心学校	35826510	3918700	5869340		6756330	11553300		7728840	表1	单33	
介休县立各级小学校	45030830	12648140	14159200		8159500	5595600		4468390	表1	单7	
怀仁县立各级小学校	39502040	25670000	5476500		3428540	300000		4627000	表1	单12	
蒲县各级学校及民教馆	127700850	16989000	11344600	21650000	4690050	1530750	67299900	4196550	表1	单67	
乡宁县县立学校	24451800	6268000	9795800		6186200	38000		2163800	表1	单41	
稷山县立中心国民学校	8918500	3330000	5588500						表1	单3	

学校名称（分类）	共计	建筑物	器具	现款	图书	仪器	医药用品	其他	附表	单数	附记
汾阳县立各学校	7522159500	51790600	79177700	600000	1701200	7387490000		1400000	表1	单10	
平陆县立各学校	65950700	31965000	19672100		5420100	2588000		6305500	表1	单16	
霍县各级小学校	64217400	51755000	6760000	1124200	1109200	2724000		745000	表1	单21	
临汾县立各级小学校	98229700	51046000	34352000		7605200	3490000		1736500	表1	单14	
临汾县各村立小学校	276892222	163658560	75889500	470472	6381100	11139190	100000	19253400	表1	单88	
虞乡县各级小学校	18542205	8192500	3675520	1277185	2025500	2418500		953000	表1	单15	
芮城县立及村立学校	342563950	256802740	35491010	17012300	9623430	9567030	5230530	8836910	表1	单66	
吉县所属各级学校	65264900	24990000	6374000	1855000	21636900	4140000		6269000	表1	单22	
榆次县立各学校	10578000	5400000	3323000		820000	1005000	30000	30000	表1	单3	
大宁县立学校	16326584	13650000	1586584	175000	300000	500000		115000	表1	单6	
汾城县立中心学校	74832000	34748000	13709500		19593500	6781000			表1	单4	
猗氏县县立学校	25968250	11170000	3182050		1855200	6661000		3100000	表1	单3	
小计	8901692941	800102240	340010904	44314157	1130027950	7457868370	72730430	73638890	表19	单440	
宁武县县立学校	32384200	19020000	10172400		1386200	944000		861600	表1	单4	
寿阳县各级学校	114075882	14164380	77632555	2958105	6430340	10435800		2454702	表1	单14	
太谷县立各学校	284668000	48000000	53820000		20850000	52000000		109998000	表1	单6	
曲沃县县立学校	4403680	2321500	213700	29180	35850	1561900	57550	184000	表5	单	

学校名称 \ 分类	共 计	建筑物	器 具	现 款	图 书	仪 器	医药用品	其 他	附表	单数	附记
合 计	11527344828	2082409822	787991992	184385592	347771890	7704879040	77957980	34196512	表46	单728	

（山西省档案馆馆藏档案，档案号 B13—1—75—6）

（36）山西省各县县立村立学校财产间接损失报告表[1]

填送日期：1946 年 7 月 15 日 单位：元（法币）

学校名称 \ 分类	共计	迁移费	防空设备费	疏散费	救济费	抚恤费	附表数	附记
静乐县城内各机关学校	2030000	300000	500000	30000	800000	400000	1	
介休县立初级中学	500000	200000	100000			200000	1	
虞乡县各村学校	3931500	80000	727000	2210700	893800	20000	1	
猗氏县县立学校	1500000	800000	500000	200000			1	
宁武县各小学校	762000	90000	84000	180000	198000	210000	1	
合　计	8723500	1470000	1911000	2620700	1891800	830000	5	

（山西省档案馆馆藏档案，档案号 B13—1—75—25）

---

[1] 此件系山西省政府编制。

（37）山西省省立学校财产直接损失汇报表[1]

填送日期：1946 年 7 月 15 日　单位：元（法币）

分类 学校名称	共　计	建筑物	器　具	现　款	图　书	仪　器	医药用品	其　他	附表	单数	附　记
省立大同师范学校	29900000	1400000	3000000		4500000	14000000	7000000		表 1	单 2	
省立宁武中学校	248700000	18000000	8700000		60000000	90000000		72000000	表 1	单 1	
省立商业专科学校	63046000	12400000	1280000	2400000	31280000			15686000	表 1	单 3	
合　计	341646000	31800000	12980000	2400000	95780000	104000000	7000000	87686000	表 3	单 6	

（山西省省档案馆馆藏档案，档案号 B13—1—75—5）

---

① 此件系山西省省政府编制。

（38）山西省省立学校财产间接损失汇报表①

填送日期：1946 年 7 月 15 日 单位：元（法币）

分类 学校名称	共计	迁移费	防空设备费	疏散费	救济费	抚恤费	附表数	附记
省立大同师范学校	103000	8000	12000	70000	13000		1	
省立宁武中学校	7280000		1500000	840000	2100000	2840000	1	
合 计	7383000	8000	1512000	910000	2113000	2840000	2	

（山西省档案馆馆藏档案，档案号 B13—1—75—26）

---

① 此件系山西省政府编制。

(39) 山西省私立学校财产直接损失汇报表 ①

填送日期：1946 年 7 月 15 日　单位：元（法币）

分类 学校名称	共　计	建筑物	器　具	现　款	图　书	仪　器	医药用品	其　他	附表	单数	附　记
私立并州中学校	358654000	99344000	20710000		80000000	50000000		108600000	表 1	单 6	
芮城县私立学校	13485000	3800000	1155000	2400000	2800000	2280000	950000	100000	表 1	单 2	
解县基督教培真小学校	1100000		500000		100000	500000			表 1	单 1	
合　计	373239000	103144000	22365000	2400000	82900000	52780000	950000	108700000	表 3	单 9	

（山西省档案馆馆藏档案，档案号 B13—1—75—7）

---

① 此件系山西省政府编制。

（40）山西省各机关财产直接损失汇报表①

填送日期：1946 年 7 月 15 日　单位：元（法币）

分类 机关名称	共计	建筑物	器具	现款	图书	仪器	文卷	医药用品	其他	附表	单数	附记
交城县政府	2980000	510000	2420000						50000	表1	单2	
隰县机关	544137307	44558440	8567667	3354000	672000		（76000宗）		486985200	表1	单23	
隰县庙宇	84931400	84330000	291400						310000	表1	单22	
安邑县政府	48400000	22800000	5000000			7800000			12800000	表1	单1	
临晋县所属机关	261505990	140736700	2031180	2850000	370000				115518110	表1	单48	
永和县各机关	8851000	4160000	2291000						2400000	表1	单10	
阳曲县政府	263055000	125000000	8055000		130000000					表1	单1	
太原县政府	2110000	1500000	450000		100000		（2000宗）		60000	表1	单1	
灵石县各机关	28129000	11676500	6612000	400000	4583000	1563500		105000	3189000	表1	单12	
襄陵县各机关	218194340	16428000	3318800		100550400	852500		80000	96946640	表1	单15	
崞县县政府及所属机关	134974400	46000000	2801200	16000000	10000000		（180宗）		60173200	表1	单14	

① 此件系山西省政府编制。

机关名称\分类	共计	建筑物	器具	现款	图书	仪器	文卷	医药用品	其他	附表	单数	附记
赵城县各机关庙宇	1148034434	1123480300	12083819	152315		270000	(875宗)	40000	12008000	表1	单27	
静乐县政府公安局教育局	7994000	6900000	375000		470000	19000			230000	表1	单	
静乐县商务会、佛教会、戏台、城楼	38890000	30240000	2050000						6600000	表1	单	
荣河县各机关团体	195192450	158008500	7194600	5275400	2295000		(2512件)	960000	21458950	表1	单87	
繁峙县政府及所属机关	124556700	118726400	3043800		2310000			27000	449500	表1	单7	
洪洞教区天主堂	168362180	19310700	19091900	80007000	5779000	1810000		2476380	39887200	表1	单185	
洪洞县政府及所属机关	18362900	11275000	3523900		1150000	200000			2214000	表1	单10	
五台县政府及所属机关	2122233000	1520170000	233168000	125000000					243895000	表1	单11	
五台县东冶镇天主堂	436500	400000	36500							表1	单1	
代县县政府及所属机关	160557600	153025600			7304000				228000	表1	单5	
代县各村公所及庙宇	36645800	28983600	592000						7070200	表1	单15	

分类（机关名称）	共计	建筑物	器具	现款	图书	仪器	文卷	医药用品	其他	附表	单数	附记
清源县政府及所属机关	59024000	4590000	12580000	17000000					24854000	表1	单6	
永济县政府	194445000	41600000	2685000	150000000	160000		（148宗）			表1	单2	
汾西县政府	82603725	4000000	330000	66800000	1440000		（476宗）		10033725	表1	单3	
怀仁县政府及所属机关	89818900	60000000	5904000		486000	1000000	（200册）		22428900	表1	单14	
蒲县各机关县党部及公有庙产	137045198	43831000	17629100	4150000	2717250		（1093宗）		68717848	表1	单37	
蒲县各村公所及村公产	729816700	3557573900	20491300	94235000			（58宗）		57516500	表1	单58	
乡宁县政府及所属机关	249049692	92757560	16748380	4595562	848500	1100500			132999190	表1	单67	
稷山县党部及爱乡团	2217200		422700	300000					1494500	表1	单6	
平遥县城内各机关学校及金井火柴公司	205396	18431	175252		7016	150			4547	表1	单47	
汾阳县政府	9297027170	9177010000	17145020		75000000	15000000			12872150	表1	单11	

分类 机关名称	共计	建筑物	器具	现款	图书	仪器	文卷	医药用品	其他	附表	单数	附记
平陆县政府及区公所图书馆卫生局	407327770	34674000	3020300		169470			379000	2490000	表1	单16	
平陆县公安局	27764970	2700000	4796020						20268950	表1	单7	
霍县县政府	445000	120000	325000							表1	单1	
平定县政府及所属机关	25352000	15200000	9500000						652000	表1	单3	
临汾县政府及所属机关	8510000		8385000				(5735宗)		125000	表1	单7	
临汾县各村公所及会社庙宇	776528900	393850500	66350900	174500000					141827500	表1	单68	
虞乡县政府及财政局	1564500	1150000	227000	187500		26800	(57宗)			表1	单2	
芮城县政府及所属机关	35381800	5050000	2002000	6090000	1722000				20491000	表1	单10	
吉县各机关及干部	458140955	56023100	43319085	78414220	514450			7016000	272854100	表1	单134	
吉县各机关及学校	2177635894	175110607	35757920	29759330	21610010			5191900	1910206127	表1	单	此项系民国32年前损失
芮城县基督教会	6433500	2160000	1158000	500	20000	25000		100000	2970000	表1	单4	
芮城县党部	746400	32400		56000	523000		(14宗)		135000	表1	单2	

分类　　　机关名称	共计	建筑物	器具	现款	图书	仪器	文卷	医药用品	其他	附表	单数	附记
榆次县政府及所属机关	6880000	6700000	180000							表1	单2	
大宁县政府及所属机关	47862000	19225000	3176000	22816000	2320000		(3771宗)	325000		表1	单8	
定襄县政府及所属机关	1043182600	564790000	109242600		43500000	325650000				表1	单13	
忻县城内各机关	40443000	3667000	1872200		1046800				33857000	表1	单15	
宁武县政府及所属机关	671896000	48356000	26458800	122000000	52694000	1696000			9491200	表1	单29	
寿阳县政府及所属机关	30063150	8087000	2815350	12000000		2884000	(3200宗)	2940000	1336800	表1	单5	
万泉县各村公所及学校	1034840	940000	57000		24550				13290	表4	单2	
大谷县政府	865923	730000	31000	94300	1500	23	(5000宗)		9100	表1	单1	
汾城县党部	132500		42500		65000	25000	(324宗)			表1	单1	
建设厅及前所属省县农牧备各机关	10623447	1669110	173310		5900	51270		5960	8717897	表1	单80	
山西省会警察局	1622300	30000	31500	1000000	4500				556300	表1	单2	
中医改进研究会	1446100000		75000000	510000000	644500000	87000000	(84宗)	600000	129000000	表1	单2	

机关名称 \ 分类	共计	建筑物	器具	现款	图书	仪器	文卷	医药用品	其他	附表	单数	附记
太原市中医公会	159500000		5420000		132380000		(25 宗)	17900000	3800000	表 1	单 2	
太谷县看守所及第五区	3188							3188		表 1	单 5	
山西平民工厂	130080000							130080000		表 1	单 4	
杀虎口塞北分关总办公署	20536000	6400000	2880000		10744000			512000		表 1	单 1	
曲沃县高阳村公所	206500	200000		6000		500				表 1	单 1	
合计	2663005511918428432948		819362403	1417243127	1258087346	44674243	99040 宗 又 2512 件 200 册	38146240	4221808812	表 60 单 1175		

（山西省档案馆馆藏档案，档案号 B13—1—75—4）

（41）山西省省各机关财产间接损失报告表①

填送日期：1946年7月15日　单位：元（法币）

分类　学校名称	共计	迁移费	防空设备费	疏散费	救济费	抚恤费	附表数	附记
荣河县所属各机关	71442000		18000		59200000	12224000	1	所填该县救济费原系生产数字、盈利减少数字费系盈利减少数字，因本表内无此两项，填入救济费及抚恤费两栏内
繁峙县政府及各机关	900000		900000				1	
洪洞教区天主堂	8921000	3760000		653000		4508000	1	
平定县政府及警察局	4734000	2105000	1620000	1009000			1	
虞乡县张家窟、东坦朝村公所	7068450	184000	80000	6151600	329200	323650	1	
汾西县政府	72597000	72120000	132000	345000				

① 此件系山西省政府编制。

分类　学校名称	共计	迁移费	防空设备费	疏散费	救济费	抚恤费	附表数	附记
芮城县政府及所属机关	9120500	8049500	286000	588000	151000	46000	1	
吉县县政府及所属机关	1122996000	22745000	16430000	36534000	1007552000	39735000	1	此项系三十二年以前之损失
同上	14956600	2589000	36975000	104844600	548000		1	
芮城县党部	10050	5000		1200	850	3000	1	
宁武县政府及所属机关	860000	152000	324000	240000	54000	90000	1	
寿阳县友爱医院	16000000	2400000	1200000	11200000	800000	400000	1	
万泉县各村学校及村公所	238500	169500		10000	20000	39000	1	
合　计	1459844100	114279000	57965000	161576400	1068655050	57368650	13	

（山西省档案馆馆藏档案，档案号 B13—1—75—24）

（42）同蒲铁路管理局敌伪破坏损失总合统计表

填送日期：1946 年 12 月 1 日　单位：元（法币）

项　　别	总　　数	备　　考
机械车	71667800000.00	
客车	10473150000.00	
货车	14516000000.00	
机器	1409863000.00	
总计	9806681300000	

报告人：同蒲铁路管理局局长

（山西省档案馆馆藏档案，档案号 B30—1—829—2）

（43） 同蒲铁路管理局敌伪破坏机车损失统计表（窄轨）

1946 年 12 月 1 日填造

型式别	损失破损别	辆数（辆）	单价（国币元）	全额（国币元）	备考
0－6－4	损失	28	339000000	9492000000	
0－6－4	大破	10	305100000	3051000000	
0－6－4	中破	9	159500000	1525500000	
0－8－0	损失	85	230000000	7050000000	
2－6－0	损失	47	566000000	26602000000	
2－6－0	大破	2	509400000	1010800000	
2－10－0	损失	34	495000000	16830000000	
2－10－0	大破	7	445500000	3118500000	
2－10－0	中破	8	247500000	1980000000	
总　计		180		71659800000	

（山西省档案馆馆藏档案，档案号 B30—1—829—2）

（44）同蒲铁路管理局敌伪破坏货车损失统计表（窄轨）

客货车别	项别 车种别	辆数	载重（吨）	损失破坏别	损失费额（国币元）单价	损失费额（国币元）总值价	备考
货车	棚车	19	15	损失	32500000.00	617000000.00	
	棚车	2	15	中破	16250000.00	30500000.00	
	棚车	13	70	损失	32500000.00	1379600000.00	
	棚车	4	70	中破	16250000.00	65000000.00	
	敞车	86	15	损失	20000000.00	9720000000.00	
	敞车	7	15	大破	18000000.00	126000000.00	
	敞车	5	15	中破	10000000.00	50000000.00	
	敞车	99	70	损失	20000000.00	1980000000.00	
	敞车	8	70	大破	18000000.00	144000000.00	
	敞车	6	70	中破	10000000.00	60000000.00	
	敞车	270	75	损失	22500000.00	1575000000.00	
	敞车	22	75	大破	21250000.00	445500000.00	
	敞车	4	75	中破	11250000.00	45000000.00	
	牲畜车	9	20	损失	30000000.00	270000000.00	
	石渣车	28	15	损失	17500000.00	490000000.00	
	石渣车	1	15	大破	15250000.00	15750000.00	
	石渣车	3	15	中破	8750000.00	26750000.00	
	石渣车	15	20	损失	20000000.00	500000000.00	
	石渣车	3	20	大破	18000000.00	54000000.00	
	石渣车	2	20	中破	16000000.00	20000000.00	
	煤车	29	20	损失	22500000.00	607500000.00	
	煤车	2	20	大破	22250000.00	44500000.00	
	煤车	4	20	中破	10250000.00	45000000.00	
	煤车	1	25	大破	22500110.00	22500000.00	

客货车别 \ 车种别 \ 项别	辆数	载重（吨）	损失破坏别	损失费额（国币元）单价	损失费额（国币元）总值价	备考
煤车	5	25	中破	12560000.00	67500000.00	
煤车	59	25	损失	25000000.00	1475000000.00	
平车	2	10	损失	10000000.00	20000000.00	
平车	53	15	损失	15000000.00	795000000.00	
平车	3	15	大破	13500000.00	4050000000	
平车	2	15	中破	7500000.00	15000000.00	
平车	2	20	大破	14400000.00	78800000.00	
平车	1	20	中破	8000000.00	8000000.00	
平车	49	20	损失	16000000.00	757000000.00	
平车	19	25	损失	17000000.00	313000000.00	
平车	2	25	大破	15300000.00	30600000.00	
水柜车	8	10	损失	11500000.00	140000000.00	
水柜车	1	10	大破	15750000.00	15750000.00	
水柜车	1	10	中破	8750000.00	8750000.00	
水柜车	3	20	损失	72510000.00	67500000.00	
水柜车	4	25	损失	25000000.00	100000000.00	
守车	3		损失	14500000.00	43500000.00	
救援车	4		损失	32500000.00	130000000.00	员工食宿用
救援车	10		损失	32500000.00	325000000.00	材料工具用
合计	899				14516000000.00	
总计 客车	138				10473150000.00	
总计 货车	899				14516000000.00	
总计 计	1037				24989150000.00	

（山西省档案馆馆藏档案，档案号 B30—1—829—2）

（45）同蒲铁路管理局敌伪破坏客车损失统计表（窄轨）

1946 年 12 月 1 日填造

客货车别	车种别	项别 辆数	损失破坏别	损失费额（国币元）单价	总值价	备考
客车	头等车	1	损失	136500000.00	819000000.00	
	头等车	1	大破	122850488.00	122856000.00	
	头贰等车	2	大破	117010000.00	234000000.00	
	头贰等车	1	大破损	105300000.00	105300000.00	
	头贰等车	1	中破损	58500000.10	58500000.00	
	贰等车	4	损失	117080000.00	468000000.00	
	贰等车	2	大破损	105000000.00	210000000.00	
	贰叁等车	8	损失	95700000.00	765000000.00	
	贰叁等车	1	大破损	87750000.00	87750000.00	
	贰叁等车	1	中破	48750000.00	48750000.00	
	叁等车	21	损失	75000000.00	1500000000.00	
	叁等车	14	大破	69500000.00	945000000.00	
	叁等车	1	中破	37500000.00	225000000.00	
	代用三等车	15	损失	95000000.00	1125000000.00	
	代用三等车	7	大破	67500000.00	472500000.00	
	代用三等车	4	中破	37500000.00	150000000.00	
	叁等卧车	8	损失	90000000.00	920000000.00	
	膳车	7	大破	99000000.00	99000000.00	
	膳车	2	损失	110000000.00	220000000.00	
	行李车	8	损失	65000000.00	520000000.00	

客货车别 \ 车种别 \ 项别	辆数	损失破坏别	损失费额（国币元）		备考
			单价	总值价	
客车　行李车	1	大破	58000000.00	58000000.00	
代用行李车	4	大破	58000000.00	234000000.00	
代用行李车	3	中破	32500000.00	97510000.00	
行李邮政车	7	损失	67510000.00	492510000.00	
行李邮政车	3	大破	60750000.00	182200000.00	
代用邮政车	7	损失	67500000.00	472500000.00	
代用邮政车	1	大破	60750000.00	60450000.00	
合　　计	138			18473150000.00	

（山西省档案馆馆藏档案，档案号 B30—1—829—2）

（46）同蒲铁路管理局敌伪破坏机器统计表

1946 年 12 月 1 日填造

机器名称	机 能	数量	单价（国币元）	总额（国币元）	备 考
锅炉	10HP	1	22500000	22500000	
锅炉	20HP	19	45000000	855000000	
锅炉	30HP	1	67500000	67500000	
水泵	6×4×6	7	1600000	11200000	
水泵	75×5×6	6	1600000	9600000	
水泵	10×6×10	7	1600000	11200000	
石油机	5HP	1	2400000	2400000	
重油机	20HP	2	3600000	7200000	
空气压缩机	20HP	2	1400000	2800000	
原动机	20HP	13	16000000	20800000	
旋盘	6′-0″	3	12000000	36000000	
砂轮机	6″	2	400000	800000	
刨床	8″	2	800000	1600000	
切管机	6″	1	2743000	2743000	
起重机	60T	4	5000000	20000000	
发电机	15HP	2	22500000	45000000	
蒸汽机	10HP	1	16000000	16000000	
梁型起重机	30T	1	90000000	90000000	
手动唧筒		2	160000	320000	
总 计				1409863000	

（山西省档案馆馆藏档案，档案号 B30—1—829—2）

（47）同蒲铁路管理局敌伪破坏路线桥梁及其他工程统计表

1946 年 12 月 1 日填造

线别	起讫里程		破坏情形	单位	数量	单价（国币元）	损失价值（国币元）	备考
	起点	终点						
原大段	原平	大营镇	钢轨 16kg	根	25970	216000	5609520000	
原大段	0+000	120+000	鱼尾钣 16kg	付	25970	90000	2317300000	
原大段	0+000	120+000	鱼尾螺丝 16kg	个	103880	2800	290864000	
原大段	0+000	120+000	道叉 16kg	付	32	28000000	896000000	
原大段	0+000	120+000	道木	根	220745	25000	5518625000	
原大段	0+000	120+000	道钉 16kg	个	882980	700	618086000	
原大段	0+000	120+000	道碴	公方	116865	95000	11102175000	
原大段	0+000	120+000	桥梁计 120 座	公尺	265	1400000	371000000	大小均包括在内
原大段	0+000	120+000	路基本线	公里	120	36000000	432000000	
原大段	0+000	120+000	路基侧线	公里	9850	30000000	295500000	
原大段	0+000	120+000	护坡及护墙	公尺	380	280000	106700000	
小计							31465470000	

线别	起讫里程		破坏情形	单位	数量	单价（国币元）	损失价值（国币元）	备考
	起点	终点						
忻窑支线	蒋村	甲子湾	钢轨 16kg	根	6073	216000	1311768000	忻县至蒋村（0+000-30+850）已接收
忻窑支线	蒋村	甲子湾	鱼尾钣 16kg	付	2073	90000	546590000	
忻窑支线	蒋村	甲子湾	鱼尾螺丝 16kg	个	24292	2800	68077600	
忻窑支线	蒋村	甲子湾	道叉 N08－N010	付	8	280000000	224000000	
忻窑支线	蒋村	甲子湾	道木	根	51612	25000	1290300000	
忻窑支线	蒋村	甲子湾	道钉	个	206448	700	144513600	
忻窑支线	蒋村	甲子湾	道碴	公方	27329	95000	2596255000	
忻窑支线	蒋村	甲子湾	桥梁计 75 座	公尺	375	1400000	525000000	大小桥涵均包括在内
忻窑支线	蒋村	甲子湾	隧道	公尺	66	530000	34980000	
忻窑支线	蒋村	甲子湾	路基本线	公里	21000	36000000	756000000	
忻窑支线	蒋村	甲子湾	路基侧线	公里	9266	30000000	277980000	
忻窑支线	蒋村	甲子湾	石碴线	处	500	48000	24000000	
忻窑支线	蒋村	甲子湾	护坡及护墙	公尺	460	280000	128800000	
小计							7928184200	
忻窑高素线	甲子湾	窑头	高架空中线路	公里	8500		125420000	
忻窑高素线	甲子湾	窑头	紧素站	座	4	5000000000	20000000000	

线别	起讫里程		破坏情形	单位	数量	单价（国币元）	损失价值（国币元）	备考
	起点	终点						
忻窑高索线	甲子湾	窑头	压力站长力困	座	4	5000000000	20000000000	
忻窑高索线	甲子湾	窑头	架空钢素 950×2	公尺	38000	90000	3420000000	
小计							43545420000	
太兰线	太原	兰村	钢轨 16kg	根	17300	216000	373368000	
太兰线	0+000	15+500	路基 0-15+500	公里	15500	36000000	5580000000	
太兰线	0+000	15+500	路基侧线	公里	1800	30000000	540000000	
太兰线	0+000	15+500	道叉	付	6	280000000	168000000	
太兰线	0+000	15+500	道碴	公方	15570	95000	1479150000	
太兰线	0+000	15+500	枕木	根	29410	25000	735250000	
太兰线	0+000	15+500	桥涵 15 座	公尺	122	1400000	170800000	大小桥涵均包括在内
太兰线	0+000	15+500	护墙及护坡护理	公尺	80	280000	22400000	
小计							8732968000	
榆谷支线	榆次	太谷	钢轨 16kg	根	8770	216000	1894324000	
榆谷支线	0+000	39+500	鱼尾钣 16kg	付	8700	90000	789300000	
榆谷支线	0+000	39+500	鱼尾螺丝 16kg	个	35080	2800	98294000	
榆谷支线	0+000	39+500	道叉 16kg	付	16	280000000	448000000	
榆谷支线	0+000	39+500	道钉 16kg	个	29818	700	20872600	

线别	起讫里程		破坏情形	单位	数量	单价(国币元)	损失价值(国币元)	备考
	起点	终点						
榆谷支线	0+000	39+500	道木	根	7454	25000	186350000	
榆谷支线	0+000	39+500	道碴	公方	39465	95000	3743175000	
榆谷支线	0+000	39+500	桥梁计65座	公尺	87462	1400000	1224468000	大小桥涵均包括在内
榆谷支线	0+000	39+500	路基本线	公里	39500	36000000	1422000000	
榆谷支线	0+000	39+500	路基侧线	公里	4500	30000000	135000000	
榆谷支线	0+000	39+500	护坡及护墙	公尺	270	280000	75600000	
小 计							10043309600	
平遥支线	汾阳		钢轨16kg	根	7380	216000	1594080000	汾阳至碛口26年正着手修筑
平碛支线	0+000	34+100	鱼尾钣16kg	付	7380	90000	664200000	
平碛支线	0+000	34+100	鱼尾螺丝16kg	个	29520	2800	82656000	
平碛支线	0+000	34+100	道叉16kg	付	12	28000000	336000000	
平碛支线	0+000	34+100	道木	根	62730	25000	1568250000	
平碛支线	0+000	34+100	道钉16kg	根	25092	700	17564400	
平碛支线	0+000	34+100	道碴	公方	32850	95000	3120750000	
平碛支线	0+000	34+100	桥梁计50座	公尺	245	1400000	343000000	大小桥涵均包括在内
平碛支线	0+000	34+100	路基本线	公里	34100	36000000	1227600000	
平碛支线	0+000	34+100	路基侧线	公里	2800	30000000	84000000	

线别	起讫里程		破坏情形	单位	数量	单价（国币元）	损失价值（国币元）	备考
	起点	终点						
平碛支线	0+000	34+100	护坡及护墙	公里	100	280000	28000000	
平碛支线	0+000	34+100	石碴线	公尺	500	48000	24000000	
小 计							9090100400	
东晋线	沁县	晋城	路基 88+120－174+950	公里	86830	36000000	3125880000	东观镇至沁县（0＋000－88＋120）
东晋线	88+120	279+950	路基侧线	公里	5600	30000000	1680000	
东晋线	88+120	279+950	路基 174+950－279+950	公里	105000	36000000	37800000000	
东晋线	88+120	279+950	桥梁 87座	公尺	850	1400000	1190000000	大小桥涵均包括在内
东晋线	88+120	279+950	护墙及护坡	公尺	3850	280000	1078000000	
东晋线	88+120	279+950	隧道	公尺	1325	530000	70225000	
小 计							6332493000	
永风段	永济	风陵渡口	钢轨 16kg	根	6680	216000	1442880000	永风段已检本年抢通车
永风段	833+950	864+350	鱼尾钣 16kg	付	6680	90000	601200000	
永风段	833+950	864+350	鱼尾螺丝 16kg	个	26720	2800	74816000	
永风段	833+950	864+350	道叉 16kg	付	10	28000000	280000000	
永风段	833+950	864+350	道钉 16kg	个	22712	700	15898400	

线别	起讫里程		破坏情形	单位	数量	单价（国币元）	损失价值（国币元）	备考
	起点	终点						
永风段	833+950	864+350	道木	根	5678	25000	14195000	
永风段	永济	凤陵渡口	道碴	公方	30060	95000	2855700000	
永风段	833+950	864+350	桥梁计43座	公尺	117	1400000	163800000	大小桥涵均包括在内
永风段	833+950	864+350	路基本线	公里	30400	36000000	1094400000	
永风段	833+950	864+350	路基侧线	公里	3000	30000000	90000000	
永风段	833+950	864+350	护墙及护坡	公尺	1680	280000	470400000	
小计							7231044400	
总计							12436989600	

（山西省档案馆馆藏档案，档案号 B30—1—829—2）

（48）同蒲铁路管理局敌伪破坏电讯设备统计表（通信）

1946 年 12 月 1 日填造

名称	规格	单位	数量								单价（国币元）	金额（国币元）	备注
			原平大营段	忻崞支线	榆合线	平汾支线	太兰支线	东晋线	永风线	合计			
电杆	7米	根	2520	444	827	7161	312	1827	639	13730	100000	1373000000	
木担	四线用	根	2520	444	827	7161	312	1827	639	13730	16000	219680000	
绝缘子	双层大形	个	10080	1773	3306	2865	1248	7308	2554	29134	7000	203938000	
铜线	2.9mml	公斤	15480	2722	5077	4399	1032	11310	3922	43942	5000	219710000	
铁线	4.5mm	公斤	39600	6983	12986	11253	5230	28710	10032	114794	4000	459176000	
穿钉	13×230mm	根	5040	887	1653	1433	624	3654	1277	14568	2000	29136000	
穿钉	13×125mm	根	5040	887	1653	1433	624	3654	1277	14568	1500	21852000	
撑脚	45cm二孔	根	5040	887	1653	1433	624	3654	1277	14568	2500	36420000	
横木	1.2m	根	2520	444	827	7161	312	1827	639	13730	2500	34325000	
无线电报机	5W	部	1	1						2	1000000	2000000	
无线电报机	15W	部				1		2	1	4	1800000	7200000	

名称	规格	单位	数量								单价（国币元）	金额（国币元）	备注
			原平大营段	忻窑支线	榆谷线	平汾支线	太兰支线	东晋线	永风线	合计			
干电池	1.5V6寸	个	20	16	16	50	8	48	30	188	9000	1692000	
干电池	45V	个	6	6		9		10	7	38	30000	1140000	
电话机	西门子	部	12	4	4	5	3	8	14	50	200000	10000000	
电报机	莫尔斯	部	2			2				4	180000	720000	
蓄电池	6V	组	4	2		6		8	4	24	100000	2400000	
双股胶皮线	1.2mm	公尺	2000	500	800	600	300	1600	600	6400	1000	6400000	
总计												262878900	

（山西省档案馆馆藏档案，档案号 B30—1—829—2）

（49）同蒲铁路管理局敌伪破坏房屋统计表

站　别	名　称	破坏情形	单位	数量	单价（国币元）	总价（国币元）	备　注
史家岗站	站长室	被敌伪撤毁	间	1	280000.00	280000.00	
史家岗站	庶务室	被敌伪撤毁	间	1	280000.00	280000.00	
史家岗站	库　房	被敌伪撤毁	间	1	240000.00	240000.00	
史家岗站	候车室	被敌伪撤毁	间	1	260000.00	260000.00	
史家岗站	客票室	被敌伪撤毁	间	1	240000.00	240000.00	
史家岗站	行李房	被敌伪撤毁	间	1	260000.00	260000.00	
史家岗站	站厕所	被敌伪撤毁	间	2	160000.00	320000.00	
史家岗站	警察分驻所	被敌伪撤毁	间	1	260000.00	260000.00	
史家岗站	员工宿舍	被敌伪撤毁	间	2	300000.00	600000.00	
史家岗站	运转室	被敌伪撤毁	间	1	300000.00	300000.00	
史家岗站	厨　房	被敌伪撤毁	间	1	160000.00	160000.00	
史家岗站	工务段住房	被敌伪撤毁	间	1	240000.00	240000.00	
河边站	站长室	被敌伪撤毁	间	1	280000.00	280000.00	

站　别	名　称	破坏情形	单位	数量	单价（国币元）	总价（国币元）	备　　注
河边站	事务室	被敌伪撤毁	间	1	280000. 00	280000. 00	
河边站	候车室	被敌伪撤毁	间	1	240000. 00	240000. 00	
河边站	客票室	被敌伪撤毁	间	1	260000. 00	260000. 00	
河边站	行李房	被敌伪撤毁	间	1	240000. 00	240000. 00	
	合　计			19		4740000. 00	
河边站	库　房	被敌伪撤毁	间	1	240000. 00	240000. 00	
河边站	运参室	被敌伪撤毁	间	1	240000. 00	240000. 00	
河边站	运转室	被敌伪撤毁	间	1	240000. 00	240000. 00	
河边站	警察分驻所	被敌伪撤毁	间	1	320000. 00	320000. 00	
河边站	员工宿舍	被敌伪撤毁	间	3	320000. 00	960000. 00	
河边站	保线工区	被敌伪撤毁	间	2	340000. 00	680000. 00	
河边站	厨　房	被敌伪撤毁	间	1	200000. 00	200000. 00	
河边站	厕　所	被敌伪撤毁	间	2	160000. 00	320000. 00	
甲子湾站	站长室	被敌伪撤毁	间	1	300000. 00	300000. 00	
甲子湾站	办公室	被敌伪撤毁	间	1	300000. 00	300000. 00	
甲子湾站	候车室	被敌伪撤毁	间	2	280000. 00	560000. 00	

续表

站　别	名　称	破坏情形	单位	数量	单价（国币元）	总价（国币元）	备　注
甲子湾站	运参室	被敌伪撤毁	间	1	320000.00	320000.00	
甲子湾站	运转室	被敌伪撤毁	间	1	300000.00	300000.00	
甲子湾站	客票室	被敌伪撤毁	间	1	320000.00	320000.00	
甲子湾站	行李房	被敌伪撤毁	间	1	260000.00	260000.00	
甲子湾站	库　房	被敌伪撤毁	间	2	280000.00	560000.00	
	合计			22		6120000.00	
甲子湾站	警察分驻所	被敌伪撤毁	间	1	320000.00	320000.00	
甲子湾站	员工宿舍	被敌伪撤毁	间	2	360000.00	720000.00	
甲子湾站	保线工区	被敌伪撤毁	间	2	380000.00	760000.00	
甲子湾站	厨　房	被敌伪撤毁	间	1	200000.00	200000.00	
甲子湾站	厕　所	被敌伪撤毁	间	1	180000.00	180000.00	以上为忻岙支线各站房屋破坏统计
嶂县站	站长室	被敌伪撤毁	间	2	380000.00	760000.00	
嶂县站	办公室	被敌伪撤毁	间	2	400000.00	800000.00	
嶂县站	客票室	被敌伪撤毁	间	1	280000.00	280000.00	
嶂县站	候车室	被敌伪撤毁	间	1	300000.00	300000.00	
嶂县站	行李房	被敌伪撤毁	间	1	280000.00	280000.00	

站别	名称	破坏情形	单位	数量	单价（国币元）	总价（国币元）	备注
嶂县站	库房	被敌伪撤毁	间	2	260000.00	520000.00	
嶂县站	运转室	被敌伪撤毁	间	1	320000.00	320000.00	
嶂县站	保线工区	被敌伪撤毁	间	2	360000.00	720000.00	
嶂县站	员工宿舍	被敌伪撤毁	间	3	400000.00	1200000.00	
嶂县站	厨房	被敌伪撤毁	间	1	200000.00	200000.00	
嶂县站	厕所	被敌伪撤毁	间	2	180000.00	360000.00	
	合计			25		7720000.00	
嶂县站	澡塘	被敌伪撤毁	间	1	120000.00	120000.00	以上为嶂县支线各站房屋破坏统计
嶂县站	材料仓库	被敌伪撤毁	间	1	400000.00	400000.00	
泉东站	站长室	被敌伪撤毁	间	1	440000.00	440000.00	
泉东站	事务室	被敌伪撤毁	间	1	400000.00	400000.00	
泉东站	候车室	被敌伪撤毁	间	1	360000.00	360000.00	
泉东站	行李房	被敌伪撤毁	间	1	360000.00	360000.00	
泉东站	客票房	被敌伪撤毁	间	1	380000.00	380000.00	
泉东站	库房	被敌伪撤毁	间	1	320000.00	320000.00	
泉东站	警察分驻所	被敌伪撤毁	间	1	360000.00	360000.00	

站 别	名 称	破坏情形	单位	数量	单价（国币元）	总价（国币元）	备 注
泉东站	员工宿舍	被敌伪撤毁	间	2	400000.00	800000.00	
泉东站	厨 房	被敌伪撤毁	间	1	280000.00	280000.00	
泉东站	厕 所	被敌伪撤毁	间	1	200000.00	200000.00	
口泉站	站长室	被敌伪撤毁	间	1	440000.00	440000.00	
口泉站	办公室	被敌伪撤毁	间	1	440000.00	440000.00	
口泉站	候车室	被敌伪撤毁	间	1	360000.00	360000.00	
口泉站	行李室	被敌伪撤毁	间	1	380000.00	380000.00	
口泉站	客票房	被敌伪撤毁	间	1	380000.00	380000.00	
	合 计			18		6420000.00	
口泉站	库 房	被敌伪撤毁	间	1	340000.00	340000.00	
口泉站	警察分驻所	被敌伪撤毁	间	1	400000.00	400000.00	
口泉站	员工宿舍	被敌伪撤毁	间	1	420000.00	420000.00	
口泉站	厨 房	被敌伪撤毁	间	1	280000.00	280000.00	
口泉站	厕 所	被敌伪撤毁	间	1	200000.00	200000.00	以上为口泉支线各站房屋破坏统计
宁固站	站长室	被敌伪撤毁	间	1	400000.00	400000.00	
宁固站	办公室	被敌伪撤毁	间	1	420000.00	420000.00	

站　别	名　称	破坏情形	单位	数量	单价（国币元）	总价（国币元）	备　注
宁固站	售票室	被敌伪撤毁	间	1	380000.00	380000.00	
宁固站	运转室	被敌伪撤毁	间	1	460000.00	460000.00	
宁固站	行李室	被敌伪撤毁	间	1	420000.00	420000.00	
宁固站	候车室	被敌伪撤毁	间	1	380000.00	380000.00	
宁固站	警察分驻所	被敌伪撤毁	间	2	480000.00	960000.00	
宁固站	员工宿舍	被敌伪撤毁	间	2	500000.00	1000000.00	
宁固站	库　房	被敌伪撤毁	间	1	360000.00	360000.00	
宁固站	厕　所	被敌伪撤毁	间	1	280000.00	280000.00	
白石站	站长室	被敌伪撤毁	间	1	420000.00	420000.00	
白石站	办公室	被敌伪撤毁	间	1	420000.00	420000.00	
	合　计			19		7540000.00	
白石站	客票室	被敌伪撤毁	间	1	400000.00	400000.00	
白石站	运转室	被敌伪撤毁	间	1	440000.00	440000.00	
白石站	行李室	被敌伪撤毁	间	1	380000.00	380000.00	
白石站	警察分驻所	被敌伪撤毁	间	2	480000.00	960000.00	
白石站	保线工区	被敌伪撤毁	间	2	500000.00	1000000.00	

续表

站 别	名 称	破坏情形	单位	数量	单价（国币元）	总价（国币元）	备 注
白石站	员工宿舍	被敌伪撤毁	间	3	500000.00	1500000.00	
白石站	库 房	被敌伪撤毁	间	1	380000.00	380000.00	
白石站	厨 房	被敌伪撤毁	间	1	280000.00	280000.00	
白石站	厕 所	被敌伪撤毁	间	1	240000.00	240000.00	
白石站	澡 塘	被敌伪撤毁	间	1	280000.00	280000.00	
汾阳站	站长室	被敌伪撤毁	间	2	550000.00	1100000.00	
汾阳站	办公室	被敌伪撤毁	间	3	500000.00	1500000.00	
汾阳站	总务室	被敌伪撤毁	间	2	540000.00	1080000.00	
汾阳站	客票室	被敌伪撤毁	间	2	480000.00	960000.00	
汾阳站	行李室	被敌伪撤毁	间	2	440000.00	880000.00	
汾阳站	货物室	被敌伪撤毁	间	3	480000.00	1440000.00	
	合 计			28		12820000.00	
汾阳站	候车室	被敌伪撤毁	间	2	460000.00	920000.00	
汾阳站	监工处	被敌伪撤毁	间	1	480000.00	480000.00	
汾阳站	通信号志工区	被敌伪撤毁	间	2	500000.00	1000000.00	
汾阳站	文具及备品仓库	被敌伪撤毁	间	3	480000.00	1440000.00	

站 别	名 称	破坏情形	单位	数量	单价（国币元）	总价（国币元）	备 注
汾阳站	警务处	被敌伪撤毁	间	3	560000.00	1680000.00	
汾阳站	宿 舍	被敌伪撤毁	间	2	580000.00	1160000.00	
汾阳站	发电所	被敌伪撤毁	间	2	600000.00	1200000.00	
汾阳站	运转室	被敌伪撤毁	间	1	480000.00	480000.00	
汾阳站	零担办公室	被敌伪撤毁	间	1	460000.00	460000.00	
汾阳站	装卸夫休息室	被敌伪撤毁	间	1	400000.00	400000.00	
汾阳站	油仓库	被敌伪撤毁	间	1	300000.00	300000.00	
汾阳站	仓库	被敌伪撤毁	间	3	400000.00	1200000.00	
汾阳站	副站长室	被敌伪撤毁	间	2	480000.00	960000.00	
汾阳站	机务用房	被敌伪撤毁	间	2	500000.00	1000000.00	
汾阳站	工务用房	被敌伪撤毁	间	2	500000.00	1000000.00	
汾阳站	电气用房	被敌伪撤毁	间	2	500000.00	1000000.00	
汾阳站	保线区	被敌伪撤毁	间	2	580000.00	580000.00	
	合 计			30		15260000.00	
汾阳站	电报室	被敌伪撤毁	间	2	560000.00	1120000.00	
汾阳站	机器房	被敌伪撤毁	间	1	600000.00	600000.00	

站　别	名　　称	破坏情形	单位	数量	单价（国币元）	总价（国币元）	备　注
汾阳站	站内小贩	被敌伪撤毁	间	1	400000.00	400000.00	
汾阳站	员工宿舍	被敌伪撤毁	间	5	600000.00	3000000.00	
汾阳站	小车房	被敌伪撤毁	间	2	300000.00	600000.00	
汾阳站	装用车仓库	被敌伪撤毁	间	2	380000.00	760000.00	
汾阳站	厕所	被敌伪撤毁	间	2	280000.00	560000.00	
汾阳站	水塔室	被敌伪撤毁	间	1	240000.00	240000.00	
汾阳站	澡　塘	被敌伪撤毁	间	1	240000.00	240000.00	
汾阳站	站厕所	被敌伪撤毁	间	2	200000.00	400000.00	
汾阳站	料品库	被敌伪撤毁	间	1	240000.00	240000.00	
汾阳站	厨　房	被敌伪撤毁	间	2	240000.00	480000.00	
汾阳站	装卸夫休息室	被敌伪撤毁	间	2	300000.00	600000.00	
汾阳站	搬道房	被敌伪撤毁	间	1	320000.00	320000.00	
汾阳站	调度所房	被敌伪撤毁	间	1	380000.00	380000.00	
汾阳站	扫车休息室	被敌伪撤毁	间	1	280000.00	280000.00	
	合　计			27		10220000.00	以上为汾阳支线各站房屋破坏统计
永康站	站长室	被敌伪撤毁	间	1	600000.00	600000.00	

站 别	名 称	破坏情形	单位	数量	单价（国币元）	总价（国币元）	备 注
永康站	办公室	被敌伪撤毁	间	1	650000.00	650000.00	
永康站	运转室	被敌伪撤毁	间	1	650000.00	650000.00	
永康站	行李货物室	被敌伪撤毁	间	1	600000.00	600000.00	
永康站	警察分驻所	被敌伪撤毁	间	2	600000.00	1200000.00	
永康站	保线工区	被敌伪撤毁	间	1	580000.00	580000.00	
永康站	员工宿舍	被敌伪撤毁	间	3	650000.00	1950000.00	
永康站	库 房	被敌伪撤毁	间	1	400000.00	400000.00	
徐沟站	站长室	被敌伪撤毁	间	1	680000.00	680000.00	
徐沟站	总务室	被敌伪撤毁	间	2	600000.00	1200000.00	
徐沟站	客票室	被敌伪撤毁	间	2	600000.00	1200000.00	
徐沟站	行李室	被敌伪撤毁	间	2	550000.00	1100000.00	
徐沟站	货物室	被敌伪撤毁	间	2	580000.00	1160000.00	
徐沟站	候车室	被敌伪撤毁	间	1	500000.00	500000.00	
徐沟站	监工处	被敌伪撤毁	间	1	600000.00	600000.00	
徐沟站	通信号志工区	被敌伪撤毁	间	2	580000.00	1160000.00	
	合 计			24		14230000.00	

站别	名 称	破坏情形	单位	数量	单价（国币元）	总价（国币元）	备 注
徐沟站	文具及备品仓库	被敌伪撤毁	间	2	480000.00	960000.00	
徐沟站	警务所	被敌伪撤毁	间	1	600000.00	600000.00	
徐沟站	宿舍	被敌伪撤毁	间	2	580000.00	1160000.00	
徐沟站	办公室	被敌伪撤毁	间	1	600000.00	600000.00	
徐沟站	发电站	被敌伪撤毁	间	1	580000.00	580000.00	
徐沟站	运转室	被敌伪撤毁	间	1	600000.00	600000.00	
徐沟站	零担办公室	被敌伪撤毁	间	2	500000.00	1000000.00	
徐沟站	装卸夫休息室	被敌伪撤毁	间	1	440000.00	440000.00	
徐沟站	油仓库	被敌伪撤毁	间	1	400000.00	400000.00	
徐沟站	仓库	被敌伪撤毁	间	1	380000.00	380000.00	
徐沟站	副站长室	被敌伪撤毁	间	1	650000.00	650000.00	
徐沟站	机务用房	被敌伪撤毁	间	2	680000.00	1360000.00	
徐沟站	工务用房	被敌伪撤毁	间	2	650000.00	1300000.00	
徐沟站	电气用房	被敌伪撤毁	间	3	680000.00	2040000.00	
徐沟站	保线区	被敌伪撤毁	间	2	600000.00	1200000.00	
徐沟站	电报室	被敌伪撤毁	间	1	580000.00	580000.00	

站 别	名 称	破坏情形	单位	数量	单价（国币元）	总价（国币元）	备 注
徐沟站	机械室	被敌伪撤毁	间	1	700000.00	700000.00	
	合 计			25		14550000.00	
徐沟站	站内小贩	被敌伪撤毁	间	1	500000.00	500000.00	
徐沟站	员工宿舍	被敌伪撤毁	间	4	600000.00	2400000.00	
徐沟站	小车房	被敌伪撤毁	间	2	480000.00	960000.00	
徐沟站	装甲车仓库	被敌伪撤毁	间	2	480000.00	960000.00	
徐沟站	水塔室	被敌伪撤毁	间	1	440000.00	440000.00	
徐沟站	搬道房	被敌伪撤毁	间	1	400000.00	400000.00	
徐沟站	调度室	被敌伪撤毁	间	1	600000.00	600000.00	
徐沟站	扫车夫室	被敌伪撤毁	间	1	480000.00	480000.00	
徐沟站	站厕所	被敌伪撤毁	间	1	300000.00	300000.00	
徐沟站	装卸夫休息室	被敌伪撤毁	间	1	380000.00	380000.00	
	合计			15		7420000.00	
	总计			253		107240000.00	

（山西省档案馆馆藏档案，档案号 B30—1—829—2）

（50）晋绥边区八年来粮食房屋及被服财物损失统计①

1946 年

地区	项目\数目	粮食损失（市石）	被服损失（件）	房屋损失（间）	银洋（元）	首饰（两）
山西地区	一分区	1976940	305840	90451	125000	27000
	二分区	5514836	571120	109583	469000	96000
	三分区	4575304	533060	138664	730000	128000
	五分区	6604671	966960	164730	1034000	183000
	六分区	3577210	569630	109501	710000	145000
	七分区	4835917	586340	86902	190000	105000
	八分区	6319270	785620	96015	950000	198000
	九分区	3592956	1124230	8804	672000	68000
	小　计	36997109	4422790	804650	5700000	950000
绥蒙区		7922751	941640	48750	300000	50000
合　计		44919850	5384430	853400	6000000	1000000

附记：此为八年来直接抢夺焚毁之损失，在沦陷区一般的苛杂勒索等等均未及统计。

（山西省档案馆馆藏档案，档案号 A90—1—28—1）

---

① 此件系晋绥行署编制。

（51） 晋绥边区八年来作坊损失初步统计①

1946 年　单位：家

地区 \ 项目	烟坊	瓷窑	香坊	皮坊	油坊	酒坊	粉坊	染坊	磨坊	纸坊	铜铁木匠铺
一分区	15	7	25	9	83	26	36	18	63	9	25
二分区	22	15	34	30	353	52	64	32	310	17	84
三分区	28	10	28	16	185	33	102	67	165	29	72
五分区	32	13	48	28	285	56	113	48	245	28	88
六分区	18	7	25	15	197	49	62	30	172	12	71
七分区	11	4	39	9	166	52	51	27	146	19	52
八分区	10	3	27	15	170	47	68	34	163	21	66
九分区				6	67	23	23	12	37	6	24
小　计	136	59	226	128	1506	338	519	268	1301	141	482
绥蒙区				24	180	46	48	16	28	14	70
合　计				152	1686	384	567	284	1329	155	552

（山西省档案馆馆藏档案，档案号 A90—1—28—1）

---

① 此件系晋绥行署编制。

（52）晋绥边区八年来农业损失初步统计[①]

1946 年

数目 地区 项目	耕畜 （头）	家畜 （只）	家禽 （只）	农具家具 （件）	牧草 （斤）	皮革 （张）	羊毛 （斤）	树木 （株）	牧场 （个）	水渠 （道）	水坝 （道）	水车 （架）
一分区	26015	260160	630405	891676	1630000	150000	60000			14		
二分区	33171	451720	952059	1688224	7640000	880000	130000	80000		32		47
三分区	29915	399055	1197040	1686612	4530000	250000	80000	21417		38		24
五分区	37831	478300	1157801	1803932	6820000	540000	120000			46	8	78
六分区	35002	350428	854060	627020	5900000	320000	50000	322000	4	34		41
七分区	28855	398550	1096054	777364	5400000	120000	40000			40	8	58
八分区	38013	480137	1244206	1559135	6720000	140000	70000	120000	3	53	9	61
九分区	21761	228620	430630	288620	3600000					15		
山西地区 小 计	253353	3046960	7552255		42240000	2400000	550000			272		

① 此件系晋绥行署编制。

项目\数目\地区	耕畜（头）	家畜（只）	家禽（只）	农具家具（件）	牧草（斤）	皮革（张）	羊毛（斤）	树木（株）	牧场（个）	水渠（道）	水坝（道）	水车（架）
绥蒙区	51050	510505	1330210	1586398	10220000	800000	220000	142000	5	8		45
合　计	304603	3557465	8892465	1098443	55460000	3200000	750000	685417	12	280	25	354

说明

一、耕畜指牛、驴、马，家畜指猪羊，家禽指鸡鸭鹅，牧场损失只指其住所设备，其牲畜已计前项。

二、水坝水渠系敌在战争中因修筑工事碉堡而破坏，或因剥夺人民劳力过甚而致多年无力修复荒废者，以及水车破坏者。

三、树木统计主要为敌砍伐夺取充作枕木、建筑、电干、工事碉堡，焚毁森林尚不在此内。

四、农具家具指重要之用具工具而言，零星碎小未计入。

（山西省档案馆馆藏档案，档案号 A90—1—28—1）

（53）太岳区各专县各种物资损失统计表①

1946 年

专署别	县别	农具损失（件）	被服损失（件）	金银损失（元）	铜损失（斤）	锡损失（斤）	铁损失（斤）	力役折工（工）	树木损失（株）	盐损失（斤）	布匹损失（丈）	煤损失
第一专署	平遥	360000	298000	235700000	36750	3840	302600	12600000	23200	146500		
	安泽	240000	186000	204600000	27320	3216	250300	1860000	34250	42180		
	沁源	450000	425000	280500000	85200	4321	328000	2550000	1278000	6000		
	长子	470000	461000	518100000	73200	9630	350000	9000000	41200	153880		
	霍县	105000	46000	151800000	25460	3642	213000	4140000	36520	46000		
	屯留	365000	338000	382800000	22700	1680	586000	6960000	297300	115660		
	赵城	150000	120000	118800000	54810	6250	152000	5400000	21310	36600		
	介休	195000	82000	270600000	22130	1260	415000	7380000	25670	82000		
	灵石	80500	35200	115500000	24370	1754	163200	2100000	20530	354200		
	沁县	312000	267000	293700000	2375	6320	437000	5340000	23570	84370		
小计	十个县	2727500	2256200	2572100000	374315	41913	3197100	57330000	1801550	1087390		

① 此件系太岳行署各县救济委员会编制。

续表

专署别	县别	农具损失（件）	被服损失（件）	金银损失（元）	铜损失（斤）	锡损失（斤）	铁损失（斤）	力役折工（工）	树木损失（株）	盐损失（斤）	布匹损失（丈）	煤损失
第三专署	浮山	246230	193125	15750000	18650	3720	350000	8882400	53200	36900	148044	
	襄陵	77170	72375	140884500	11000	596	120000	3774000	34500	43800	28160	
	洪洞	245000	335650	776000000	23740	985	415000	9433800	42600	66700	172480	
	临汾	124620	159105	384580000	21500	1320	260000	7785000	31200	37800	116090	
	沁水	120750	143596	113750000	16300	8626	467000	733617	46300	60000	14824	
	曲沃	180000	199200	559160000	32000	4500	498000	6570030	42300	66500	10350	
	翼城	239400	329319	230510000	4500	3200	545000	1026786	56300	64500	12360	
	襄氏	201200	30210	122500000	18000	796	186000	1190400	23000	43080	8430	
	绛县	123400	195000	136000000	16000	1200	325000	7885024	316000	33060	11420	
小计	九个县	1557770	1657580	2479134500	161690	24943	3166000	56522136	361000	452340	522158	
第三专署	夏县	145000	552000	57200000	14050		87600	11500000	258750	103500	876000	
	闻喜	169000	563960	12250000	9465		93210	10325000	278500	124600	934000	
	安邑	80750	243000	1770000	4730		42130	6017000	124300	106240	467000	
	安北	40500	125000	9024000	17400		21060	2109000	62150	53120	135000	
	平陆	264100	712400	66220000	9200		103200	12240000	285400	134200	1032000	
	新绛	131800	352100	33020000	9675		52300	6220000	143500	67300	521000	
	稷麓	128300	513000	28600000	2360		83400	9530000	223400	95320	824600	
	稷山	30250	62700	5660000	12937		10530	703000	31500	27060	57000	
小计	八个县	989700	3124160	213744000	79817		493430	58644000	1407500	711340	4856600	

续表

专署别	县别	农具损失（件）	被服损失（件）	金银损失（元）	铜损失（斤）	锡损失（斤）	铁损失（斤）	力役折工（工）	树木损失（株）	盐损失（斤）	布匹损失（丈）	煤损失
第四专署	高平	483693	210000	28890000	372890	17325	36000000	12380000	207000	60000		172800000
	土敏	220000	188000	1352000			356000	5625000	5000	21170		
	王屋	172000	249200	15600000	1250	760	154320	9663000	6232	32300		
	晋城	590000	344000	39660000			48000000	13500000	310000	72000		200000000
	阳城	632160	312000	37820000	86540	9320	12000000	7337000	200000	58200		87900000
	济源	413000	295000	28520000				12600000	235000	62100		
	孟县	496000	288000	20880000				17800000	213500	61400		
	垣曲	153120	160000	17400000	71045	410		14290000	53114	54830		3400000
小计	八个县	3151973	2046200	190122000	531725	27815	96510320	93195000	1229846	422000		
总计		8434943	9086140	5455100500	1147547	94671	103366850	265691136	4799896	2673070	5378758	464100000

（山西省档案馆馆藏档案，档案号 A71—1—77—1）

（54）太岳区各专县粮食、房屋、畜类损失统计表①

1946 年

专署别	县别	人口	土地	粮食损失（石）	房屋损失（间）	畜类损失 牲口（头）	羊（头）	猪（头）	鸡（只）
第一专署	平遥	149694	270916	600000	5000	10100	44800	5000	1299200
	安泽	62039	376058	434000	45000	16300	61200	3000	184000
	沁源	85000	428745	935000	119000	21130	56000	4500	254800
	长子	157000	657354	785000	6000	29040	110000	20000	472000
	霍县	46559	307692	340000	1800	4680	30000	3620	73080
	屯留	116500	522387	638000	24000	14100	108000	13000	328800
	赵城	60700	192327	361460	4800	6760	40000	3400	172000
	介休	82000	293388	280000	3200	5010	32000	5080	196000
	灵石	95212	144556	100000	2500	4400	21000	2460	85600
	沁县	89000	385484	756500	41500	19800	49000	4320	217624
小计	十个县	883726	3518307	5229960	252800	131320	547000	64380	2299104

① 此件系太岳行署各县数济委员会编制。

· 451 ·

专署别	县 别	人 口	土 地	粮食损失（石）	房屋损失（间）	畜类损失			
						牲口（头）	羊（头）	猪（头）	鸡（只）
第二专署	浮山	74022	455778	957133	20643	14800	171000	562	148044
	襄陵	24125	180000	378000	5109	35700	15480	1530	48239
	洪洞	89208	404742	975958	114844	9700	29000	1664	166416
	临汾	59095	308616	540078	11284	11970	16380	16400	115160
	沁水	54750	186862	280293	27375	12880	24500	1796	108239
	曲沃	99600	608675	852145	14800	18110	76200	2225	195515
	翼城	109773	523772	916601	21590	24710	65010	2311	211899
	冀氏	37274	271055	210550	4722	13410	25820	1291	76842
	绛县	65000	437253	765392	12500	7900	47400	1302	135200
小计	九个县	600787	3436753	5876150	132867	118780	372090	14320	1205544
第三专署	夏县	69000	345000	552000	18589	20601	169260	5750	146210
	闻喜	70495	388722	583960	12461	17035	65000	6032	135240
	安邑	42592	263815	240000	5978	7822	22640	3126	118200
	安北	28200	15500	134200	5169	4058	11340	1613	49100
	平陆	85687	471278	61470	14230	19701	66800	6721	136530
	新绛	49200	270600	35230	7620	10960	37200	3415	88760
	稷麓	65000	390000	570500	13240	14490	44240	5240	143150
	襄山	19845	109147	624380	4288	5900	6500	1207	35500
小计	八个县	430019	2254082	2241740	81575	400567	3227980	32704	652690

专署别	县别	人口	土地	粮食损失（石）	房屋损失（间）	畜类损失			
						牲口（头）	羊（头）	猪（头）	鸡（只）
第四专署	高平	213307	554040	709452	43000	41830	91900	3150	316838
	土敏	688233	317045	272932	16930	12590	21500	1859	152968
	王屋	63000	262260	241008	20003	13480	96600	1960	180600
	晋城	270000	717862	729718	48000	44350	94700	3400	405000
	阳城	207542	534748	512312	23023	23750	41000	2200	800000
	济源	180000	362190	487000	31500	21040	53700	3500	198400
	盂县	180000	289760	493500	30320	22470	50320	3100	193520
	垣曲	51004	236614	953463	25080	19700	39800	2500	94340
小计		1233086	3105610	4499648	237856	199210	419520	21669	1741666
总计		3147618	12314752	17847498	705098	549877	1661590	133074	5899004

（山西省档案馆馆藏档案，档案号 A71—1—77—1）

· 453 ·

(55) 太岳区八年来粮食、房屋、畜类损失统计表①

1946 年

专署别	人口	土地	粮食损失（石）	房屋损失（间）	牲口损失（头）	羊损失（头）	猪损失（头）	鸡损失（只）
一专署	883726	3518307	5229960	252800	131320	547000	64380	2299104
二专署	600787	3436753	5876150	132867	118780	372090	14321	1205544
三专署	430019	2254082	2241740	81575	100567	322980	32704	652690
四专署	1233086	3105610	4499648	237856	199210	319520	21669	1741666
总计	3147618	12314752	17847498	705098	549877	1661590	133074	5899004
单价			7000	50000	75000	5000	30000	500
总值			12493248000	3525490000	41240775000	8307950000	3392220000	2949502000

说
明

一、此表基本上是根据各县调查的，但有些数目是在专署民政科长会议上研究与修改的。

二、价值是采用"边区人民政府"上的单价数目统一办法计算的。

三、本区损失根据新老解放区，山地与平原，遭次轻重之不同可分三个类型，如晋城、高平、济源等县系灾荒区，被饿死者最多；沁源、安泽、浮山、冀氏等县系统系区，人口被杀，被服，房屋被烧的最多；临汾、沁县、浮山、襄陵、襄城等县受灾蹂躏最严重，房屋之踩蹂年之踩蹂最重，为两灾区。

四、所列损失物品系日常用品中儿种用主要的，如某桥板粟等均未计之。因之实际损失当远超于现年之现有数目。

五、物资损失对于我太岳区之特产，如蚕、蚕丝、药材、磁业、造币业、烟业、棉花、麻织物之统计在内，尚未充统计。

（山西省档案馆馆藏档案，档案号 A71—1—77—1）

（太岳行署各县教济委员会编制。）

---

① 此件系太岳行署各县教济委员会编制。

（56） 太岳区八年来各种物资损失统计表[1]

专署别	农具损失（件）	被服损失（件）	力役折工（工）	金银损失（元）	铜损失（斤）
一专署	2727500	2256200	57330000	2572100000	374315
二专署	1557770	1657580	56522136	2479134500	161690
三专署	989700	3124160	58644000	213744000	79817
四专署	3151973	2046200	93195000	190122000	531725
总计	8434943	9084140	265691136	5455100500	1147547
单价	5000	4000	500		50
总值	42174715000	36344560000	132845568000	5455100500	57377350
说明	一、铁：系敌人征集的碎铁，铁矿损失另有专统计。 二、盐：系各县过去之盐店与群众损失，运城盐池尚未统计在内。 三、树木：以沁源大林区损失最严重。 四、布匹损失：仅最严重者数县，其余各县因轻故未列入。 五、煤：仅晋城、高平、阳城等产煤最多者数，其余县之损失未列入。				

专署别	锡损失（斤）	铁损失（斤）	树木损失（株）	盐损失（斤）	布匹损失（丈）	煤损失（斤）
一专署	41913	3197100	1801550	1087390		
二专署	24943	3166000	361000	452340	522158	
三专署		493430	1407500	711340	4856600	
四专署	27815	96510320	1229846	422000		464100000
总计	94671	103366850	4799896	2673070	5378758	464100000
单价	50	350	2500	250	2000	10
总值	4733550	36178397500	11999740000	668267500	10757516000	4641000000
说明	一、铁：系敌人征集的碎铁，铁矿损失另有专统计。 二、盐：系各县过去之盐店与群众损失，运城盐池尚未统计在内。 三、树木：以沁源大林区损失最严重。 四、布匹损失：仅最严重者数县，其余各县因轻故未列入。 五、煤：仅晋城、高平、阳城等产煤最多者数，其余县之损失未列入。					

（山西省档案馆馆藏档案，档案号 A71—1—77—1）

---

① 此件系太岳行署各县救济委员会编制。

（二）文献资料

1. 综合资料

（1）敌寇烧杀暴行

（1）最近向太北区大举"扫荡"时，在昔阳西峪村，曾经以惨无人道的残暴手段，屠杀我青抗先队员、青年壮丁300余人，其屠杀经过，闻者发指。因敌寇在入村之际，该村民众未及躲避，群众被敌寇驱至山上，逐一讯问是否青抗先队员，其第123名因不承认为青抗先队员，均遭敌寇枪杀，于是大部分青年壮丁，都承认自己是青抗先队员，敌寇始则将这些青年排到一边，在全部讯问之后，遂开始其空前未有的残暴屠杀，将所有自称青抗先队员的村民，一一推坠山沟之中，然后用大石砸死。

（2）辽县七区石抬头村，住户不满30家，上次敌寇"扫荡"时，全村民众到一山沟中隐避，不幸被敌发觉，敌寇即勒迫回村，待行至村边一旷场上，敌令村民集中，然后以机枪扫射，男女老幼20余人惨被敌寇杀害，尸体狼藉，血肉模糊，伤者呼痛之声，惨不忍闻，狂暴敌寇在临走时，又以手榴弹抛入人堆中。

（3）涉县井店村居众，受汉奸诱骗，不知逃避，反结队欢迎，日寇突以机枪扫射，全村800余人，除冲围逃出者外，老弱妇孺及壮丁被残杀者达550余人。

（4）武乡一个80多岁的老太婆，怀抱幼孙，躲避山中，不幸被敌发觉，敌兵先以马刀将其幼孙割成零碎的肉片，然后就在这幼小者的尸体上，将其年迈的老祖母轮奸致死。

（5）武乡石门村一山洞中，躲避妇女20余人，被敌发觉，先强迫裸体演操，继则轮奸，最后均被用刺刀划穿肠肚而死。

（6）黎城岭西一家富户，听信汉奸谣言，敌寇抵村时，跪迎于村外，自称他是老财，不赞成抗日，然而，仍为敌寇用马刀刺毙，并杀其全家，将其所有房屋全部焚毁。

（7）武乡□□村附近一窑洞中，有该村 2 人隐蔽，一敌寇手持步枪，搜索至该窑洞中，即被此 2 人中之一人抱住，另一人不知抵抗，逃出躲至窑洞近旁，敌寇拼命挣扎，半小时后始脱身，抱敌人之人遂乘机逃走，而那个不知反抗不知共同杀敌的人，则被敌寇俘获，用刺刀刺死。

（8）太北辽和、榆社、武乡等数县，经敌寇 3 次大烧杀，房屋大半被焚，农具被毁，粮食被烧，鸡犬猪羊被杀者数以千万计。黎城西井区 17 个乡村，烧去 14 个半，而 300 余户的西井镇，在敌寇狂暴蹂躏下，仅余五六家房子未被焚毁。上遥、郎庄两村，先后经过敌寇两次焚烧，于今已无一间完璧的房屋。

这一笔血债，是无法用指细算的。

（《新华日报》华北版，1940 年 12 月 9 日）

（2）太行山的血债（节录）

（1941 年 1 月 5 日）

去年 10 月间，日本强盗又一次残酷地对待了晋察冀豫我们根据地的人民，敌人反复"扫荡"这个区域，到处是孩子的受难，妇女的受难，无辜人民的受难。不久以前，我在辽县看见一个三个月的乳儿，是一个可爱的乳儿，他的年轻母亲吻着他的小脸，述说她在敌人"扫荡"时，日本兵一度走到他们蔽身的僻静的山洞口，她曾用乳头把这不满三个月大的孩子闷死，以后才慢慢救醒。最后她说："孩子，这不是我的罪恶，那是日本鬼子的罪恶！"

是的，那是日本鬼子的罪恶。敌人的罪恶太多了，真让我们无从说起。还是从孩子说起吧。武乡砖壁村一个 80 岁的老太婆怀抱幼孙躲在山坳，被敌人用马刀削去孩子的两足掷入山沟。在黎城某村，一群日本兵强奸着一个年轻女人，她旁边的铁锅里却正烹煮她 3 岁的幼儿。在涉县井店，日本兵把小孩子和老太婆一起放进火焰，甚至以闪耀的刺刀威胁做母亲的把孩子掷入火焰，威胁做丈夫的把妻子掷入火焰，最后"皇军"再把所余的人一齐投之入火，共杀死 217 人，名之谓"肉体的苦刑"，再加上精神的"膺惩"。

日寇的屠杀，仅襄垣、黎城、辽县 3 县，即达 630 人，屠杀甚至及于猪狗、耕牛、羊群，满山满谷，尸骸狼藉，残酷凶狠，超出古今中外一切黑暗屠戮史。试问，古今中外的军事家谁曾见过这样的战术组织？除了专门作战的战斗队，还有专门杀人的掩护队，专门放火的放火队。敌人就以这样组织的部队"扫荡"晋察冀豫区，到处杀人放火，单单襄垣、黎城、辽县 3 县，即烧毁房屋 50874 间之多。在作战时期，日寇每次出发前，敌酋即召集战斗队、掩护队和放火队的队长，在作战地图上指点给他们新的任务，而且，每次归来还要作总结报告，每次日本军官还进行严厉检查。黎城县有过一个被敌人提去的民夫，曾亲眼看见一个放火队长（是一个汉奸），因为没有完成任务，当场即被拉出去砍了头。日本军官教育他的士兵，杀人越多越好，烧房子越多越好，少者就要受严厉的处罚。

（《新华日报》华北版，1941 年 2 月 26 日）

（3）太岳区"扫荡"与反"扫荡"

——十一月十八日至十一月三十日

王新亭

一、敌寇的残暴

敌人这次扫荡我太岳区抗日根据地，大小共分十路，兵力不下一万一千人左右（白晋线敌三十六师团一部及板井大队共约三千五百余人，同蒲线系由临汾来之第四十一师团田宝师团一部及临汾屯敌共约七千余人以上），并欺辱强拉大批敌占区的群众、牲口跟随行动，其所到之处，烧杀抢掠，采取根本"毁灭政策"；沁源全部，沁县、安泽、屯留主要算土地带，在日寇的"毁灭政策"下，房屋几全化为灰烟，变成一片废墟，被捉的无抵抗力的同胞，全被杀掉，死伤群众达四千以上，粮食、牲畜、农具、资财的损失则不可数计，受灾最严重的村庄（片瓦颗米无存者），在沁县有沁源，郭道，韩洪，上舍，绵上，阎寨，南、北石，白狐窑，董家村，马西等村；在沁县有南仁，乌苏，唐庄，北集，难、南、北余交等村；在安泽有唐城、双头、罗云等村；在屯留有中村、西村、张店、罗村等村。在沁源城内两口井里，打捞出二十七个群众尸体，被杀人民有全家全族至绝后绝户者，有全家仅留一幼儿者，最惨痛而最让人愤恨的，是令子杀其父（如沁源上舍村），而敌寇反鼓掌取乐，在南仁村敌寇搜山捉到几个四五岁的小孩子，从山顶向山沟里抛，父母嚎啕哀求，也被杀死。

此次太岳区被敌"扫荡"后，遭受到空前的重大浩劫，使十余万同胞在此冰天雪地的寒冬，无家可归，数十年的积蓄，为之一空，一片悲惨凄凉，令人不忍目睹。但是敌人的残暴，却不能屈服我太岳区广大同胞杀敌的意志，在"扫荡"中群众英勇事迹为数不少。

沁县大白庄村一农救会员，被三个敌人追赶，他猛然回身用棒打倒一个敌人，拾起三八式枪，与其余两个敌人拼命十分钟左右，结果三个敌人被刺死，该会员虽已被刺得遍体鳞伤，但却逃脱了性命；沁源绵上村一工救会员，曾单身杀死三个敌人，自己也因受伤过重，壮烈牺牲；沁县松交村四个游击小组的队员，当敌人烧松交时，在山头上向敌射击，五百余敌人因之仓促逃窜，并击伤敌人一名，救下三百余间房子未被烧掉。这些英勇事迹，都充分表现了我民族伟大气概，充分表现了我太岳区广大同胞绝不为敌寇威胁压迫所屈服的坚决意志。

二、敌人的几个特点

甲、敌人这次对我太岳区"扫荡"，是抱着"三光主义"（烧光、杀光、抢光）的根本"毁灭政策"到处大烧、大杀、大抢掠，沁源全县十户以上的大村庄，仅留孙家窑一个村子未被烧掉，被捉到的同胞没有一个不被杀者，残暴疯狂，前所未有。

乙、敌人是"预期扫荡"，事先是有准备的、有组织、有计划的，组织有掩护队、搜山烧房队、运输队（运输抢夺的资财），以企图实现其根本"毁减政策"。

丙、在战术上是采取"乌龟战术"（先用小股部队，从中间向前伸进，而主力则集中潜伏于两侧，待发现我主力时，小股部队即迅速缩回，两旁主力则突然前进从侧后向我主力包围。但这个名字不一定形容得很合适）。行进时主力多集中，行进很缓慢，多走高山岭，以引诱寻找我主力部队，企图达到其一鼓而根本灭减我主力的目的。

丁、"以华制华"与高压手段的政治阴谋，更表现得显著。扫荡前，在沿线大批抓派欺辱民夫（这次扫荡，民夫约在一万五千人以上）。强迫他们烧房子，杀害自己的同胞，造成我根据地与敌占区同胞间的对立与仇恨，并以烧杀手段，压迫我广大同胞脱离根据地。

三、经验教训

甲、要使每一个同胞对敌寇的残暴性、"毁灭政策"的毒辣手段、"怀柔政策"的阴谋诡计等有足够的认识，才不致遭受不应有的损失，这必须平时在群众中，深入的教育说服，耐心的宣传解释。

乙、要使敌寇进我根据地，出我根据地；要到处扰乱、疲惫、迷惑敌人，要使我主力兵团得以集结，待机蓄力毁减敌人，粉碎敌人的扫荡，正规军必须每到一地首先发动群众，组织地方武装，经常加紧训练、教育地方武装，使他真正能够起到配合正规军队扰乱、疲惫、迷惑、打击敌人的作用。抗日同胞，也只有积极参加青抗队、自卫队、游击队，配合军队作战，才能保卫自己的家乡。

丙、要困饿敌寇，彻底粉碎敌人的"毁灭政策"，必须空舍清野，开井藏粮，多挖窑洞，要使这些工作作得彻底，光靠政府的行政命令是不够的，还须从下面进行宣传教育，说服群众。

丁、要使敌寇进入到根据地后失去行动的耳目，便于我主力军作战，必须把锄奸运动，真正造成声势，并加强抗日戒备工作，以防奸细混入根据地内，彻底肃清根据地内隐藏的敌探奸细。

（《新华日报》华北版，1941 年 1 月 9 日）

（4）敌"扫荡"离石中的阴谋

"每人捉回两名壮丁，拉回一条牲口……"这是敌寇此次"扫荡"离石出发后的训令。"扫荡"之敌就使出许多新的毒辣阴谋手段来执行各个训令，这里略举荦荦大者如下，以供读者参考：

一、伪装搜索——驻在宋家岭的敌人，扮作女人骑在毛驴上，后面跟着两个男人；驻在高家塔的敌人扮作挑粪的；去邓家堡活动的敌人，扮作种地的；还有的三个五个、十个八个、一伙一伙，有的背着小孩，有的背着衣物，扮作逃难的。遇到我们的群众就拿出手枪、步枪、机枪来威胁甚至扫射。这样，有许多壮丁就被捉去或杀掉。

二、便衣活动——利用本地汉奸，穿着便衣，混到群众当中，敌人未来以前，担任刺探军情与侦察我群众隐藏处所，以便利敌寇搜索、捕捉和掠夺；当敌人搜索村庄之后，有时也留下少数便衣，呼叫："敌人走了，回来吃饭吧！"而回来之后，就上当了。

三、包围村庄——方圆十里二十里之内的村庄，出其不意地全部给以包围，并且山头、沟洼、道口、都三三两两布置有人；闹的"水泄不通"使群众无法逃脱其包围圈（如西湾驻敌一次包围了四五个村子，六区敌寇一次包围了二十三个村子）。

四、强迫"维持"和"声明"——强迫村庄"维持"，强迫干部"声明"。"维持"的村庄，强迫"推举"伪闾长，并秘密指定一人做"密电"（密探）；"维持"之后，要经常给敌人送白洋、白面和"花姑娘"。"声明"了的干部，每三天要到据点开会一次，为敌人宣传"大东亚一家人"和报告消息。并且报告的消息要和敌人侦察到的一样，否则就要杀头。

五、挑拨群众关系——故意将张家的东西放到李家，或把李家小孩的衣服，强迫穿到张家小孩身上。有时将甲村抢来物品，拣些坏的送给乙村群众；或将从乙村抢去的毛驴，廉价卖给甲村老百姓。这样来挑起群众间的纠纷。目下这样的纠纷，有些地方已经发生了。

此外，找我机关团体、游击队，"号召"我干部投降，或利用伪干部家属报告消息等阴谋诡计，不一而足。

（《晋绥日报》，1941 年 5 月 7 日）

（5）晋西北去年敌反复"扫荡"中抢掠烧杀极惨

新华社晋西分社五月二十一日电：敌寇去年度对晋西北反复"扫荡"，均被我英勇军民粉碎；敌伪惨无人道，施用种种暴行，大肆抢掠烧杀，以求报复。现将极不完全之统计——去年敌伪春、夏、冬三次"扫荡"中我民众主要损失如下：2826人被杀，1307人受伤；损失牛2264头，驴1219头，骡92头，马15匹，骆驼5匹，猪618只，羊318只，鸡13629只；烧房85548间，粮食28343石，锅1245口，农具31726件；奸淫3271人。故我晋西北三百万民众痛苦不堪。

（《晋察冀日报》，1941年6月3日）

（6） 敌在太行兽行

——屠杀百姓二千左右推崖切肚残暴已极

新华社太行二区电：此次敌寇"扫荡"太行，其特点之一是大批屠杀人民与疯狂抢劫村落。其中杀人一项，据已有调查，约在两千人左右，多系行动不便的老年和小脚妇女，也有一部分是被敌寇拉去引路的民夫。如敌第四混成旅团于退却前一日，即在涉县坦曲村将民夫全数杀死，砍头刺胸而死者达三十五人。此外，有被推下石崖跌死的，有被刺腹、腰而死的，有被烈火焚毙的，有活埋而死的，崖畔的树枝上挂着奸淫后的女尸，几岁的小孩被活活撕成两半，其残忍程度实属罕见！敌于经过各村庄，到处挖掘破铜烂铁，抢劫牲口，搜刮财物。在武乡，敌人见物就破坏。黎城公路两旁的大杨树几乎砍完。这些数不尽的敌寇罪行，在民族的血债上又给加了一笔。二十七日华北《新华日报》社论，特对死难同胞表示哀悼，提出今后不仅应该请求更妥善的战时人员转移，认真、强制性的贯彻政府放足法令，且必须使得人人有自卫的抵抗能力，予打击者以打击。

（《晋察冀日报》，1941 年 6 月 8 日）

（7） 敌寇蹂躏下的晋中人民

本报特派记者　江横

晋中——榆次、太谷、祁县、徐沟、汾阳……几县的人民，呻吟在敌人铁蹄的蹂躏下，已经二年了。他们过着非人的地狱的生活！

太原失守后，大军集结晋南，而晋中首当其冲，于是奸掳烧杀，遍及晋中各地。今天，晋中几十万的男女老少，几乎没有一二逃出这场浩劫，多多少少都受过敌人一次以上的污辱、毒刑、拷打……

在最初的时候，敌人奸掳烧杀的特别厉害，每到一处，便把村庄包围了实行惨无人道的暴行。去年二月的时候，一百多个鬼子兵，到太谷杨邑镇，借搜捕抗日分子为名，把全镇的男人捆绑起来，跪在村外的广场上，对准机关枪，一个一个地拷问。另外大队鬼子兵却在镇子里大肆奸淫妇女之后还赤身裸体地被围抱到同一的广场上，当着他们这些跪在地下的男人或儿子面前尽情的被玩弄，无理地被糟践。一次，在徐沟的×村，几十个兽军在群众冷不防的时候，突然进了村子，把老幼的妇女都奸淫了。有一个十二岁的女孩子，被八个鬼子来轮奸，因为他疼痛的呼叫，鬼子用她的手镯套在嘴里，脸皮裂开一条深深的血痕，一个刚刚生下孩子才三天的女人，鬼子也要奸，她们白发老母亲尽管怎样的哀求，鬼子连睬都不睬，最后连六十岁的老太婆，也在光天化日之下被奸淫。

晋中本是山西最富庶的地方，每县拥有百万巨资的世家、富户，不下二三十户。前年敌人占据晋中后，山西鼎鼎大名的老财，徐沟县的王武昌家，太谷的曹家，祁县的×家，榆次的李家……，一家一家的都被抢劫一空。特别是王武昌家，他是明朝的世家，清时与李鸿章结为八字兄弟，西太后被难时，曾歇宿在她家里。此次，所有实物、玉器、金砖、锅盆……一件件都被敌人用汽车运走了。

今天，敌人洗刷不净的罪恶继续着，变本加厉着。他们通过奴化、毒化、软化……的政策去进行他们的罪恶。在晋中各县附近的地方，敌人要大姑娘，就和支应民夫一样，每天由各家轮流派送，强奸的事情是到处发生。

敌人的毒化政策，更是惊人，百分之七十以上的土地，都种了大烟，每亩地可赚到二百五十——三百元，其中伪政府要抽十三种税，补有一百——一百五十元之谱，但今年因为烟苗收成很好，有许多没有种烟的农民，还后悔没有下种，敌人就利用着农民贪小便宜的弱点，强迫民众种烟，强迫男女老少抽大烟。现在百分之八十以上的民众都中了敌人的毒计，大有无烟不成乡之概！仅以太谷城而论，两千多户人家，不吸烟者只有三十七家，晋中烟祸之烈，恐为其他敌占区所未有！

现在，敌人因为经济更加困难，在敌占区已经实行了经济统制政策，牛、羊、鸡蛋……一切都是专卖，"京票"——伪币，这是用刺刀强迫着民众使用，并且，敌人要根绝法币的流通，最近颁布了一条禁令：（一）随身带一角以上法币者罚苦工。（二）一元以上者处以死刑。八月中旬，从同蒲车上，便推下一个身带两元法币的客人。一面用武力解决，一面实行检查运动，天天晚上敌人到各商号里去查账。还有，敌人为了加紧"以华制华"的政策，敌人把日钞朝鲜票都要收回来，扩大联合准备银行的钞票，目前，已经出到二万万五千万了，但一般商民都存货不存伪钞，一般民众更不要伪钞了，在城里法币一元还可换伪钞一元四角，法币也和元宝银币一样的都被暗藏在家里，因为，他们相信："中国一定能把日本赶走的。"

敌人的宣传伎俩，民众们早认识了，目前，敌人又利用着"青帮"去笼络农村青年，日寇派专人在太原办理登记手续，还公开地号召说："加入青帮者，到中国各地，可畅行无阻。"

可是伪政权在晋中并没有一点基础，只是尽力剥削，尽情享乐，每个人拥抱着一两个太太。请一次客，要三百元一桌的酒席，起码要吃七个钟头。

然而，晋中人民的抗战情绪，随着敌寇汉奸的严重压迫，却日益高涨起来，特别是近数月来，敌人进攻晋东南的严重失败，更鼓舞了晋中×十万的人民，当日军败退后，垂头丧气地通过那儿的时候，那儿的老百姓便会低耳相传着说："中国军队了不得，一次一次的把日军打败，中国绝不会亡的！"

（《太岳日报》，1941 年 6 月 17 日）

（8） 雁北东川一带敌寇施行血腥统治

（特讯）敌人统制下的雁北东川（大同、左云、怀仁等县）一带，人民真是不堪其苦：（一）在这里敌人共建有据点 37 个，敌除视之为命脉的平绥、同蒲两路外，为了据点与据点之间的联系，更修筑了纵横如蛛网的汽路 32 条，以达其所谓"确保占领区"的目的。（二）敌伪加紧其统制，乃将行政单位划小，大同与怀仁共划 65 个联合村，并以各种政策强化联合村，以镇压违抗命令者，并且加强特务工作，利用"家理"的封建组织及伪兴亚协进会，一心龙华圣教会、黄佛会，以刺探我方军情，捕捉我方工作人员。此外，敌人为了挽其血腥统治，不惜采用残暴手段，施行大批屠杀；去年一年，仅大同一地，被杀者达七千人之多。（三）敌人的经济掠夺及其厉害，在开发富源方面：仅日泉一处，敌即开设煤矿 7 座，每月产煤十七万万五千五百斤，除供晋北、绥远等地用外，并运往天津一带；现敌正到处调查矿产，准备开采。在加重剥削人民方面，各种苛捐杂税在四五十种以上，总计平均每人负担 20 元，落在壮年身上的则约 100 元。（四）敌伪为施行奴化政策，在大同一处，即设有新民学校 13 处，晋北学院则系培养警察、维持会人员之所。训练课目以日文为主，"防共""东亚新秩序"则为必修课。此外还开办很多书店（大同有 6 个），大批出卖汉奸报纸刊物，并大批调训村级工作人员。灭共青年团，已训练了八期。（五）敌之之毒化政策，即强令人民种植大烟，去年种一亩者，今年须种五亩，敌并藉以大批勒索烟款，如私藏烟土，即以通八路军论罪。各城市烟馆林立，闹得"瘾客"满处皆是，伪军中吸食大烟者占百分之七十以上。妓女也到处皆是，大同并设有翠香园。

（《晋绥日报》，1941 年 9 月 8 日）

（9） 日伪布告

晋察冀边区军领袖聂荣臻，今因日本军彻底的讨伐，已大部分完全歼灭。管内所对散之第 19 团、第 26 团，也均逃跑无影了。

现在残存的匪团逃往太行山，系利用险峻的地形作为匪军的根据地，意图扰乱治安。

日本军管内的治安确保，是永久保护良民安居乐业的。日本军与中国官民协议，对于匪区地带设定无人住的地方（即是匪民辖居的村庄不准良民居住的意思）；但在设定无人住的地方内之良民，要尽快向治安确立的地方去居住。此种民众，日本军不但是极表同情，而且很是怜爱的，同时永久保护其生命、其生活。各项保护办法是为协力确立明朗化的山西努力。

第一，无人住的地方范围并烬灭实行时期

一、无人住地带范围

（一）平定县第三区：铺北村、北头岭、大且、马洛掌、石头坪、主铺村、张窝掌、小岭村、主铺掌、白甘泉、石门、牛鸟川、西家庄、秋岭、神灵台。

（二）盂县第二区：庄头村、张家庄、银东掌、狮子城、张湾、红岩寺掌、红岩寺、起铺、牛羊沟、又道沟掌、又道沟、南沟掌、小蒜沟、老庄窝、响崖、岭儿沟、莲花池、烧磁窑、弧山、地嘴、水占村、石曹湾、沙井村、庙洼、圪八桃、山西峪、脑上村、四坪子、下角峪、上角峪、卫家庄、窄沟水、炭树圪洞、羊明洼、咀子村、大车沟、金沙洼、桃园、羊□沟、孩子洼、鸣冠子背、羊林窑、小石盆、造盆沟、杜乱掌、串头起、四水清、池上、乱窑子、纪沟、红红峪、石双、盘道子、西沟、钱儿沟、石掌、塔底圪洞、轩家沟、小栏、栏头起、四道洼、北水峪、小余子、牛羊道、本儿沟、东沟、花沟子、过材、白乔沟、悬沟崖、崔家庄、红土垴、家沟、四合子、盘头起、关头村、香草坪、面阳掌、宽掌。

盂县第四区：官地村、上响罗、下响罗、阳儿湾、驴鼻沟、车轮村、南窑子、榆林村、南北河、五开掌、五开口、柳沟、北木口、小峪子、大峪村、马圈村、古石铺、榆林坪、铧嘴村、白草沟、安子上、下松川、上松川、铁皂里、西坪村、苇地沟、汉梁、小坪湾、橡儿上、斜崖、口子上、赵家岔、牛圈圪崂、掌里、口子、酸枣铺、斜坡、寿银城、仁正凹、吉古堂、偏梁上、正沟、□□村、川房里、椿树底、山羊崖、长崖铺、骆驼道、市里、小崔家庄、恶籴里、土岭子、罗汉堂、水林籴、天壕子、宽坪子、大白凹、青籴子、贾家峪、白土烟、□□村、青□山、沟掌、羊安口、南沟、道庄窑、班泉村、柴东、庄头、石家庄、羊泉村、碌碡烟。

二、烬灭实行时期

在布告后一星期内。

第二，住民保护办法

一、凡布告指定各村村民，据依照左记各项迅速完全到指定地外居住

（一）亲戚或本族家内暂住；（二）赶快到治安确立区域附近村庄（主持）搬住；（三）阳泉、寿阳设有各种工厂，如愿做工者到所管辖公署及区公所报告为荷，凡做工的人，准将本家族带了同去。

二、对于指定村庄搬出者之生活，由其所管辖之县公署共同制定办法予以现在及将来的保护

第三，处罚

一、第一项对于逾过规定期间，在指定各村内，如有不搬者，按□匪论，严重处罚。二、在指定各村搬出后，不准随便来往。如有违犯者，仍照前□□处罚；倘有民众对于指定地域来往者或居住者，亦同□之。

第四，其他

一、本年的农作物收获物价之取得及对于所有者配给，由日□及县公署制定办法施行之。二、由指定地方搬出者，关于个人所有家财、粮食及各样货□，尽量携带为荷。

民国三十年九月　　日　　片山兵团长

副署

阳泉陆军特务机关长（章）

平定县知事　王荫椿（章）

盂县知事　　高邦隆（章）

（转录自中央档案馆、中国第二历史档案馆、河北省社会科学院编：《日本侵略华北罪行档案·无人区》，河北人民出版社2005年版，第136页）

（10）敌寇"治安强化"下的五台三区

（1941 年 10 月 22 日）

9 月下旬，我曾经过了五台三区，在敌人蹂躏下一个多月的这块土地上，我看到了敌人"治安强化"的暴行和三区人民英勇的斗争，一幅残酷的血与泪交织的图画，永远闪现在我的眼前。

敌人到了三区，首先对我们下手的是"并村政策"。老乡们逃到山里，被敌人搜山硬拉出来，用种种"软硬兼施"的办法使他们不敢再逃回去。就这样，敌人把五台三区划分成 3 个区：北黑山屯至兰家庄这一带的老乡被集中于沙崖、兰家庄山下；东峪里、里外河府一带的老乡被集中于东峪口；陡寺以上至南坡一带的老乡则被集中于王城。最初，敌人怕集中了的老乡逃跑，曾把他们一齐关在几个大房子里；其中年青力壮的一些人听说被敌人押到台城去了。"并村"以后，敌人接着下手的是疯狂无耻的奸淫烧杀。敌人除了到处搜山寻找妇女外，东峪口、沙崖、王城的敌人还强迫着附近各村要送十几个妇女到堡垒上来。10 号左右，沙崖的敌军司令部，下过这样一个命令，说在 4 小时之内士兵可以自由行动出外奸淫一次。在外河府一个年仅 12 岁的女孩子，也遭受了敌人的兽性蹂躏。

根据敌人所谓"治安区"与"无人区"的划分，柏兰镇以东明查湾、东峪里、里外河府这一带大大小小 21 个村子，全被敌人放火烧光了。

敌人宣传着"明朗"的"治安区"是如何如何的好，企图逼迫着老乡们搬到"治安区"去住，但天晓得是如何"好"的。仅一个老乡，在"治安区"所认得被杀害者即有 30 个。而其残杀办法亦极为残毒。敌人的残杀暴行，不但施于一般的老乡们，甚至陡寺大庙里的老和尚也因来不及逃跑，在庙后高粱地里被敌人刺死，外河府的天主教堂，敌人也下令烧掉或拆毁了。

（《晋察冀日报》，1941 年 10 月 22 日）

（11）晋东北一角

——敌逞暴虐世无伦匹

"无人区"人烟濒于绝灭
"治安区"剩得断瓦残垣

　　新华社晋察冀一日电："敌寇在其'山西明朗化'口号之下，对我晋东北实行残酷无比的'三光政策'与'并村政策'；自'八一三'以来，敌以优势兵力占领我晋东北之后，修筑公路交通线，企图将据点互相联络成线，直贯晋东北。以东划为'无人区'，大肆进行其三光政策，在此'无人区'内，如盂县一百四十七个村庄、五台一百余个村庄及平定十余个村庄，房屋均被烧光，粮食财物被抢光，居民到处被残杀，我流亡同胞转徙于深山中与敌人开争。在敌寇占据下之子洪口、柏关等地数十村庄及此线以西地区则被划为'治安区'，实行其'併村政策'，在此'治安区'内，敌寇正加紧进行其所谓'治安'工作。在五台，敌寇黑夜四出奸淫掳掠，在白天则装模作样，进行其欺骗宣传，并以糖果食盐施行小惠，而将高污口、沙河、崔家庄一带之青年，一一强迫运赴太原敌司令部集中训练，而此等村庄全村妇女则悉被污辱；敌寇一面强迫'治安区'之村民，将粮食全部缴出，一面又四出抢掠粮食。我晋东北全体同胞，已清楚认识敌寇此种狰狞面目，现广大晋东北群众已动员起来，在晋东北大山中，壮年人与青年人组织了无数游击队，正进行游击战争，敌寇许多兵力已被我晋东北子弟兵击溃，所余少数敌寇尚据守各据点，竭力修筑交通，准备做进一步深入之'扫荡'，而晋东北全体人民，正展开填沟破路，以粉碎敌寇毁灭晋东北、毁灭晋察冀边区之企图。"

　　　　　　　　　　　　（《新华日报》华北版，1941 年 11 月 3 日）

（12）敌荼毒平定惨状

新华社晋察冀分社二十一日电："此次敌寇'扫荡'晋察冀边区，在所谓'三光政策'与'併村政策'的狂妄口号下，曾进行了空前未有之大屠杀与大破坏，尤其是在晋东北，其残酷程度，更是灭绝人寰，敌寇自八月二十五日到平定，开始进行全面的'毁灭扫荡'，曾集结其所谓红龙队、政治调查班、经济调查班、宪兵队、政治工作队以及日本军司令部所组织之'红部'等各色敌伪特务与军事部门，分头进行'清剿'。单只在郝家庄和下车塞两地，建立两个据点，并修筑堡垒四十多个，同时召集群众开会，进行欺骗宣传，企图成立伪政权，但由于当地群众游击战争之猛烈开展，敌寇阴谋，尽成泡影。于是，从九月二十四日起，敌寇就将巨城至郝家庄与黄大崖的十三个村子，划为'无人区'，其他为'治安区'，并集结敌军二百余名，和被抓之民夫、铁匠、木匠、泥水匠等六百多人，牲口三千多头，分别组织'拆房队'、'放火队'、'挖窑队'、'破坏队'、'搜索队'、'拖驮队'及'运输队'等，开始一村村的进行'毁灭'工作，敌寇每到一村，不论房屋窑洞，一律纵火焚毁，甚至猪圈茅厕，亦在所难免，不能焚烧的石窑，则用炮弹炸毁，衣服、器具、粮食、牲口等均遭抢光，大小树木均被锯倒。总之，兽蹄所至，一草一木、一针一线，被毁一空。同时敌寇又强迫各该地区之人民，迁入'治安区'内，由伪县府发给迁居证，并用种种卑鄙无耻的宣传，扬言'皇军'为了救济迁移的良民，每户移民，可到'治安区'内领取十亩良田耕种，但我民众洞烛其奸，不仅不受其利诱欺骗，反而纷纷参加抗日游击队，或迁至安全之巩固区内。至于一部分被迫居住'治安区'之人民，则除了须拍摄照片，领取良民证及身份证外，复遭强迫参加保甲自卫团、防共青年团等伪组织；同时敌寇对于彼等粮食，又严加统制，实行计口授粮，将人分为三等：六岁至十六岁为少年，十六岁至六十岁为壮年，六十岁以上为老年，老年与少年，每日每人凭证卖给粮食四两，壮年卖给一斤，农家所产粮食，除每户准其存储一石外，其余须悉数送交敌寇之粮库存放，绝对禁止自由买卖。

此外，对于煤油、布匹、食盐、肉类等一切物品，亦严格统制，规定期限数量，不准多买，以致人民生活，无法维持。最近敌寇更变本加厉，除实行'併村政策'，并从'治安区'内，强迫抽调青年四百余名，集中阳泉，运往关外，年老之人，亦被抓往阳泉一带，充作苦工，总之，所谓'治安区'，实际上就是敌寇恣意横行的黑暗屠场。"

(《新华日报》华北版，1941 年 11 月 3 日)

（13）敌寇对灵丘南山的"扫荡"

（八月十三日—二十二日十天概况）

八月十三日敌寇抽调了千余兵力向灵丘李家台、冉庄、王巨村等地进犯，十五日晨占下头，十六日分两路出发：一路经南坡、谢子坪西湾到上关返回；另一路经岗河、中庄、雁翅到上寨，在上寨搭帐篷作为临时据点，包围攫索蹂躏灵丘南山广大群众。

敌寇带着四五百头牲口，践踏田禾，更到处抢掠牲口加入袭击，扩大蹂躏地盘，破坏我们的经济建设，削弱我们生产力，其所经过的各线，民众残遭灾殃，田禾被踏平，财物被抢一空。不能带走的东西则摧毁破坏，如铁锅、小缸、家具及生产工具完全破坏，房屋则大肆焚烧，数十村尽皆为灰烬，杨家庄、中庄、南坡、雁翅等村已无一完整房屋。在王巨村、李家台附近敌寇更捉住许多民众，在枪口逼迫下流着泪割自己的庄稼，最后被敌人打死。

此外，敌寇实行军事恐怖政策，深入的"搜山"，在最高的山头上布置岗哨，指挥着山沟里的骑兵、步兵，搜索，特别注意逮捕我抗日干部，挖掘坚壁的东西。汉奸、便衣武装，更无耻的冒充八路军，化装工作人员欺骗老百姓，到处抢掠，强奸妇女。下关附近惨死民众数十人，上寨敌寇突然包围大兴庄，将两个妇女剥得净光，加以奸污。对青年壮丁的抓捕屠杀是特别残酷。李家台附近已抓走一批青年（数目不详），盘踞上寨的敌人比杀人魔王还厉害。

在血腥的屠杀下面，敌人竟用"晋察冀边区农工商民联合委员会"的名义，撒发布告，进行无耻荒谬的宣传，盘踞下关的敌人，把人绑到下关，再放回表示他们的"宏德"，抢走牲口还说："你到下关去领"，"你宣传五十人中就给你"。可是他的好名义和动人的言词，怎能掩盖住燃烧着的房屋、被踏的田禾和血淋淋的死尸？！

有谁肯回去？敌人无论如何是遮不住他的撒谎，阵营紊乱，兵力不足的弱点。在千余人的队伍中，民夫就有三百，伪军汉奸就有四百多人，日寇不及三分之一。还带着四五百牲口，行军拖拖拉拉间隔甚远，行动迟缓，给我们以有利机会去袭击。

敌人下关设布棚十几个，看起来好像有多少人，其实不出三四百人。敌寇愈深入，愈恐慌，在王巨村、李家台，蹂躏特别厉害，而到上寨下关是被我紧缩包围，经常遭到扰乱。

在战斗中生长壮大起来的南山群众武装，这次反扫荡大展神威，出没于敌人行进的途中，与住营的四周，不断伏击扰乱袭击敌人，下关出发的敌人到上关就不得不烧掉死尸四五具，到谢子坪一带，受到民众扰乱，连房也顾不得烧，快马加鞭的逃跑。下关、上寨每夜也有民兵扰乱，敌人的活动限制在小圈子里，也不敢随便的"搜山"。

如配合南山战斗，外线民兵活动，敌寇从灵丘城运输给养，遭到伏击，不能及时送到。最明显的最伟大的胜利是在我们不断扰乱、袭击下，北路口、获云口、李峪、黄土咀四个据点的敌寇不得不撤退。

兵力不足的敌寇，持着"稳扎稳打，步步清"方针而来"扫荡"的，敌寇将在雁北群众的铁拳打击下再一次的惨败而退。

（《晋察冀日报》，1941 年 11 月 4 日）

（14）敌寇统治伪军

——手段毒辣竟到如此地步

敌寇扩大伪军的方法，是五花八门、无奇不有的。除一般的赤裸裸的强拉索要外，更有其各种欺骗的毒辣方式。

如敌人以强暴的手段，迫使敌据点附近青年加入"自警团"，而且有强迫这些"团员"去同"皇军"一道出发骚扰抢掠，随即征调"受训"，而迫他们当伪军。

敌寇强化统治伪军的办法，是威逼利诱，软硬兼施。

（一）强化奴化思想，恶化伪军与我群众的关系。

（二）摧毁体制，勾引伪军吃料面、大烟等毒品，削弱其反抗思想。

（三）扣押家属。

（四）配给女人，买好伪军。

（五）铺保、人保、复式保。假定你没有铺子敢保，又没有相当人保，则敌人代为指定几个敌人看得起来的伪军作保，此外尚得拿些白洋给敌人以为辅保。

（六）近敌据点的村庄，敌人单独打发若干伪军（不相随日军）自由到各村活动，掠夺群众财物。

（七）强迫改组改编，敌寇怕伪军一块相处时间长了，发生意外事情，因此班排人员不几日变动一次，驻防地区亦在不断变动着，如有不听者以军法处置。

（八）收枪，以往是每夜晚将伪军枪支全数收回，白日再行发给，现在一般情形是不出发就不发给枪支。

（九）派遣特务人员对伪军，专门作明察暗访的勾当，伪军同胞遭特务的毒辣手段真不知有多少。

（十）凡是被敌人视为动摇分子，有沟通八路的重要嫌疑者，则施以枪杀，敌人拿"杀一儆百"的办法，镇压着满腔反抗怒火的千百万伪军同胞。

（《晋察冀日报》，1942 年 4 月 11 日）

（15） 华北日本士兵代表大会宣言

（1942 年 8 月 17 日）

新华社延安 19 日电：华北日本士兵代表大会宣言全文：

我们曾经相信军部所说的"为东亚永久和平，为中日共荣而进行圣战"的话，而且认为按照这句话顺乎正义人道而服务，才算是男儿真正的志愿。但是，在华北战场上军部命令我们所做的种种事情，却和这些美丽的词句完全相反。

我们在军队里实际看到和实际做出的非人道的行为是太多了，真是多到举都举不清。以皮鞭和刺刀虐待无辜的民众，用暴力对软弱妇女进行野兽行为，无情地强夺粮食财物等是很平常的。可疑的人不管是谁一定要被捕，而受到不忍目睹的残酷毒打之后，或烧杀，或被军犬咬死，或浸于水中冻死。这些残暴的行为是数都数不尽的。特别是最近的战斗中更加厉害，公然下命令此次奸灭战中要杀尽全部生物，烧光全部房屋粮食，或是将房屋彻底破坏，使其无容身之地。不问男女老幼见着就杀，粮食烧得精光，使善良的中国农民无家可归，无饭可吃，活活饿死。并且还用毒瓦斯消灭整个村镇的居民，或者到处撒布恶性细菌，危害和消灭中国人民的生存。

我们日本士兵坚决地反对这种行为。我们都是有血性有感情的人，我们做这种非人道的野兽一般的行为难道能得到永久和平吗？不会的，纵经百年千年也是绝对不会得到的。这难道能说是为了中日人民的幸福，为了东亚永久和平而进行的圣战吗？绝对不能说是圣战，军部所说的圣战，完全是撒谎、欺骗。我们从小就受着"以己之艰辛度人之疾苦"的教育，而且相信这是正确的，那么假定我们站在中国人的立场上，房屋被烧毁，财产被没收，父母兄弟被残杀，我们又将怎样呢？我们觉得痛苦的事，他人同样也是无法忍受的。这些都是日本军部迫使我们做的，我们今后对这种非人道的命令是绝对不能服从的。所以我们日本士兵在这里团结起来，为反对军部的野蛮行为提出以下的意见：

坚决反对对中国人民的掠夺暴行、杀人放火、使用违反国际公法的毒瓦斯、实行细菌战、拷问和虐杀俘虏等罪恶命令，我们反对实行一切暴行的长官。

华北日本士兵代表大会
昭和十七年八月十七日

（《晋察冀日报》，1942 年 8 月 23 日）

(16) 在华北日本士兵代表大会上

梅田关于《日本军阀在华北的暴行》的报告

新华社延安 19 日电：华北日本士兵代表大会已于昨日结束。在休会之前，该会主席团曾推梅田照文君向中国来宾报告日本军阀在华北的罪恶暴行，这些暴行都是梅田君所亲身经历过的事实。梅田君说：一个 20 岁左右的青年母亲，在日本军阀的摧残下终于闭上了眼睛倒在血泊里了；但睡在她身旁的一个不满周岁的孩子，还无知地伏在她的胸口，拼命吮吸着她的奶浆，军官们却在旁拍掌大笑。1940 年 2 月，方山一个束着皮带的老百姓，就因为那条皮带的原因，日本军官命令 43 个士兵架起刺刀一直向着那老百姓戳去，老一百姓被戳了几十个窟窿；但是长官检查士兵刺刀的结果，只有 34 个士兵的刺刀上有血，他们都受到嘉赏，其余 8 个士兵立时被关了起来，挨了一阵集体耳光。1939 年 6 月，昔阳的警备队长抓来了一个"犯人"，把他两脚绑起来，然后唤出特地训练好的吃人狗向着那"犯人"咬去，"犯人"用手和狗打了一阵，狗有点胆怯了，警备队长马上又把"犯人"的双手捆了起来，狗就把人啃得稀烂。梅田君宣布，日本军阀在华北掠夺民间物资也是"无微不至"的。"孙中山"的银圆，军阀们以 3（伪币）与 1 的比价强迫老百姓缴了出来，装在他自己的腰包里。长官们身上穿的皮衣，都是从老百姓家里抢来的，他们已经不把这些认为耻辱，反而以为是很光荣的了。被征发的黄包车夫和一切苦力，经常遭受他们的拳打脚踢，每天只给予他们 5 分钱的工资。军阀们不怪自己不会讲中国话，却嫌中国人民听不懂，于是时常毒打他们。看到他们所认为"可疑的"中国人，马上就把他们吊起来，或者倒挂在架上灌凉水、钢针戳刺，在冬天的时候用冷水把他们冰起来。奸淫中国妇女，虽然有个别的士兵这样干着，但主要的还是长官，他们对于这些事情毫不顾忌，并且是公开的。每到一个村庄，长官们在下了"无人村"的命令之后，"放火班"专门的组织就领着士兵带着煤油等引火的东西去放火了。有一次烟火太大，给八路军发现目标了，吃了大亏，于是又给长官们大大埋怨了一次，"谁叫你给八路军发现目标呢？"除了这些之外，施放毒瓦斯也是日本军阀经常屠杀中国人民的方法之一，他们命令士兵们在井水里、在菜田里，到处利用机会发放毒气，这种毒气大都属糜烂性，华北的人民就经常遭受这种毒害。梅田非常痛恨地说："哪一个没有父母妻子、家乡田园，我们士兵们没有一个愿意这样的，我们背着长官偷偷地跑到田间被戮死的中国人民尸前向他们忏悔，我们在长官对中国人民施行酷刑的时候，往往面色都吓得发白。"他的嘴非常颤动，继续着说："我先以为只是我们那部队里独有的现象，到了延安之后和各代表谈起来，原来各个部队都是一样。所有一切罪恶的暴行都是军阀长官们出的主意、下的命令，日本士兵是不愿意做的。这，我们对中国人民非常抱歉。"这是混成 4 旅团 12 大队 4 中队一个日本上兵口中讲出的事实。当梅田报告完毕之后，大会"向军部抗议"的宣言，就在这种紧张的情绪下，全体代表们倏地都举起了手，立刻一致通过。中国来宾用历久不绝的掌声表示了他们对日本士兵的信任和敬爱。在休会时的国际歌声里，表示中日两国人民的团结与友爱。

（《解放日报》，1942 年 8 月 19 日；《晋察冀日报》，1942 年 8 月 23 日）

（17） 北岳区无辜同胞横遭敌机疯狂轰炸的惨状

民国 31 年（1942）9 月 20 日上午 9 时许，敌机两架由石家庄起飞，分批轰炸我滹沱河北岸地区，一架飞陈庄上空盘旋，恰逢陈庄集市，各地赶集老百姓络绎于途。闻敌机声四处逃散时，敌则投弹数枚，用机枪扫射，死伤老百姓 16 人。

该机继飞大庄一带投弹，炸伤牲口 10 余头，再转会口大沟侦察至吊儿即用机枪沿途盲目扫射，一无所得，11 时许始向西逸去。下午 2 时许又有敌机 1 架，在南甸一带侦察投弹，该机继由南甸飞会口等地，伤 1 小孩和 1 男人。至苏家庄敌机又投弹炸伤两小孩，在村南炸死两人，一男人被炸得血肉模糊，在他周围 1 丈远跳动着他的肉块、肉丝和伴着土块，另一女人自腰部以下，被炸弹炸开了一个大洞，血像水一样汹涌着，霎时即毙命。至下午 4 时敌机南逃后，其亲属们去找他们，但见两团血肉模糊的人，含着深刻的仇恨躺在血泊里，都不禁大哭，弯腰一块一块的拾取那破碎的肉块和骨片，想合到他的身上。

（《晋察冀日报》，1942 年 9 月 25 日）

（18）日寇进占朔县后杀人如麻民众被害者四千八百余人

新华社晋西北二日电：朔县参议员蔡老先生，于临参会开幕式上痛斥敌人暴行，敌人自占朔县后，至今屠杀居民达 4800 余人，敌人经常将我被捕人民百十成群，以铁丝穿通两臂，拉至城郊用机枪扫射，残酷屠杀令人发指。对民间财物，敌人更勒掠无余。每头驴牛每年征收捐税白洋二元，羊每头半元，人头税每人一元，其他苛捐杂税名目繁多。据蔡老先生称，其家乡本七八十户之小村庄，一年花费竟达万元之多，敌人更指使奸徒四处劫掠，甚至人盖之被盖，也被汉奸拆掉。蔡老先生申言"自己宁为中国鬼不为亡国奴，活一天干一天不屈不挠贯彻到底"语气极为豪壮。

（《晋察冀日报》，1942 年 10 月 14 日）

（19）五寨之敌肆行"无人区"政策

（1942 年 12 月 26 日）

五寨之敌于 12 月 5 日起，在三岔周围开始推行其灭绝人性的"无人区"政策。河底、庄窝、刘家庄等村，已成废墟，房屋全部拆毁，财物被劫一空。5 户居民被敌解往城内，生死不明。各村人民于严冬酷寒之下，扶老携幼流离荒郊，饥寒交迫，惨不忍睹。敌并声言距城 20 里内外之村落均将毁尽，现在已有 4 个村庄在敌人的烧杀抢劫之下，变成了荒芜的"无人区"。当地人民对敌人愤恨异常，要求我政府发手榴弹，回家对敌进行武装斗争。

（《解放日报》，1942 年 12 月 26 日）

（20） 灵丘刘庄发生惊人惨案

本月（1943 年 3 月）一日拂晓，灵丘北泉敌据点出敌 40 余人、汉奸 4 名，突将距北泉 8 里之刘庄包围。该村平时即支应敌人，群众受汉奸欺骗，对敌阴谋表现麻痹，故未退避村外。敌人入村后，即按家搜索，强迫伪组织人员打锣召集群众开会，然后将群众赶进一个院子，用枪刺威逼群众进屋。该院仅有房屋 6 间，200 多人无法容纳，敌即将门窗紧闭，从墙上穿洞，将群众强行投入。敌布置已毕，即纵火烧房。计烧死村民 215 人，其中男 108 人，女 107 人，负伤者 7 名，灭门者达 21 家之多。第二日，敌人到该村将附近村庄前往慰问及收尸者打死 7 名。附近各村群众闻此消息后悲愤异常。灵丘县政府及县群众团体，即派干部前往慰问，调查救济，并发表宣言，揭发敌人暴行，号召附近村庄的群众接受刘庄惨案血的教训，坚决不支应敌人，跟敌人顽强斗争到底。

（《晋察冀日报》，1943 年 3 月 11 日）

（21）边区参议会刘庄惨案通电

（1943年3月20日）

国民政府主席林、军事委员会委员长蒋、延安毛泽东先生、八路军总司令朱、副总司令彭、全国各行政机关长官、前线将领、敌后抗战全体指战员及全国同胞公鉴：

窃自倭寇内侵，华北首陷，我父老兄弟横遭屠戮、肝脑涂地者，即已衔恨九泉。敌更毒害乡野，决水漫田，劫粮并村，掘沟筑堡，于沟内则勒索榨取，去而复来，驱迫宰杀，无殊鸡犬；复于沟外造成所谓"无人区"，种种罪行，擢发难数，迷失人性，非复人理。遂致室无藏粟，民不聊生，纵有孑遗，窜迹穷谷，翼得草间偷活，延命旦夕者。寇军犹不时爬疏山林，搜剔岩穴，"扫荡"、"清剿"，年凡数施，必欲尽歼吾民，使无□类、用快□□无餍之贪心，以逞侵略奴役之狡谋，故我敌后抗日根据地受祸尤惨。自民国27年以后，历为敌寇施毒熏毙及掩袭包围，肆行残杀者，动至千百。如冀中之北疃村，冀东之潘家峪，平西之王家山，冀西望都之柳坨，曲阳之沟里，易县之东娄山，平山之东黄泥等村，罪状山积，血迹犹新。近复有灵丘刘庄200余人，于3月1日平旦为敌诱闭一室，烧杀惨案。噩耗惊传，军民发指，酷残罪戾，豺虎犹逊其荼毒，凶狠阴贼，人群实鲜此听闻。我边区子弟兵与敌接战，俘获敌兵，前后逾万，无不优容厚待，以礼遣之，大都感泣不去，诚信聿孚如彼，有历次反战同盟支部之负责言论，可资例证。而彼对我之和平民众非战斗员，横暴如此，凶顽无耻，何以加兹。我中华民族奋战抗洋形势，因敌之丧□败□而转变，纵令负隅困兽，反噬必急，而我反攻主动胜利在望。兹谨代表我晋察冀边区父老民众，控诉兽兵暴行，除向全世界维护人类正义之诸联邦，要求保留尔后向国际法庭控诉权外，并愿与全国父老兄弟，同鼓余勇，为全人类灭此恶魔，以维护光荣尊贵之人性，临电不胜迫切痛愤之至。晋察冀边区第一届参议会驻会参议员同叩号。

（《晋察冀日报》，1943年3月25日）

（22）敌寇残暴空前

——残害民众达七百余人

新华社晋西北十五日电：敌寇此次对我三、八分区的"扫荡"，残暴空前，到处进行其野蛮的三光政策，企图毁灭我根据地。敌寇在八分区杀害群众三百多人，有全家全村被杀光的。仅三道川一个村子就被杀了群众八十八人，屠杀手段也更加残酷，有的将妇女及小孩剥去衣服，绑在很高的山岩、树枝上；或放在河沟冰上，身上压着石头，使其冻死、饿死；有的将四肢钉在墙上，或把头在石头上碰。有些村子如东坡庆村敌寇把十数人或数十人分别关在房屋内，用大火烧死，或用刺刀捅死，有的村庄已被烧成一片瓦砾，在离石地区仅贺家湾一个村子，敌便将藏在岩洞里的群众二百余人用棉花、煤油、辣子经一天一夜时间，全都在岩洞里熏死。寇兵在三、八分区共残害民众七百零三人，捉走九十人，拉走或杀死的耕牛三百五十余头、羊一千四百余只。敌寇此种暴行更加激起我军民对敌寇的仇恨，民众纷纷参加民兵，积极帮助军队作战，手执武器，英勇保卫家园，誓复此血海深仇。

（《晋察冀日报》，1944 年 2 月 17 日）

（23） 敌寇暴行在太北

柳 一

在六月底敌人突然窜进我太北抗日根据地内部，大肆抢掠烧杀，时间虽然很短，但我们群众所受到的损失，却是相当严重的。兹据最近详细调查，榆（社）、辽（县）、襄（垣）、武（乡）四县的损失情形如下：

（甲）统计四县受害共六十四村，一千四百一十一户。

（乙）损失统计：伤亡六十五人，被奸淫妇女三十一人（仅襄、武、榆三县统计）。烧房三十一间，损失牲畜八十三头，粮食损失共五百七十二石二斗九升，面一千一百三十七斤（仅襄、武二县统计），衣被毡毯共损失一千四百七十二件，鞋袜损失一百九十三双，布匹共损失四百三十五丈五尺，毛线袋四十九条，日用器具——锅七十二口，缸瓮二百三十三个，零物约折洋七千三百余元（仅襄、武二县统计）。其他用具一千一百四十五件，银器损失共四百〇三两二钱，首饰十九付（襄、武），铜元共八千〇六十五千二百文，钞洋共二千三百二十四元一角五分，油二百一十斤，碳三百二十斤（襄、武二县统计）。其他损失：颜料四桶、手榴弹四十颗、糖四十一斤、棉花十七斤、纸四百张、线三十八斤、棕九斤。田苗多被践踏，箱、柜、桌、凳、门、窗被摧毁者尚未统计在内。但仅就以上这一个不详细的统计数字来看，敌寇之残暴，损失之重，已足够惊人了。

总共原因，一方面固然由于敌寇的暴行，但不可否认的我们工作中还存在着不少的缺点。现在，我愿本着爱护抗日根据地的至诚，不谈一切优点，只将主要的几点缺点检讨出来，并提供几点意见：

第一，平素的战争准备工作和战时的紧急动员工作作的不够，没有能够引起全体民众的深切注意，以至战争突然到来，有个别处所难免有惊慌失措的现象。

第二，警觉性没有提到应有的高度，抗日戒备工作相当松懈，有许多老百姓这样告诉我们："敌人已经进村子了，我们还不知道呢？"平时站岗放哨松懈，紧张时情报工作也不够。这是值得大家密切注意的。

第三，战争时组织松懈，战争到来后，各种组织没有发挥了足够的力量，以致形成凌乱的状态。特别要指出的是自卫队，站岗放哨、侦察情报、担架运输等工作没有很好的进行，使正规军在作战上感到许多困难。

第四，空舍清野工作注意得很不够，没有把这个工作造成广大的群众运动，因此，在敌寇这次"扫荡"中，使我们遭受到相当大的损失。

（《新华日报》太行版，1944 年 4 月 1 日）

（24） 日本人民解放联盟太行支部日军暴行座谈会记录（节录）

（1944 年 7 月）

从 1940 年 10 月 2 日到 11 月 30 日间，36 师团（井关中将）受到了方面军（多田中将）的命令，有 6 个大队参加晋中作战，第一、二期为"扫荡"太行，第三期为"扫荡"太岳。当这个作战开始前，第 222 联队第一大队长桥本正少佐，于山西襄垣县夏店镇的车站前，集合全体士兵，传达了方面军的命令："这次作战目的，与过去完全相异，乃是在于求得完全歼灭八路军及八路军根据地内的人民。因此，凡是敌人区域内的人，不问男女老幼，应全部杀死，所有房屋，应一律烧毁，所有粮秣，其不能搬动的，亦一律烧毁，锅碗要一律打碎，并要一律埋死或投下毒药……"

于是在大队中，新编了两个放火中队，一个撒毒小队，每个士兵各发火柴 3 盒。在作战中，一见老百姓，就不问男女老少，或用刺刀或用枪、机枪，甚至在窑洞中发现了藏起来的老百姓时，就用炮来轰击，这样足足杀死了二三千的群众。沿途的房子也都被烧光。而抢掠得到的财物，即堆如山积，事后在潞城来远镇，开设拍卖行来拍卖，除大队长独得一二万元外，各士兵也大都分了 80 元左右的赃。

（《新华日报》太行版，1944 年 8 月 15 日）

（25）繁峙老汉坪惨案

民国 34（1945）年 2 月 11 日的拂晓，五台敌伪百余，奔袭包围我繁峙老汉坪（40 户、144 口人的小山庄），进村大肆烧杀并分出一小部分敌人同时到麻子山烧杀，敌人漫山遍野地压下来大杀大抢，一阵子血肉横飞，死人满街，死状十分凄惨。有的用木棍、石头活活打死，有的用枪打死，第一次行凶后还来二次检查，发现重伤尚未死的，索性拉在大火堆里烧死，这种悲壮场面，人们不忍目睹。敌人抓住村民，无耻用枪口逼住每个人的心口问："你们的民兵队长是谁？枪与子弹放在哪里？"可是他们异口同声地回答说："不知道。"民兵任存安更坚决英勇地痛骂敌人说："你们狗日的，打死我也是不知道。"日军将他们拉到广场上，用枪打、刀刺，又把他们推到火坑中，他们爬出来，又把他们拿石头砸死。当时有几个老乡藏在尸体的底下，满身血污，不成人样。一个中年妇女，丈夫、儿子一齐遇害，自己负了重伤，臂膀也断了，她却绕街乱跑，疯了。在这次惨案中任家弟兄：任刚（民兵游击队）、任彬（小学教员）、任忠（战斗英雄）拼死抵抗，任彬用斧子砍死三四个日军，任忠在屋中用手枪打了敌人两枪，敌一死一伤，任刚更只身抵抗七八个日军，当下打倒两个，顺手夺过一支枪来，最后才被敌人打死，我们的民兵英雄任忠同志死得非常壮烈，他坚强不屈，敌人把他一刀一刀地割了肉，以至于死，没有任何屈服，十足表现了英雄的本色，视死如归，他的精神将永远地活着。罗来有子（16 岁）等 4 人，当敌人子弹磨一粒炸一粒的时候，受难者们的头稀烂了，他们无法逃脱这危险，便佯装死去，最后才从死人堆里爬出来，他的皮衣上仍留有血痕。总计这次惨案中，死难英雄、烈士任忠等 63 人，轻伤 10 人，重伤 5 人。敌人更于走时把该村牲畜东西抢劫一空，计被子 24 张，衣服 11 件，白布 32 匹，棉花 60 斤，毡 2 领，鞋 64 双，毛口袋 7 条，麻油 50 斤，白面 60 斤，猪羊肉 20 斤，盐 10 斤，白洋 305 元，边币 1292 元，牛 3 头，羊 170 只，驴 6 头，总计价值达边币 200 万元（当时价格）。惨案发生后，繁峙党政军民，即召开沉痛悲愤的复仇大会，群众都愤慨的说："死的死了，活着的人要报仇呀！哭不顶事。"任刚的父亲任世太老先生，在街上见他儿子与敌厮打，不住的说："任刚是好孩子，英雄好汉。"还有的老乡说："咱村虽遭不幸，可是不泄气，要求上级帮助咱们继续生产战斗，打走日军，杀尽汉奸，报咱们的血海深仇。"

（《晋察冀日报》，1945 年 3 月 9 日）

（26）抗战八年来晋察冀边区人民损失初步统计

（1946 年 2 月 6 日）

新华社晋察冀总分社 2 月 5 日讯　边委会顷公布 8 年来边区人民损失初步统计，原文如下：

抗战 8 年来，边区是经常处在日寇的残酷"扫荡"、"清剿"当中，特别是 1941 年 8 月，敌以 70000 兵力对北岳区两个月的大"扫荡"；1942 年春，敌以 40000 兵力对冀东三个月的大"扫荡"；同年 5 月，敌以 50000 兵力对冀中的大"扫荡"；1943 年 9 月，敌以 40000 兵力对北岳区三个月的大"扫荡"；1944 年 10 月起，敌以 110000 兵力持续半年对我冀热辽区的大"扫荡"。与历年敌伪"强治"运动中，对我游击区的抢掠破坏，在各次"扫荡"、"清剿"中，敌寇施尽了其烧光、杀光、抢光的"三光"政策（如 1941 年春，冀东潘家峪的大惨案，全村千余民众完全被敌人用机枪扫死，房屋全被烧光；1942 年 6 月 8 日，敌在我冀中区定南北坦地道内毒死我男女老幼 800 余；1943 年，完县野场惨案，杀死我群众 118 人；1943 年秋季大"扫荡"中，只阜平平阳惨案即被敌杀死千余人）。兹根据截至日本投降后之一些不完整材料，初步整理统计如下（反攻后新解放区之在敌统治期之损失已计算在内）：

一、人口死亡（不包括部队死亡数）

全区共为 709899 人（被敌直接杀死者为 377899 人，被虐待伤病致死者为 332200 人），占全边区人口 3070 万的 2%～3%。计：

1. 冀晋区：152099 人（被敌直接杀死者为 82099 人，被敌虐待伤病致死者为 70000 人）。

2. 冀察区：100800 人（被敌直接杀死者为 40800 人，被敌虐待伤病致死者为 60000 人）。

3. 冀中区：232000 人（被敌直接杀死者为 180000 人，被敌虐待伤病致死者为 52000 人）。

4. 冀热辽区：225000 人（被敌直接杀死者为 75000 人，被敌虐待伤病致死者为 150000 人）。

二、敌抓走壮丁（全区共为 505000 人）

1. 冀晋区：60000 人。

2. 冀察区：65000 人。

3. 冀中区：120000 人。

4. 冀热辽区：260000 人。

三、粮食抢掠、勒索损失（全区共为 13322209168 公斤——按一斤折 0.5968 公斤折合）

勒索款子亦折成粮食计算。

1. 冀晋区：1001452506 公斤。

2. 冀察区：3224629462 公斤。

3. 冀中区：3939775200 公斤。

4. 冀热辽区：5156352000 公斤。

四、房屋损失（全区共为 2566695 间）

1. 冀晋区：1006195 间。

2. 冀察区：390500 间。

3. 冀中区：480000 间。

4. 冀热辽区：690000 间。

五、牛、马、骡、驴损失（全区共为 630222 头）

1. 冀晋区：205222 头。

2. 冀察区：215000 头。

3. 冀中区：150000 头。

4. 冀热辽区：60000 头。

六、猪、羊损失（全区共为 3703086 只）

1. 冀晋区：507886 只。

2. 冀察区：801200 只。

3. 冀中区：378000 只。

4. 冀热辽区：2016000 只。

七、农具、家具损失（全区共为 2621375 件）

1. 冀晋区：6311375 件。

2. 冀察区：6100000 件。

3. 冀中区：12000000 件。

4. 冀热辽区：1800000 件。

八、被服损失（全区共为 26332530 件）

1. 冀晋区：3987530 件。

2. 冀察区：4125000 件。

3. 冀中区：13020000 件。

4. 冀热辽区：5200000 件。

九、敌修碉堡、公路、沟墙占地（全区共为 15052800 公亩，按 1 亩折 6.144 公亩折合）

　　1. 冀晋区：1228800 公亩。

　　2. 冀察区：528384 公亩。

　　3. 冀中区：6451200 公亩。

　　4. 冀热辽区：6844416 公亩。

十、敌抓夫要工（全区共为 361200000 个）

1. 冀晋区：96000000 个。

2. 冀察区：12000000 个。

3. 冀中区：218400000 个。

4. 冀热辽区：34800000 个。

十一、目前无衣、无食、无住而急需救济人数（全边区共 4110000 人）

1. 冀晋区：400000 人。

2. 冀察区：560000 万人。

3. 冀中区：1350000 万人。

4. 冀热辽区：1800000 万人。

　　以上还只是敌人侵华战争直接造成的损失的不完整统计，至于敌人制造"无人区"荒废土地及因战争使农产歉收等损失尚未计算在内。根据上面数字亦可以看出：在抗战 8 年来我边区人民是付出了极大的牺牲与代价，因此我们坚决要求严惩日本法西斯战争罪犯，赔偿边区人民的损失，并有权利要求国际、国内的救济机关，首先给边区人民以应有的救济。

（《晋察冀日报》，1946 年 2 月 6 日）

2. 人口伤亡资料

（1） 日本强盗的口供
——晋察冀通讯社稿

现在，世界上更不会有任何人怀疑日本帝国主义用毒气屠杀中国人民这一残酷的事实了。因为这已被日本强盗招供了。最近八路军某部在易县大龙华的胜利的战斗，获得了敌人的文件很多。其中一部就是关于敌人施放毒气的各个详细报告，这是一个铁证，这个铁证是杀人犯自己口供，没有比这再可靠再真实了，凶狠的强盗暴露了自己的丑恶的面孔。

这个文件是一个约二百多页的大本子，封皮用硬厚纸装订，右上角写明："军事机密"，字的四周画有红线，尽示重要之意。正中书：一、"关于山西北部作战使用特利资料参考"；二、"日支事变中发烟攻击战例"；三、"第三师团、第十师团、第十三师团便用特种发烟筒攻击简表"。右下角书："河口少尉"。

其内容简单叙述如下：

第一部："关于山西北部作战使用特种资料参考"。

在这一部分里，分节讲述特种发烟筒与特种发烟弹的效能，以及特种发烟筒的方法，并附有图表，详述在每次战斗中，施放特种发烟筒的经过，并有敌我战斗的图解。从这一部分中，我们完全可以看到所谓"发烟弹"等就是一种窒息性的毒气。兹择敌人进攻军区的几个"战"例，列表于后。大概我们还会很清楚地记得吧：

地点	日期	数量	毒化宽度
定襄	十、一	2548 筒	2700 米达
漫山	十、一	12 筒	
北镇	九、二十八	120 筒	300
严城镇	十、二十四	20 筒、65 筒	
灵山镇	九、二十八	130 筒	200
东庄	十、四	80 筒	300

方氏口	十、四	124 筒	500—600
大白化	十、二十六	47 筒	200
王快镇	十、二十八	90 筒	300—400

（注：日期表示去年）

第二部："日支事变中发烟攻击战例"。

这一部分共有 33 个"战"例，每个"战"例，列一表格，分为：日期时刻，气象，使用部队，使用数量，毒化面宽度，使用状况，"敌人"（指我军——编者）防护状况，效力，利用成果之情形，关于用法及资材之改善等项。表格下面附有作战的地形图，并表明施放毒气之状况。这些战例，大都是在进攻武汉的前后。去年十一月敌寇进攻聊城内战役，也记在这些"战"例里，我们记得晋西北的抗日根据地的创造，民族老英雄范筑先先生就是在这次敌寇残酷的进攻中壮烈殉国的。我们从敌人的这个报告里可以看到固守聊城的将士的英勇，以及战争的激烈，敌寇最后竟拿出野蛮的方法，施放毒气，被风头吹送的毒气，笼罩了聊城，我们的英勇的将士们是这样壮烈殉国的！

除了这三十三个"战例"之外，这是去年七月初敌寇，第二十师团在曲沃附近干的野蛮勾当，兹列表于下，以见其毒狠之一般：

一、特种发烟筒

地点	日期	数量（筒）	毒化面宽度（米达）
北樊村	7.5	3000	1500
仪门村	7.6	1000	1000
仪门村	7.6	3000	2000
曲沃西南浍河南岸	7.6	5600	3000

二、特种发烟弹

地点	日期	数量（颗）	距离（米达）	炮数
盈村	7.5	190	2000	12
南下张	7.5	300	1000	22
西杨村	7.6	158	1700—1800	18
白水村	7.6	144	1800	6
西明德	7.6	200	1500	5
西杨村西南	7.6	1000	3000	6

总计两天之内，敌寇竟施放了 12600 毒气筒，2197 颗毒气弹！

第三部分是三师团施放毒气的"战"例简表，因第十师团的表格遗失，只存第三师团和第十三师团的"战"例212个，时期大都在去年九月、十月、十一月。

　　以上的所谓"战"例当然不能包括敌寇施放毒气的全部；但仅仅这些数目字，已足以表示出日本帝国主义残暴到怎样程度了。在这文件里面还记载着有一次当我军因敌寇施放毒气而转移阵地时，敌寇竟用刺刀刺杀十九个因受毒气丧失战斗能力而不能行动的战士。还有一段记载着敌寇在曲沃附近，看到我国的难民，因受毒气倒在路上，辗转呻吟。这一类残忍的记述充满了这个文件。最近在冀中、河间战斗中更大施毒气，这都是铁的事实，任凭法西斯强盗作怎样欺骗的宣传，这些铁的证据，使他绝无法再行掩遮了。到边区来的英记者薛立敦先生已把其重要部分，译成英文，敌寇的野蛮违反人性的屠杀中国人民的罪恶行为将要暴露在国际人士的面前！

　　（晋察冀军区政治部抗敌报社编辑部：《抗敌报》，1939年6月11日）

（2）晋西北敌寇暴行

——以毒气弹惨杀我同胞姚咀子村民死伤数百

　　新华社晋西北分社十七日电："旧历正月初十，敌三十余，到忻县原平镇附近之姚咀子村，强迫全村男女老幼齐集指定之窑洞内。我数百同胞进去后，敌突抛进毒气弹数枚，并以刺刀堵塞窑口，约一小时之久，始离去。截至正月二十七日止，死难者已达一百三十多人，余者亦均气息奄奄，危在旦夕。"

（《新华日报》华北版，1941 年 3 月 21 日）

（3）西湾村的血泪

——四岁小孩一扯两半　敌寇兽行灭绝人伦

（离石讯）上次进估碛口附近西湾村敌，在哪里盘踞了二十三日，到处烧杀不必说了，最可痛恨的是对老弱的残害和对妇女的侮辱。一个四岁的小孩，在母亲面前由一个敌人抓着两条腿，一扯两半死掉了。一位六十多岁的老汉，三寸多长的胡须被一把扯掉，血泪交流，晕倒在地上。并且集中二三十个大瓮，强迫妇女洗澡，洗澡之后又强迫一丝不挂地，依次躺在炕上，敌寇叫它为"赤肚大会"，而禽兽们就在"会"上进行集体轮奸，一个十四岁的少女和母亲并列地躺在炕上，被五个敌人轮奸之后，又用刺刀刺死了。一位老汉被强迫着奸了他的侄儿媳妇，这真是灭绝人伦的兽行。

（《晋绥日报》，1941 年 5 月 7 日）

(4) 五寨敌"鼠疫实验"害死民众千五百人

（本报岢岚讯）据传，五寨敌人最近收集了大批老鼠，在城内作"鼠疫实验"。却不料对我根据地的"毒疫攻势"还没进行，倒把城里的老百姓"实验"死了一千五百人，群众非常愤慨。（生）

（又讯）我军某部，在岢岚五区查获化装挑担小贩的敌探一名，他深入各村活动，行担内藏有好几个散播病菌的老鼠。以后，站岗放哨，对这种人应该特别注意。

（《晋绥日报》，1942年5月7日）

（5）汾阳事变

晋西北通讯：汾阳敌寇大规模的屠杀我同胞，对于这种空前残酷的大残杀，当地人民称之为"汾阳事变"。事变至今，汾阳地方上有地方的士绅及一般知识份子被捕者，已达一千五百多人，其中处死者有四百多人，判罪罚款者二百余人，送到太原"工程队"服役者近二百余人。这一残杀案，又一次暴露出敌人惨无人道的兽性行为。

远在去年春天，敌人声称要召集全县小学教员"集训"，八十余个小学教员便被敌人籍机诱捕；敌人说他们是"匪区"的教员与中国政府沟通，是在"中国政府流动教育团"领导之下工作，将其中一部分人枪杀。这是"汾阳事变"的开始，也是敌人大批摧残捕杀我敌占区知识分子的开始。

接着，伪警备队便在敌宪兵领导之下四处搜罗学生，凡受过中等教育的人，都被列举名单，按名传讯，说他们暗中传播抗日思想，受八路军及中国政府的指示，图谋暴动。二区一个十八岁的初中学生王白明被捕后，敌人拷问他"是抗日还是亲日？"他决然回答："抗日"。问他"为什么与中国政府沟通？"他说："是中国人应该与中国政府沟通"。问他"为什么沟通八路军？"他说："抗日的人都沟通八路军。"敌人就立时把噬人的恶狗换来，把他咬死，王白明就这样悲壮的牺牲了！秋季，敌人又将这捕杀政策转移到民众身上。二百多个乡村居民无故地被加以不忠于"皇军"的罪名横遭逮捕，敌人手中的抗日人员名册上有时只写某村"赵某"等字样，"赵某"究竟是谁呢，于是全村姓赵的都被逮捕了。初冬，敌人的捕杀政策又转到伪组织工作人员身上。仁岩村是汾阳附近敌人一个大的据点，在那里敌人训练着三百多个伪村长及小学教员，十一月下旬，要放这批伪工作人员回家了。敌指导官杀猪宰羊，请他们吃饭，要他们回家后好好报告八路军的消息。当地绅士亦多被"请"，在座宴席上，敌指导官告诉大家，谁喝酒越多谁对"皇军"越好。少数人为了表示对"皇军"的忠心，喝的酩酊大醉，这时敌兵突然布满门前，院内一阵惊慌，敌指导官拔出手枪，不准大家动，并排好队，挨次点名。最后点出的二百余人，被圈入一个大院内，敌人说他们是共产党，让其余百余人散去。此后又将村公所学校个体受训人员捆绑起来，当晚由七辆大汽车押送到城内宪兵队去。十二月一日，陆续在二区五区捉去百十余人，各据点内捉去七八十人，城内捉去百数十人，其中有的是路上行人，有的是在田野拾木柴的穷人，有的是教徒、商人、伪村长、书记、伪政府工作人员、警备队长、敌人的翻译、密探、新民会人员，都加以"共产党"的罪名。

"汾阳事变"中，伪新民会人员全都被捕了，仁岩伪归顺委员会人员亦都遭杀死，汾阳城内指挥街由于敌人的驻扎，已变成了人间地狱。"宪兵队"是敌人的特务机关，是经营各种情报、压迫统治敌占区人民的魔主。宪兵队有"灭共特高层"的组织，内有特务队员十一人，专司特务密探活动。除特工对外，每个日本宪兵都有二个至五个私用之中国便衣，一切逮捕杀害以至"汾阳事变"的发生，都由敌宪兵队指向这些汉奸败类一手造成。敌宪兵队内设有"置留场"，是许多间不见天日的监狱，从各处逮捕来的中国人民，都被囚禁在这里。"汾阳事变"被囚禁在这里的现在还有五百余人，火锥、皮鞭、漆棍、狗噬……不可胜数的恶邢，从这些杀人犯的手下发明尽了。在冬天，敌人在院内放一大缸冷水，然后命被捕的中国人民衣服脱净，把水面上的冷冰打开，将人放入缸内。一个十九岁的女子，全身亦被剥的精光，敌人鞭策她去抱抱那熊熊放光的火炉。一个六十余岁的老者和十七岁的孙子，一齐被捕，敌人将一条长绳拴在他们爷孙的生殖器上，两面鞭打要他们将绳扯紧，敌人恬不知耻的在绳上跳过，有的故意拌在绳上，将老年的爷爷与年少的孙孙同时绊倒，一旁的敌人反而狂笑起来。许多野兽都被敌人训练成噬人的工具，除去狗吃以外，还有猴子咬。汾阳城内一个小学女教员被审讯时，敌人对她凌辱，她忍无可忍，拼命将敌宪兵队长荒木打了一掌，立时一只猴子被唤过来，扑到她身上，将衣服撕破，遍体乱咬，鲜血淋淋，她当场碰壁牺牲了。敌人当时要中国人屠杀中国人，要父亲亲手杀害他的儿子时，当将"留置场"的"囚犯"召出一批，命乙将甲杀掉，命丙又将乙杀掉，最后敌人亲自下手将丙杀掉。就这样，仅在宪兵队一个后院内，敌人就屠杀了我们近四千同胞！

二月中旬，敌宪兵队内发生了一次惊人的壮举！一天傍晚，十一个被认为有"共产党"嫌疑的人被处决了，敌人将一柄明亮的钢刀交给了"囚犯"中一个名叫王四寿的壮年人，要他将另外十四个人杀死，这样就可以将他免刑。王四寿全身木然了，两手颤抖着。敌人命令一下，他咬紧了牙关，回身竟将敌宪兵山田劈死，然后自己亦挥刀自杀。

至今，汾阳敌人对我同胞的屠杀仍然在继续着，"汾阳事变"仍未结束，宪兵队的"置留场"容不下了，最后又有五百多个同胞被囚到城外的"大营盘"

去。但汾阳广大人民并未在敌人屠杀政策下屈服，每个人心里都深记着"汾阳事变"——敌人这一笔血债，在不久的将来，我们一定要索还的！

（新华社广播）

（《晋察冀日报》，1942 年 9 月 15 日）

（6）日寇对我妇女同胞暴行的又一记录

民国 30 年（1941）日军秋季大"扫荡"中，山西盂县杏花村当敌军围村的时候，逃出了他们虎爪的妇女只有两个，那好几百个老的、小的、贫的、富的姑娘、寡妇统统被他们奸淫了，一个 13 岁的小姑娘曾被 13 个日军轮奸。

在日军所谓"治安区"里，他们建筑起堡垒据点的地方，他们强迫着全村的妇女去修堡垒，长的好看的，叫她放下工作到堡垒里去，平常的交给伪军，其次的强迫民夫奸淫他们自己姐妹姑婶，他们还利用"照相"、"慰劳皇军"、女报告员等名义，招呼妇女。当再也无人被诱上堡垒时，他们就下条子，向各村要，在雁北离据点 20 里左右的村子，无一幸免。上寨是敌盘踞过 8 个月的地方，全村 100 多妇女都被奸淫了，奸后并强服毒药，在龙华（易县之一部）二区马家庄、源泉一带村子，日军每夜都要 15 岁以上 18 岁以下的妇女，以村为单位分配每村至少 15 个。在五台东峪村敌搜不出一个青年妇女时，7 个日军便去轮奸一个 60 多岁白发苍苍的老太太。在定襄一个妇女遭到 24 个敌人强奸，在敌人据点堡垒附近一些农家妇女到田园去劳作，日军会成群成伙的到田地里去捉回堡垒里强奸。

在盂县杏花村日军捉住一个妇女，她正在月经期，他们威胁逼迫着一个老头子在大众的面前去将那月经吃掉。在灵寿被征调去的妇女大小便不得自由，有的实在忍受不住了，日军强迫男子用手去捧着妇女的大便，他们在一旁哈哈大笑。在五台敌人更异想天开，召开什么"摸奶大会"，将好多妇女弄去，脱光衣服，赤身露体的在河里把身子洗干净再去，让鬼子摸奶头，曾欲涌上来时，就当众干出那下贱的事来，再不足兴就强迫儿奸其母，父奸其女，全村男女实行集体的乱交。

在河北灵寿行唐一带，曾发生过这样的事：日军把抢去的妇女用大车拉到据点去，用布幕罩上标价出卖给汉奸、特务、伪军，价钱 5 元至 20 元，只许看脚不许看头，一个伪军花钱买了一个，揭开幕布一看正是生他的母亲。

太平洋战争爆发后伪军动摇了，日军为了巩固其对伪军的统治不惜出此下策，允许伪军到各村公开奸淫，威胁良家女子嫁给汉奸，在日军进入我根据地时，他们的军官曾下令给士兵放假 3 天随便奸淫。

（《晋察冀日报》，1942 年 9 月 17 日）

（7）社论：控诉敌寇屠杀俘虏的罪行

几年来，敌人在华北抓捕了我们无数的青年壮丁，杀戮了成千上万的华北同胞，同样，敌人也杀害了我们许多优秀的抗日干部。在村庄里，在田野上，在敌人的铁道、矿山、黑暗的煤窑里，在那"万人坑"中，到处有我们死难同胞与同志们的骨血。

战争，特别是民族革命生死的战争，流血牺牲是必须付出的代价，这原是没有什么可怕的。优秀中华民族热血的儿女是不怕任何牺牲的。在这样伟大的反抗日本法西斯非正义的侵略而举行着的震惊世界的正义的民族自卫战争的烽火中，我们死去的每一个兄弟和姐妹，都是有着无上的光荣。我们看见他们在敌人的屠刀面前毫不屈服的英雄气概和视死如归的革命精神，我们对于死者，除了沉痛的哀悼之外，更有无限的崇敬！

但是，我们死去的先烈，他们临难时在敌寇的酷刑下受尽凌辱，牺牲时遭受最野蛮的残杀，他们死难之惨，一方面使我们加倍悼念烈士殉国的壮烈，另一方面更使我们痛恨法西斯日寇的残暴行径，不共戴天！

敌寇野蛮屠杀的手段绝世无双，这本来是人所共知的。它有着无穷尽的残暴杀人的方法，那是世界公法上决不能容许，只有灭绝人性的法西斯盗匪们才干得出来。然而，世人都还未必知道敌寇是怎样对待俘虏的吧！敌寇在它诱降、欺骗的宣传中也曾以其对俘虏的"宽待"的各种好听的名词为口头禅，企图掩盖它的野兽般的残酷暴行，但是鲜血淋淋的事实，却把它的一切欺骗宣传完全揭穿了。

不久以前，被敌人俘虏到太原去的中央军、晋绥军和八路军的许多官兵，曾经被敌人整批屠杀在太原小东门外东北的大坑里，仅仅被发现的前后3次被屠杀的就有200余人。从敌人的屠场里脱险逃回的人，诉说那血腥的惨案，他就是敌寇屠杀俘虏的暴行的活见证！

然而，当这样惨绝人寰的秘密屠杀的事实没有被揭露的时候，谁能知道那些俘虏是到哪里去了呢！敌人的宣传是说送这些俘虏到关外去做工啊！但是关外是找不到我们那些被俘虏的同胞的影子的，他们被屠戮的尸体是早已被抛在"万人坑"里了。而且就在关外，我们无数被强迫到煤窑矿洞里去当苦工的同胞，岂不是也都在一批一批地死去了吗？多少从东北逃回来的人不是在哭诉着那暗无天日的悲惨的境遇吗？这就是日本法西斯强盗所谓"宽待俘虏"和"征募苦工"的全部真相！

　　这次太原日军秘密屠杀俘虏的惨案的揭露，显然仅仅是敌寇暗杀俘虏的无数血腥事件中很小的一部分，正如这种屠杀暴行仅仅是敌寇5年来在华普遍实行的野蛮暴行中的很小一部分一样。全世界正义的人士，没有不痛恨法西斯强盗灭绝人性的暴行，就是日本军队中稍有正义感的下级军官和士兵们，也都不能忍心看着这样血腥的暴行了，他们有的已经不愿在法西斯军阀头目的指挥刀下，去干这类灭绝人性的行为了。

　　今天，我们再一次把日军屠杀俘虏的罪行向全世界人士控诉，我们相信全世界反法西斯的人民，绝不能容忍这种强盗的兽行在地球上继续下去。我们一定要更加一致集中全力，消灭这灭绝人性的万恶的法西斯盗匪！我们同样相信广大的日本革命的士兵，将会英勇地起来，和我们共同反对日本法西斯军阀！

　　在今天中国反抗日本法西斯的队伍中，我们已经有了许多从日本军队里跑过来的英勇的战友，他们和我们亲密地携起了手，我们并肩地作战，他们亲自看到了我们的所作所为。他们更可以证明：当我们在战场上解除了日本士兵的武装之后，我们从来没有加以任何的伤害，而且尽我们的力量予以切实的优待，如果有要求回去的，我们还护送他出境，或在战场上当时就释放了。因为我们所反对的敌人只是日本的法西斯强盗军阀，而不是日本的人民和日本的士兵！然而，日本法西斯强盗军阀却到处在屠杀我们被俘虏的官兵，屠杀中国的人民，这就更加明显地说明了日本法西斯强盗是世界正义的人类的共同的敌人，是中国人民的死敌，也是日本人民和日本士兵的敌人！为了人类的正义，全世界反法西斯的力量必须更加团结起来，中日两国反对法西斯日寇的战友们更要亲密携起手来，一致坚决消灭这共同的敌人，为我们死去的同胞和战友们讨还这无边的血债！

（《晋察冀日报》，1942年9月20日）

（8）太原东门外敌杀我俘虏十二人

新华社晋西北九日电：今年七月间，太原敌寇先后秘密屠杀被俘抗日志士二百余人，后五寨敌寇又于九月十九日，由狱内提出被俘我方战士及政民干部十二人，在东门外杀害，每人只砍一刀，谓之"一刀之罪"，其中有的未死逃至森家坪，为我侦察人员救回，一为行政干部，一为某部战士，伤口深半寸许，已送后方医疗，敌人此种残杀俘虏的滔天罪行，实为亘古未有，凡有血气者，无不切齿痛恨。

（《晋察冀日报》，1942 年 11 月 14 日）

（9） 大同五寨等地敌疯狂捕抓壮丁

（特讯）最近敌人在沦陷区各地又疯狂捕抓壮丁。九月二十日至十月五日敌在五寨捕去二百余人，大同敌亦捕去老百姓四百余人，宁武城内，敌捕六十余人，被捕去的青年壮丁，均运往他处，强迫编入伪军。

（《晋绥日报》，1942 年 11 月 24 日）

（10）血腥恐怖笼罩敌占区

——汾阳敌大举屠杀民众

（汾阳讯）敌"五次强治"于十月初旬开始后，在汾阳即大肆捕杀伪组织人员及一般民众，截止目前已捕杀者不下千六百人，敌占区民众，恐慌万状，不分昼夜钻住山沟，其在平川无山沟之处，多藏之于枯井墓地，过着饥寒交迫的地狱生活。敌之大屠杀系于十月初开始，十月五、六、七三日即封锁城门大肆逮捕，效忠于敌之伪协和堡合作社经理张逆振东，全家老幼均遭扣押，伪军、伪组织人员，亦多遭逮捕，至教职员，青年学生及商民人等，被捕者为数尤多。八日，城内敌复大批出发肆意搜索，并令各据点敌一齐动手，四、六、七区，因靠近山地，有山沟便于躲藏，也有我武装掩护，被捕者仅只四十人；一、二、五区，因地处平川，被捕者达七八百人。此数较去年"三次强治"所捕者，超过一倍。

（汾阳讯）今春以来，汾阳敌派大批便探情报人员，调查知识分子，并无耻伪造各种"证件"，藉端杀害。汾阳城内高小教员成以正被敌宪兵捉去，将衣服剥光活活的用烙铁烙死，高小教员刘永祯被用柜子压死，城内教会小学教员赵石安被敌用棍子打死，城内大和桥小学教员陈子伟被敌用铁斧劈死。自今春到现在，汾阳青年学生和小学教员，就这样被杀害的有四五十名之多。在这种血腥恐怖的不安状况下，汾阳知识分子，纷纷逃入根据地。

（本报讯）近有来自晋南某商人谈称，敌在襄陵县大捕地方士绅与知识分子，计捕去者有士绅郑宗虔、章立叶、刘义俭、吴振东及小学教员等四百余人，很多已被杀害。

（《晋绥日报》，1942 年 11 月 24 日）

（11）敌在华北掠夺劳力骇人听闻

——六年来竟逮五百六十九万余

本报讯：六月来敌人在我华北人力掠夺的惨状是难以描述的。在其占领地区，强迫人民成立所谓"防共自卫团"、"新民青少年团"，紧接着又强抽壮丁，有的被编入伪军，有的被送出关外到煤矿上作苦工，在游击区，敌人就用圈村并村的办法，搜捕壮丁，先关入在各地设立的什么"劳工教习所"、"留力场"等组织里面。每天打骂兼施，各种刑罚都来，直到把那些壮丁磨的有气无力，就用钱卖给那个"华北劳工协会"，被装在火车箱里往关外就运，又据伪"华北劳工协会"供称：从一九三七年到一九四二年这六年里我们华北的青壮年被敌人抢夺去的，青年有五百六十九万多，计一九三七年三十二万三千六百八十九人，一九三八年五十万一千六百八十六人，一九三九年九十五万四千八百八十二人，一九四〇年一百二十万人，一九四一年一百万人，一九四二年一百六十一万一千三百二十一人。从这数字里我们可以看到敌人对我华北青壮年的抢夺，是一年比一年残暴。所抢的壮丁大多被送到东北，如去年有一百五十多万壮丁就强迫到东北去了，共余五万多人强运到绥远、察哈尔、华中、朝鲜等地。

（《晋察冀日报》，1943 年 1 月 27 日）

（12）晋绥边区文联发出宣言控诉敌寇
准备大规模施放鼠疫菌的滔天罪行

全国同胞及全世界反法西斯战友们：日本法西斯强盗最近又企图以惨无人道的狠毒手段来毁灭我解放区人民了！根据我边区《抗战日报》的连日揭露，有如下的消息：一、"敌绥远巴盟公署训令向绥远各地要活老鼠，分张家口、大同、集宁、包头等5处，1至3月为第一期，3至9月为第二期，朔县平鲁敌现向每闾各派2000只。"二、"1月13日，伪大同省治卫处，二号命令，强迫每村捕捉2000只老鼠，限期缴到。南丈子敌伪已强迫群众捕捉。群众对敌寇此种毒害我国同胞的滔天罪行，群起抵抗。"三、今年1月份内，平鲁敌人曾下令各村，每闾交老鼠2000只，已引起群众普遍反抗；最近又下令每周交虱子1斤半，并且要活的，限几天内交齐。沦陷群众早已识破敌人这种杀人阴谋，故一面违抗不交，一面便互相警告着"防止敌人用瘟疫害咱们中国人"。仅就近日这简单的消息，即足以看出日寇的这种阴谋，是如何的庞大！

日寇对我解放区施放鼠疫病菌、毒气等等，这已不是第一次了！根据历年报纸的零星记载，可以借查的有：1942年4月19日《解放日报》载："我边区反'扫荡'结束后，河曲县巡镇一带发现鼠疫，很多得病的人吐血便血，短期内即死亡。"同年5月7日《抗战日报》载："我某部在岢岚五区查获化装挑担小贩敌探一名，他深入各村活动，行担内藏有好几个散播病菌的老鼠。"1943年11月2日《抗战日报》载："今春敌'扫荡'我八分区时，曾在屯兰川放了大批伤寒毒菌，入秋后病菌滋发，伤寒病蔓延全村，仅营立一个不满百户的村子，不到一个月便死了50余人。"1944年4月13日《抗战日报》载："3月14日榆林、穆村、高村、李家坦等据点敌，在石县二区兴和、后坪两村的天桥内施放大量毒气，毒死男女老少71人。"而据医生张汝光今年4月5日在《抗战日报》发表的文章中指出："去年秋季反'扫荡'时，敌人在界河口东放了不少老鼠。"这些消息，真是挂一漏万，但已铁一般地证明日本法西斯的此种违背国际公法而灭绝人性的滔天罪行是一贯的，现在的所为，不过是更凶恶、更有计划、更大规模的实行罢了。8年来，我边区军民，和这种吃人的牲畜搏斗，我们坚信我们对国家民族、对世界人类的贡献，冒着一切艰险，堵击这种向人类倾泻来的毁灭灾难。我们有多少父老兄弟姐妹在这种血腥的灾难中牺牲了，但我们更顽强地战斗着，不断地给这种吃人的牲畜以迎头痛击，粉碎了敌人数次的"毁灭扫荡"，和烧光、杀光、抢光的"三光"政策，解救了无数同胞的生命，并不断向前，收复了许多据点，解放了无数在敌人铁蹄下陷于死亡线上的同胞。在此全世界反法西斯战争已接近最后胜利之日，我们从烟雾中已经看见了破晓的曙光。目前日本法西斯此种大规模准备施放鼠疫病菌的阴谋，固然是其灭亡前的挣扎；但这种为国际公法所不容的灭绝人性的滔天罪行，我们决不能稍事容忍，我们以满腔愤怒向全国、全世界提出控诉，我们大声疾呼要求全国同胞和全世界反法西斯人士注视日本法西斯的这种罪行，我们更要求行将召开的旧金山国际会议对此罪行付诸讨论，并予以有效的制裁。

晋绥边区文化界救国联合会4月20日

（晋绥分局机关报《抗战日报》，1944年4月23日）

（13） 日寇否认在我国施放毒气

——十八集团军叶参谋长痛予驳斥并向世界控诉

新华社延安二十四日电：本月十五日，日寇"中国派遣军"当局，否认曾在华使用毒气。本月二十一日，十八集团军参谋长叶剑英同志，兹表声明驳斥之，并向全世界人士，控诉日寇几年来在我敌后根据地滥放毒气毒害我抗日军民的罪行。据称：日寇历年来施放毒气，铁证如山，而他竟抹煞事实，说什么"皇军信守道德，不仅在过去无此事实，即在将来，只要敌人不使用毒瓦斯，皇军决不会采用"，可谓无耻已极。查数年来，日寇在敌后战场使用毒气，据不完全统计，已不下数十次之多，举其大者：一九三九年四月二十四日，冀中河间战斗，敌一个联队，被我包围痛击，行将全部被歼，乃无耻施放毒气，我军指战员在毒气弥漫中，仍猛烈冲杀，是役我贺龙师长及王震旅长均曾中毒负伤。百团大战中，敌寇每于作战不利时，施放毒气前后共达十一次之多。1940 年 8 月 21 日，在平定战斗中使用毒气，我中毒官兵 40 余人。同日，敌在武乡西故县战斗中使用毒气，我中毒官兵百余人。1940 年 8 月 23 日，敌在阳泉以西独峪战斗中使用毒气，我旅长范子侠，旅政委赖寿续等百余人中毒。1940 年 8 月 29 日，敌在阳泉的桑掌、坡头战斗中使用毒气，我旅长陈锡联、旅政委谢富治、参谋长曾绍山等以下百余人中毒。1940 年 9 月 25 日，敌在榆社战斗中使用毒气，我旅长陈赓、参谋长陈希汉以下二百余人中毒。1940 年 9 月 21 日，敌在丰镇以南破鲁堡战斗中使用毒气，我官兵二十余人中毒。1940 年 9 月 22 日，敌在忻口车站战斗中使用毒气，我中毒官兵数十人。1940 年 10 月 2 日，敌在辽县王景战斗中使用毒气中，我中毒官兵三百余人。1940 年 10 月 16 日，敌由军渡炮轰宋家川，其中有毒气弹 70 余发，我中毒官兵八十余人。1940 年 11 月 9 日，我大青山支队在柳树液村与敌伪 200 余激战，敌不支战斗放毒，我官兵 20 余人中毒。1940 年 11 月 6 日，敌在武安阳邑战斗中使用毒气，我旅长尹先炳等以下 40 余有中毒。1942 年 5 月，敌大举"扫荡"太行区失败撤退时，在各地民房坑上、床上、桌凳上亦涂抹毒气液体，我军民中毒者颇多。据不完全统计自 1937 年 9 月至 1940 年 5 月止，三年中，八路军仅中毒官兵即达 10475 名。敌寇此种惨无人道的兽行，不仅用于毒害我武装部队，而且毒害我手无寸铁的民众，如 1941 年敌"扫荡"冀中时，在定县南部的北坦村，毒死我同胞 800 余人。1941 年 1 月 25 日，敌在冀东潘家峪，毒死与杀死我同胞 1033 名。1943 年 11 月 19 日，敌荒井部队，在北岳区阜平高山洞中，毒死我避难同胞 100 余人。今年 3 月 14 日，敌在晋西北离石二区兴旺和后坪两村，毒死我同胞男女老幼 71 人。我全国军民，都知道日寇俞接近最后失败，他必然更加疯狂，更多使用毒气，毒害我国军民，但他无论如何破坏国际公法，逞其兽性，都决不能免于死亡。敌寇此种万恶兽行，欲盖弥彰，他迟早必将得其应有的报应。

（《晋察冀日报》，1944 年 7 月 22 日）

3. 财产损失资料

（1）晋东北敌寇三次"治安强化运动"的阴谋及其掠夺暴行

一方面，是因为抗日根据地日益成为敌寇不能摧毁的钢铁堡垒，而进行所谓长期"有计划"的"治安肃正"方针，以毁灭我根据地。一方面，则是因为长期侵略战争已使敌国经费日益崩解，为着支持长期侵略战争，充补其食源匮乏和粮食等农产品的不足，而进行对中国人民残暴掠夺，这特别是敌寇三期"治安强化运动"的中心阴谋。

晋东北敌寇三期"治安强化运动"，阴谋准备于九月一日至十月底，为会议、组织、伪令颁布时期，而实际起则为十一月一日。记者现将所得敌寇阴谋资料，剖析和报导如下：

（一）敌寇物资统制及封锁的机关及其方式

山西省寇军特务机关（特务机关长桅山英武事实上是全省"治安强化运动"直接的指挥者），是首脑执行机关。配合其开设的傀儡组织、伪有公署、"新民会"等组织及伪"山西物资对策委员会"，统制全省物资，实施对我封锁及搜刮政策；而中心仍着肃县，所谓县的重要主义。晋东北的代县、平定、阳泉、朔县、原平、忻县、五台等敌军特务机关"管内"，"统立县的物资对策委员会"，（比如平定、盂县、寿阳就是辖属在阳泉的敌特务机关的。）而封锁的具体执行，仍需通过各地敌军特务队的经济封锁班，或经济调查班与经济警察班，而对于大的商业城市与市场，或交通要塞，如阳曲的大盂；五台的东冶河边；寿阳，宗艾；崞县，原平；代县聂营，阳明堡；忻州，忻口；定襄；盂县；平定阳泉，"新民会"、"合作社"则执行各地伪"物资对策委员社"所谓"物资配给制度"，如定襄城"合作社"，即强迫人民购买股票，入股后持股票证据每月可购货五次（没有股票的不行），敌寇企图以此统制贸易，封锁必需物资流入我根据地，这就是敌寇对物资统制与封锁的机关构成。而对敌占区，接敌区与我根据地的农产品搜掠，则实施所谓"屯积政策"，敌在我 ×

专区九个县份的较大据点都设有"物资保管积粮仓库"与"粮食保管委员会"。如代县区设"实物保管积粮仓库",内设主任(伪区长兼)、评议会五人组成,副主任、组织、保管、书记、两个顾问(由各村伪村长担任),盂县、昔阳、上社、近圭社设置保管仓库,五台、崞县、定襄也是如此。依据省及各地敌寇特务机关"管内"、"物资流动取缔要领","重要物资移入移出的许可制"等。重要物资向省外移入或移出时,由省的寇军特务机关确定许可制,(各地大抵依此),向外移出时,确定日用品及数量价格发着地,经路、输送方向、移出是由、详细记载、写成"申请书",五项交由各地"物资对策委员会"核审转伪"省物资对策委员会"许可,但即便经过许可统制品外的物资欲移出时,仍由管辖的寇敌军特务机关长许可。移入物资实行相似以上方式,但在发取货的铁路站,需要许可证,敌寇特指定以下各站装卸、移入可统制物品,有太原(北站以内)、榆次、寿阳、阳泉、北同蒲线、忻县、河边、原平、崞县、轩岗、宁武。对我经济封锁也由特务机关确定取缔物资运搬的方法,其阴谋在杜绝我日用必需品。物资运搬方式要是:

一、运搬者依手续写成"物资运搬许可申请书"一份,向山西省寇军特务机关长(各地由各地敌特务机关,如盂县须向阳泉特务机关。)提出。在"申请书"上还要将其搬入地之管辖机关,(敌陆军特务机关:宪兵队、警备队)发给"物资搬入证明书"添附在内。

二、"申请书"必须要保证人一个,署名盖章。

三、"申请书"如是商人在太原或其他城市,须要有店铺,否则需要有相当资产。

四、经伪公署、敌军管理工厂、合作社等"申请"可不要保证人。

五、由山西省或各地特务机关,根据"申请书"密查后发给"物资运输许可证",甲号及乙号,还发给"物资运搬所",将乙号"许可证"及"运搬书"交"申请人",甲号"许可证"则交日军宪兵队各地经济警察班。

六、"申请人"将乙号"许可证"向各地城门卫所提出受其检查并须检印,经过如上的手续后,物资始可运搬,敌寇对物资运搬规定了这样层层叠叠的手续,其阴谋是在扼制物资流通,实行所谓物资封锁。

(二) 敌寇物资统制和封锁的阴谋具体实施

控制物资流通,进行物资严厉的统制,这是敌寇欲解决其资源困难的企图;实施封锁和搜掠政策,这同样是为弥补其食粮,及其他农产品缺乏,和窒息我抗日根据地经济生活的重大阴谋。依据晋东北敌寇此种阴谋具体实施，记者剖析以下诸点：

第一，所谓"统制"之实施，在山西全省沦陷区，敌寇确定需要搬运许可之物资计有①羊毛、兽毛、革、毛皮、麻及各类物资之制品。②铁材（钢材）、钢、铅等物资制品十五种。③武器、弹药物、火药及化学药品、医料药品。④木材类、机械类等十八种。⑤棉花、棉布、米、麦、油类、盐等生活必需品十五种。仅关于生活必需品，超过以下规定数量则不许可：米一斗、杂谷类一斗（豆类在内）、杂谷粉类一斗（豆类粉在内）、布类十五尺（棉制品在内）、油类一斤（燃、工、食各油）、砂糖类一斤、盐一斤、火柴一箱（十小盒一包）等。然晋东北各县仍有参差，代县敌特机关还规定：主要的生活必需品为土布一匹、洋布一丈、红糖三斤、食盐七斤、洋火三包、煤油一斤、食粮一斗、棉花一斤、购货必须购货证。盂县则规定：布半匹、三盒火柴、三升米、每间散发十六张盐票（每张两个月只能买盐一斤），并禁止群众点煤油灯，离据点二十里外的村庄，即禁止买一切日用品，五台、崞县、定襄、忻县、阳曲、寿阳、榆次与此种规定亦相去不远。

这里露骨地说明了敌寇如何残暴剥削与压榨我中国人民，如何毒辣地扼制我国民的生活。

第二，敌寇物资困乏，企图在三次"治安强化运动"里加紧统制与掠夺，以补偿其在侵略兽行中的消耗，另一显著的明证即对工业原料、铁、石油、煤、炭、食粮等五十二种物品的统制，确定移出许可制，而将轻工业原料（棉花、羊毛、毡子、毛革、兽毛、兽皮）向其"管外"移出时必须添附太原货物厂证明书再转向"物资对策委员会委员长"许可的限制。特别是九月七日敌酋植山英武"关于矿油类移入贩卖统制及消费规则事项"的颁布更说明敌寇石油缺乏的严重而求补于消费的节省。对于石油的限制有以下各点。（一）以后大批矿油的贩卖必需通过日寇特务机关之许可。（二）在太原市的矿油办理业者须将每月之购买量和贩卖量和月底的存库量填好计算表于第二月二日提出由伪"太原石油司业公司"向特务机关报告。（三）向山西省移入的灯油须经山西省敌陆军特务机关申请伪"省物资对策委员长"许可。（四）并规定一个月石油的最高消费额：甲、载重汽车一辆二十桶。乙、乘用车一辆三桶。丙、电蹦车一桶（每桶皆十八立方尺）。（五）植山英武并谓："认为使用必要者外，得禁止乘用汽车"（见"关于矿油类移入贩卖统制及消费规则事项"），并将私用或娱乐汽车禁止使用。（六）统制现有全省石油量，作统一分配。

所有这些都显著的说明了，敌寇由于美国和南洋的石油封锁，已经对于现代战争必需的动力——石油，感到严重的缺乏。因之，不得不求助于统制，不得不求助于"节约消费"。

第三，去年敌寇在代、崞、定、忻等县曾实施所谓"屯留政策"时期陷我广大人民于日益饥饿的死亡境地，并实现其补救食粮不足的"现地取给"政策。而今年，粮食的掠夺，更成为敌寇三期"治安强化运动"的中心内容之一，在五台敌寇对所谓"治安区"规定每家仅留一月食粮，余粮尽交"仓库"，美其名曰"保存"，在东冶的附近，南北大兴一带亦如此，崞县的伪"杂物保管仓库"（每据点皆设有），规定每家每人余六斗，余粮皆得送敌"仓库"。代县则分地为四等，一等粮食九斗八，二等粮食九斗六，三等九斗四，四等九斗三，送敌"保有"，每户纳保管费一升，这些"保管"的粮食敌骗人民谓："以后准领"；在东王村交粮食十分之八；聂营、正下社、西下社、滩上、南富树等产量丰富的区域需全交。东四段景、东四高家、东韦、塞里交一石八斗；从十一月一号开始，远处限十天，近处三天交齐。否则实行抢掠。定襄敌各据点亦皆设有"仓库"，按照地亩册，调查土地分上、中、下三等，普遍强迫人民交粮（上等三斗，中等二斗，下等一斗），盂县敌亦强迫人民除留粮一月自食外，余粮为敌掠去。敌寇并贬低"食粮价格"（城内小米每升一角），并增苛税，每斗米抽税二角，每亩地征米二两、款一角。阳曲九月就开始粮食的调查，强迫人民交敌，榆次、忻州、寿阳亦如此。

对敌寇的食粮的掠夺，因为这是陷我广大同胞于饥饿深渊残毒的手段，晋东北人民正展开剧烈的斗争。

第四，三期"治安强化运动"中，敌寇对我物资搜刮表现出另一方面，如对寿阳黄丹沟煤矿的积极开采，并企图修成由寿阳至黄丹沟到黄寨的铁路，对五台硫磺的收买。最近又有不少的奸商到我平定的河边、督口、山泉，盂县山地、清城、荣村（这些村庄都出铁）以四分钱一斤的低价进行对铁的收买，阳泉熔化厂积极修筑等。

第五，晋东北敌寇为扩大其鬼币的市场，强迫人民使用其毫无作用的鬼票，除进行贸易的统制并进行对市场的封锁，晋东北各地敌寇力图摧毁我边币在百万群众中牢不可拔的坚固信用，百般进行对群众的威胁和强迫，伪"联银行"铸造之伪"辅币"，已于九月一日开始强迫人民使用。然而，人民并不因此减低对边币的信任，统制税征收过程中及征收后，边币在山阴、代县、崞县、定襄、忻县、五台、盂县的价格高涨，和伪币的价格低落是显明事实的。

第六，残暴地限制人民的生产，和进行无止境的压榨和勒索人民，这是置中国人民于日赴死亡深渊的恶毒阴谋，敌寇对定襄硝盐，即进行各种阴谋，限制人民的生产、购买和运输。并抽干人的税额以榨取我人民。再如对五台窑头煤炭业的摧残，和对五台大黄花椒及盂县花椒等山货等贬低收货，甚至施行残暴抢掠，这都是表示敌寇紧急日益危机、进行无耻榨取的明证。

第七，敌寇为吸收我根据地的财力，另一方面，更重要的在麻醉我根据地的人民，使其日趋于腐化堕落生活，日趋萎靡不振，日趋丧失民族意识，以供其牛马役使。而在代县强迫阳明堡一带人民，强迫五台、山阴人民种植鸦片。并于各据点设置土膏店，统制鸦片贩卖，强迫敌占区，按敌区人民吸食毒品；盂县敌"关于物资配给实施切符制及物资取缔要领"中谓："向敌地区（指我根据地）搬入之物资赐以鸦片、化妆品、果子、酒、人造丝等足以消耗敌战争力量并生活力物资交换之一。敌寇毒害我同胞，欲将委靡之风麻醉我人民之阴谋昭然若揭，这将引起我万千同胞誓死的反对，直至粉碎其恶毒阴谋而后止。"

（三）如此"治运"——敌寇在晋东北的残暴掠夺

根据全面的剖析，敌寇贼子之心，路人皆知！所谓三次"治安运动"，实欲在我人民经济生活上实施其彻底的奴役"运动"！从十一月起始的敌寇对晋东北各县人民的残暴已经暴露了敌寇狰狞的真面目。在我晋东北百万人民的面前，已明白地宣告了所谓"治安"的真实内容。

十一月初敌寇即在五台、代县、崞县、定襄、忻县、阳曲，先后以地方为单位，组成小的"扫荡"，加紧对我食粮等物资的掠夺。

十一月三日五台东冶、大王村。代县寨里、崞县白石、中庄各据点敌寇约四百余人，组成环状的合击，进犯我崞县同川的南北寨。（中庄敌）白石敌进至代县二区的金山、和白鹭，东冶敌亦由金山犯上下红表，经我军猛烈迎头痛击，大王村至王全庄敌为我灭减数十人，抱头回窜大王村。寨里敌亦经我×部痛击狼狈而返，三日拂晓我军与敌血战山泉、红表、金山一带。激战终日，直至山月初起，敌随惶然退去。六日东冶、白石、中庄、寨里、大王村先后由崞县、原平、代县、五台，增兵数百人，对我实行进犯。八日寨里敌出至愚家湾一带；大王村敌至代县坪浩掌一带，东冶敌约数十人，进至代县上下红表一带，夜晚又返回静文。白石敌出至代县白鹭、山泉，夜至野庄宿营。中庄敌亦与东冶敌结合至善文。八日五台、崞县敌，即肆行残暴的抢掠，代县二区数十村庄与崞县同川、南北寨、西四山底、上社、下社、东社、温东社、东京社等三十个村庄。所到之处，粮食悉为掠尽，每村羊被掠有百余头、鸡二三十头，而宏道镇则一次被抢去食粮五百石。西社抢去食粮亦有三四百石、羊千余只、驴百余只。直至记者十一月中旬离别代县地区时，敌寇约三千余仍盘踞静文。崞县、白石敌据野庄，中庄敌据园庄，西社等为临时据点，每日得四处抢掠和残酷地"扫荡"。

敌在定襄三期"治安强化运动"实施以来，即赶筑宽沟的堡垒，（十月二十八完成）并定以宽沟为中心修汽路四条。一通蒋村，一条通新城，一条通南王村；一条通忻县开董村；里敌伪四十余，每日至各村扰乱，要粮要钱。史家岗、王莲村、土岭口的敌伪每天到各村搜刮，将草泉、高蒋一带任意搜略。一区中霍之敌配合城内及南王村、杨树等伪军每日到各村进行摧毁活动，二区黄咀、南林、木凉、楼台均新增据点，集敌伪军三百余，加紧进行筹粮，如关家庄一村即要粮700多石，敌并扬言将于十天后，到白杨村、寿禄一带抢粮。一区十一月上半月抢粮张村、官庄、棹村等十八村。二、六区，近忻县地带，城内、季庄、受禄的敌伪于下半月抢掠寿禄、大小南庄、横山、运风一带三十余村。

忻州敌，亦强迫人民除留一个月食粮外，一律交出，近在东冶村，增设炮台企图强固忻州支线，分割我忻县，加强对一、二区的统治；对三、四区的控制，最近亦四处抢掠。

敌寇最近对晋东北各县据点的增设，对交通线和堡垒的修筑，并以两三个县组成小的"扫荡"，其阴谋即在分割我边区，分割我晋东北，进行经济摧毁和对于食粮及物资的抢掠，实现其三期"治安强化运动"。

然敌寇的这一恶毒阴谋不会实现，而且将来也不会实现的。

（四）敌寇三期"治安强化运动"的政治阴谋

敌寇三期"治运"不是在以经济封锁和抢掠为主，而以军事行动为辅的毒辣和残暴地手段，而且在政治上同时进行其奴化统治的企图。在五台、盂县的并村政策，强化保甲制度，特别是最近在代县、崞县、定襄、忻县、阳曲等县，将"良民证"改为"身份证"后，因之敌又改为"居住证"，在代县川下，崞县四、五区强迫人民到据点照相，在"居民证"上书以姓名、年龄、籍贯、签名盖章、印指模，经伪"警察所"盖章。"居住证"一份自己保存，一份存村，一份存区，一份存警察所，敌寇妄想用这种方法来统治我人民，使中国人民世代为其奴役！然而，这只是日本强盗一个"好梦"，人民会给予这无耻的奴役伎俩以致命的粉碎。

记者所报导的还未完全，敌寇阴谋当不止于此，敌寇在晋东北的抢掠更不可计数，然而在这里，可获悉敌寇穷凶极恶的阴谋、敌寇日益困难、危机日益严重的窘境。

（《晋察冀日报》，1940 年 12 月 31 日）

（2）敌人在沦陷区的洗劫

草　绿

敌人的经济掠夺办法，是"开发"与洗劫并用：像霸占矿山、垄断渔盐……等是所谓"开发"；而抢粮、抢牲口、苛捐、杂税……甚至绑架勒索等，便都是直接的洗劫。"开发"与洗劫虽原无二致，然而对民众说来，洗劫毕竟是切肤之痛；因而同胞们所切齿忿恨的，洗劫也更甚于"开发"。

在襄垣：厫亭一带，洗劫最凶，四五百口人的村庄，就要小米三万斤，小麦二万斤，马料一万斤，干柴二万三千斤。东王桥仅仅两间，一个月间，被洗劫小米四十石，大洋七千元。××村某人家共有六口人，种地十亩；而一个月的负担是大洋七十元。老百姓卖米一斗，征税一角五分，为卖价百分之十七。襄垣民众对于这种洗劫的答复，便是二月间的民兵摧毁"维持会"，一夜之间，消灭伪组织三十多个，击碎了敌寇洗劫的爪牙。

在和顺，今春敌人每亩地征款两元五，而长年田赋，并不在内；××村某人垦荒地一亩，敌人勒交"垦捐"七元。京上村有五个同胞无故被敌兵绑去，逼令村民以三千元回赎；否则即到该村焚洗！然而和顺民众对敌人的回答，却又出了倭寇意外：不是恭谨唯命；是热烈的参加抗日军，是沉着的加强生产。

有人抄了一张武安营井镇伪维持会的账单，计开：地丁每两征大洋十元（附加每月每两五角）、修伪县署大洋二百元、补助伪区公所办公费每月四元、伪自卫团长受训伙食费十元与雇用费三十元、强派伪报每月报费二元、敌警备队补助费每月四十五元、伪新民合作社摊股三百元、伪区公所杂支每月二十元、伪警察分所补助费每月四元、强征壮丁两名买兵费四千元、伪自卫团三十名每月工钱一千八百元、修营井至玉泉岭公路工资六千元、修该镇碉堡工费四百元、掘"护路壕"六天工资二百四十元、经常供敌民夫三名每月工资一百八十元、强迫给"太君"送金链子大洋三十元、自行车一辆与牲口一头每月征捐二元、伪翻译官家里买房子"摊护"费大洋五十元。

此外敌伪军警过往招待大烟几十两，不算在内。营井不过是武安一个镇子，这个数目，该是如何惊人？然而另一方面，每日却只准向敌人那里购买煤油十斤，海盐三十斤；还得伪保长亲自具领。武安同胞受不了这种虐待，所以一致欢迎八路军，配合战争，做着艰苦的组织工作。

敌人把榆次叫做"普通市"，在"普通市"附近，第一次便是对粮食的洗劫：搜查、登记、搬运。说的是暂留一月吃的，其余一概归"皇军仓库保管"；然而"保管"是假，没收是真；"登记"也是假，只有不分皂白的一抢完事。

商号货物，亦需尽数登记，买卖都得经敌兵的许可，每晚要报账一次。该县东门外××粮店，就只因为缺了一天没有报账，被查封没收。贩运大宗货物，须要"三联票"：如从太原贩货到榆次，一联留售货商店做存根，一联交太原敌宪兵队，一联商人自带；等到货一起运，太原敌即将联票寄送榆次驻敌，仅到站检查。然而这并非仅是手续上的麻烦，而是敌寇掠夺的法门：在太原装运，可以藉口货票不符抢一批，到榆次拆卸又可以藉故罚一笔；有××村一个农民，从太原带钱百余元回家，途中被敌兵夺去，说是因为没有联运票！

榆次北门外设有"煤矿官卖厂"一处，不准私买煤炭，运煤进城，需纳"进门钱"，否则送"皇军"碳一篓也可。有人头税，每月每人一元；有狗税，每月五角；狗需带牌子，所以又有狗牌钱；每月每家出"卫生费"二元；大车一辆，每月税十元，独轮小车税二元，自行车税一元二角，人力车自然更贵，车子都要带牌子，牌子是要向敌人买的。每月每村需交纳伪县公署摊派款项五十元；补助伪警备队十五元。每村需送伪警备队"受训青年"三名，每月每人"训练费"二十元。据一个村子的统计，每月需开支大洋四千余元，送干柴一万斤，鸡子三百个，另外还得送女人！"良民证"和门牌是按月更换的，每块"良民证"系二角到二元不等，不管男妇老幼都得带；门牌每块二角；××村统计：去年一年间，"良民证"费去年四百八十元，门牌费去年一百二十元。敌寇据点里的"维持会"，每月向各村要款三十元；敌伪召集一次伪区、村长会议，每人要向村索工钱二十元，纸烟费五元，吃穿另算。

这些，便是敌人压榨下的"普通市"的情形。然而敌人的统治与洗劫尽管凶残，民众都不断的在奋斗着，上月的老百姓配合××独立营炸毁敌人兵车，就是一例。

在昔阳敌人用"合作社"的名义大批勒索民财，却还要限制民众每人每月只准购买一定数量的东西，而且要经过三次盖章。武乡敌人则在南沟附近搜劫牵钱，每村起码要送足一百五十元，开办"合作社"。辽县敌人也有"农民仓库"；不过最凶残的却是去年秋天的"放马草"，原来敌人无草喂马时，便将大批牲口放入成熟的庄稼地里，说这是"放马吃草"！

可是昔、武、辽的同胞怎样呢？昔阳老百姓，是昔和公路的经常破坏者；武乡子弟兵曾打碎南沟车站；辽县青年则大战花上，袭敌寒王，他们在英勇战斗着。

　　根据地的同胞们，不特较之敌占区是如在天堂；而且比诸重庆后方，亦苦乐悬殊。今天亲日派要我们统统沦为敌占区，我们的任务却正相反：是要进一步解救沦陷区的同胞，早日脱离敌寇血腥的魔掌。

（《新华日报》华北版，1941 年 4 月 3 日）

（3）人民对敌负担奇重

——捐税竟占农产收入五分之四

（崞县讯）崞县敌人今年强迫老百姓种大烟、胡麻、小麦、大米和草麦，原平一带的三区，规定种胡麻七百亩，草麦每闾十五亩（原平区千余亩），全县种大烟一千五百余亩，每亩收税伪钞一百五十元。

又敌占区人民对敌负担十分奇重，以××村为例：全村一百二十余户，六百多人，地二千四百亩，平常年成每亩可收高粱七八斗，现在每斗市价伪钞二元五角，平均每人以四亩地计农产可共收入伪钞七十五元。去年敌人每亩摊款十五元余，外加其他费用（如有一个月，光大烟就招待了四十多斤），平均每人对敌负担伪钞在六十元以上。算下来，约占全部农产收入的五分之四。今年崞县人民对敌负担就更重了。

（晋绥分局机关报《抗战日报》，1942 年 5 月 7 日）

（4）山西敌寇大量抢掠

——铜铁皮毛各样物资

【本报消息】据各地通讯员寄来消息，山西敌人在一二个月内，用全力掠夺轻重工业物资原料。敌人对这种掠夺和抢粮一样重要。掠夺种类，有铜、铁、棉、麻和马、牛、羊、狗、猫、猪各种皮毛及羊毛。敌人在襄垣县要羊毛四万五千五百斤、各样皮毛共三百五十张、麻十四万九千六百斤，铜铁书画没收。在潞城是每间要羊皮二十张、牛皮二张、马皮二张、驴皮一张、猫皮一张、羊皮三百张、麻三百斤。在祁县是每村各样皮五张，棉花、麻是每人各样三斤。敌人要这些东西，老百姓都拿不出来，但是敌人限制得很紧，如拿不出来，就到家里枪。在襄垣有的村子限制只准留铁锅一口、火柱一条，其余就都拿走。在各地都不准老百姓纺花绒布，敌人欺骗老百姓说，还是"皇军"叫你们穿棉布，不叫穿粗布，弄得敌占区老百姓哭笑不得。此外就是到我根据地边缘区抢掠，据襄垣不完全统计，最近敌人在边缘区掠去羊十四鸡约七百多只，牛骡马驴九十六头，及其他铜铁被褥衣物很多。敌人行动特点，是晚间出发，半夜或拂晓时到达目的地，天明就回据点，这些都值得我们特别注意。

（《新华日报》太行版，1944年2月21日）

（三）日籍战犯资料

（1） 调查日籍战犯工作进行情况的报告[①]

（1953 年 5 月 14 日）

自 1952 年 11 月 24 日，日籍战犯移交我省以来的 5 个月中，我们主要是进行审讯这些战犯的工作。这一工作，经过组织力量与对已有材料整理一段的准备工作后，于 1953 年 1 月 16 日至 4 月 11 日近 3 个月的时间，将 117 名战犯初步审讯完毕，接着进行了区别罪情总站队工作，且将所供罪行材料转发给各地进行查封。

一、审讯是怎样进行的

这一工作的进行，是经过了很吃力的阶段。因为从华北军区转来的战犯材料，相当紊乱，材料又很多，且多系日文，其中译成中文之材料亦多重叠，经过翻来覆去的审阅，才作出审讯初步提纲，但仍不能解决审讯问题。因此，又在原材料的基础上，向战犯们进一步交代政策，作了动员，进行了历史登记。据此，又不逼不迫地再次令战犯笔供罪恶，然后从笔供中有重点的开始了审讯工作。在审讯中，通过叙述罪恶事实的过程，确定了犯罪时间、地点、人证和物证，及一切有关罪证线索，全部作出笔录，并令战犯本人绘出构成主要罪恶的地图，尽可能的作了查清罪恶事实必要的讯问，工作便是这样进行的。

二、划分战犯类型

审讯工作结束后，紧跟着作了划分战犯类型的工作。在审讯中供出罪恶材料的基础上，比杀人、比放火、比奸淫、比掠夺、比奴役、比毒化、比逮捕，连续数日进行了 7 比，一项一项分别站队，然后又进行了项与项比。根据罪恶的性质

[①] 原始档案中未见本报告作者署名，据编者分析，作者应为山西省人民检察署、山西省军区和山西省公安厅联合组成的"调查日本战争犯罪分子罪行联合办公室"。

及责任的大小，应升者升之，应降者降之，顺序排列，完成了区别罪情总站队工作。其情况是：

甲、列入特殊战犯者，破坏和平犯罪为河本大作1名，军事政治犯城野宏、古谷敦雄等3名，细菌犯竹内丰等7名，经济掠夺犯上田秀正等4名，集体屠杀犯长井觉等3名。以上共18名（内细菌犯中村三郎已病死），该犯等罪孽深重，给中国人民造成极其严重的灾难，可谓罪恶滔天，其具体罪恶各作专案另写材料陈述。

乙、列入一般违反战争法规及习惯的犯罪者共99名，据其罪情大小，大体分为3类：

第一类，犯有重大屠杀和平居民或屠杀战俘在20人以上至百人以下者，并兼有重大或较重大之劫夺、放火、强奸、拷问与毒化罪行者。计有菊地修一等24犯，占99名战犯的25.4%。

第二类，犯有屠杀和平居民或战俘在1人以上20人以下，间有较大劫掠、强奸、奴役、毒化等罪行者，包括鹿又秀一等48名，占战犯总数49.6%。

第三类，一般没有屠杀和平居民或战俘的罪行，而间有放火、强奸、劫夺、奴役、拷问与毒化等罪行，但罪情亦不太大者，包括大林正晴等27名，占总数27.4%。

三、以上99名罪犯的具体罪行如下

（一）杀人

99名战犯中，杀人犯有68名，占68.7%。其中命令所杀人数为951人，受命所杀人数为300人，共杀1251人。其中杀人在百人以上者为菊地修一、铃木清2犯，60人以上者是早坂裴藏1犯，50人以上者有柴本与吉、五十岚猛2犯，20人以上50人以下计有岛之江伴六、水谷忠志等18犯，10人以上20人以下者为尾崎修三、羽岛猛次、小田半助等14犯，5人以上10人以下者有竹川德寿、鹿又秀一等10犯，3人以上5人以下者系森原一、太田敏雄等5犯，2人者为寺本秀利、中井利夫等7犯，1人者是远谷文雄、冈田新吾等9犯。其杀人方法，则花样百出，如枪杀、刺杀、锄杀、斩首、爆炸、狗咬、水淹、火烧、剖腹、通电、注射空气、药毒、活埋、活剥皮、打活靶、刺活靶、落井下石等等。其毒辣之甚，更为历史所未闻。有一枪刺死孕妇与胎儿者，有强迫中国男子奸污女人后而杀死者，亦有给妇女阴道插入手榴弹而炸死者。如柴本与吉犯在山西潞城三井村，将母子3人推入井内，后投以石头砸死。又如在该县南街抓我妇女，开始是拷打、灌凉水，继而导电流于阴户，最后用狼犬咬死。

（二）放火烧毁房屋与破坏房屋

99 名战犯中，放火者 38 人，占 38.3% 强。共烧毁房屋 308 处，又 45 所，129 间，计为 336 户，2 个村。破坏房屋、庙宇与有关军用设施者 18 犯，占 18.1%。共破坏 15 处，又 16 所，62 间，计住户 19 家，仓库 2 处，兵营 4 个。其中佐藤平烧毁 20 处，小羽根健治放火 24 所，雄浮养三 23 处，加藤幸次郎 24 处，金子傅 21 处，鹿又秀一烧毁 7 处（一个村），早坂裴藏 44 处，相乐奎二 51 户又两个村，岩屋勇 135 处，尾寺修三破坏 63 户又 17 间，桥诘铁雄破坏 1 个仓库，神野久吉仓库 1 个。上述罪行地点多为我晋察冀与太行等解放区，这是日寇施行"三光"政策最明确的一点。衫下兼藏供："1937 年 10 月 30 日在河北任县，109 师团长岗重厚中将说：'到山西的话要烧光、杀光、抢光，'"。湘泽养三供："在晋察冀制造无住地带，是由北京司令部的命令，要把晋察冀边区造成'无人区'，凡是住过的地方完全烧掉，不烧的话要受惩罚的。"

（三）掠夺

99 名战犯中有掠夺罪行者即有 64 犯，占 64.6%，共掠夺轻重工业原料与日常生活资料、生产工具等计有：食粮 86736930 斤，棉花 131150 斤，布匹 14261 匹，麻 870 斤，食盐 73720 斤，煤炭 76000 斤，木材 8210 根，树 5320 株，五金 32141000 斤，白洋 63356 元，羊皮 1490 张，羊毛 102900 斤，牲口 6934 头，猪羊 12178 只，马车 136 辆，抢夺民田 9303 亩，船 20 只，鸡、鸡蛋、柴草难以数计。其对中国人民危害之甚，仅以粮食一项计算，共掠夺 86736930 斤，每人每年以 792 斤计，可供 108520 人一年食而有余。如分于欧洲安道尔共和国，全国人民可食 20 年，尚余 4371633 斤。

（四）其他重大罪行

1. 奸淫：99 名战犯中，犯有奸淫罪行者 54 名，占 55.5%。共强奸妇女、幼女 267 人，其中被奸淫妇女 205 人，被强迫为娼者 27 人，被轮奸的幼女 1 人。高犁文雄、冈田新吾、日下俊秀、岛之江伴等 6 犯强迫 27 名妇女为娼，五十岚猛、冈田敬、系长丰、日下俊秀等 10 犯轮奸妇女 18 人，丸田善寺、梶岛秀雄 2 犯各强奸幼女 3 人，高木应悦犯强奸幼女 2 名，五十岚猛、石川太郎、系长丰、井上义雄、笠实等 8 犯各强奸幼女 1 名。强奸妇女 20 人以上 30 人以下者为菊地修一、湘泽养三、五十岚猛 3 犯。10 人以上 20 人以下者为岛之江伴六、柴本与吉 2 犯，5 人以上 10 人以下者为丸田善寺、大矢正春、大野泰治、永富博之等 8 犯。3 人以上 5 人以下者高木应悦、系长丰、加藤兴次郎、冈田新吾等 12 犯。2

人者是笠实、村三準人、里田一一等 10 犯。1 人者为小田半助、田治定、小川恒夫等 19 犯。其中最恶毒者为大矢正春。该犯在山西霍县北大街竟轮奸幼女。有将妇女轮奸而至昏迷死亡状态者，亦有强奸疾病弥留中之幼女者，受害者有小至 10 岁的幼女，有老至花甲以上之老妇。日寇法西斯野兽般的、无耻的丑态已暴露无余。

2. 奴役：99 名战犯中，30 名犯有奴役罪行，占 30.3%。共奴役 325048 人，平均每犯奴役我同胞 10801 人。征用牲口 3 万头，马车 315 辆，其中相乐奎二犯奴役我同胞 18560 人，笠实奴役我同胞 20000 人，加藤兴次郎奴役我同胞 30000 人，日下俊秀犯奴役我同胞 39000 人，川田敏夫犯奴役我同胞 46000 人，而大野泰治一犯奴役我同胞即达 134000 人。笠实犯大肆奴役，又是在 1943 年大灾荒之处。人民啼饥号寒，以树皮充饥，该犯竟奴役嗷嗷待哺之 20000 多灾民，从壶关至长治搬运军用物资。诚如该犯所供："在掠夺时我想是有死亡的，当时老百姓没吃的，将树皮刮的都吃光了"。而搬运时饿殍载道，实属难忍。

3. 逮捕、拷打：99 名战犯中，38 犯有逮捕我和平居民罪行，占 38.4%。共逮捕 1549 人。其中逮捕 30 名以上 40 名以下者为桥诘铁雄、水谷忠志、小林高安、皆川準一郎等 4 犯。加藤兴次郎、梶田充二犯捕 60 人与 66 人，佐藤荣作犯捕 80 人，松勇光穗犯捕 116 人，小田半助犯捕 127 人，日下俊秀犯捕 174 人，高犁文雄犯捕 185 人，岛之江伴六犯捕 380 人。战犯中 53.5%，即 53 人曾拷打我和平居民 857 人。拷打百人以上者有川田敏夫、松永光穗 3 犯，拷打 50 人以上者是太田敏雄犯，拷打 20 人以上 50 人以下者为相乐奎二、大野泰治、小田半助、佐藤平等 8 犯，拷打 10 人以上 20 人以下者为桥诘铁雄、永富博之、鹿又秀一等 7 犯，拷打 5 人以上 10 人以下者为五十岚猛、永谷忠志、尾崎修三、湘泽养三等 8 犯，拷打 5 人以下者为藤本西代美、岛之江伴六等 26 犯。在拷打中，湘泽养三、安达千代吉 2 犯裸体冻人，织田又藏犯割生殖器，比野兽还不如的竹川德寿犯竟活剥人皮，而最可恶者是高屋三郎犯，竟给妇女阴户插木棒，小田半助犯则是毫无人性的燃烧阴毛，点洋蜡插入妇女阴道中，其刑之惨，虽非空前绝后，亦历史所罕见。

4. 毒化：99 名战犯中种植、贩卖、制造毒品者 10 犯（占 10.1%）。如石川太郎犯，贩卖料子 320 两，织田又藏开设海洛烟馆 1 座，湘泽养三在东北铁岭制卖料子 2 年，日里哲二郎犯贩毒 2000 两，小林高安犯贩卖大烟 2300 两，伊藤孝一犯贩卖鸦片 3000 两，大矢正春一犯即贩卖料子 6417 两、鸦片 5200 两，而冈龙犯则强迫河南浚县群众种植鸦片 20 万亩、贩卖 20 万两。大野泰治犯贩运鸦片

693000 两，丸田善寺犯贩运大烟 2688000 两、又料子 19080 两。种植、贩运、制造毒品共计：料子 22317 两、鸦片 3613500 两，两种合计为 3635817 两。毒化之甚，于此可见。

综上所述，这些日寇法西斯战犯，以杀人、放火、奸淫、掳掠等穷凶极恶的、强盗式的恐怖手段造成了千百万中国人民生命财产等无可补偿的损失。这就是斯大林曾经说过的"法西斯主义就是战争，就是人类的灾难"。

四、目前工作上应该注意的几个问题

经过这次的审讯，进一步地掌握了罪犯的历史情况与犯罪的时间地点，以及不少的罪恶材料，这就给调查审讯与处理这些战犯打下基础，亦即我们之工作成绩。但工作中仍存在着不少缺点和问题，这些缺点和问题就是目前工作中应注意解决的问题。

1. 审讯当中对下边的调查工作抓的不够紧。先后给各地转去调查材料 1400 余份，迄今经查对送来之材料不到 200 份，尤其是外省调查更成问题。在本省我们虽于 4 月下旬趁山西省人民检察署召开各专、市检察长会议时，对有关调查战犯工作作了一些解决，但今后仍须注意检查，交流经验，以推进各地的调查工作。

2. 这次的审讯，着重是对战犯已暴露出的罪行材料的查对，而根据罪犯们的历史，职务范围追查其罪恶是不够的，尤其是对主要罪犯、特务犯以及已暴露出的特务组织及其活动等方面的问题追查的更不够。因此，我们还要继续进行审讯，追查须要追查的罪犯和问题，同时要把调查与审讯密切结合起来。

3. 审讯工作已搞了一阶段，须把战犯的笔供、口供与调查等方面的材料加以整理研究，根据站队情况先搞罪恶不大的，准备处理，然后集中精力搞大的。这就是目前工作的中心。

4. 干部问题。日籍干部大部回国，有的很快也要调走，主要负责审讯的中国干部也调走一些，目前调查审讯、看管战犯就是个大问题。特别是看管战犯的干部仅剩 3 人，应迅速解决。

5. 对战犯的管教工作，除进行正常的宣传教育外，更应注意入夏后的卫生工作，犯人住房拥挤问题，应与省监研究解决。

6. 战犯移交我省以来，上边很少指示，致使在工作上带有很大盲目性，兹送去日籍战犯调查工作情况，请予研究指示为荷。

（山西省档案馆馆藏档案，档案号 C4—1—38—1）

（2）侦讯菊地修一的总结意见书

罪犯菊地修一，化名李永章，日本宫城县牡鹿郡人，现年40岁，出身于商业资本家家庭，高等商业学校毕业。1937年1月10日于宫城县仙台市应征入伍。1937年4月28日在我国东北滨江省受干部候补生教育，同年10月10日升为步兵军曹，同年12月升为步兵见习士官。1938年1月10日回日本，入千叶县千叶市陆军步兵学校。

1938年7月1日，以步兵少尉的身份二次侵华，同日充任华北派遣军独立混成第三旅团步兵第七大队附，同年7月下旬在河北省高邑县充任独立混成三旅团第七大队第三中队少尉小队长，随大队参加高邑县作战。1939年4月中旬，充任第七大队第三中队附，由河北省移驻山西省崞县轩岗镇，活动于崞县、宁武、神池、五寨县地区。1939年12月1日，在同一部队中升为步兵中尉，担任教官。1940年6月上旬，充任第七大队部附，担任情报通讯、兵器主任。曾参加岢岚、偏关、保德县的侵略作战。1941年6月下旬，充任第七大队第一中队中尉中队长，同年7月下旬，进驻我偏关县，担任警备队长，活动于该县的紫家山、双沟堡等村庄。同年12月移驻神池县，活动于义井镇、八角堡、虎北村等村庄，1943年10月，由神池县移驻宁武县，此间除参加过晋西北作战，对阎作战，晋冀豫作战，河南省作战，忻、定、台、代作战外，活动于宁武县的东寨镇、盘道梁以及周围的县区。1944年10月升为步兵第七大队大尉中队长，1945年3月下旬由宁武县移驻崞县原平镇，即升为独立混成三旅团炮兵大尉大队长，活动于该县的原平镇、龙泉庄、神山村一带，担任道路警备，直至日本宣布投降为止。

1946年6月，参加阎匪军，充任第七工程队上校副队长，在崞县战斗中被我军俘虏，当时以劝令村方策投降的谎言，欺骗我军，被释放回太原。该犯反复无常，又参加了阎匪军，历任伪保安队第二大队上校副大队长、伪保安队参谋长兼野战军第二纵队参谋主任，活动于寿阳、榆次、阳曲等县。1947年6月，充任伪保安纵队第二团上校团长，活动于忻县、阳曲、晋源县等地区，1948年2月升为伪十总队少将参谋长，活动于太谷县、榆次、祁县、平遥及太原市郊地区。1948年9月充任伪十总队少将部附，10月兼任伪十总队炮兵团团长，活动于太原市及郊东山地一带。同月下旬，在市郊牛驼山指挥作战中负伤后，在家休养，随太原解放又被我军俘虏。

该犯在中国曾参加过将校团、偕行社、日本红十字社、独三旅会、日侨俱乐部、武道道友会等反动组织。

经侦讯结果，根据该犯供认与调查材料证实，在其任职期间所犯罪行如下：

一、惨杀和平居民及革命战士罪

该犯在侵华战争中，为了执行"三光"政策，制造"无人区"，先后惨杀我和平居民革命战士共计 1273 名，其中：

平时杀人计 932 名，内有居民 788 名，战俘 93 名，进步分子 51 名。其中：

下令杀人计 506 名，内有居民 448 名，战俘 34 名，进步分子 24 名。

受令杀人计 116 名，内有居民 78 名，战俘 28 名，进步分子 10 名。

纵容杀人计 131 名，内有居民 125 名，战俘 3 名，进步分子 3 名。

协助杀人计 154 名，内有居民 137 名，战俘 5 名，进步分子 12 名。

共谋杀人计 25 名，内有战俘 23 名，进步分子 2 名。

战时杀人计 341 名，全是战士。其中：

下令杀人 321 名。

受令杀人 20 名。

如：该犯于 1939 年 5 月，充任独立混成第三旅团步兵第七大队第三中队少尉小队长时，驻山西省崞县轩岗镇期间，奉令把奔袭崞县宫地村逮捕的一名八路军战士，在轩岗镇北侧碉堡内以实验瓦斯的方法残杀。

1940 年 4 月上旬，该犯充任少尉小队长时，奉大队副官的命令，把崞县贾庄乡的一个居民和西岭村的一个居民，在轩岗镇西方约 500 公尺的铁桥下，用刺刀刺后，又用枪击毙。

1941 年 8 月，该犯充任独立混成第三旅团步兵第七大队第一中队中尉中队长时，驻偏关县期间，下令配属军医河原信二，把偏关县楼沟堡村的一个 16 岁的孩童，在偏关城碉堡内以肠缝合的活体实验的方法进行解剖，最后以毒气残杀。

1941 年 9 月 10 日，该犯充任中尉中队长时，驻偏关县期间，该犯率队出发到高崞梁，逮捕给我军送粮的 30 名居民，用绳子捆成 3 串，每 10 人 1 串，押赴偏关东门外预先挖好的 4 个大坑跟前，下令部下用枪射击，用刺刀刺成半死后，统统被活埋。

1942 年 8 月，该犯充任中尉中队长时，驻神池县期间，该犯指挥部下出发到大洋泉与我军战斗，击毙我连长1名，司号员1名。

1942年8月，该犯充任中尉中队长时，指挥敌伪军200余，由神池出发，拂晓包围我东峪村，俘我军战士14名，手捆背后，边走边打，送交五寨县驻神池县的宪兵队后，全部被杀死。

1943年2月8日，该犯充任中尉中队长时，驻屯神池县，为了保护电线，命部下潜伏在义井镇与店儿上两村之间，捕我军负伤战士1名，用刺刀残杀后，下令把尸体倒挂在柳树上示众。

1944年3月17日，该犯充任中尉中队长时，驻宁武县期间，协助铁路警务手，率兵出发到宁武县贾家堡村，逮捕我居民与战士共7人，带至宁武石湖河据点，绑在电线杆上用刺刀残杀。

1944年11月11日，该犯充任中尉中队长时，在晋西北"扫荡"中，路经神池县长畛、宋霸王村，纵容部下在该村逮捕居民13人，把其中的11个和平居民捆至万家洼村的井旁，除其中1人未等刀刺就跳入井内，躲在枯井的凹处未死之外，其余的均被乱刀刺杀，逐一推到20余丈深的枯井内，又将石头推下去，把尸体砸成肉泥。

1948年7月，该犯充任阎匪军伪十总队少将参谋长时，率部活动于榆、太、清、徐县一带，指挥部下在清徐县温李青、戴李青和我军作战，俘我军负伤战士7名，先后下令枪杀与刺杀在庙旁与谷地。另外伤害和平居民、革命战士共计476名，其中平时伤害居民415名，革命战士61名，其中：

下令伤害222名，内有居民161名，革命战士61名。

受命伤害91名。

纵容伤害居民42名。

协助伤害居民121名。

亲自伤害居民1名。

二、毁灭和平城乡罪

该犯在侵华期间，共烧毁破坏民房980处又286间，并烧毁粮食20300斤，其中下令烧毁、破坏民房347处，受令烧毁、破坏民房617处又274间，纵容烧毁16处又12间。如：

该犯于1938年10月14日，充任独混三旅团第七大队第三中队少尉小队长时，参加大队对河北省唐山的攻击战，奉令烧毁民房15处。

1942年2月，该犯充任独混三旅团七大队第一中队中尉中队长时，在"扫荡"晋西北作战中，于保德县城下令烧毁民房 40 处。

1944 年 11 月，该犯充任中尉中队长时，参加对晋西北"扫荡"中，在河曲县硙口村受令烧毁民房 100 处，在河曲县城内又受令烧毁民房 100 处，又在该县楼子营受令烧毁民房。

烧毁民房 100 处，又在该县华伦堡下令烧毁民房 50 处。

三、散布细菌和施放毒气罪

该犯在日寇时期，为了制造"无人区"，以细菌与毒气伤害和平居民及抗日战士共计 206 名先后在河北省阜平县、山西省五台县、神池、奇岚、保德县境 4 次受令掩护细菌组散布带有病菌的老鼠多只在河南省作战中，受令发射毒瓦斯一次。如：

1942 年 9 月，该犯任独混三旅团第七大队第一中队中尉中队长时，奉令掩护细菌组 2 人，在五台县长畛村、麻子岗一带散布细菌鼠，因此患病与死亡者甚多。如麻子岗村全村居民共 118 名，受细菌感染者就有 48 名，占全村人口的 40% 强，因此死亡者就有 30 名，占患病者 65%。

1944 年 6 月，该犯充任中尉中队长时，参加河南省灵宝县史家山作战，奉令发射毒瓦斯弹 3 发。

四、强奸妇女罪

该犯在日寇、阎匪时期，为了发泄其兽欲，先后强奸妇女 66 人，其中亲自强奸 44 人，纵容强奸 18 人，轮奸 2 人，下令强奸 2 人。如：

1942 年 2 月 6 日，该犯任中尉中队长时，在"扫荡"晋西北于保德桥头村，适逢老百姓趁春节娶媳妇，该犯把新娘强奸一夜。

1941 年 10 月，充任中尉中队长时，在偏关县的城内将一个妇女拉在新民会进行强奸。

1947 年 7 月 19 日，该犯充任阎匪军伪十总队二团上校团长时，在忻县闯入人民房内将一妇女进行强奸。

五、逮捕拷打罪

该犯在侵华期间，为了搜集我方情报，巩固敌伪内部，先后逮捕居民、革命战士及进步分子共计 417 名，经逮捕后拷打的有 76 名。其中：

下令逮捕共计 275 名，内有居民 212 名，战士 57 名，进步分子 6 名。下令拷打 57 名，内有居民 54 名，战俘 2 名，进步分子 1 名。

纵容逮捕居民 23 名，拷打居民 14 名，战俘 2 名。

奉令逮捕计 9 名，内有进步分子 7 名，战士 2 名。

协助逮捕计 34 名，内有战士 20 名，居民 4 名，进步分子 10 名，拷打其中居民 3 名。

如：该犯于 1940 年 6 月 28 日，充任独混三旅团第七大队部中尉情报主任时，随军"扫荡"我晋西北，在保德县城为了搜集我方情报，把一名居民拉在黄河河畔，令部下刺伤后，投入黄河杀害。

1941 年 9 月 27 日，该犯充任中尉中队长时，驻偏关县时期，在该县贺家湾村逮捕抗日战士 3 名，送交宪兵队被杀害。

1944 年 3 月 1 日，该犯充任中尉中队长时，在神池县北辛庄逮捕居民 3 人，其中 1 名因拷打致伤。

六、奴役和平居民罪

该犯在侵华期间，为了对抗我军，封锁我区，先后强抓居民 1517 名又 3000 个工，构筑军事工事，其中下令奴役居民 1135 名，受令奴役居民 380 名，纵容奴役居民 2 名。如：

1940 年 3 月，该犯充任独立混成三旅团第七大队第三中队少尉小队长时，驻崞县期间奉令强抓轩岗镇、焦家寨、神山村等村庄和平居民 150 名，修崞县轩岗镇至贾庄村之间的警备道路，不但侵占农民的田地，使生产遭到损失，而且损害农民的健康。

1943 年 3 月，该犯充任中尉中队长时，奉令参加对晋冀地区的"扫荡"，在河北省灵寿县韩家庄奉令强抓附近和平居民 270 名，星夜修筑碉堡及其他防御工事，对抗我军。

1943 年 12 月至 1944 年 1 月，该犯充任中尉中队长时，驻神池县，下令强抓和平居民 130 名，在严寒中修筑碉堡，封锁我区。

七、掠夺公私财物罪

该犯在侵华期间，为了执行敌人的抢光政策，破坏居民的和平生活，先后掠夺牛、驴、马 329 头，猪、羊 770 只，粮食 14800 斤及其他物资甚多。其中：

下令掠夺牛、驴、马 126 头，猪、羊 292 只，粮食 11900 斤，白面 100 袋，白酒 300 斤，军衣 200 套，照相机 3 个，电话机 14 个，测量器 1 个，怀表 10

个，自行车两辆。

纵容掠夺牛、驴、马 128 头，猪、羊 178 只，粮食 1300 斤。

协助掠夺牛、驴、马 55 头，羊 300 只，粮食 1600 斤。

如：1941 年 9 月 10 日，该犯充任独混三旅团七大队一中队中尉中队长时，驻偏关县，下令掠夺给我军送粮的和平居民的驴、马、骡共 10 头，粮 500 斤，盐 200 斤。

1943 年 11 月，该犯充任中尉中队长时，参加对河北省阜平县的"扫荡"，在该县东马盐下令掠夺驴 3 头，猪 2 口，羊 100 余只。

1944 年 9 月下旬，该犯充任中尉中队长时，驻宁武县期间，率部出发到崞县金沟村，纵容部下掠夺耕牛 2 头、驴 3 头。

1943 年 2 月，充任中尉中队长时，驻神池县期间，受令在神池县横山寺掠夺粮 2000 斤。

以上犯罪事实，情节严重，该犯认罪态度较为老实，对上述罪行，均已供认不讳，并经调查证实确凿无误，依据中华人民共和国惩治反革命条例应判处极刑以平民愤。

1954 年 7 月 30 日于山西省太原市

（中央档案馆馆藏档案，档案号 119—2—12—12—4）

（3）藤田茂的笔供（节录）

（1954 年 8 月 21 日）

自 1938 年 8 月 3 日至 1938 年 10 月 10 日，任华北方面军第一军第 20 师团骑兵第 28 联队长（大佐），驻山西省河津城。

任务：山西省河津县、稷山县之侵略。

犯罪事实：

（一）因搜集情报对中国人民的杀害。我在 8 月 3 日到河津赴任，同时对森户信一中尉命令："森户中尉要继续以前的任务（情报系）。"又在 8 月中旬我命令："森户中尉要致力于在稷山城的抗日军兵力移动情况的情报搜集。"森户中尉根据此命令，除使用中国人做密探外，还逮捕住民讯问，作为搜集情报之手段。这些被捕人员，8 月下旬在河津卫兵所我目睹的有 6 名，（实际）比这还要多。讯问这些被捕的人民时使用拷打、殴打等方法手段且被杀害（森户中尉供述的）。9 月 4 日森户中尉向我报告如下："河津附近的抗日军从 8 月下旬逐渐向北方山地移动。"又在 9 月 7 日，我接到森户中尉的报告："稷山城内的抗日军大部分移动到北方，现在只有 80～100 名。"

逮捕和杀害这些（6 名以上）中国人民是我在 8 月 3 日及 8 月中旬命令森户中尉执行的。

（二）粮食的掠夺。我 8 月 17 日在河津对第一中队长藤田喜上士命令如下："第一中队明 8 月 18 日在河津东南 12 公里汾河左岸的村庄征集粮食。"第一中队 8 月 18 日在被命令的村庄用刺刀威胁村民使之供出，或破坏住宅侵入搜索，掠夺了三马车小麦（一车以 700 公斤计算，约 2 吨）。这是我命令执行的。

我 9 月 1 日在河津对第二中队长竹下忠实命令如下："第二中队明 9 月 2 日在河津东 15 公里的村庄征集粮食。"第二中队 9 月 2 日在被命令的村庄实施了第一中队在 8 月 18 日所实施的手段，掠夺了 2 马车小麦（约一吨半）。这是 9 月 1 日我命令掠夺的。

（三）侦察河津东北的抗日军的移动。9 月 4 日森户中尉报告："河津附近的抗日军从 8 月下旬向北方山地移动着。"根据此报告，我命令第一中队长："第一中队明 9 月 5 日侦察在河津东北 20 公里半径地域的抗日军向北方的移动情况。"第一中队在所命地域的村庄行动，并且我接到第一中队长如下报告："在此地域的抗日军在 8 月 28 日左右向北方高地移动了。"

此情报的侦察手段是召集村民用刺刀威胁而得到的。特别是在 8 月下旬，〔在〕第一中队小林军官斥候的一名兵被枪杀的村庄，进行了放火、杀害行为，这是后来作为日本军的复仇手段经常执行的。此放火、杀害是我在 9 月 4 日命令实行的。

（四）稷山城的攻击。9 月 7 日情报系森户中尉报告："在稷山城现在有 80～100 名的抗日军。"由此报告，我曾决心为在稷山城步兵小队的大部被歼灭复仇，9 月 8 日午后 9 时由河津出发，9 月 9 日午前 5 时炸毁稷山城西门，命令第一中队侵入。午前 6 时知道抗日军由东门退避，于是下令："第二中队追击，机关枪小队追击射击。"第二中队对在粟田上退避的抗日军，乘马攻击，刺杀了 7 名抗日战士，机关枪小队从东门城墙进行追击、射击。我命令第一中队长："即速搜索稷山城内。"午前 7 时左右，我在西门看见：在稷山城内北侧有两处放火的，并且听见数声枪声，手榴弹之爆炸声，这证明搜索期间杀害了住民。这是我命令执行的。

午前 6 时 30 分左右，我又对稻垣军需中尉命令："征集粮食。"稻垣中尉从粮栈掠夺了 6 马车小麦（约 4 吨）。

被害情况：

（1）杀害抗日军战士 23 名（战场击毙 16 名，战场刺杀 7 名）。

（2）掳获步枪 20（支），弹药、手榴弹若干。

（3）杀害中国人民。

（4）放火 2 件。

（5）掠夺小麦 4 吨。

（6）奴役住民 30 名。

（五）禹门峡阵地的攻击。9 月 14 日，第 20 师团第 39 旅团长关原六少将指挥步兵二大队、炮兵一大队到达河津，9 月 15 日攻击抗日军的黄河禹门峡渡河点掩护阵地。

我在攻击此阵地期间，归入关少将之指挥下。9 月 15 日午前 9 时 30 分左右在阵地前 2 公里我接受关少将的命令如下："骑兵联队攻击阵地左翼的独立据点。"我把全联队展开，从午前 11 时开始攻击，由于在阵地有约 70 名抗日军而前进困难，但在午后 1 时得到炮兵协助，好不容易夺取，尔后追击到禹门峡东方高地山脚。

被害情况：杀害（击毙）抗日军战士 11 名，掳获重机枪 1（架），步枪 6

（支）。

（六）自 1938 年 8 月 3 日至 1938 年 10 月 10 日，在河津盘踞期间，河津城的被害情况：

1. 侵占住宅 20 处（做宿舍用二层楼），70 处（做马圈，改建成的）。

2. 破坏 50 处以上住宅，作为构筑阵地材料及燃料使用（8 月 3 日以后破坏 15 处作燃料）。

3. 由于日本军盘踞，1938 年 5 月以后受抗日军炮击，几乎破坏了全城房屋之房盖（8 月 3 日以后遭到两回炮击，破坏约 30 处的房顶）。

4. 大部分住民的退避。

5. 掠夺了城内全部粮食（在 8 月 3 日以前实施的）。

以上是由于我 8 月 3 日在河津命令的。"联队在河津盘踞"而做的是沿袭了前任联队长的命令，8 月 3 日以后我负责任。

（七）河津盘踞期间军官斥候之派遣：

1. 我 8 月 10 日对中川中尉命令："搜索稷山城附近抗日军的情况。"中川中尉沿河津的稷山道前进，在稷山城西 18 公里的村庄，遭到抗日军攻击，未能到稷山城即归回，报告如下："目睹在稷山城西 18 公里的村庄有 200 名以上的抗日军。"

2. 我 8 月 17 日命令大越少尉："侦察在河津东南 15 公里汾河左岸地域有无抗日军。"大越少尉侦查了所命令地域的村庄 6 处，报告："无抗日军。"

3. 我 8 月 24 日命令小林少尉："搜索河津东北 20 公里地域的抗日军情况。"小林少尉在所命地域遭受抗日军攻击，1 名兵受重伤，留下即回来。

4. 我 8 月 25 日命令小林少尉："搜索留下的兵。"小林少尉在河津东北 20 公里的村庄逮捕两名农民回来了。报告如下："未看见昨天的兵，在该附近地域还有 500 ~ 600 名抗日军。"此报告是用刺刀威胁住民讯问、拷问并且为了昨天的复仇，杀害人民而得来的。这是我 8 月 25 日命令的。对这些被逮捕的人民，我命令情报系森户中尉讯问了。森户中尉报告说："在河津东北 20 公里的村庄有 500 名以上抗日军。"以及被抗日军打成重伤的日本兵被抗日军枪杀了。又报告释放了这些被逮捕的人民。

5. 9 月 1 日我命令吉川少尉："搜索稷山城的抗日军情况，可能的话逮捕回来住民。"吉川少尉在稷山城外田地逮捕回来耕作着的 4 名人民，并且向我报告："在稷山城的兵力不明，可是看到有抗日军。"

我命令把被逮捕的人民给森户中尉搜集情报了。森户中尉的情报搜集在前述已笔供了。

6. 9月6日我命令中岛中尉："侦察禹门峡附近的抗日军情况。"中岛中尉进行阵地侦查，向我报告如下："在禹门峡南10公里的线上面东南有正面1500米的阵地。其右翼接黄河河畔，左翼是约2米高之小丘阜，在阵地前500～700米，在四处配置有监视哨（指抗日军之监视哨——译注）。兵力不明，在监视哨看见了几名。判断此阵地是禹门峡黄河渡点的掩护阵地。"

7. 9月7日我命令冈中尉："侦察稷山城的抗日军及稷山城周围的情况，并且侦察在河津——稷山城道和汾河右岸之间的地域可否通过。"冈中尉侦查后回来，向我报告如下："在稷山城有抗日军，又稷山城的南门、北门都关着，东门、西门开放着，有监视部队。南侧和汾河之间是50米的粟田，北门北1000米之高地间是粟田。又稷山——河津道和汾河之间是50～200米的田地，能通过。"

小结：

1. 杀害抗日军战士34名以上（战场击毙27名，战场刺杀7名）。

2. 杀害中国人民6名以上。此外，9月5日在河津东北侦察及9月9日稷山城攻击间的杀害。

3. 放火两件。此外9月5日河津东北侦查间的放火。

4. 掳获武器：重机关枪1（架），步枪26（支），弹药、手榴弹若干。

5. 掠夺小麦7.5吨以上。

小结前的补充（情报搜集的补足）：

1. 8月3日命令的下边加入下项：

我又对森户中尉指示如下："给予你为了搜集情报而采取逮捕、拷问人和杀人等所有手段的权限。"

2. 在"使用中国人民作密探外"的下边更正如下：

亲自逮捕住民，又讯问军官斥候逮捕的人民，向我报告如下的情报（9月4日）："河津附近的抗日军从8月下旬向北方山地移动着。"（9月7日）："稷山城的抗日军大部分移动到北方山地，现在只剩80～100名。"此情报是拷问、杀害北部的人民得到的。此事项我9月3日在卫兵所看到6名被逮捕的人民，9月7日森户中尉向我报告："杀害了这6名。"这是由于我给予森户中尉的8月3日的指示及8月中旬的命令而杀害的。

自1938年10月10日至1939年5月30日，任华北方面军第一军第20师团骑兵第28联队长（大佐）。

自1938年10月10日至1938年11月22日，驻山西省史村（运城西方4公里）；自 1938 年 11 月 23 日至 1939 年 5 月 31 日，驻山西省安邑县张良村。

任务：师团的预备队及运城、水头镇间之铁路警戒。为了铁路警戒，在水头镇车站、张良村车站分驻一小队。

犯罪事实：

（一）三路李村的攻击。我 11 月 5 日在史村，从牛岛师团长接到如下的命令："骑兵第 28 联队明 11 月 6 日攻击三路李村（运城东北 40 公里）附近的抗日军，配合炮兵二中队。"我根据此命令，11 月 5 日午后 8 时从史村出发，11 月 6 日午前 5 时在三路李村南 3 公里的田道前进当中受到了射击，我让全部徒步展开，向三路李村中央南入口攻击，午前 7 时挺进到其北端时，发现在北方 3 公里高地向北移动中的约 10 名抗日军，即刻命令炮兵中队射击。午前 8 时左右我命令第一、第二中队长："第一中队彻底搜索三路李村的西半部，第二中队彻底搜索东半部的抗日军。"根据此命令两中队到午前 10 时之间实施搜索。我午前 9 时左右，在三路李村北端看到：其东部有放火一件。在此搜索屠杀了多数三路李村住民。这事实是：11 月 6 日回到史村，洗澡时听我的勤务兵南冈上等兵谈道："今天在三路李村像是杀了很多人民。"根据此谈话和放火可证明之。这是因我午前 8 时的搜索命令而实行屠杀的。

（二）吉令村的攻击。11 月 15 日我在史村接到牛岛师团长如下的命令："关少将指挥步兵二大队、炮兵二中队攻击吉令村（运城西北 50 公里）附近的抗日军。骑兵第 28 联队在此攻击期间归入关少将指挥下。"我 11 月 16 日在运城西 35 公里沿铁路的村庄接到关少将如下的命令："骑兵联队 11 月 17 日拂晓从吉令村附近面向北攻击之。"我根据此命令，北进中午前 3 时 30 分左右在吉令村南 3 公里的村庄看见约 10 名的抗日军，我对第一中队下号令："徒步攻击。"第一中队攻击此抗日军，击毙 2 名。午前 5 时 30 分北进中，从吉令村南端遭到攻击，命令第二中队及机关枪中队攻击，又午前 7 时命令第一中队从西南攻击，吉令村的抗日军，拒守城墙，顽强抗战，（距）离约 600 米处前进困难。午前 8 时左右步兵部队从西北攻击，炮兵大队破坏西门的同时，午前 10 时侵占了吉令村。关少将指挥的伪军搜索村内，搜出了多数的俘虏。

被害的情况：击毙抗日军战士 15 名（其中 2 名是骑兵联队在午前 3 时 30 分击毙的），俘虏 120 名，掳获重机关枪 2（架），步枪 100 支，手榴弹多数。

（三）三路李村的攻击。我 12 月 1 日在张良村，接到第 20 师团长的命令如下："骑兵第 28 联队明 12 月 2 日攻击在三路李村附近的抗日军。"我 12 月 2 日午前 6 时 30 分通过三路李村，向其北方 3 公里的高地前进当中，从棱线遭到射击。我午前7时30分命令："全部徒步，展开攻击。"交战1小时后，夺取棱线上的阵地，由于射击退避的抗日军而被击毙2名，继续前进约2公里停止了战斗。根据被击毙的战士，知道在此附近的抗日军是八路军。

被害情况：击毙八路军战士2名，掳获步枪2（支），炸毁在高地上的碉堡2个和土窑5处。

（四）情报搜集。我12月中旬在张良村，对情报系森户中尉命令："侦察在三路李村的八路军兵力及行动情况。"森户中尉从12月中旬到1月下旬，讯问军官斥候被捕的16名中国人民（以后记述），以及亲自逮捕的14名以上，搜集情报，1月30日向我报告如下："在三路李村的八路军根据地是三路李村北约10公里的高地带，其兵力约200名，又行动地域是张良村北20公里东西的小河以北的地域。"此情报是森户中尉根据12月中旬我的命令，讯问被逮捕的人民时拷问、杀害而得到的。此事实我根据下列情况可证明之：即在1月中旬，午饭后在张良村联队本部里院的小屋，森户中尉对一名被逮捕的人民灌着凉水，我看到了这个。又当天晚饭，我问森户中尉说："被灌凉水的人民怎么的了？"森户中尉报告："杀了以后投到后门外的旧井里了。"由以上情况可证明，拷问、杀害了被逮捕的人民。这是由于我8月3日在河津给森户中尉的指示及12月中旬我对森户中尉的命令而拷问杀害的。

被害情况：逮捕拷问30名的中国人民以及杀害1名以上。

（五）铁路警戒期间的枪杀。我12月29日在张良村对冈中尉命令："冈中尉指挥部下小队从12月30日到1月5日位于张良村车站，警戒张良村车站东3公里铁桥到张良村车站西12公里铁桥间铁路。"冈中尉在执行任务当中，1月20日午前2点左右看见约20名抗日军破坏着张良村车站东3公里的铁桥，即刻攻击他，使其向南边退避了。

被害情况：击毙抗日军战士2名，掳获武器步枪2支，炸药80公斤，电发火器1个，十字锹1个。

（六）杀害俘虏的教育指示。我1月中旬，午饭后在张良村对军官全体教育说："为使兵习惯于战场，杀人最快的方法，就是试胆。对此使用俘虏比较好。因预定在4月补充初年兵，尽早造成此机会，必须使初年兵习惯于战场，以加强之。""刺杀比枪杀有效果。"此教育，是我当时最错误的观念，此观念成为我始终对中国人民严重犯罪的基本原因之一。

（七）军官斥候之派遣：

1. 12月21日，我命令吉川少尉："搜索三路李村附近的八路军情况，同时逮捕回来住民。"吉川少尉在三路李村逮捕回来了 4 名住民。又向我报告："在三路李村未看到八路军。"

2. 2 月 24 日，我命令冈中尉："搜索三路李村北方高地的八路军情况并逮捕回来住民。"冈中尉在三路李村西北 5 公里高地的村庄，遭到八路军的攻击，退却到东边以后，逮捕 2 名农民，又在上段村东的田地逮捕 4 名农民，带回来了。又报告："在三路李村北方高地有八路军。"

3. 1 月 7 日，我命令中川中尉："搜索三路李村北方高地情况并逮捕住民。"中川中尉躲避开在三路李村西北 5 公里的高地村庄的八路军，西进当中，由前方高地遭到攻击，退却到南方，逮捕 3 名农民。又从三路李村西南 7 公里的村庄，逮捕 3 名住民，带回来了。回来向我报告："在三路李村北方高地有八路军，但兵力不明。"又报告："在三路李村北方高地逮捕农民时因一个人逃避而砍死了，当时军刀断了。"我把带有的预备的军刀给他了。这是我 1 月 7 日命令而砍死的。

以上军官斥候所逮捕的人民，每次都交给情报系森户中尉，命令搜集情报。森户中尉讯问这些被逮捕的人民搜集了前记的第四项的情报。

（八）三路李村北方高地的攻击。2 月 11 日我在张良村，接到第 12 师团长如下的命令："室谷部队（步兵一大队、炮兵二中队）明 2 月 12 日，从北边攻击三路李村北 3 公里的八路军根据地。骑兵联队从南边协助室谷部队的攻击，配属炮兵小队。"我 2 月 12 日午前 7 时占领三路李村北 3 公里的高地，协助室谷部队的攻击。又我命令第二中队长："第二中队通过阵地东北的山谷地和室谷部队联络。"第二中队根据此命令，在谷地北进当中，午前 10 时左右，与 6 名八路军战士遭遇，即乘马攻击，刺杀了两名，其他战士入地隙逃避了。午前 11 时左右，看见约 30 名八路军在阵地西北 3 公里的高地棱线西进着，我命令炮兵小队射击，但被害情况不明。午后 3 时左右部队到达阵地，同时停止了战斗。

被害情况：刺杀两名八路军战士，掳获步枪 2 支。

（九）在夏县西方的攻击。4 月 1 日，我在张良村接受第 20 师团长如下的命令："骑兵联队，在 4 月 2 日对被预想挺进到夏县附近的所谓'四月攻势'加以反击。配属步兵二中队、炮兵一中队。"4 月 2 日向夏县前进当中，在夏县西南 3 公里，午前 9 时左右与约 500 名抗日军遭遇，我把骑兵联队展开在堤防线上，防止其前进。约 30 分钟以后，由于步兵部队到达，我即命令："步兵队从骑兵联队的右侧攻击抗日军，炮兵中队主要援助步兵队的攻击。"抗日军增加了兵力，交战 3 小时之后，从午后 2 时左右，因逐渐往南退避，故以现在的形式追击、压迫到中条山脉棱线的旧阵地。午后 6 时 30 分，停止战斗，回来的途中，因 13 名俘虏的一部分退避了，故我命令第一中队长刺杀了俘虏。第一中队长让部下9名兵刺杀了俘虏。

被害情况：击毙抗日军战士：骑兵联队36名，步兵队40名，炮兵中队30名，共160名。

刺杀俘虏：9名。

掳获武器：重机关枪1（架），轻机关枪3（架），步枪100（支），弹药、手榴弹多数。

（十）上段村的攻击。4月17日我在张良村接受第20师团长如下的命令："骑兵联队攻击在三路李村西4公里村庄的八路军。"我在4月18日午前4时30分侵入了所命令的村庄，但未看见八路军，休息以后，经三路李村前进中，在午前9时左右，在上段村西侧田地，遭到约50名八路军的攻击，我即刻命令："第二中队、机关枪小队徒步攻击，第一中队迂回上段村东方，从背后攻击。"第二中队、机关枪小队对八路军射击当中，10分钟之后，八路军向田地西方退避了，因此第二中队进行乘马攻击，刺杀了7名战士。当时看到：在枪弹下有数名农民（耕作中的）退避了，但被害情况不明。

第一中队迂回上段村东侧前进中，发现约30名八路军从南门向西退避着，乘马攻击了它，刺杀了12名战士。午前11时，我命令第一、第二中队长："第一中队搜索上段村北半部，第二中队搜索南半部。"两中队搜索中间，我在西门，正午前后，看到：在上段村的北部、南部各两处计有4件放火处。又看到，在离上段村西门东10米的城内的道上，60岁左右的住民被刺杀了。这些放火及刺杀住民证明：由于我午前11时的命令，在搜集中间另外杀害了多数的住民。这些杀人、放火的犯罪是由于我午前11时所下的搜索命令使他们执行的。

被害情况：刺杀19名八路军战士，击毙14名，共杀害33名；掳获轻机枪1架，步枪30支，弹药多数；杀害中国人民1名以上；放火4件。

（十一）三路李村西北高地的攻击。5月22日，我在张良村接受第20师团长如下的命令："骑兵第28联队长合并指挥第37师团搜索队，攻击三路李村西方高地的八路军。"我5月23日午前7时，在三路李村西北5公里的高地北进中，发现约50名的八路军在东北2公里的线东进中，乘马攻击途中遭遇到大地隙，不能前进而停止攻击。我对从6月接防盘踞地的第37师团搜索队长及军官说明和指导了地形和情况，这是我继续攻击共产党军，指导弹压中国人民的民族解放运动。

（十二）侵占住宅。根据10月13日及11月22日的第20师团的盘踞命令，在史村 40 天中间，在张良村 181 天间，因宿营我侵占各 20 处住宅。

（十三）粮食的掠夺。10 月 13 日第 20 师团命令："粮食的主食由师团货物厂补给，其他依靠现地调办。"根据此命令，我强迫伪村长出粮食，用所谓"军票"以不等价支出了。这与掠夺是同样的。

在史村、张良村盘踞期间所掠夺的粮食如下：（221 天，420 人，420 匹马，以最低量计算的）肉类 18.6 吨，蔬菜 55.7 吨，薪柴 123.8 吨，马粮 185.6 吨。

（十四）使役人民。用做伙夫、打水的、澡堂的杂役。在史村及张良村盘踞期间，一天奴役 15 名，累计奴役了 3515 名中国人民。

（十五）掠夺及强奸。在张良村盘踞期间为领粮食，使用了大行李（辎重运输队之意——译注）。大行李的特务兵（50 名）在往复运城——张良村中间，是有掠夺家财及强奸的行为，可由下列事情证明之：特务兵的年龄在 35 岁以上，大部分是素质不良的大阪附近的出身，平常赌博。这是由于我运搬粮食的日日命令使他们执行的。

小结：

1. 战场击毙抗日军战士 126 名，战场刺杀 21 名，刺杀俘虏 9 名，共 156 名。另外参加战场击毙 13 名（吉令村 11 月 17 日）。

2. 参加俘虏 120 名（11 月 17 日吉令村）。

3. 杀中国人民 3 名以上（另外 11 月 6 日在三路李村的屠杀，12 月下旬至 1 月下旬情报搜集时的杀人，4 月 18 日上段村的杀人，人数皆不明）。

4. 逮捕 30 名以上。

5. 拷问 1 名以上（另外 12 月下旬至 1 月下旬情报搜集时的拷问人数不明）。

6. 放火 5 件。

7. 奴役 3515 中国人民。

8. 掳获武器：重机枪 1 架，轻机枪 4 架，步枪 138 支，弹药、手榴弹多数，炸药 80 公斤，电发火器 1 个，十字锹 1 个。另外，重机枪 2 架，步枪 100 支，参加掳获的（11 月 17 日吉令村）。

9. 侵占住宅 40 处。

10. 强奸人数不明。

11. 掠夺：肉类 18.6 吨，蔬菜 55.7 吨，薪柴 123.8 吨，马粮 185.6 吨。

自 1939 年 6 月 1 日至 1939 年 12 月 25 日，任华北军第一军第 20 师团骑兵第 28 联队长（大佐）（自 10 月 13 日至 12 月 25 日负伤入院中，命令第一中队长藤田喜之市大尉代理之）。

自 6 月 1 日至 6 月 30 日，驻山西省绛县白水村；自 8 月 9 日至 8 月 30 日，驻山西省泽州城；自 8 月 29 日至 11 月 25 日，驻山西省潞安县新障村。

任务：在白水村侦查中条山脉的抗日军阵地，参加泽州作战，在新障村做师团预备队。

犯罪事实：

（一）逮捕人民。6 月 8 日，我在白水村命令大越少尉："侦查绛县东南 6 公里附近的抗日军阵地。" 6 月 8 日，大越少尉在绛县东南中条山脉山麓行动进行侦察，在归途中逮捕回来 8 名商人。大越少尉向我报告："在绛县东南中条山脉山麓有一连的抗日军阵地，监视很严。"

（二）讯问、检查逮捕来的人民。6 月 8 日傍晚，我命令情报系森户中尉："调查大越少尉所逮捕来的人民，侦查中条山脉的抗日军情况及其阵地后方道路情况。" 6 月 9 日傍晚，森户中尉向我报告如下："此商人是从沁县来的，虽然通沁县——绛县之道路能通车，可是在其中央的岭岗险峻又有些地方坏了，所以不能通车。又看到：在中条山脉之棱线上，在各处有中国战士，但在道路上未看见。在绛县东南山麓有多数的中国军队。" 又报告："商人全都释放了。"

（三）威力侦察。6 月 17 日，我为了综合判断中条山脉山麓的抗日军阵地，实施了威力侦察。为此，对绛县东南 10 公里的山麓阵地前约 600 米的两处监视哨，从午前 10 时，让第一中队攻击右监视哨，第二中队攻击左监视哨，两中队攻击同时从二处遭到炮击，监视哨退避。同时从阵地遭到机枪的射击，停止前进，结束侦察。根据此侦察，我知道了：抗日军阵地网构成的地域及炮兵阵地的位置，以及兵力是约一个师左右。又被害情况虽不明，可是我的攻击动作是为了杀伤抗日军而进行的。

（四）移动间的放人。7 月 1 日，我接受第 20 师团长如下的命令："骑兵联队在翼城——泽州移动期间，掩护师团司令部。" 7 月 5 日从翼城出发，前进期间，因连日下雨和地形险峻，行进迟滞，8 月 9 日好不容易到达泽州。在此期间，为弄干被服，以家具、农具等做燃料，又由于这个我看到发生火灾的有 12 件。这是由于我宿营的日日命令，使令发生火灾的，与放火一样。

被害情况：放火 12 件以上（联队做的）。

（五）侦察沁河期间的杀人。我 7 月下旬在沁河右岸的村庄命令板井中尉："侦察在翼城——泽州道上，下流 1000 米间的沁河渡河点。" 板井中尉为了侦查沁河渡河口带去数名住民，强迫其渡过，溺死了一个人（本人报告：指板井报告。译注）。向我报告侦察之结果如下："在此附近的沁河，现在的天气则不能渡过，［至］少在晴天后才能够渡过道路上流 200 米的地点。”

这（次）杀人及强迫逮捕是我在 7 月下旬的侦察命令，使板井中尉执行的。

被害情况：杀 1 名中国人民，逮捕数名强迫渡过。

（六）参加泽州作战。抗日卫立煌军很近地跟随第 20 师团挺进到泽州西 4 公里的高地来了，第 20 师团长在 8 月上旬为攻击它，从 8 月 14 日午前 6 时，以步兵第 39 旅团及炮兵第 26 联队面向西正面展开，让步兵第 40 旅团（缺步兵第 80 联队）在泽州西南 10 公里的高地，面向西北展开，让步兵第 80 联队在泽州西北 15 公里的高地面南展开，以包围形势攻击之。8 月 13 日我接到第 20 师团长如下的命令：“骑兵第 28 联队从 8 月 14 日午前 6 时在师团的最右翼，和步兵第 80 联队联系压缩包围攻击。”8 月 14 日，我在步兵第 80 联队的右翼 2 公里的高地展开，面西南攻击。当天是从前一天晚上即下大雨，抗日军阵地后方 13 公里的小河宽 40～50 米，水深 1.5 米以上变成激流，遮断了抗日军的退路。我攻击了少数的抗日军，午后 3 点左右挺进到沿着激流的高地端，完全构成了包围圈的右端。师团当时约在 3 平方公里内压缩着抗日军。大雨依然未停，而到了晚上，抗日军向激流的右岸退避，可是大部分溺死了。根据军的情报是：“抗日军当天的损害达到 6000 名。”并且是均从抗日军司令部的无线通信偷听到的此情报。

第 20 师团在此战斗得到第一军司令官梅津中将的奖状。

被害情况：战场击毙及溺死抗日军战士 6000 名。

（七）刺杀俘虏。8 月 15 日（在泽州作战）午前 9 时，在激流东 1 公里的村庄，我命令第一、第二中队长：“第一中队搜索村庄的东半部，第二中队搜索西半部。”两中队搜索该村抓到 17 名俘虏，我让把 8 名俘虏交给第一中队，把 9 名交给第二中队作为教育材料刺杀，两中队让在 4 月中旬补充的初年兵刺杀了。这是我曾在 1 月中旬在张良村对军官进行教育指示而使令他们执行的，痛感我罪行的严重。

被害情况：刺杀俘虏 17 名，掳获步枪 17 支。

（八）移动期间的杀人。8 月 22 日在泽州我接受第 20 师团长如下命令：“骑兵第 28 联队在泽州——潞安移动期间，掩护师团司令部。”8 月 23 日，由泽州出发北进中，8 月 26 日，在潞安南 50 公里的高粱地里的田垄前进时，午前 10 时左右，遭到约 20 名八路军的射击。我即刻下号令：“第二中队徒步攻击。”第二中队徒步攻击，击毙了 1 名退避的八路军战士，又击毙了在高粱地退避着的 2 名农民。这是由于我 8 月 26 日午前 10 时的攻击命令而杀害的。

被害情况：击毙 1 名八路军战士，掳获手枪 1 支，击毙 2 名中国人民。

（九）麻的掠夺。9 月 10 日，我根据新障村住民的话，知道在新障村东 3 公里的村庄，有麻的公共仓库。我命令稻垣军需中尉："从新障村东 3 公里村庄的公共仓库征集麻。"稻垣中尉掠夺了一马车的麻。我命令稻垣中尉把此麻用做修理马具的材料。又根据稻垣中尉的报告，听说在仓库还有很多的麻，我报告给师团，师团经理部掠夺了满载 3 大卡车的麻。

（十）在新障村南的村庄的杀人、放火。9 月中旬在新障村南 1 公里，第二中队的几名兵掠夺割取做马粮的苞米时，遭到几名八路军射击，因而龙本中尉指挥部下小队搜索现场附近，在约 10 处的农村（新障村南 1.5 公里）逮捕拷问 2 名住民后枪杀了，烧了 1 处住宅。此事实是我在太原陆军病院入院当中，在 10 月中旬听入院的兵谈的。这（次）杀人、放火是作为领导者的我的责任。

（十一）侦察潞安南方地区。9 月 28 日，我在新障村接到第 20 师团长的命令："骑兵联队用一部分，侦察潞安南 20 公里附近的八路军情况。"我命令板井中尉："板井中尉指挥部下机关枪队，在 9 月 29 日，侦察潞安南 20 公里附近的八路军情况。"板井中尉在潞安南 15 公里的村庄，午后 1 时左右遭到射击，攻击了它，可是反而遭到了反击，午后 2 时左右，板井中尉受了伤，因此停止战斗而归。大越少尉向我报告："在潞安南 15 公里的村庄，有约 200 名以上的八路军。"

被害情况：一名八路军战士被射击而负伤（大越少尉看到了）。

（十二）参加长子作战。第 20 师团长知道了在长子西 10 公里高地的抗日军有逐渐增加的征候，为攻击它，10 月 8 日午前 6 时，以步兵第 40 旅团及炮兵第 26 联队从正面、西面展开，以步兵第 78 联队从北方向南展开进行攻击。10 月 7 日，我在长子北 6 公里的村庄接受第 20 师团长如下的命令："骑兵第 28 联队，明 10 月 8 日，随着师团攻击的进展，挺进到抗日军阵地的左侧背后，要使师团之攻击容易进行。"10 月 8 日，随着步兵第 78 联窑队的前进攻击而在阵地北的山谷地西进，从吉村附近（吉村在长子西北 30 公里）在高粱地棱线南进时，午后 3 时左右，和优势的抗日军遭遇，我为了阻止抗日军前进，命令如下："从右按第一中队、机关枪小队、第二中队的顺序展开，阻止抗日军前进。"抗日军在前进着，约接近 300 米远时交战，在交战中到了晚上，抗日军在半夜退避到西南方。

在此战斗期间，师团长为了遮断抗日军的退路，使用了很多瓦斯弹（第 20 师团参谋寺尾少佐谈的），但数量、种类及被害情况不明。

被害情况：

战场击毙抗日军战士 63 名（联队做的）。

掳获轻机枪 2 架，步枪 55 支，弹药、手榴弹多数（联队的掳获）。

（十三）侵占住宅。在白水村、泽州、新障村各地盘踞期间，因宿营我在各地各侵占了 20 户住宅，共侵占 60 户（户是一个住宅全部之意）。

（十四）奴役人民。在各地盘踞期间，每天用做伙夫及其他杂夫奴役 10 名，累计奴役了 1840 名。

（十五）粮食的掠夺。根据 6 月 1 日第 20 师团长的命令："尔后主食（粮谷）在泽州及潞安补给，但其他全在现地调办。"我在盘踞期间强迫伪村长，供出粮食、副食品等，以所谓"军票"进行不等价支出掠夺了。又在移动期间，使各中队用前述的方法征集掠夺了。其数量如下〔主食（粮谷）74 天，其他是 208 天，人 420 名，马 420 匹〕：主食 26.7 吨（日量 860 克），肉类 17.5 吨，蔬菜 52.4 吨，薪柴 114.3 吨，马粮 174.8 吨。

小结：

1. 战场击毙抗日军战士 64 名，刺杀俘虏 17 名，共 81 名。参加战场击毙及溺死 6000 名，战场负伤战士 1 名。

2. 杀中国人民 5 名。

3. 逮捕中国人民 9 名以上。

4. 使用瓦斯弹（数量、种类、被害情况不明）。

5. 放火 13 件。

6. 奴役中国人民 1840 名。

7. 掳获武器：轻机关枪 2 架，步枪 72 支，手枪 1 支，弹药、手榴弹多数。

8. 侵占住宅 60 户。

9. 粮食的掠夺：主食 26.7 吨，肉类 17.5 吨，蔬菜 52.4 吨，薪柴 114.3 吨，马粮 174.8 吨。

自 1938 年 8 月 3 日至 1939 年 12 月 25 日任骑兵第 28 联队长职务期间，被害情况之共计：

1. 杀害抗日军战士：战场击毙 217 名，战场刺杀 28 名，刺杀俘虏 26 名，共 271 名。参加杀害 6013 名，战士受伤 1 名。

2. 参加俘虏 120 名。

3. 杀中国人民 14 名。9 月 9 日在稷山城杀人，11 月 6 日三路李村的屠杀，4 月 18 日上段村的杀人，12 月下旬至 1 月下旬搜集情报期间的杀人，以上的人数皆不明。

4. 逮捕中国人民 47 名。

5. 拷问中国人民 7 名以上。

6. 使用瓦斯弹。

7. 放火 20 件。

8. 奴役人民 5355 名。

9. 侵占住宅 120 户，改建成马圈用 70 户，破坏 15 户，房顶破 30 户。

10. 掳获武器：重机枪 2 架，轻机枪 6 架，步枪 196 支，手枪 1 支，弹药、手榴弹多数，炸药 80 公斤，电发火器 1 个，十字锹 1 个。

参加掳获：重机枪 2 架，步枪 100 支，弹药、手榴弹多数。

11. 强奸、掠夺家财（人数、数量不明）。

12. 粮食之掠夺：粮谷 34.3 吨，肉类 36.1 吨，蔬菜 108 吨，薪 2381 吨，马粮 306.3 吨。

（中央档案馆馆藏档案，档案号 119—2—2—1—6）

（4）市毛高友强奸妇女的笔供

1. 1939 年 12 月至 1942 年 9 月之间，曾强奸了下述被监禁的妇女：

时间	地点	被害者	年龄	人数	强奸次数
1939 年 12 月至 1940 年 2 月	山西省翼城县城	朝鲜妇女	20 岁左右	2 名	10 次
1940 年 3 月至 1942 年 3 月	山西省曲沃县城	中国妇女	20 岁左右	1 名	10 次
1940 年 3 月至 1942 年 3 月	山西省曲沃县城	朝鲜妇女	20 岁左右至 25 岁左右	2 名	20 次
同年 1 月	山西省翼城县下甘泉	朝鲜妇女	20 岁左右	1 名	1 次
同年 4 月	山西省沁水县城	朝鲜妇女	20 岁左右	1 名	1 次
1940 年 9 月	山西省临汾县城	中国妇女	18 岁左右	1 名	1 次
1941 年 7 月	山西省临汾县城	中国妇女	20 岁左右	1 名	1 次
同年 8 月	北京市	中国妇女	20 岁左右	1 名	1 次
1942 年 5 月至 9 月	河北省阜城县城	朝鲜妇女	18 岁左右	1 名	10 次
合计：强奸 4 名中国妇女（13 次）及 7 名朝鲜妇女（42 次）					

2. 1942 年 5 月下旬，在以歼灭冀中地区的八路军为目的的冀中作战中，我（第 41 师团山炮兵 41 联队第二大队中尉第六中队长）曾命令部下去掠夺盘踞宿营用的麦秸及劈柴，从而使其中队员市原经典上等兵在河北省交河县泊头强奸一名当地的中国妇女。

3. 1940 年 11 月至 12 月中旬之间，我（第 41 师团山炮兵 41 联队中尉代理联队副官）在山西省曲沃县城内，为使部队达到强奸的目的，曾拐欺押禁一名中国妇女和 26 名朝鲜妇女。

强奸小结：中国妇女 6 名、朝鲜妇女 33 名，合计 39 名。

1954 年 9 月 16 日于抚顺

（中央档案馆馆藏档案，643 卷）

（5）斋藤良雄的笔供（节录）

（1954 年 9 月 17 日）

斋藤良雄，日本福井县人，1937 年 9 月至 1940 年 1 月、1941 年 10 月至 1945 年 8 月两次侵入中国，先后在日军 109 师团辎重 109 联队为一等兵、驭兵，伪热河省地方警察学校助教警长，伪热河省丰宁县大滩警察署特务主任警长、平头梁分驻所警长，伪热河省公署总务科暗号室暗号手、警长，伪热河省承德"一郡商会支店"皮毛革收买员等职。

1938 年 7 月初旬，盘踞于山西省离石县城的步兵 136 联队长松井节大佐以下 700 名，作为对山西省中阳县城补给粮秣弹药的辎重队（包含我）的护卫，在离石县大口村行进中，与该地西方 1 公里的山上及其南方 2 公里村庄的山上的八路军交战，使步兵突击西方阵地，对南方阵地用 4 门炮射击，炸死了八路军战士 100 名。翌日在离石县金乐镇南方 3 公里某村前方 500 公尺的道路上，又行交战，因此不能不停止前进。松井大佐命令横山毒瓦斯班在八路军阵地村庄前方 300 公尺的地方，放射毒气 30 个赤筒，杀害了 200 名八路军。我此时以一等兵御手，补给粮秣弹药，杀害了八路军 300 名。

（中央档案馆馆藏档案，档案号 119—2—1024—1—5）

（6）西定二的笔供

1942年10月上旬在山西省阳曲县石岭关盘踞时，前田兵长以下3名从石岭关西北4公里的某村，游动于附近的部落中，以强奸为目的，强制地拘来了中国妇女4名（年龄由23岁到28岁）在石岭关分遣队内，分遣队长前田年一兵长以下3名（我在内）用刺刀威吓加以强奸。

在此时我（分遣队员、步枪手、上等兵）对于4名中的年约28岁的妇女一名，用刺刀威吓进行了强奸，更对于强制拘来的妇女4名，把她们拘留在石岭关部落内的住民房舍中4天，以后才释放了。

1954年10月

（中央档案馆馆藏档案，档案号119—2—637—1—5）

（7）田吉来的笔供

（1954 年 11 月 17 日）

田吉来，日本佐贺县人，1937 年 8 月侵入中国，曾任日本陆军野战重炮兵团炮兵观测系上等兵、伍长、军曹等职，太原白宗庄煤矿工警队长、太原化学厂工警队警卫队员等职。日本投降后，"残留"山西省阎锡山部。

1939 年 12 月 5 日，在山西省闻喜县文峰山东麓地区的战斗中，我以观测下士官的身份参加，按中队长饭川中尉的命令，指挥部下观测手测定射击目标，特别是进行依据瓦斯弹射表算定射击目标等，积极协助饭川进行瓦斯弹射击。共发射梅弹（催泪瓦斯）50 发、竹弹（窒息瓦斯）50 发，文峰山东麓村庄及中腰凹地的村庄曾一时为瓦斯烟所笼罩，损害详情不明。

（中央档案馆馆藏档案，档案号 119—2—733—1—7）

(8) 神野久吉的笔供

(1954 年)

在大同省平鲁县警察队附候补警尉指导官任内，1942 年 7 月 15 日，于平鲁县城内十字路北街的农民家屋内，将一位 32 岁左右的农民妇女强奸了。

在大同省平鲁县警察队附候补警尉指导官任内，与北支那派遣驻蒙军第 5314 部队平鲁警察队长中尉押田敏一以下约 100 名，共同和我指挥的平鲁县警察队员王喜连以下约 80 名，在警备行动中，1942 年 8 月 9 日，在平鲁县七墩北 1000 公尺左右的土洼内将要逃走潜伏的一个 25 岁左右的农民妇女强奸了。

在大同省平鲁县警察队附候补警尉指导官任内，指挥着平鲁县警察队员王喜连以下约 80 名，与北支那派遣宪兵队张家口宪兵队朔县宪兵分队军曹越猪某以下约 50 名，共同搜查中共关系者的行动中，1942 年 9 月 13 日，在平鲁县二墩南方 2 公里半的某村，对一位 35 岁左右的农民妇女，由于告发警察队员夺了她的现洋，我以归还给她为口实在她的家屋内将她强奸了。

在大同省平鲁县警察队附候补警尉指导官任内的 1942 年 10 月中旬，指挥平鲁县警察队员王喜连以下约 80 名，在平鲁县连家窑掠夺杂谷行动中，到了同县白城村，将一个正要从窑口逃走的有 22 岁左右的农民妇女，在屋内强奸了。

在大同省平鲁县警察队附候补警尉指导官任内，1943 年 2 月初旬（阴历十二月二十七）指挥平鲁县警察队员王喜连以下约 80 名，与北支那派遣驻蒙军第 5314 部队平鲁警察队长中尉押田敏一以下约 100 名，共同在年末警戒行动中，于平鲁县白家辛庄西方 1 公里某村，以搜集情报为口实，将一位 35 岁左右的农民妇女在屋内强奸了。

在大同省直辖警察队附警尉指导官任内，指挥着直辖警察队员方心谦以下约 120 名，于广灵县南村附近工作行动中，1944 年 8 月 3 日，将一位 30 岁左右的农民妇女在屋内强奸了。8 月中旬，在广灵县海子，将一位 20 岁左右的农民妇女强奸了。

在大同省直辖警察队附警尉指导官任内，指挥着直辖警察队员方心谦以下约 120 名，1944 年 10 月下旬，在广灵县南村附近参加工作时，于广灵县土曹口将 20 岁左右的农民妇女一名及 11 月上旬在榆林一斗泉中间部落将 35 岁左右的农民妇女一名在屋内强奸。

在大同省直辖警察队附警尉指导官任内，指挥着直辖警察队员方心谦以下约120名，1945年3月中旬，灵丘县公署撤退工作时，在灵丘县城南关，将一位30岁左右的农民妇女，因她拿的是别人的良民证，以从八路地区来为口实，在家屋内将其强奸。在大同省直辖警察队附警尉指导官任内，在广灵县南村驻屯中，1945年5月15日，指挥着直辖警察队员方心谦以下约120名，在广灵县南百瞳南堡，逮捕灵丘支队一名侦察之际，以调查证人为借口，在村庄内庙里强奸了。5月20日左右，在广灵县南村警察署监禁着的同县南土岭村民李氏，18岁，以问供为借口，在村南警察署内我的房子里将其强奸。

在大同省第12野战警察集团警尉首席指挥官时，于广灵县南村驻屯中，1945年6月3日，先令广灵县土岭村民18岁的王李氏回到她家，以后在其家中将她强奸。6月7日，在同村有一位25岁左右的农民妇女在看护着她的丈夫的病，又有一位28岁左右的农民妇女和她在一起，在厕所的一角同时将其强奸了。

在大同省第12野战警察集团警尉首席指挥官时，于广灵县南村驻屯中，1945年7月10日左右，在广灵县南村警察署监禁中的投降于中共军广灵警察队员的妻子，为同县黄龙村民白冯氏25岁和南村民张氏28岁，以令她们回家为借口，在南村警察署内我的屋子里各强奸了一回。7月15日，在广灵县石梯岭下边的村内，有一位20岁左右的农民妇女，以其逃走为借口，将其强奸了。

除以上强奸外，在平鲁县白城村，广灵县香炉台、望狐、海子、南村，尚有5次强奸未遂的事件。

以上强奸24件24名，强奸未遂5名。

（中央档案馆馆藏档案，档案号119—2—17—1—9）

（9）岩屋勇的录音供述

（1954年）

　　岩屋勇，国籍是日本国，家住鹿儿岛县肝属郡高山町后田三一七一番地。1937年3月1日，以现役志愿兵身份集合于日本国广岛县广岛市的前日本陆军第五师团司令部，3月5日侵入中国，3月7日入伍到驻扎于锦州省锦县的前日本陆军关东军独立混成第11旅团独立步兵第12联队第一中队充任陆军步兵二等兵。3月至5月受新兵第一期教育，6月初合格于第一年度下士官候补生至7月7日为止，参加了联队的下士官候补生集中教育。1937年7月7日，日本帝国主义发动了对中国全土的侵略战争，该犯7月9日进驻到山海关，以后经由天津、北京、南口侵入到山西省。1945年8月1日晋级为陆军准将，至8月15日日本无条件投降为止，在山西省新绛县泽掌村充任前日本陆军第14师团第84旅团独立步兵第381大队第五中队准尉内务系。日本投降后，该犯充任该部队的准尉小队长，召集了日本军下士官、兵50名，和中国反动军阀阎锡山相勾结，1946年3月充任山西省公路修复工程总队第三工程大队第一中队少校副中队长，参加了中国的反革命战争。以后历任太原绥靖公署教导总队教导第二团中校营长上校参谋处长兼副官处长等职务，1950年2月9日在山西省太原市被逮捕。

　　（中略）

　　1937年9月初占领了张家口市的独立步兵第一二联队第二大队，据联队队长奈良大佐的命令，进行了攻击天镇县。这时该县城居民和日军作了顽强的战斗，由于力量用尽，该县城被日军占领之后，第二大队长河野少佐鉴于天镇县城的居民抗日意识坚强，认为若是让其继续活下去，在今后将有趁机前来复仇之虞，因此就命令杀害全部16岁以上的男子，又认为军队受到了他们的苦头，下令可以随意进行掠夺、强奸，并关闭了城门，促使一个大队在全城内的每一个角落里逮捕所有的男子。一共连妇女小孩残杀了600余人之后埋入土壕内才告结束。此后，官兵们不分昼夜，挥动刺刀窜入民房，强奸了失去亲人骨肉过着饥饿悲伤流泪生活的妇女，或者是进行掠夺了财富，所有的妇女以至于70余岁的老婆婆和十三四岁的女孩子差不多都受到强奸。于是该县城就被制造成无男子县城。我认为这是受到极为残暴的日本帝国主义给予的灾难的一个例子。

　　　　　　　　　　　　（中央档案馆馆藏档案，档案号119—2—393—5—6）

（10）相乐圭二的口供

（1955 年 3 月 14 日）

相乐圭二，日本福岛县人，1939 年 4 月侵入中国，历任日本陆军第二师团第三旅团第 29 联队上等兵、曹长、见习官及独立混成第 3 旅团少尉小队长、中尉通讯班长、中队长、大尉大队副官、大尉大队长等职。日本投降后又在国民党阎锡山部任中校指导官、少将参谋长等职，1949 年 4 月被逮捕。

问："扫荡"晋西北抗日根据地后，你又参加了哪些活动？

答："扫荡"晋西北抗日根据地后，1940 年 9 月我又参加了反百团大战，11 月参加了对宁武县盘道梁的"讨伐"作战，1941 年 1 月参加了对宁化堡西部地区的"扫荡"战。

问：你将参加反百团大战在和八路军作战中所犯的罪行说一下！

答：1940 年 10 月下旬，我大队在上坞村与八路军作战时，我指挥第二中队和山炮小队射击八路军，炸死八路军 6 名，冲锋时刺死 2 名，炸毁民房 5 户。当晚，为冲出八路军的包围，我建议并亲自指挥通信班和吉原小队在庄旺村西南 5 公里的山上，向八路军发射瓦斯弹 12 发、烟幕弹 20 发。八路军的损失不明。之后，又在庄旺村附近遭八路军阻击。我指挥山炮小队和通信队向庄旺村八路军射击，射杀八路军 6 名、居民 4 名，并射伤居民 1 名，轰毁民房数处。当日午后，我命部下在羊圈岭等村抓捕居民 15 名作为担架队。11 月初大队回到宁武。

（中央档案馆馆藏档案，档案号 119—2—11—14）

（11）侦查吉泽行雄的终结书①

吉泽行雄，化名吉伟民，男，42 岁，日本东京都西多摩郡人，日本东京私立日本大学专门医学科毕业。1939 年 10 月 16 日应征入伍，1940 年 1 月 1 日侵入中国，历任前日本北支那派遣军独立混成第 3 旅团司令部少尉军医、通信队中尉军医、大尉军医、山西省崞县原平镇日军陆军病院大尉主任教官等职。日帝投降后，复于 1946 年 4 月参加阎匪军，历任阎匪第 7 工程队上校军医处长，暂编独立第 10 总队野战医院上校院长等职。1950 年 12 月被太原市人民政府公安局逮捕。

经侦讯判明，吉泽行雄在以上任职期间犯有下列罪行：

一、日帝侵华时期

（一）残杀抗日军战士及和平居民

吉泽行雄在侵华期间，曾先后在山西崞县轩岗镇、原平镇、崞县城内，河北省阜平县东下关村，河南省陕县郭家庄等处，以少尉军医、中尉军医及大尉军医等身份，用活体解剖、刺杀、试验手术、强迫酷使等手段，杀死我抗日军政人员及和平居民 13 名，其中。有亲自杀死的 4 名，命令部下杀死的 1 名，参与杀死的 3 名，轫役致死 5 名。

如 1943 年 11 月，出发在河北省阜平县担任日帝北支那派遣独立混成第 3 旅团伤病收容班长时，在东下关村把 1 名俘虏缚在门板上，用棉花塞住口，活活的以气管切开解剖的手段残杀了。

又如 1940 年 2 月担任日帝北支那派遣独立混成第 3 旅团第 9 大队第 2 中队少尉军医时，在山西省崞县轩岗镇和桥本少尉共谋，以偷盗粮食为罪名，将和平居民张绪堂杀死后又亲手作了腹部解剖，并令 30 名日军在尸体身上进行了刺枪演习。

（二）奴役和平居民和虐待俘虏

吉泽行雄于 1942 年至 1944 年期间，在独立混成第 3 旅团担任伤病收容班长、中尉军医时，先后在山西省崞县、河北省阜平县、河南省陕县等地区，命令

---

① 原始档案中未见本终结书出具者署名，据编者分析，出具者应为中华人民共和国最高人民法院特别军事法庭。

部下强抓了和平居民 344 名之多，以及被俘的抗日军战士 300 名，用威胁、毒打、禁闭、不让吃饭等手段，强迫修建飞机场，抬担架，进行奴役。

如 1943 年 11 月，担任独立混成第 3 旅团中尉军医及伤病收容班长时，在河北省阜平县东下关村命令部下强抓了柏沟村居民 20 余名，强迫抬担架，整日不让吃饭休息，奴役致死袁保太、韩永生后，又亲自将袁保太的尸体进行了解剖。

（三）拷打和平居民、逮捕抗日军战士

吉泽行雄于 1942 年 5 月担任独立混成第 3 旅团中尉军医及伤病收容班班员时，在河北省武安县纪城镇借口当地的一个居民偷了他们的钱，同收容班长太田正义亲手捆绑逮捕，往口里灌冷水进行拷打，押在房中，最后这一居民乘夜间逃跑了。1944 年 5 月，在河南省渑池县狭石镇命令部下将我抗日战士 1 名逮捕起来，送交了该旅团司令部处理。

（四）焚烧、破坏居民房屋和青苗

吉泽行雄于 1943 年 8 月 18 日出发在河北省平山县任伤病收容班长时，在怀常村烧毁居民杜阔、杜鲁魁等的房子 9 间，其中吉泽行雄亲自烧毁者 6 间，部下烧毁者 3 间。1943 年 8 月，在河北省阜平县为便利于运送日军伤员，向旅团长毛利末广建议修建飞机场，强占民田 150 亩，损毁青苗 150 亩。同年 10 月，又命令部下和独立混成第 3 旅团兵器班部队将阜平县东下关附近 30 多户居民的房子拆毁，作了燃料焚烧使用。

（五）奸淫妇女

吉泽行雄在侵华期间任少尉军医、中尉军医及伤病收容班长等职务时，曾先后在山西省崞县轩岗镇羊圈村、崞县城内、河北省武安县南门外等地奸淫妇女 5 名。

如 1940 年 9 月 29 日，以少尉军医身份，命令部下在羊圈村持枪将 18 岁的青年妇女赵某某拉到炮台内，饮酒作乐，强奸一夜。

又如 1941 年 11 月，在崞县城内以中尉军医身份，将日军在山西省五台县抓来的妇女王某某强奸后，强迫同居 9 年之久。

（六）掠夺和平居民财物

吉泽行雄在侵华期间，积极执行日帝“以战养战”的侵略政策，从 1942 年 4 月到 1944 年 5 月，以中尉军医、大尉军医身份，先后在河南省陕县东水桃、河北省武安县纪城镇、阜平县东下关、河南省林县东姚集、大营村等地，亲令部下掠夺居民的小麦、白面 700 余斤，棉布 300 余尺，门板 20 余付，猪 4 口以及其他物品。

（七）积极参与研究和撒播细菌武器

吉泽行雄于 1943 年 3 月至 7 月，先后 3 次在山西省崞县、太原市受了细菌战犯石井四郎进行细菌战争的教育后，自 1944 年 11 月至 1945 年 3 月，以独立混成第 3 旅团军医及日军原平陆军病院主任教官身份，先后在崞县原平镇将 100 名卫生兵进行了培植细菌和预防细菌的基本知识训练。同时又搜集各种细菌材料，供给该旅团防疫班研究细菌 8 次之多。

二、阎匪时期

吉泽行雄在日帝投降后，为保留日军实力，企图复活日本法西斯，便积极与战犯今村方策为了煽动日军留华，曾组织了"独三旅会"。

综合上述，吉泽行雄在日帝侵华及阎匪时期用各种手段共残杀抗日军战士及居民 13 名，奴役和平居民 644 名及俘虏 300 名，逮捕拷打抗日军战士及居民各 1 名，焚烧与拆毁民房 30 余处，强奸妇女 5 名；掠夺和平居民粮食 700 余斤、门板 20 付、布 300 余尺、猪 4 口以及衣服皮毛等物品，盗窃药品 11 捆半（绷带 3 捆 "计 700 卷"，纱布两捆 "计 60 匹"，药棉花 1 捆 "计 50 公斤"，内服药 2 捆 "计 39 包"，注射剂 1 捆 "计 215 支"，外用药膏 1 捆 "计 14 瓶"），又医疗机械 70 余件、注射剂 475 支、药粉 720 瓦、药丸 300 粒等，焚烧医院账簿文件，毁灭罪证，研究细菌武器，培养细菌材料，并训练掌握细菌武器的卫生兵 100 名。

以上罪行，经侦讯证实，确凿无误，吉泽行雄已供认不讳。查吉泽行雄在侵略中国与干涉内政期间，逮捕屠杀我国人民，奴役和平居民，焚烧居民房屋，掠夺居民财物，强奸妇女，盗窃药品，焚烧文件，消灭罪证，研究细菌武器，罪恶严重，本应严惩，惟鉴其在管教期间有悔改表现，故予以从宽处理。

1955 年 6 月 28 日

（中央档案馆馆藏档案，档案号 119—2—732—1—4）

（12） 侦查石田菊寿的终结书[①]

石田菊寿，化名田达明，男，54 岁，日本茨城县行方郡人，法政大学经济学部毕业，出身于富农家庭。1937 年 9 月入伍，同月侵入中国，历任前日本陆军独立步兵第 14 大队上等兵，川村兵站崞县支部配属宪兵队上等兵补助宪兵，忻县支部配属宪兵队上等兵补助宪兵，山西省榆次陆军特务机关经济班员，汾阳陆军特务机关经济班长，阳泉地区新民会办事处首席参事，河北省新民会总会总务科人事系职员等职。日本投降后，复于 1946 年 5 月参加阎匪军，历任阎匪铁路护路总队第五大队中尉队员，暂编独立第 10 总队生产科中尉贩卖部长，10 总队野战病院中尉庶务等职。1950 年被太原市公安局逮捕。

经侦讯判明，石田菊寿在以上任职期间，犯有下列罪行：

一、日帝侵华时期

（一）执行日帝经济侵略政策，大肆掠夺物资

石田菊寿于侵华期间，1939 年 12 月至 1941 年 6 月充任汾阳陆军特务机关经济班长时，积极贯彻日帝“以战养战”的侵略政策，曾亲自策划组织了“汾阳地区物资对策委员会”及各县的“物资对策委员会”、“县合作社”、“物资配给支所”、“核桃组合”等各种庞大的经济掠夺机构，并亲自拟定和颁布了“砍伐木材规程”、“汾阳地区石油贩卖统制要纲”、“禁止搬出物资办法”、“公定价格”等，藉以控制了汾阳地区 12 个县的粮食、棉花、核桃、木材、皮革、羊毛、盐、石油、煤、金、银、铜、铁等一切农产品和工业原料，加强了对汾阳地区的经济掠夺和对抗日根据地的经济封锁。查石田菊寿以汾阳陆军特务机关经济班长的身份，操纵上述经济掠夺机构与指示各县县公署掠夺和平居民的财产，仅能统计者有粮食 1120 万斤、牛皮 5000 张、羊皮 10000 张、烟叶 120000 斤、木材 20000 根、棉花 70000 斤、核桃 110000 斤、马 50 匹。由于如此大肆掠夺，而严重地破坏了汾阳地区人民的和平生活。

[①] 原始档案中未见本终结书出具者署名，据编者分析，出具者应为中华人民共和国最高人民法院特别军事法庭。

（二）组织与扩大伪新民会组织机构，武装工作队，并施行奴化教育、刺探情报

石田菊寿于侵华期间，1941 年 6 月至 1942 年 6 月充任前日伪山西省阳泉地区新民会办事处首席参事时，积极执行日帝"以华制华"的侵略政策，直接督导其管辖区平定、盂县等 8 个县新民会组织与扩大新民会农村分会、厂矿分会、青年团、妇女会、自卫团等日伪组织。仅在阳泉煤矿一处，即用强迫和欺骗手段使工人 3500 名加入新民会。同时石田菊寿又亲自策划开办"阳泉地区新民会训练所"，强迫青年知识分子 47 人受训，又指示各县新民会训练青年知识分子 320名，灌输奴化思想。并积极指示上述组织和训练过的青年收集我抗日军情报和对当地人民进行法西斯的麻醉宣传活动。并为了保证伪新民会组织在农村的发展，即指示其管辖区昔阳、沁县、武乡等县新民会组织武装工作队 100 余名，对当地人民的抗日活动进行镇压。

（三）参与制造"无人区"及破坏民房

石田菊寿于侵华期间充任前日伪阳泉地区新民会首席参事时，1941 年 8 月至 10 月间，命令其部下并指使平定县和盂县新民会参与前日军片山旅团在平定县和盂县沿山抗日根据地实行日帝"三光"政策，制造"无人区"。仅在盂县车轮、水沽等 31 个村庄即残杀和平居民李喜林等 253 名，致冻饿及病死 6 名，杀伤和平居民 6 名，逮捕拷打 10 名，强奸妇女 8 名；焚烧与破坏民房 7446 间、窑洞 1854 孔；掠夺粮食 4459280 斤、牛骡驴共 990 头、羊 2510 只，破坏与掠夺当地和平居民的其他家具、农具、衣物、布匹等财物无计其数。同时又强制将上述地区和平居民 1000 余名送交阳泉煤矿当苦役。

此外，石田菊寿于 1937 年 10 月以崞县兵站配属宪兵队补助宪兵的身份参与在山西省崞县西关焚烧民房 30 户。又于 1938 年 8 月以前日军独立后备步兵第 14大队上等兵的身份，在河北省柏乡县受命用迫击炮轰毁了一个和平村庄的一部分民房。

（四）奴役和平居民与霸占民田

石田菊寿于侵华期间，在河北省磁县光录镇、马头镇，山西省阳泉等地为修筑"汽车路"、"飞机场"奴役和平居民 1325 名，计 3350 个工，并强占民田90 亩。

（五）强迫妇女为娼

石田菊寿于 1937 年 11 月充任前日军川村兵站忻县支部配属宪兵队补助宪兵时，在忻县城内亲自逮捕妇女 2 名送交日军"慰安所"强迫为娼，供日人蹂躏。

综合上述，石田菊寿在日本帝国主义侵华期间，积极执行日帝侵略政策，共残杀我国和平居民 259 名，伤害 6 名，奴役和平居民 2325 名，掠夺和平居民财物：粮、棉 15720000 斤，牛羊皮 15000 张，牲口 1040 头，羊 2510 只，烟叶 120000 斤，核桃 110000 斤，木材 20000 根，烧毁与破坏民房 7446 间又 36 户、窑洞 1854 孔，霸占民田 90 亩。

二、阎匪时期

日帝投降后，石田菊寿竟违背《波茨坦公告》，仍继续与中国人民为敌，参加阎匪军，积极进行反革命活动。

以上石田菊寿在日帝侵华时期及阎匪时期的罪行，经侦查证实，确凿无误，予以从宽处理。

1955 年 6 月 30 日

（中央档案馆馆藏档案，档案号 119—2—726—1—4）

（13）侦查住冈义一的终结书[①]

住冈义一，化名祝振邦，男，年 39 岁，日本大阪市旭区新森小路町人，大学毕业。1939 年 12 月 1 日入伍，同月 20 日侵入中国，历任前日本陆军第 15 师团步兵第 60 联队第 2 大队机关枪中队士兵、干部候补生、教育队候补生等职，1940 年 12 月因受预备士官训返回日本。1941 年 12 月二次侵华，历任日军独立混成第 4 旅团第 13 大队少尉小队长、教官、分遣队长、中尉大队教育主任，独立步兵第 14 旅团第 244 大队中尉大队副官、中队长及大尉中队长等职。

日本投降后，复于 1946 年 4 月参加阎锡山军，历任野战军第 2 纵队司令部上校教育科长、保安总司令部教育科长、副大队长、暂编独立第 1 总队教导 2 团团长等职。

1948 年 7 月 10 日在山西省徐沟县戴李青村被中国人民解放军逮捕。

经侦讯判明，住冈义一在以上任职期间，犯有下列罪行：

一、日帝侵华时期

（一）参与集体屠杀俘虏

住冈义一于 1942 年 7 月 26 日与 8 月初旬，以独立混成第 4 旅团第 13 大队少尉教官及检阅辅佐官身份，在山西省太原市小东门外赛马场参与集体屠杀俘虏 340 名，其中该犯指挥新兵以刺刀分批刺杀 70 名（内有青年女学生 50 名），并亲自用军刀和手枪将新兵刺而未死的 15 名俘虏逐一杀死。

（二）杀戮和平居民和抗日工作员

住冈义一于 1942 年至 1945 年间，一贯积极执行日本帝国主义的侵华政策，以恐怖手段镇压抗日活动，先后在山西省阳曲县大盂镇、三畛村、羊店村、南温川村、袁家庄，襄垣县虒亭镇，沁县后沟村等地，用刀刺、刀砍、枪杀等手段杀死和平居民 20 名、抗日工作员 10 名。其中参与残杀伤病员 2 名、和平居民 14 名；命部下残杀和平居民 3 名、抗日工作员 5 名，受命残杀抗日工作员 3 名、和平居民 1 名，亲自残杀和平居民 1 名，纵容部下强奸致死妇女 1 名。

如：1943 年 3 月 19 日，住冈义一任阳曲县南温川分遣队长率队袭击阳曲县

[①] 原始档案中未见本终结书出具者署名，据编者分析，出具者应为中华人民共和国最高人民法院特别军事法庭。

沙岭村时，逮捕村干毛金亮、和平居民张二小等 5 名带回南温川，经拷打后，命部下将毛金亮、张二小枪杀。

（三）焚烧和平居民房屋及粮食

住冈义一任前日本陆军独立步兵第 14 旅团第 244 大队中尉第 4 中队长盘踞襄垣县虒亭镇时，于 1945 年 1 月率队袭击襄垣县送返村，归途经大、小池村，命部下纵火焚烧民房 67 间。并于 1942 年 1 月在阳曲县北家庄指挥部下参与烧毁粮食 40 石。

（四）强奸妇女

住冈义一任阳曲县南温川分遣队长时，于 1942 年 12 月至 1943 年 3 月间，先后命令部下在阳曲县北温川、石糟村、岔口村等地抢掳妇女刘某某等 10 人，长期拘禁，令部下任意奸污。

（五）掠夺、奴役

住冈义一在日帝侵华期间，先后共掠夺牲畜 18 头，奴役居民 11800 工。

如：住冈义一于 1944 年 11、12 月间，任独立步兵第 14 旅团第 244 大队第四中队中尉中队长驻襄垣县虒亭镇时，强征、奴役虒亭镇周围 19 个村庄的居民共达 11800 人日，在虒亭镇挖掘了长 285 公尺、宽深各 5 公尺的工事外壕。

住冈义一在日帝侵华期间，残杀和平居民，俘虏抗日工作员 370 名，焚烧民房 67 间、粮食 40 石，强奸妇女 10 名，掠夺牲畜 18 头，奴役和平居民 11800 人／日。由于积极执行日帝侵略政策有功，获得日帝勋六等瑞宝章一枚。

二、阎匪锡山时期

（一）煽动日军官兵留华，组织训练反动武装

日本投降后，住冈义一为复活日本法西斯，保存军事实力，以日军大尉中队长身份，于 1946 年 2 月至 4 月间积极响应独立步兵第 14 旅团旅团长元泉馨的号召，进行留华运动，欺骗诱惑大队内官兵 300 余名留华（其中该犯中队留华 30 余名），参加了阎匪锡山军进行反革命战争。

住冈义一于 1946 年 9 月至 1947 年 3 月间，任阎匪野战军第 2 纵队司令部上校教育科长及山西省保安司令部教育科长，积极拟定教育计划，派日籍教官到 8、9、10 总队及干部训练队任教官，训练教育阎匪锡山军官兵 3000 余名，提高了阎匪锡山军的战斗能力，阻碍了解放事业的进展。

（二）杀、伤解放军战士

住冈义一于 1946 年至 1948 年间，以阎匪锡山军保安第 3 大队上校副大队

长、暂编独立第 10 总队教导 2 团团长等身份，率领匪军参加阳泉、晋中等反革命战役，先后在阳曲、寿阳、榆次、祁县、太谷等县，指挥部下打死解放军战士 80 名，打伤 73 名。

（三）残杀俘虏

住冈义一于 1948 年 7 月间，率领匪军参加晋中反革命战役，在山西省祁县榆林村，纵容部下残杀受伤的解放军战士 5 名。

（四）残杀和平居民

住冈义一于 1947 年 12 月间，率领匪军在榆次县一带进行抢粮，到榆次县庄子村纵容部下摔死和平居民（妇女）1 名。

（五）掠夺和平居民财物，破坏、烧毁房屋、庙宇

住冈义一于 1946 年至 1948 年间，以副大队长、团长等身份，先后亲自指挥及命令部下在山西省祁县、榆次、徐沟等县掠夺和平居民粮食 88000 斤，牲畜 15 头，猪、羊 77 只（口），木材 50000 斤以及衣被等物，烧毁民房 9 间，炸毁民房及庙宇 6 所。

（六）毁灭罪证

住冈义一于 1948 年 7 月 10 日在徐沟县戴李青被解放军逮捕前，为逃避罪责，毁灭证据，命部下破坏无线电机 1 部、电话机 2 部，焚毁密码 3 本及乱数表等文件。

住冈义一在阎匪锡山时期积极煽动、诱惑日军官兵 300 名留华参加阎锡山军，拟定教育计划，为阎匪训练官兵 3000 余名，残杀解放军战士、俘虏及和平居民 86 名，打伤解放军战士 73 名，掠夺和平居民粮食 88000 斤，牲畜 15 头，猪、羊 77 只（口），木材 50000 余斤，烧毁民房 9 间，破坏民房及庙宇 6 所，破坏无线电机 1 部，电话机 2 部，焚毁密码 3 本及乱数表等文件。

三、管押期间

住冈义一被中国人民解放军逮捕后，在管押期间，曾数次阴谋策划逃跑。如：1949 年 9 月在山西省大同县山底村策动集体逃跑，并先派福田佐平等 5 人逃到内蒙包头国民党地区，并在逃跑前嘱福田佐平和国民党取得联系后，前来接应，企图暴动，但因包头迅速解放，其阴谋未得逞。

综合上述，住冈义一在日帝侵华时期及阎匪锡山时期共残杀我国军民 456 名，打伤 73 名，逮捕 12 名，放火及破坏民房和庙宇 76 间及 6 处，烧毁粮食 40 石，强奸妇女 10 名，掠夺粮食 88000 斤，牲畜 33 头，猪、羊 77 只（口），木材

50000 余斤，奴役和平居民 118000 人口，动员留华日军官兵 300 余名，训练阎匪锡山军官兵 3000 余名，破坏无线电机 1 部、电话机 2 部，焚毁密码 3 本及乱数表等文件。

以上罪行经侦讯证实，确凿无误，住冈义一已全部供认不讳，于 1956 年 4 月 7 日向其宣告侦查业已终结，并向其说明有权阅览卷宗内一切材料和有权申请补行复查。

被告人住冈义一将卷内一切材料，计 3 册 425 页，在 1956 年 4 月 7 日起至 1956 年 4 月 9 日止的时间内阅览完毕，并声明卷内材料全部正确，亦无请补充侦查之意见。

1955 年 8 月 9 日
（中央档案馆馆藏档案，档案号 119—2—14—1—3）

（14）侦查汤浅谦的终结书①

汤浅谦，化名汤谦，男，40 岁，日本国东京都人，医科大学毕业。1941 年 10 月应征入伍，于 1942 年 1 月 24 日侵入中国，自同年 2 月至 1945 年 8 月，在山西省潞安历任前日军北支那方面军潞安陆军病院中尉军医、教育主任、庶务科长及大尉军医等职。

日本投降后，于 1945 年 12 月自愿参加阎匪集团，任阎匪山西省共济医院医师，1946 年 4 月任铁道护路总队中校卫生科长，1947 年 7 月任暂编独立第 10 总队野战医院内科上校主任兼药局主任等伪职。1951 年 1 月 23 日在阳泉市被我太原市人民政府公安局逮捕。

经侦查判明，汤浅谦在上述任职期间犯有下列罪行：

甲：日帝侵华时期

（一）活体解剖和平居民和俘虏

汤浅谦于侵华期间，曾以军医身份先后在太原市、潞安两地参与和亲手活体解剖杀人 19 名，其中和平居民 5 名、俘虏 14 名。如汤浅谦任前日军潞安陆军病院中尉军医时，于 1942 年 3 月，将由 36 师团要来的两名男俘虏绑在解剖台上，首先注射第四腰椎麻醉，然后将腹部切开，实习了盲肠炎和肠缝合术，继用全身麻醉罩在口上，又实习了气管切开和四肢切断术，最后将此 2 名俘虏完全杀害。其中最残忍的是 1945 年 1 月，汤浅谦将男俘虏 1 名，仍用上述手段进行实习解剖后，又将头盖骨切开取出脑皮质，放人乳罐内研成膏状，装入 500 瓦的瓶内，送交太原前日军电信第 9 联队长杉野荣三郎大佐带回日本制药。

（二）积极参与研究细菌武器，训练研究细菌杀人人员

汤浅谦于侵华期间，蔑视国际公法，曾以军医身份先后在山西省潞安城内训练研究细菌战术的卫生兵 400 余名，积极参与研究作为杀人的细菌"菌株"8 次以上，共达 12 瓦之多。如汤浅谦自 1942 年 5 月，在任前日军潞安陆军病院中尉时，曾对 400 多名日军卫生兵进行了有关细菌战撒布细菌法的训练，并实地演习

---

① 原始档案中未见本终结节出具者署名，据编者分析，出具者应为中华人民共和国最高人民法院特别军事法庭。

了于井中撒布细菌法，特别是在细菌战犯头子石井四郎的指挥下，又进行了对细菌战的防御和救护工作，然后各归原队进行活动。尤其是自 1942 年冬，汤浅谦为了试验斑疹伤寒，曾亲到盘踞潞安的前日军 36 师团野战防疫给水部取来爱克斯（χ）一九菌一试管做了实验，复于 1943 年 10 月，该防疫给水部又派卫生军曹向其取走副伤寒菌之 A、B 各一试管（中号）和肠伤寒菌一试管。如此不断交换与互相研究有关细菌的分类、检查和培养的方法，并指示其部下木夏并卫生曹长等，经常从患伤寒的传染病者身上采取烈性的伤寒细菌进行培养保存，一部分送交前日军太原防疫给水部供应该部研究，另一部分则供给盘踞潞安的前日军 36 师团野战防疫给水部在"扫荡"中进行撒布。曾先后与该部交换"菌株"8 次以上，其量共达 12 瓦之多。

（三）践踏和平居民青苗

汤浅谦于侵华期间，为了培植能掌握细菌战术的卫生兵，自 1942 年 5 月至 1943 年 9 月间，以教育主任身份，先后两期，在山西省潞安城内对 400 余名卫生兵进行细菌战术的训练中，曾在城内城外大肆活动，共践踏当地和平居民的高粱、玉茭等青苗 270 余亩。

（四）奴役和平居民

汤浅谦于侵华期间，为了有力地配合日军的"扫荡"活动，曾于 1945 年 4 月间，以高级军医身份，配合前日军独立第五警备队第 28 大队，先后在河南省陕县及山西省垣曲县地区进行"扫荡"中，强抓和平居民 14 名，强迫担架劳动。

（五）抵抗中国政府，窃取药品作为复活日帝活动经费

汤浅谦乘日帝投降之机，曾于 1945 年 2 月 25 日，在太原市指示其卫生下士官 2 名，将前日军第三赤十字病院的药品用汽车窃走，不交中国政府，并作为日人"残留"恢复日帝卷土重来的活动费。

乙：阎匪锡山时期

（一）煽动日帝医务人员"残留"，继续参加反革命活动

汤浅谦于日帝投降后，曾妄想复活日本军国主义，积极"残留"。于 1945 年 12 月间，曾以大尉军医身份，先后在太原市前日军第三赤十字病院中，积极

进行"残留"活动，共留下中原凌等 10 余名医务人员，参加了阎匪的医疗工作。汤浅谦在医疗中经常以"安心残留与将来都有希望"的论调，对日人武装进行教育，参加阎匪的反革命战争。

（二）奴役和平居民

汤浅谦于阎匪时期，为了有力地配合反革命战争，曾于 1947 年 5 月，以阎匪野战军司令部中校救护班长身份，参加了阳泉、寿阳作战，当从寿阳撤退时，命令部下强抓当地和平居民 8 名，强迫担架劳动，进行奴役。

综合上述汤浅谦日帝侵华期间，活体解剖残杀中国和平居民和俘虏共 19 名，积极参与和研究细菌作为杀人的活动，践踏和平居民青苗 270 余亩，奴役和平居民 22 名，窃取药品 30 余捆。

以上罪恶事实，汤浅谦已供认不讳，并经调查证实无误。查汤浅谦在侵略中国期间，一贯以活体解剖残杀和平居民与俘虏，积极参与研究细菌战之活动；日帝投降后，继续参加反革命战争活动，与中国人民为敌，罪恶严重，本应严惩，惟鉴其在管教期间，尚能低头认罪，故予以从宽处理。

1955 年 8 月 9 日

（中央档案馆馆藏档案，档案号 119—2—81—1—4）

（15） 侦查藤本秀雄的终结书①

藤本秀雄，化名董秀峰，男，68岁，日本大分县人，日本陆军士官学校毕业。1910年5月应征入伍，1915年3月侵入中国，任前日本陆军步兵21联队中尉队副，1917年3月回日本。1940年7月再度侵入中国，历任北京军官学校中佐教官，北支那方面军军事顾问部教官及派遣伪华北绥靖军（前称治安军）第3集团第5团、绥靖军第3集团、教导集团、第11集团、第2集团、第8集团等中佐主任教官，1945年6月任第1军司令部绥靖军山西指导部中佐部长等职。日本投降后，复于1945年12月参加阎匪军，历任铁道护路总队少将参谋长、第7集团元泉馨副司令办公室少将顾问、暂编独立第10总队少将指导官、部副等职。1950年12月被太原市人民政府公安局逮捕。

经侦讯判明，藤本秀雄在以上任职期间犯有下列罪行：

一、日帝侵华时期

（一）从事侵略战争，残杀抗日军战士

藤本秀雄于侵华期间，为积极执行日帝残杀政策，以北支那方面军军事顾问部教官及华北绥靖军第3、第11、第2等集团中佐主任教官身份，率领部下与命令部下先后在河北省平乡县、灵寿县、遵化县，山东潍县等地"讨伐""扫荡"中，杀死抗日军战士308名，伤608名。如1941年12月，藤本秀雄在河北省遵化县以华北绥靖军第3集团中佐主任教官身份，命令部下在该县东双城子村与八路军战斗中，打死抗日军战士100名，伤300名。又如1943年7月，藤本秀雄在河北省邢台县以华北绥靖军第11集团中佐主任教官身份，命部下将3名俘虏经严刑拷打后杀死。

（二）屠杀和平居民

藤本秀雄于侵华期间，先后在河北省迁安、遵化、邢台、山东平度等县以集团军中佐主任教官身份，命令与纵容部下以刺杀、砍杀、射杀、活埋等手段杀死和平居民44名，伤7名。如1941年12月，藤本秀雄以华北绥靖军第3集团军中佐主任教官身份，命令部下包围遵化县石桥头村时，拷打和平居民2名，杀死

---

① 原始档案中未见本终结书出具者署名，据编者分析，出具者应为中华人民共和国最高人民法院特别军事法庭。

和平居民 1 名，掠夺耕牛 12 头。

（三）逮捕拷打和平居民

藤本秀雄在侵华期间，先后在山东省临清县丁庄村，河北省丰润县城北寨村，迁安县二郎庙，威县古城等村，以集团军中佐主任教官身份命令部下逮捕拷打和平居民 517 名，其中被打成残废者 10 名。如 1943 年 2 月藤本秀雄盘踞河北省邢台县时，以华北绥靖军第 11 集团中佐主任教官身份，命令部下窜扰山东省临清县丁庄村时打死居民 3 名，打伤居民王振甲等 5 人，并逮捕和平居民王廷祥等 25 名，扣在威县监中，后经居民花钱赎回。

（四）掠夺和平居民财物

藤本秀雄在侵华期间，积极执行日帝"以战养战"的侵略政策，曾先后指挥与命令部下在山东省临清县丁庄村、太平庄村及河北省丰润县城北寨等村掠夺和平居民粮食 280000 余斤，棉花 300000 斤，衣服 16400 余件，牲畜 51 头，其掠夺手段残酷已极。如 1943 年 2 月至 1944 年 5 月，藤本秀雄在河北省邢台县以华北绥靖军第 11 集团中佐主任教官身份，曾先后 5 次派伪军窜扰山东省临清县太平庄村抢劫粮食 150000 件，棉花 300000 斤，衣服 10000 余件，其他被褥等物甚多，该村有 93 户被伪军掠夺一空，致死［使］居民被饿死者达 247 名。

（五）焚毁与破坏和平村庄

藤本秀雄为了执行日帝"三光"政策，先后命令部下在河北省遵化县刘官屯村、山东临清县高尔庄、太平庄等村烧毁和平居民房屋 270 余间，粮食 355000 斤，拆毁民房 120 余间。如 1941 年 12 月（阴历十一月二十五日）藤本秀雄以华北绥靖军第 3 集团中佐主任教官身份，命令部下第 10 团到河北省遵化县刘官屯村进行毁灭性的破坏，将该村 90 户的民房烧毁计 198 间，并烧毁粮食 355000 余斤，及其他衣服、农具等物甚多。

（六）奴役和平居民

藤本秀雄在侵华期间，为巩固与扩大侵略战争，先后在河北省宫县苏村、迁安县兴城镇、遵化县东双城子等地，曾大量构筑军事阵地，奴役和平居民 15000 余人。如 1942 年至 1943 年间，藤本秀雄盘踞河北省邢台县，以华北绥靖军第 11 集团中佐主任教官身份，命令部下盘踞南宫县苏村期间，曾奴役和平居民 3000 余名构筑阵地工事时，又拆毁和平居民房屋 40 余间。

（七）瓦解抗日部队

藤本秀雄于 1943 年 12 月盘踞河北省邢台县时，以华北绥靖军第 11 集团中佐主任教官身份，通过伪 11 集团司令大汉奸高德林，诱降瓦解了抗日部队谭金良部下战士 60 余名，步枪 60 余支，削弱人民抗日武装力量。

（八）运输料面毒害人民

藤本秀雄于 1945 年 6 月以前日军第 1 军绥靖军山西指导部中佐部长身份，先后两次亲赴北平与汉奸李玉昆勾结，携带料子 300 余两运往太原进行毒害中国人。

（九）奸污妇女

藤本秀雄于侵华期间先后在河北省邢台、通州等县奸污妇女 4 名。如 1942 年 10 月藤本秀雄在河北省邢台县将民女马某某进行了奸污。

（十）训练伪军，充当炮灰

藤本秀雄在侵略中国期间，为了"以华治华"，曾大量训练伪军，于 1940 年至 1945 年先后以集团军中佐主任教官身份，先后在河北省遵化县、迁安县、邢台县及山东平度等县训练了伪军官及军士 15000 余名，充当侵略炮灰。

二、阎匪锡山时期

（一）命令部下参加阎匪军进行反革命战争

日本投降后，藤本秀雄企图为复活日本法西斯，保存日帝在华实力，以伪第 1 军绥靖军山西指导部中佐部长身份，命令属部 12、13 两集团 6000 余名携械全部参加阎匪军，进行反革命战争。

（二）屠杀解放军战士及和平居民

藤本秀雄在阎匪军任铁道护路总队少将参谋长及第 7 集团元副司令办公室少将顾问时，曾参与策划及指挥"东沁"（山西祁县盘陀来远）、"汾孝"（山西汾阳三泉镇）等反革命战役，在战斗中命令部下杀死解放军战士 37 名，伤 74 名，杀死和平居民 4 名，伤 12 名。如 1946 年 4 月，藤本秀雄在阎匪军以铁道护路总队少将参谋长身份，亲率"残留"山西的日军官兵 600 余名参加了祁县盘陀天池凹及来远活长头村两次战斗，在战斗中杀死解放军战士 36 名，伤 70 名，俘虏 1 名。

（三）掠夺和平居民财物

1946 年 7 月，藤本秀雄以阎匪第七集团元副司令办公室少将顾问的身份，亲自率部在山西省太谷县小白、白燕、上土河等村掠夺和平居民粮食 107000 余斤，致使和平居民遭到重大损失。

（四）制造反革命战术图表进行反革命战争

1948 年 7 月，藤本秀雄在阎匪暂编独立第 10 总队任少将部副时，为了阻止解放军解放太原，曾亲自主谋设制"迫击炮转盘使用法"、"坑道作业"、"炮兵远离观察法"等战术图案，发至阎匪各团使用，企图作垂死挣扎。

（五）奸污妇女

1946年5月，藤本秀雄于太原市将妇女李某某强奸并霸为妻。

综合上述，藤本秀雄在侵华与阎匪时期，命令部下共杀死抗日军及解放军战士345名，伤683名，杀死和平居民48名，伤23名，逮捕拷打和平居民517名，掠夺居民粮食380000余斤，衣服16000余件，牲畜51头，并烧毁民房270间及粮食3556000斤，又奴役居民15000名，诱降瓦解抗日部队60余名，步枪60支及贩运毒品300余两，强奸妇女5名，训练伪军10000余名。

以下犯罪事实藤本秀雄已供认不讳，并经训查证实，确凿无误。查藤本秀雄在侵略中国与阎匪期间，确犯有从事侵略战争、侵犯中国主权、干涉内政、违反人道、破坏和平罪，罪恶严重，本应依法惩处，惟鉴其在营教期间尚有悔改表现，故予以从宽处理。

1956年4月10日

（中央档案馆馆藏档案，档案号119—2—752—1—4）

四、大事记

山西省抗战损失调研课题组

1937 年

7 月 19 日和 25 日　日军出动飞机 30 架次，对大同狂轰滥炸，投弹 300 余枚，炸死炸伤无辜群众 120 多人。

8 月 25 日　日军飞机 6 架飞临广灵县城，炸死城关各村群众 21 人，炸伤多人，炸毁院落 20 处、房屋 80 余间。同日，日机还轰炸广灵县的西河乡和洗马庄。

9 月 6 日　沿平绥线西进入侵山西的日军，在天镇县东南部的盘山施放毒气，致使晋绥军第 61 军 400 名官兵全部窒息身亡。

9 月 9 日　日军东条旅团侵占阳高，连续 4 天屠城，血腥杀害中国平民 1000 余人。

9 月 12 日　日军侵占天镇县，屠城 3 天。在北门外狐神庙前、邓家园路上、南街马王庙里、东街马王庙里、西城门洞附近、城北大操场设下 6 个杀场，用活埋、枪杀、刀刺残杀百姓 4500 余人，其中有 239 户被杀光，成了绝户。

9 月 13 日　日军关东军察哈尔派遣兵团第 1 独立混成旅侵占大同城，代理商务会长马永魁、白蔚武等人迎接日军进城，大同沦陷。

同日　日军一部由大同入侵怀仁县秀女村，沿途烧毁民房百余间，强奸妇女 10 余人。

9 月 14 日　日军第 5 师团第 15 独立旅一部攻破怀仁县城，怀仁县沦陷。

同日　日军华北方面军第一军第 5 师团猛攻广灵县城，中国守军第 33 军第 73 师和第 17 军第 84 师伤亡惨重，撤离广灵，日军占领广灵，杀死城关民众 34 人。

9 月 15 日　日军轰炸机继前一日轰炸石门（今石家庄市）之后，对太原实施了空袭。

同日　日军飞机轰炸应县县城，炮弹落在县署门前，县政府人员随即南撤。

9月16日　占领广灵的日军又在该县城小关、西关粮店、聚城客店巷、平洼等处屠杀老百姓29人。村民王治镐等3人被抓，被迫给日军担水做饭，日军用毕，将其中2人屠杀。

9月18日　日军何野部队侵占左云县城，屠杀群众287人，烧毁房屋、奸淫妇女无数。

9月18日至21日　日军飞机两度袭击太原，遭到中国空军迎击。19日，日本陆军航空队驻华北基地第16联队第1大队的15架"川崎－95"战斗机和9架"三菱－93"双发轻战斗机经大同进犯太原，在城北郊投下20余枚炸弹，西北制造厂数十人被炸死、炸伤，被迫停产。中国空军在与日机交战过程中，飞行员苏永祥、梁定苑牺牲。晚7时，4架日机再次轰炸太原，投下10余枚炸弹，市民伤亡数人，时为太原最高建筑的土货商场之房屋、存货全部被炸毁，新旧开化寺市场变成火海。21日，20余架日军战斗机袭击太原，并用机枪连续扫射，所幸城内人员稀少，没有造成重大损失。轰炸过后，城内百姓人心惶惶，开始大批逃离。

9月20日　日军独立混成第15旅团一部从左云方向入侵右玉，阎锡山骑兵第4团和第6团弃城撤至威远、威坪一带，右玉城沦陷。日军进城后，烧杀掳掠，无所不为。

同日至10月23日　20日，日军坂垣师团侵占灵丘县城；22日，日军派来驻防部队；23日，日军紧闭城门，进行全城大搜捕。将抓获的群众集中到城东北角大云寺侧后的大马场、北城墙下奶奶庙前的大菜园、城西北角财神庙和老君庙的空地，先后惨杀群众800余人；从25日开始，日军又进行报复性屠杀，城乡居民400余人遇害。至10月23日一个月时间内，日军共杀害灵丘居民达1200余人。

9月23日　驻扎右玉县城的日军谷川部出城搜捕抗日人员，在北草场五龙沟内用机枪扫射马营河村逃难的群众，打死7人打伤2人。

同日　日军川原旅团侵入灵丘县城西40里的东河南村，屠村两天，杀害村民100余人，烧毁房屋50多间。

同日　日军侵入灵丘县小寨村，屠杀村民30多人，烧毁房屋200多间。

同日　日军侦察部队到达通往平型关必经村庄——灵丘县关沟村，四处搜查，把躲藏在村附近露明沟的20多名村民抓住，用刺刀挑、大刀劈、枪击等法，残忍杀害。

9 月 24 日　日军巡逻队 10 余人骑马途经灵丘县唐之洼村，将正在抢收谷子的村民卢景等 7 人，带到村南小沙河湾杀害。

9 月 26 日　日军从右玉侵入平鲁城，杀害群众李根栓、赵黄毛、王服等 3 人，奸淫妇女 9 人。平鲁城沦陷。

9 月 27 日　日军攻入应县茹越口，在茹越口及周围四村烧杀奸淫，杀害无辜群众 30 余人。

9 月 28 日　日军独立混成第 1 旅团攻入朔县县城，屠城三天，杀害无辜百姓 3800 人，其中，160 家绝户。县长郭同仁率县公安警察死守县城，城陷后被俘，日军将其投如火中烧死。

同日　日军在山阴县张庄屠杀百姓 18 人。

9 月 30 日　日军飞机轰炸灵丘县东村、西村一带，炸死村民 24 人，炸伤 3 人，炸毁民房 5 间，炸死骡 1 头。

同月　日本宪兵队以参加"牺盟会"、"抗日救国会"等名义，杀害爱国志士、抗日群众近 200 名，其中大同师范被杀的师生就达四、五十人之多。

10 月 1 日至 31 日　15 架日机侵袭太原，在城内外投下 20 余枚炸弹。2 日，18 架日机侵袭太原，投下 20 余枚炸弹。4 日，24 架日机轰炸太原，在城郊投弹百余枚。16 日晨，日军飞机 3 次空袭太原，其中第 3 次在城东投下炸弹 10 余枚，炸死炸伤平民数人，炸毁房屋多间。22 日，日军飞机对太原轰炸达 5 次之多，其中第 3 次在城中心投弹 20 余枚，炸毁房屋多处，炸伤平民 10 余人。29 日，日机 3 次轰炸太原，其中第三次在太原狂轰滥炸达 1 小时，炸死炸伤平民多人，炸毁房屋数十间。30 日，日机 4 次肆虐太原，先后投弹百余枚，炸毁房屋百数十间，平民多有伤亡。31 日，日机 5 次轰炸太原，先后投弹 30 余枚，炸死市民八九人。在日机的持续轰炸下，太原城内基础设施受到严重破坏，电网紊乱，电力不能送达全市。郝庄孟家井村（今属迎泽区）东奶奶庙、西奶奶庙、老君观、玉泉寺、财神庙 5 座庙宇被炸毁。古城太原陷入一片火海之中。

10 月 2 日至 14 日　2 日，日军攻占宁武。8 日，日军将上千名群众集中于师范学校的大操场上，用机枪疯狂扫射，随后又将抓获的群众在东城拐角、水口门、大务城院内、财神庙等地集体大屠杀。14 日，在八路军 120 师的沉重打击下，日军被迫撤退。从日军进城到退出 13 天，烧毁宅院 80 处，寺庙 8 座，县城内七、八条街巷，几乎变成无人区。仅有 7000 多人的宁武县城，4800 余人被屠杀，就连佛家圣地也在劫难逃，延庆寺 9 个和尚，有 8 个被杀。

10 月 3 日　日军飞机轰炸盂县下庄村，炸死村民 22 人，炸伤多人，炸毁房屋 230 多间。

10 月 8 日至 9 日 日军攻陷崞县县城，屠杀无辜百姓、商人，以及守城中国士兵 2500 余人，烧毁房屋、庙宇近 2000 间。

同月上旬 日军在攻击崞县县城时，伍长竹田哲发现该城一建筑物的地下室内藏有 10 余名抗日军人和普通居民，便向该地下室投放毒气弹 1 枚、手榴弹 2 枚，炸死 13 人。

同月上旬 日本华北方面军总司令寺内寿一将刚由关东转调到内长城一线以南的各部队划归第 5 师团长板垣征四郎指挥。板垣师团接受进攻太原任务，南下忻口。

10 月上旬 根据山西省教育厅决定，省城各校停课南迁。太原城内的省立一中、进山中学、成成中学、平民中学、并州中学、新民中学、友仁中学、山西大学川至医学专科学校、省立太原师范学校、省立太原女子师范学校等纷纷撤离太原南迁。在南迁流亡中图书仪器大量散失，经费无着落，师生星散，造成严重的财产损失。

10 月 11 日 崞县原平镇沦陷，日军在川村司令的指挥下屠城，共烧毁房屋 3000 余间，杀害居民 1800 多人、商人近 300 人，杀死晋绥军 196 旅官兵 2700 多人。此外，还杀害几百个应差民夫、过往客人、逃难的老百姓以及附近村庄居民，总共 5000 余人。

同日 日军 2 架飞机侦察正太（石太）铁路沿线，投弹轰炸平定县程家火车站，车站建筑设施被炸毁。

10 月 12 日 日军飞机 2 架轰炸平定城，炸毁了平定中学的院墙，学生数人受伤，学校被迫停课，学生解散回村。

同日 日军飞机轰炸阳泉市区教场街，炸塌三间南房，保定人老苑的妻子被炸死，孩子被吓傻。

同日 日军第 20 师团第 76 联队从河北省井陉县向山西省东大门娘子关发起进攻，飞机、大炮轰炸娘子关前雪花山。中国守军第 17 师（师长赵寿山）第 102 团某连全部阵亡。

同日 日军两架飞机投弹轰炸榆次县城，轰炸榆次北车站军火列车，炸毁北车站机库，并投弹于树林街口、魏榆职校操场，空中扫射晋华纱厂，纱厂停工。

同日至 11 月 2 日 日军在崞县西南乡地区制造了骇人听闻的大惨案。西南乡地区即今王家庄、阎庄两个乡镇和原平镇南部部分村庄，日军杀害村民 5000 余人，烧毁房屋近 10000 间。其中仅永兴村一次杀死百姓 900 多人，烧毁民房

500 间；池上村杀死百姓 500 多人，烧毁民房 400 间；南、北郭下杀害村民 500 多人；王家庄当时只有 500 人，被日军杀害了 60%；下王庄当时只有 200 户人家，被日军烧毁房屋 3000 间，烧杀致死 160 多人。西南乡地区近 50 个村庄，95% 的村子被杀害者都是百人以上。

10 月 13 日 日军猛攻忻口，忻口战役正式打响。双方激战 23 日，中国守军伤亡 5 万余人。

10 月 13 日至 11 月 8 日 万余名日军扑进崞县南怀化村，抢占村南的山头，用机枪封锁了村北的河川，开始实行灭绝人性的大烧杀。屠杀持续到 11 月 8 日，致使这个原来 204 户的村子，仅剩下 104 户，有 100 户被杀绝，766 人被杀害，还有外村来此逃难的 500 多人也被杀害。1000 多间房屋被烧，全村 200 多头大牲畜、200 多口猪、600 多只羊被劫掠殆尽。

10 月 14 日 日军再次侵入灵丘县城，追逼难民进入姚涧沟，开枪打死东福田村民 17 人，并杀害外村逃难者 36 人。

10 月 16 日 忻口激战，中国守军与日军反复争夺南怀化东北高地。国民党军第九军军长郝梦龄、师长刘家麒和独立第五旅旅长郑廷珍等在战斗中牺牲。

10 月 17 日 盘踞岱岳的日军出动百余人，直扑山阴县北周庄，两天屠杀老百姓 72 人，强奸妇女 80 多名，烧毁民房 1300 多间。

10 月 18 日 日军制造山阴县郑庄惨案，枪杀百姓 33 人，烧毁房屋 36 间。6 天后，日军再次窜犯郑庄，杀害 6 人，烧毁大寺庙。

10 月 21 日 日军在山阴县元营村杀害无辜百姓 48 人，烧毁房屋 403 间，庙宇 2 座。

同日 日机多架空袭盂县城，向东关、东园村（今秀水镇东关、东园村）投重型炸弹 6 枚，造成死伤 10 余人，房屋倒塌 30 余间。

10 月 23 至 27 日 一股日军从井陉县石门镇偷袭平定县七亘村，杀害村民董桂盛、董五和、董步万、董关锁、董千锁、耿元娥（女）、董怀籽（女）、樊根九、攀卧妮（女）、张德荣、董喜春（女）、董玉泰、董满红、王堂妮（女）、董富礼、王金兰（女）、董四锁（董步万的儿子）等 20 人（另有三人姓名未查出）。

10 月 24 日 日军 3 架飞机轰炸平定县冶西村，投弹数枚，炸死村民 10 多人。

同日 日军占领平定县西回村，杀害村民郭垒、郭祥云父子、叶拉义父子、李官所父子、耿斜眼、穆拴周、耿世华等 20 余人。

同日　日军进犯山阴县岳庄，杀害村民 11 人，击伤 1 人，烧毁房屋 32 间，烧掉粮食 2 万多斤。被击伤者彭祥正，身中 6 弹，昏死在地，日军走后，死而复生。

同日　日军路经平定县前小川、固驿铺两村时，对两村百姓进行残酷烧杀。在前小川村，日军屠杀村民 92 人，仅枣林山一条沟一次就活埋了 43 人，23 名妇女被迫投井自杀。在固驿铺村，日军杀害群众 30 多人，烧毁房屋 270 多间，掠抢粮食 4000 多石。

10 月 26 日　日军闯入平定县娘子关旧关村，杀害村民 42 人。

同日　日军在山阴县旧广武村屠杀百姓 27 人，烧毁民房 300 多间及庙宇 1 座。

同日　凌晨，驻守朔县安荣桥的日军曹长带领 8 名日军冲进了岳庄村，杀害村民 11 人，烧毁房屋、窑洞 32 间，抢烧粮食 2 万斤。

10 月 27 日　日军第 20 师团一部从娘子关、巨城向阳泉侵犯，烧毁了巨城高小教室房屋等建筑。同日，日军冲进下白泉（今属阳泉市郊区）村，用刺刀杀害村民 21 人。

同日　日军沿平（定）井（陉）公路西侵，杀害固驿铺村民 10 余人。

同日　日军杀害平定县柏木井村民 20 余人。

同日　日军进犯平定县东沟村，仅一天一夜，杀害村民 81 人，5 人受伤，6 人抓去杳无音信。

同日至 30 日　日军在平定县桥头村制造了"桥头惨案"，4 天时间日军在桥头村杀害村民 117 人，烧毁民窑 170 余处，抢杀牛、驴、骡、马、羊等牲畜 120 头。

10 月 29 日　侵入平定西郊村的日军杀害村民 50 人。

同日　侵入平定东沟维垴村的日军杀害村民 24 人，打伤 4 人，抓走 3 人。

10 月 29 日至 30 日　29 日，日军杀害平定庄窝村民刘大元、刘小牛。30 日，日军烧死平定北暂石村民刘府义、刘银妮、刘玉牛、刘四牛、刘文喜、刘来喜、刘致忠、刘富和、刘玉和、刘朋江、刘广成、赵裕国、赵忠祥等 13 人。

同月底　日军一部从娘子关途经平定白泉村，将青年集合起来，挑出 21 名双手白净者说他们是读书人、可疑分子，或抗日干部，进行拷打审问，最后用刺刀挑死 20 人。

11 月初　太原杨家堡村段庆才、段庆茂、段庆保兄弟 3 人被日军枪杀，段家 2 头羊、5 头猪和 1 头驴被抢；亲贤村 23 名村民在日军进攻中死亡。日军进入阳曲县北郑村至青龙镇一带，杀人放火，北郑村大火燃烧整整 2 昼夜，各处死尸遍地。

同月初　日军飞机在太汾路汾河边及介休车站，恣意轰炸、扫射从太原逃离的难民，惨遭毒杀者达五六百人之多。

11 月 1 日　日军动用 1 个团的兵力，分 3 路包围大同鸦儿崖村，杀害无辜群众 29 人，烧毁民房 60 多间，甚至将不满一岁的孩子扔到火中活活烧死。制造了鸦儿崖惨案。

同日至 11 月 8 日　驻守代县飞机场的日军在代县中解村屠杀百姓 44 人，烧毁房屋 2000 余间，烧毁及糟蹋粮食 50 余万斤。

同日　日军第 5 师团由忻县进犯阳曲，一路沿北同蒲线入阳曲境内赤塘关，一路沿太同公路入阳曲县石岭关。4 日，国民党陆军第 66 师 206 旅补充第 2 团在石岭关战斗中，第 3 营营长韩献瑛等 33 人阵亡、伤 7 人、失踪 404 人。5 日，陆军第 9 军第 47 师在棋子山周家山一带掩护主力部队撤退战斗中，阵亡官兵 73 人、伤 77 人。

同日　下午 2 时，驻扎在山阴县岱岳镇的日军工程队一部约 3000 人乘 20 余辆汽车，全副武装开到怀仁县刘晏庄村东，乘村民不备，团团围住整个村庄。灭绝人性的日军闯进村，遇人就杀，见房就烧，遇物便抢。据统计，日军在刘晏庄杀害百姓 108 人，其中有 2 人是走亲戚的外村人，烧毁院子 63 处，民房 300 间，烧抢财物 2 万件。

同日　日军一骑兵排深夜闯入榆次鸣谦镇的奶奶庙，庙内有支差的大车、拉车的骡子、赶车的民工，日军当即开枪打死民工 10 余人。

同日　西进日军途经寿阳南河村、下曲村、白家庄村、南燕竹村，烧杀抢掠，无恶不作，除沿路零星杀害无辜群众外，集体枪杀 56 人。

同日　日军第 20 师团将国民党军第 22 集团军的 1000 多名川军官兵包围在榆次鸣谦村和北小南庄村一带，制造了川军惨案，屠杀川军 1000 多人，少数人逃生。同时，北小南庄村民 14 人、鸣谦村村民 10 人以及太原到该村做买卖的陈五喜的妹夫有蛮等 7 人也被日军杀害。

11 月 5 日　日军侵占广灵后，从城关抓捕群众 70 多人，残杀在东沙河。

同日　日军第 5 师团（坂垣师团）进占阳曲镇，阳曲湾守军中央军第 9 军、晋绥第 61 军败退；日军川岸师团 700 余人，由榆次沿同蒲路北上，沿途疯狂烧杀抢掠，在小店村北涧河堰将从青龙镇挖战壕归来的 300 名外地民工全部残杀，村民王庆小、薛万和等 35 人惨遭杀害。

同日至 11 月 8 日　国民党军陆军暂编第 15 军 64 师、第 26 军第 27 师、第 45 军 127 师奉命在太原小店、北营等地阻击日军，掩护部队撤退。64 师阵亡 606 人，伤 392 人，失踪 470 人，损失 427 支步枪、2 挺重机枪、10 挺轻机枪等武器装备；127 师阵亡 739 人，伤 1391 人，失踪 160 人，损失步枪 1520 支，重机枪 14 挺，迫击炮 5 门；第 27 师 80 旅有数十名官兵阵亡；第 169 师守卫太原外围时，被日军飞机炸死炸伤 12 人。傅作义指挥晋绥军第 35 军第 211 旅、218 旅和 213 旅、独立第一旅、炮 21 团、炮 22 团、炮垒大队约 1 万人保卫太原。在保卫战中，守军损失惨重，伤亡过半，435 团李登明营长、炮垒大队郝庆隆大队长、宪兵第 10 大队长刘汝砺等官兵在守城或突围时牺牲。8 日夜，守军撤离，73 师奉命掩护全军撤离时 203 名官兵阵亡、531 人负伤、109 人生死不明。8 日，太原沦陷。

　　11 月 6 日　数十名日军骑兵闯进榆次北田村，杀害村民王蛮吉以及刚从娘子关撤退下来的四川"青训师"官兵 20 多人，还用刺刀捅死村内粉房掌柜许福顺。

　　同日　日军飞机扫射汾河东岸未退却的中国军民，射死人数在四五百人以上。

　　同日至 11 月 8 日　日军进攻太原造成亲贤编村所属各附村（今属小店区）23 名村民死亡；日军进占太原城北中涧河村（今属杏花岭区），将躲于窑洞中的李云保等 27 名百姓活活烧死，并轮奸刚生下孩子仅两天的一位产妇。8 日，日军又刀劈该村青年张彪及 3 名打工的晋北农民。

　　11 月 7 日　日军 300 人侵入榆次张庆村，驻扎三天，屠杀村民 117 人，奸污妇女数十人，还将在此逃难的晋华纱厂工人 10 多人及南溃的川军 20 余人全部杀害。同时，日军杀死耕畜 30 余头，鸡、羊、猪几乎全部被杀光，村里的四个大商号"合成庄"、"源泰昌"、"冈义集"、"当铺"都被一抢而空。

　　同日　日军第 20 师团铃木部队在飞机的扫射、重炮的轰击下，占领了太谷县城及北郭、水秀、南沙河、沟子村等周围村镇；日军还在北堡烧毁民房 1 所，枪杀村民 2 人，奸淫妇女多人。

　　同日　日军飞机对太原市内逃难群众进行轰炸，由于汾河桥小人多，被拥挤落水淹死群众约有 1000 多人。

　　同日　守卫太原城的晋绥军 70 多人撤离到太原县晋阳堡村（今属晋源区）边时，与日军追兵接火，因火力不支，退至龙天庙内，被日军包围、缴械并全部杀害。随即日军将全村青壮年集中押到村西空地上用机枪狂射，致使宋满只等

29 位村民被杀，张石锁等人被打伤，门扇、木板、家具等物悉数烧尽，制造了晋阳堡惨案。

同日　日军对太谷县城进行全城大搜查，见人就杀，据当时的维持会统计，仅 7 日、8 日两天的时间，日军在太谷县城就杀死了无辜百姓 330 余人。

同日　日军第 1479 大队派兵到寿阳港口村挨门逐户进行搜查，将滞留在村的老弱病残和城里押来的、路上抓捕的群众 100 多人赶到村里园塄子处，逼令被抓的群众把谷黍、豆类、秸秆搬来围成一圈，泼上煤油点燃。接着，开枪射击，致使 100 多人惨死，其中有港口村 36 人。三日后，日军再次进村用刺刀捅死妇女 4 人，烧毁房屋、窑洞 34 间，家具、农具、生活用品被抢走或烧毁无数。

11 月 9 日　太原沦陷后，日军入城进行大屠杀。在狄村，日军杀害未及撤出的数百名军民，共残杀民众 10 余人、步兵六七十人、警士 14 人。在城北大搜捕中，日军把搜捕到的 1000 余名中国军民几乎全部杀害。"当时，太原居民约十三、四万人，被日本人屠杀者约有十分之一。"日军在城内大施淫威，在挨门挨户搜查中，日军闯进一名工人家中，当着工人的面强奸其妻，遭阻拦后打死该工人，其妻在受尽凌辱后和孩子死于日军枪下。太原城乡附近，"四十岁以下妇女多被敌人奸淫，商号货物均被敌搜集载去"。

同日　日军侵入清源城后，在西关市楼下开枪打死曹二林、田石柱等 3 名无辜群众，西关一妇女被凌辱，血流满地。5 天内，日军在清源杀死当地村民 56 人。

11 月 12 日　侵占太原牛驼村（今属杏花岭区）的日军先后在村十字街的圪洞院、锡家大院、马家大院等 3 个院中集中杀害村民及来牛驼村避难的群众 69 人。此外，日军还枪杀陈长拴、刘来福及瓜地沟村赵恒福等多人。短短数日，只有 70 余户人家的牛驼村，遭日军惨杀的村民及避难群众达 82 人。

11 月 13 日　驻山阴县广武日军出动 50 余人，侵入山阴县双窑子村，用枪打死村民郭密桂，多数村民听到枪声后，拖儿带女顺着村旁的一条小山沟逃走，没来得及逃走的 6 人被杀，房屋全部化为灰烬，双窑子村从此消失。

11 月 14 日　日军侵扰山阴县皂银洼村，杀死村民 15 人，村民的房屋、窑洞全被焚毁。仅有三十几户人家的皂银洼村不复存在。

11 月 21 日　驻扎在榆次县城的日军部队出发到小峪口村烧杀抢掠，放火点燃窑洞内柴草，熏死躲藏在窑洞内的 26 名妇女儿童。

同日　日军在榆次县城的小峪口村烧杀后，侵入大峪口村，放火烧死躲藏于窑洞内的妇女儿童 47 人，打死村民 5 人，打伤村民 6 人。60 余只狗被打死，全村房屋门窗全部被烧毁，柴草秸秆全部被烧光。粮食、生活用具、猪羊鸡鸭等禽畜均被糟蹋。

11 月 22 日 日军侵入榆次县南关村，在南关村东边的土塄上杀害井峪村来此避难的村民 8 人。

11 月 23 日 凌晨，一队日军从昔阳县白家川出发直闯潘掌村，搜捕该村抗日自卫队队员。敌人搜到自卫队人员的名单后，将全村老幼赶到村东的牛圈里，照名单点名，但没人回答，便砍死村民李双宝，捆绑村里 20 多岁的年轻人 23 名，全部烧死。

11 月 29 日 200 多名日军侵入阳泉郊区下白泉村，因见李狗屎（屠宰匠）身带血迹，怀疑村中有八路军，遂将 21 名无辜百姓捅死。

11 月 30 日 阳曲西汉湖据点日军黑水部队包围湾里村（今属阳曲县），一日内残杀村民 47 人，其中 44 人为 20 至 40 岁男性青壮年。村内老弱妇女连夜草埋亲人尸体，携儿带女全部逃到山庄窝铺避难，一个多月无人敢回村居住。

12 月 23 日至 27 日 日军兵分几路向同蒲铁路地区推进，途经祁县申村、小韩、闫漫、上闫灿、下闫灿、南建安、新寨等村，对无辜村民进行疯狂屠杀。在闫漫村西坡用刺刀捅死 20 人，在申村、小韩村又捅死 20 余人，在盘陀村枪杀 20 余人，连同零星被杀的老百姓共惨杀 100 余人。

同月 日军华北派遣军驻天津大木少将所辖山野部接管西北实业公司的西北制造厂、西北洋灰厂、西北煤矿第一厂等厂矿。山野率士兵 300 余人进各分厂，对较好机器设备拆卸装箱。仅西北机车厂、西北农工器具厂、西北育才炼钢机器厂等 8 厂被日军拆卸的机器设备达 3987 部，占原有机器总数的 99.2%。1938 年 8 月底，日本山西派遣军将拆卸的机器运走。仅西北实业公司各厂运往日本机器 3667 部。除劫运机器外，西北实业公司下属化学、印刷等 8 厂完全毁于日军炮火，原厂地变成日军仓库或小型铁路修理厂。

12 月 驻太原日军飞机连续轰炸古交镇达 7 次之多，炸弹落于中街、前街、大南场等处，炸伤村民 2 人，炸毁民房 60 余间、骡马店 20 余间。

同月 日军在祁县县城附近的西关、谷村、下申村因群众不愿为其挖战壕，而枪杀老百姓 12 人。谷村 12 岁的小男孩吕振兴，捡了日军装了炸药的玩具被炸死。日军侵犯祁县小韩村，把抓捕的群众 11 人拉到了村北土坡前，全部用刺刀捅死。

1938 年

1月4日 200多名日军从祁县城出发，进犯阎漫村，残杀村民23人，奸污妇女40多人，制造了阎漫惨案。

1月6日 日军在山阴县山阴口前屠杀老百姓20人。

同日 驻扎左云、右玉城日军1000余人，兵分两路，抢占朔县口前村西的小高地，妄图一举围歼雁北支队。见无雁北支队人员行动和还击，便闯入村庄，大肆烧杀抢劫。在1年内，日军对这个不满百户的村庄进行了四次"扫荡"，杀害村民20多人，烧毁粮食1万斤，抢走100头牛、驴、骡、马。

1月7日 日军飞机6架由北侵入沁县县城上空投掷炸弹，当即炸死炸伤民众20多人，女子高小校长王平康、王克刚、秦书梅等同时遇难。

同日 侵占原平和崞县城的日军出动1600人向驻扎在神山、大牛堡、施家野庄一带的八路军359旅主力进攻。359旅在地方武装的配合下，与日军激战。日军杀害和炸死当地居民500余人，有1100间民房被烧毁。

1月9日 日军1000余人及伪军300余人第二次进犯盂县，沿途烧杀抢掠，每走十几公里放炮打枪，见人就杀，下午侵占盂县城，再次放火彻底烧毁盂县中学（今县实验小学一部），东关街、南门外房屋多处被烧毁，沿街商号、民宅抢劫一空，当晚枪杀百姓十几人。

1月13日 驻扎榆次县使赵村的日军高桥部队1000人侵入大峪口村，烧毁房屋、窑洞200间（孔），杀死村民5人，打伤村民8人。

1月21日 阳（曲）西县抗日游击大队第5中队100多名战士在泥屯镇杨家井村集训时，被驻新城日伪军包围。大队长白天万及18名战士在转移突围中牺牲。次日，日军再次包围该村，杀死村民16人，烧毁30户村民房屋及村公所庙院共190余间。1940年5月30日，再次袭击杨家井村，杀死村民8人，烧毁16户村民房屋55间。

1月31日 驻扎忻县县城日军分两路从南洞门（东峪村以东的公路上）和北洞门（南陀罗沟以东的公路上），向三交镇八路军驻地疯狂进攻，沿途经过西呼延、苗庄、孙家湾、南陀罗沟、官庄、东梁、后三交、马头山、三道堰等村，枪杀村民30余人，烧死数人，烧毁房屋3000余间、店铺18家、大庙4座，其它衣物、牲畜损失很多。

同日 300多名日军闯入忻县西呼延村，驱赶村民集中到一所房屋内，堆上秸秆、柴草，浇上汽油点燃，烧死群众 16 人（其中还有两个怀着孩子的妇女），烧毁房屋 170 余间，大门 8 座，衣物、牲畜、财产损失无数。之后，日军又扑向距此二里外的苗庄村，烧毁苗庄 800 多间房屋及 3 座做工考究的雕花大门。

2 月 2 日至 5 日　日军约 500 余人兵力从清源经老爷岭入侵古交，企图歼灭活动在边山的抗日游击 3 支队。3 支队退至李家社与尾追而来的日军展开激战，伤亡 18 人。日军侵入李家社村，枪杀康步儒、康佩宝 2 人后，集体屠杀赵内贵、赵新虎、孔马河、孔二人、康照明、康三丑等 6 人，烧毁房屋 120 间及大量家具、衣物和粮食。3 日，日军侵占古交镇，枪杀 9 人。4 日上午，部分日军侵入红梁上（今属古交市），砍下 1 名 60 多岁老人头颅，捅死卧病妇女刘苟只及其不满 3 岁侄儿刘毛孩，烧死母子 2 人。5 日，日军撤退时，烧毁学校、区公所旧址和民房 400 余间。

2 月 7 日　日军再次侵入右玉县高墙框村，村民提前得讯立即转移，日军进村后见无人，便烧毁了民房 300 余间、粮食 1200 石，打死牛 3 头、狗 2 只，拉走羊 3 只。9 日，日军米三部又到高墙框村附近搜索，将高墙框村刘秃孩、王官屯村李民九和杨小毛打死。

同日　日军飞机 3 架，空袭乡宁县城，投弹 20 余枚，炸毁民房 20 余间；炸死县电报局炊事员邵某，炸伤西街居民吴平安。

2 月 8 日　日军指挥官黑田少佐根据密探提供的情报，集中 300 多名日军，沿右玉城至威远大路南下直奔驴蹄沟，妄图一举围歼右玉县游击抗日政府和县动委会游击队。游击队提前知悉，及时转移。日军包围驴蹄沟扑了个空，烧毁全村的民房 250 多间，房中衣物、农具等 3000 多件毁于火中。

2 月 8 日、19 日、21 日、22 日　日军 4 天共出动 17 架（次）飞机，投弹 100 多枚，轰炸在榆社赵王休整的 129 师部队和榆社县城，炸死、炸伤八路军战士 5 人，群众 140 多人，县城变成一片废墟。

2 月 11 日　日军骑兵 245 人袭击浑源县唐庄。在贾家大院里，日军屠杀村民 40 多人，又在薄家大院、牛家院、敖家院烧杀村民多人，一天时间共残酷屠杀村民 127 人，占当时全村人口的六分之一，15 户被杀绝，烧毁房屋 400 余间。

2 月 12 日　日军因交通、通讯遭到破坏，出动 400 余人血洗忻县南高村，用炮轰、机枪扫射、火烧、刀捅等手段杀害老百姓 46 人，打伤 50 余人，烧毁房屋约 2000 间。

2 月 13 日　日军 20 师团在中将川岸文三郎的督战下，由祁县出发向平遥县城进犯，过午时刻，从东南城墙打开缺口杀入平遥县城。日军进城后撬门砸宅，见人就杀，奸淫抢掠，无恶不作，家住后街的郭学城，当年 7 岁，亲眼目睹开门的父亲被砸门的日军用刺刀挑死，哥哥郭福成哭着去救，又被日军一枪射中胸膛致死，伯父郭步云被日军一枪击毙，全家被杀的还有冀羊锁、冀银日等人。日军路经东大街时，窜进晋泰生面铺，杀死 4 人，窜进广盛长药铺杀死 3 人。北门头海子街，有一住户姓任，卖水为生，有 2 个 20 多岁左右的男儿，正在院中打扫，一日士兵窜进后，端起刺刀，连连刺进 2 男儿胸膛，2 人在尖叫声中身亡。当天，仅上东门后街就有 300 余人被杀；从上西门夺路逃难的 155 人被日军截获，全部杀害。同天，日军在上东门尹吉甫庙内刀刺、枪杀群众 50 余人，尸体全部被扔入茅坑内。是日，县城共计 1000 余人被日军杀害。

2 月 15 日 盘踞盂县的日军侵犯均才村，枪杀村民 11 人，打伤多人，烧毁房屋 840 余间。

同日 日军 109 师团千余人，冲进文水县开栅镇西峪口村，进行 3 天惨绝人寰的大屠杀，全村 49 户、180 余人，被杀 58 人。日军的暴行使西峪口村群众蒙受了极大的灾难，父死子丧、老弱孤单、妇女寡居、家破人亡者不计其数。

2 月 16 日 驻汾城县县城（今属襄汾县）的日军清水师团后藤联队怀疑东山脚下的沙女村有抗日军队，故分兵两路，袭击该村。日军进村后强迫青壮年下"林林沟"，当村民刚走到村口时，日军便用机枪扫射，除 3 人冒死逃走外，当场身亡 20 人。

同日 日军第 20 师团由平遥西进，侵入孝义。孝义县抗日政府县长率自卫队炸桥、破路，并对日军进行伏击、阻击，但寡不敌众，主动撤出战斗，掩护群众转移。日军于当日侵占孝义县城。随后在孝义东部平川的重镇增设据点，控制了平川地区，并逐步向山区"扫荡"、"蚕食"。日军从 1938 年 2 月侵占孝义县城，到 1941 年 3 月与阎锡山协商后移交阎军接管前的 3 年中，残害孝义人民 380 余人，奸淫妇女 340 余人，烧毁民房 920 余间，抢掠粮食、牲畜及其他财物上万件。

同日 日军逼近黎城县东阳关，川军第 47 军的第 178 师据险狙击，日军从川军侧后攻击，使川军受到两面夹击，官兵伤亡惨重，川军阵亡 500 多人，黎城县东阳关失守。

2 月 17 日 日军侵入黎城县七里店村，将这个有着 2000 多年历史的繁华村庄沿街烧毁，大火烧了整整一天一夜，全村门楼除一个幸免外，其余全被烧毁，共烧毁房屋 500 余间，楼房 70 余间，抢夺牲畜 30 多头。

同日 日军第 108 师团、第 104 旅团突破黎城县东阳关川军第 47 军李家钰部防线，一路追踪川军到潞城县南马庄，制造了南马庄惨案，屠杀川军士兵 10 余人和村民 27 人。又一路途经潞城县潞河村时残害村民 30 人，同日侵占了潞城县。

同日　日军进占灵石双池镇后，为报复因曾在此遭到八路军 115 师连续袭击，疯狂屠杀逃避不及的 200 多名商民。同时，还杀害了逃到后沟土洞内的 10 余名村民，并用机枪打死逃到南沟的 18 名群众。

同日　日军在灵石县旌介村架起大炮，轰击马和村、葫芦头村，制造了马和——葫芦头惨案。在日军的烧杀抢掠中，两村有 44 人被杀，40 多间窑洞被毁，150 多头牲畜被抢被杀。其中，马和村被杀害的村民是：闫世荣、闫振文、阎继龙的两个孩子、翟根元、张二成、田万华、阎长贵、宋恩元及其母亲张氏、乔之富、栾小树、郑保长、宋润田、宋炳兴、阎连荣、段马驹等 17 人；葫芦头村被杀的群众有：蔺福旺、吴双保、连元、小家明、薛明高、薛成高、吴红保、吴元利、吴元喜、牛兴金、牛计小、续五姣、程昌保的母亲、吴高广、吴成、路来水、牛生耀、耿二狗和 9 名在葫芦头逃难的外乡人，总共被杀 27 人。

同日　日军从介休进犯灵石县旌介村，村民张来贵、温来喜、温四小、开兵、阎灵芝、石福管的大娘、张来贵的一个邻居等 7 人被杀害，3 人失踪，抓走青壮年近百人，抢走牲口 100 多头。

同日　日军在灵石县张嵩村杀害村民景老四、黄如虎、黄四成、张瑞成、张生保及葫芦头村的 3 名群众，一共 8 人，还抢走骡马等大牲畜 32 头。

2 月 19 日　日军飞机飞临河曲县城上空，投弹数枚，炸毁房屋多间。

同日　日军于 2 月 17 日占领汾阳县城后，继续向西进犯。19 日，驻汾阳的日军出动骑、步、炮兵 600 人，进至汾阳坡头村企图消灭驻扎在坡头一带的抗日武装。日军进村后，逢门即入，穿窗扫射，疯狂杀人放火，无恶不作。据统计，坡头村这次共枪杀和烧死者 24 人，被刺刀捅死 12 人，连同外村走亲戚的 4 人和阎军骑一军退兵 9 人，共死难 49 人。抢走牲畜 58 头、绵羊 80 多只、粮食 5500 多公斤，生活用品抢劫一空，20 多家的窑窗全部烧毁。

同日　日军飞机 6 架飞至沁县县城上空，轮番向城内投下 500 公斤重的炸弹 30 枚，炸死群众 12 人，炸塌房屋 100 余间，炸死牲畜 10 头。

同日　日军第 108 师团下元熊弥部侵入黎城县城，疯狂纵火焚烧建筑、店铺、民房，全城古建筑除三处外全部被烧毁，店铺、民房被毁 2489 间，占全部房屋的 60% 以上，县城几乎成为废墟。

同日　日军飞机轰炸沁源县城，前后一月有余，炸毁"万福同"、"天顺祥"

等店铺，炸死群众 57 人，炸毁房屋 427 间，财产损失无数。仅"万福同"就炸死店员、顾客 21 人。沁源县城墙被炸毁。

同日　日军出动 3 架飞机首次轰炸辽县县城（今左权县），投弹 5 枚，炸毁民房 30 余间，炸死居民 30 余人，伤 5 人。辽县牺盟会特派员李芝庭在西城门口处被炸死，城编村村长李殿元在南街钟楼附近被炸死，城东街皮匠刘志清一家 6 口人被炸死，西关程小四一家 5 口人，除本人在酒厂上班幸免外，其余全被炸死，正在南街井上挑水的居民李荣根、李七六和路经此处的南街村长李殿元等 6 人，被炸得无法辨认尸体，这是日军在辽县境内制造的第一起大惨案。

同日　日军将躲藏在长治城南街关公庙（现长治市中医研究所附近）的一个防空洞里的 200 多名无辜居民，全部枪杀。

同日　日军在交口县双池镇屠杀群众 300 多人，强奸妇女 30 多人，烧毁镇内 80 余家饭庄、戏楼、杂货铺全被烧光，宰杀牛马 100 多头，烧毁 200 多孔窑洞及大批民房，掠夺财物无计其数。被杀的 300 多人中能忆及姓名者有：剃头匠苗师傅及其两个徒弟和 3 个顾客，孙书中、孙承光，刘立功一家 7 口，刘孔喜一家 8 口，田有双、吴士勇、刘长旺，拳师蔡某。

同日　日军在汉奸的告密和指引下从昔阳县青岩头偷袭王家山村。当时，王家山村有地下军工厂，大量制造地雷壳和手榴弹壳，是全县有名的抗日模范村。日军进村后，不分男女老少，见人就杀，见房就烧，见物就抢。尤为残忍的是正在母亲身上吃奶的孩子也被杀死，几个七八十岁的老大娘吓得钻进草垛里，被活活烧死。一天时间，全村 42 人被杀，戏台 1 座、民房 30 多间被烧毁，10 余头大牲畜被抢走。

同日　日军"扫荡"昔阳县前龙凤堖村，杀死本村群众白银所、李义昌、王国幸、王国祯、王大旦、白周元、王义贞、王富科及城关村民郝雕等 5 人，总共 13 人，打伤 5 人，烧毁畜草十几垛、民房 20 余间，抢走和烧毁粮食 3000 余斤，丢撒粮食近 3 万斤。

2 月 21 日　上午，数架日军飞机从东北方向侵入阳城县城上空，先后向县城东北、东关、南关、坪头、窑头、水村等地投下炸弹，炸毁房屋千余间，死伤群众 270 人。城内琚有善之妻被炸得脑浆迸流，身首数处，东关马宏毅被炸得尸骨不存；赵永练院、张伯熊院、区管里一带房子被炸平；红旗巷居民李扶莲家堂屋 3 间，小堂屋 2 间，楼上 2 间被炸毁，之后，病死在逃难的路上；窑头村民王小北、坪头村民延德成被炸死，张书年等兄妹 10 人的 20 间房屋、1800 斤粮食被炸毁。轰炸过后，日军进入坪头村，村民延双林、延小顺、延小板被杀，全村房屋 620 间、门窗 700 件、大梁 300 根被日军拆毁，用于修工事、烧火做饭。日军还抢走大量粮食。

同日 日军在长治城内小北营（现城区西街上党门西城墙下的一条小巷，在今长治二中西）进行屠杀，枪杀程保胜、程二胜、程春则、程会则、程顺卿、程黎孩、程累保、程福保、程羊则、程根盛、马四爷、马虎成、马根成、程晚则、程于则、马臭则、马盛则和一个南头街来北营街看望亲戚的小孩，共有 18 人，其中 3 人为小孩。另外，百姓马闯则的头部被日军砍了一刀，扑倒在地，后被家人送往耶稣堂医院抢救未亡，被称为"砍一刀"（1982 年去世）。

同日 日军飞机 4 架，轰炸长子县城，炸毁民房、商业店铺 250 间，炸死、炸伤群众 60 多人。

2 月 22 日 日军谷口茂旅团 6000 余人，沿汾离公路向离石境内袭来，窜入九里湾村，见人就杀，见房就烧。九里湾村仅有 60 户人家，就有 37 人被日军杀害。其中，被刺杀和砍杀者 21 人，被掐死、捅死、吊死者多人。日军还烧毁窑洞 80 多孔，箱子、柜子 140 多件，粮食 400 余石。

2 月 23 日 日军坂垣师团侵入汾西县，残杀对竹村群众 12 人。

2 月 24 日 日军第 108 师团为扩展对晋东南的攻势，其一部由长治出发，首次入侵襄垣县城，残杀无辜群众 150 多名，烧毁房屋 420 余间。

2 月 26 日 日军侵占霍县后，将县城东门外许多民房、商店强行拆除，群众阻挠，日军当场残杀群众 20 余人。

2 月 27 日 日军在文水县城北的沟口村进行惨无人道的烧杀，制造沟口惨案。纵火烧死村民 27 人，烧毁房屋 320 余间。7 月下旬，日军再次洗劫沟口村，放火烧毁 40 间房屋，砍伐 1060 多株枣树和杏树，百姓流离失所，无家可归。

同日 日机五架轰炸沁县故县镇，投弹 108 枚，有 30 多名群众遇难。

同日至 3 月 20 日 日军入侵五寨县城，百姓大多逃避城外，400 多名未能出逃的老弱妇孺被杀。日军驻扎 20 余天后，将各商号和民房的财产能运走的全部用军用卡车抢走，不能运走的全部捣毁。

同月下旬 日军在灵石县摩天岭一线激战期间对附近村庄残酷洗劫。据不完全统计，仅马和村被残杀 30 名，葫芦头村被残杀 14 名，两村被烧毁房屋（窑洞）24 间，宰杀（或抢走）耕畜 70 余头。

3 月 1 日 日军侵占黑龙关（今属蒲县），在西坡村打死村民 3 人，枪杀在黑龙关梁家院未及转移的阎军重伤员 50 余人，杀害群众 17 人，其中 4 人被填进西井。烧毁三官庙、祖师庙等庙宇及戏台 8 座，店铺及民房 50 余间，掠夺、烧毁粮食 800 余石，掠杀大牲畜 6 头。

3 月 2 日　驻临汾日军步兵、骑兵、炮兵 500 余人，经襄陵、古城，侵占了汾城县城。

3 月 3 日　日军第 14 师团南路酒井支队，由垣曲进入闻喜县境，下午经石门、店上到达闻喜县城。3 月 5 日，日军山根支队从侯马进入闻喜县境，经礼元、东镇到达闻喜县城。

同日　日军山元旅团回窜上党，在安泽境内受到中国军队抵抗，屠杀老百姓进行报复。计杀害草峪村 4 人，坡底村 3 人，桃曲村 13 人，高壁村 8 人，东庄 4 人，劳井 9 人，沿路共杀害老百姓 41 人。

同日　日军纠集盘踞汾阳、离石的兵力 2000 余人，围袭晋西交通要地——方山县大武镇（时属离石县），凡来不及逃走的群众，十之八、九惨死于日军的屠刀之下。这个千余口人的村镇，绝门断户就有 7 户，总计被日军残杀 340 余人，连同武回庄、洞上、留子局、盛地、红罗沟等村被杀群众 260 余人，共被杀 600 人以上。拉走各种大牲畜 100 多头，羊 1000 多只。抢劫铺号钱货、农家衣物实难计数。纵火烧屋，大火四日未熄。从此，日军在大武镇设立了据点，将离石县分割为东西两块。

同日　日军由沁水侵占翼城，县长李丙辰等人在史村与日军遭遇负伤被俘，当晚逃脱。

3 月 5 日　日军山元部队进占交口县双池镇（原属灵石县），实施屠杀，全镇 400 余人死于刀、火与枪弹之下。无论是在街道上、屋内屋外、水缸里，甚至粪坑里，都有被日军杀害的群众尸体。泥瓦匠刘孔喜一家 8 口人被杀；刘立功一家被杀死 8 口人；祥太生等 80 余家杂货铺被烧毁。大屠杀之后，日军又把白色浆糊状带粘性的燃烧品抛洒到棉木物品上，放火燃烧，双池村成了一片火海。

3 月 6 日　日军重兵进攻稷山县马壁峪，在铺头村杀死群众 16 人，烧毁庙宇 1 座、民房 266 间。

同日　侵入交口的日军还在交口县在多处残杀无辜群众。计遇害者：水头 8 人，川口乡 34 人，回龙 9 人，石口 19 人，大麦郊 19 人。

3 月 7 日　日军侵入安泽府城，烧房 60 余间，毁粮 2 万余石，杀害群众 50 余人。

3 月 9 日　日军从闻喜县抽调一个骑兵连，在夏县小尉郭村进行"扫荡"，杀害村民 47 人。

同日　日军牛岛部队侵入太谷县曹庄村。进村便到处烧杀，将躲藏村东南地窑里的妇女儿童等老残病弱灌进毒气浓烟，活活呛死 24 人。这天，日军共打死、呛死、刺死村民 48 人，烧毁房屋 100 余间。

同日至 3 月 13 日 日军在荣河县（今万荣县）北火上、南火上、吴村、小崛村、光华等 6 个村庄屠杀群众 20 人。其中，有未撤走的川军 1 人，运城师范学校避难至此的学生 5 人。

3 月 12 日 日军入侵芮城县永乐镇西营村，将躲在红薯窑内 11 个村民烧死。

同日 日军入侵襄汾县邓庄镇鱼池村，抢走大牲畜 30 余头，轮奸妇女 1 人。

3 月 13 日 200 余名日军突然包围了东忻县（今忻县）抗日民主政府驻地令归村，声称要搞垮抗日政府，血洗令归村。上午，日军进村杀害村民 40 余人，放火烧毁抗日政府驻地房屋，烧死县政府干部 1 人。这次惨案殉难者中年龄最大的 60 多岁，最小的 20 来岁，是抗战开始以来，日军制造的东忻县第一惨案。

同日 日军包围忻县南高村，用火烧、枪击、刺刀捅等暴行，杀死群众 46 名，其中有 10 岁和 13 岁的小孩，有 70 多岁的老人，也有躺在炕上的病人，特别是村西有 10 户人家就有 20 余人被机枪扫射而死。此外，还有 50 余人受伤。日军烧毁房屋 3000 多间，抢走大牲畜十几头。全村 90% 以上的农户受害。

3 月 15 日 日军由临汾出动步兵、骑兵 500 余人，第一次占领襄陵县城，烧杀抢掠，打死王茂盛、黄哑巴等 50 人，烧毁南街集云公司大院和城内店铺、民房 800 余间，抢劫物资损失 50 余万元。并在城内北门口修筑工事，建立据点，准备长期占领襄陵县城。

3 月 16 日 日军在荣河（今万荣县）上朝村与抗日自卫队不期而遇，遭自卫队袭击。3 月 18 日，日军纠集河津、稷山、运城、临晋等地驻军 300 余名，从沙石范、刘村和荣河县城三地分头并进，对上朝村进行血腥报复。在日军的炮击中，上朝村东门楼起火倒塌。由于村民及时撤退，日军扑空。恼羞成怒的日军，便到处杀鸡宰牛，纵火烧房。返回途中，又将沙石范村民关兰升、关天有、关穆穆等 12 人杀死，将关启龙、吴占杰打伤，并烧毁村民关春祥等 26 户 122 间房屋。在刘村，杀死村民薛朝多等 4 人，烧毁薛绍义、薛维其等 10 户民房及家庙 123 间。

3 月 17 日 驻潞日军残部到潞城县神头村实施报复，制造了"神头惨案"，屠杀无辜村民 137 人，烧毁房屋 400 间、窑洞 300 孔，抢走大牲畜 300 头、羊 900 只。

同日 日军奔袭保德县，沿桥头方向烧杀到县城，屠城三日，凡来不及逃避的人一律被捆绑起来，囚禁在几处大院里，浇上汽油，活活烧死。仅在城内刘家大院，一次就烧死群众达 200 多人。几日后，日本军撤退时烧掉了保德城关 90% 的房屋。

3 月 18 日 日军纠集 500 多人进犯潞城县神头岭、王家庄、花园、漫流河、漫流岭等村，枪杀无辜村民 57 人（其中王家庄 44 人，花园村 2 人，漫流河村 2 人，漫流岭村 9 人），制造了王家庄惨案。

同日 日军"九路围攻"晋东南抗日根据地，日军 36 师团清水部 2000 余人第一次"扫荡"沁源县，占据城关 7 昼夜，杀死居民 112 人，掳走群众 47 人，抢劫牲口 218 头。

同日 日军侵入芮城县汉渡村，打死打伤群众 21 人，烧毁庙宇房屋 40 多间，宰杀耕牛 12 头。日军遭到中国军队及地方抗日武装伏击，当晚撤离汉渡村，并抓走该村壮丁 32 人。沿途，日军不断抓捕老百姓，抵达阳贤村夜宿时，已抓 78 人，其中 41 人半夜逃走，逃跑未成的 37 人被日军用刺刀捅死，尸体扔入一红薯窖中，有 1 人幸存。

3 月 19 日 4 个在祁县官厂村住宿的日本兵返到村里寻找丢失的一个防毒面具，没有找到，临走时向村里打了一枪，枪声引来了驻东观火车站的 30 多名日本兵，日军进村后，残杀村民 9 人，烧毁房屋 100 多间。

同日 日军坂垣师团的一个旅团，配备 200 门山炮，取道太谷县咸阳村，袭击了南山边一带的井神、龙门、东山底、西山底、北洸五个村庄，烧杀洗劫，奸淫掳掠，杀害群众 337 人，奸淫妇女 40 多人，烧毁房屋 1590 余间，抢走大牲口 40 多头，羊 300 多只，烧毁抢劫财物无数。

同日 日军骑兵 20 多人窜入潞城县五里后村，惨杀无辜村民 27 人。

同日 日军四辆运送物资的汽车从临汾开往蒲县，陷在阎家庄村边的泥坑里，日军把抓来的村民 20 多人杀害，填入坑中拖出汽车。车轮碾后，尸体血肉相连，亲人都无法辨认。

3 月 20 日 日军袭扰赵城县李村路沟，刺死群众 23 人，制造了路沟惨案。

同日 日军到万荣县五星庄"扫荡"，杀死村民张天福等 3 人，烧毁民房 46 间。

同日 日军重兵进攻稷山县马匹峪，在铺头村杀死村民 15 人，烧毁民房 266 间，庙宇 1 座。

同日 襄汾县襄陵镇景村村民王纫、贺见喜、贺小娃、李黑驴、李小蛋、王笑娃、贺金锁、贺续根等 8 人在地里干农活时，被日军开枪打死。

3 月 23 日　日军侵入大宁县小冯村，杀害群众 11 人，全村房屋几乎全被烧尽，物资被洗劫一空。

3 月 24 日　日军飞机第三次轰炸沁县县城，炸毁房屋多间，炸死群众 26 人。

3 月 25 日　日军入侵灵石县城玉成村，烧死、捅死、枪杀百姓 39 人，3 户被杀绝。最残暴的是，日军把一个三岁的孩子当着其父母用凌迟的手段活活杀死，然后用刺刀将全家捅死。

同日　日军 3000 多人闯进太谷县回马村，放火烧了全村 150 多家的房屋，杀害村民 4 人。

同日　盘踞曲沃的日军入侵神泉村，屠杀无辜群众 24 人。

3 月 28 日　日军以灵石县苏溪、尹方两村中有八路军为由进行烧杀抢掠，制造了惨绝人寰的大屠杀，使两村 32 人被杀害，焚毁窑洞 67 间，房屋 104 间，庙宇 12 座。其中，在苏溪村烧毁资寿寺白衣菩萨庙殿等古迹 8 处，枪杀陈根柱、耿成儿、耿进祥、李九成、马继洲、郑九锁、决死队队长张仲林以及 2 名和尚共计 9 人，烧毁民房 20 间，窑洞 19 孔；尹方村村民曹文炳、曹德福、曹续炳、查根龙、郑长贵母亲及其子、张保根、房二留、金长锁、马兴来母亲、马德孝母亲、马杜梅、马兴来侄儿和侄女、马相图、马兴林奶奶、陶德光、陶海池、尤光、尤七土、梅铁柱、陈维房的奶奶、尚晋元、张兴元等 24 人被烧死。

3 月 29 日　日军侵犯蒲县，制造郑家垣坪惨案，杀害村民 33 人。

4 月 1 日　日军闯入潞城县西村，从上午 10 时到下午 2 时，杀害群众 90 余人。

同日　日军坂垣师团 3000 余人从隰县、石口、中阳分三路进犯石楼县，东庄、段庄亦遭洗劫。日军屠杀三日，罪恶累累，惨无人道。炸死村民 20 多人，杀戮村民 10 多人，烧毁县城商号民房十分之八九，奸淫妇女数十人。

4 月 3 日　驻长治日军 108 师团 104 旅团沿白晋路南犯，与驻河南博爱、修武的日军换防，途经高平侵占县城，在城内烧杀抢掠，无恶不作。日军在城南将庞六爷等 10 余名村民惨杀，填入公路旁土沟内。又将郭绍周等 20 多名村民押到南坛上，全部用刺刀捅死，并放火烧毁城西府君庙 50 多间房屋，将躲在防空洞里的许根孩等 17 名群众全部刺死。

同日　日军由北到南入侵高平，前面坦克、大炮开路，横冲直闯，所到之处烧杀抢掠。日军路经王报村时，用刀劈死了邢全成、黑孩则。在西阳村外，用机枪扫射手无寸铁的妇女儿童，暴圪济之妻马氏、妹妹暴秋凤、女儿暴兰则均被子弹打得满身窟窿，倒在血泊之中。青年妇女范某躲藏不及，被四名日军围起来轮奸，少女李某遭到十几名日军的轮奸。另一股日军进入德义庄后，见人就杀，见物就抢，放火烧毁了德义庄的戏台。日军进入寺庄村后就抓鸡、杀人、奸淫妇女，郭根富父子二人及另外3名外地青年同遭枪杀。秋子村李规孩、赵屯孩、贺新孩、李聚孩、郭春孩、郭秋孩等人被日军在村中捉住后解押到营盘，全被砍了脑袋，裴永保被日军一刀砍昏后倒地，幸免于死，贺新孩的父亲逃到永录，被侵入永录的日军杀死。当日晚，日军夜宿高平城，将企甲院的徐板孩捅死在窑内，将张三疤砍杀于田野。

同日　日军调集大批兵力剿杀灵石县夏门村民，曹有庆、王贵生、李红玉、李长生、马怀军、田氏六人被杀，16幢院子被烧，制造了"夏门事件"。

4月4日　日军以第108师团为主力，纠集3万人，分九路向晋东南根据地围攻，妄图把八路军主力消灭在辽县等地。在"九路围攻"中，辽县被日军破坏的村庄涉及5个编村，杀死村民157人，烧毁房屋6347间，抢走粮食7466石，财产损失达24万多元。

同日　日军首次占领武乡县城，县城内外惨遭火劫。一座有700余家店铺的千年古城成为废墟，城内86名居民被日军杀害。

同日　日军进攻沁源县，在沁源县周西岭架炮轰击城关、李家庄、王家沟、河西、麻巷等村庄，炸死老百姓21人，炸伤11人，炸死牲畜27头，炸毁房屋108间。日军攻占县城七日内，将县城及周围村庄的财物抢劫无数，杀死群众112人，俘走男女青年47人，抢走牲畜218头。城关镇连仲元家一个18岁的女儿被日军轮奸三日后杀死。

同日　日军侵入永和县坡头乡索驼村，烧杀抢掠，损毁土地15亩，房屋52间，树木70棵，禽畜50只（头），粮食13000公斤，服饰320件，生产工具120件，生活用品1104件，价值11986元。日军侵入永和县坡头乡坡头村，杀死一村民，烧毁炸毁土地15亩，房屋76间，树木48棵，禽畜171只/头，粮食11400公斤，服饰330件，生产工具130件，生活用品1086件，价值14557元。

4月5日　驻长治县荫城镇日军在西陕村屠杀李铁则、李黑猪等群众103人，致残9人，宰杀猪羊100多头，放火烧村，使西陕村变成无人村。

同日　日军从高平往长治、长子撤退途中，一路烧杀掠抢，在长平村外杀死了出诊的医生王二民。

同日　日军在乡宁西门桥上杀死前西坡李德魁，在西门内大街上杀死"四顺成"商店孙老大，在前西坡河滩杀死乞丐老李婆，并将其手腕砍掉；在下县村大杨树下杀死河南籍张小保父母，在杨公巷杀死妇女杨某和卖水为生的河南老张。躲藏在石坪、岭南两个窨子的 40 名妇女被日军发现后掳进城内，遭受蹂躏。

同日　日军向沁源进犯，在城北高家庄（今属古县）刺杀村民赵吉庆等 10 人；在拦水沟刺杀村民李长庚等 20 人；在热留，日军飞机炸伤村民 10 余人；炸毁关帝庙等建筑；在北平，日军飞机轰炸，死伤村民 30 多人，房屋毁坏无数。

同日　日军侵入永和县城及芝河镇城关村，炸死村民任四围，捅死一个叫大姑娘的妇女，强奸妇女高灵春。烧毁炸毁土地 20 亩，房屋 126 间，树木 930 棵，禽畜 969 只（头），粮食 42300 公斤，服饰 476 件，生产工具 280 件，生活用品 6172 件，价值 45818 元。日军侵入永和县芝河镇东峪沟村，烧毁损毁土地 20 亩，房屋 78 间，树木 60 棵，禽畜 227 只/头，粮食 26500 公斤，服饰 450 件，生产工具 160 件，生活用品 1744 件，学校 1 所，价值 21034 元。

4 月 6 日　侵占沁水县城的日军逃离之前，杀害平民数十人，烧毁法龙寺、张公祠等古建筑。

4 月 8 日　日军第 108 师团在谷国元治郎指挥下，千余日军侵入襄垣县城，杀死老百姓 257 人，金银财宝抢劫一空，仅恒茂昌、恒巨昌、天益当、德昌当、保珍斋等五家商号统计，就被日军抢走黄金 3 斤 2 两、银元 2500 块、五十两重的元宝 36 个，唐代古屏两对和金佛、玉石塔、古画等珍贵文物多件，同时还烧毁房屋 1960 余间，经济损失达 20 万元银元。日军杀害居民的手段极其残忍，其中有一个不满百日的婴儿被扔到屋外摔死，有 13 人被活活烧死。

同日　日军第 108 师团一部侵入襄垣县善福乡白家庄村，将村里未逃离的 55 名（有外村 22 多人）老人、妇女和小孩杀害。其中，42 人被活活杀死或烧死，十多人在苏醒后侥幸生还；烧毁院落 5 座、房 8 间、窑 11 孔，抢走粮食 20 余石，烧掉家具、衣服 950 余件。

4 月 10 日　日军在芮城县阳贤村汉渡盘踞三日，打死、打伤群众 21 人，放火烧毁庙宇房屋 40 余间，屠杀耕牛 13 头，抓走青壮年 32 人。日军因怀疑抓走的 32 人中有游击队侦察员，遂把他们全部杀死，将尸体推入一个红薯窑内，然后向窑内放下一石碌，并用水搅土填平，制造了阳贤红薯窑惨案。

4 月 14 日　日军路经阳城县时，遭孙殿英部之缑大队袭击。其后，日军集中大批兵力，四面包围，环攻县城。16 日拂晓，日军用重炮轰开东城门，敬藤部队及平塚部队进城，挨门搜索，不分男女老少，将被抓群众驱赶到开福寺、东王殿、城隍庙、旧盐店、西坛上等处，残忍地戳死、烧死；躲避在城内一些地洞中的群众被日军架起柴火烧死或施放毒气弹毒死；南关四角院外一水井内填满被杀的居民；一时间，城内城外，大街小巷，屋内院落，门市店铺，到处血流成河，尸横遍地。许多居民被剖肚腹挖眼睛、刺乳房削头颅、戮阴户割便器，其状惨不忍睹。尤其可恶的是，日军对妇女大肆奸污，甚则先奸后杀。南关白海州之妻遭轮奸时，日军威逼白海州近前亲睹，海州难忍奇辱，奋起搏斗，被砍杀，其妻奸后被杀。日军此次屠城杀害县城 700 余居民。此外，又放火烧毁房屋约数百间，抢掠大量财物。

同日　日军在曲沃县屠杀群众 112 人，烧毁民房 50 多间，抢走或枪杀牲口 60 多头，抢劫财物无计其数。

同日　日军在乡宁县城焚烧县衙门以东商号、店铺及民房 300 间，明代嘉靖年间建的结义庙上院舞台、土货商场、鼓楼等建筑，亦被付之一炬。日军行至营里千佛洞，放火烧毁庙宇，并将 3 个庙内管事捆绑，用棉絮裹体，泼上汽油烧死。

4 月 15 日　日军发现在武乡县西营镇村附近的一个山洞里躲藏有人，便向洞内施放毒瓦斯，致使洞内老百姓 70 余人全部熏死。

4 月 17 日　日军"扫荡"襄垣县西营镇，枪杀群众 12 人，刀砍、刺死 21 人，烧死 13 人，开胸剖肚、挖眼、杀头、刀穿妇女阴道等死亡 19 人，放毒弹熏死 86 人。此次日军共杀害村民 151 人，烧毁房屋、庙宇 2312 间，抢走猪羊 220 头（只），抢走大牲畜 119 头，抢走其他很多财物，制造了西营惨案。

4 月 18 日　日军"扫荡"沁县，在城西北约四公里处的娘娘沟将抓获的张蛋孩父亲、刘丙午父亲刺死，炸死王磨、王万同父子，把张玉庆的伯父、张哑巴、张娃孩、牛付文、张永和等 5 人作为靶子，打死其中 4 人。还杀死陈胖之母、牛大赖、牛二赖、刘毛孩等村民 12 人，烧毁房屋 20 余间。

4 月 19 日　日军再度包围万荣县上朝村，发现村长范金娃等 6 人隐藏沟底，遂用机枪扫射，打死 1 人，范金娃等 5 人落入敌手。日军软硬兼施，逼其交出自卫队员，范金娃等人愤然不语，以死相抗。日军气急败坏，当场剖腹 4 人。范金娃怒不可忍，推倒日军，夺路跳崖，幸免于死。日军无计可施，便放火将孙三克等 63 户民房及将军庙、天神庙、娘娘庙、土地庙、关帝庙和戏台共 547 间房屋烧毁。

4 月 25 日　驻扎右玉县城日军在黑田少佐的指挥下"扫荡"咀流屯村，将 21 名老人、儿童集中在武家大院，用机枪和刺刀杀害，随后又到村外把躲藏在沟内的 16 名群众杀死，并烧毁了 300 余间房屋，制造了一起血案。

同日　日军在芮城县陌南镇杀死老百姓 14 人，奸淫妇女 20 多人，烧毁民房

340 多间，烧毁存放粮草的窑洞 210 孔，抢走牲口 80 多头。

4 月 26 日 驻汾城的日军后藤联队数十人，突然窜进沙女村，向村民要"中国兵"，因见村民没有回应，随即放火烧房，逢人便杀，顿时烟火冲天，直到晚上日军才离村。一天之内烧房 323 间，杀死村民李长兴、柴喜成等 13 人。

同月 日军奔袭临猗县孙吉镇，途经北赵村，见房就烧，见人就杀，烧毁民房 100 余间，杀死村民 13 人，打伤 4 人。

5 月 1 日 日军在介休县张村惨杀群众 75 人，打伤 5 人，烧毁房屋 150 间，窑洞 62 孔。

同日 盘踞定襄县城的日军围袭王进村。仅有 400 户人家、1500 余人的村庄，被日军屠杀 100 余人，1000 余间房屋被烧毁。

5 月 3 日 驻长治县八义村据点的一队日军出发到高平"扫荡"，经长治县西陕村时，发现少了一名士兵，随即对西陕村进行疯狂的报复。日军采取枪击、刀砍、犬咬等残忍手段，残杀村民 108 人，占全村人口的 30%，烧毁树木 4000 余株，劫走猪、羊、牛、鸡等 200 多（头）只，烧毁房屋数间，制造了西陕惨案。

5 月 6 日 日军在永济县张营镇枪杀群众 40 余人，同时遇难的还有 70 多名中国抗日军人。

5 月 7 日 日军在襄汾县孝村向北膏腴村炮击，一发炮弹落在泊池岸边，当场炸死村民屈五相之子屈红元。不久，有十多名日军骑兵闯入村中，抓走地椒老李、毛虫、秦五有、李振虎之弟、和树管、补锅匠等 13 人。日军将 13 人押在东门外善惠寺，当即枪毙了地椒老李、毛虫和补锅匠 3 人，其余 10 人趁机逃跑，日军骑马便追。追到村北祖师庙时，开枪打死路经此处的屈冬寅、高假女等 2 人，打伤村民小黑。一天时间，日军杀害村民 6 人，打伤 1 人。

5 月 10 日 日军向临猗县角杯乡吴王村发起进攻，被八路军击败。日军恼羞成怒，对姚卓村进行报复。姚卓村北距吴王村仅 3 华里，日军开始进攻吴王后，大部分村民逃走，有 28 位村民心存侥幸躲在地窖里，被日军发现后，全部活活烧死。另有 20 余位村民被迫为日军送水送饭，也被集体杀害。在姚卓村发完兽行后，日军又扑往吴王村 3 里外的西张村，杀死 6 名未逃脱的村民，烧毁两座祠堂和 260 余间房屋。

5 月 12 日 日军遭到国民党军第 38 军 177 师重创后，恼羞成怒，闯入永济张营村，抓鸡屠狗，杀猪宰牛，老百姓家的锅碗盆瓢、桌椅板凳，尽行砸烂、烧毁。日军还把屎尿倾泄饭锅里、面缸内。更为残酷的是，村医王彦迪被日军用铁铣把头铲下来，扔在巷里当皮球踢。有一位四十多岁患病妇女，被日军奸污后，还把一根几尺长的棍子插入阴道，赤身裸体横尸打麦场上。在这次惨案中，张营村有40多人死在日军的屠杀之下。

同日　日军在汾城县赵豹村屠杀老百姓18人，烧毁民房520间，抢走耕牛1头，粮食损失约4万公斤，其他损失无计其数。

同日　日军入侵侯马上马村，大肆烧杀，48名无辜村民被屠杀，全村300余间房屋被付之一炬。

同日　日军血洗广灵县北山黑鱼洞村，杀死群众34人，其中女9人；打伤8人，其中女5人，死伤人数为全村人口的五分之二。是月，日军汽车行经车道沟，因怕遭八路军伏击，强迫南土岭农民杨锦拉着地耰前行踏雷，被地雷炸死。10月，日军飞机轰炸邵家庄，炸死全在银一家3口人。后日军进村杀死村民吕树海兄弟3人，刺死曾义、高老法等3人。烧毁房屋104间，抢走驴7头、牛5头。11月3日，日军到直峪村，打死宁吉全家4人。同月，日军还杀死冯家沟村群众张玉明、邓喜明等4人。

5月14日　日军两次"清剿"浑源县凌云口村，屠杀群众10余人，烧毁了村民左尔勤的房屋。

5月16日　日军遭国民党军第177师重创后，不甘心失败，闯进永济马铺头村，疯狂报复老百姓。见房就烧，见麦垛就点，见牛就杀，见鸡就捉。整个村庄哭声连天，一片火光。据统计，马铺头有18名群众惨死，有300多间房屋被烧，有30多家的麦垛被燃。有一户人家10多口人，房屋家什被烧光，主人投井自尽。日军撤走时，又抢走老百姓的骡马70多头（匹）和20辆大车。

5月16日至18日　驻襄汾县赵曲日军清水师团，在张礼村杀死村民李永泰、赵小四、赵来喜、杨四儿（女）等4人，纵火烧毁村民原克俭等人房屋13间；在鄢里村，杀害村民杨好管、苏白娃、王古楼王学礼、张安家、张九管、赵福奎、杜福立、苏长寿、王顺泉、张闷子、王耀、薛全喜、苏记保、杜天元等15人，抓走牺盟会干部苏吉林，在临汾将其残害，烧毁王敬富等人房屋63间。在小韩村，杀死村民白娃，烧毁村民姜志存等房屋63间；在东邓村，杀死姓王的村民1人；在斛塚村，杀害村民张家寅、张大兴、张大贤等4人；在鱼池村，杀死村民李金龙，烧毁李桂林房屋3间；在令伯村，杀死村民罗全圣、许克恭2人，烧毁房屋86间；在辛建村杀死村民张保元、张家喜2人；在下院村，杀死村民吉月盛的母亲，抢走马、骡、牛12匹（头）。在贾庄，杀害村民杨长兴、杨春逢、李老三、薛娥子4人，烧毁村民郝通太等人房屋40间，抢走牛1头、麦子 6000 余斤。日军除在以上 10 个村子烧杀掳掠，还窜入襄陵城内，烧毁大商人卢凤翔全院房屋 21 间，大火四天四夜才熄。

同日 驻曲沃的日军 100 余人包围绛县两堡，进村后杀人放火。全村 600 多间房屋被烧，40 多名无辜群众死于日军屠刀之下。抢走骡马 10 余匹，损失财物很多。

5 月 23 日 日军进犯山阴县西安峪村，枪杀村民 4 人，烧毁房屋 387 间。

5 月 24 日 日军在永济县太谷屯烧毁民房 150 余间，抢走 10 多头牲口，杀死村民薛法子、吴天右 2 人。

5 月 25 日 日军"扫荡"永济樊卫村、杜家营一带，烧毁了即将成熟的几百亩小麦，杀死老百姓 13 人，抢走牲口、烧毁房屋不计其数。

5 月 27 日 日军在平陆县四州疙瘩山上架起大炮，炸死躲在沟里的苏韩村、侯王村、卸牛坪村、上缠沟村老百姓 200 多人。其中，上缠沟村仅幸存 3 人。

6 月 6 日 日军窜扰曲沃县安定村，惨杀村民 104 人，烧毁房屋 100 间，抢杀牲畜 100 头；烧毁北柴村房屋 530 余间。

6 月 10 日 侵华日军在闻喜县阳泉头村遭到红枪会抵抗，日军进村后，杀害孙炳振等 6 名村民，烧房 40 余间，杀死耕牛 20 余头，抢走骡马 20 余匹。同一天，日军袭击侯村，杀害杨登云等 9 名村民。

6 月 16 日 3 架日军飞机在阳城县董封、临涧、横河等村镇上空投弹 30 多枚，炸毁房屋数百间，群众死伤 20 余人。

6 月 22 日 占领河津县城的日军，围袭东庄村，大肆屠杀青壮年。日军把围捕的村民砍杀后，推尸于井窑内，还怕不死，又开枪向井窑内射击。此次惨案遇难村民共计 126 人，造成灭门灭户的 15 家。

7 月 1 日 日军牛岛部侵占夏县城，在交德村杀死村民 128 人，其中三户被杀绝，烧毁房屋 200 间。

7 月 12 日 日军侵入平陆县晴岚村，以搜查抗日游击队为名，将 60 余户村民房屋烧光，杀害陈老大、陈焕文、陈守身、陈玉堂、李文华、王青莲、张老四夫妇、毛小栓、郭老四、郭志成、胡春、郭胡录、郭小明、王金喜、金喜妈、郭随元、张师、张同生、张崇荣、张盆荣、张毛荣等 45 人。

7 月 25 日 驻扎河津城内 100 余名日军闯入修仁村（现修村），挨门逐户搜捕，见青壮年就抓，一一捆绑起来，推入井中，罹难者有 11 人，他们是郭根法、郭鱼儿、薛发子、郭胜德、张苍娃、张三喜、张新发、张银德、张锁娃、张三女、张老五。日军杀人后，继续放火烧房，共烧毁民房 114 间。

8月2日 驻汾阳县城日军一部突然袭击中共汾阳县委、汾阳县牺盟分会、汾阳县动委会等机关所在地南马庄。八路军115师343旅686团前哨连进行了有效抵抗后，掩护党政机关撤退。日军进村后，到处搜捕八路军，在村当中麻窟（蓄水池）边上进行大屠杀，42名干部群众遇难。当天下午两点左右，八路军返回南马庄，立即组织抢救，转移受伤群众，做死难群众家属的抚恤等善后工作。傍晚，日军调来大队人马二次进攻南马庄。日军抓不到抗日军民，就放火烧了娘娘庙和八路军粮站，未及转移的粮秣、物资全被日军烧成灰烬。

8月8日 日军驻扎临晋（今临猗县），蒲坂中学（现临晋中学）沦为日军兵营，时称"红都"。日军在此设有"活人靶场"，用活人练习射击或刺杀。据不完全统计，先后在此遇害的群众60余人。泰后庙的井被尸首填满后，日军又在坑西沟开辟了一个屠杀场。1942年冬，日军在第五次"强化治安"中，一次就在这里又残杀了13人。抗战胜利后，在临晋城外一眼枯井中，发现被日军杀害的中国百姓的尸体有40多具。

8月12日 日军发布丙字第429号作战命令，规定由日本驻晋部队办理山西棉花运往日本事宜。由一线部队收集前线棉产区棉花，实行军管理的棉纺织工厂收集铁路干线附近棉产区棉花，并按每公斤75分以下指定价格低价强行收购。1939年7月4日，日本山西派遣军将抢夺到手的65万公斤棉花全部运往日本。并决定今后山西棉花由"军管理工厂"征集，将"征集"量的30%运往日本。

8月19日 日军窜进永济县高市村，奸淫妇女1人，杀死老百姓7人，村民王三被戳6刀，挣扎逃进马房被救活。

9月9日 日军第20师第28联队大佐联队长藤田茂指挥所属河津、新绛两县日军对稷山县城进行残酷"扫荡"，在北城门楼等处架机枪打死打伤抗日军民200余人，其中平民40余人。

9月10日 驻扎在台头村（今属乡宁县）的日军，出动一个中队80多人，从台头出发经李子坪的交口、梁子坪村上山，傍晚到达桃花山村宿营，烧毁村民房屋15间，杀掉村民耕牛2头，抢走毛驴3头、鸡100只、猪15头，糟蹋粮食1万斤，打死1名60多岁的老人。次日黎明日军从桃花山村出发，路经大凹、井山头、西坡到牛王庙（今光华村），沿途抢掠，并杀死西坡村刘万录和另外1名农民。傍晚，日军返回台头村后又将农民张德维的父亲打死。

9月12日 3架日军飞机突然飞临河曲县城上空，开始狂轰滥炸县城南门至西门河畔"双合义"一线，不到半小时，投弹数十枚。顿时，全城烟柱冲天，炸塌房屋数十间，炸死87人，炸伤41人。

9 月 29 日至 30 日 2000 余名日军集结代县，沿峨口沟、峪口沟分路围攻五台。日军一部，行至殷家会村，把 29 名佩戴"抗日救国会"胸章的采金工人抓至河滩，架起机枪扫射残杀；走到寨里村，与八路军四大队主力激战数小时，受到阻击后，折退殷家会村。傍晚，日军把 60 多个村民串绑在一起，残忍杀害，全村有 6 户被杀绝，多名妇女被强奸。次日，夜宿村中的日军在出发前，放火烧毁全村房屋，幸存者流离失所。日军沿路逢村即入，入村即掠，先后屠杀峪口、石家湾、殷家会、寨里、滩上等村群众 115 人。

同日 日军出动 10 余架飞机盘旋在原平轩岗上空，进行狂轰乱炸达一个小时。东街张保院（现粮管所宿舍）投弹 1 枚；高长升院投弹 1 枚；周录栓院投弹 2 枚，炸死周录栓的母亲、马所政的母亲和弟弟；戏院投弹 1 枚，炸死村长付存富、张迎善、张和富；石家集院投炸弹 1 枚，炸死石满仓的母亲；张恒恒院投炸弹 1 枚，炸死张恒恒父亲、哥哥和第文官。全村被炸伤、炸死 30 余人，炸毁房屋六七十间。

10 月 6 日 日军出动 3 架飞机临岢岚县城上空，投弹 60 余枚，并疯狂扫射，炸毁房屋 30 多间，死伤军民 30 余人，仅大西街王姓一家死伤 5 口，其状惨不忍睹。位于县城西侧的战动总部大院也遭炸弹轰炸，门窗屋顶受损严重，面目全非。

10 月 12 日 日军进驻永济东伍姓村，见到群众，不分男女老幼，不是用枪射击，就是用刀杀戮，仅仅一天之内，就杀害群众 80 多人。日军在东伍姓杀人放火两个多月，烧毁民房千余间，群众被迫逃往周围 80 多个村庄。

10 月 20 日 3 架日机向盂县下庄村投弹 12 枚，炸死男女群众 23 人，炸伤 2 人，炸毁民房 10 余间。

10 月 26 日 日军牛岛部队侵占绛县董封村，杀死村民 33 人，烧毁房屋 900 余间，拉走牲口 30 多头。

10 月 30 日 盘踞翼城等地日军 1000 人，围袭沁水县西河、固镇、陈梁沟等村。日军在西河一带刺杀村民 100 余人，又在固镇一带惨害群众近 100 人，在陈家沟一带惨杀村民 30 余人。一天屠杀村民 240 多人，烧毁房屋 1700 余间。

11 月 3 日 日军第 109 师团 135 联队出兵 500 余人，在大队长纳野带领下，包围八路军第二军分区五大队驻地——五台县高洪口。日军进村后，见人就杀，见东西就抢。刘喜正在河边挖麻条被日军刀刺 11 处；杨七梅正要隐藏，被日军割下头颅，她的乳婴也右臂受伤；军区代办所所长杨丙昌及亲戚 5 人遭杀害；陈明、陈生玉、陈双玉的爱人和孩子以及安德亮一家 17 人，藏于土豆窖内，被日军活活烧死，陈双玉爱人腹内胎儿被烧得从母体裂出。这次惨案中殉难的烈士有八路军军政干部、战士250余名，高洪口区的村干部、村民和群众49人，烧毁民房数十间、粮食6000余斤。

11月16日 驻扎在运城的日军血洗临猗县庙上乡吉令村，枪杀游击队员311人、村民18人，烧毁房屋310间，抢走牲口186匹，杀牛2头，奸污妇女、抢劫衣物无数。

同日 驻阳曲西汉湖据点日军窜到马驼村南山上，短短10分钟时间，射杀村民董玉贞家7人，杀绝村民李金仓全家11人，董玉贞幸免于难。行凶后，日军又将100多名老百姓集中到庙前圪垛内举枪扫射，点燃庙附近干草活活烧死村民杨长青，用刺刀捅死村民李开仓。日军离开马驼时，共计28名群众惨遭杀害。

11月24日 日军4架飞机空袭昔阳县长岭村，炸死群众9人，炸伤多人，炸毁房屋4间，炸死毛驴1头。

12月4日 日军占据新绛县边山高地后，为在靠近山脚的几个村制造"无人区"，对涧西村进行"扫荡"，13名村民被杀，民房2100余间被烧毁。

12月5日 驻夏县曹张日军到稷王山一带"扫荡"，发现三路里村有中国士兵在村北活动。他们立即向三路里村北进攻。村里40余人躲到了湾园的窑洞里。日军进村后，见人就杀，先后杀害了邵仰武（25岁）、邵海炎（27岁）、邵崇德（23岁）、邵庆娃（42岁）、邵汝娃5人。然后，日军又将窑外和窑内的男人一并赶入三孔窑洞内，架机枪扫射，窑洞内的仅有邵天喜、吕恒来2人幸免遇难，其余群众全被打死。

12月29日 日军在稷山县化峪村抓走村民冯国选、郑海龙、杨吉庆、杨木娃、朱文科、赵心安、邓红蛋及军队士兵王三小、吴福来9人，押到县城监狱，严刑拷打。后来，每人出300大洋得以保释。

12月31日 日军飞机轰炸浮山县城，投弹20余枚，炸死居民及小学生16人，炸伤16人。

1939 年

1月3日 日军围攻抗日根据地万泉县（今万荣县）三文村，烧毁庙宇、民房60间，杀死老百姓4人。架火焚烧群众家具无数，大便入群众饭锅，小便入群众水缸。粮粪混搅，扰害百姓。

1月9日 日军对河津张吴村进行"扫荡"，7人被杀，六、七人受伤。屠宰耕牛数头，赶走骡子 30 多匹、耕牛 50 多头、毛驴数头，烧毁房屋数十间。

2 月 1 日　日军在襄汾县西中黄村屠杀老百姓 27 人，奸污青年妇女多人。

2 月 17 日　日军在稷山县范家庄村大肆放火，将村民张桂芳的三女儿三巧活活烧死，烧毁房屋 270 多间，抢走牲口 40 多头，抓鸡宰羊，不计其数。

2 月 19 日　盘踞浮山县的日军大肆抓捕抗日分子和普通百姓，并实行残酷的杀害。在北门，日军杀害群众 40 余人，尸首均被投入附近水井内。

2 月 25 日　日军杀死襄汾县汾城镇西中黄村群众司广亢、张华生、荀二秀、张环、张硬拽、张有才等 27 人，还有不知道姓名的外地逃难的老百姓 5 人，计杀害 32 人。

2 月 28 日　驻守太谷、辽县的日军，出动 300 人在榆社县制造了西马村大惨案，枪杀群众 7 人，烧毁房屋 370 多间，并将驻守马鞍山村的八路军抗日军政大学 18 名学员抓获，全部捅死。

3 月 3 日　日军偷袭稷山县后涧头村，村民徐明忠一家 3 口惨遭杀害，躲藏在窑洞内的徐东海等 6 名群众被日军开枪打死，烧毁民房 50 余间；之后，日军又窜入咫尺之隔的核桃园村，烧毁房屋 10 余间，抢走耕牛 5 头。

3 月 6 日　日军飞机轰炸平顺县城，炸死老百姓 18 人，炸毁民房 52 间。

3 月 16 日　襄汾县永固乡西吉村高喜云、高居宝、宁扎根、高润来 4 人被日军抓走，从此杳无音信；同年 4 月 3 日，村民党纪堂也被日军抓走，至今再无音讯。

同日　日军袭击灵石县交口乡庆余村第五区公所，枪杀赵灵、赵龙光等 8 名群众。

3 月 18 日　日军在芮城县董村，将抱着吃奶孩子逃生的范蝴蝶母子 2 人一枪穿透胸膛致死。又把村民赵贵令、秦拉串、秦龙娃、朱运麟、秦漫子 5 人绑在一起枪杀。其中，朱运麟、秦漫子受伤幸免未死。

3 月 21 日　日军入侵新绛县董村，疯狂烧杀。农民王登甲被刺 30 多刀，张耀福被剁成肉块，焦忠保被一群日军推到坦克下压成肉饼。日军在董村残杀群众 50 多人，烧毁房屋 1000 余间。

3 月 22 日　上午 10 时许，日军 6 架飞机对稷山县范家庄、三界庄实施疯狂轰炸，村民范家俊的 5 头牲口（3 头骡子、2 头驴）和冯二秃家的房子被炸飞，冯二秃也被炸死。仅范家庄一个村子，就投下六颗五百磅的炸弹，把范家庄炸得墙倒屋塌，一片凄凉。

同日　6 架日军飞机第二次轮番轰炸沁县城，县城南街中弹最多，县城大十字街附近的老槐树下血肉横飞，树上挂着被炸飞的肢体和血衣布片，有个防空洞口被炸塌封口后，闷死3人，监狱的牢房炸塌后，炸死6人，这次空袭共炸死26人，毁坏大量房屋。

同日　日军"扫荡"阳曲县安塘村，杀害群众李玉金、李二满等14人。

春　尹家沟村民贾重阳、尹小旦、尹小申3人在阳城县城内被日军飞机炸死；之后，日军还在尹家沟先后杀害村民田揪金、赵软软、卫庚平等6人，村民赵同同、田轩轩、赵虎瑞等4人被打伤，村民王道道、卫揪首、赵后海3人被抓走，从此杳无音信；为躲避日军袭扰，村里妇女、儿童藏入祖师庙后洞内，因洞内孩童啼哭被日军发现，遂将刘小红等妇女掳走，9名妇女被强奸。

4月10日　住太原市四岔楼的张达三，因家中财产被日军抢劫，追赶索要，未成，回到家中气死。

4月11日　驻祁县日军在祁县张名村庙会上抓捕30多名百姓带回县城，翌日在北关村供其新兵练射活靶。

4月15日　驻运城盐湖区张良据点的日军联队长藤田茂，带领20名骑兵、100多名步兵，包围上段村，挨户搜索，不论男女，见人便杀，14名抗日战士和94名群众被杀死后投入井内，井内唯一幸存者是当年32岁的妇女张葡萄。上段村当时共有103户、400多口人，当天被日军杀害94人，占全村总人口四分之一。日军在大屠杀的同时，还纵火烧毁了民房87间和全部麦秸积子烧毁。

4月25日　日机轰炸壶关县城，炸死百姓2人，炸毁民房多处。

4月28日　日军在夏县文德村杀死村民128人，烧毁房屋800多间，抢杀牲口300多头。更残忍的是日军将不少婴儿挑在刺刀上来回转动，摇"拨浪鼓"取乐。

5月17日　猗氏城的五、六百名伪军冲进北景乡焦家营村，焚烧房屋150余间，烧毁灵官庙2座和岳玉洞寺院，打死群众100多人，拉走牲口七、八十头，抢走粮食、家具、衣物不计其数。

5月20日　日军第108和第16师团246大队对襄垣县胡岩村进行"扫荡"，杀害百姓21人，奸淫妇女65人，因奸致死者6人。

同月　驻清源县城日军进攻清源县抗日民主政府，在狐狐山脚下洛池渠村（今属清徐县）打谷场杀害抗日干部及群众30多名，其中包括武根全一家5口被害。日军还烧毁房子10余间，抢走羊100多只、大牲畜15头。此后日军又7次血洗洛池渠，杀死村民70多人，烧毁房屋300多间，抢走大牲畜50多头。

同月　日、伪军500余人对麻会村（今属古交市）实施大屠杀，杀害村民张长姪、石起世、何三只、张长喜、张来所、何二丙、马小三、何二兵、李牡丹（女）等9人，放火烧毁房屋548间，抢走驴、羊、牛、猪合计1275头/（只），粮食2.5万公斤。

6月7日 驻太原日本派遣军2000余名，利用3架飞机在西阳曲县西庄村袭击根据地军民，晋绥某独立团100名官兵在反击中牺牲，23名百姓被枪杀，800余间房屋、500余石粮食被烧毁，300余头牲畜、猪羊被飞机炸死炸伤。

6月17日 100多名日军袭击绛县南樊西堡村，残杀百姓40多人，600余间房屋被烧毁。

7月3日 日军闯进襄汾县邓庄镇鄢里村，时值收麦时节，日军见麦就烧，见人就杀。村民王天喜、张九管、杨拐子、王安家、王哑子、王学礼、苏百娃等7人被日军杀害，村民苏桩娃被日军用枪射穿肚子，幸亏没有伤着要害，落下了终身残疾。日军还烧毁民房160余间，抢走牲畜10余头（只）、粮食1.5万公斤，毁坏生活用具30余件。

7月5日 日军再次侵占沁县城。6日，侵犯故县镇。该镇为沁县、襄垣、屯留、沁源四县交通要冲之地，商业繁盛，铺号林立。日军进镇后，四处抢掠，枪杀群众19人，并将宽阔的一条长街，烧成一片瓦砾。

7月7日 日军飞机11架，飞入陵川县城上空，顺东关街至南门口，连续投下数十颗炸弹，全城房屋倒塌数百间，炸死群众数十人；西关村的焦闺女和其女儿崔黑妇当时正在院里晒被子，没来得及躲避被炸死；西关村的焦家祠堂22间房屋被炸成一片废墟。

7月9日 日军沿曲沃至高平公路进入沁水王寨一带"扫荡"，在牛王角村杀害村民4人，抓走10余人；在大坪村枪杀30余人，打伤13人。

7月12日 临猗县北辛乡赵村大庙唱戏，数百日伪军包围了看戏群众，杀死两个青年和一名演员，20余人被关押进县城，后又杀害3人，剩下之人被运到东北煤窑当苦力，下落不明。当晚，村里还有50余人受伤。

7月19日 日军乘汽车由汾阳出发向孝义县兑九峪村进发，行至下吐京村西门外，遭到游击三团一营的伏击，日军死伤数名，仓皇逃回。中午，日军从汾阳、孝义县城集中兵力，二次返下吐京搜寻游击三团，指战员早已转移。日军即到下吐京、南营等村抓捕无辜群众25名，当日下午押到下吐京村西门外土塄底用机枪扫射，除一名受伤者幸存外，其余24名群众全部殉难。

同日 日军飞机7架轰炸山西河曲，炸死炸伤居民300多人，炸塌房屋200余间。

7月21日 日军侵入晋城二圣头村（今晋城钟家庄办事处二圣头社区）西北角一个谷坨里刺杀村民14人，在龙王庙里烧死18人，在庙后砍死9人，在南场麦秸堆边刺死2人、村南水洞里枪杀3人、东坡岭上杀死1男1女，在土窑里杀害1个年轻妇女和怀里的1个小孩。日军在村里住了三天，杀了45头猪、21只羊，临走时在全村放火，烧毁房屋690多间。

7月23日 日军由东向西进行大"扫荡"，经临猗县北辛乡李家坡村向左家庄村进发，村民李树康、李树泉、李乃吉、左秃秃、李红娃、左满囤等7人被杀害。

同日 日军在晋城城南关（今城区南街办事处）杀死男女村民40余人，奸污妇女30余人，有抗拒者辄遭枪杀。

7月26日 日军"扫荡"辽县（今左权县）苏家坡、赵家村一带村庄，在山梁上架起大炮向周围村庄滥炸。仅红土恼就炸死8人，除巨五马、巨宾喜2人尸体完整外，其余6人被炸得肢体残缺，骨肉分离。

7月29日 日军从稷山县东蒲村向底史村"包剿"，将底史村村民黄仁儿、黄官保、黄乱元、黄士文等8人杀害。

夏 太原宪兵队在城内搜捕共产党人和进步人士，晋华卷烟厂工人王钊、刘德贵、刘福星、赵富孩、马天明、冯二娃、张明柱、赵双喜、王三锁、史存顺、吴尚义、周金生、李全等13人惨遭杀害。此后，因叛徒告密，太原宪兵队又将地下党员田恒、国三红、王云亭、金茂青、董春义等数十人扣捕，田恒、董春义、国三红等人遭杀害。

8月3日 日军一部到沁县南王村抢掠，遭新军保安二支队截击后，于当天下午折返南王村，杀死村民23人，烧毁房屋280余间，捣毁窑洞30余孔，抢粮2000余公斤。

8月21日 2000余名日伪军包围了大同县大王村，进行烧杀抢掠。日伪军在大王村的8天里，共残杀村民124人（其中妇女12人），烧毁房屋160余间。

8月26日 日军在长子县西旺编村的上霍、西旺、东常等自然村进行"扫荡"，将西旺编村的村长和游击小组的20余人，用麻绳捆绑，带到崇仁编村所属的王家庄、郭家庄一带，当作靶子活活捅死，把尸体放在谷草上焚烧。同日，日军又杀害西旺编村的村民和抗日干部及其家属22人，奸污妇女16人，焚烧房屋230余间。

同日 日军在长子县张店乡西范村，将抓住的10名群众扔进谷场下的水池后，拿石头投击，群众无一生还。随后，日军又沿路抓了30多人，均遭残酷杀害，还烧毁房屋 30 余间，杀死大小牲畜 100 多头，抢走粮食 100 余石，所到之处，财物洗劫一空。

9 月 4 日 日军 100 余人突然包围了黎城县中街村，将来不及跑脱的群众，威逼到一块打麦场后，残暴地用机枪向人群扫射，当场打死 20 多人，伤 8 人。集体屠杀后，日军又挨家挨户烧抢，在王书田家，日军发现了藏在屋里的王书田和王土顺父子 3 人，日军先点燃房子，又用刺刀把 3 人刺倒，然后将疼痛挣扎的 3 人挑进正在着火的房子里，再活活烧死。日军在煎饼鏊村用机枪扫射，打死杨计等 8 人，在望北沟村杀害小学教师路先生。一天之中，日军共杀害男女老幼 36 人。

9 月 6 日 日军在黎城县仵桥村杀死 4 人，在长凝村（今长宁村）将 13 个妇女轮奸后，用刺刀全部刺死。

9 月 12 日 日军将屯留县北岗村周文宪、李小平、张三、老葛等 4 人用刺刀杀害于村关帝庙两侧的高台上。

9 月 13 日 日军与国民党军激战后，攻占闻喜县裴社村，将 19 名村民排成一行，全部用机枪射死。贾兆增一家 4 口和马日荣一家 7 口全部被杀。总计全村被杀 58 人，烧房 500 余间，牲畜、粮食、家具毁坏一空。同日，日军侵入小王村，烧毁房屋 57 间，杀死村民 17 人。

9 月 17 日 日军宪兵队纠集伪军 100 人包围定襄县炭窑沟村，杀死村民 54 人，烧毁房子 77 间。粮食、财物、牲畜几乎被洗劫一空。

9 月 18 日 日军对临猗县楚侯乡赵家卓村进行了一次野蛮的焚烧报复。四条六巷被日军烧了三条，500 多间房子被烧毁 240 多间，谷子、玉米烧得精光，家具、衣物烧毁不计其数，全村 537 口人，约半数以上无家可归。

9 月 26 日 侵占安泽县府城日军受到中国军队的围攻，死伤惨重，撤退时将该地 318 间房屋全部纵火烧毁，并焚毁粮食 40000 多石。

10 月 8 日 盘踞长治的日军牛岛师团派出约一营的兵力，窜犯长子县慈林山、轿顶山、义合村等地，杀害男女群众 12 人，烧毁房屋 130 余间，抢走粮食 3 万余斤，赶走驴、牛 19 头。

10 月 16 日 日军"清剿"壶关县东崇贤村，抓住 48 名群众审问抗日干部的去向，群众不语，日军当场用刺刀挑死 37 人。

同月 日军在清徐太平庄屠杀村民 26 人，烧毁民房 200 多间。

同月 日军在榆社县桃阳杀死村民 34 人，抢走耕牛 5 头、羊 300 余只。

同月 日军突袭祁县峪口乡上庄村，抓住给八路军送物资的李勇福、刘金星、刘生连、冯敬玉等4人，用刺刀捅死在榆树庄石灰窑。

同月 16名区抗日干部在五台县湾子乡楼子坪梁四家开会，被汉奸刘金治、二板头告密，日军包围了会场，8名干部惨遭杀害。

秋 日军"扫荡"五寨县管家湾村，杀害村民2人，抢走167只羊、2头牛、1头驴，烧毁15间房屋。

秋 日军在阳城县寨庄村杀害王科、小科、孔喜等4人。

秋 日军5名骑兵到长治中山头村进行抢劫，遭到游击队员的阻击后，又纠集百余名日军到中山头报复，杀死群众32人，其中：中山头村7人，南天桥村5人，南石槽村8人，焦家庄和其他村来逃难的群众12人。日军还打伤数人，抢走很多财物。

秋 日军一个汽车运输队到长治县郝家庄乡安城村抢粮，遭遇游击队伏击后。为了报复，日军又纠集兵力攻入安城村，杀死、烧死20多个村民，烧毁房屋50余间。

秋 太原日军宪兵队以扣捕国民党军统人员为由，疯狂捕杀群众达数百人之多。其中伪法院一次判处死刑枪决者达25人，并在太原小东门外刑场用刺刀全部捅死。

11月1日 驻沁县大桥沟日军黑风中队150多人，黎明时包围了沁县五区新柱村，杀死民众45人，烧毁楼房158余间，抢劫大牲畜52多头及粮食财物等。

11月12日 日军在蒲县薛关镇古驿屠杀百姓10人，打伤20多人，烧毁民房25间、家具门窗等木器物品580多件、粮食1万公斤，抢走牲畜5头、猪2头、鸡50多只。

11月16日 日本军飞机36架次，轰炸河曲城关，炸死40余人，炸塌3000余间房屋。

同月 日军在大宁县太仙、连村、下则头、东南堡、北庄等村屠杀百姓30多人，烧毁民房200多处，抢粮5万公斤、棉花1万多公斤，抢走和宰杀耕畜100多头。

12月2日 日军于上午10时突袭绛县增村，把村民赶到南门口的土地庙前，用机关扫死42人，烧房200多房。

12月3日 日军在夏县南大里小王村驻扎，当日残杀村民49人。此后的驻扎期间，另有56人被杀害，烧毁民房200余间，拆掉民房500余间，拆烧四座大庙150余间，抢走、宰杀牲畜310余头，抢烧粮食225000斤。

12 月 7 日　驻壶关县城日军第二次清剿壶关县常家池村，在常家池、徐家后、西川等地屠杀群众 32 人，烧民房 421 间，抢走粮食 100 余石，抢劫物什 8500 余件。

12 月 19 日　日军突然包围沁县等贤乡邓庄的神庙，躲藏在庙中的 48 名群众，尽遭残杀。

12 月 28 日　日军袭击汾阳县的龙湾村，纵火烧死村民 27 人，其中孩童和妇女 14 人。

同月　日伪山西省公署下令在日军占领区普遍种植罂粟，太原、阳曲、徐沟、清源等县开始大种罂粟。在日军威逼利诱下，阳曲县 1942 年罂粟种植面积 2810 亩，晋源县罂粟种植面积由 1942 年的 372 亩扩大到 1945 年的 9065.93 亩，清源县罂粟种植面积由 1942 年的 698 亩扩大到 1945 年的 8000 亩。许多民众染上毒瘾后，倾家荡产、卖妻鬻女，以至沦为乞丐葬身沟壑。小店村吸毒者 500 多人，其中因吸毒卖妻儿者 77 人，冻、饿致死者 10 多人；宋环村吸毒者 67 人，由此而妻离子散者 37 人，卖房卖地者 38 人，冻、饿致死者 15 人；阳曲县泥屯村有六七百口人，约百分之二三十死于"大烟"或"料面"；晋源县姚村卖吸食料面者 300 多人，造成 95 家妻离子散，96 人讨吃要饭，107 人冻死、饿死。

1940 年

1 月 2 日　新军 213 旅急行军到襄陵上西梁一带，晚 10 时左右遭到日军伏击，213 旅所属 58 团伤亡近百人。

1 月 9 日　日军驻昔阳县宪兵队伍长清水利一调集日军、汉奸 200 余人包围昔阳县赵壁村，在该村住三天两夜，共刺死或砍死村民 35 人，杀死大牲畜 5 头、鸡 100 多只。

1 月 10 日　介休、灵石、沁源、平遥等县日军，三路围攻绵山，因找不到八路军，将搜获的 5 架油印机、500 多套棉军衣军裤、1000 多条棉被、3 箱手榴弹、若干三八式步枪、若干小麦、若干戏装和呢绸缎料以及和尚的栅帐和罩文等堆放在抢腹崖云峰寺大殿内，连同寺庙一并烧毁。恶火冲天，蔓延一月之久，大雄宝殿、千佛殿、子孙殿、介云祠、老君堂、伽兰殿、客堂、斋堂、神堂等 10 余处精美的古代建筑，以及泥佛神像、匾额、楹联、绘画、墨迹等皆化为灰烬。寺内一口铜钟，也被烧化。日军下山途中，还烧了山神庙、土地祠、光崖寺等庙宇。此前，日军已将山上龙头寺、介神大庙、姑姑庙烧毁。从此，绵山千年古迹荡然无存。山上 2000 多年的古柏，几乎全被烧毁。日军沿途还屠杀百姓及僧人数十人。

1 月 24 日　日军调集临汾等七八个县的兵力近千人，进攻新绛县石门峪阎军驻地，因攻不破，就对旁边几个村进行报复。日军将北范庄村 1500 多间房子烧的只剩下 6 间，南范庄 1300 多间房子烧的只剩下五六十间，杀害村民 4 人。在吴岭庄，日军连炸带拆共毁掉房子 1000 多间，还杀害南范村和吴岭庄村村民 6 人。

2 月 5 日　日军独立第四混成旅团一部奔袭仅有 15 户人家的襄垣陈家庄，抓捕了全村群众，杀死村民 10 人，其中有共产党员陈银一家，刺伤群众 15 人，杀光全村牲畜，烧毁全村房屋，烧毁粮食 40 余石。

2 月 7 日　日机 7 架飞抵河曲县城，炸死百余人。

2 月 8 日　日军入侵稷山县杨家庄村，杀死杨高升的父亲、冯水法的父亲、杨仁狮的父亲 3 人，强奸村里妇女 5 人。抢走文丁四家 5000 多斤粮食、7 头骡马，烧毁房屋两间、棉花 50 斤。

2 月 13 日　左权城内日伪军百余名奔袭 385 旅老二团驻地温城村，杀死村民 15 人，烧毁房屋 40 余间，抢走牲口 7 头。

2 月 24 日　占据灵丘城日军 200 人，乘夜包围招柏村，入村后逐户搜查，把未及逃跑的人，驱赶到村南麻汪坑杀害 21 人，抓走蔺清坦等 7 人，抢走大牲畜 100 多头。

下旬　日军调集 3000 余人，从北、东、南三面分六路，在空军配合下，向晋西北发动春季"扫荡"，先后占领了临县、方山、岚县等地。

同月　盘踞沁源县城的三百多日军，秘密从青龙沟出发，袭击沁源县松交村，用极其残忍的手段杀死村民 10 多人，抓走 3 人。

同月　襄汾县锄奸队员杨天成在南贾一带活动，不幸被驻守汾河东岸高显镇的日军发现，日军将其抓捕，带至高显严刑审讯，杨宁死不屈，壮烈牺牲。

同月　日军在孝义县五区后务城村（今属交口县）屠杀抗日干部、村民共 32 人。

同月　日军烧毁榆社县西马村民房 20 余间，砸坏村民的全部家具，将村民粮食全部烧毁，并烧死常宝三（75 岁）、常宝通（72 岁）兄弟二人。

3 月 5 日　晋绥边妇救会秘书兼左右凉县妇救会秘书李桂芳、右山怀中县妇救会秘书何秀兰（又名何如）、云龙英、邢培兰（怀仁县第一位女共产党员）、张华、穆秀花（又名穆森）、曹柯、薛翠莲等地、县、区妇女干部 13 人，在右山怀县张崖沟村（现归平鲁区）召开全区妇女工作和首次纪念"三八"妇女节会议。此时，日军向红涛山抗日根据地进行第八次大"扫荡"。她们闻讯后，同在该村养伤的步二营教导员田祥瑞等5名伤员一起隐蔽在一座古煤窑，日军发现将其包围，向煤窑内投放毒瓦斯，除曹柯、薛翠莲侥幸脱险外，其余的全部遇难。后人把这次事件称为张崖沟惨案。

3月10日　日军集结兵力对万荣县南文村疯狂扫荡，烧毁房屋125间，土窑17孔，宰杀或拉走牲口13头，残害13人。

3月12日　驻孝义上栅据点日军夜间闯入必独村，抓获抗日干部11人，除2名保释，2名逃脱外，其余7人遇难。

中旬　静乐县娘子神据点的日军包围了东川铺上村，用铡刀铡死11名抗日干部及群众。

3月24日　日、伪军入侵夏县瑶峰镇大庙村，杀害村中未及时逃跑的老弱妇孺26人，其中，14人被烧死在窑洞内。

3月25日　日军飞机2架在乡宁县城上空投弹50余枚，炸死在阎家巷井坪防空洞躲藏的郑俊杰等14人，高子英、杨炳泰等4人受重伤。

3月27日　凌晨4时日军进犯冀家庄，进村后挨门逐户抓人，抓走村民冀销柱、冀福柱、冀来官、冀许来、冀守连、李立胜、李根喜、李干巴等8人，带到灵石县全部杀害，临走时还放火烧了圪堆头（地名）庙宇。

同月　祁县修善村45岁的农民梁杰去县城，走到北谷丰村被日军当活靶打死。

同月　日军炮击汾城镇（今属襄汾县）西中黄峰坡庙，炸死炸伤赶集的村民10人。

同月　日军在太原抓54名妇女运往绥西五原县做慰安妇，当中国军队发现后与日军展开争夺战，日军为杀人灭口，在撤退前把这些中国妇女统统推进水井，然后用炸药把井炸塌。

春　盘踞平遥的日军抓捕益晋工人30余人、小学教员40余人，以及其他各界人士40多人，共约120余人，宪兵队用钉棒抽打、冷水大瓮中浸泡、开水烫、火柱烙、压杠子、灌辣椒水、焚烧阴部等残酷手段，杀害45人。其余60多人，一部分被判刑坐牢，一部分先被狼狗乱咬后被枪杀。

4月14日　驻辽县寒王、其子两据点的日、伪军100多人，黎明时包围了和顺县牛家沟村，将中共和（顺）西县武装干部杨慎修、区干部刘联江、公安侦察员牛小银、区助理员郝怀福、赵拴成及村民刘根昌、刘金保、刘爱保、孙义昌、崔四儿、郝占魁、刘春保的母亲刘小妮及媳妇刘烂妮、刘彦荣一家，共计15人残杀。同时，打伤9人，烧毁房屋150间，烧毁粮食50余石，抢走牛18头、驴2头，抢走衣物布匹不计其数。

4月15日 日军在壶关县刘寨村屠杀百姓13人，烧毁民房数间，抢走牲畜30多头、羊300多只、粮食衣物不计其数。

4月17日 日军在平陆县大"扫荡"，全县被杀害干部群众近1000人，被烧民房2000多间，损失粮食3万多石、牲口2000多头。其中张店南洼村，全村共80多口人，在"扫荡"中，全村男女老少，全部被日军用机枪射杀，无一幸免。

4月19日 日军在稷山北山一带扫荡，向范家庄村打冷炮。李喜娃的妻子和孩子被炸的粉碎，喜娃的母亲受惊过度，一病不起，三天后离开人世。同村李小河被打死在村东大涧里。

4月26日 日军在灵丘县南山屠杀百姓66人，轮奸致死妇女32人，烧毁民房5968间，抢走牲畜48头，抢粮食8石，抢鸡200多只，其余财物损失达75000多元。

4月27日 中共介休县委在下曹麻村共产党员李只双家召开会议。由于叛徒告密，日伪介休警察所警长及警士10余人包围了李只双家，将抗日女交通员李只双、抗日干部温清仁、赵德华等7人抓捕，并于5月5日，将7位同志杀害于县城南门外，还张贴告示，不准家属收尸，任凭狼狗吞噬。

4月30日 驻沁县侯家庄村的决死二纵队38团3营突然被日军包围，战斗中，有81名官兵牺牲、61名战士被俘、3名村干部遇难。

同月 驻扎在沾尚的日军警备队，在武家庄抓捕45名青壮年准备送到沾尚镇充当劳工，村民奋起反抗，李聚科、李数小、高计科被当场打死，其余42人被押走，送进沾尚留置场。经过40余天的折磨，28人死亡，幸存者也被折磨得不成样子。这次事件总共致死西寨武家庄青壮年31人。

同月 入侵祁县的日本宪兵队，抓捕了益晋织布厂的王成、王连元、任锡义、高鹤全、金克儿、严海成、王宪章、罗钟根等8人，以通八路为由，用刺刀捅死在祁县北门外圪洞地里。

同月 由于叛徒告密，驻利民堡日、伪军出动300余兵力，突然窜入朔县抗日民主政府驻地上木角村，偷袭县政府，哨兵鸣枪示警，县政府工作人员迅速安全转移。日军进村后大肆烧杀、抢掠，20多间民房被烧毁，7名村民被杀害，并抢走村民一批粮食、物资和2000多块银元。

5月1日　日军在昔阳城以"清政"为名，对县城各机关、学校进行搜捕。日特务头子清水利一下令，先后屠杀活埋村民300余人。

5月13日　日军在长子县西北呈村抓抢妇女10多人带到村外荒郊，把她们的衣服扒光，排成一行，任其调戏，奸污后全部残杀。

5月22日　占据阳城的日军赤田部队，以开会为名，把到乡下栗沟、通义、李河、白桑、凤凰山、清林、高楼张庄等村避难的居民220多人抓回城内，陆续屠杀，将尸体填入一个个厕所内。阳城东门外20多个厕所填满尸体，城周成了"无人区"。

5月29日　占据五台的日、伪军，由水野中队长带领，分两路包围耿镇照吞口，杀害村民34人，烧毁房屋500余间。

6月4日　驻微子镇的日军包围了潞城县土脚村（潞东县抗日民主政府、二区区公所驻地），枪杀决死三纵队六支队战士30多人和无辜村民3人，并有多人被俘。

6月27日　驻扎在平鲁城敌据点日军20余人、伪警察30余人用重机枪封锁平鲁县大合堡村大庙坡戏院，对前来赶庙会看戏的群众和商贩进行抢劫、屠杀，制造了"大庙坡"惨案，共杀害杨二、杨四、杨生贵等村民19人，打死大牲畜5头，抢走物品无数，白洋、钱钞几千元。

6月29日　驻辽县县城的日本宪兵队包围辽县城外的基督教"友爱会"医院和育贤学校，抓捕了育贤学校副校长李文焕和教务长王桂荣。7月18日，日本宪兵队再次包围"友爱会"医院和育贤学校，将医院大夫王玉岗及在医院工作的刘福荣、刘福祥、潘美馨（女）、张淑德（女）、张淑梅（女）、宋淑德（女）、陈鱼（女）、高荣华（女）、刘世荣、赵廷喜、刘喜鸾、李新州，还有在通县潞河中学读书返乡度假的刘金兰（女）、刘崇荣姐弟和王保罗，在贫儿院工作的王桂林以及教员曹代籽（女），学生张改先、赵改先等20人抓捕。同年9月19日，李文焕、王桂荣、李桂林、王桂林、王保罗、刘金兰、刘崇荣7人被日军押至南文昌庙枪杀；王玉岗、刘福荣、刘福祥、潘美馨、宋淑德、陈鱼6人被押至城西根处活埋。之后，日军抢占了"友爱会"医院和育贤学校以及城内的育贤学校培贞女部，把医院和学校的照明设备、供水设备、医疗器件、大批药品、办公用品等用100余辆汽车全部运走。1945年日本战败逃离之际，将以上三处建筑、存粮、财物付之一炬。

同月　日军出动飞机轰炸郭家庄村（今属娄烦县），炸死村民郭炮祥、炸伤郭红则、马闹年，炸塌村民房屋多处。1941年春天，日军再次"扫荡"郭家庄村，杀害村民 4 人。其中将郭三月喜直接枪杀，用菜刀将郭文道残忍砍死，将郭忠道抓到交城、郭永合抓到细米沟（今属娄烦县）杀害。秋，日军第三次进入郭家庄疯狂烧杀，放火烧死郭不喜、郭兰青和郭丑则不满周岁的女儿，将郭辛卯成撵下悬崖摔死，郭海明被日军用刺刀刺死。11 月 19 日，日军第四次对郭家庄进行"扫荡"持续了 3 天，将牲畜杀光、赶走、房屋基本烧光。冬，从岚县来的日伪军 2000 多人路过郭家庄村，包围了村对面山梁上的八路军 120 师 3 支队，将 40 多位被俘八路军战士押回村西沟里全部用刺刀捅死。据统计，抗日战争时期，日军共烧毁该村房屋 973 间（孔），烧死、杀死和抢走禽畜 2396 头，毁损粮食 15.7 万公斤。

夏 驻平定县河食、荫营两个据点的日军 500 多人"扫荡"食足、白瑶、马上固、理家庄 4 个村庄，屠杀 90 多人，抢走牛驴 200 多头。

7 月 1 日 驻沁水县日军第 41 师团有岗部 5 名日军在汉奸指引下，窜到西山村，该村仅有一户人家，但拥有一座 40 多间房子的大院。此时，该院内住有来自西关、廉坡、杨山等村的 80 多个逃难百姓。日军将该院用机枪封锁后，3 名日军在众目睽睽之下奸污了数名年轻妇女，又将这 80 多人赶回房内。投放两颗毒气弹，毒气冲入屋内，百姓跑出屋后即被捅死。未敢出屋者，皆被熏死。

7 月 3 日 五寨三岔据点日伪军在长垣大队长的带领下包围孙家梁村，把老少集中到村坪上，杀害群众 48 人，伤残 16 人，烧毁窑洞 27 孔，抢走牲畜 17 头、羊 210 只，将衣服等财物洗劫一空。

7 月 19 日 副相乐圭二带领日军独立混成旅团第十大队队"扫荡"保德行宫堰村，屠杀军民 42 人，抢走耕牛 14 头、毛驴 11 头、羊 50 只、猪 16 头、衣物 1150 件。烧毁房屋 138 间、粮食 409 石。

7 月 24 日至 27 日 日军在壶关县北阳护村屠杀村民 28 人、伤 5 人，抓走 22 人，烧毁民房 26 间，抢走粮食 1100 公斤、被褥 880 多件、农具 233 件、其他物品 614 件、牲畜 58 头、羊 312 只、猪 32 头、鸡 817 只。

7 月 29 日 日军 7000 多人"扫荡"沁源县，返回途经沁县唐庄村时，大肆烧杀抢掠，杀死村民 16 人；烧窑洞 73 孔、房屋 600 余间、粮食 1000 余石，抢夺牲畜 400 余头、鸡 500 余只。

同月 日军抓捕广灵县三区区长刘文徽，然后杀害。16 日，杀害房庄村民 18 人，杀害下恩庄 6 人，其中恩来爱一家被杀死 3 人，其儿媳是先被日军奸污后杀死的；又将恩来爱父子抓到邵家庄用刺刀刺死，抛下沟内，魏老古被日军用刺刀从嘴里刺死。此外日军还把下恩庄的房屋、已经收割的豆子、胡麻、莜麦等夏粮全部烧掉。在口前烧死赵老亮，烧毁大量房屋，抢走耕畜一批。8月17日，南地日军将清乡队姜孝成及其所部20余人解除武装，是年冬天全部处死。8月30日，日军士兵轮奸上恩庄12岁幼女1人，然后杀死；将40头牛全部抢走，把牛倌抓回邵家庄据点杀害。

同月　日军从永济大保全村抓获村民8人，以抗日游击队的罪名把他们绑到树上，让新兵练习刺杀技术，后将尸体投入井内。

同月　日军在五寨县城大量收购老鼠，制造鼠疫病毒蔓延到杨可庄村里，致使全村不到3个月内死亡村民32人。

8月8日　盘踞盂县牛庄的日军纠集县城的日军，联合侵袭盂县白家庄，纵火熏死妇女儿童12人，残杀村民5人，焚毁房屋200多间。

8月17日　日军侵入万荣县南埝村，抢走骡子9匹，烧毁房屋194间。村民徐万营、徐黑子、徐映方、徐小朱、徐朱娃、徐成娃、徐存在、徐进相、徐开子被日军杀害。

8月20日　寿阳日军入侵该县王村，到处烧杀，杀害村民143人，绝19户，烧毁房屋、窑洞249间（眼），抢走牲畜35头和大量财物。

同日　日伪军包围昔阳县北井沟村，抓捕村民10人，有4人逃脱，其余6人与早先抓捕的村维持会会长共7人遇害。他们的姓名分别为：任三元、赵福祥、赵拴良、赵巨恒、梁小巴、梁孟兰、梁害和。

同日　驻和顺县城日伪军把该县平松村去东池驮煤的村民13人抓进县城，扣留了牲口，进行毒打，以通"匪"罪名在城南河滩用刺刀捅死。

同月　盘踞盂县东关头据点日军，杀害村民16人。

同月　盘踞五台之日军400多人"扫荡"麻岩山地区的天堂、桃卜沟、娑婆寺、南岸沟、大夭等抗日根据地，在娑婆寺将没有逃脱的30多名村民乱刀捅死后，点火焚尸；窜到桃卜沟村将30多名村民一齐赶到本村的薛保家院内，用刺刀乱刺，开心取乐，其余村民皆被杀害后焚骨烧尸；在南岸沟更是兽性大发，七八个日军将朱连生的妻子关在一间屋里，将衣服脱光，耍笑取乐后捅死扔进枯井；大夭村全村除外出的单身汉张海及上山放羊的羊倌外，其余30名村民都被杀害，就连走亲戚的4个外村人也未能幸免。街坊院落，横尸遍地，所有房屋被烧的残垣断壁，一片焦土。这次"扫荡"共杀死80多人，烧毁各村民房三分之二。

同月　祁太游击队、同蒲支队以太谷南山为基地，开辟交通线，专门从事地下交通和武装护送活动，到1942年冬，安全护送3500多人次，在护送过程中，史存祯、张同生等十几人牺牲。

同月 驻祁县来远日军突袭来远镇集林坪、神岭等小山村，无故枪杀渠春林、刘史花（女）等村民 10 人。

9 月 4 日 日军制造寿阳县郭家庄惨案。日军把围捕的 80 名村民，圈入窑洞内，用石块堵死洞口，然后从窗口投入手榴弹，并用机枪扫射，有 76 人被残杀，被尸体压在下面的 4 人活命。10 月 21 日，日军又枪杀郭家庄青壮年村民 12 人。

同日 从芦家庄、沾尚两路出发的日伪军兵分两路包围寿阳县范瑶村，把群众逼至村外河旁的石渠内，然后在山梁上架起机枪，开始灭绝人性的大屠杀，105 人被杀害，23 头大牲畜被抢走，28 间（眼）房屋、窑洞被烧毁，160 个大瓮被砸碎，1 座戏台和 1 座庙院被烧毁。

同日 日军入侵寿阳县宣瑶村，将群众驱赶到村民任满元门前的场地上，用机枪扫射，被杀、被烧死的群众形态各异，血迹溅到石墙上至今仍清晰可见。这起惨案有 45 人被杀，40 间（眼）房屋、窑洞被烧毁，4 头大牲畜、258 只家畜、3000 余斤粮食和若干农具、家具及生活用品被抢走或烧毁。

同日 日军进入寿阳县落摩寺的郭王庄村，由维持会长挨门逐户通知村民到村中戏台对面的石窑洞内开会。日军架起机枪和小钢炮扫射、用刺刀刺杀，88 人被杀，3 人被致残，33 间（眼）房屋、窑洞和 3 座古庙被烧毁，10 头大牲畜、若干农具、家具和生活用品被抢走或烧毁。

同日 日军 300 余人路经左权小岭底村时，将村子包围，用机枪封锁路口，派兵四出抓人，打死村民 24 人。

上旬 长治、长子日军 1000 多人，在长子县张家庄、李家庄、关家庄、贾家庄和王家庄 5 个山村，杀害村民 28 人，烧毁房屋 2000 余间，抢走粮食、牲畜不计其数。同时，在长子县南沟村外一座土窑洞内，将躲藏的 16 人枪杀，其中连狗旦一家 7 口被杀。日军进入南沟村后，又放狼狗将赵招才、赵黄孩、赵柱孩和赵四保等 4 人咬死。

9 月 12 日 "扫荡"和西的日军窜到和顺翟家庄村北的亮儿沟山庄上，将29 岁的妇女任桃英和韩四小的母亲乱刀刺死，又开枪打死程玉科的母亲，开肠破肚杀死程狗妮的曾祖母，后将全庄的妇幼关入三眼土窑洞内，塞满柴火点燃，烧死 19 口，尸体无法辨认，惨状目不忍睹。其中程家老小四代全部被烧死。

同日 日军数百人夜袭太谷县仅有 60 余户人家的温家庄，打死了因行动不便没来得及逃走的 8 位老人，烧毁房屋 280 间，抢走牛 40 余头、驴 20 头、羊

300 多只。

9 月 13 日 日军 800 余人血洗平定县马家庄，一天一夜，屠杀村民 334 人，其中小南庄 48 人，大南庄 49 人。马家庄仅有 76 户，就被杀 237 人，占全村人口一半以上。日军还烧毁民房 248 间，抢走驴骡 127 头、牛 237 头、羊 532 只，其他财物被洗劫一空。

9 月 14 日 日军在太谷县范家庄抢掠村民中秋节月饼和酒肉，烧毁民房 100 余间，打伤 1 人，杀害 9 名襄垣、和顺的群众，烧毁门窗，宰杀猪羊无数。据不完全统计，受灾村庄占根据地村庄的二分之一左右，各项损失达 264200 元，受灾户平均损失 1391 元。

同日 日军 1000 人到太行根据地扫荡，返回时在榆次县沟口村烧杀抢掠 3 天，杀害村民 11 人，烧毁房屋 300 间，杀死和拉走牲口 8 头、猪 15 头、鸡 561 只，烧毁和抢走粮食 500 石，损毁被褥 210 多件、衣服 520 件、盐 512 斤、醋 1500 余斤，毁坏檩橼箱柜 300 余件、锅瓮 415 件、席只 523 领、农具（锹、镢）和扇车 592 件、簸箩和簸箕 703 件、割走庄稼 70 余亩。沟口村猪羊鸡犬全部杀尽，家具农具烧光，房屋全部化为灰烬，全村 36 户人家只有一眼破窑洞未被烧毁。

同日 日军侵入寿阳县贾豹村搜查，27 名村民被杀，4 人被伤至今留有残疾；7 间（眼）房屋、窑洞被日军烧毁，若干家具、农具等生活用品被日军抢走或者烧毁。

9 月 18 日 日军出动大批兵力报复原平县刘庄，杀害无辜居民 204 人，烧毁房屋 300 间。

9 月 19 日 日军百余人冲进寿阳县羊头崖村，实行法西斯"三光政策"，挨门逐户砸门放枪，抓人抢劫，驱赶全村男女老幼到村南千佛寺"开会"，用机枪和小钢炮扫射后，又用汽油焚烧。本村村民和过路行人共 162 人被残杀，187 间（眼）房屋、窑洞被烧毁，若干家具、农具及物资被抢走或烧毁。

9 月 20 日 寿阳县冀家垴日军出击草庄村，杀死群众 10 余人。

中旬 驻井陉、娘子关、阳泉、寿阳、杨兴（今属阳曲）、定襄、盂县等地日军 5000 余人分七路对盂县施行报复"扫荡"。日军一路烧杀，到 24 日共杀害村民 205 人。

中旬 日军采用"囚笼政策"和"梳篦战术"对太行区榆次抗日根据地进行围剿扫荡，老百姓全部躲进了山沟里，八缚岭山下庆城村一带的村庄全部变成了"无人区"。

9 月 21 日　日酋龟武少将指挥 2000 名日军对盂县长池以北的抗日根据地进行"大扫荡"，入侵 20 多个村庄，惨杀村民达 200 多人，烧毁房屋 3500 余间。

同日　日军中队长吉岗率日伪军 200 余人兵分两路包围了寿阳县王村，挨门逐户杀人烧房、奸淫掳掠。村民杨二禄被开枪打死，19 岁的怀孕姑娘张润梅被日军在一棵老槐树下轮奸，又将其阴道至腹部挑破，肠子流出，婴儿被挑起摔死。整个王村尸体横陈，血流遍地，全村 34 户 340 人，被杀 134 人，19 户被杀绝，257 间（眼）房屋、窑洞被烧毁，46 头大牲畜及其他财物被抢夺或烧毁。

9 月 22 日　日军入侵盂县活川口，枪杀村民 106 人，占全村人口的四分之一，烧毁全村 400 多间房屋。

9 月 25 日　占驻灵丘四区之日军到浑源上北泉侵扰，杀害村民 30 余人。

9 月 27 日　日军一个中队分两路包围长治县辛庄村，刺死宋喜成、杨黑则、鲍和喜等 3 人，放火烧毁房屋 1000 余间，致使全村 200 多户 900 多人无家可归。

9 月 29 日　日酋山岛带领日军 20 多人、伪军 30 多人包围了浑源下观音堂村，用机枪扫死村民 23 人，放火烧房 40 余间，烧死耕牛一头、粮食 100 石。

秋　盘踞方山县开府据点日军入侵京家岔（今属娄烦县），枪杀村民蔡富丑及两个小儿子，打死老人赵香元等 4 人，烧掉房屋、家具及庄稼无数。

秋　日军"扫荡"沁源县琴峪村，烧毁村里百分之九十五的房屋、粮食、衣物、灶具，牛羊抢走大半，杀死决死队伤员 1 名和村民曹来金、曹三则、龙金则、张三则、邓爱则等 6 人。

10 月 5 日　日军 300 余人由榆社返辽县路经小岭底村时将该村包围，敌人一面用机枪封锁路口，一面四处抓捕群众，有 6 人在逃跑中被枪杀，未及逃走的禹有常夫妇、张照林父子 3 人、赵三孩一家 7 口共计 29 人，被日军杀害，3 人被打伤，700 多间房屋被烧毁，70 多头牲畜、羊 400 余只被抢走，村民的财产被洗劫一空。

10 月 9 日　日军扫荡沁源后，返回途中路经沁县南仁村，闻民兵报警枪声，遂入村烧杀，杀害村民 48 人，其中有 3 名孕妇，烧毁房屋 400 多间。

同日　驻守太谷日军"扫荡"榆社辉教、山头等村后，又扑向峡口村，残杀八路军战士 12 人，村民 20 多人，制造了峡口惨案。

10 月 10 日　太行第二军分区主力 28 团一部，正在昔阳柳林背村驻防。昔阳日军获汉奸告密，立即调动宪兵队、警备队、警察所全力以赴，向柳林背村奔袭，妄图一举歼灭。我军奋力阻击突围，日军徒劳一空。战斗结束后，日寇气急败坏，返回柳林背村进行扫荡，抓捕干部群众 56 人，全部赶到村西的檀木沟里，不问青红皂白，统统以"窝藏八路军"为罪名，先用刺刀乱刺，手无寸铁的干部群众与日寇进行了勇敢的搏斗，但终因寡不敌众，56人倒在血泊之中。最后日军将死者全部堆到一起用烈火焚烧。56人中除田祥妮（女）30岁、史三小（男）53岁、史存元（男）10岁、魏完妮（女）8岁、史四孩（男）6岁幸免于难外，其余51人全遭残害。日伪军临走时还放火烧毁房屋80余间，30眼窑洞门窗，打死和赶走牲口70余头，抢走大量财产。

10月12日 日军"扫荡"黎城县郎庄村，将抓到的一群未及时逃走的老人、妇女和儿童，集中到村关帝庙院内，从一村妇手中夺过一名婴儿，用刺刀挑起在火堆上活活烧死。郎庄村村长栗树会，为掩护群众挺身而出，被日军绑在树上，先砍去一条腿，又割掉耳朵，挖去眼睛，最后用刀砍死。随后，日军把妇女、小孩关在正殿，男人们关在东、西厢房，点起三堆大火，在大门口架起三挺机枪，除少数人逃脱外，大多数群众遇难，最后又将全村的房屋烧毁。

10月13日 日军在飞机掩护下，侵犯襄垣县南姚村，入村后就放起火来，共烧毁房屋210余间、窑350余孔、粮食520多石，宰杀牲口30多头。

10月15日起 祁县日本宪兵队把40多名小学教员、20多名益晋公司的工人以及20多个日伪警备队队员抓起来，押送到平遥日本宪兵队，杀害了其中9人，其余的人作为政治犯押送到太原日军军法处，于1941年6月分别判刑。这一事件，日本宪兵队共抓120余人，其中残杀近100人。

同日 日军在阳曲县屠杀居民十数人，打伤居民23人，捕捉平民3人。

10月21日凌晨 驻和顺、辽县日、伪军三四百人，包围榆树湾村，用大炮轰炸村庄，杀死、烧死军民70多人，烧毁房屋200余间，抢走牛、驴70多头。

同日 占驻浑源青磁窑据点日伪军窜犯浑源桥沟，抢掠财物，放火烧房，杀死村民12人，重伤5人。在乱窝铺，敌人假充雁北支队，欺骗抗日游击队和群众，放火烧毁全村房屋，将全村牛羊、粮食洗劫一空。

10月24日 日军对太岳区根据地进行毁灭性大"扫荡"时，在沁县庶纪村残杀村民10多人，烧毁房屋900余间，农具、牲畜、粮食全部被掠夺和破坏，全村只剩下3间破草房和几孔破窑洞。

10月25日 日军第三次"扫荡"黎城县，铁蹄所至，实行残酷的烧光、杀光、抢光"三光政策"，全县三分之一的房屋被烧毁，两万石粮食被抢，300多村民遭惨杀。

10月26日 侵扰定襄县芳兰村的千余日军，疯狂烧杀抢掠，屠杀村民200余人，烧毁民房2000余间。芳兰村先后被烧杀13次，遇害村民540人。

10 月 27 日　日军在沁源县琴泉村蔡西沟（地名）杀害妇女、儿童、老人 32 名。

同月　日军"扫荡"沁源县闫寨村，在两个窑洞内搜出百姓 100 多人，男的被枪杀、妇女被奸后惨遭杀害。

同月　日军在沁源县南石渠一土窑洞内烧死避难村民 200 多人。

同月　日军将 14 名抗日干部群众缚至长子县城南门外松树坟，土埋半身，用作练习小钢炮的靶子，当即被炮弹炸死 12 人，剩 2 人也被杀害。

同月　日军在襄陵县河渡口屠杀村民 10 人，抢走 10 头骡子及所驮药材和布匹。

同月　昔阳县东冶头敌据点日伪军到长岭村抓走本村村民 6 人，严刑拷打，最后每人捅了一刀埋在昔阳县城西河。这六人全是村里的农会、工会、青救会、妇救会干部。

11 月初　日军在黎城县"扫荡"靳家街村，村民 19 人被烧死、杀死，其中死绝 3 户，张日旦一家 10 口人被烧死，中街村被烧死 23 人，西黄须村被烧死 19 人，停河铺村被杀 30 人。被杀的同胞有的断肢剖腹，有的身首异处，血肉模糊，惨不忍睹。

11 月初　盘踞汾阳城的日本宪兵队制造"汾阳仁岩吃油糕事件"。日军宪兵队以吃油炸糕为名，邀集仁岩区村长、村副、书记、小学教员等 192 人聚合一处，然后予以屠杀。当天就集体刺死 69 人，其他 123 人被押送太原，后大部被枪杀。

11 月 8 日　榆社县和辽县边界的 100 多名日军和汉奸"扫荡"榆社县青峪村，烧毁民房 278 间，抢走 18 头牛、19 头驴、5000 多公斤粮食，烧毁 3.5 万余公斤粮食、喂牲口的谷草和屋内的财物。屠杀村民曹贵牛、曹水则的母亲、曹小秃、曹四马、李罗孩、二哑叭 6 人和关在村边南爷树林 12 名八路军伤员。

同日　日军第 36 师团 222 联队组织了两个放火中队、一个投毒分队，对黎城县进行大规模"扫荡"。据停河铺、霞庄等 15 个自然村统计，日军共烧毁楼、房 4510 间，残杀村民 219 人，抢走耕畜 237 头。

上旬　忻县牛尾据点的敌人 60 余人，和静乐石河据点的日伪军合击康家会村，放火烧毁房屋 300 余间，将打谷场堆放的庄稼全部烧毁，抢走牛驴等大牲畜 36 头、猪羊 20 余头（只）、衣服 198 件、被褥 48 套、粮食 32000 余斤。

11 月 11 日　日军在平顺县孝文村屠杀村民 42 人，轮奸妇女 1 人，打伤 7 人，烧毁民房 32 间，抢走牲畜 4 头。

11 月 15 日　日军“扫荡”右南县抗日根据地失败后，在南汉井一带大肆进行烧杀，烧毁房屋 65 间，杀掉耕牛 11 头，砸碎锅灶 90 处，奸污妇女 50 多人。

11 月 16 日　驻平顺县城日伪军 300 余人到平松村抓获抗日村长胡小小及其父胡六斤，还有村民王楞孩、刘丑年、胡小狗，将他们押至县城杀害。

11 月 17 日　遭受八路军“百团大战”打击后，日军实施报复性“扫荡”，纠集第 41 师团、第 36 师团、独立混成旅各一部共七千多兵力，对沁源县实行“烧光、杀光、抢光”的“三光”政策，杀死村民多达 4981 人，其中，在城关镇姚家大院烧死 137 人；烧毁房屋 127000 余间，仅县城就被烧毁房屋 3000 余间；数十处文物古建筑化为灰烬，仅留县衙门大堂三间；烧毁粮食 10065 石。随后，日军在中峪乡蔚村高家山又杀死卫逢春一家 39 口人。

11 月 18 日　日军集结 7000 多人分十路，对太岳区进行报复性“扫荡”。日军到沁县乌苏、南余交等村大肆烧杀，杀死南余交村民 6 人，杀害南仁村 47 人，其中大部分是妇女、儿童，杀害乌苏村村民 25 人，其中有马十五的妻子、两个儿媳和两个小孙女，王树森家妯娌 3 人，王仰曾的妻子及男孩，王福寿的妻子及儿子、王丙彦的妻子及二女儿、王钦尧的母亲、王二江的妻子及儿子、王任贤的奶奶和母亲、王富龙的儿子、王八孩、王小尚、张奎小的妻子等，全村房屋被烧光。乌苏村的宋代古建筑大明寺被烧毁，清道光年间曾任五任知县，一任州官的大诗人王省山的“巨槐堂”藏书和“菜根轩诗钞”木刻原版也葬于火海。沁县漫水、寺庄，南达、松交、庶纪等村沿山一带大部村庄的房屋，也在同一天被日军烧毁。

同日　日军军官清水利一亲率驻昔阳城和三都据点的日、伪军及青岩头村的“棒棒队”共 300 余人包围抗日模范村西峪。小股日军骑兵窜街而过，卡住村东路口。猝不及防的村民被敌人挨门挨户从睡梦中赶到街上，一个个捆绑起来，赶到村东的三角凉圈内。凶残的敌人竟将吓哭的孩子从母亲的怀抱中抢去，掰着双腿劈成两半，再向母亲掷去；又在人群中拉出数人残酷毒打，要他们供出谁是共产党员，谁是八路军。毒打、杀戮都未能使西峪群众屈服。清水利一恼羞成怒，喝令日伪军向手无寸铁的群众扫射，扔手榴弹。敌人临走还掳走男人 29 人，青年妇女 7 人，抢走牲畜 100 多头，烧毁房屋 400 余间，粮食财帛被席卷一空。被抓的 31 人带到县城后，22 人被杀害，青年妇女尽遭蹂躏践踏。年仅 16 岁的王廋妮，被日寇汉奸折磨而死，其余妇女，被折磨了 11 个月后，侥幸逃生。这次惨案，全家杀绝 25 户，计王姓六世 56 口，白姓六世 100 口，刘姓五世 76 口，其余都是探亲闺女及小孩，外地来客及过路行人，连同抓到城里杀死者，总共 386 人。

11 月 19 日　一队日军在几个汉奸走狗的带领下，由昔阳县讲堂村出发向蒙家峪村扑来，村里村民大部都躲藏起来，唯有南坪生病的老人和小孩 10 人无法走动藏在一孔窑洞内，日军发现后，活活的烧死在窑洞内。

11 月 21 日　日军在沁源县东沟山上俘获村民 40 多人，百般拷打审问后，将 38 人杀死，仅有张五海、朱先云、王雄等数人幸免于难。

11 月 22 日　日军在沁源县伏贵村，用枪捅死郑良相等 32 人，用机枪射死郑玉保等 48 人，用火烧死郑根明等 9 人，全村共死难 89 人，烧毁房屋 1500 余间。

同日　日军在沁源县王壁村将未逃走的 60 多个老人赶到村东关帝庙院内，用机枪射杀后放火焚烧，全部杀害。

同日　"扫荡"中共太岳区的日军侵占沁源县城。

11 月 23 日　日军将从沁源县韩洪村西北苗家垫（地名）搜捕到的 129 名村民，驱赶至村东龙王庙，放火焚烧，仅有一人逃脱生还，烧毁民房 1200 多间、庙宇 1 座、粮食 1000 多石。

11 月 24 日　日军到沁源县上舍村"扫荡"，村民樊政、樊焕等人听信日军欺骗，准备了大烟土、猪肉等物讨好日军。日军进村后，将 200 多名村民关进菩萨庙，用机枪射杀了全部关押的村民，然后浇上汽油焚尸。这一天，上舍村就被杀绝 13 户。

同日　日军在沁源县绵上村抓住 80 多名村民，集中到天齐庙，用机枪射杀 50 多人，其余 30 多人被毒打后活埋；在村北又搜出群众 59 人，也全部杀死；在村后桥沟东坡（地名）一带还杀死 17 人。这次，绵上村共死难 140 多人，被毁房屋 300 余间，抢走牲畜 140 多头。

11 月 29 日　驻和顺县城日军和伪警备队、警察所伪军警百余人偷窜到平松，挨门逐户把村民赶至村西枯井旁，先将一个老汉的人头砍下抛入井内，接着又将被赶到井旁的村民全部推入枯井，并放入秸秆，浇上汽油点燃，78 人惨遭杀害。其中有 4 户被杀绝，还烧毁房屋 40 余间。

同日　昔阳县东冶头敌据点 120 余名日伪军包围车寺村，49 名村民全部被日伪军推入东冶头的土坑内活埋。

12 月 5 日　盘踞长治、壶关的日、伪军 2000 余人包围常家池村，向手无寸铁的的村民展开了大屠杀，在南园圪顶刺杀 29 人，在墙后刺杀 6 人，在河里刺杀 7 人。另有 4 人被推到崖下，多名受伤的村民被扔进火里烧焦，10 多名妇女被集体轮奸蹂躏。

12 月 15 日　昔城和凤居日伪宪兵队、警备队 200 余人，从赵壁官道咀扫荡返回突然包围了斜峪沟村，94 名村民被带到东岭村后刺死并推入水井中，全部遇难。这次惨案共有 5 户被杀绝，7 人成了鳏寡孤独。日军还抢劫大量民财。

12 月 16 日　驻汾阳县城及罗城、仁岩据点的日、伪军五六百人"扫荡"该县龙湾村，屠杀村民 19 人，奸污妇女数十人，烧毁房屋和窑洞共计 258 间，烧毁庙宇 7 座，烧死羊 200 多只、猪十几头，抢走大牲畜 60 多头。

12 月 17 日　和顺县城日军及伪警察 50 余人，包围白云村，把没有跑脱的村民全部赶到一座房子里，门窗前堆满干柴后点燃，活活烧死 50 余人，其中有 7 户人家被杀绝。日军还烧毁房屋 142 间，抢走牛、驴 47 头。

12 月 18 日　日伪军 200 余人包围了昔阳县吉家峪村，砍死 9 人，开枪打死 1 人，活埋 10 人，打伤 4 人，放火烧毁房屋 200 余间，抢走和烧毁粮食 10 万余斤，抢走杀死牲畜 120 余头，抢劫财物 1800 余件。

12 月 19 日　昔阳城日军近 300 人奔袭石山村，抓捕老弱病残 41 人，并赶到陈秀林家里，把门锁上，用烈火烧死 11 人，其余 30 人被烧得全身血泡，昏迷不醒，数日后陆续死亡 19 人。最后，全村仅有的 54 头牛驴被赶走，143 间瓦房化为灰烬，840 余石粮食被抢劫一空，锅盆碗罐水缸全被砸碎，犁耧筐篓等农具一火烧光。人畜饮水的井内倒入人粪尿臭不可闻。

12 月 23 日　盘踞山西省静乐、宁武、岚县一带日军，在飞机掩护下，大举"扫荡"兴县革命根据地，日军攻进兴县城，全城 90% 以上的房屋化为灰烬，城内 300 多人被杀。数日间，日军在兴县城乡又屠杀 1300 余人，其中北关紫沟 183 名，西关郭家沟 42 人，烧毁房屋 6795 余间，抢走或屠宰禽家畜 11000 头（只），抢走或焚烧粮食 3000 余石，毁坏农具、衣物不计其数。

12 月 24 日　盘踞寿阳县黄丹沟日军纠集东郭秋据点的日伪军共 100 多人，包围阳摩寺村，假言召开村民大会，当村民集中会场后，日军即实行集体屠杀，211 人被杀死，43 家被灭门绝户，幸免逃生仅有 5 男 5 女。

12 月 25 日　原平县坦庄据点得悉下西岗是晋绥抗日根据地的运粮站，强令下西岗村三天内给日军交粮 7000 斤。下西岗村拒不执行。翌日凌晨，坦庄、上庄、季庄 3 个据点的 300 多名日伪军突袭下西岗，来不及转移的 29 名村民惨遭杀害，中共党员、村长王秀章被日军割掉舌头，砍断上肢，壮烈牺牲。当日，烧毁民房 500 余间，抢走羊 300 只、大牲畜 30 头。

12 月 31 日　侵占岚县日军，血洗岚县草子寨，屠杀村民 170 人、重伤 48 人，烧毁房屋 800 余间。日军在撤退途中，又在上寺堰村杀死村民 80 人，绝门

20 户，全村仅逃生 32 人。

　　同年　日军在北王名村（今属小店区）杀害村民洪狗儿、李福太 2 人，抢夺村民 1000 余只鸡、4 头猪；杀害今尖草坪区马头水村 4 人、梁背后村 1 人、珍珠崞村 1 人、阳曲村 2 人；多次扫荡苇院坪村（今属娄烦县），杀害村民 7 人，烧毁全村粮食 5 万多斤和全村所有房屋约 200 多间。

1941 年

　　1 月 3 日　日军一部突袭交城南沟村，用机枪、刺刀把全村人赶到一所庙里，把男女分开，将 80 余名青壮年男子赶入张仁中家，放火熏烧。凡从房中冲出的人皆被机枪打死。妇女们被关在上院，强行奸污。全村衣物被洗劫一空，被杀死的村民有 64 人。

　　同日　日军侵扰广灵县聂家沟，将贾济、刘进元等 7 人逼进屋内，放火烧死，又打死孙存贵，抢走牛 70 头、驴 30 头、羊 200 余只。2 月和 3 月，"扫荡" 20 余天，在二、四、五区杀 4 人，打伤 13 人；烧房 21 间，柴草一堆；抢走粮食 90 余石、耕牛 92 头、骡子 52 头、驴 99 头、衣物无数。4 月 8 日，到邵家庄一带抢去耕牛 18 头，杀死群众 4 人，打伤 2 人。5 月，到口前、西埔、房庄烧房屋 70 余间。15 日，烧下恩庄房屋数百间，抢劫粮食 15500 公斤、大牲畜数百头，毁坏农具，砸毁铁锅，抢劫其他财物不计其数。16 日，日军杀死张岔、口前、房庄、西埔 46 人，房官洁、房官元、房老炳、谢高山、郭二元 5 家被杀绝，其中郭二元的婴儿被撕成两半。9 月 6 日，血洗下恩庄，杀害共产党员 2 人、群众 11 人，烧毁院落 25 处，抢走大牲畜 50 余头。

　　1 月 4 日　灵丘县银厂煤窑合作社主席李净，带领工人在挖煤的同时，开展抗日宣传。他们制作了 100 多个标语牌，钉到敌据点和敌占区。古之河据点之敌发现后，将煤窑区包围，杀害了李净、邓国世等四人。14 日，该矿 150 余工人举行追悼会，并慰问了遇害者家属。

　　1 月 5 日　日、伪军突袭浑源昆仑崖村，隐藏在山窝里的 4 名群众不幸被抓住。日军把牲口用的鞍子放在群众身上进行人格污辱，又用点然的扫帚在人脸上乱烧，还放出狼狗咬人，开枪击毙 3 名群众，烧毁房子 60 多间，赶走耕牛 20 多头。

　　1 月 11 日　盘踞盂县日军窜入清城镇，烧死张家垴村民 36 人，烧毁房屋 124 间。

1月12日 盘踞盂县日军包围张家垴，用火烧、刀砍、刺杀等手段，杀害村民45人，烧毁房屋170余间，烧死大牲畜3头。

1月15日 驻柳林的日军在汉奸的带领下，包围了柳林北山的佐主村。日军以寻找参加共产党区委培训人员为名，对村里群众进行逼供。日军没问出什么结果，便将抓捕的37名群众，杀害31人，其中佐主村村民27人，外村村民4人。

1月17日 占驻繁峙县日军向五台县铺上沟一带袭扰烧杀，共屠杀铺上沟群众272人，其中小柏沟被杀村民157名、有20家绝户，外村避难者30人，还有大柏山居民84名。

1月22日 占驻神池、宁武、五寨的日伪军200多人，入侵神池水泉梁村，残杀村民46人。

同日 日军"扫荡"沁源县云盖山、候神岭一带，将抓捕的100多群众，关押到沁源县曹家沟一四合院内，第二、三日又抓回100多群众，合关在一起。27日下午，日军将50余名青壮年另外关押，其余用玉米秆、木材等焚烧，一次烧死群众120多人。日军杀害群众后，将另外关押的50人抓走，还烧毁民房17间、粮食20多公斤，抢走牲畜10多头和大量财物。

同日 日军第四混成旅一支队和伪军独立一队七百多人包围了仅有10户人家的襄垣县陈家庄，杀死抗日干部群众10人，抢粮20石，杀光全部猪、鸡、狗、羊、大牲口。

2月8日 日军包围了定襄县上零山村，将群众100余人驱赶到学校的两间教室，然后戴上防毒面具，将毒气筒投进教室，致使45名村民中毒身亡。

2月11日 日军突袭晋城贾寨村，烧毁房屋1370余间，杀害村民19人。

2月13日 日军在祁县天居村抓捕农民10多人，带到祁县城用刺刀捅死。

2月14日 驻平定县城日军进犯平定（路北）郝家庄、黄统岭一带，将黄统岭民兵王吉祥等3人活埋。

2月15日 驻井陉、阳泉、平定的日军"扫荡"平定县的马山、娘娘庙、洪水、西沟等村，捕杀抗日干部群众20多人，烧毁民房280多间。

2月16日 日军进入汾城太常村，年仅18岁的路麦被子弹击中脸部受伤。王福老婆在羊道途中枪杀。赵成刚、周平女都被日军打得死去活来。王英才家被抢走牛两头、粮3担、毯子一条。

同日 盘踞阳城县董封村的日军"扫荡"堡头村，残杀老百姓70余人，烧毁房屋700多间。

2月27日 100余日军在三本队长带领下，包围了左权县北地垴，杀害群众21人，烧房42间，赶走牛驴70多头、羊200余只，并将财产衣物洗劫一空。

同月 日军在太谷南山的20多个山村发动了大"扫荡"，杀害抗日军民80多人。其中在塔寺村枪杀农民25人；官寨村刺杀3个村民；下窑子头村熏死藏在地窖中的26名老幼妇孺。"扫荡"结束后返回途中，又放火烧死了青龙寨仆子岭村的30余名八路军伤病员和6名当地的群众，烧光了沿路村庄的房屋。

3月8日 日军"扫荡"武乡县峧口村，杀害村民102名，抢劫牲畜30多头、粮食200多石，全村被洗劫一空，房屋烧的只剩下2间。连同前数次扫荡，该村共有146人死在日军屠刀下。

3月12日 日军集结7个师团约10万兵力对中条山地区进行半个月的大"扫荡"。日军侵入绛县里册峪，10余天屠杀里册峪十几个村庄窝铺群众500余人，仅百人以上的屠杀场就有4处，全家被杀绝的达40多户，占当时总户数的1/4。仅里册峪一村就被杀37人，还烧毁房屋几百间。

3月25日 日军在芮城县和村、庄里、张家滑、马家滑、沟西5个村杀死群众15人，烧毁房屋340余间、窑洞210孔，抢走牲口50余头。

4月2日 驻盂县东郭湫及河东山据点日军在西烟镇杀害村民50多人，制造了西烟惨案。

4月3日 驻辽县日伪军300余人，进犯和西要峪、白岩一带，包围了羊蹄洼村，将没来得及逃走的和西抗日县政府、横岭抗日高小转移到此的抗日干部、高小教师和当地居民100多人赶到一起，架起机枪逼问谁是抗日干部，无人回答，日军当场刺死30多人。其余70多人，先用机枪扫射，后用大火焚烧，此次日军在羊蹄洼共杀死抗日干部、学生、村民100多人，7户被杀绝，其余的也都成鳏寡孤独，无法生存，有的出外投亲，有的讨饭流浪，有的搬迁异地，一走而空。原四区区长刘逢春，被俘后大骂敌人，途中被推下悬崖摔死。

4月4日 日军在清徐石窑村、杜李坪（今属晋源区）、刘家山（今属阳曲县）杀害村民数十人，烧毁房屋一百多间。

4月6日 驻武乡县分水岭之敌，在武乡县峧口村进行大屠杀，残杀附近干部、群众近100人。

上旬 驻扎在霍州辛置镇的日军，在北泉村烧毁了赵玉海家三孔土窑及全部财产，烧毁村小学的土窑一孔和书桌，藏在与窑洞相通的高窑里的9名老妇幼童被熏死。

4月14日 日军"扫荡"沁县白鹿寺一带，返城时将沁县郭家庄包围，屠杀民众 32 人，打伤 4 人，郭应德的母亲被日军一连捅了 18 刀。

4 月 19 日 驻盂县日军侵入神头、石店村，杀害群众 10 人，烧毁民房 80 余间。

4 月 27 日 驻襄陵县赵曲镇日军宪兵队以召集小学教员开会为名，抓捕李绪安等 150 多人，其中 120 多人被屠杀。

4 月 29 日 盘踞盂县河东山据点的日军偷袭南社村，残杀村民 32 人，抓捕 20 多人，粮食财物被洗劫一空。

同月 日军包围突堤村，抓捕了宋云章、雷生雨、雷二和、雷冬宝、路柱世及 2 名妇女，百般折磨，除 2 名妇女保释回村外，其余 5 人与秋树港村许根柱、龙桥村李义红、西寨村张更明等 11 人在城外西城根被活埋。当天夜里，有 7 人挣扎出土，幸免遇难。

5 月 4 日 拂晓前，日军偷袭和顺县前营村，杀死村民 30 余人。后又用绳子将一批群众连捆在一起，押往武安梁沟，中途亦刺杀多人。此次惨案总计残杀 80 多人，其中有 30 多名学生。

5 月 8 日 日军在夏县泗交镇下秦涧村制造了骇人听闻的惨案，烧死和杀死村民 17 人、军人 37 人，烧毁房屋 104 间，抢走和杀死 45 头牛，烧死羊 150 余只，抢走骡马 5 头，驴 7 头。在此后的历次"扫荡"中，下秦涧村又有村民 30 人、军人 152 人被杀害（其中军人为驻下秦涧村第三军骑兵连）。

同日 垣曲古城村民姚慎修、姚连铭、刘高升、赵垣才、席化文与席庭箴父子、席齐家、席引成、文成龄等 10 多人，被日军押到莘庄河滩，将他们每 5 人捆成一串，把绳套在脖子上，两头士兵像拔河一样往外拉，他们受尽折磨和凌辱，晚上，日军把他们押到下亳城，关进观音堂，将他们逐个拳打脚踢，第七天天不亮除杨光辉年幼幸免于难，其余人全被活埋。

同日 日军在垣曲县山头村、樊家山、冯家沟、青崖底等处，烧死杀死村民三四十人。

同日 驻扎在沁县的日军，将沁县伏牛山的千年古庙护国齐王庙放火烧毁，并抢走附近村里的耕牛 100 多头。

5 月 10 日 日军第五次侵占襄垣县城，从杨上村山沟中搜出逃难群众 30 余人，赶进一处窑内放火熏死。

5 月 11 日 驻广灵、蔚县、灵丘日、伪军 700 余人"扫荡"广灵南山抗日根据地，用机枪集体屠杀张岔村村民 20 余人；刁家、荞麦川、伊家店、牛角岭百分之八十的民房被烧毁；小彦村民房全部被烧光；口前、房庄、西铺的民房被烧毁 70 余间；下恩庄民房被烧毁 150 余间。

5 月 15 日 日军 70 余人包围了左权县梁峪村，杀死抗日干部 2 人、群众 4 人。

5 月 17 日 日军"扫荡"平陆县马泉沟，村民阎成业、阎富贵、张发胜、阎天喜、杨登科、杨登高、杨广财、杨发长、张永生、冯奎玉、王天水、张天府、张福生、冯正水、冯凤英、冯全喜、冯发发、王汉、张天章、老张合等 24 人惨遭杀害，40 间房子被烧，8 户人无家可归。马泉沟成了"寡妇沟"。

5 月 19 日 日军联络系军曹长井觉率兵 8 名，至平陆县上坪村北沟搜索，行至沟中，发现半山腰有一石洞，便向该洞发射烟筒 1 个、催泪性毒瓦斯弹 1 枚，熏出洞内藏匿村民 40 余人，全部杀害。

5 月 21 日 日军从垣曲县皋落出发，路经杨家沟、贺家沟，杀害 7 个村民，直奔坡底窑。坡底窑群众 20 多人逃到了村东南方向东沟的一孔窑洞里，日军在沟峁打死了张庆山的爹、张科科和她的妹妹，旋即来到了那孔窑洞。日军冲进去，用刺刀猛刺每一个人。群众作了短时间拼搏，日军退出来后，扔进燃烧弹，窑内燃起熊熊烈火。在窑口的吕娥娥（24 岁）、张苍海的妻子和妹妹小明（13 岁），挣扎着爬出了窑外。吕娥娥爬到距窑口两丈远的渠边喝了两口水便死了。小明身上被刺 33 刀，却不在要害，后来出嫁到曲沃。张苍海妻肋下中两刀，抬回家后第三天死亡，窑内共烧死 11 人，他们是张景文的奶奶、爸爸和两个弟弟、吕英贤的妈妈、妹妹和外甥，张苍海的弟弟……火被救灭后，窑内残骸狼藉，惨不忍睹。这一天罹难群众共计 23 人，其中坡底窑 16 人，杨家沟、贺家沟 7 人。

5 月 22 日 日军对夏县祁家河一带进行大扫荡，杀害三尖头未及时逃跑的村民 31 人，多为老人、小孩。

5 月 26 日 盘踞在三十里铺村据点的日军中川部 320 余人进犯川军 104 师芮城县燕家窑村西防地。川军与敌激战，致敌以惨重伤亡。日军败退时，在燕家窑村烧毁房屋 105 间，屠杀村民 7 人。

6 月初 日、伪军在太原城内强拉壮丁，晋西北地区各县有 3 万余人被集中到太原。其中，太原市达千人以上，仅太原炼钢厂一次被抓 270 人。阳曲、文水 2 县约有 3000 名平民被抓捕。6 月 30 日，日军将所抓壮丁运往石家庄，因火车铁门紧闭，窒息而死者达 1000 多人。

6 月 8 日 日军强迫万荣县聚善村村民开会。在开会训话之际，日军从会场拉出 7 名青年进行毒打。村民陈玉顺被日军捆住手脚后反复抬起猛摔，当场致疯。村民王常有、王富龙当场惨遭枪杀。村里的天神庙和学校被日军拆（焚）

毁，60 头（只）牲禽被宰杀。

6 月 13 日 日军集结优势兵力，向保德进行毁灭性"扫荡"，在行官村一带实行大屠杀，捉到人就杀，见到妇女就轮奸。7 天后，日军伪装八路军，搜山捕捉男女村民 68 人，其中青年妇女遭淫辱，42 人惨遭屠杀。日军屠杀手段残酷，有的用刀砍、刺刀刺、火烧，甚至把人在土坑里埋半截身子，隔沟放十多发大炮，把他们炸死，全村被杀绝 10 余户。所有房屋财物洗劫一空。

6 月 15 日 日军驻代县司令官白岩政夫听汉奸白楠、白以清的谋划，带兵清剿枪杆村，一早晨杀死村民 26 人，刺伤 17 人，烧毁房屋 120 余间，掠夺牲畜 150 多头，衣物、粮食损失无数，制造了枪杆惨案。

同月 日军从垣曲县型马村抓捕河北军民 57 人，押到三节楼下杀人场，将其分批绑在木头桩上，叫日寇新兵练习刺杀，最后把尸体拉到淋灰池内，倒上煤油点火焚尸。

同月 大同市白洞矿西坑的一个采煤面，因开采日久，又没有支撑，顶板随时都有塌落之险，日军却逼着工人下井，结果大顶塌落，70 多名矿工被活活压死。大同煤矿迄今残留下的比较大的"万人坑"就有 21 处，小的"万人坑"更是不计其数。日本侵略者还残忍地设置"烧人场"或"炼人坑"来荼毒矿工。"烧人场"长十多米，宽八、九米；"炼人坑"3 米多深，日本侵略者将死难矿工、甚至活人扔进坑里，架起炭火，浇上汽油，点火焚烧，惨不忍睹。

夏 驻稷山邢堡村的日军和伪军 200 多人到各村抓人。将抓到的化峪镇村长冯临庆、南堡村龚九鼎、西堡村王心安、吴嘱村卫福临、化峪镇薛玉太、位林村闾长牛甲寅等 9 人五花大绑，拉到西段村南沟边杀死，将尸体推到沟槽里。

7 月 6 日 日军在崞县下神头村屠杀村民 13 人，烧毁民房 300 多间，抢走牲畜 20 多头。

同日 中条山腹地的夏县樊家沟是抗日游击队经常活动之地，驻唐回警备队大队日军两次血洗樊家沟，杀死村民 14 人，烧毁房屋 30 余间。

7 月 10 日 日军侵犯盂县庄子上村，杀害村民 10 人。

7 月 31 日 日军对盐湖区沟西庄人民进行了一次惨绝人寰的大屠杀。31 日夜，日军突然包围了沟西庄，血腥屠杀沟西庄人民。从日寇进村到他们撤走，前后不到 5 小时，沟西庄 74 人被杀害，占全村人口的三分之一，占全村三分之二的人家失去了父母兄妹和妻子儿女。日军在血洗沟西庄后还派了 40 辆大马车，将各家所有的粮食、家俱及其他物品全部运走，抢走牲畜 400 余头，并烧毁村中的大庙和老百姓的房子 400 余间。

8月6日　日军清水师团伊藤部30000余人，以"铁壁合围"战术，对沁源县进行第五次"围剿"。在韩洪村煤窑沟炭窑内，用毒瓦斯熏死韩洪、上舍等村逃难平民186人。

8月16日　日军血洗盂县租贺泉村。全村25人，除6人不在村，一人躲在萝卜窑内，1小孩藏在村外崖底下没有被发现外，其余17人全部被日军杀害。

8月19日　驻武乡日军300余人"扫荡"榆社，上午9时包围韩村，用机枪杀死村民19人，奸污妇女数十名，烧毁房屋84间。

8月29日　日军侵入榆次区石圪塔乡（今长凝镇）高家山村，将躲藏在煤窑里的妇女儿童全部赶出来，将妇女喜凤（刘玉珍的奶奶）、拴巧（刘玉珍的婶子）杀害，将芦三妮（刘玉珍的三姨）全身衣服剥光，双手捆住，用被子连头蒙住活埋，又用洋刀捅伤刘玉珍母亲的下巴，立即血流如注。

同月　日本职员织田又藏遵照山西陆军特务机关长植山英武命令，将太原工程队约200余名被俘病号移交到山西省卫生事务所看管。期间这些病俘受尽折磨，其中24人死后或被扔到乱冢，或被送到同仁医院供做医学解剖。生存者中一部分被送到劳工协会强制劳动，其余送回太原工程队继续过集中营生活。

同月　日伪警备队侵入榆次（路东）县的高坪、东见子、西见子、章子垴、阎家坪等村，捉捕抗日区村干部，杀害区农会干部卢二只、章子垴村支部书记王丙儿等14人。

同月　日军在五台县清水河以东的一、二、三区，南起牛道岭，北至长城岭，制造了长达100余里、宽40余里总面积约4000多平方公里的"无人区"。敌人将这一地区的148个大小村庄，共3000多户、18000多人、30000多亩耕地的山区，划为无人地带，将村民赶往所谓的"治安区"。日军在"无人区"实行"三光"政策，共烧毁村庄83个、房屋49800多间，残杀和伤害群众9200多人。捕走群众200多人，抢掠粮食9660多石、牲畜820多头，损失农具32000多件，荒芜土地10600多亩。群众忍饥挨饿，加以疾病流行，大批村民死亡。1943年上半年，据二区10个村的统计，在653户中，即死亡546人。

同月　日军骚扰盂县东庄头一带村庄半个多月，把附近88个大小村庄列为"无人区"。村民全部被赶走，民房被烧毁600余间，窑洞2000多眼被拆塌撬毁，村民60多人被残杀，耕牛50余头被掠走。

9月2日　日军在平定县路北三区东部发动大"扫荡"，在14个村庄屠杀群众320人，烧毁房窑4000余间，抢走粮食193万斤、牲畜442头、羊1200只，制造了路北"无人区"。

同日　宁化据点日、伪军 40 多人趁夜色包围静乐县任家村，连续两天屠杀百姓 29 人，烧毁民房 140 间，押走 18 人，抢走骡子 18 头、羊 195 只、猪 62 头。

同日　日伪军从五寨县城出发到高岭一带"扫荡"，第二天，日伪军趁黑包围高岭村，枪杀村民 12 人，伤 1 人。然后烧毁房屋 196 间，抢走牲畜 843 只（头）。接着，日伪军又到下关村，把贾保义、吕五老汉等 6 人杀死，把下关村的房屋全部烧毁。

同日晚　宁化据点日军 40 余名包围了静乐三区任家村，我民兵奋起抵抗以掩护群众向后山撤退，打死了日军小队长，日军当场将本村党支部书记杀害。又将 5 名青年押往火神庙坡杀害。日军抓捕了任万明、任月海、任金孩、任金海等 18 名青壮年抬着日军尸体回到宁化据点。9 月 3 日，日军将任月海等 18 名青年打得皮开肉绽，拉到城墙处，用机枪扫杀，推入城壕活埋。此次"扫荡"，日军共残杀青年 24 名，烧毁 140 余间房，抢走 18 头骡子（包括马）、185 只羊、62 头猪。

9 月 6 日　日伪军血洗了广灵县下恩庄，杀死群众 13 人，烧毁院落 25 处，赶走大牲畜 50 多头。

同日　日军在盂县活川口村大量施放毒菌，致使全村因感染病菌而死于伤寒等病者，达 141 人。

9 月 9 日　交城县四区（大川）区委书记张文选与青年干部苏凤在张家山村（今属古交市）开展抗日工作，被古交日伪军 100 余人包围，苏凤被刺死（年仅 25 岁），村民雷永月负重伤，张文选和村民刘二苟被俘去古交，张文选被刺死，刘二苟被关押数月后获保释放。

9 月 13 日　日军"扫荡"襄垣县南姚村，杀死抗日干部和民兵 20 人，烧毁房屋 561 间、粮食 520 余石，宰杀牲畜 32 头。

9 月 21 日　驻灵丘的日、伪军在"扫荡"灵丘南山区时，在觉山寺以南蔺家店村附近的山洞里发现有避难的群众，当即向山洞开枪射击，将蔺家店村 3 户 14 口人全部杀害。

9 月 24 日　日军闯入羊圈庄（今属娄烦县），日军从傍晚开始，横行一夜，到次日凌晨放火烧村后方离开，残忍杀害李二梅等 5 位村民，烧毁房子 376 间，窑 81 眼，抢走和宰杀牛 2 头、驴 1 头、猪 30 多口、羊 300 余只，烧毁粮食 20000 余公斤、财物数百件。

10 月 1 日　日军偷袭了太谷县的石堡寨村，杀害来不及撤退的老弱病残和妇女儿童 11 人，刺伤 4 人，烧毁了房屋百余间，抢劫了牲口无数，奸淫妇女多名。

10 月 8 日　黎城县离卦道组织勾结驻潞城的日军，残杀北社村董河旺等干部群众 7 人，重伤 9 人，抢走牲口 4 头，劫持群众 20 多人。

同日　古交据点日伪军 100 余人，偷袭晋西北八分区在盘道村（今属古交市）设的兵工厂，凌晨 3 时包围工厂，打死工人张全河、武工队员张长则、村民王七斤等 9 人，打伤张背锅等 4 人，抓走村民郝毛成等 20 人。同时，日军烧毁兵工厂 80 余间房屋，砸坏大部分生产设备，抢去 60 多头牲畜、100 多头毛驴及衣服、被褥以及铜瓢、铜勺等物。

10 月 23 日　一股日军包围了安泽县固村东的梁子沟庄，全庄 59 人，被日军残杀 54 人。

10 月 25 日　日军"扫荡"榆社县圪坨村时，屠杀群众 162 人，其中大部分群众是在寨沟口、三家庙、火神庙西禅房三地被集体杀害，还烧毁房屋 283 间。

10 月 28 日　日伪军兵分三路出发，进入榆太（路西）地区进行清剿，包围南庄、陈胡、述巴、永康、西河堡等村，抓走抗日干部、共产党员和村民 170 人。

10 月 29 日　日军"扫荡"沁源县李元下庄村，杀死村民 50 多人。

11 月 7 日　驻汾阳日军宪兵队在推行第三次"强化治安"中，在仁岩以召开会议并请大家赴宴吃油糕为名，诱捕汾阳五区日伪区、村长、学校校长及教师 142 人。22 日，敌将被捕者押解回县城，严刑逼供，百般拷打，逼他们承认自己是共产党员。41 人被杀害，12 人被折磨而死，其余被处拘禁 1 至 3 个月或交罚款 100 伪币获释。此事又被称为仁岩"吃油糕"事件。

11 月 12 日　日军"扫荡"阳圈庄村（今属娄烦县），从傍晚开始，日军横行一夜，残忍杀害李二梅等村民 8 人、强暴妇女 3 人、打伤 5 人，烧毁房子 376 间，窑门窗 81 眼，抢走和宰杀牛 2 头、驴 1 头、猪 30 多口、羊 300 余只，烧毁粮食 20000 余公斤、财物数百件。

11 月 13 日　日伪军包围了武乡县抗日模范村东良村，抓捕民兵 30 多人、群众 250 多人，带往南沟据点进行严刑拷打，10 多人惨遭杀害。

11 月 19 日　日军路过陈家庄、小娄则村（今属娄烦县），将陈家庄村民马登云、小娄则村的张四脸在猫儿沟杀害、（此次入户调查证人崔七则、尤林则口述）；日军侵入天池店村（今属娄烦县），杀害村民 6 人，捅伤 1 人，其中枪杀梁大宽和张有宁，捅死李楞林，杀害王贵林、张金连，捅伤张歪的妻子。

同日　日军突然袭击榆社县王家沟村八路军兵工厂，杀害八路军伤员16人、群众71人，其中有5户被杀绝，还抢走61头牲畜，烧毁房屋66间，史称王家沟惨案。

　　同月　日军窜进昔阳县张家庄村，但村里百姓都已躲出村外。日军恼羞成怒，便在村里放火，四五十间房子被烧毁。路经地沟时当场杀死秦广庭、阎木珠两位老人。在坟岭圪梁山下的暗窑洞内发现躲避的群众，当场奸污两个女人。这次日军总共杀死群众37人，重伤9人。阎玉民四岁的儿子被残暴的敌人一刀砍死。人们为纪念死难亲人，让后人永远牢记日本侵略者这笔血海深仇，将这座山改名为"杀人圪梁"。

　　同月　驻祁县城日军在天居村扫荡时，抓捕了郭永胜、杜加义、杜士杰等10人，押到县城后捅死。

　　同月　日军抢掠平遥县南岭底村，由于老百姓有所准备，日军在房子里没搜到什么东西，就开始烧房子，有4个来不及跑出的老婆婆被烧死在房子里，有6个老人和孩子被日军抓住，割了足扔到井里。然后又把全村的马、牛、羊全部赶走。日军这次暴行进行了两三个小时，共杀死、烧死12人，烧毁房子100多间，赶走羊500多只、牛40多头。

　　12月26日　侵占临汾的清水师团纠集临汾、襄陵、汾城之侵略军，从北向南三面包围汾城县侯村（包括相距均不及一华里的东侯、南侯、北侯），进行夜袭。北侯村西门楼内躲藏的12个人，除三人趁机逃生外，曹森茂、曹小根等9人均被日军用刺刀刺死。另外日军还在南门外刺死段虎虎、高旦娃，刺伤刘海丁、刘海儒均，烧死刘槐槐，抓走段巨财等5人，烧毁房屋208间。日军进入东侯村见房就烧，该村西门内王小儿家14口人全部葬身于火海，另有卢守常、巨可禄等15人被日军杀害，抓走杨贵家、杨全家、赵常喜、崔炳文4人均未生还。还烧毁该村房屋156间。日军在南侯村掳去高其母、高甲寅等7人，烧毁房屋425间。日军这次在三个侯村共烧死无辜村民15人，刺死26人，刺伤2人，抓走16人，烧毁房屋789间、粮食40万斤，村民被抢的生产、生活衣物杂物等用品未计，损失折合今人民币599.2万元。

　　同日　日军第36师团进犯金堆村（现属古县）扫，青壮年躲进深山，妇孺老弱行动不便，就地隐身，有23人藏身于村南的节条坟穴洞。当日军从坟地下小路走过时，藏身穴洞中的狗蹿跳出来，七八个日军回转身，从墓穴里将23名妇孺老人一一拖出来，全部杀害。

　　同月　驻西烟日军侵入盂县岭南村，抓捕杀害村民5人，烧毁民房50余间，抢走粮食 8 万余斤。

同月 日军对阳泉煤矿工人进行残酷压榨，30 多名矿工因抗争被日军活埋。

1942 年

1 月 1 日 驻扎在榆次下黄彩据点、太谷范村据点、北田据点、长凝据点、和顺黄岗据点的日军，分五路到榆次（路东）根据地进行疯狂扫荡，侵入庄子乡西河村南窊自然村烧杀抢掠，烧死一名怀孕妇女薛云莲，烧毁房屋 102 间、窑洞 40 余孔、戏台一座、牲口 46 头、猪 3 头、羊 100 余只、鸡 200 只、粮食 4 万公斤，抓走民兵阎有魁、阎秉贵、阎石牛、阎在魁等 13 人，南窊自然村沦为无人村。

1 月 7 日 日、伪军派便衣密探王腊妮带引三、四十个日伪军偷袭昔阳县韩家沟村，放火烧毁村中戏台、10 余堆草垛和 20 余间房屋，张姓的妯娌两人被活活烧死。

1 月 12 日 凌晨，驻夏县埝掌村日军在该县崔家河村抓捕男青年村民王怀德等 21 人，另抓捕妇女 6 人。13 日将王怀德等 21 人捅死，将 6 名妇女奸污后于 14 日释放。几日后，驻埝掌日军又将该村崔引福等 26 名青年捆到埝掌据点，屠杀 23 人，有 3 人逃脱。除以上两次整批屠杀外，日军还以"中国兵"罪名零星屠杀该村百姓崔连升等 14 人。

1 月 21 日 日军在夏县樊家沟屠杀村民 80 余人，其中 30 余人为青壮年男丁，50 余人为老弱妇孺。

1 月 23 日 南沟据点日伪军出发奔袭武乡县高台寺，民兵 6 人牺牲，群众 20 多人被杀害。

1 月 29 日 应县日伪参事官大野泰治率伪警察在罗框村杀害村民 17 人，打伤 3 人。

1 月 30 日 昔阳县城、风居等据点日伪军 300 多人"扫荡"昔阳张家庄，屠杀该村村民 37 人、伤 9 人，奸污妇女 2 人，烧毁民房 50 多间。

2 月 2 日 日军到稷山县南松鹤村"扫荡"，杀死村民张李守、刑松林、刑喜儿、王花荣、吉好余、王尔舅舅以及刑玉喜和他的妻儿共 9 人。

2 月 4 日 驻左权县城内日军 300 余人，在坂津大队长的直接指挥下，经苏亭、粟城绕道苇则沟连夜奔袭桐峪镇，企图摧毁我八路军卫生部及其他首脑机关。由于当地军民早已转移，日军便向武乡洪水方向窜去。桐峪镇村了见敌人离开，便陆续回到村里。狡猾的敌人复于 2 月 5 日深夜包围了桐峪镇，未能逃出的群众被敌人赶到滩里村小桥上，日军端着刺刀逼迫群众说出八路军总部卫生部等机关和首长的驻地，因没有一个开口，日军将 21 个村民杀死。2 月 10 日，日军在附近搜山，在李江沟抓回妇女 11 人，带到一块地里进行强奸。日军四进四出桐峪镇，也没有找到八路军卫生部和首脑机关，就实行"篦梳式清剿"，到 2 月 14 日，日军撤走时，将桐峪镇内大部分房屋烧毁，其中仅楼房即达 120 多间，商店货物抢劫一空，并将陆续抓捕的 100 多名村民赶到东河滩全部杀死。同时，日军搜山时还在周家垴、皇家庄、白家庄等村杀死村民 40 多人、八路军伤病员 10 余人。

2 月 6 日　日军在汉奸带领下围剿了黎城县源泉村，挖掘并掠夺群众埋藏的大量财物，烧毁了该村大部房屋，在该村后山老石洞放火熏死逃难村民 6 人，致终生残疾 7 人。次日，日军又杀死该村村民 17 人。

同日　日军"扫荡"黎城县，在王家庄村轮奸村民彭解心的妻子后，又用柴木往她的阴道里塞，塞不进去又用枪托捣，活活将其折磨致死。在南陌村（自然村），日军发现藏在一洞里的 29 名妇女和儿童后，对洞内的所有女人进行了轮奸，最后又放火，几名妇女儿童被烧死。十几个日军在野地里围成一圈，轮奸村民胡某某之妻后，用刺刀将她小肚子以下全部捅烂，将柴草木棒插满阴道致死。日军在村口枪杀牛老闷、张富成两个羊馆后，进村抓住军属王老满吊打，强硬往王老满嘴里灌水，将王老满折磨致死。日军抓到年轻村民张有顺，残暴地用铁丝从张有顺的左耳穿进，右耳穿出，并拽着铁丝把他押到柏官庄村，吊在一棵树上，割了他的舌头，刮了他的鼻子，剜了他的双眼，然后在他身下点起一堆大火，在一声声撕心裂肺的惨叫中，张有顺被活活烧死。村民董金山夫妇藏在村后山上的一座破窑里，被日军搜到，日军将其妻轮奸后烧死，董金山与日军拼斗，凶残的日军将董金山推下山崖摔死。村民李保儿 80 多岁的奶奶，百病缠身，步履艰难，藏在村中场上的草庵里，日军发觉后，也将其活活烧死。这次"扫荡"中，日军共烧死村民 12 人。

2 月 11 日　日军青柳部队为训练日军新兵的杀人胆量，将榆次抓捕的城乡居民 108 人，在榆次城东城根屠杀、活埋。

2 月 12 日　日军到稷山县宁翟村"扫荡"，将村民姚银生、刘二成、姚五儿、姚七河、姚小九、刘海花、姚天恩 7 人杀害。

同日　日军放火烧了芮城县阳城的西尧村，烧毁房子 89 间、土窑洞 183 孔、烧毁粮食 11850 多斤、中型农具 152 件，抢去和烧毁衣服被褥 3800 多件，抢走

4800 多斤小麦。

2 月 16 日　驻广灵、蔚县、白塘的日伪军联合对广灵南山抗日根据地进行"扫荡"。在房庄杀害村民 18 人，其中河南省商贩 1 人，烧毁房屋 19 间；在西埔杀害村民 18 人，其中妇女 8 人，婴儿 1 人；杀害口前村民 13 人，并把一个婴儿扔进火坑烧死。于荞麦川、柳科之间，包围广灵县区干部，杀死 2 人。10 月，日伪军再次洗劫房庄，烧毁房屋 335 间，烧毁收割未打的莜麦捆 1.2 万个、胡麻捆 300 多个，其他庄稼捆 600 多个，抢走大牲畜 60 余头。11 月，又从该县各村庄抓捕男女幼童 15 人，其中 2 人用于修建城南广济桥奠基，压死在桥基下，余者运往外地作祭礼杀害。

同日　日、伪军 100 多人在昔阳县车寺村一带抢粮返回路经台上的小秋掌，见到逃难群众四处躲避，便进行屠杀，翟五孩腿上负伤，生命幸存；李和尚被枪毙在邢底岩沟；李捧善母亲张氏和郭臭巴的儿子郭小孩被敌人用刀刺死在重瑙山坡根；郭牛妮刺死在村外；在刑底岩沟抓走四人，其中：张广利、翟金国、蔡章小半路逃脱，张怀良被押到东冶头活埋。这次惨案，当场死亡 4 人，抓走活埋 1 人，负伤 1 人。

2 月 20 日　日军到襄垣县西营镇进行年关"扫荡"，残杀村民 33 人，重伤 2 人，掳走 40 多人，掠夺、损坏财物不计其数。

中旬　从辽县南犯的日军，途经黎城县南港沟村时，刺死该村村民 19 人，其中王夭东一家 5 口全被杀害。

2 月 26 日　日、伪军三四百人"扫荡"太谷县窑子头村，在该村驻扎三天三夜，屠杀村民 12 人（其中妇女 8 人），烧毁民房 25 间，宰杀大牲畜 20 余头及鸡几十只。

2 月 29 日　驻沁源县的三百名日军，突袭中共太岳区七地委、七分区驻地沁县松交村，俘去军分区参谋长等人，抢走电台，掳去骡马 20 多匹，干部、村民牺牲多人。

下旬　中共右玉县一区区委书记刘文（又名顾仁）因经不起困难的考验，逃跑到右玉城投靠日军，充当了汉奸。他叛变后于次年 2 月带领朔县警备队，在一区抓捕了农村共产党员 47 人。

同月　山朔县公安局长刘全义在李家堡村被日、伪军"兴亚团"扣捕、杀害。

同月　驻襄垣县虒亭镇据点的敌人出动清剿，路经沁县下窑、邓庄、下湾等村，直奔东西待贤村大肆烧杀抢掠，仅待贤村就被杀死 8 人，烧毁房屋 80 余间。

3月5日 日军"扫荡"榆社县柳泉村，枪杀村民18人，烧毁民房65间，抢走大牲畜18头、粮食5500公斤。

3月12日 盂阳（曲）县区委书记赵丰源、区长高山、抗联主任刘河清等7人在阳曲石槽村开会时，被驻南温川据点日伪军30多人包围。突围中，赵丰源、孟沛元等5人牺牲，邓茂生负伤。此后，南温川据点日军又多次扫荡该村，杀害村民27人。

3月30日 汾（汾西）灵（灵石）霍（霍县）抗日大队二连三排战士半夜转移到蔡家庄。由于汉奸告密，第二天吃早饭时便被侵占县城的日军包围。在突围中，排长李甲元、班长阎长生、王生有、崔国祥和战士崔富锁、郭六斤、杜丑疼等7人被日军抓去。同时被抓的还有两个百姓。日军在村里行凶3个小时后押着9人进了县城。4月1日，日军开着三辆汽车，将这9人押往僧念村（今属汾西县），并从霍县调来了200多名日军，对僧念村进行了严密封锁，各路口布满了岗哨，还强拉部分村民围观。日军把这9人分别捆绑在9根木柱上。接着，日军头目命令士兵对准他们的身体，从上到下轮番进行突刺，9人惨死。

同月 朔县利民堡据点日伪军大肆搜捕共产党员和抗日进步人士，共抓捕了数十人，杀害赵国祥等10多人。日军进驻利民堡以来实行"三光政策"屠杀无辜百姓，到蔡沟村扫荡时，抢走20头牛，屠杀20余名村民；去鹞子沟抢粮路过勒马沟村，开枪打死两青年；在东关架起小钢炮，对准南关下坪地埋的半身外露的2个老百姓射击，尘土散后，2人还活动，日军哈哈大笑，笑罢继续对准开炮，停停打打12次，直打得二人血肉模糊不动为止。村民王正让日军绑在秋千架子上，让新兵练习持枪刺杀，直到把人扎死才罢手。东堡村民阎二旦，被日军绑到南麻河的两棵树中间，日军当活靶子用刺刀刺死。

同月 日军在祁县部北村、元台沟等地"扫荡"，用枪打死董如儿、柳占成等9人。

春 驻平定日军袭击平定县岔口乡理家庄村，杀死村民7人。

春 日军袭击太谷县南庄，杀害村民8人。

春 日、伪军包围昔阳河上村村民耿宝玉的宅院，逼迫他说出八路军的去向和抗日干部的住处，耿宝玉拒不招供，日军便将宝玉母亲和弟媳推入院内的枯井内，接着又将耿宝玉和大弟耿杰义、二弟耿连义、二弟四岁的女儿、耿连义的儿子耿老虎打死，把尸体拖入井内。最后，放火烧房，躲在草堆里的耿全中岳父也被活活烧死，耿宝玉一家八口人全被残害。

春 日军"扫荡"张家庄（今属娄烦县），用刺刀捅死郝光则等3人，烧薰死郝福林等 8 人。随后日军又撒布细菌，致使全村人感染瘟疫，在不到两个月时间先后有 72 人染病而死。

4 月 15 日　驻扎在运城盐湖区三路里的 100 余名日军向陈阎村挺进。时值收麦季节，晨降细雨，村民多在家歇工。村民宁开娃发现日军，大声疾呼："鬼子来啦！……"遂遭枪杀。此时，日军已涌入巷道，砸门破窗，用刺刀将 83 名成年男子押到孙家祠堂，屋上机枪压顶，周围岗哨密布。日军剥光 83 名男子上衣，用刀砍死，祠堂外乡亲们哀号欲绝。60 岁的宁文海老人救子心切，冲进祠堂，也惨遭杀害。堂屋内的青年孙青贵目睹惨状，撞倒门窗，踢翻机枪，死里逃生。此次殉难的共 84 人，8 户被杀绝，51 家沦为孤儿寡母，该村一度成为寡妇村。

4 月 17 日拂晓　日军进犯介休县兴地村，县委书记高功叔、工商局副局长刘本福在突围中牺牲。日军还抓走了抗日干部、村民 8 人。

4 月 19 日　祁北县佐公署代理县长马铭德、区长、助理员等 6 人在丰固村被日军逮捕，日军将其押往平遥日军大队部杀害。

4 月 20 日　朔县城内日军进行大屠杀，惨杀居民 160 余人。

4 月 22 日　日军"扫荡"应县南山抗日根据地，沿路经过臭柳、罗框、碾子沟、穆家庄、大湾、黄碾 6 个村，抓捕 18 名村民全部杀害。其中穆家庄 16 岁的儿童团长王贞被活埋。

同日　日军军官高桥带队迂回到代县山底村，把八九十名村民从崖上扔下六丈深涧，由于遭到反抗，日军改扔活人为扫射、刀刺，共杀害村民 40 余人，还烧毁房屋 3 间。

5 月 5 日　驻忻县日军强抓壮丁当苦力，两天共抓村民 160 多人。7 日，忻县县城唱戏，日军趁机包围戏场，又抓村民 230 多人。9 日晚，日军将所抓 400 多人及忻县伪警备队的 60 名队员一同押送太原充当苦力。

5 月 9 日　日军分三路，分别从垣曲前河、郑家岭到朱家村抓苦力，当时，大部分村民已逃走，焦勤学父亲当时是村长，在掩护村民时被日军用枪打伤。日军到村后烧杀抢掠，将未来得及逃走的妇女、老人 68 人关在 2 座窑中，打死 38 人。

5 月 12 日　日军调集 3 万余兵力，向太行根据地大"扫荡"，盘踞拐儿镇 20 余日杀害村民 30 人。在拐儿镇，日军以杀人取乐，将村民从山顶扔下深谷，摔死 8 人。

同日　驻榆社县杜余沟日军，兵分三路包围潭村，枪杀村民 35 人，制造了潭村惨案。

5月23日拂晓 驻盐湖区牛庄东关的日军包围了牛庄，由一名汉奸鸣锣高喊，让每家出一人到娘娘庙拆房，为日军贮备烧柴。有33人到娘娘庙后，即被日军五花大绑，押送至日军驻地牛庄东关。日军还将当时在地里干活的农民约30人抓到东关。日军在东关大场上，周围架上机关枪，枪口一律指向大场中被五花大绑的60多名百姓。日军先用马刀砍下了裴长胜的脑袋，悬首示众，接着又把裴俊英等4人用刺刀刺死，推进预先挖好的坑内。这时，驻上王的日军也赶到牛庄，把剩下的58名村民，全部赶到一人深的大坑前，有的用木棒打昏或打死，有的用刺刀戳死，统统推进坑内。日军在侵华期间，在牛庄不仅杀人，而且放火就达八、九次。先后共杀死村民90多人、党员8名，烧毁房子1200多间，抢走大牲畜400多头、粮食80余万斤和其他大量财物。

5月25日 驻和顺县城日军尉小林率日伪军300余人"扫荡"和顺县圈马坪（村），残杀村民36人、八路军战士12人。同时还在圈马坪奸污妇女20多人。翌日，这股日伪军又"扫荡"榆沟村，将该村房屋全部烧毁，衣服粮食抢光。

5月29日 日军突袭万荣陈阎庄，把村民驱赶到孙家祠堂，用机枪杀害，共84人遇难。

同月 垣曲县小赵村郭嘉海的父亲带领妻子和郭嘉海躲避日军来到安窝村，5月20日夜两点钟左右，有一股日军突然冲进安窝村，将郭嘉海3口抓捕。日军用刺刀刺死了郭嘉海的母亲。郭嘉海抱头蹲在地上，日军挥刀向他刺去，刺刀横穿双臂及前胸，但未伤及内脏幸免于死，抓捕了郭嘉海的父亲。同时被刺死的还有3个老妇，他们是文仰魁的妻子（60余岁）、张英德的妻子（50余岁）、张耀德的妻子（50余岁）。烧杀抢劫了安窝村以后，日军押着郭嘉海的父亲由原路返回，路经李家圪瘩的时候，又从山上搜出了7名逃难群众，日军把这些群众连同郭嘉海的父亲一同关在两个窑洞内，堆上干柴活活烧死。这些死难村民为李小年、李小年的妻子、侄儿和孩子、老贺（安窝文和斋的长工）、郭嘉海的父亲、丁保林的母亲、孟登科的妻子。

同月 日军发动"五一"扫荡，在平遥县东南山区孟山、千庄一带烧掠村庄31个，烧毁房屋数以千计，惨杀村民50余名，杀害中共军政人员20余名，抢走牛羊驴骡无数。

同月 日军对黎城县东崖底乡周围几十个村庄展开了所谓抉剔清剿，进村即烧，逢人便杀，见物就抢，连续清剿三日。在几处山沟中，杀害村民37人和烧杀牛羊 3 群。

同月 五寨县城内日寇收购大批老鼠做鼠疫实验，使鼠疫在城内蔓延，害死县城居民 60 余人。

同月 日、伪军"扫荡"五寨县焦家洼村，杀害村民 5 人，拆毁房屋 180 间，抢走 25 头大牲畜。

同月 日军飞机轰炸汾西县河达村，投弹 3 枚，炸死村民 3 人。

同月 日军在侯马新田乡马庄村抓走张希圣、房国栋 2 人做苦力，不久被杀。日军还烧毁房屋 18 间，还有村公所一座院有北房 5 间、东房 3 间、西房 3 间，西北角城外庙院两座、三发庙一座 6 间，玉皇庙一座 5 间被烧光，村民杨长富家的耕牛被杀。

6 月 2 日 日军在广灵县房庄村屠村民 46 人，烧毁民房 52 间，抢走牲畜 70 多头，其他财物也被抢劫一空。

6 月 7 日 驻稷山县邢家庄堡日军强迫村民赵元喜、赵平发二人挖坑活埋自己。并将赵元喜头上套上口袋，当众用镢头活活捶死。

6 月 8 日 日军从寿阳县冀家垴、堆儿梁和前塔三个据点出发，秘密包围了抗日县政府所在地白草坪。政府工作人员惊觉，迅速组织民兵奋起抵抗，组织群众转移。突围中，67 人被杀，390 间（眼）房、窑被烧，43 头大牲畜被抢，其他财物损失很多。

同日 日军独立混成第十六旅团团长若松旅调集驻离石、汾阳、文水、岚县、古交等地敌 3000 余人，分头"扫荡"晋绥八分区。敌人所到之处，奸淫烧杀，血泊火海。仅交城一个区不完全统计，日军在这次"扫荡"中，抓走壮丁 119 人，强奸妇女 90 余人，抢走牲畜 291 头，抢走粮食 300 万斤。

6 月 10 日 临汾日本宪兵队与襄陵警备队配合，在襄陵县大肆搜捕共产党员，300 余人被捕，其中有中共党员郑恩达、梁福元、李希鹏等，也有进步教员和群众。

6 月 12 日 日军"扫荡"平陆县张店，将藏在上张峪沟底的 46 名村民押到村中李功效院，全部杀害于水井中，撤离时又将 2 名村民杀害于路旁井中。村民芦献文及妻儿一家 9 口全部遇害。

6 月 13 日 日军"扫荡"繁峙县吐楼村，村民耿富来和张如庆被日军枪杀；妇女张巧姐被用刀挑死；日军还当场打伤耿星亮、黄丑丑、张道齐、张祥、马喜鹊和乔拴狗 6 人，烧毁民房 298 间和家中的全部财产；烧毁粮食 30 万斤、庙宇 3 座、学校 1 所 3 间、磨坊 7 处 14 间，抢去银元 1200 元。

6月29日 驻长治城日伪军围袭壶关县东南大部地区，在紫团山下神郊村用机枪射死10多人。此后，又将36名妇女和9名孩童赤裸身体，割去鼻子、耳朵、乳房、生殖器后，全部扔进水塘里活活淹死。这一次惨案中，日军残酷屠杀村民137人，烧毁民房728余间。

同月 太原宪兵队杀害抗日人员陈虎林、万金海、王益、周静安及群众白爱小等多人。

同月 日军进行第四次"强化治安运动"，大肆搜捕共产党员和抗日军政人员。10日拂晓，襄陵、赵曲日、伪军百余人与临汾的日本宪兵队相配合，统一行动，在襄西、襄东逮捕300余人，关押在临汾日本宪兵队监狱，刑讯逼供，严刑拷打，强令供出共产党员及领导。由于被捕者多是抗日积极的小学教员和在乡的知识分子，被群众传言为"日本人抓教员"。其中襄西被捕的教员有：曲福保、房学俭、吴登榜、陈国梁、田端阳、刘治家、郑宗虔、郑思达、张书绅、王振邦、贾茂福、李光和等人，襄东被捕的教员有：梁福元、梁福仁、梁德滋、许天枢、吴金声、郭家璞等人。在这些被捕者当中，共产党员仅有郑思达、梁福源、梁福仁、张书绅、李光和、李绪安、徐纪元、李希鹏、杨玉春等人。但日伪为了邀功，硬说被捕者全是共产党员，还声称已将中共襄陵县地下组织一网打尽。日伪于9月7日在临汾小北门外将郑宗虔、郑思达、刘治家等26人活埋，将梁德滋、梁福源、梁福仁、许天枢、吴金声、郭家璞、陈国良、李光和等9人枪杀，其余多为保释出狱。

同月 夏收后不久霍县城内和南堡的日、伪军共计300多人，包围上乐坪村逼交粮食，当场打死刘福乐，被打致残者10多人，一天之内，抢去粮食10多万斤。

同月 日军进行"五一大扫荡"，在槐树洼（现古县下冶村东山一个村民组）搜山时，抓到村民17人，集中到村子里的一片地里，拉到地堎边上用刺刀捅死后推下地堎。

夏 日军在代县大柏山村屠杀村民82人，在小柏山村屠杀村民260多人。之后，又在该县小观村屠杀村民4人，捅伤、砍伤10多人。

夏 日军扫荡潞城的上黄、下黄、秦家庄、韩家园、黄牛蹄等地。仅在潞城辛安村就残杀25人，烧毁成熟小麦80余亩，烧毁房屋、窑洞80余间（孔），衣物、粮食抢运了三天。

夏秋 白家庄矿日本监工以逃跑为名，两次杀死工人6名。

夏秋 日本宪兵队秘密调查徐沟、清源小学教师的表现，在宁家营、桃花营、楚王村一带逮捕崔耀南、刘丕谟等小学教师10余人，用坐老虎凳、吊打、灌辣椒水等各种酷刑，将其中8人折磨而死。

中旬 静乐县石神据点日、伪军100余人闯入兑子村、黄土板、一面坡等村抢走村民羊、猪800余头（只）。

同月 日军在太原工程队强行给2名体格健壮的战俘注射针剂，导致2人立刻死亡。

同月 日军包围左权县柳林村，村民全部逃到柳林东岭，日军先后杀死村民20多人，烧毁砖房20余间，抢走牛、羊、驴30余头，抢走粮食3万余斤，剩余粮食全部烧光，门窗全部被砸毁。

同月 日军袭击祁县后庄，石青坡等村，枪杀刘前德、刘福元、贾留仙等4人。

8月14日 日军头子绿野在稷山县邢家堡村，当众杀死被俘中国兵18人，用刺刀刺死开东村秦三兔，并将全村男女老少关在两个大院里，不准吃喝，百般折磨。

8月19日 灵丘县古之河据点日伪军在村内施放恶性毒瓦斯，该村村民当日中毒而死30多人。26日，日军再次向村民施放了毒瓦斯，又有25人中毒而死。

同日 日军征调300多农民在乡宁县的西坡、临河、陈圪塔一带修筑碉堡，是日开工。日军强令其中24名百姓在土地庙挖一个二三丈深的深坑，坑挖好后，将此24人活埋坑内。

同月 驻和顺县马坊日军来寿阳县松塔镇横岑村"扫荡"，烧杀抢掠，无恶不作。杀害了岳忠顺、李八小、范娥妮、岳文华、岳守德、岳守堂、任彻福、马玉宝、马拉拴、张有和等大批村民。

同月 驻稷山县邢家庄堡日军绿野带队到薛家庄、麻参坡一带"扫荡"，吃败仗后回来，到村外，将抓捕的数名群众挖坑活埋，宁风元侥幸逃跑。

同月 驻太原日军以施行"勤俭增产"为名，向各商家强行派款，每家银元最少2.8万元，商家稍有推诿，即被日军宪兵队查封。本月被日本宪兵队查封的金银珠宝店有13家，银号8家，其它商号百余家，致使商店关闭息业者400余人。

9月1日 日伪山西省立桐旭医学专科学校和附属桐旭医院在太原杏花岭原英国教会内（今太原市人民医院所在地）成立，该校是日伪统治山西8年间设立的唯一高等专科学校。

9 月 9 日　驻榆社县韩村据点日、伪军趁雨夜奔袭榆社县任家垴村，抓获任茂林、任二则、任栓泉、任付红、任元庆、任四孩、任维金、任如英、任江柱、任江林、任四德等 11 名民兵及武乡县张村的 2 个羊馆。日军将这 13 人押回韩村据点，折磨 4 天后，于 13 日全部杀害。

9 月 10 日　驻长治日军在长治召集千余名伪警备队员举行检举大会，清洗伪军中的可疑分子，当场抓捕 100 多人。

9 月 11 日　日伪军合击洪洞县石门峪村，屠杀张海行家 7 人，烧毁抢劫财物无计其数。

9 月 20 日　日军宪兵队把平遥县抗日政府县长薛佑之及教育科长刘坤甫、米汉山等 10 多人押往南门外冀祖荣菜地，用钢刀砍死，扔入井内。

同日　盘踞浑源枪风岭据点的 50 多名日军侵犯火石头村，枪杀村民 9 人。

同日　繁峙县大营据点日军倾巢出动，惨杀前所村韩英、郭升武、尹作兵、周来人等 4 人，残杀横涧村村民张八然、李黄三、张仲、张三计、汪如池、张拴如、张兰、张石义、张才才、张伟之妻。还残忍的将张五月正坐月子的妻子、伺候的妹妹和刚出生的婴儿杀死。这次"扫荡"共残杀横涧村民 16 人、前所村村民 4 人。

9 月 23 日　驻阳曲南山据点日伪军 50 余人入侵井岩村（今属古交市），杀害村民张昌则、阎愣三等 10 人，数日后又杀死该村村民王五儿、李三等 4 人，两次共杀害村民 14 人，烧毁民房 56 间，抢走牲口 60 头；日军闯入马家庄（今属清徐县），刺伤村民杜桂莲，烧毁高敦家房 3 间及家具，抢走马车 1 辆、牲口 3 头、羊 50 只。

同日　驻阳曲镇（今属尖草坪区）、王封（今属万柏林区）、关口、河口（今均属古交市）等据点日伪军约 500 余人，出扰阳曲县第五区老鼠寺、宨立（今均属古交市）、西庄、柳林等附近各村庄，惨杀男女老少 23 人，抢走牲畜 50 多头。

9 月 26 日　驻灵丘城日伪军出动 300 余兵力，窜到灵丘南山抗日根据地扫荡，在一区孙庄担担沟旧煤窑残杀村民 28 人。29 日至 10 月 7 日，扫荡的日伪军又在上寨、下关一带烧毁民房 400 余间，致使大批群众无家可归。

9 月 27 日　伪警备队在垣曲县城以开村长会议为名抓捕了郭攀月（共产党员，王茅下亳人）、师握璞（共产党员、下亳人）、常麟明（共产党员、下亳人）、张博学（共产党员，磨头人）、普恩庆（峪子人）、王仁昌（胡村人）、车执（允岭人）7 人，他们被押送到王茅日军司令部。日军对他们施以酷刑，想从他们口中得知各村党组织的活动情况，但终无所获。11 月 13 日，日军将他们杀害于王茅兔洼岭沟内。

同月 日军"扫荡"平遥县孟山乡魏家庄村，村民魏荣胜、魏相祺、魏左渝、魏荣杰、魏富生、魏济全、魏相尧等 7 人被杀。

秋 日军在黎城县南陌村放火烧村后，在村外南山沟段家坟附近发现藏在一个水洞内的 9 户 24 人，用玉米秆堵住两边洞口，放火烧洞，洞内 24 人全部被熏死。其中，全家被烧死 4 口人的有桑生愧、张柄愧两家，被烧死 3 口人的有彭锁则、岳文喜、张老虎、麻海金等 4 家，被烧死 2 口人的有杨乃旦一家，还有两户各烧死 1 人。同时还烧毁房屋 1200 间，抢走牲畜 80 多头。

秋 日军大佐村川正一率北支那派遣军 147 部队"扫荡"碌碡岩村（今属娄烦县），造成 31 名村民伤亡。

秋 日军 26 师团 4000 余人，在灵丘龙王池附近的担担沟煤窑沟内发现有群众躲藏，便用机枪扫射，往窑内扔手榴弹，窑中 30 余人全部遇难。

秋 日本警备队山本少尉率日伪军在应县龙王堂村进行烧杀，杀害村民 14 人，抓捕军人 6 名。

秋 盘踞长邑、长子两县的日军 1000 余人，"扫荡"晋义乡的张家庄、李家庄，王家庄、吴家庄、贾家庄 5 个村庄，杀害农民 28 人，烧毁民房 2000 余间，抢劫大量财物。

秋 日军在五台县门限石乡马铺沟村实行"三光"政策，村民郭玉娥、张二妮、史二妮、戎怀香、戎二妮、戎存香、张鱼妮、安洋妮、张小妮等 10 人被烧死，罗书和遭枪杀。30 多间房屋被烧毁。

10 月 1 日 日军 36、69、62 三个师团 16 个大队及伪军计三万之众，在敌酋冈村宁茨策划下，推行所谓"铁滚式三层阵地新战法"，摆开横宽 30 华里、前后三阶梯队阵线，自北向南"篦梳式扫荡"。敌 69 师师团长坐阵府城，指挥所属 7000 日军、2000 伪军，对安泽、冀氏等村庄洗劫烧杀，制造血案无数。三交被杀 21 人，唐城被杀 33 人，井上被杀 71 人，李庄被杀 64 人，石槽被杀 28 人。冀氏县统计损失粮食 4588 石、牲口 1254 头、烧毁房屋 5133 间。

10 月 4 日，静乐县三交、康家会据点日、伪军 90 余名，包围县政府驻地石寨子。扑空后，于 5 日上午窜到曲峪大肆抢劫，烧毁房屋 150 余间，抢走牛、驴、羊、猪上百头（只）。

10 月 4 日至 12 月 日、伪军在汾阳搞第五次"强化治安"暴政，在这一时期，日本宪兵队疯狂抓人、杀人。据统计，2000 余名村民被抓进监狱，很多人被杀死或打死。

10月12日 日军奔袭沁水县槐树庄，将未及躲走的男女老少48人，全部驱赶到窑洞内烧死。

10月13日 日军突然奔袭沁源县古寨村，杀死孙维堂、孙秉远、孙团远等24人，并将死者扔进孙育林家菜窖，填死窑口，后村人发现挖出，全部尸体无一完整。

10月16日 盘踞在利民堡据点的日军通过汉奸得知，干柴沟和蒜畦沟两村民兵从利民堡村附近的安子坪夺回被日军抢走的耕牛。当夜倾巢出动，将干柴沟、蒜畦沟两村包围，进行疯狂的烧杀抢掠，共杀害两村干部、民兵20人。

10月19日至25日 盘踞在祁县、太谷、武乡、榆社的日军三十六师团和第四、第九混成旅团一齐出动，向榆社云竹、河峪一带"扫荡"。10月25日，日军出动三个营的兵力，突然包围了圪坨村。但村内空无一人，日军即分三路行动，一路朝岩良，一路朝偏良，一路朝仓竹沟，把躲在村钱山沟里未转移走的村民，一群一群地押往圪坨村。日军在村里设了三个屠场：第一个在圪坨村对面的寨沟口，日军把抓来的村民当作演习刺杀的活靶，刺死47人；第二个屠场在岩良村边（圪坨和岩良相距不到二里地）的三家庙沟，日军把抓到的村民全部赶到三家庙沟的一块地里，让他们脸朝外跪在地堰边，日军官口令一下，端着刺刀的日军，吼叫着冲过去猛刺一刀，再把人踢到地堰下，堰下的日军再乱刀刺杀，将20多名村民当作活靶刺死；第三个屠场在圪坨村火神庙西禅房，日军把第二个屠场未及残杀的妇女儿童和其他被抓村民，都关进了放着木料和谷草的火神庙西禅房，然后把门锁上，在窗口、门口堆放了许多柴草，点火焚烧，在这里共烧死妇女儿童42名。这次暴行日军共残杀了无辜村民162人，烧毁房屋283间，掠夺牲畜224头、羊2041只、猪175头，粮食3051石，衣物等17751件。

10月20日 日军侵扰沁县南仁，全村村民被屠杀48人，228间房屋化为灰烬。同日，沁县乌苏村也被洗劫，38人遇害，800余间房被烧。

10月20日至26日 日伪军"清剿"武乡县韩北村，施行"三光"政策，房屋皆成灰烬瓦砾，37名群众惨遭杀害。

10月20日至11月25日 日军向太岳区发动冬季大"扫荡"，总兵力共9个大队，约7000余人，先后在霍州各个村庄抓捕900余人，其中有30多名妇女。在反"清剿"作战中，八路军部队第38团伤亡30多人，有10余人被俘后被杀害。

10月21日 日军发动"百日大扫荡"，把从安泽县安吉村临近各山沟抓获的村民集中到安吉村集体屠杀，共计屠杀385人，轮奸妇女多人。此外，在该县冯南岭村还屠杀 37 人，其中 17 人是被烧死的。

10 月 22 日　日军第一次修筑黄庆公路（黄彩—庆城）和长马公路（长凝—马坊），第一次修路强征民夫 400 名，修路 7 天没有修成，费工 2800 个。

同日　日军进入襄汾县南辛店贾罕村，以抓牺盟会成员名义，抓走本村武式仁、武式车等 12 名村民，其中武式仁、武式车、武闷子、陈大门、范闷旦等 5 人被日军刺死在襄陵。另外日军烧毁本村房屋 110 余间。

10 月 25 日　因得到汉奸密报，日军突然袭击蔡家岗，共杀死村民 26 人。

10 月 30 日上午　"扫荡"和西一带的日军，在庄里村附近的山上，将逃难的 30 多名妇女儿童驱赶至村西北的热则环庄前，屠杀 26 人。12 岁的张乃修被刺数刀未死，日军就用乱石将其脑袋砸烂。被刺数刀而未死的仅剩张拴江等 3 人。

同月　日军到五寨县前所村"扫荡"，杀害村民李近修、刘成、李二、李满元成、李德、郁先成、王世英、朱三黑 8 人。

同月　日军阳曲石岭关分遣队长前田年一，从石岭关以北 4 公里某村，强制将 4 名妇女拘留到石岭关分遣队内，用刺刀威吓强奸 4 天后才释放。

同月　伪蒙疆骑兵部队千余人，对右玉县东山抗日根据地进行大"扫荡"，敌人因未捞到便宜，便在邢家口、二十三墩等村庄，放火烧毁民房 200 余间。

同月　日军将 14 名抗日干部群众抓至长子县城南门外松树坟，土埋半身，当作练习小钢炮的活靶子，当即炸死 12 人，其余 2 人被日军杀死。

同月　日军在霍县"扫荡"时，路经华辛庄将全村 7 户 30 多口人杀害。

11 月 1 日　200 多名日军突然包围了忻县韩岩村。日军一进村便把村中的大街小巷都封锁了，把所有的村民都赶到戏台子院里，日军按照叛徒预先写好的"黑名单"，把 30 多名干部、党员一一叫上台子捆起来示众，然后带回城里，关进监牢。同日，忻县四区被抓走 400 余人，大都被杀害，一部分人被送去做苦工，活着回来的甚少。四区党组织在叛徒张守德的出卖下，遭到严重破坏。

11 月 5 日　盘踞阳城，沁水的日军路经浮山东腰、西腰一带，杀害村民 16 人，重伤致残者 5 人。

11 月 6 日　日军在浮山县高家河村屠杀村民 16 人，打伤 5 人。

同日　驻娄烦据点日伪军 100 多人进犯娄家庄（今属娄烦县），将未及逃走的李新光、李海玉、李为善、李正为等 8 名村民，捆绑在树上当活靶练刺杀后，扔进大火烧死。日军还烧毁房屋 117 间、烧毁饲草 5000 公斤、粮食 200 多担（合 1 万公斤），抢走大牲畜多头，猪、羊、鸡上千只，财务若干。

11 月 9 日　日军"扫荡"沁源县杭村，一些群众躲藏在离地面十几丈深的煤矿井中，日军发现后施放毒气，毒死村民 30 多人。

上旬　日军第二次修筑黄庆公路（黄彩—庆城）和长马公路（长凝—马坊），第二次修路强征民夫 900 人，修路 8 天没有修成，费工 7200 个。

11 月 15 日　驻杜峪沟日军到榆社县青峪村"扫荡"，在王家沿村的一个窑洞中搜到 12 名妇女，日军将其全部轮奸；在另一窑洞中将田眉江的母亲枪杀，将田眉江的妹妹奸辱。

同日　驻段洼（属济源）的 100 余名日军窜到垣曲西阳，村民们急忙外逃，敌人向村内群众开枪，打死 3 人。临走时放火烧掉房屋 80 余间，大火烧了 1 天，直到傍晚日军才离开。

11 月 20 日　日军在高平县许多村屠杀村民 14 人，能忆及姓名者有：袁保库、袁树棠、田肉蛋、姬天顺（南陈村人）等。

同日　日军在闻喜县城以集训全县教师为名，将到会教师全部扣捕，连同在各村搜捕的教师和农民百余人，关在 7 处牢房，日军逐一严刑拷打，使尽各种惨无人道的刑罚，强迫教师们承认是共产党。南阳村白清河等 4 人失踪，小寺头学校教师剡希何被活活打死。

11 月 23 日　浑源城和下疃堡据点日伪军合围北土岭沟村，两天残杀该村村民 17 人。

11 月 28 日　日军骚扰静乐县石寨子，惨杀干部村民 9 人，抓走村民 12 人（后被救出），烧毁房屋 94 间，抢走骡子 8 头。

11 月 30 日　驻武乡县南沟村据点的日伪军，对武乡县山交沟村进行"扫荡"，全村 25 人被杀，60 多人被捕，13 人受伤，烧房 60 余间，抢走牲口 20 多头，大量粮食、衣服、物件被抢、被毁。

同月　日军第二次"扫荡"历山，在垣曲县文堂村五里坡住了 23 天，抓走抗日干部车守信，民兵王凤林（党员）、张小山，群众王凤明等 23 人，囚禁在一个天窑里，整整饿了 4 天，水米未进。11 月 20 日，日军把他们拉到村南地里，剥去衣服，挖掉双眼，日军 20 余人端着刺刀，站立四周，他们撞到哪边，那边的日军便用刺刀刺他们，豺狼成性的日军，就这样活活把他们折磨致死。死后，血肉模糊，父认不出子，妻认不出夫，惨状空前，目不忍睹。

同月　日军窜到蒲县太林蒲伊、河底、西沟，枪杀花庄村村民 4 人，奸污妇女 1 人，掠杀大牲畜 10 余头、鸡 150 余只，烧毁粮食 2400 余斤。

12 月 2 日　日军驻横水情报主任龙升带日军及情报队梁希田、希振山等人，到闻喜白石界元村。日军找到群众躲藏的窑洞（在村前沟内花古嘴，今三河口水库边），堵住窑门，每次绑走1名青壮年男子，拉到50米处山壑口刀砍、枪杀，共杀32人，尸体堆积崖下。又逼迫小孩子抬来凉水泼向尸堆，几名昏死者被泼醒发出呻吟，日军复以刀枪杀死。32人中，29人殉难。

12月13日　驻平定巨城日军袭击岔口理家庄村，抓捕村民兵小队长石班毛并将其杀害。疯狂的日军先后杀害村民石根臣、王文贵和来理家庄探亲的东峪人王珠，还抓捕了村干部和民兵8人，押往万子足村外大岭岩下杀害。

12月24日　太原城内因日军屯集粮食冻饿致死300多人。又据1943年3月20日《抗战日报》记载，南社村（今属古交市）冬天有60多人被冻饿而死。

12月30日　日军在安邑县峨嵋岭以搜捕抗日部队为名，将运城盐湖区路家庄村民李有道抓获，硬说他是中国兵，将其赤脚押解于三路里村，四、五日后将其杀害。

同日　一股日军向黎城县南委泉进犯，在南港沟村老北岭把未逃走的王秋果一家6口人（2男4女）用刺刀一个个刺死。而后，日军又窜至后沟，发现一土窑洞里的七、八名妇女，奸淫后全部杀害。另有14名村民被日军用机枪射死。此次日军"扫荡"南港沟村共杀害村民29人。

同月　日军在夏县泗交镇圪马沟村以搜索八路军之名，残忍杀害村民22人。

同月　日独立混成旅第四旅团独立步兵第13大队第4中队阳曲县南温川分遣队长住冈义一少尉，下令森伍郎军曹设立"慰安所"。森伍郎军曹、佐野兵长等带领日军在北温川、石槽、岔口村等地抓捕10名青年妇女，供日本士兵欺辱。

冬　日军开展第五次"强化治安"运动，临晋数百名小学教师被捕，受尽酷刑折磨，其中不少人惨遭杀害。仅12月9日一天，就有7人在审讯中被打死。日军还在临晋"万人沟"杀害村民13人。

冬　日军"扫荡"沁源县聪子峪村，施放毒气，毒死煤窑内隐藏的58名妇女、老人和儿童。

冬　日军在沁源县郭道秦家庄把100多村民关在房屋中活活烧死。

冬　日军"扫荡"晋绥边区八分区，在汾阳三道川中庄抓捕20多个妇女，强迫脱光衣服，将每人刺了4刀，然后推到沟里，用石头砸死。下社村的一家4口人，被日军抓住刺死。在王家窑的土洞里，日军用火烧死男女30多人。在李家掌，日军烧死男女村民30多人。在三道川的仓完寺村，日军把全村村民杀的只剩7人。

冬　日军阳泉特务队捉走太谷五、六区所辖地面村的村长和抗日家属96人，全部杀害。

冬　日军实行文化侵略，进行奴化教育，毒害青少年，他们一方面用"大东亚战争"与"新国民运动"欺骗群众，召开假期讲学会，训练鉴定伪校教员。另一方面在太谷设立了阳邑、范村、侯城三所高小，将凤山高小移入城内，经常对教员和小学生进行思想测验，并强迫学生用日伪课本，学习日语。

冬　日军再次发动大"扫荡"，分8路包围东南山区40多个村庄，抓走抗日干部和教师100多人，施用种种暴行，杀害数十名，当天仅有30多口人的南庄村被杀五、六人。

同年　西山煤矿"劳务系"日军成田带领"工人取缔队"到太原附近摊派，按村庄大小各分摊二三十人，"征集"民工400多人；日军趁晋东南各县遭灾之机，在晋城、高平一带募集500余名工人到太原，募集工到厂后，受尽折磨，太原铁厂24名晋城农民到1945年日军投降时已死17人，太原窑厂的200多名农民也仅剩不到40人。日本警备队折磨致死矿机机械工场董良才、李双文、郭子俊3人。

同年　日军抓捕与八路军有交的常庄村（今属清徐县）村长常要文，押至徐沟后秘密杀害；抓捕董家营村（今属清徐县）董怀真、杜智去榆次修炮楼，后将此2人打伤致残；强迫黑城营村（今属清徐县）王四货带路，因王不从，途中砍死，并将王之头颅悬挂于徐沟西门楼上；枪杀曾为八路军办事的红城村（今属清徐县）村长阎德明；日军在小店枪杀阎家营（今属清徐县）董铁元；打死王答村杜金贵；打死西青堆村（今属清徐县）张二青；抓住曾保护过八路军人员和武器的羊圈岢村（今属清徐县）岳虎，严刑拷打致残，同村张竹玲也被日军打残；在大旺村（今属清徐县）抓捕八路军岳建发后杀害；驻在东高白（今属清徐县）日军在元宵节将贾团圆、贾存仁打伤；杀害受上级派遣回村工作的东于村籍八路军干部陈福明，枪杀该村村民郭全保；抓住在西沟村（今属清徐县）打短工的武家坡、武补门时，先用狼狗咬，后用刺刀捅死；在泽渔河刺死新民村武新喜；杀害新民村籍八路军战士陈保元，同村武工队排长何祥兔在草庄头与日军交火时负伤，被抓押到太原，受尽酷刑后被活埋；路遇西谷乡（今属清徐县）卖菜农民王寿红、韵贵保，被告之没有八路军，行进不远却遭八路军袭击，遂回撤用刺刀将王捅死、韵捅成重伤；扫荡赵家山村（今属清徐县），杀死村民马二海，烧毁房子82间，抢羊100只、骡子1头。马家庄籍游击独立营长高敬修在太谷薄池村被日军包围，突围中被枪杀；成子村（今属清徐县）19岁的张培仁在齐齐哈尔小店铺里当小工，在外出送货时被日军警备队抓住，装入麻袋带走后不知去向；用刺刀捅死榆次王郝村做小买卖的贾村堡村（今属清徐县）李生雷，将石荣抓去笼马后再无消息；抓捕在静乐县做买卖的商人武不看和村民修炮楼，并抢其 1 头骡子、1 头毛驴及货物，武曾试图逃跑，被抓回吊在树上遭鞭打后活埋；抓马家庄高敦善到佳木斯劳工集中营，因高不堪日军凌辱打日兵，被日军用刺刀刺死。

同年　由于日、伪军经常"扫荡"，榆次不少村庄成了无人区、恐怖区。如北蔺郊村，房屋被烧毁和拆毁一多半，土地荒芜 1200 多亩，27 头牲口全被抢走，群众口粮不够吃，伤寒等传染病增多。

同年　盘踞方山的日军强迫该县村民种鸦片。全县沿川和大沟，将 4000 余亩好水地种植鸦片，占全县水地面积 80% 以上，致使全县 10000 多人沾染吸食毒品的恶习，占种烟区成年人 70% 以上。

1943 年

1 月 3 日　驻柳林县日军 200 多人"扫荡"该县兴旺村，烧毁民窑 42 孔、大柜 56 个。

1 月 6 日　日军调集汾阳、文水、交城等地日伪军 1000 余人，分 3 路"扫荡"汾阳边山地区，将沿途各村抓获的群众 51 名带上古池村后，拉出 3 人为其引路，其余 48 人囚禁于一间窑洞和一间草房内。10 日，日军在窑洞口、房门口堆放山柴、木板，点火焚烧，并喷放毒气，将 48 人活活烧死。其中有六区区委书记李文庆等数名抗日干部。日军在该村还烧毁民房 125 间，烧死房内老弱病人 2 人，刺死村民 2 人，宰杀耕牛 32 头。

同日　日军在古县金堆村南节条坟搜捕 21 名妇孺老人，架火全部烧死，制造了节条坟惨案。

1 月 7 日　驻绛县横水镇日军情报主任龙升率日军及汉奸梁希田、常振山等人，奔袭闻喜县界园村，在村前三河口水库边屠杀村民 32 人，其中 3 人幸存。

1 月 9 日　盘踞在长子县城的日军、警备队 100 余人，在长子县胡家峪村杀害群众 8 人，烧毁房屋 130 余间，抢走大量粮食、鸡、羊、猪。

同日至 10 日　日军军官白岩（外号白阎王）带日、伪军 130 余人从代县城出发，路经阿家梁时杀害群众 15 人。在山底村把 20 多人关在大磨坊，在刘二旦老人家里公开强奸妇女，刘二旦被扔进火里烧死。10 日上午，日、伪军用 3 口铡刀惨杀群众 29 人，烧毁房屋 280 余间，抢劫大牲畜 80 余头、羊 200 多只、粮

30 余石。

1 月 10 日　日军运输队包围沁源县乌木村，发现了藏有群众的窑洞，在半小时内，用刺刀捅、枪杀张申有等 29 人，其中不满 10 岁的幼儿有 7 人。

1 月 15 日　日军第三次大动工修筑黄庆公路（黄彩—庆城）和长马公路（长凝—马坊），强征民夫 1500 人，修路 10 天，费工 15000 个。

同日　驻扎翼城县大河日军小分队窜至兜垛村抢掠牛羊，村民奋起反抗，日军将他们驱赶到马家沟，残酷杀害 30 余人。

1 月 16 日　日军在长治邱村等地抓走 11 个村民，押往北石槽村日军据点，刺死后埋入大土坑内。

同日　日军半夜火烧繁峙常坪村，烧死张二虎（16 岁）及其弟张三虎、张四虎和村民张志兵（15 岁）、妹妹张哑巴、张女女、张粉娥（13 岁）、张拴明（16 岁）、高润娥（14 岁）、高恒义（12 岁）、张世仁、赵石榴等 13 人，烧毁房屋 600 间、学校房屋 10 间。

同日　襄汾县永固乡丰亨村被日军抓走做苦力的有秦思明、马生太、原二小（小名）3 人，至今下落不明。

1 月 24 日　驻蔚县日军侵犯广灵下栈四区政府，残杀干部村民 10 余人。

1 月 29 日　日军突然包围寿阳县什贴镇颉纥村，拉走牲畜 10 头，抓走青壮年村民 10 人带到寿阳县上湖乡芦家庄，杀死郭喜生、张丑花、郭田思 3 人，其余 8 人关押在炮楼里。

同月　吉县安吉据点日军 100 余人包围热留村东山岭庄，全庄 35 口人，除 2 人逃脱外，其余 33 人被赶到一个窑内烧死。

1 月—3 月　据日伪统计，太原市内一般贫民饿死者 260 人，外逃民户 1926 家，计 17035 人。

2 月初　日军在临汾东郭村（今属尧都区）活埋李双穴、张小娃 2 人，打死村民孙洪吉。

2 月 1 日　日军到襄垣县小黄岩"清剿"，杀死干部民兵 21 人，关押 10 人，抢走牲口 10 头、棉花 30 斤、粮食 200 余石、羊 10 只、鸡 15 只、新被褥 42 条、自行车 1 辆、手表 1 块、民兵步枪 4 支及全部子弹、手榴弹和地雷。

2 月 5 日　大同日本军宪兵司令部捕捉了当地的 397 名知识分子，以"皇军"敌对分子的罪名，活埋在郊外 5 条深沟里。

同日　日军在山阴县南祖村屠杀村民 5 人，烧毁民房 1 间。

2 月 12 日　驻杜峪沟据点日军"扫荡"榆社县青峪村，屠杀村民 8 人，抢走村民被褥 100 余条、粮食 3500 余公斤和 80 头大牲畜。

2月13日 驻长子县日军、警备队数百人在长子县刘家坟村把王占青、陈贵英等 10 人绑在木柱上，放狼狗活活咬死。

2月14日 盘踞夏县的日军为封锁抗日游击队的活动，对杨家窑头、赵家岭两个村庄，进行了一次大屠杀。把全村老少集中在窑洞内用刺刀捅死或用机枪射杀；对于妇女儿童，均在背后砍一刀，然后推下东沟深崖；对婴儿、小孩，日军则用刺刀扎起，掷于深崖之下。当日，日军在杨家窑头屠杀村民 110 余人，在赵家岭屠杀村民 70 余人。

2月17日 日伪军包围繁峙二茄兰村，威胁群众说出八路军和区干部，先后打死干部 13 名，打伤 10 名，抓走 10 人。

2月18日 日军进犯柳林县白家焉村，次日凌晨包围了石洞门，搜获躲在地洞中的群众 65 人，刺死 55 人，刺伤 10 余人，10 余名妇女被奸污后又遭杀害。

同日 朔县警备队到右玉二区东黄家窑进行大搜捕。半个月内搜捕共产党员 50 余名、群众 55 名，后将 47 名党员于 3 月 15 日押送到朔县红部进行审查，张明奎等 24 人被杀害。4 月 24 日，张玉奎等 10 人被判处无期徒刑，在狱中张玉奎等 4 人被杀害，于套福等 2 人饿死，王河等 4 人于 1945 年 9 月释放。韩映等 13 人被判处劳役 3 个月，送朔县陶卜洼煤窑背炭，韩映等 2 人病死。

2月27日 中共朔县县委正在只泥泉村召开干部开大会时，突然遭到日军袭击，村干部、村民 19 人被杀，其中只泥泉村 5 人、其他村 14 人。

2月 日军由箭方岩据点到太谷县范家庄，枪杀村民 1 人，打伤 1 人，抓走 4 人，拉走牲畜 4 头。

同月 日军第四次修筑黄庆公路（黄彩—庆城）和长马公路（长凝—马坊），强征民夫 200 人，修路 4 天，费工 800 个。

同月 日军为了强化治安，阻止抗日军队的进攻，强派新绛县劳工在北部沿山一带挖"惠民壕"（老百姓称"毁民壕"），东至襄汾县高庄，西到稷山境内的三界庄，共修炮楼 10 个，动用劳工 10000 余人，拆毁庙宇 8 座，历时 1 年。修壕期间，日军对民工百般迫害，死伤 456 人。

3月1日 盘踞灵邱县北泉的日、伪军突袭刘庄，将群众逼进屋内，门窗紧闭，然后纵火，243 名男女村民被活活烧死。灭门者 35 户，抢牛骡驴马 300 多头、羊 150 只，抢走 50000 公斤粮食，烧毁民房 1500 余间。第二天又将前去收尸的群众 7 人枪杀，全村的老残弱幼饿死者达 20 人。

3 月 4 日　驻和顺县城日伪军 100 余人突袭包围寺庄头村，枪杀 9 人，后将院内村民 19 人刺死。此次日军共杀死 28 人，3 户被杀绝，赶走 20 多头牛。

同日　日军偷袭驻扎在沁源县景凤汝家庄的抗日干部，捕获干部、村民 200 余人，当场杀死数人，殴打成重伤的有 20 余人。

3 月 12 日　聂营、枣林、二十里铺据点日伪军集结一个营的兵力进犯山阴县抗日政府驻地枣园。入村后疯狂剿杀，全村 30 多户人家仅存的 8 间房化为灰烬。此次两村被杀死 19 人（其中共产党员 4 人），焚毁民房 210 余间。

3 月 14 日　驻汾阳日军宪兵队长土井纠集交城、文水、汾阳 3 县日伪军到各地大搜捕，抓捕干部、村民 284 人，在汾阳临时监狱用"点天灯"、灌辣水、狼狗咬等酷刑残杀干部群众近 200 人。

3 月 15 日　日军 100 余人包围朔县王家泉子和后沙村，将婴儿和妇女扔进火堆烧死，用刺刀戳死青壮年。两村 60 余名村民惨遭杀害，王有、张尚满、温世昌 3 户被杀绝。

3 月 18 日　日军调集兵力，对稷王山一带进行扫荡，在稷山县下王尹村打死村民 8 人，烧毁三关庙等庙宇 46 间。

3 月 29 日　日军的骑兵和伪警备队及便衣约 500 余人，包围了阎锡山政府所在地新绛县北杜坞村。日伪军进村后抓捕村民，奸淫妇女，被抓的村民，遭到皮鞭打、狼狗咬、肥皂水灌，屠杀 33 人，烧毁寺院、民房 80 余间，杀死耕牛 20 余头，掠走牲口 40 余头。

3 月　平陆日伪机关驻地上张村发生"警备队事变"。其中，日军将警备队队长、警察所警长、县公署、新民会等成员十余人抓捕杀害，将 100 余名士兵押解东北煤矿做苦役，生还者无几。

同月　日军一部侵入祁县峪口乡温家贝等村用枪杀、灌毒水、刺刀捅等方法杀害无辜村民 10 人。

春　盘踞陵川县的日、伪军 1000 余名侵扰北召要，在大张坡沟等地抓捕村民 26 人，全部用机枪射死。

春　日军用飞机在古交屯兰川、原平川小娄峰等村撒布伤寒菌，致使麻会村死亡 47 人、小娄峰死亡 40 余人、南头村死亡 60 余人、营立村死亡 50 人。

春　日军侵袭太原古交市嘉乐泉村，捕捉村长程继升，枪杀民兵薛海通等 5 人，刺死村民薛生宝、程树旺。烧毁房屋 30 余间，抢走牲畜 606 头、粮食 4000 余斤及难以计数的生产工具和生活用品。用细菌污染水源导致村民死亡 50 人。

春　日军 200 余人分两路包围太谷县马兰和岳家庄，枪杀群众 8 人，打伤 6

人，抓走 8 人关押于东阳据点，杀害 1 人。

春　日军在祁县任村抓捕自卫队民兵以及群众 10 余人，押到子洪用刺刀全部捅死。

春　日军"扫荡"平遥县孟山乡天池村（现属照四角村委）、照四角、和洪江村（现属照四角村委），把村子烧成一片灰烬。天池村被烧房屋 23 间，抢走牛 10 头、驴 5 头，杀猪 3 头，砍树木 100 余株。照四角村被烧房 25 间，抢牛 12 头、驴 7 头，杀骡 3 头、猪 7 头。洪江村被烧房 22 间，抢牛 13 头、羊 20 只、服饰 120 件，杀猪 5 头，砍树 100 株。

春　日军在祁县任村抓捕村民 20 多人，拉到子洪口，当活靶刺死。

春　日军在交城县嘉乐泉村枪杀村民 8 人，烧毁民房 20 多间，将财物洗劫一空。秋，又在该县老书寺村屠杀村民 20 人，烧毁民房 300 多间。

春　日军在壶关县土地河村抢走衣物 200 多件，烧毁民房 10 余间。

春　驻平定巨城日军奔袭岔口理家庄村，杀害村民 4 人。

4 月 9 日　日军连续扫荡陵川鱼池村、碾帮水村 10 余次，村民 8 人被杀，李陈旺被打伤，碾帮水村村民贾怀玉失踪，141 头牛（驴）被杀，1500 亩土地当年绝收，致使 270 人被饿死。

4 月 14 日　太原铁路工厂（现太原机车车辆厂）工人马凤桐组织工人罢工。日军残酷镇压罢工人员，先后有 24 名工人被捕，马凤桐惨死在日本宪兵的刀下，造成当年轰动一时的"马凤桐事件"。

4 月 19 日　驻柳林日伪军闯入柳林石洞门，杀害村民 53 人，打伤致残 9 人。当时石洞门共 31 户人家，其中 23 户人家遭殃，有 5 户人家只剩下 1 个人。

4 月 20 日　盘踞朔县的日军继续在城内大肆屠杀，居民遇难者达 160 余人。

4 月 25 日　在山西产业株式会社藤冈文六策划下，太原警备队、日本宪兵队对太原铁厂不满日伪统治的劳工进行大搜捕，以"煽动者"罪名强行处决 13 名劳工，并将其家属赶出工厂。

4 月 27 日　日军在阳城县河西村，烧房 35 间，烧毁床 8 张、大柜 10 口、箱 12 顶。

4 月　日军包围祁县峪口乡南坪、峪口等村，用刺刀捅死王来根、冯宽等 8 人。

同月　日军"扫荡"灵川县平城镇草坡村，枪杀王浮喜、王圪娘、王发龙、王二羊、王保的、王来元、王来栓、武委会主任王苟仁等 8 人，抓走王小孩、王毛孩、王理保、王宽宽、王文全等 5 人。

4月至9月 日军攻陷陵川夺火乡，对夺火乡所有村庄不间断的扫荡，仅夺火村（包括夺火、庙洼、三流泉、龙道沟、蚂蚁街）就有32人被日军残酷地杀害，妇女来菊被日军奸污，有2人重伤，5人逃难时失踪，1人被俘后下落不明，403头大牲畜被杀，940亩土地颗粒无收，导致1843人因无粮而饿死，烧毁1341间房、戏班行头200件，抢掠2个30公分大的铜像、20件银首饰。

5月1日 日军36师团鹿野大队4中队400余人，在沁源县霍登村（今法中村），抓住男女200余人，把妇女99人集中一处，挑选年轻妇女就地奸污，活埋干部村民39人。

5月5日 日军骚扰潞城辽河头村，抢走衣服1735件、金银首饰14.75斤、白布391丈、毡10条、被褥35套、粮食8340斤、食油145斤、现洋130块。有两位70多岁的老太婆未跑及，日军在阴户连刺数刀致死；王存孩及老婆被抓后，日军将他们扒光衣服强令二老当众性交，未从，被杀死。

5月7日 日军连日骚扰潞城古城、涧口、续村、常村、上村，屠杀古城村50岁以上老人9名、涧口村6人、上村27人。

5月16日 日军在万泉县陈家庄孙氏祠内屠杀村民86人。

5月27日 日军分3路由祁县板山、东山、寨坪出发，途经峪口村时，放火烧毁房子20余间，杀害15人，制造了峪口惨案。

5月31日 驻来远和北关的50多名日军和30多个汉奸组成抢粮队，从祁县南风口直扑前庄。日军共残杀30多人，奸污妇女2人，抢走牲口160多头、羊320多只、粮食5000公斤，烧毁饲草20000公斤、房屋120余间。

5月 日本军36团第222联队大"扫荡"，在左权麻田至涉县河南店沿途的水井、水窟、水池中撒毒药20多亩，致使群众120人中毒，其中4人死亡。

同月 盘踞陵川日军军警稽察处从附近农村抓获17名没有"良民证"的群众，施以吊打、火柱烫、灌辣椒水、坐"好汉床"等酷刑后砍杀。

同月 盘踞陵川县崞头据点的日伪军500余人，趁黑夜袭击万章村，打死村民11人，抢走耕牛38头、驴5头、马8匹、粮食100石，烧毁房屋30余间。

同月 日伪军扫荡陵川平城镇北召村，把30余名村民，驱赶到大沱塈，在一块坟地里，把赵六孩、丁锁、赵凤的、赵黑奇、赵郭成、赵井锁等27人刺死。

同月 日军在陵川县梁泉村"扫荡"，打死村民黄来庆、张志忠、张永德、张梅枝、秦理富、黄昌顺等6人。

同月 驻祁县来远日军奔袭上南沿、油房凹、南沿村，屠杀农民9人，其中妇女3人。

同月　日本宪兵队在太原东门外屠杀 3 名中共地下党员，在兰村、南屯村（今属尖草坪区）等地杀害村民 73 人。

6 月 4 日　驻神池利民堡据点日伪军突袭神池大井沟村，抓走 8 名村干部和民兵，15 日押回大井沟村，当众惨杀 6 人。

6 月 6 日　100 余日伪军窜往阳城县蟒河"扫荡"，沿途奸淫、烧杀桑林，东山、蟒河村民被杀害 30 余人。

6 月 7 日　驻阳城县白桑据点的日伪军深夜袭击南窑村，杀害民兵及群众张斗才、张小锁、张二科、王金土、王小竹、王小胖、王小富、邢小腊等 8 人，放火烧毁房屋 20 间。

6 月 3 日　驻南关和沁县之敌包围武乡县南关村，抓走南关及附近村庄的 300 多名干部、民兵和群众，其中孙汉英等 30 多人被杀害。

6 月 7 日　日本宪兵队搜捕曲沃县共产党员，县委宣传部长、五区区委书记贾亮，三区区委书记杨金钟及五区宣传委员焦铜山，把杨文学的父亲、妻子被打得遍体鳞伤，杨文学的母亲被打成残废。

同日　驻稷山县邢家堡日军绿野在看戏时，突然大发雷霆，把仁义村 3 名演员拉到村南用刀杀死。

3 月 16 日　静乐县丰润据点的日、伪军 50 余名到东山前润子、后润子、择善、佛堂山、青家洼一带"扫荡"，烧杀抢掠、无恶不作。日军进入小山庄青家洼后，见老百姓大都已逃走，搜寻到几个 70 多岁的老人刺死。将 11 岁的李丑女面部烧毁，小孩疼痛难忍，在地上翻滚惨叫着，日军却站在旁边笑着取乐，最后将小孩的眼烧瞎，终身致残。

6 月 17 日　驻古交日军 1 个旅团在向米峪镇一带"扫荡"，沿路将岔儿上、下石村（今属娄烦县）等地 31 名老人和儿童抓捕，逼至碌碡岩一块草地上集体屠杀。日军逼迫这些人跪地，让军校刚毕业的几名见习士官实习军刀杀人，其中有 3 名十几岁男孩也惨遭杀害。

6 月 22 日　日军第 63 旅一小队和伪军 300 余人，包围襄垣县米家坪村，杀死游击队员和村民 10 人，抓走村民 14 人，烧毁房屋 32 间、窑 40 余孔，抢走牲口 15 头、羊猪 21 只。

同月　日军飞机轰炸阳城县西冶村，村内旗杆院、头杰院等多处房屋被毁，继之，日军侵入西冶、独泉、钓鱼台、范上沟、小王庄等地"扫荡"，杀害吉起成等村民 24 人，伤 8 人，其中有孩童 4 人被扔进茅坑淹死。在白龙池，日军放火烧了 6 间房子，践踏即将成熟的小麦 300 亩，不少村民的春蚕被烧、被毁。

同月　日军"扫荡"陵川六泉乡沙场村。杀死村民苏四红、王先珍、王国孩、苏保保、苏小秦、王珍红、王秦先、王杨秀、王春喜、郭元天、牛虎狗、王金虎、苏冬孩、韩丑孩、牛全孩、苏秋孩、王和成、苏肥保等18人，杀牛45头，烧牛四孩房3间，全村血流成河。

同月　日军对陵川县夺火乡凤凰村进行"扫荡"，致使34人死亡，1人重伤，1人失踪，烧毁房屋22间，杀死109头牛、60只羊，550亩土地当年绝收，导致341人饿死。

同月　日军"扫荡"陵川县夺火乡勤泉村，侯宝山、杨锁等4人被杀，张银虎被打受伤，30头牛杀死，260亩庄稼遭破坏而颗粒无收。

同月　日军"扫荡"陵川县夺火乡窄相村，宰德贵被杀害，崔果印等3名妇女被日军轮奸，42人在逃难时失踪，120头牛被杀，320亩庄稼被喂马或践踏颗粒无收。

同月　代县城有17名逃难妇女藏在东关1个窑洞里，被10余名日军找到后，在光天化日之下，将17名妇女集体轮奸。其中年龄最大的40岁，最小的只有17岁。

夏　日军宪兵队将长治县城下南街的裴黄狗、周狗孩、郭金富、秦贵元等人抓去，以"通八路嫌疑"罪杀害。

7月5日　静乐县宁化据点日军200余名包围舍科村，当场将民兵李宏洞、任年月喜枪杀，张民焕、李二则、李三后、李银林及本村村民赵还苟、赵炳宽、赵富存等8人负伤后被刺死。民兵吕于拴、蒋成闹被日军用枪托戳死，村民赵子明等5人被押送到宁武警察所监狱，直到1945年日军投降才放出。日军此次共杀害民兵13人，抓走5人，烧毁房子50余间，抢走步枪13支、地雷16颗与上百件财物。

7月7日　占驻下町据点日军悄悄窜入浑源县凌云口村内，捕抓群众30余人，带回下町据点后，其中10人被杀。

同日　日、伪军"扫荡"队偷袭晋城寺河村，用机枪射死村民5人。8月7日，又抓捕寺河村民12人，带到东沟镇敌据点酷刑拷打后杀害。

7月上旬　驻宁武县阳方口的日、伪军100余人窜入后圪塔峰村抢掠，搜出大铁娃（小名）、赵金中、赵占青、高斌、瘦老旦（小名）、赵连声、李金山等7人押到双泥河边枪杀。在前圪峰村，将张光正和侄子张环扔到沟底，开枪打死，张环年仅16岁。日军还烧毁民房14间，抢走1头骡子和1头驴。

7月13日　驻稷山县邢家堡日军便衣队活埋付家庄村民李中科、张闷儿、仁义村的贾黑蛋、胡家庄村张昌儿等 10 人。

　　同日　日军第 243 大队侵扰襄垣北偏桥，枪杀崔星马等 12 人，奸淫妇女 14 人，奸后杀死 2 人，抓走群众 35 人，拉走牲口 17 头。

　　7 月　驻寿阳县马坊日军到松塔镇横岑村"扫荡"，残杀村民尹明俊、李锁云、张甲成、冀书宝、岳荣让、贾变堂、岳甬扣等 7 人。

　　同月　汾城县永固村的原吉寿、原许顺、郭有顺、张喜德，孙家村的卫金钟、李德堂，西吉村的高步斗、高扎根、史喜云，南董村石有堂，赵康村郑帮成等 12 人。被日军押赴日本做劳工，长达 2 年之余，抗战胜利后，只有少数人返回。

　　同月　日军对洪洞县东堡村"扫荡"，烧毁房屋 50 余间，抢走牲口 40 余头，烧死 3 家人，包括妇女、儿童共 7 人，村民史福云被枪杀，娄村张台娃、张玉泉、张小娃、张小士、张菊花、段小仁、卫兰翠等 9 人被抓走，至今下落不明。

　　8 月 10 日　驻盂县下社、御枣口、椿树底据点的日军，偷袭大盂村，抢走大牲畜 16 头、羊 800 余只，烧毁房屋 170 多间。

　　8 月 15 日　驻盂县西烟、进圭日军侵犯盂县上扑头、赵家庄，烧毁民房 247 间，抢走大牲畜 51 头、山羊 214 只、粮食 5000 公斤、衣物上百件。

　　8 月中旬　垣曲县皋落、回村、槐南白几个村的群众，在皋落镇看戏，日军怀疑演员中有共产党，将舞台团团包围抓走 27 人，杀害 25 人。

　　8 月中旬　日军在祁县县城西关旧校场内，用 19 名农民作活靶，练习射击，19 人残死。

　　8 月 19 日　驻右玉城日军把从欧家村、后庄窝抓走的张录士、贾大儒、肖清林、王四、刘海等 11 名干部、群众，全部杀害于右玉城北门外。

　　8 月 28 日　日军到翼城山区老王沟骚扰，用铡草刀将村民 12 人铡死，并放火烧毁了土地庙。

　　8 月　驻扎在榆次县白田炮台的日军侵入黄彩乡（今庄子乡）西赤土村，杀害村民孔庆云 4 人。

　　同月　日军闯入洪洞县柴村堡，将村内的房屋点燃，村民无家可归，四处离散，日军抓走柴村堡 5 人、长安堡 12 人，押往曹生村屠杀。

　　9 月初　日军在浮山县进行"秋季大扫荡"，疯狂捕人杀人，在寨圪塔乡小邱庄杀害村民 83 人，又在邻村杀死村民 13 人。

　　9 月初　静乐城、南沟口、西马坊等据点的日、伪军组成抢粮队，到河西一带大肆抢粮，西河沟被抢走 23000 余公斤粮食。

9 月 9 日 因高升村（今属古交市）村民拒绝给日军提供粮食，日军出动 100 余人将该村包围，枪杀武豹成、曹三顺等 4 名村民，将曹成则、曹保有等 8 名村民押回据点严刑拷打后全部杀害，烧毁房屋 18 间，抢去大牲畜 15 头、羊 80 多只。

同日 驻稷山日军小队长百合率 30 名日军闯进付家庄，烧毁房屋 1160 间。日军在薛家庄、邢家庄、张家庄、上胡等 8 个村烧毁房屋 2200 间，将开西、开东、肖家庄、麻参坡等 6 个村房屋烧毁一半多，将三界庄、范家庄等 13 个村子房屋烧毁 30%。

9 月 13 日 日军在浮山县乔家垣南山上，屠杀村民 73 人，在棉花庄杀害 35 人。

9 月 16 日 日军从阳城沁水一带"扫荡"返回浇底翟庄村（今属翼城县），将沿途抓捕的 26 名群众绑到西桥上，残杀后推到桥下。

9 月 17 日 洪洞日伪军二三百人再次包围洪洞县油耳子山村，把村里男女老少全部赶到村外的地里，用枪进行恫吓和威胁，让人们供出八路军和八路军藏粮的地方，群众无一人吭声。日军便架起机枪，把所有青壮年全部杀害，制造了一起惨绝人寰的油耳子山惨案。当时惨遭杀害的有李殿臣、李方子、李长胜、李旺儿、李小时、李五儿、万明、李海龙、李怀儿、李洪英、李洪顺、李战胜、李小�、李学忠、李学信、李学文、李成蛙、李学仁、许白娃等 19 人，使一个仅有二三十户的油耳子山变成了"寡妇村"。

9 月 20 日 日军在浮山县柳树垣村杀死、熏死村民 68 人，全村仅幸免 1 人。

9 月中旬 日、伪军在深夜包围屯留县七泉村，枪杀未及时转移的 44 名老、弱、妇、幼村民，其中 17 人被逼到窑洞里烧死，13 人被用战刀砍死，12 人被用刺刀捅死，只有 2 人身负重伤侥幸逃脱。日军临走时还将全村的 200 余间房屋全部点燃烧毁。

9 月 23 日 日军田村大队和保德大队"扫荡"保德黄河沿岸村庄，杀死军民 21 人，奸污妇女 3 人，抢劫白洋 3530 元、猪 83 头、牛 3 头、鸡 430 只、驴 10 头、羊 64 只、粮 218 石、衣服 979 件、家具 924 件，烧毁房屋 13 间。

同日 日军"扫荡"在长子县王峪乡东李村，抓住南庄沟窑洞内躲藏的村民 7 人，枪杀 2 名妇女，刺杀 1 个 4 岁女孩，打死村民张印真，刘小材被抓到横水小坪头用刀砍死，安成孩在东李村被火烧死，烧毁房 20 余间，抢走猪、牛、羊、鸡约 200 余头（只）。

9 月 日军入侵永济王东村，驻在龙王庙和吕世昌家，抢粮、逮鸡、杀猪、宰羊、撵狗，乱窜民室，奸淫掳掠，竟当着王老太的面强奸其女儿。两名日军在芦家堡强奸一青年妇女，又将其拖进院内，供其他日军轮奸。日军还把全村男女老少一起赶到村公所（龙王庙），按户册点名，抓大户抢小麦。杜天庆、张保保因交不出粮食被扒掉裤子烧烤，令其在全村妇女面前出丑；阎振山、赵保子家的4 匹马、1 头骡子被抢走，醋房的 100 多口大瓮被打碎，赵爽家的麦秸被点燃，一连烧了 5 天 5 夜；年近 60 的赵福胜老汉和 8 岁的赵忙娃被日军插进水瓮活活呛死。

同月 日军"扫荡"浇底村（今翼城县），抓捕村民 38 人，把他们带到浇底村，让站成一个圆圈，威逼他们下跪，然后杀人取乐。把男人头安在女人脖子上，把老人头安在小孩脖子上。苜蓿古垛续文礼一家 10 口有 7 口被杀害。

秋 驻古交和康家会日伪军 300 余人袭击老书寺（今属古交市），把八路军120 师某部后方留守处的 60 余名伤员全部杀害，把村民石会科等 9 人烧死，还烧毁 300 余间民房。

秋 日伪山西省政府成立"山西省急进建设团"，强制征募以太原为中心的各县青年，从事开采矿石、维修公路等劳动，为日本山西派遣军修筑军事工程。以此方式全省 1 万余人被强征到太原，其中太原市区 1000 人。12 月 8 日，日军将这些民工分送各地煤矿充当苦力。

秋 日军在沁源县水峪村抓捕村民 37 人，杀死其中 36 人，仅留 1 人带路。

秋 日军到东王村（今属霍州市）"扫荡"，路经段家梁，杀害一家 3 口，其中 1 人是被日军推到开水锅里活活煮死。

秋 日军包围蒲县柳沟村，打伤村民 1 人，俘捕 3 个年青人，其中 2 人被填进西井，1 人用刑后放回，掠杀牲畜 30 余头、鸡 100 余只，糟蹋粮食 30 多石。日军在化乐洒了伤寒细菌，全村 80 余口人都染上了病，有 9 人死亡。

10 月 1 日 日军在介休县四家窑村屠杀村民 13 人，抢走大牲畜 21 头，所掠衣物难以计数。

10 月 2 日 日军独立混成旅团 3 小队和警备 4 中队包围襄垣从城村，抓捕32 人，杀害 11 人，22 人被严刑折磨成终身残废。

同日 日军"扫荡"沁源县王陶乡任家庄村，在小南沟捕获群众 30 余人，全部枪杀，其中有抗日干部王明仁、杨民、王明义、阴翠娥等。

10 月 3 日 日军在襄垣县丛城村再次杀害抗日志士 11 名，抓捕村民 100 多名，有 51 人被抓回县城，后来每人花了 600 到 1000 元才被放回。

同日　日军包围大河中河西村（今属翼城县），用刺刀将 9 个村民捅死扔在村边地里。

10 月 17 日　日军"扫荡"刘家渠村（今属翼城县），发现藏在村外小石窑内的 60 多名村民后，刺死 9 人，并将大多数妇女轮奸，剥光衣服，用烧红的烙铁在她们身上乱烫取乐。

10 月 18 日　日军包围柳树垣村（现属古县），制造浮山柳树垣惨案。日军将男女老少村民 68 人威逼到村东头庙下的小沟里，让村民说出抗日政府、游击队和物资仓库的地点、村干部名单。村民无一人招供，日军气急败坏，将 21 名男子排成一行，刺刀对准胸口，再次进行威逼，仍无一人吭声。日军一声呐喊，21 人全部被刺倒在血泊中，其中有村干部葛逢智、葛逢炎、葛逢玉，武委会副主任王焕因等 4 人，八路军伤员 2 人，年龄最大的 62 岁，最小的 22 岁。日军又将妇女、小孩 47 人赶到一个破窑洞里，用玉米秆堵住洞口点火燃烧，妇孺哭声震天，日军哈哈取乐，大火半日方熄，老少村民全部被活活烧死呛死。被焚烧的人中年龄最大的 52 岁、最小的仅 4 岁、15 岁以下的 22 人。此次惨案中，全村共有 28 户 95 名村民，除 15 人逃脱外，其余 80 人全部被残杀。

10 月中旬　日军对阳城县日耀村"扫荡"，杀害村民 5 人，伤 4 人，放火烧牛 43 头、房屋 26 间、粮食 1000 公斤。其后，日军向躲在水窑崖的群众射击，卢元昌头部中弹，卢元昌妻子刘小双背部中弹，当场毙命。李小俏、卢思茂、靳风花被打伤。

10 月中旬　日军"扫荡"太行二分区腹地，带着抢掠的大量物资返回辽县时，在馒头垴和辽西县大队大队长董如强带领的战士交战，辽西县大队牺牲、负伤、被俘各 1 人。

10 月 23 日　日军包围阳城县尖阳村，先绑走民兵陈有全等 9 人（5 男 4 女），当场砍杀 7 人。接着把村民 80 余人（其中有河南省难民 20 余人）赶到一窑洞里，而后往洞里塞满干柴，放火焚烧，将 80 名村民活活烧死。

10 月 26 日　日军包围沁水龙渠村，将龙渠附近阳坡、北湾、固村、李怀沟等村 83 名村民全部残杀，其中包括婴儿，烧毁房屋 280 余间，抢走 200 余只羊、40 余头牛。

10 月 27 日　日军包围沁水槐水村，烧死、刺死 60 个村民。

同日　驻沁水日军从端氏、槐庄、嘉峰、殷庄沿路"扫荡"望川村，于 28 日上午开始大屠杀。日军把村民投入厕所开枪射击，把村民绑在树上用刀劈，开明寺老和尚阎法等 87 人被劈杀。裴小保和父亲、弟弟一起死于日军屠刀下。日军对厕坑之中没有断气的群众再施毒手，将滚烫的开水劈头盖脑泼入厕中，接着在掏粪口塞满柴草，放火熏烧，217 个村民被日军杀害，其中 50 人为望川村群众，145 人为尉迟、嘉峰、窦村、端氏等地村民。

同日 500 余日军从阳城县桑林后大河和西冶分两路再犯蟒河，将蟒河两沟 14 个山庄的牲畜、羊群赶走，财物抢光，搬不走的烧光。28 日，日军开始搜山，于 29 日午后 3 时许，乘机扑上山顶遍山搜捕，群众除 1 人外，皆落入魔掌。陈建华等 3 人被日军推下石崖丧生；崔文印等 4 人被活活打死；8 名妇女被推入一间草房肆意凌辱后，放火烧死。在绿化顶，日军将小龙妻子和刚出世 3 天的女孩活活烧死，小秋（20 岁）被日军割去乳头后烧死，马小翠（60 岁）、小强（20 岁）被枪杀，小绵（女）被打死，黑硅被日军追赶跳崖摔死，陈建华妻子及儿子被日军推入火中，此次共有 15 人遇难绿化顶。

10 月 28 日清晨 日军闯进阳城县临涧村，从田间、场上、村里、合作社抓捕 30 余人，打得死去活来。村民韦六金被打翻在地后，又用刺刀在身上捅了几十刀，血流满地。日军小队长手执指挥刀将合作社主任王培城的耳朵、鼻子削掉，架上柴火活活烧死。用刺刀捅死王心田，开枪打死王海江。次日，又从沁河可封下来一股日军抓来 4 个妇女，在蓖麻地进行轮奸后杀死，并在受害人阴部塞满蓖麻、核桃和杂草、砂土。11 月 2 日，日军从谭村抓来十几个农民，把 7 人投进井里活活淹死。11 月 5 日，日军把 10 余个妇女抓到石盆沟庄边打谷场上，将她们的衣裤剥光，个个赤身裸体站成一行，日军对她们百般欺凌，然后推入火中烧死。

10 月 27 日至 29 日 驻离石的日军和伪军 1000 余人，集结在离石坪头一带，抓来了 24 个村庄的村民，用活埋、刀剐、火烧、刺刀捅等各种惨无人道的手段，杀害 107 人，制造了坪头惨案。

10 月 29 日上午 日伪军在阳城县圪堆村，就把全村 70 余人赶至下新院一一逼问，将郭茂堂之妻刘苟林砍掉双腿，推进烈火烧死，其 3 岁幼女亦被饿死。此次行动，圪堆村全村 20 多名妇女被日伪军士兵强奸，10 多人跳厕自尽，郭喜泉、小润等村民被抓捕，杳无音讯。

10 月 29 日上午 驻阳城县刘村据点 100 余名日军沿白龙山大墼向固隆、郑阳庄、西南一带"扫荡"，把沿途抓到的几百名村民逼至西南村西柏鸡树地，将男女分别赶入两块地里，将张老柄、张学赛、张西樵、张江鱼、张王虎、孟午阳等 40 名男子杀害。几十个日军士兵把西南村 16 岁的张小玉及其妹妹轮奸糟蹋。日军将40多名妇女捆绑着赶至花石坡后推入厕坑，并搬来大堆玉米秆草，点火投进厕坑焚烧，40多名妇女葬身茅厕。11月2日上午，日军从南山"扫荡"返回途中，又突袭西南村，再次杀害村民140人，烧毁房屋306间，牲畜财物被劫一空，十几户人家灭门绝户。据固隆村统计，日军在西南花石坡杀害的固隆村群众就达15人。董德隆、乔占魁、马小香、邵金管、王瑞林、王更元、陈启元、李西旺、李凤声、李白旦、王春全、苗双银、魏花乱、张更申、张长有等人被杀，王兹会、邵刘虎被抓失踪，把固隆村妇女63人赶到宜固村欺凌2天后放回。

同日 日、伪军"扫荡"阳城县护驾村，杀害村民李全喜、刘义茹、李乳娥、李珍付、李温良等10余人，并将村民门窗、家具都当柴禾烧，赶走杀吃了全村的牛羊，毁坏家具100余件。

10月31日 日、伪军在阳城县高阳抓捕一个姓陈的老人让其带路到周壁村，途经月胡沟时，将躲在土洞内的20个村民赶到刘化坪路边杀死，对10名妇女进行奸污并杀害。

同日 日本宪兵在长治城区附城村刘家岸，将抓捕的30个村民集体屠杀。

10月 日军拉网"扫荡"，从四面将100余名群众围赶到沁源县柏子关家山，用刺刀一个个杀死并推下悬崖。

同月 日军100余人在太原市边家庄村制造边家庄惨案，烧死在洞中藏身的11名村民，烧毁房屋384间、15万公斤，抢走牛、驴、骡50多头、羊100多只、猪10只、鸡200多只，抢走大量银元、首饰、大烟土等。

同月 日军"扫荡"阳城县析城山窜至对桥村，抓捕该村原小炼、原小观、原小轩等5个村民，逼其带路寻找八路军去向，被拒绝后，日军大怒，刺死4人，刺伤1人。在上黄岩村，日军把抓捕的15名男女村民逼至村边，剥光衣服，排成一行，全部杀害。

同月 日军侵入阳城县孤堆底村，将村民30多人被驱赶到打谷场上，剥光衣服，百般凌辱。孙黑女、孙花连姐妹遭奸杀；黑女乳下婴儿被摔死；原广福被投入火堆丧生；杏岭村原盼水13岁的儿子被刺刀扎死；吴家庄吴小只、吴秋元被刺透心房毙命；炭窑圪坨张容乐、张修义妻子被奸杀，未出世的孩子亦死于腹中；原福义的弟弟被抓后带至台头，投入火中烧死。10余名群众遇害。

同月 驻阳城县董封据点的日军途经阳坡村红花掌庄，一户人家正在操办婚事。日军端着刺刀扑进屋内，将院内上至花甲孀妇、下至不懂人事的幼女全部奸污。接着，并强迫男女老小，不分父女、兄妹，一律扒光衣服，当众凌辱。村民不堪忍受如此奇耻大辱，豁出性命与日军拼搏，共 18 人被日军杀害。

11 月 19 日　日本军扫荡浑源石窑村，杀害村民 10 余人，全村房屋被烧，粮食衣服洗劫一空。

同日　盘踞霍县安泽交界处黄梁山据点的日军林田旅团第五中队而出，包围了尖阳村，挨门搜捕，将全村人押到任家楼院，逼村民交出失踪的日兵。日军先向村长王来保要人，王不说，日军队长一刀将其砍死。而后又用大棒拷打郝四让、徐金生、李广则等，但无一人吭声。日军强迫几个人抱来柴禾，分垛在两幢楼房下，随即将人关入房内点燃熊熊大火，门外上了锁，屋里的人被绳拴在一起，动也不能动。大火烧着门窗，引着衣服，有些绳子烧断，门口的人首先破门冲击。李先泽刚出门，劈头挨了一刀，被日军推进火里。年仅 6 岁的郑小女好不容易爬出门槛，又被日军提起扔进火里。徐文才身带火苗爬出房门，日军刺了他 4 刀，逼他倒退火里。后来整幢楼房全烧着了，大火冲天，瓦片四飞，气味难闻。日军在院里也站不住，都躲到大门以外。徐文才二次从火里爬出来，匿身茅厕里才得逃生。4 岁的田改莲被母亲从窗户推出，方幸存至今。大火着了 2 天 1 夜，86 名男女老少无辜村民全部被日军活活烧死。

11 月 20 日　日军袭扰河津小停村，将村民驱赶到沟北薛有才家中 3 间北房里，封窗压门，泼上汽油，点火焚烧；随后又从村里搜出 8 名妇女，全部推下村边深沟；在村南郭家祠堂把 10 余名河南逃难妇女全部刺死。日军在小停村共惨杀村民 108 人，其中男 33 人、女 75 人。内有孕妇 3 人、儿童 40 人、外村投亲者 9 人。

11 月 23 日　日本军洗劫浑源县北上岭村，打死 1 人，抓走 14 人。第二天，日军再来浑源北土岭村，把 9 名群众扔入火中烧死，并刺死一些群众。2 天间共残杀群众 17 人。

11 月 26 日　驻盂县阳兴镇、大盂、汉湖 3 据点的日军，两次侵犯盂县尹家沟村，杀死村民 18 人。

11 月 28 日　日军独立混成第三旅团独立步兵第九大队 1000 余名日、伪军包围太原市河家庄村（今属娄烦县），残杀村民 15 人。日军军医将其中 1 名怀有 9 月身孕的孕妇活活解剖，挖出内脏，剖腹开膛，取出胎儿，致使母子双亡，其状惨不忍睹。

11 月 29 日　日军为挖"遮断沟"，制造"无人区"，限河津北午芹村、南村村民 3 日内全部搬走。群众不搬，日军连日纵火大烧全村六七天，1900 余间房屋化为灰烬。

同月　日军在永济新朝村，打死了村民郭某；在西下村，日军把曹经武倒吊在井内；在北青村，日军将一村民按进喂牲口的锅内，活活溺死；在尚信村，日军杀死尚兆贤的父亲；在略芝村，武发子正给儿子办喜事，日军进村后，将武发子父子打死。

12 月 7 日　安泽县黄梁山的日军包围尖阳村，抓获男女老少 86 人，用绳子捆绑后，关进南北两座楼房内，纵火烧房，活活烧死 83 人，有 3 人逃脱。全村 16 户人家有 9 户被灭门绝户。

12 月 12 日　驻永济市蒲州的日军包围西下村，由于搜不到粮食，3 名日军抬起年逾花甲的高老汉，头朝下插在水瓮里淹死。将西下村高变娃两手反绑起来，吊在椽子上，用刷锅的新刷子蘸上油点燃，活活烧死。13 日，日军撤走后又返西下村，将张福满老汉裤裆里装一块大石头，扔进井里溺水而亡。

12 月 19 日　离石县柳林镇日军纠集 1000 余人进犯北山根据地，在离石县八区所在地石家峁村抓捕 150 余人，赶到村西大坑前，逼令排队，用刺刀一个个地刺死推入坑内，又让抓来的民夫搬来干草、煤油，点火焚烧。

12 月 27 日至 31 日　侵占汾阳、文水、交城、离石的日军采用"篦梳式扫荡"的办法，制造汾阳三道川中庄村惨案，屠杀村民 133 人，烧毁房屋 1012 间，抢走大牲畜 232 头、羊 1670 只，家家户户被洗劫一空。有几个婴儿竟被撕成两半，扔出村外喂野狗。

12 月　榆次县白田据点日、伪军"扫荡"连子山村，打伤村民 1 人，抢走羊 150 只、驴 1 头；在大塔村抢走妇女 1 人、牛 9 头；在姚家背村打死村民 4 人。

冬　日军在交城西川和葫芦村、翟家庄，把 20 多个男女村民押到一个窑洞里集体刺死。在白家庄奸杀 4 个青年女子，用刺刀刨开肚子，把肠子拉出来挂在树上。更惨的是，日本军用刺刀挑杀婴儿后，还狂笑着用婴儿的血，在墙上划圈圈。

本年　日军把万荣县下义村赵凯敏家的房屋浇上汽油点燃，将赵凯敏的爷爷投入熊熊燃烧的大火中烧死。

本年　日军特务头子清水利一到达左权后，利用其爪牙和捧捧队，惯用"通匪"罪名，不时下乡搜捕和勒索群众，1 年内被日军杀害干部群众达 500 余人。

1944 年

1 月 7 日　日军在临猗县董家庄村修建炮楼，征集赵家卓、李汉、郭村、王见、楚侯和仁里等二三十个村的民夫 100 余人，还强占了李雨三、李穆孝、李立门、令狐孝宽和滕永善等 6 家院落共 40 余间房屋，使 6 家 30 多口人沦为难民。

1 月 13 日　临南县三交据点日伪军奔袭招贤镇贺家湾村，灭绝人性地毒杀群众。用硫磺、柴禾、辣面、煤油熏烧该村地道，毒死和杀害群众 217 人，死难者占全村人口一半以上，其中有 9 户全家蒙难。

1 月 15 日至 17 日　驻柳林县日军纠集汾阳、中阳、临县、离石诸县日军 1000 多人，"扫荡"柳林县石家峁村及周围一带村庄。此次"扫荡"，120 多个村庄受害，杀害 500 余名百姓，抢劫价值 5000 多银元、200 余头大牲畜及无数猪、鸡、羊，烧毁 5 万多公斤粮食、87 间民房。日军还把 120 多人从"石崖畔"10 多丈高的悬崖上推到崖下一个大深坑里摔死。

1 月 21 日　日军在壶关县西坡村活埋、熏死百姓 4 人，烧毁民房 3 间，抢走牲畜 34 头、羊 250 多只、被褥 200 多件、粮食 4000 多公斤，杀掉全部鸡犬。

1 月 23 日　日军在繁峙县老汉坪村（今任宗村）残杀中共党员及百姓 32 人。为纪念被残杀的村武委会主任任宗，老汉坪改名为"任宗村"。

1 月 24 日　沁县日军包围沁县郭家庄，杀害村民 56 人，烧毁房屋 480 余间，抢走粮食 20 余万斤。

1 月 28 日　日军把临县贺家湾村地洞里藏身的 217 名百姓用烟熏死，又抓走村民 6 人，其中贺囊初被杀，其余 5 人用 240 枚银元赎回。

1 月 29 日　驻古交西庄 200 余名日、伪军包围在曹坪（今属古交市）休整的阳（曲）西县三区区委书记梁存地等 9 人，扔进梁存地等藏身的窑洞里 10 颗手榴弹，区民兵大队副大队长吕永全等 3 人当场被炸死，梁存地饮弹自尽，区民兵大队长苗茂林和队员耿常河等 4 人被日军俘虏后拴在汽车后面拖死。同时被杀的还有沟东村村民闫贵生等 4 人，其中有 1 个 4 岁儿童。

同日　驻扎在明姜（今属洪洞县）据点的日军，将明姜村长李海生、村副晋怀金、民兵指导员李白生、民兵队长傅小才、民兵傅小蛋、晋和尚、晋荣成、王金生等 8 人抓捕，施行灌辣椒水、肥皂水、压杠子、坐老虎凳等酷刑，迫使供出地下党组织和区武工队人员。不管敌人使用什么酷刑，丝毫没人招供。日军于

2 月 5 日，在村东北挖了一个大土坑，里面灌上炽热的石灰，然后用刺刀将 8 人一个个刺入坑内，把土盖上，致使 8 个群众活活烧死在坑内。当日，日军又将兴旺峪和西董村的刘开平、张治生、弯必贵、刘高儿、郭桓儿、张治国、何春荣、马卫标、胡坦村的何瑞生等 13 人，一起杀害。

1 月　日军特别警备队队长山崎佐一郎中尉，屠杀平遥抗日干部、村民 98 人。

2 月 13 日　盘踞祁县来远的日本军，用刺刀捅杀杀害后庄军民 61 人，抢走大牲畜 124 头、财物不计其数。

2 月 14 日　驻扎榆次县白田炮台日军侵入榆次县侯峪村，打死村干部、民兵及群众 14 人，打伤村民 5 人，奸污妇女 3 人。这个仅有 36 户人家的小村庄，就有李维恒等 8 户被杀绝，6 名妇女成了寡妇，房屋和全村能烧的东西全部烧毁，一半村民无家可归。

3 月 4 日　盘踞柳林日伪军进扰石家峁村，在水里施放慢性毒药。全村 24 户人家 86 口人，有 16 户 39 人中毒，11 人死亡。

3 月 15 日　日军对柳林县兴旺村"扫荡"，村民们躲进村东南大山洞里，日军把干草、辣椒面堆放洞口点火熏烧，洞内躲藏的 74 人被熏死 72 人。

3 月 26 日　日、伪军进犯静乐县兰家山，杀害农民 8 人，抓走妇女 1 人。

同月　日军在五台县麻子岗村将带有病菌的老鼠投入井内，致使村民死亡 43 人。

4 月 9 日　在原平县桃儿庙开会的一区干部樊开明、夏维青、李才才、李润才、村长樊贵宝以及李存贵、李顺宝、李挨套、大治和尚、张爱龙等 16 人被日军宪兵队包围，全部遇难。

4 月 14 日　日军偷袭襄垣县南堰村，杀害党员、干部民兵 12 人，烧毁房屋 30 余间、窑 20 孔，抢走粮食、衣物不计其数。

4 月 15 日　日军包围沁源县作坪村（今正中村），将民兵王有福、郭成仁等 14 人抓捕到召则垴据点。次日，严刑拷打后将其全部杀死。

4 月 25 日　日军在襄垣县黄楼北村屠杀村民连金卯（60 多岁）、贾双喜、连俊兴、连先孩、连全云、连臭小等 13 人，轮奸妇女 15 人，抢走牲畜 32 头、粮食 25 石、衣物不计其数，烧毁房屋 17 间、窑洞房 20 处，掳走 15 岁女孩连官梅。

4 月 26 日　静乐县石神据点的日、伪军 300 余人窜入刁虎沟、砚湾一带，烧毁民房 170 余间，抢走粮食近 30000 余斤。

4月27日 日军率伪挺进队分3路包围静宁泥河镇岭，抓走村民4人，用刺刀穿透二三十处致死。第3天早晨，日军将抓到的3个青年捆在小河沟大树上，当活人靶刺杀，喂了狼狗。

4月 日军花塌中队驻扎襄垣县夏店镇，组织伪保安队、先锋队共计500余人，多次对游击区进行清乡扫荡。20天内，日军"扫荡"一区8次、三区18次、四区21次。日军在王北寺设立了刑场，除了使用毒打、火烧、灌辣椒水、坐"老虎凳"、过"压板"、活埋等酷刑外，还为训练新兵，把抓来的人当活靶子，打排子枪，打死后再练刺杀。在这次"扫荡"中，日军共杀死122人，其中有县、区抗日工作人员8人，民兵、自卫队26人，老百姓88人，最多的1次是用机枪射死42人。

同月 驻祁县子洪日军到任村"扫荡"，抓住县抗日干部、民兵及村民10人，当场枪杀3人，7人押到子洪镇后枪杀。

5月2日 日军把河津县西关村21个村民押到村西的战壕里，让新兵练刺杀，练胆量，共刺死20人，剩下1人让狼狗咬死，最后全部埋进战壕。

5月8日 日军光天化日之下，当众奸淫黎城县小寨村革命烈属霍星斗老人的闺女和3个儿媳妇，并把包括孙子在内的一家9口人全部杀害，最大的73岁，最小的不满1岁。

5月9日 100余名日、伪军包围昔阳县西横山村，杨富生带领民兵赵忠祥、赵万成等人在搏斗中英勇牺牲，日军还打死5名群众，烧毁房屋100多间，抢走财物无数。

5月15日 左权县红都炮台日军奔袭林河村，抓走村民杨丑三、孙小艮、赵大蛮、赵希文、王保书、宋三蛮等9人，逼迫他们排成一行，让日军比试枪法，9个人倒在血泊中，日军拍手狞笑而去。

5月21日 日军在黎城县将抓捕的300余名农民，驱赶到黎城县城隍庙西边的仓谷园内，用绳勒、刀刺、挖眼、割生殖器、割腹等惨绝人寰的手段全部杀害，制造了仓谷园大惨案。

5月26日 静乐县石神据点的日军在拂晓时包围兰家山，将王拴孩、张林祥、张好存等9人和妇女王杨翠捆回据点。第二天，日军将这些人押到炮楼上逐一毒打，要他们说出本村谁是共产党员、谁与游击队和八路军有联系。村民谁都未说，日军将王拴孩、张林祥等8人杀害。19岁的青年妇女王杨翠饱受日军蹂躏，杨翠拼命反抗，日军便将王杨翠裸体推出院内，让狼狗追逐撕咬，日军却从中取乐，最后杨翠被狼狗咬死。5月29日，石神据点日伪军50余人再次包围兰家山村，抓捕张怀维、张月维及孕妇李月娥等5人，同时大肆放火烧毁村民的房屋。日军用红木炭烧张怀维等人的面部，要他们说出共产党员藏在何处，最后将张怀维、张月维等5人投入火中活活烧死。孕妇李月娥被日军轮奸后，将尖木棒插入阴道内，惨遭毒害。日军两次暴行，共残杀我村民13人，烧毁房屋160余间。

同月　山西桐旭医学专门学校附设医院皮肤科医师松下纪文，以治病为名，从5名学生胳膊上各剥取长宽2厘米肉皮，进行所谓的医学实验。

同月　驻盂县日军侵犯盂县盒子掌村，杀害村民5人。

6月18日　驻宁武县木场日军警备队将小东沟村村民李自来宝抓捕当活靶刺死，并将他的头颅劈开，取出人脑，由警备队长吉田、队员贝田、园田、工藤长太郎等5人饮酒时当作下酒菜。

6月29日　日本华北特遣队1479部队以"共产党破坏团"之罪名，在中央制作厂（原西北育才炼钢机器厂）、太原铁厂等企业逮捕数百名工人。仅太原炼钢厂就捕华工达65名，将芦秀山、孟杰等19人杀害。此后，太原宪兵队和日军1479部队又在太原几个企业和机关扣捕500余人。

7月26日　代县一区区长徐廷华在沿村活动，被日军抓捕后刺死。

8月2日　日军100余人包围平定大西庄，将地道里的58个村民熏死。

8月6日　日军入侵半沟村（今属娄烦县），杀害4名村民。

8月15日　盘踞盂县西烟镇、河东山的日、伪军200余人，在上扑头村杀害村民19人，在赵家庄杀死村民25人，烧毁房屋246间。

8月18日　日军于凌晨2时冲入太原姬家庄村（古交），抢劫财物，奸污妇女，惨杀群众9人、民兵4人，打残28人。

8月19日　日、伪军围捕阳城县二区民兵，将中寨庙看戏的西丰村王小芳、南头村马胜地、中寨村琚有水、陕庄村吕小三、红土圪梁陕小三等8人枪杀，还打伤31人。

9月14日　赵城日军和田部到兴唐寺搜查游击队，把全寺的和尚集中起来，逼问游击队的去向。见无人回答，日军就把3个和尚刺死在寺内，并将1个看庄稼的农民和1个小孩杀死。日军抓走1个老和尚，并威逼僧人说出八路军驻地，僧人无应答，凶残的日军就将13名和尚刺杀于青高岭，制造了一起枪杀僧人的惨案。

9月26日　日军中队长菊地球一带领兵丁到神池县宋霸王村抓走11名村民，推下20余丈深的井内，仅1人幸存。

9 月 28 日　日军杀入襄垣县胡岩村，搜捕村民 130 多人，押往楼底、大庙、下麻地 3 处严刑逼供，奸污 72 名妇女。杀害 21 人，烧房 210 余间、窑 200 眼、粮食 100 多石，拉走牲口 13 头、羊 140 余只，杀吃牛驴 3 头。

9 月 30 日　盘踞岚县东村的日、伪军侵入蔡家庄（今属娄烦县），用毒气、浓烟熏死藏在地洞里的百姓 24 人，又在娄烦县边家庄纵火烧死村民 20 余人。

秋　驻小梁乡马家庄村据点的日军因怀疑小梁乡东湖潮村孙继成是抗日军队的探子，将其拖回小梁乡马家庄村据点，让大狼狗扑在他身上撕咬，在他鼻孔里插上燃烧的烟头，将他绑在板凳上采用辣椒水、压杠子等手段逼供。在被乡亲们赎回后，孙继成已经奄奄一息。

秋　日军在晋绥边区兴县蔡家崖，把 40 多孔窑洞烧毁，并残酷屠杀村民，在白家里活埋 1 个 70 多岁的老太太，在石和村将 1 个 60 多岁的老汉从高崖推下摔死；在下会村，刺死 6 个男人和 1 个女人。

秋　一队日、伪军闯入屯留县郭家庄的西窑圪梁村进行了惨无人道的血腥"扫荡"，打死烧死 13 人，重伤致残 14 人，奸污妇女 9 人，拷打审讯 8 人，抓走 10 人，烧掉粮食万余斤，烧毁民房 20 余间。

11 月 11 日　日军在神池县万家洼村刺死村民 10 人，奸污妇女 10 余人，宰杀了该村全部猪羊和数百只鸡，将门窗全部烧光。

11 月 15 日　日军特务头子清水利一带领"导报社"80 余人包围左权县川口村，抓捕巨马牛、巨万孩、曹雨来等 7 人，在下岭村一个牛圈里，用刺刀活活捅死。同时被害的还有下岭村 3 人、姚家沟村 3 人、竹宁村 1 人，共计 14 人。

11 月 18 日　100 余名日、伪军突然包围忻州市元家山村，妄图摧垮抗日县政权。日军在村民躲藏的地道口点燃熊熊烈火，致使 30 余人昏迷，抢走村中 100 多只羊、鸡、猪及无数衣服和粮食，押走了李兰昌等 10 多个村民，半路上杀害。

11 月 20 日　左权城内日军 300 余人包围左权独立营驻地柏峪村，村民常双喜、孙小三、王清明等 3 人被俘后遭残杀，耳聋多病的孙福兴老汉被抓到打谷场上活活烧死，城内士绅显忠及其老伴在该村山上避难被抓，日军用刺刀把老汉捅死，将 60 多岁的老太婆剥光衣裤，用鞋底打肿阴户，进行轮奸，最后将木棒插入其阴道致死。

12 月 17 日　左权县红都炮台之日军 50 余人奔袭孔家庄村，杀死村民 13 人。

12 月 27 日　静乐县康家会据点的日、伪军 100 余名包围三区曲峪村，枪杀白苟年等 12 人，抢走耕牛 5 头、驴 3 头、猪羊 70 余头（只）。

1945 年

1 月 21 日　日军在祁县益晋工厂屠杀该厂 10 余名工人，死者中能忆及姓名者有：穆崇基、段骏、吕贵庆、李少崇、陈兆凤、任喜兰、张甲卿、王景云、王学贤、陈维宏。

同日凌晨 5 时许　驻和顺县马坊和太谷县范村两个据点的日、伪军 200 余人奔袭榆社县堡下村，残杀 90 余人，其中有 40 余名八路军战士、17 名堡下村村民、35 名村干部，还有八路军护送美军观察组惠特尔西上尉兼作翻译的李绍唐。

同日　驻扎在榆次黄彩据点和白田据点的日、伪军经常四处到周围村庄大肆烧杀抢掠，在段和村抢走妇女 1 人，在侯峪村抢走羊 46 只。

2 月 1 日　驻辽县日军"扫荡"和顺县羊蹄洼，途经辽县蒿沟村，残杀该村村民郝狗娃、郝联保、宋全保、郝喜成、郝晋旭的母亲、郝文虎、郝联贵等 12 人。其间，日军共杀害该村抗日干部及村民 67 人，抢走牲畜 200 余头、羊 800 多只，烧毁房屋 100 余间。

2 月 8 日　日军带伪军到周围村庄抢劫粮食，掠夺牲畜，杀害百姓，在姚家背村杀害村民 2 人，重伤 2 人；在中庄村杀害村民 4 人，抢走妇女 2 人。

2 月 10 日　日军骚扰晋绥边区的管峪村，将一个 3 岁孩子扔进滚水锅里煮死，把 2 个月的婴儿摔死在山沟路上。在黑土塔村，日军从一个老汉手中抢走孩童，把老汉踢到山沟里，孩子丢在山头活活冻死。

2 月上旬　驻宁武县宁化日、伪军包围静乐任家村，挨户搜财抓人，杀害 4 人，轮奸两名孕妇后将其剖腹残杀，掏出婴儿扔入河里，还抢走 100 多只羊、45 头猪、21 头驴骡。

2 月 11 日　驻五台县鸿门岩日军"扫荡"繁峙县老汉坪村，屠杀百姓 36 人，致残 50 人，晋察冀民兵战斗英雄任宗被捕后遭残害。日军抢走被子 24 条、衣服 11 件、鞋 14 双、白布 32 匹、棉花 3 公斤、毡子两领、口袋 7 条、胡油 25 公斤、白面 30 公斤、猪羊肉 10 公斤、食盐 5 公斤、银元 300 枚、边币 1292 元、牛 2 头、羊 170 余只、驴 6 头。

同日　日军包围静乐县上双路村，将村民集中在苇子圪洞，威逼村民交待县政府人员去向，将毕段三、王李保太、王先生等 11 人被残酷杀害，将王保兰刺伤，便其终身残废。

同日　驻原平日军宪兵队 60 余人袭击峙峪村，夏肉肉、夏富瑞、夏荣保、夏保贵、夏高升、赵国栋、曾虎堂、夏西元、夏圣等 10 人惨遭杀害。

3 月 5 日　榆次县白田据点的日伪军在候峪村杀害村民 14 人；侯峪村 31 户百姓，被杀绝 8 户，打伤 5 人，抢走驴 1 头、民兵的步枪 2 支。

3 月 30 日　日军"扫荡"繁峙县大宋峪，打死孟禅西、李花花、孟二娃、孟二花、张女女和孟二女（16 岁）6 人，俘捕孟眉珍、孟巨珍、王四祥、孟磊世、孟召娃、高云云、王先先、王兰兰、李大女、王二花、孟白旦、孟永世、王二祥、孟新治、孟德治、孟宪华、周来保、肖银民、姚润印、陈三娃和李存辑 21 人，烧毁民房 210 余间。

3 月，日军闯入繁峙县华岩村，把村民逼到神棚西戏台广场，梁保元、金玉枝、九个旦、梁天元、梁西同、梁西闵、段三娃、高同于、梁毓润、刘银富、梁亮、梁朝俊等 14 人被残杀；吴二仁被打伤，吴世享、梁段计和宫以炯 3 人被劫去当劳工，日军还烧毁房屋 688 间，抢走禽畜 58 头、粮食 3075 公斤、服饰 134 件、生产工具 577 件、生活用品 1155 件。

春　驻祁县来远日军在梁坪寨"扫荡"，杀死耕牛 30 余头、羊 200 余只，烧毁民房 183 间，杀死 2 名带路的群众。

4 月 2 日　日军在壶关县三头村烧死村民 21 人，烧毁民房 15 间，抢走财物不计其数。

4 月 4 日　日军在原平县荆芥村，刺死群众 10 余人，烧毁房屋 350 间、羊 192 只。

4 月 10 日　驻潞城县小河堡的日、伪军 50 余人闯入邱壁村，屠杀村民 19 人。

4 月 14 日　日军 32 师团一部包围襄垣南堰村，杀害村民 12 人，烧毁房屋 30 余间、窑 20 多处，抢走粮食 20 多石、衣服和用具不计其数。

4 月 18 日　日军包围高平冯家庄，将群众驱赶到庙前东场上，威逼群众交出八路军、游击队员，群众一言不发。天将拂晓，日军将井绳割断，房屋点燃，抓走村民 5 人，全村 170 余间房屋被烧毁。

4 月 26 日　日军袭击襄垣县黄楼北村，杀害群众 7 名、儿童 2 名、干部 1 名，烧毁房屋 7 间、窑洞 3 孔，抢走牲畜 32 头、粮食 25 石、衣物用具不计其数。

5 月初　从朔县城、井坪镇、平鲁城和南丈子等据点出动的 100 余名日、伪军窜到朔县西山抗日根据地"扫荡"。日、伪军行至南坪村附近时，被民兵埋没的地雷炸死 1 名带路的骑兵。当晚，日军闯入南坪村抓捕村民，将隐藏在村南山水泉坡的南坪村 16 名妇女儿童抓捕，强迫妇女脱衣取乐，妇女们不肯脱衣。日军强迫 16 名妇女儿童一字排开，举枪射击，当即有 11 人被打死。

5 月 14 日　驻汾阳县罗城据点日、伪军屠杀该县小相村民兵家属阎环银、曹连登、韩二清、吴庭福、王凤池、王明山之母 6 人，并将其家具烧毁，将各家的猪、羊、狗全部抢走。

同月　日军在稷山县翟店镇南翟村，用刺刀刺死从蔡村乡抓来的 14 名村民。

6 月 14 日　盘踞盂县河底镇、牛村镇等据点的日、伪军在大西庄大肆杀戮，把躲藏在洞内的村民 56 人全部熏死。

6 月 23 日　日伪警察 300 人包围天镇县疙塔头村张献家，放火烧房，杀害 3 人，致残 1 人，烧毁房屋 11 间。

6 月 26 日　日军集结 400 余人围攻芮城县胡营村，大肆烧杀掠夺，杀害村民 20 人，烧毁房屋 597 间，劫去大牲畜 68 头。

同月　日军连续"扫荡"襄垣县种家岭村 4 次，杀害村民、抗日干部、民兵 37 名，抢走牲畜 16 头，烧毁楼房 143 间，抢走损坏衣物、粮食、农具不计其数。

7 月 4 日　盘踞平鲁井坪的日、伪军 100 余人骚扰平朔西山根据地，在平鲁南坪村枪杀 17 个老弱妇孺，在辛窑上村搜捕村民 11 人全部残杀。

8 月 12 日　日军包围定襄官庄村，抓捕 20 多人，全部用刺刀屠杀。

8 月 14 日　驻襄汾县南王炮台日军骚扰大南辛村，将抓捕的老弱妇孺 30 余人活埋，捅死、摔死 5 人。经群众及时抢救，被活埋的近 20 人获救。

8 月 23 日　大同口泉煤矿工人因配给的粮食断绝，矿工结伙去粮仓要粮，被日军当场打死 30 人，打伤 18 人，用火烧死 6 人。同期，日军残杀居民达 200 余人。

后　记

　　《山西省抗日战争时期人口伤亡和财产损失》是在全省 11 市 119 县（市、区）抗战时期人口伤亡和财产损失课题调研的基础上，经过严格论证和严肃认真的筛选，综合有关史料，遵循史学研究操作的学术规范，编纂而成。按照中央党史研究室的统一规定，由山西省委党史办公室组成《山西省抗日战争时期人口伤亡和财产损失》课题组，具体负责全书的编纂工作。

　　《抗日战争时期人口伤亡和财产损失》课题是中央党史研究室统一组织全国各级党史部门共同完成的一项重大课题调研任务，《山西省抗日战争时期人口伤亡和财产损失》是其中的一项分课题。编纂调研成果，目的是尽可能还原当年历史，展示中国人民遭受的灾难和损失，揭露日本军国主义和法西斯分子的残暴罪行，有力驳斥日本右翼势力否认侵略罪行的种种言论；是为了不忘过去，开创未来。

　　开展《山西省抗日战争时期人口伤亡和财产损失》课题调研，由于年代久远，档案、文献资料严重缺失，当事人已经作古或记忆模糊，工作的难度十分巨大。省课题组全体成员以高度的政治责任感和科学务实的态度，竭尽全力，攻坚克难，经过五年的艰苦努力，征集整理档案、文献、口述等各类资料，对浩繁的资料进行反复核对、鉴别、梳理，撰写综合调研报告、专题调研报告和抗战损失大事记，并对抗战时期山西人口伤亡和财产损失数据作出不完全统计，抗损课题调研取得了重要的成果。

　　在课题调研和本书的编纂过程中，山西省委党史办公室高度重视、精心组织。项目工作启动后，山西省委党史办公室主任张铁锁是《山西省抗日战争时期人口伤亡和财产损失》课题调研的第一负责人，并任本书编委会主任；2013 年 5 月起山西省委党史办公室主任于若洁为课题第一负责人，并任本书编委会主任。山西省委党史办公室副主任牛崇辉为课题第二负责人，并任本书编委会常务副主任；2013 年 5 月起山西省委党史办公室副巡视员杨玉堂为课题第二负责人，并任本书编委会常务副主任。山西省委党史办公室宣教处处长刘辉是省课题组组长，主持全省课题调研和全书编纂工作；课题组成员由赵茹琳、贾庭芳、李军、闫建军等组成，承担了编纂调研成果，组织、指导、协调全省各市调研的工作。

山西省委党史办公室的魏福、李水龙、高文彬、张力军、成晓明以及山西省地方志办公室的杨颖、向建伟等先后参与了课题调研工作；山西省委党史办公室退休人员张全盛研究员参与了综合调研报告的撰写；山西大学历史系教授岳谦厚作为课题组聘请的专家，参加了专题调研报告的撰写。本书的综合调研报告稿呈送山西省党史部门原负责人杨小池、专家师文华，中国社会科学院研究员、现从事日本近现代史研究的汤重南等专家审阅，并按照这些专家的意见进行了认真修改。

五年来，山西省抗战损失课题调研工作得到了中央党史研究室课题组李蓉、姚金果、李颖、王树林、杨凯等的大力支持和帮助；中央党史研究室第一研究部原主任霍海丹对全书进行了两次审稿和直接修改指导；山西省档案馆申宴通、王静、王春生、师毓秀等给予了大力的支持协助。在此，一并表示衷心感谢！

我们也深知，在编纂过程中，由于种种原因，本书缺憾在所难免，诚望各界批评指正。

《山西省抗日战争时期人口伤亡和财产损失》编委会

2015 年 10 月 15 日

总 后 记

历时多年的《抗日战争时期中国人口伤亡和财产损失调研丛书》终于问世了。参加这套丛书编纂工作的，主要是承担《抗日战争时期中国人口伤亡和财产损失》课题调研任务的各省、自治区、直辖市及其下属市、县的领导同志和课题组成员，以及部分著名专家。他们以高度的责任心和使命感，竭尽全力，攻坚克难，终于完成了各自承担的任务，并按统一要求，形成了调研成果的 A 系列书稿。同时，有关省、自治区、直辖市还从实际情况出发，编纂了主要反映市、县调研成果的 B 系列书稿。由于各地情况不尽相同及其他原因，呈现在读者面前的丛书，将分批陆续完成和出版。

为了保证质量，我们对本丛书中由各省、自治区、直辖市完成的 A 系列书稿（即省级调研成果）实行了四级验收制，即：所有的省级调研成果，先由有关省（自治区、直辖市）课题领导小组及其聘请的省级专家验收组分别审读通过、写出书面意见；然后提交到中共中央党史研究室课题组。中共中央党史研究室课题组审读后，再聘请国内知名专家审读书稿，提出书面意见。对每次审读提出的意见，各省、自治区、直辖市课题组都认真研究落实，对书稿进行反复修改，或是说明相关情况，直到符合要求。由一批专家完成的 A 系列书稿（即带全局性的专门课题调研成果），也通过类似的办法验收。主要反映市、县调研成果的 B 系列书稿，则由有关省、自治区、直辖市党史研究室组织验收。各种调研成果验收修改的过程，同时也是调研的深化过程、提高过程。经过反复修改补充的成果，在质量上都有明显提高。

该课题的调研和编辑出版工作分两个阶段：

第一阶段从 2004 年启动到 2010 年部分成果出版。在这一阶段，中共中央党史研究室课题组在中共中央党史研究室室委会和分管室副主任的具体领导下开展工作。中共中央党史研究室几任主要领导同志即孙英、李景田、欧阳淞主任，非常关心和重视本课题调研工作的开展，室副主任李忠杰同志分管这项工作，第一研究部承担具体工作，各地同志和有关专家同中共中央党史研究室课题组保持密切联系，对中共中央党史研究室课题组的工作给予了积极配合和支持。

第二阶段从 2014 年 1 月重新启动此课题至今。2014 年 1 月，中央领导同志对"抗损"工作作出重要批示，要求我室重新启动"抗损"课题。在此前后，曲青山主任主持全室工作，并直接分管第一研究部的工作，尽管李忠杰副主任已不再担任副主任职务，室委会仍全权委托李忠杰同志对《抗日战争时期中国人口伤亡和财产损失调研丛书》的宣传出版负总责。室委会高永中副主任、冯俊副主任对此工作也给予积极的指导和帮助。

在曲青山主任的关心指导下，在李忠杰同志的领导和具体部署下，在一部主要负责同志蒋建农的主持下，课题组自 2014 年年初起，围绕进一步提高书稿质量和尽快全部推出该套丛书，全力以赴，做了多方面的努力。

2015 年年底，曲青山主任口头明确由张树军副主任代表室委会负责主持"抗损"书稿的编辑修订出版等后续工作。2016 年 3 月 2 日，室委会正式明确由张树军副主任代表室委会全权负责"抗损"课题出版工作。

中共中央党史研究室课题组由李忠杰、李蓉、姚金果、李颖、王志刚、王树林、杨凯同志组成。先后担任中共中央党史研究室第一研究部领导职务的黄修荣、刘益涛、霍海丹同志参与了课题调研部分工作。中共中央党史研究室科研管理部、办公厅的部分同志也参与了有关工作。特别是在北京市和山东省召开的两次全国性会议，中共中央党史研究室科研管理部、办公厅的有关同志自始至终参与了繁忙的会务工作，付出了大量心血和辛勤劳动。

中共中央党史研究室课题组承担了组织指导与协调推进各地课题调研和联系有关专家完成全局性专题调研的繁重任务。在人手十分有限的条件下，课题组同志们近十年如一日，以对民族负责、对历史负责的自觉精神，克服困难，埋头苦干，为圆满完成任务做了大量工作。计先后编发213期达60多万字的《工作简报》，同各省、自治区、直辖市的同志和有关专家进行了数以千万次的电话联系及当面沟通，先后到10多个省、自治区、直辖市实地调查、参加会议，了解情况，当面指导，协助各地完成调研工作，或邀请有关地方的同志到北京进行座谈；还组织22个省、自治区、直辖市课题组编纂《抗日战争时期全国重大惨案》，同中央档案馆联合编辑《抗日战争时期解放区人口伤亡和财产损失档案选编》，同中国第二历史档案馆、中国人民解放军档案馆联合编辑其馆藏的相关档案资料，撰写有关专题报告，等等。将近10年来，课题组成员虽有变动，但工作始终如一，没有延误和懈怠。

需要说明的是，《抗日战争时期中国人口伤亡和财产损失》课题，有时也简称为抗战损失课题或抗损课题。虽然有学者认为"抗战损失"或"抗损"通常只能反映抗日战争中财产方面的损失，人口伤亡不能称作损失，但考虑到当年国民政府习惯采用"抗战损失汇报"或"抗战中人口与财产所受损失统计"等表述，所以本课题参照前例，以"抗战损失"或"抗损"作为课题简称。

2014年初，根据中央领导同志的指示精神和中共中央党史研究室室委会关于做好出版和对外宣传全国抗战损失课题调研成果准备工作的要求，我们组织部分省、自治区、直辖市的分管领导和课题组成员对已经印出样本的 A 系列书稿再次进行复审和互审，并邀请部分承担了抗战损失专题调研任务的专家参加审稿工作。这次集中复审和互审的主要任务是：审核已经印出样本的 A 系列书稿，对相关数据、史实严格把关，保证课题调研结论的真实性，保证书稿没有重大差错。中共中央党史研究室主要领导同志和分管领导同志也提出要求：把工作做得再深入、再扎实一些，统一规范，责任到人，把问题消灭在书稿正式出版之前。

在复审和互审过程中，地方同志和邀请的专家以多种形式及时沟通，围绕审稿发现的问题研究讨论，和中共中央党史研究室分管领导进行交流，对一些重要的共性问题达成一致。经过复审和互审，对有关的 A 系列书稿做出进一步修改。在此基础上，中共中央党史研究室课题组同志又对拟第一批出版的每一部 A 系列书稿进行多环节的审读、检查、修改、校对，严格审核把关，尽可能如实、客观地反映调研情况和成果。

中共中央党史研究室的其他同志及一些外聘同志、从地方党史部门借调的同志，如徐玉凤、谢忠厚、杨延力、郭明泉、戴思厚、王俊云、梁亿新、宋河星、毛立红、王莹莹、茅永怀、庚新顺、李蕙芬同志等，满腔热情地参加了本课题调研的部分工作。不论是调研选题的讨论、同有关各方的联络，还是资料的整理、归类、建档等，他们都付出了辛勤的劳动。还有不少领导和同志对课题调研给予了关心和帮助。

这里，还要特别感谢国家社会科学基金规划办公室、国家新闻出版广电总局有关领导和同志对本课题调研工作的支持和帮助，感谢有关部门对丛书出版经费的支持和保证。中共党史出版社的领导汪晓军以及陈海平、姚建萍等同志，也为这套丛书的出版花费了很多心血。

我们相信，本丛书 A 系列和 B 系列各卷的陆续公开出版，必将大大有助于抗战损失课题调研成果的推广利用，有利于固化历史，更好地发挥以史为鉴、资政育人的作用。但是，我们也深知，本课题调研迄今所取得的成果，还只是阶段性的、部分的、不完全的成果。在已经取得的来之不易的成果的基础上，今后，这一课题的调研工作还要深入不懈地继续进行下去。

中共中央党史研究室课题组
2016 年 8 月 19 日